Klaus Theweleit
Männerphantasien
Band 2, männerkörper—zur psychoanalyse des weißen terrors

Japanese translation published
by arrangement with Stroemfeld Verlag
through The Sakai Agency, Tokyo.

兵営の中庭で喇叭が高らかに鳴り響くと
旗竿が出迎えるようにいっせいに傾《かし》げられた。
兵士たちは身じろぎもせずに列をなす。
するとボタンがよじれて
撚糸のちぎれそうな音が聞こえた。

ヴラド・クリストル『ゼクンデン・フィルム』

目次

第I巻目次

第一章

群衆とその対蹠物

みずからの無意識の具体化としての群衆

第I巻では、特定のタイプの集塊《マッセ》について取りあげた。液状から粘液状まで、さまざまな濃度を持つものの集合である。兵士的男性はその中に「沈みこみ、見えなくなってしまう」。身体の内部、縁《へり》、その表面で生じ、そこから出て行く混合物、あらゆる「汚れ」、つまりは湿った集塊がそれにあたる。

兵士的男性が集塊、特に群衆について軽蔑と憎しみと嫌悪と不安をこめて口にするとき、この激情は群衆そのものに直接向けられているわけではない。それは兵士の身体そのものが形作る集塊《マッセ》に向けられる。[*一]

革命的な群衆の出現は、一連の堤防の決壊に連なる事態としてとらえられる。群衆の出現は、男たちの身体境界が外部の集塊に感染して崩壊するような恐怖を与えて、彼らの防塁までも脅かす。内部にかかえる集塊は外部の集塊に向かって「溶け出し」、一方、外部の集塊は、自己の内部が暴発したものとして姿をあらわす。それによって、男は「水浸しにされる」のである。

ここにこそ、ファシズムの一見矛盾した群衆概念を解く鍵がある。ファシストには人間の巨大な集団を動員する能力と並んで、群衆に対する軽蔑がある。ファシストは群衆に話しかけながら、同時に自分はひとり抜きんでて、下にいる「群れとしての人間」から超越したエリートであると感じている。[一]

これは一見矛盾するようだが、ここで正反対をなす二つの異なる群衆《マッセ》が問題になっていることがわかれば、矛盾は氷解する。讃美される群衆とは、常に一定の形態を与えられ、堤防システムの鋳型に鋳こまれたマッセである。この集団から一人の統率者が抜きんでる。一方、軽蔑の対象である群衆とは、液状のもの、粘液状のもの、蝟集するものといった特性を帯びて出現するマッセである（兵士は、「堕落した群衆の、ふつふつとたぎる得体の知れない憎しみに身をさらしている」[2]と感じている）。したがって、このような群衆が直接話題にされるテキストにおいても、「洪水」や「汚れ」とむすびついたあらゆる表象が登場することになる（「赤い洪水」その他は、ある特定の群衆をさすものだった）。それは特に革命に向かう群衆について言えることだが、確たる形を持たない他の群れについても言える。一つの例をあげて、「赤い洪水」のあるところ、必ずやこの「群れ」もいることを示してみよう。

こうして、革命の闘士たちは群れをなして進んでいった。あの黒く犇《ひしめ》く群れの中から灼熱する炎が生まれるというのだろうか。血とバリケードの夢が現実のものになるとでもいうのだろうか。だとすればその前でおめおめと白旗を掲げるわけにはいかない。誇りも、勝つ見こみも、波を抑制するすべも知らない奴らの要求を嘲笑え。彼らから発する脅威など笑い飛ばせ。なんといっても連中は空腹から、疲労から、羨望から群れをなしているにすぎないのだ。

こんな旗印の下ではだれも勝利を収めたためしはない。彼らのもたらす危難などはねのけてしまえ。それは茫洋と形のない顔をもっているにすぎない。粥のように波打つ群衆の顔だ。それは粘つく渦の中に、抵抗をやめるものをそっくり呑みこもうと待ち受けている。だが私はこの渦の中になぞ引きこまれるわけにはいかない。身を固くして、ごろつき、賤民、暴徒、畜群、と心に念じたてて目を細め、どんよりとやつれ果てた群れの姿をじっくり眺めた。まさにねずみだな、と私は思った。掃き溜めの塵あくたを背中に載せたねずみども、赤くただれた小さい目をした、ちょこまか走る灰色のやからだ。[3]

ここには判で押したような脅威（「だが私はこの渦の中になぞ引きこまれるわけにはいかない」）と、

静かにしろ！　ヴィシー政権のポスター，1941年

5　　みずからの無意識の具体化としての群衆

同じく判で押したような防禦（「身を固くして」）が登場する。獣がうようよと犇きあう、いつもの湿った巣穴がある。群れの活動は粥のような形状と波動によってすでになじみのものだ。それは吠えかかり、ゆすりたて、吐きかけ、呑みこみ、粉砕し、原形をとどめぬまでに踏みつけ、あげく粥状にしてしまう。そしてすべてが終わればふたたび静まりかえる。[4]

　群衆の中に潜む「獣」は貪欲な口で襲いかかり、千の目で睨んで、見る者を毒で麻痺させる。無数の脚と無数の頭を備え、千度もの灼熱を発する場合さえある。それは、ムカデやねずみ、蛇、竜、狼の体を持つ一匹の獣に変身することもある。[5]

　ヒドラ、メドゥーサやゴルゴンの頭といった、神話的な怪物の名前で呼ばれることもあるが、それは「会陰裂傷」や月経の状態にある性的な女性の不分明な下半身が発する恐怖と、そこに巣くう獣をもろともに名指している。[6]

　しかし、このような名前が神話的な意味連関から解釈できないことは今となってはとうに明らかだ。ここでは、兵士的男性の手持ちの語彙や文体（ドイツ語で文章を書ける程度の能力）をもってしては近似的にすら言い表わすことができない感情をなんとかよびさますために、ある文化に固有のコードが動員されているにすぎない（その出所は人文主義的ギムナジウムである）[*2]。

　こうしたコードに乗ったまま「解釈する」ことは、兵士たちのテキストを安易な出来あいの象徴体系の中で読めと強いるに等しい。その場合、これらのテキストはウルリッヒ・ゾンネマンが「解釈」という行為一般について指摘したとおり、なんらかの「体験」に代わる意味、「客観化」された概念を読者に提供するにすぎない。ゾンネマンによれば、「解釈のこのような代替的性格ゆえに、代替が行なわれたその瞬間から、過去を解き放とうという気持ちがすでに挫かれることをわれわれは認めざるを得なく

左：猫を売る女　春をひさぐ女の象徴的表現
右：男たちを食らう怪物としての女の象徴的表現

なる」[7]。ファシストの駆使する象徴的言語がなぜ過度に明瞭なのかもここから理解できよう。それは恐怖をもたらす経験に対して書き手と読者の身を安泰に保つ機能を持つ。革命的群衆と「呑みこむ女性性」という概念集合が意識的に結びつけられることによって、[*3]件の群衆／女性性の只中でみずからの無意識がはらむ欲望生産に対する不安を克服するという体験と向きあう可能性はまんまと回避されるのである。

兵士的男性は、流れをせき止め、扼殺し、根絶する存在として、「欲望を欲する」みずからの無意識とみずからの生とに向かい合っている。そのことだけが彼には意識されないのだ。

兵士が抑圧するのはなんらかの内容ではない。無意識そのもの、無意識の欲望生産の全体が抑圧の対象となる。つまり兵士は内部に欲望の強制収容所《カーツェット》をかかえているの

7　みずからの無意識の具体化としての群衆

だ。

それに対して、社会的にコード化された欲望や不安、たとえば近親相姦の「欲求」や、メドゥーサやペニスを持った女に対する恐怖などはなんら抑圧の対象ではない。それは無意識ですらなく、むしろファシストの書く文章や白色テロルの暴行においてこれ見よがしに凱歌をあげている。

自己の「内部」と群衆が融合することへの恐怖から、群衆に対するテロルが生まれる可能性があることは、エリアス・カネッティが『群衆と権力』で示した分析につけ加えてよかろう。革命的群衆とは、兵士的男性にとって、溢れ出したみずからの「内部」が具体的に形をとったものであり（それはシンボルではない）、まさしく身体から流れ出すおぞましい混沌として実体化されたものなのである。ここでは無意識はもはや生産力を意味しない。それは身体が生み出したものであり、いったん出現するや歯止めを失い、同じく無秩序な外部の集塊と結合し、身体の境界を呑みこんでしまう怪物である。

白色テロルのいくつかの顕著な特色、そしてまたファシズムのイデオロギーの中核をなすいくつかの特性は、兵士と群衆のこのような関係から明らかになる。この章ではそれについて考察を進めていく。

性病　伝染する快楽

兵士的男性にとって抑圧の標的が「欲するという欲望」であるとすれば、ファシズムの行なうあらゆるプロパガンダの核心は、快楽や享楽を意味するものすべてに対する戦いである。快楽や享楽は、混交という作用によって、身体の甲冑を溶解する化学的な酵素のような働きをする。それに対抗するのは、禁欲、断念、自己克服といった姿勢である。その延長上に次のようなナチスの夢想がある。

人生が快楽のために存在するというなんともあさましい了見は、快楽を本意とする純ユダヤ的な疫病であるが、群衆の中に偏在する、あるとらえがたい衝動がすでに久しくこの宿痾から身をもぎ離そうとしている。『地上の天国』はもはや魅力をもたないのだ……。[1]

ここでローゼンベルクは群衆に向けたナチスのプログラムをきわめて率直に語っている。それがめざすのは、「地上の天国」という快楽に満ちた生があるかもしれないという希望を打ち砕くこと、より良き生への希求を病的なものとみなし、人間の快楽を疫病と断ずること、そして、たえず混交をもくろむ「ユダヤ的な勢力」をこの「快楽という疫病」の最悪の保菌者と決めつけることにある。

群衆の反資本主義的な感情をユダヤ人（それも裕福な、搾取者としてのユダヤ人）に向けることにファシストが「成功した」とする説は、ユダヤ人迫害を説明する際の定番になっている。[2] しかし、ファシストの生み出した文学とプロパガンダを見れば、それが第一の理由ではないことが判明する。むしろドイツの反ユダヤ主義の核心は、「ユダヤ的なもの」と「より良き生」を欲する「快楽の疫病」とを結びつけることにある。

ユダヤ的なものはみだらな肉の集合とともに、山積みの金や屍の山とも結びつけられる。

> 搾取者ユダヤ人には三つの種類がある。最初のは、ご存知のとおり銀行ユダヤ人だ。奴らは宿主であるドイツ民族の金銭を搾り取る。
>
> 第二の種類もよく知られている。カフェやバーで金髪のドイツ人娘の横にいつもはべっているのがこいつらだ。この種のユダヤ人は寄生主から血統と人種の活力を吸いあげ、骨抜きにする。
>
> それに加うるに、第三の種類のユダヤ人がいて、彼らは文字どおり、非ユダヤ人の血とその子どもたちの血を吸う。それも宗教的な理由からではなく、彼ら自身の荒廃した血が滅亡に瀕している

がゆえに、その生命を永らえさせんがために、他の民族の血をすするのである。（ロベルト・ライ博士）

男性の精液は性交に際してその一部もしくは全体が女性の子宮によって吸収され、その後血液中に移行する。アーリア人女性がただ一度でもユダヤ人男性と交わっただけでも、その女性の血液が毒で汚染されるのには十分である。（……）われわれはこうして、なぜユダヤ人がありとあらゆる誘惑手段を弄してドイツのうら若い処女たちを凌辱しようとするのか、なぜユダヤ人医師が女性患者に麻酔をかけてまで辱めるかがわかる……。[3]

「快楽という疫病」による頽落、これこそ群衆が「ユダヤ人」に対しても、ボルシェヴィズムに対しても同じように感染しやすい理由である。その正体は「集団的淫売」である。

革命派の活動を描くどの文章も、その種の描写にこと欠かない。「酒と血、火酒と女たちでその日は暮れた」[4]（その日とは、ファン・ベルクによれば、一九二〇年三月の労働者によるエッセン占領の日を指す）。革命活動家の職業をあげるにあたって、「懲役囚」「かっぱらい」「常習的犯罪者」「浮浪者」「腰抜け」「泥棒」「無為徒食者」といった記述に並んで、「ひも」だとか、はては「淫売の元締め」といった呼称が現われるのは珍しいことではない。見回せば至るところに「荒廃したセックス」が蔓延しているのである。[5]

共和派、革命派がいるところ、娼婦がいなかったためしがない。彼らは口いっぱいに破廉恥な言葉を詰めこんでいる（一人のごろつきが両腕に女を抱えながら叫ぶ。「フランドルでは敵はおまえらを墓に埋めるのを忘れちまったらしいな」[6]まあ、今に見ていろ）。やがて、軍隊が労働者を鎮圧するとこんな

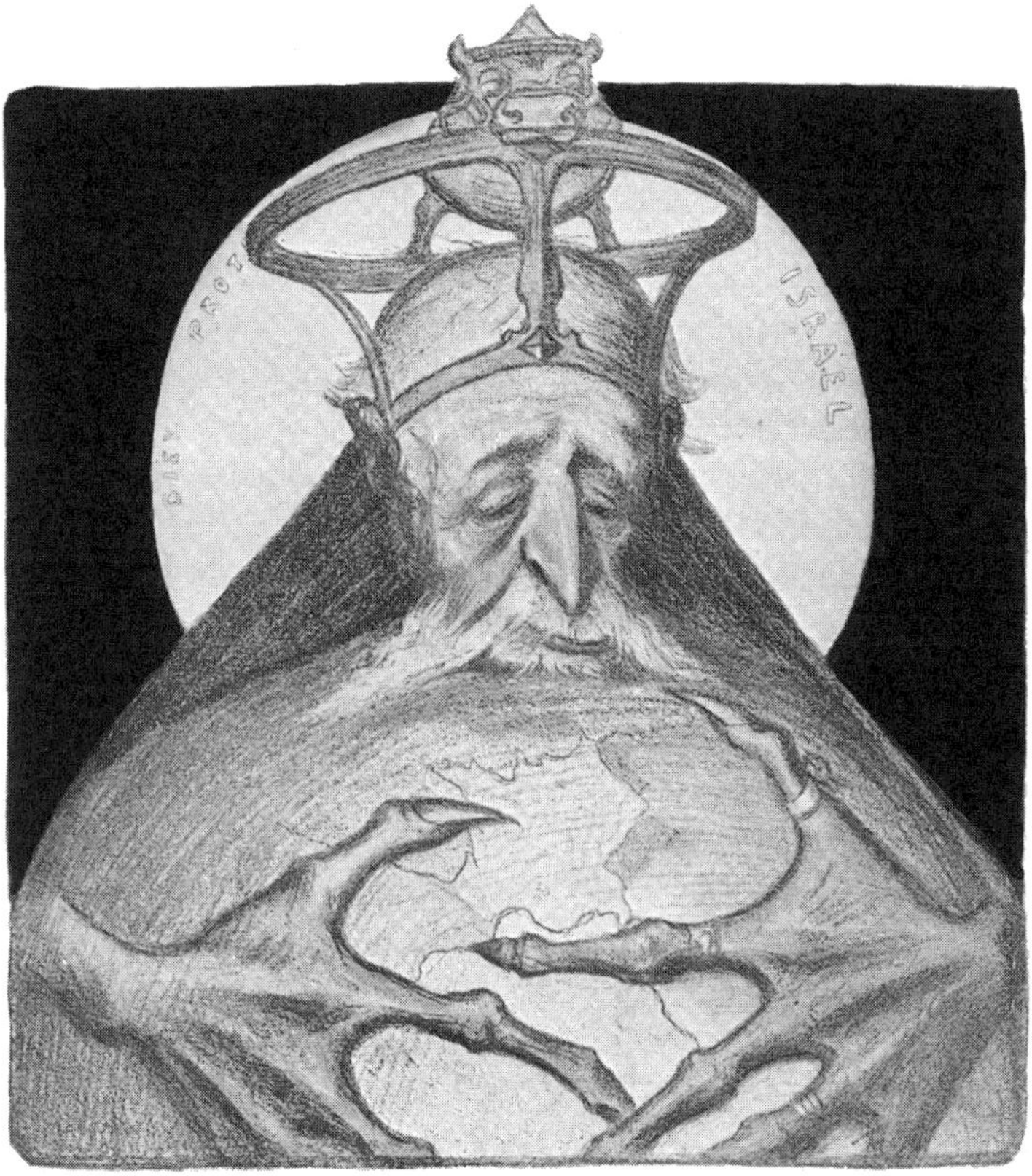

ロートシルト（C. レアンドル，フランス，1898年）

11　性病　伝染する快楽

ドイツ（選挙用ポスター，1920年）

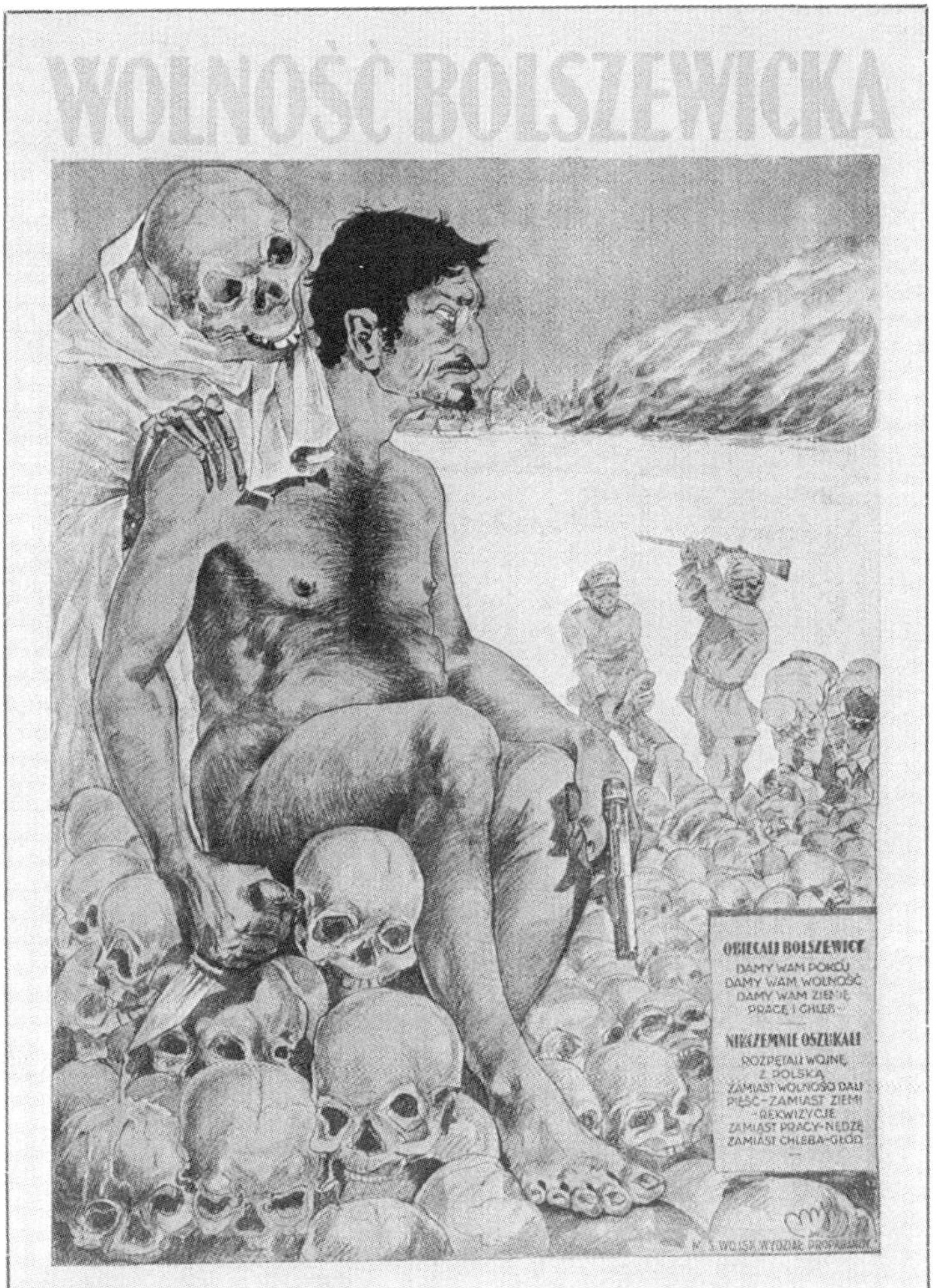

ユダヤ人トロツキー（1920年のロシア・ポーランド戦に際してのポスター，スカボウスキー）

歓呼で迎えられる英雄（キールでの水兵蜂起に際しての街頭ポスター，1918年）
銃剣には赤い布が結わえられている

報告が現われる。

　逃亡して捕縛を免がれた革命分子たちも、夜になって同士を訪問したり、素性のわからぬ「愛人」のもとに立ち寄ったところで次々に捕まった。[7]

　こう回想する義勇軍指揮官のシュルツ少佐は、革命派の叛徒たちが立ち回る娼婦の隠れ家の所在はかねて自明のものとして掌握していたものと見える。一時的に、それもむしろみずからの意に反してミュンヘン・レーテの赤軍指揮官となったエルンスト・トラーにしても、しばしば広められたデマによれば、同種の「愛人」のもとにいるところを見つかったとされる。トラーは、ランダウアーたちのように白軍兵士によって撲殺されることを怖れて、鬘をかぶって変装していたが、ついに正体がばれた。報告によれば、トラーは赤毛の鬘をかぶってネグリジェ姿で壁の隠し戸の裏に隠れているところを見つけられたという。[8] 白軍兵士の一行は面白がってわっと囃したてた。これまで死の部隊の手をまんまとのがれて来た男は、こんなあわれな姿で殺されて報いを受けるのだ。

　アルフレート・ヨートゥル将軍（一八九〇—一九四六、国防軍指令部長官としてヒトラーの側近を務める。四六年処刑）はニュルンベルク軍事裁判において、ナチスのプロパガンダがドイツ民族に唯一信じこませることができたのは、「ユダヤ人とコミュニズムの同一性」であった、と証言している。[9] ユダヤ人とボルシェヴィズムという二つのものが、いかに簡単に「快楽という疫病」と結びつけられたかを見れば、コミュニズムに対する恐怖とはみずからの快楽の解放に対する恐怖にほかならず、またドイツにおいて「ユダヤ的なもの」がどれほど危険な快楽を具体化する存在とみなされなければならなかったかがはっきりわかる。[*10]

　こうしてファシズムは人間の快楽に対する戦いを実行するにあたって、女々しさ、病気、犯罪、ユダヤ人というレッテルを相手に貼りつける。このすべてを兼ねるのがボルシェヴィズムというレッテルである。そこに潜む破壊的な力はファシストたちの目には確かに「ユダヤ的」なものと見えたのだ。フリードリヒ・ヴィルヘルム・ハインツは、フィッシャー、ケルン、テヒョフ、ザロモンらの手でラーテナウが殺害されたのち、スローガンとして繰り返された「ラーテナウはドイツ民族を愛していたのに」という抗議の叫びにこう答えた。

> もちろんどのユダヤ人だってドイツ民族を愛している。ドイツ民族はその本質、精神の組成、女性や子どもたちの肉体によってユダヤ人を引きつけるのだ。ユダヤ人は処女のようにみずみずしいドイツ人の血によって癒されることを欲している。（……）要するに、たとえわれわれが個々のユダヤ人をどれほど深く愛することができようとも、われわれがユダヤ民族を忌避せざるをえないのは、滅亡の権化のような彼らへの恐怖ゆえである。

（かくして、「永遠にユダヤ的なもの、我らを引き下げる……」）

わけても唾棄されるのはユダヤ人女性である。そこにはありとあらゆる脅威が一堂に会しかねない。ツェーバーラインの小説『良心の命ずるままに』で、主人公のハンス・クラフトをつけ回すユダヤ人銀行家の娘ミリアムは、絵に描いたように美しく、優雅と富とをそなえるとともに、蛇のように狡猾な娼婦であり、伯爵夫人を名のり、おまけに麻薬に溺れている。それだけではない。ここではさらに二つの特徴が際だって目を惹く。一つは死者や滅亡した生命との結びつきである。クラフトがミリアムの誘惑をはねつけると、彼女は泣きくずれる。

「あなたにはわかるかしら。何千年もの過去の暗闇から這いあがってきた長い血筋の末にいることが何を意味するのか。まわりは空っぽで真っ暗。死ぬほど寂しいのよ。燃えるように傷が疼いて、この痛みを和らげてくれるものは何もないの。凍えきっていても、からだを暖めてくれる優しい眼差しもない。百万長者だったとしても、こんなに惨めで貧しいのは、心がないからよ。何千年もの昔からの、使い古されたポンプみたいなものだわ。若くありたいのに、この身はアハスヴェールみたいに歳をとっているの。」

淡々と語られる絶望的なつぶやきを聞いているうちに、クラフトは奇妙な気分になった。地下にある大昔の牢獄の奥底から凍るような腐臭が吹きつけてきた。このつぶやきの中から聞こえるのは、地上で天国を望みながら地獄しか手に入れられなかった民族の永劫の呪いだった。クラフトは、体の中で必死に抗うものが、闇に対するこの戦慄であることに気づいた。それは溺れる者が、自分の中のものは本能的に上方の光をめざして行くのに、体だけは下方に沈んでいくのに対して感じるような戦慄だった。[11]

「地上で天国を望みながら地獄しか手に入れられなかった民族[*2/12]」とある。地獄は内部に、肉体の暗がりの奥にある。墓穴としての身体、牢獄としての肉体。快楽を欲するこの老いた民族に堆積しているのは、クラフトが自分の内部で腐敗していくのを感じ取っている、死に果てた欲望の集合にほかならない。光をめざすこと、それは快楽や欲望、無意識からのがれることだ。なぜなら、欲望や無意識が宿る「暗がり」とは死者の国なのだから。カネッティが言うように、死者の群だけが惹きつけたり、嫌悪を催させたりするのではない。[13]自己の身体の中に潜む死んだものの集合、死に絶えた生の集合も同じ作用を引き起こすことがあるのだ。

おまけにミリアムは「ユダヤ人のペスト」という血の病を持っていて、それは生殖機能を奪うとともに、伝染性が高い。この種の病気に精通している薬剤師である親切な友人はクラフトにこう忠告する。

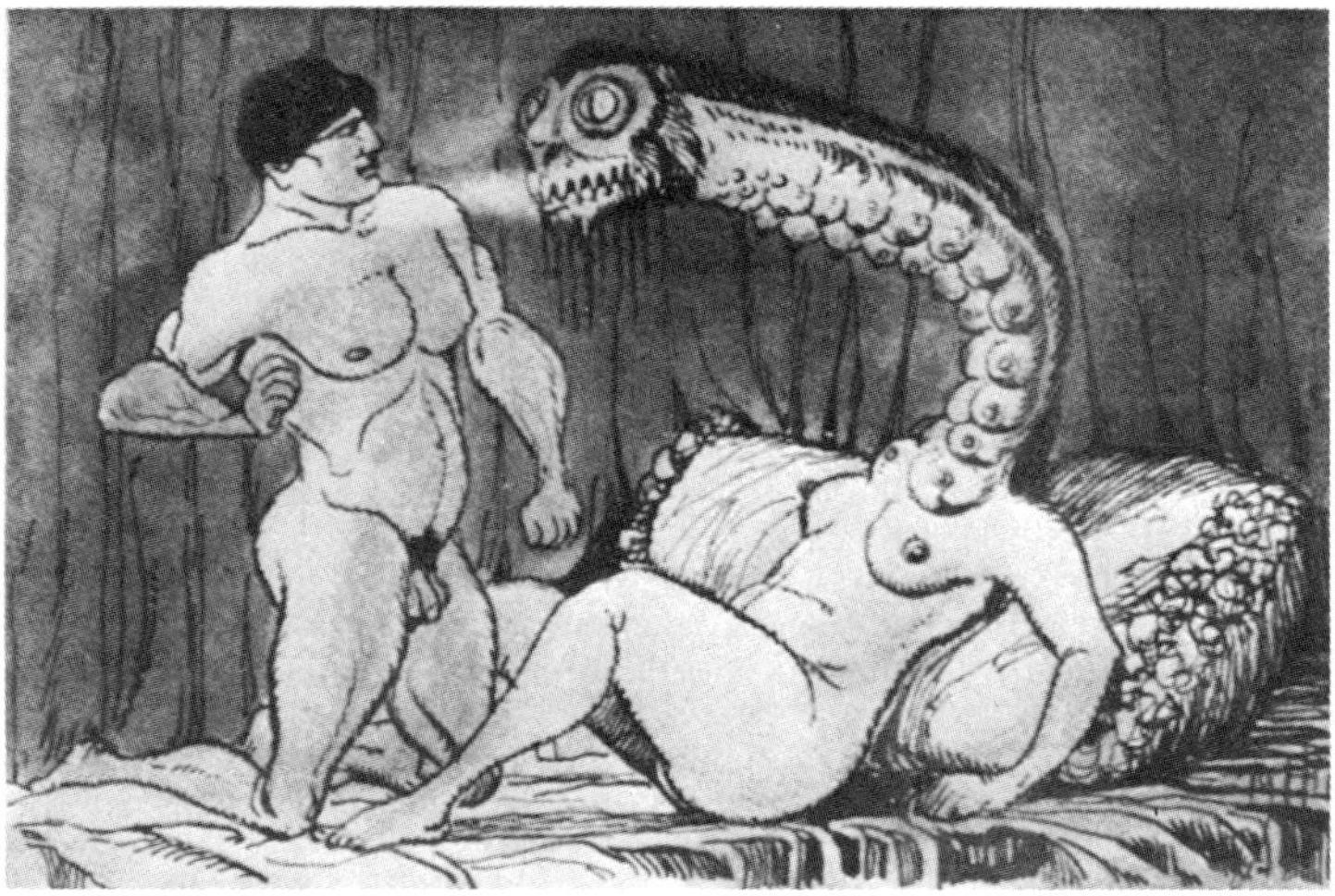

ジフィリスの亡霊

「あの女は魔女だ。目をつけた獲物はたらしこんで見るも無惨に破滅させてしまうぞ。おまけにあいつは落とすのが早い。一度迫られたらだれだって逆らえるもんじゃない。この俺がそうだった。気をつけたほうがいい。」

「どんなつもりでぼくにそんなことを言うんだ。もうはっきりと言ったはずだぞ。」

「いや、どんなたいそうな決心をしていてもあの目をぎらつかせた猫を前にしては用をなさないさ。ひどい嫌悪だけが薬だ。君もあのユダヤ・ペストの犠牲になるとは、なんとも気の毒なことだ。あの女はな――梅毒《ジフィリス》だぜ！」

　クラフトは縮みあがった。「ずいぶんな言いぐさだな……」冷たい戦慄が背を走った。自分となんの係りもない、それも吐き気を催させるユダヤ人女のことでこんなに長く他人と話をする仕儀に至った自分を責めた。たとえば相手がベルタだったら、そもそもこんなことに思いわずらうこともないだろうに。[14]

Schutzmaßnahmen gegen die planmäßige Verseuchung des deutschen Heeres: Abtransport kranker Frauen.

ドイツ軍の計画的汚染に対する予防措置．感染した女たちの移送

ライヒは梅毒感染への恐怖を重視しているが、[15] それも直接の不安ではないだろう。「ジフィリス」とは、死滅し、何もかも呑みこむみずからの無意識が外部で姿を取ったとき、それと接触した男たちを取りこむ分解作用に与えられた名称の一つにすぎない。とはいえ、ジフィリスがうってつけの名称であり、さまざまな連想を生むことは確かだ。それは女性による腐食、ユダヤ的なもの、伝染病、犯罪（感染は意図的に行なわれる）、男を骨抜きにする死を意味するコードである。

ドイツ帝国軍がジフィリス撲滅の挙に出た報告がある。

一九一六年の始め、リールとルベー〔いずれもベルギー国境

に近いフランスの都市〕におけるドイツ兵の梅毒罹患者が恐るべき数にのぼったため、参謀本部は対処策の実行を決定した。工場閉鎖によって仕事を奪われた夥しい数の女工たちが性愛を方便として生きていたのである。（……）さまざまな種類の性病が蔓延し、猖獗をきわめた。医師が個々に処置をしてもとうてい間にあったものではない。なかんずく、罹患した女たちは自分たちの生業を止めようとは毛頭思わなかったし、どうやら秘密の筋からこの生業を性懲りもなく続けることを指示されている様子だったからである。（……）ドイツ側が、北フランスの工業都市におけるこの惨状の裏で糸を引いているのは敵側のスパイであることをようやく突きとめるにおよんで、もっとも強硬な措置、すなわち少しでもあやしげなところのある女性にはすべて容赦なく立ち退きを命ずる措置がとられた。この場合、多くの無実の女がその中に含まれていたとしても仕方がなかった。この処置をもってしてしか、この地で待機中の部隊全体にとって命取りになりかねない危機には抗しきれなかったのである。

こうして、レト－フォアベック編の『スパイ』というアンソロジーでのフェルディナント・ブラックによる報告によれば、少なくとも千五百名にのぼる女たちが、リールとルベーから前線を遠く離れた地域に移送され、長期にわたって隔離施設に収容された。ブラックが喜ばしげに伝えるに、移送地の市長たちは「野菜運搬車」としてカモフラージュされたこれらの貨車の受け入れに難色を示したものの、結局は搬入を認めざるをえなかったとのことである。

もちろん、兵站部の係官が軽い戦慄をもって受け入れなければならなかったのは、野菜といっても腐った野菜のような手あいである。女たちは呪詛の叫びを一斉にあげた。（……）ところが、奇妙なことに、女たちのこの洪水を現地住民の中に編入する作業は予想外にうまくいった。（……）敵はこの作戦ももはや通用しないことを思い知らされた。
さよう、ドイツ軍は少なくとも性病の前線でだけは勝利を収めたのである。
しかし、ドイツ側枢軸国の銃後も同種の女性たちを抱えていた。この女たちは、敵の間諜に使嗾されて、性病に冒された肉体を敵のために利用した。（……）これはすでに証拠をあげられている事実だが、ライプチヒには一九一八年に、もっぱら兵隊をねらって性病に感染させることだけを生業とする感染者の女性がいた。彼女はこの破壊工作を継続するために素性不明の筋から金銭的援助を受けていた。しかもこのケースでは、客の兵士たちは件の女性のもとで性愛を享受することすらできなかった。情交は感染が判明した時点で打ちきられた。この女性の身に覚えのある罹患した兵士たちは実に驚くべき数にのぼる。この犯行をようやく止めさせるまでの間、数千もの兵士たちが犠牲となった。（フェルディナント・ブラック「戦争手段としての女性」、レト－フォアベック編『スパイ』四一五ページ以下）
梅毒は単なる病気ではない。それは意図的に広められた病であり、スパイの仕掛けた罠でもある。ジフィリスは単なる病原菌ではない。それはアルトーがペストとその症状を強迫観念の総体として分析したのと同じ意味で、一つのイデオロギーである。ジフィリスというイデオロギーが包括するのは、否応ない感染への恐怖と、病原菌とリビドーの得体の知れない力との密かな協同作用に対する恐怖である。[16]（ギイ・オッカンガム）
特に重要なのは後者の恐怖である。ジフィリスが病原菌の蝟集《マッセ》であり、それがもう一つのマッセ、すなわち腐敗した肉の集合を生むことにも注目すべきだ。
この意味で、叛乱のために路上に蝟集する群衆は、生命を生産する欲望が生み出したあまたの病的快楽の化身であるとともに、男を溺れさせるあらゆる赤い群れが形をとったものである。それは誘惑的な快楽と、死を意味する快楽を一身に具現する。

したがって腐敗したものの集合に対して兵士的男性が興味を抱くのは、この集合が彼自身の内部をあらわにした相貌を示すからかもしれない。彼はそれからどうしても目が離せない。

無数の杭と鉄の部品が雑然と散らばっていた。地面には黒っぽい、ぼろぼろに炭化した塊がある。これは人間かもしれない（強調テーヴェライト）。ぼくはひどく興味をそそられて銃の先でそいつを突いてみた。シューと音がして外皮が破れ、銃の先は深く中にめりこんだ。その塊が動いたようにみえた。突然、胃が喉もとまでせりあがってきた。ぼくは病菌と腐敗とが発する不快な臭気に身をのけぞらせ、よろめきながら顔を背けた。[17]

別の箇所でザロモンは初代ナポレオンの肖像のやや太った顔を見ているうちに、その頬を突き刺してやりたいという欲望に駆られ、そこからは黄白色の膿が吹き出すだろう、と想像している。[18]

ユンガーは自分にとって生は、「ある時には磨きあげられた橄欖石として、ある時には謎めいた光を放つオパールとして、また別の場合には蛆虫に食い荒らされた屍の顔をもって現われる」[19]としている。この変化は順に「外部」、「ぼやけた境界」、そして「内部」をそれぞれ指している。ユンガーの視線はまるで探し求めるように塹壕を出て、腐爛した死体の部位に向けられるが、ユンガーは目をそらそうとしない。

そうだ、私は昨日まで何時間というもの、石のように身をこわばらせて神経質に、崩れ落ちた土の壁をじっと見つめていた。（……）その下には死体も埋まっていた。もちろん片脚しか見えない。死体は長い間そうやって埋もれていたように見えた。足は重い軍靴を支えることができなくなって、くるぶしから先が朽ち落ちていた。根元には茶色く焦げた肉からむき出しになった骨がはっきりと見えた。それから粗い編み生地の下着と、雨で泥を洗われた灰色のズボンがのぞいていた。本当なら死体はこのままずっとそこに横たわっているはずだった。[20]

しかし死体は横たわったままにされるはずがない。攻撃が仕掛けられる。「鉄鋲を打った私の軍靴に踏まれて、片方の胸郭がふいごの袋のようにへなへなとへこんだ」[21]。そこにあるのは別のもの、死んだもの、下にある柔らかなものだ。軍靴で踏みつけるのは生を確かめたいがためだ。

エーリッヒ・フロムはファシストのテキストから同じような特徴を抜き出して、彼らの「死体愛的性格」を指摘している。[22] フロムはヒトラーを「死体愛好症」の臨床的症例と認める。[23] この種の性格診断的な分析がいずれも、人間の組成に関する観念的イメージに拘束されていることを差し引いて考えても、フロムの理論は根本的に間違っている。ファシストたちは死体を愛好しているのではなく、自分自身の生を愛しているのだ。[24] しかもそれは、カネッティが言うように、生き残りを賭けた愛である。ぼくはそれこそカネッティのもっとも卓抜な洞察だと思う。[25] 屍の山は自分が勝利者であることを自覚させる。それは自分が、内部で死んでいるものを外に引き出すことに成功した存在、「あらゆるものがぼろぼろに朽ち果てる」時になおそこに立つ存在であることを証明するのだ。

ユンガーは戦闘の後でこう述べる。

> その時私は、存在とは陶酔と生命であり、荒ぶる、狂騒した、灼熱する命、熱烈な祈りであることを感じた。私は是が非でも自分を表現せずにはいられなかった。戦慄しながら、自分がまだ生きていることを確認するために。[26]

そしてユンガーはどう自分を「表現」するのだろうか。先の文には、第I巻で引用した、あの文が続

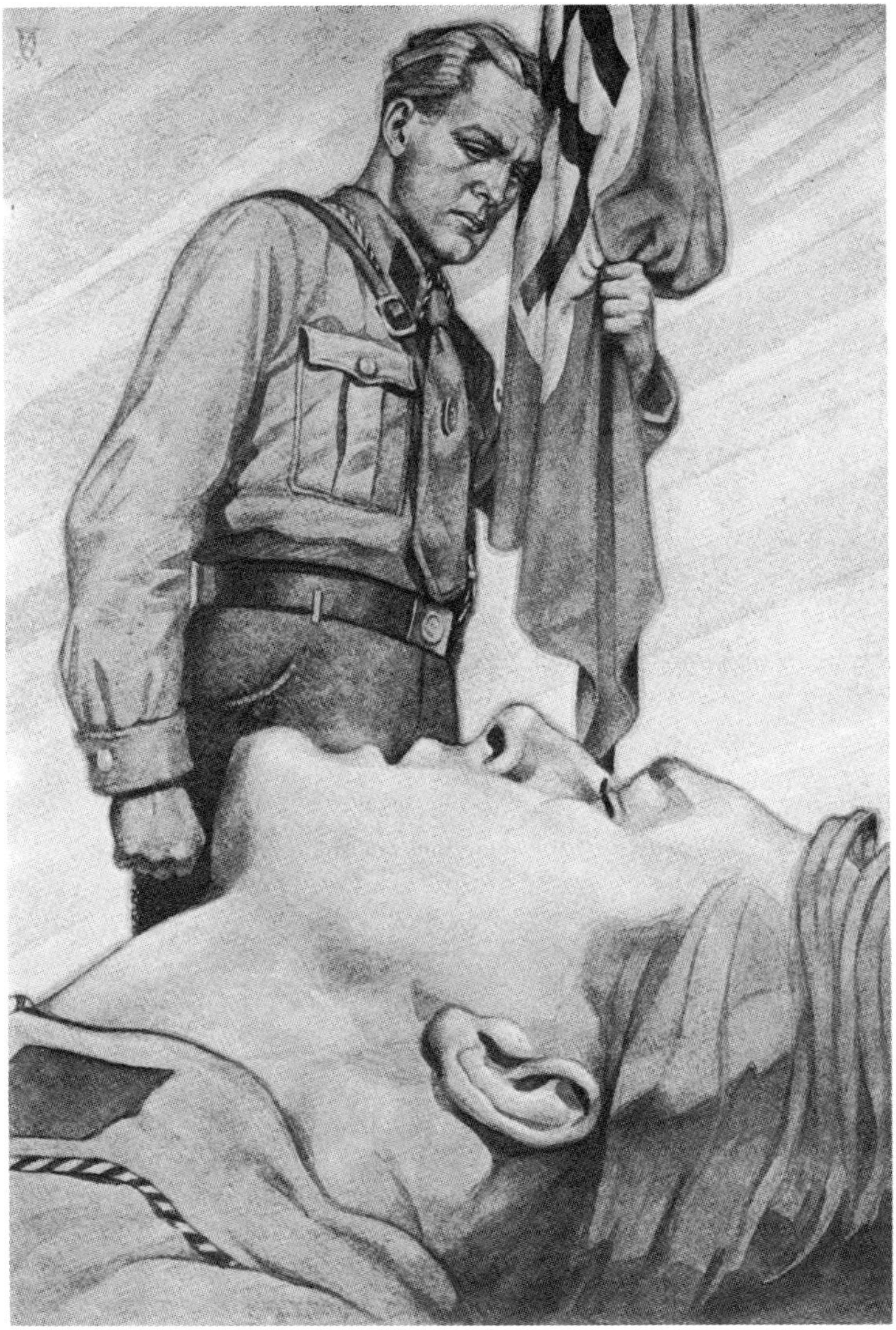

「君たちがそのために死んだ祖国のためにこれからも戦い続けることを誓うしか感謝の示しようがない」（シガレット・カード集「目覚めよドイツ」，アルトナ＝バーレンフェルト，1933年より）

く。

私は傍らを過ぎていく娘の両の眼に視線を沈ませた。ほんのわずかな間、しかしピストルの弾のように深々と。

二つの異なる運動を同一視することによる生き残り。戦闘の中で死者たちは、「後に続く者たち、柔らかなものの中に鉄鋲を打った軍靴がめりこむのに怖気づく兵士たちの跳躍台[27]」である。一方、売春宿では「金属製の柄が白い肉の中にくい入るたびに酩酊した笑い声が起こる[28]」。フランス領内での夜の行軍に際しては、「この見知らぬ国で外国の民族が消しがたい痕跡を刻みつけていく[29]」とされる。

私は、存在の繊維の一本一本を生命の底深く降ろしてそのもっとも華麗な姿をとらえようとする欲求が生まれたことを、戦争に感謝している。そのためには腐敗を知らなければならない。夜を知る者だけが光の価値を知るからである[30]。

ここでは光はなんら新たな認識をもたらすものではない。ユンガーが対置する夜／光というたとえの中で、この意味はとうに失せてしまっている。光がここで示すのは逃走の動きである。生き残り、光の中に立つことは、死者たちの群れとみずからの内部の闇から抜け出す歓喜を意味する。ユンガーがその際、「生命の底深く」降ろす繊維は、生命を吸い取る。別な言い方をすれば、それは生命を奪う棘である。

「われわれは腐敗する時代の中で生きている唯一の者たちだ[31]」。ハインツが『爆薬』の末尾でそう記している。ここで名ざされている「腐敗」こそ、生きているものの姿にほかならない。それはあらゆる硬直したものを解体し、流そうとする欲求である。一方、ハインツみずからが生きていると感じているとすれば、それは自分がまだ崩壊を経験せず、身につけた甲冑がまだ健在だからだ。自分がさらに行進を続け、もろくつぶれる胸郭を軍靴で踏みつけるからだ。[32]

内部——「原人」としての異物

群衆とその中に生きているもの、蝟集し腐敗するものが、兵士にとって自分自身の内部が具体化としたものと見えるには、「内部」とその欲動の状態とが本人にとって完全に分離したもの、したがってまた分離しうるものとして見えている必要がある。時に応じて内部から現われ、爆発するように噴出するものは彼にとってまったく未知な存在、いわば「原人」である。

なるほど、野生のもの、血なまぐさいもの、欲望のけばけばしい色彩は、社会が烈しい欲動や快楽を馴致した何千年もの間に陶冶され、鎮静されたかもしれない。洗練の度を高めるにつれて人間は純化され、高貴になったかもしれない。しかし人間という存在の根底にはなお動物的なものが眠っている。あまたの獣たちが潜んでいて、(……)生命の波動曲線が原初の状態を示す赤いラインにまで戻ると、仮面は落ちる。するとかつてないほどあらわな姿で原人が這い出してくる。欲動を解き放たれて、粗暴このうえない穴居人が現われる。[1]

こうしてユンガーには、十九、二十世紀の家父長制と資本主義によって生み出された欲動の状態が人間にとってもっとも社会化された機構であり、違和感をもって受け止められるにもかかわらず、むしろ人間に本来具わった本質、すなわち「原人」的なものとして目に入る。人間が生きている社会はこの原初の成分に対して「文化」として向きあい、それを「陶冶し」、「鎮静する」。文化とは人間の身体に着せられた甲冑である。ところがこの甲冑そのものが欲動の「動物的」状態をもたらした張本人であることは、人間には隠されたままだ。

身体の外縁を、内なる獣の棲む檻として用立てなければならない者は、社会的な接触を行なうという、この外縁に備わった機能を放棄する。社会的接触が行なわれるはずの表面が隔離層に転じたとすれば、孤立した身体が活動すべき社会などもはや見いだしようがない。社会的審級、つまり人格形成に影響する人物の側からいったん焼きつけられた破壊的な印象は、それ以降は邪悪な「動物的」内面として存在し続ける。それは社会的なものにまで成長しないために、「原人的なもの」にとどまらざるをえないのである。このように、みずからの内に獣が棲んでいると感じている者は、文化的ペシミストと呼ばれても仕方がない。

あるいはこうも言えるかもしれない。ユンガーはここで自分の心的構造が昇華、すなわちフロイトが言う意味での「文化的作業」の産物から遙かに隔たっていることを彼なりのやり方で記録しているのだと。何ものも「置き換え」られない。「内部」のものはすべて、あるがままの、すなわち動物的な状態にとどまっている。それは一時的に閉じこめられているだけで、爆発を待っている。その結末は何によっても阻止できない。「獣から受け継いだものが血の中にある限り戦いは行なわれる」[2]。戦いはこのような心的構造を持つ男性が、内部にある異質で「原人的」で「動物的」なものによって呑みこまれることなく、それと同一化できるからこそ待ち望まれる唯一の目的なのである。戦いだけが内部にいる死物の蘇りを約束する、とも言えるだろう。戦争は再生である。死んだ欲望の群れがそこで蘇る。死んだ欲望は、急激に現われる際に世界に独自の刻印を残す。それが死である。

「人間の正体を見極めるには、その人間を殺すに如くはない。頭蓋骨を文字どおり開けて、中身を調

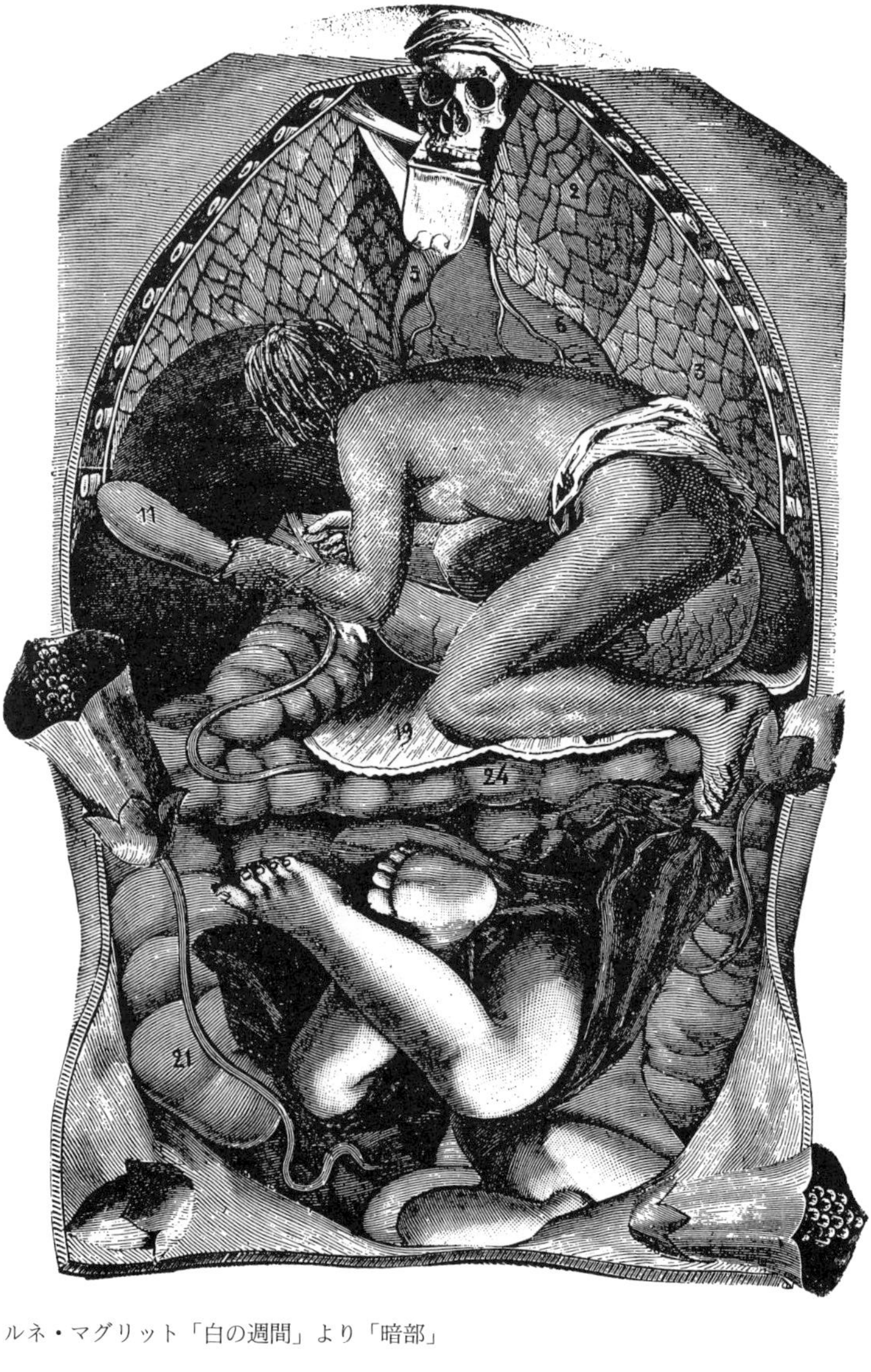

ルネ・マグリット「白の週間」より「暗部」

義勇軍の募集ポスター（1919年）．上左：「止まれ！」ドイツ人の仕事を邪魔する者は退け．志願兵は一歩前へ．国防軍を助けられたし．軍務未経験者も受け入れ可．上右：ドイツの男たちが君たちの故郷を防衛する．シュミット突撃隊に入隊せよ！　下左：同士よ，来たれ！　タールマン分遣隊．下右：故郷を守ろう！　ヒュルゼン義勇軍に入隊せよ！

べること」。ドヴィンガーはゲオルク・ビューヒナーの『ダントン』からよく知られた一節を引用しながら、そううそぶく。読む者を慄然とさせるのが、洗練された素朴なのか、生あるものを殺すべきものとしてとらえる無邪気げな自明さなのか、うぬぼれに満ちた粗野なのか、それとも空虚なのかをドヴィンガーの語り口から判断することは困難だ。

ヘルヴィッヒが突然顔から本をどけ、いくぶんおさえた声でパーレンに向かって言った。「いいかい、聞けよ、ここにいいせりふがある。ジュリエがダントンにこう聞くんだ。〈あんた私を信じてる?〉〈知るもんか〉とダントンが答える。〈ぼくらはほとんど見知らぬ仲だ。鈍感なつむじ曲がりさ。互いに両手を差しだしあっていても、無駄な努力だ。相手の皮のような皮膚に触れるだけだ。ぼくたちはみんな孤独だ〉そう言ってダントンは彼女の額を指差す。〈だけどどうだ、このおつむの中には何がある？　お互いを知りあうだって？　だったら頭蓋骨を割って脳髄繊維の中から思想とやらを洗いざらい引き出さなくちゃならないじゃないか〉」。ヘルヴィッヒはなかば立ちあがり、小声でつけ加えた。「どうだ、すごいだろう。まったく同じことをおれもこれまで何度も、哀れな連中を前にするたびに感じたんだ」「おれもさ。暴れまわるチンピラどもを見るとよくそう思う」

そうパーレンもゆっくりと言った。[3]

パーレンのせりふを読むたびにぼくにはまず一つの顔が思い浮かべられる。無表情にこちらを見つめる顔だ。開けられた口元には空虚な微笑みがある。ナルシスティックな冷笑さえ剝ぎとったような、全能とも無力とも見える笑いだ。

動きは一つだけ。内部を持つものすべてに粗暴な両の手でつかみかかり、理解するためにそいつをクルミのように割って中を凝視する。破壊し、殺し、投げ捨てては次の獲物を捜し求める。

ヘルヴィッヒは「哀れな連中《アルメン》」に向き合っている。これは「両腕《アルメン》」とも読める。群衆はそれぞれ一対の腕を持っているが、この腕に抱きしめられてもよそよそしい思いと不安しか生まれない、というのだ。それでもなお彼は、まるで子どもがおもちゃはどう動いているかを見たいために分解するように、その内部をのぞきこまずにはいられない。

だが、子どもはそこで何を探すのだろうか。なにも機械のメカニズムを知りたいためではない。子どもは自分の生の謎に対する答えをそこで探すのだ。自分の中に動いている小さな機械やモーターと同じものがこのおもちゃも動かしているのだろう、と思って。

同じように、知るために破壊される対象に対する無関心を装った優位の裏には、自己の組成に対する問いが隠されている。この問いは、他の身体との関係において自己を経験できない身体の中で、強烈な爆発力を持つにいたる。この私に何が起こったのだろう。自分の中に何があるのか、自分がどんな素性のもので、どんな性を持つかを知るために、こうして内臓を引き出さなければならないとは。

どれもこれも、断ち割ってみればみんな同じだ。血まみれの粥、べたべたの集塊だ。これでやっとわかった。

外部にある異物に食い入ろうとする行動は、そのどれもが分厚い皮膚の下に潜む自分の中の異物への接近を意味するかに見える。それは、内部で蘇生を待っている死んだものの群れを生き返らせようとする試みなのだ。

このような感情を念頭に置くと、クルト・ホッツェルが『学生、十八歳』なる文章に引用している「詩人の使命」と題された詩がおおよそ理解できるような気がする。ホッツェルはこの詩がだれのものかは明らかにしていない。

ヴォルフガング・レンツ「一心同体」

いつかの日かこの一族が恥辱から浄化されるとき、
賦役の桎梏を首から投げ捨て、
五臓から栄誉を餓え求めるとき、
そのとき、限りない墓石の続く戦場には
血の反照が生まれるだろう。雲の上を
いかづちを打ち鳴らす軍勢が行くだろう。
音を立てて野をひた走るのはもっとも恐れていたもの、
三番目の嵐、死者たちの帰還だ！[4]

「五臓から」の「死者たちの帰還」――これがシュテファン・ゲオルゲの『新しき国』のヴィジョンである。

死んだ欲望が蘇るとき、それは殺戮者の群れに姿を変えるだろう。その膨大な数、積まれた屍の山の高さは、歴史的に充足可能でありながら満たされることのないまま取りおかれた欲望の量におそらく比例するのだろう。満たされずに屍となった欲望の一つ一つに対して、ユダヤ人か黒人か、黄色人種かコミュニスト、女か子どもが一人ずつ犠牲にならなければならない。しかし、知ってのとおり、大量殺戮ではだれかれの識別はされない。

現実の群衆の諸相

兵士的男性にとって群衆がこうして快楽に汚染されたもの、解体をもたらすものに見えるとすれば、実際の群衆の中では何が起こっているのだろうか。

エリアス・カネッティは群衆の中に起こる出来事を正確に言い当てている。今の問いに対する答えとして重要と思われる指摘をここで三つ引用しておこう。

> ある人間を圧迫するのは、圧迫される本人と同等のものである。人はまるで自分自身を感じるように圧迫の相手を感じる。そして突然何もかもが自分の身体の内部で起こるかのように起こる。おそらくそれは、群衆ができうる限り密集したがる理由の一つだろう。そうすることで群衆は、個々の人間が感ずる接触恐怖から可能な限りのがれようとするのだ。人間たちが密集して押しあいへしあいすればするほど、いっそう彼らは安全だと感じ、互いに対する恐怖を抱かずにすむのだ。この接触恐怖の転換は群衆の機能の一つである。[1]
>
> それに対して、同じ部隊にいる兵士たちの間では常に規定どおりの距離が保たれている。
>
> 群衆の中にいると個々の人間は、自分の個人的な境界が侵されているような感情を持つ。[2]

この二つの特性のために、兵士的男性にとって群衆の中で生ずる出来事が性的なもの、混交し、解体するものとして目に入るのはもっともなことなのである。兵士は群衆を一つの集団として見るだけではない。それはまさに身体そのもの、多数の目と頭、腕と脚を具えた肉体なのだ。群れの中にいる人間はその極度の密集状態ゆえに体を触れあい、境界を失う。そこで行なわれていることが愛する者同士の和合に似ていることはだれの目にも明らかだ。つまり兵士が感じ取る群衆の中の快楽は、単なる投射ではないのだ。

しかし、群衆の中に生ずる快楽は、第三の、おそらくもっとも大きな事態を含んでいる。それは解放という行動である。

カネッティは次のように述べている。

命令という命令は、なんであれ、それを実行することを強いられた者に不快な棘を残す[3]。

これらの棘が兵士の中に山をなすように蓄積されているのは明らかである。彼がなすことのすべては命令に基づいている。彼は命令以外のことはしないし、それをしてはならない。(……)自発的な心の動きは抑圧されているのだ。兵士は次から次へと命令を呑みこみ、その際どんな気持ちになろうともそれとは無関係に、ひたすら命令を呑みこみ続けなければならない。そして、命令を実行するたびに、もちろん兵士は命令をすべて実行するのだが、彼の中に一本ずつ棘が残されていく[4]。

(……)棘は命令を実行した人間の心の奥深くに居座り、不変のままそこにとどまり続ける。人間のあらゆる心理的構造の中で、これほど変化しにくいものはない。棘の中には命令の内容も保存されている。命令のおよぼす力も、その有効範囲も、限界も、すべてがあったままの状態で残されている[5]。

しかし、一人の人間が同一の命令を異なる命令者から繰り返し与えられることがあるかもしれない。このような事態がきわめて頻繁に起こり、しかも情け容赦なく繰り返されると、兵士の中の棘は元の姿を失い、まさに命を脅かす怪物としか言いようのないものへと姿を変える。それは法外なものへと成長し、ついには宿主自身の主要な実体を占有するに至る。怪物と化したこの棘のことだけを宿主は考え続け、たえずそれから逃げ出そうとしながら、どこに行くにも引きずっていく[6]。

（この状態においても兵士の「内部」は死んだものであり続ける）。急激な変化が訪れる瞬間がある。すべての棘からの解放、それももっとも恐ろしい棘からの解放が訪れるときがある。この解放のきっかけは群衆の中にある。[7]

しかし、群衆と戦わざるをえない兵士は命令という棘の圧迫のもとにとどまり続ける。それどころか、あちら側ではほかの連中が棘から解放されているというのに、兵士にはもう一つ別の棘が植えつけられるのだ。兵士はとんでもない貧乏籤を引くことになる。

兵士は群衆の行動が解放であることを感じているが、その解放から自分が完全に閉め出されていることも承知している。だからこそ、猛烈なテロルをもって群衆と戦うのである。戦いの中でも兵士は群れと同化することはできない。隊列を保たなければならない。内戦の最終段階、すなわち労働者たちがすでに掃討され、部隊の命令系統が緩和された段階で、兵士たちもようやく群れになり変わる。放たれた猟犬の群れである。[8]実はこの解放の瞬間をめざして軍全体の行動は舵を取られているのだ。あらかじめ労働者についてあることないこと噂を広め、彼らのいわゆる残虐行為を数えあげ、恐るべき実体を強調し、彼らの行状や禁じられた快楽を観察するのも、ひとえにこの瞬間を準備してのことなのである。

前方に女あり……

群衆は他の事物、たとえば女性的なもの、動物的なもの、腐敗をもたらす梅毒といったものを必ずしも同時に指示するわけではない。関連の度合いもまちまちで、その時々の状況に依存する。ある状況が男性にとって剣呑なものになればなるほど、群衆と他の事物との関連はより多様に、より強力になる。

大都市の街路上で、非武装もしくはごくわずかしか武器を持たない群衆のデモと対峙する場合、兵士たちはこのデモをたいていは簡単に鎮圧してしまうが、このごくありふれた状況では群衆を「女性性」と結びつけるだけでこと足りる。この場合、群衆の背後には、去勢する、もしくは扼殺する（雄の）怪物が隠れているのだが、この群衆が発する脅威の度は比較的少ない。極端な場合にはそれは滑稽としか感じられない。

> 隊列もくずれ、着ているものもてんでバラバラなまま、しゃべったりタバコをふかしたりしながら歩調もそろえず歩く男たちに率いられたデモ隊の中には、女や子どもたちも混じっていた。それどころか乳母車まで一緒に押されて行くありさまで、こんな行列はドイツ人にとってはなんの感銘を与えることもないし、敵愾心を起こさせるものでもなかった。それどころかこの眺めは、笑止とは言わないまでも嫌気のさすもので、ほとんど吐き気を催させかねない光景だった。[1]

この描写は、キリンガーが突撃隊員の教育用冊子のために書き下ろしたものだが、「女や子どもたち」、平服の男たち、すべてが混じりあうデモの光景は、まるで一族総出のピクニックのようだ。この手の群衆がもう少し攻撃的な形態をとる場合、それに対して挑まれる戦いは、少なくとも部分的には家庭内でのいざこざのような様相を呈する。

> すると、まったく唐突かつ予想を裏切って、最前列に女子どもを配置したデモの行列の奥から、けしかけられた群衆の一部が哨兵に向かってバラバラと駆け出してきた。そのために哨兵たちはやむなく中学校寄りに撤退せざるをえなくなった……[2]（ヴィトマンによる）

プロレタリアのデモは攻撃的なものになるとそのどれもが突然女たち、「女や子どもたち」を先頭に押したてるとされる。これも驚くほど判で押したような描写だ。デモ隊がこの布陣をとるねらいは火を見るより明らかだ。

「女たちの背後では機関銃が持ち出され、最前線の家屋に配置された」[3]とある。

しかし、ヴィトマンの憶測によれば、
女たちといっても、彼らは身の安全をはかるために女のスカートの後ろに潜りこむ臆病者たちに金で雇われたのだろう。兵士が女に向かって発砲しないのを知ってのことだ[4]。

こうして女たちは、労働者の戦略の一環として計画的にデモの先頭に立たされたものとして兵士たちの目に入る。ヴィトマンが強調するところによれば、労働者側の「指揮者」は、背後で機関銃を準備しながら、女たちを「取引」の材料に使うのである。

一方メルカー将軍は、一九一八年十二月二十四日にベルリンのマーシュタルに立て籠もる革命側の海兵部隊を包囲した後、敵の代表者と交渉中に、「叛徒側は女と子どもたちを強引に部隊の中に引きこんだ[5]」と報告している。フォン・エルツェンは「女子どもはまったく計画的に前方に押し出され、体をはって防護壁を作った」とする[6]（ほかにも多くの証言がある）。

兵士たちが特に強調するのは、女たちが「前方に押し出されている」ことである。前方にいる者たちの背後にだれかが身を隠している……。女たちはときにはデモ行進の先頭に立っているのを目撃され、さらに自前の「女だけからなる」群れを率いているとされることもある[7]。ファシストの文書において決定的なのは、第一に女たちがいついかなる時にも群衆の中にいて、第二に、自発的な意志からではなく利用されてそれに参加していることである。では、なぜいつも女たちが先頭にいなければならないのだろうか。

煽動者が最前列にいたためしがない。彼らは女や子どもを盾にして、裏から「活動の糸を引き」た

メルカー将軍

がる。[*1] したがってデモの中にいる煽動者を捕捉するには、各部隊に対して建物の上階に何人かの狙撃兵を配置するよう指示する必要がある。[8]

（女たちのスカートの背後にいる連中を狙うために狙撃兵が必要になるわけだ）。煽動者は群衆の頭部であるかに見える。それは不意をついてとびかかる牙をもつ獣だ。メドゥーサの沼の中に潜む何本ものペニスだ。

午前中に女のスカートの陰に隠れて自分たちの「陣地」を確保していた臆病者の頭目、叛乱の首謀者たちは、今や闇に乗じて隠れ家から這い出してきて群衆にふたたび鞭をくれて煽動をはじめた。[9]

スカートの中に本当に身を隠しているのはだれなのだろうか。幼時に父親の厳しい罰をのがれてママのスカートの後ろに逃げこみ、捜し求めた庇護を見いだしたのは、兵士自身ではなかったか（ときおりは庇護があたえられることもあっただ

フリッツ・ラング監督『憤激』（1936年）で監獄を前にした群衆

ろう）。それと同じようにあそこには「赤い煽動者」たちが隠れている。見たところ彼らの戦列には、彼らを引きずり出して敵の面前に据えるような強大な父親もいないようだ（彼らは父親に勝ったのだろうか）。しかし、多くの観点からして、「女のスカート」の後ろにかつて身を隠した、そして今も隠れているのは父親でもあるはずだ。「闇に乗じて」、（寝室の）「隠れた片隅」からこそこそと這い出してきては「群衆にふたたび鞭をくれる」のは父親以外のだれでもあるまい。鞭を受けるのは、母親のスカートにかまけて「軟弱に」なることを断じて許されなかった息子でもある。

女性の下半身に巣くう獣たちが、女たちを「占有した」男性（家庭内では父親である）から生まれたものであることについてはすでに見た。ドラゴンの一族が支配者の門番となり、その紋章を帯びるのである。

そして第三に、息子が成長し、父親との戦いを引き受けるまでになったとき（この場合戦いの目的は母親ばかりでなく、みずからの自立でもある）父親が庇護を求め、匿ってもらうのはふたたび母親のスカートの中ではないか。さらには、老いて弱くなった父親を許すように乞い、永らく待ち望んだ復讐から父親を守ろうとするのも母親ではないか。窮地に陥るといつでも父親は母親を盾にするのではないか。

こうしてぼくたちは、少なくとも「前方に女あり」という符牒のもとに思い描かれる限りは、群衆に対する戦いが、いまだ解決されないままくすぶり続ける家庭内の葛藤と係っているのを眼にする。戦い相手である「赤い煽動者」は同時に、してはいけないこと（つまりスカートの下に隠れること）を許されている者たちであり、おのが身を守るため、あるいは息子をペテンにかけるために女という群衆をそそのかして前に押したてる者、つまりはたいていの場合父親なのである。一方、「女たち」を盾にする群衆において攻撃の標的となるのは、母親のうち、時に応じて調子よく父親側に寝返り、息子のことをもはや顧みない部分である（この種のデモ行進ではきまって最前列から兵士たちに向かって、嘲笑が浴びせられる、とされるのはこのためだと思われる。また先頭で「ののしりわめく」女たちに向けて兵士たちが出し抜けに「ドゥー」と親密に呼びかけたり、女たちを「どこかで」見たことがあるという思いもそこからくる）[10]。

しかし「兵士は女に向けて発砲しない」はずではないか。もちろん、敵が女であれば撃つことはない。ところが、女という名にも値しない時がいつかくる。その時それはわめきちらし、兵士を脅かす群れとなり、兵士は生き残るためにやむをえず引き金を絞る。

「ひょっとしたらドイツ人に対する射撃を命じることになるかもしれない、と考えるとひどく気乗り薄になった」とレトー‐フォアベックは躊躇を口にする。「しかし女子どもを列の先頭に立たせているのはもとはと言えば『スパルタクス団』のほうだ。彼らは兵士に間近に迫り、圧倒しかねなかった。ありがたいことにアフリカの英雄であった私には、容赦のない男という声望があった」[11]。

「容赦のない男」という声望をほしいままにしたとすれば、いまさらこの悪評を上塗りすることを思い煩う必要もあるまい。行動を束縛される理由はない（「アフリカの英雄」とあらばなおさらである）。女たちがそれを迫ったならば、引き金を引くのもやむをえない。なにも即刻でなくともよい。まず照明弾をいくつかスカートの下に撃ちこんで様子を見ることだってできる[12]。別のやり方もある。

デモのリーダーたちは「階級意識に目覚めた」妻たちや、ときには乳飲み子を抱えた娘たちまでも自分たちの前に盾として立たせ、時折その頭越しにわれわれ第五中隊の同僚にむけて発砲した。彼らはじりじりと、だが確実にこの女性部隊を前へと押しやり、有刺鉄線の張られたバリケードまで近づいてきた。（……）

「火炎放射器用意！」という命令一下、間髪をおかず前にいた一人の兵士が別の兵士の背中に火炎放射器を担わせる。最初の兵が放射口をつかんで踏ん張る。勇猛果敢な若者たちだ。通りの連中は蜘蛛の子を散らすようにあとじさった。効果覿面、群衆は四散した。われらが機動部隊は高らかにエンジンをふかした[13]。

ただしこれはほんの小手調べだ。最終的には迷いをふりきって武器の使用を決断しなければならない。それは強いられた決断だろうか。ハイデブレック少尉はこの決断に至った経過を次のように述べている。

われわれは行進を続けた。まさしく情勢は油断を許さず、リエージュ〔ベルギー東部の都市〕駐留中の将校たちの報告からわたしが予想していた状況をはるかに上回るひどいものだった。周囲に群がるのはおめき騒ぐ暴徒たちで、さながら地獄の門が開いたようだ。往来に溢れ出しているのはおよそ最下等の人間どもだった。われわれは、ベルギーの炭鉱労働者に取り入ろうとドイツ軍の制服を着たまま暴徒に加わった兵隊たちや、威張りくさった兵站部の老いぼれた豚ども、初年兵部隊から逃げ出した若者たち、前線の代替要員に選ばれながら敵前逃亡した連中の傍らを通り抜けた。そこにはまた、われわれの名誉の軍服を着て黒幕や煽動者として暗躍するユダヤ人の若造もいた。どいつもこいつも前線ではお目にかかることのない有象無象だ。一番の難儀は、二列になった人垣の間を抜けていくときだった。国防軍の鼠色の服を着たならず者、ベルギーのよた者、男たち女たち、パルチザンたちが腕をとりあって長い列を作り、拍子に合わせて身をゆすってわれわれを囃したてる。「フランスを打ち破るぞ！　きっと打ち破るぞ！」なんたる恥知らず。恥辱もきわまれりだ。悪魔に食われるがいい。この時われわれからは、ドイツ人に対して発砲することへの躊躇は消えた。[14]

『われら守りの狼』――ことわっておけば、これがハイデブレックの回顧録のタイトルである。これ見よがしのタイトルと同じく、右に掲げた描写からは、ついに撃つことが許されるという快楽が伝わってくる。ならず者どもは恐怖心からではなく、よくもいてくれたものだ、という喜びからここに列挙されるのである。敗北がもたらした汚らわしい恥辱の一切合財の中にある何かにとどめを刺す口実がようやくできた、とテキストは言わんばかりである。

その「何か」とはなんだろう。公に鬱憤を晴らす機会はほかにいくらでもあったはずだ。なぜこともあろうにドイツ人に銃を向けるのか。相手が親しい同胞、家族だったらどうだろう（「ドイツ人に対して発砲することへの躊躇」や、「ひどく気乗り薄になった」というのはまったくつけたしの弁解でしかない）。

ザロモンの場合には銃を撃つのはもはや機械的な手続きでしかない。それもごくありきたりの行動だ。

マレーネ・ディートリヒ．ドイツ女子青年団（ヒトラー・ユーゲントの下部組織）の集会室にはこの写真の下に「ドイツの乙女らよ，これはドイツ女性ではない！」と注意書きがされていた．

一九一九年二月に「失業者のデモ隊」が「比較的小規模な部隊」に攻撃を仕掛けたという。

ここでもまた、デモ中の女子どもを列の先頭で盾にして、部隊が発砲するのを最後まで阻みながらできるだけ前進するという作戦が見られた。こうした場合、事態を決するのはほんの数秒で、流血をもってしか決着がつかなかった。もし部隊が十分に頃合をみて射撃を行なわなければ、つまり辛抱できなくなれば、すぐにでも部隊は踏みにじられ、蹴散らされてしまう。この時は部隊の側が発砲し、デモ隊は潰走した。

「流血をもってしか決着がつかない」ことはもはや織りこみ済みのシナリオだ。そして数秒の決断がことを決する。いったいなぜだろう。デモを解散させるのが目的ならば、通常なら空砲を発するだけでこと足りるはずだ。そうでなくとも、デモに限らずどのような群衆であろうと、銃が撃ちこまれれば最初の一撃で、どんな距離から発砲されたかにかかわらず、たいていは即座に通りを空けるだろう。だとすれば、兵士にとって危険をもたらしかねない群衆との至近距離とは、むしろ彼らみずからが求めたものといえるのではないだろうか。群衆には間近に迫るべきなのだ。その「見るも恐ろしい相貌」を目にすることではじめて、発砲は極度の緊張の中にいる兵士が求める放電をもたらす。遠方からの射撃は単なる射撃にすぎない。至近距離で発砲してこそ、目的は遂げられるのだ。だから部隊が「辛抱できなくなれば」危険になる。出動がもたらす興奮は、群衆によって武器を奪われる危険が生じる瞬間まで射撃を我慢することにあるのだから。

そこからなぜ女たちが最前列にいる必要があるかもわかる。それは故意の、望まれた配置だ。ようやく首根っこをつかみ、「スカートの後ろに」敵を隠すのを許した罪にふさわしい罰を与えることができるために、女たちはそこに現われなければならないのだ。「突っこめ」、ドヴィンガーの描くドナートは一発撃つたびにそうつぶやく。ドヴィンガーの描写からは、射撃の後の数刻が何を意味したかも明らかになる。

あたりを引き裂く叫びが一声、空に向かって放たれた。これまで耳にしたこともない叫びだった。群衆はついに押し寄せるのだろうか。怒濤と共にすべてを呑みこむのだろうか。

　ところが信じられないようなことが起こった。わずか数秒のうちに広場からはすっかり人が消えてしまったのだ。なるほど、しゃにむに逃げ惑った群衆によって地面に踏みつけられた人間が数ダース、黒い染みのようにあたりに散らばってはいる。しかし阿鼻叫喚する人間たちの波はどこへやら、まるで魔法でもかけられたように跡形なく消えてしまった。[16]

まさしくそれは「魔法」だ。群衆の中に一発、それで広場は空っぽになる。青天の霹靂だ（死者が出たのは群衆そのものの責任、「しゃにむに逃げ惑った」せいだとされる）。逃亡は「意味のない」行動だ。巨大な亡霊が数刻のうちに雲を霞とかき消えてしまうとすれば、どこに逃げようと知ったことではない。攻撃の対象から「血だらけの塊」を作り出そうとする衝動についてはすでに何度も触れたところだが、ここでテロルが目標とするのは、もう一つの根源的光景、すなわち空っぽの広場である。欲望はここで満たされる。

三人一組の機関銃隊が約五千人規模の群衆に向けて射撃を始める。「射撃命令が下ってから一分のうちに群衆は画面からきれいさっぱり消えてしまった」。これこそ射撃手のユンガーを二度とない気分にして満足を味わわせる光景である。

　この光景にはどこか魔法じみたところがあった。それは、下等な悪霊の化けの皮を剝いだときにおのずと起こるあの晴れ晴れとした気分を思い起こさせた。[17]

1920年3月，ベルリン．カップ部隊の進軍にあたっての発砲事件の現場

これが勝利を実際に手にした感覚だ。「下等な悪霊」つまり怪物が潜んでいる危険な群衆はもはや存在しない。男に唾を吐きかけ、脅かし、引き裂くものはもう何もない。すべてがきれいさっぱり片づけられ、広場は空白になる。人の立ち入らない領域、処女の肉体がふたたび取り戻される。黒くうごめくものもない。あるのは白い全体性だ。男はふたたび全一を取り戻す。

それと並んで重要と思われるのは、家庭内の葛藤（すなわち母親への復讐）というコンテクストが、兵士たちが比較的優位を保った状況下でとりわけはっきりと現われることである。家庭の中の敵は、路上にいる捕捉可能でかつ打ち破ることが可能な敵と結びつけられる。こうして特定できる敵に対する恐怖はどちらかといえば小さい。

したがって、これら男性の不安の本体は、呑みこむヴァギナと嚙みつくペニスを示す

第二次世界大戦中のアメリカのポスター

「メドゥーサ」や「ドラゴン」と呼ばれるレベルにはもはやない。それは彼らの戦いの形態からしても明らかだ。

不気味なもの

兵士的男性の不安と興奮は、路上の群衆が女たちを先頭に立てるようなわかりやすい形で終結しない場合にはもっと強くなる。そんな場合、群衆には変身の能力、つまり多くの相貌を持ち、ある状態から別の状態へと変化する能力に加えて、不可視性がつけ加わる。兵士はどこに群衆がいるのか、どこで自分がそれと遭遇するのか皆目わからない。

そして夜中の町で、まったく未知の敵に対するパトロールが行なわれた。この敵についてわれわれが知っていることといえば、傍若無人で慎みを持たず、残酷で卑劣なことだけである。[*1/1]

こんな敵（ゾルダテスカ）[*2]をふり切るには、自分を抑えに抑え、吐き気をこらえるために、前線でまともな敵に正面から対するよりよほど神経を消耗した。[2]

赤軍は正面から見据えることができない。彼らは背後から来るかもしれないし、脇から、もしくは上から降ってくるかもしれない。内戦はもともと前線の背後で起こるものだ。そこは沼地であり、国土の内部である。

シャウムレッフェルは労働者に、「転覆を企む冒瀆的で不気味な存在」を見てとり、「秘密組織によって浸潤されている」[3]とする。彼らはある組織に属しているばかりではない。それ自体がまるで別個の組成を持つもののようなのだ。

もう一度シャウムレッフェルを引こう。

……そこでわれわれに向きあっているのは、戦場で出会う公然の敵よりもっと不気味で、もっと陰険な敵たちである。彼らを迎え撃つわれわれ戦士の目の中には、ただ一つ欠けていたものがあった。それは、ちょうど一九一四年の開戦に際してわれわれの目に溢れていた、傲慢なまでに猛りさかったあの際限なき戦闘欲である。いま、兵士たちの心には苦悩がのしかかっていた。自分たちが倒すべき敵はことごとくが、かつては自分の民族の一員であったのだから。[4]

ここには、労働者にとってきわめて重大な結末をもたらすことになる怒りが表明されている。その怒りは実は、都市での市街戦の特質から生まれるものだ。というのも、市街戦はなんらかの作戦に基づくのではなく、必然的にゲリラ戦的な様相を帯びるからだ。たとえば敵は突然街路に現われるかと思えばまた消え、屋根から射撃が行なわれ、戦線はたえず浮動する。こうしたゲリラ戦的性格は、一面では退治すべき群衆／メドゥーサの変身と変貌の能力に対する恐怖を正確に反映している。しかし他方でそれはなによりも、予想もつかず、制禦することもかなわないみずからの「内部」の蠢動への恐れに対応している。外部にいる群衆という見えない敵（この場合は武装した敵）は、内部の、やはり見えない敵がことさら強烈な形で表にあらわれたものなのである。

一九一四年には立派に機能したという「際限なき戦闘欲」は不気味な存在を相手にしてはまっとうに燃えあがらない。そのつけは捕らわれた労働者たちが支払うところとなった。捕虜たちが自分の無実を訴えても、体制側の証言を持ち出しても、たいていの場合なんの役にもたたなかった。「いざとなると彼らは平穏な労働者になりすますので、全員を殺さないわけにはいかなかった[5]」。これがさんざん神経をすり減らされた相手への報復だった。

それに加えて、一九二〇年三月の時点で義勇軍はほぼ一年にわたって休止状態におかれていた事情がある。まる一年というもの、さしたる放電の機会がなかったのだ。

> ……われわれは一種の興奮状態にあって、開放弁を必要とした。蒸気を抜くにはルールの工業地域が一番おあつらえ向きだったろう。少なくともそこには襲いかかることができる敵がいた。ベルリンとその周辺では敵は闇に潜んでいて、もっぱら新聞でわれわれを誹謗するばかりだった。[6]

もっともルドルフ・マンがここで擁護しているエアハルト師団は、カップ一揆以降ルール地域では動員されることがなかった。社会民主党政権は少なくとも、自分たちがかろうじて政権にとどまるのを支えていた勢力に対してプッチの首謀者たちを差し向けて自分たちの面目をつぶすことはできなかった。しかし、たとえルール地帯に差し向けられたとしても、軍団は「公然たる敵」を見いだすことはできなかったろう。労働者たちは街頭戦ではつかみ所がなく、初戦では優勢を保ってさえいた。だからザロモンは次のように書くことができたのだ。

> かくしてここ、痙攣的に出血を繰り返す地域の只中、巨大な噴火口の只中では、いつ何時爆発が始まるともわからなかった。擾乱と危険の只中で、糞と血にまみれ、細切れになった部隊は散開し、捨て置かれ、迷いながら限度を遙かに超えた不屈さで戦った。燃えつきて滓のようになりながら、辛苦の末もう一度回復される義勇軍部隊の戦闘は、狂気の沙汰を思わせるように得体が知れず、その動機ももはやはっきりとは弁別しがたいものであった。
>
> 百にものぼる小都市は全体が集まって巨大な都市をなしていたが、各都市に散開した兵士たちはボタ山や坑道施設の間でつかみ所のない敵たちと闇雲に撃ちあった。果てしない憤怒に駆られ、憎

革命側兵士二態（テニー筆，ミュンヘン，1919年）

まれ、かつ白熱するまで憎しみを燃えあがらせながら。

いうまでもなく手榴弾はやすやすと手を離れ、死体の上にさらに死体が積み重ねられた。叩きこまれていた軍規は、太初の狩人であり、また追われる獣でもあった彼らの荒々しい本能を前に消し飛んだ。[7]

ザロモンにとってこの戦いが「その動機ももはやはっきりとは弁別しがたい」戦いであったのは、狂気、不気味さ、憎悪、不安、「荒々しい本能」、殺戮の欲望という形をとってそこに出現するすべてが、「労働者の叛乱の鎮圧」という政治的・軍事的な大義名分とごくわずかにしか関連がないことを彼が感じているからだろう。

そこにあるのは公然の敵でも、前線でも、往来でもない。もしそれなら境界が存在するはずだ。ところがこの戦いは内部の戦いなのだ。ザロモンは戦いの現場を三度にわたって「只中で」と表現している。それは「巨大な都市」の身体の内部（「出血を繰り返す領域」）であり、大地の身体の内部（噴火口）では、「叩きこまれた軍規」として身にまとっていた甲冑は融け去る。兵士の情動がすさまじい力で噴出する今、軍規はそれが外側から叩きこまれたものにすぎないからこそ、軽々と捨て去ることができるのである。

　軍規は「太初の狩人であり、また追われる獣」のものでもある「荒々しい本能」を前に消し飛ぶ。戦士はもともと狩人であり、追われる獣でもある。自分の肉を引き裂きながら、捉えどころがない敵とたえず戦っている。あらゆる境界の混和はしかし、敵が捕捉可能となるやたちどころに止む。肝臓をつつき、内臓を蝕んでいた地獄の悪魔がそれを止め、体外に現われると、敵たちの死は決まったも同然だ。犠牲となった者は、なぜ自分の血が流されなければならないのか見当もつかない。殺す者は血の河を渡ることで自己の境界をふたたび見いだすのである。血を浴びること、それが浄化を意味する。戦闘を「血の入浴」というのは、その恩恵に浴す者には当を得た表現だ。

　ここで起こることは、もはやパパ－ママ三角形のオイディプス・モデルでは片がつかない。身を引き裂かれる男は、崩壊する世界と差しで向きあっている。残された道は、自分を救うことしかない。

　それに対して、もし叛乱が兵士の仕事と同様に男の仕事であるとすれば、なによりも肝腎な境界がもう一度引きなおされることになる。ザロモンは、叛乱側の海兵隊が溌剌として行進する姿を手放しで誉めそやす。

> 　武器を手にした彼らの、リボンで縁取られた水兵帽の下には笑う顔があった。のびやかな歩調で進む彼らの脚には、幅広のしゃれたズボンがなびいていた。（……）この決然たる面持ちの若者たちこそ革命をやり遂げた連中だった。彼らはあそこで娘たちと腕を取りあい、歌い、笑ったり歓声を上げたりしながら、広い歩幅で自信ありげに首筋を伸ばし、ネクタイをなびかせて行進していった。[8]

これならザロモンだってこの行進に加わる気にさせられただろう。

そこでぼくはポスターを目にした。それは労働者兵士協議会《レーテ》を告示する赤いポスターで、勢いのこもった惹句の背後にぼくは人を魅了する危険なエネルギーが充溢しているのを嗅ぎつけた。居丈高な告示の背後には熱い意志が存在していた。[9]

ここには見るものを安心させる境界が感じられたのだ。そこにいるのは、自然に反して性を取り違え、大地を揺るがしてその傷口を開かせる、目に見えない不気味な存在ではない。

失神と脱‐肉化　群衆の中での崩壊

兵士にとって最大の不安である崩壊への不安が、彼ら自身に起源を持つことをザロモンの二つのテキストによって見てみよう。どちらのテキストも陸軍幼年学校時代の回想で、十五歳のザロモンの口を通して語られる。一方の主題は梅毒のイメージとの格闘であり、もう一つの主題は広場の群衆である。どちらも戦争とは直接には結びつかない。それだからこそ二つのテキストは、崩壊への不安が外部にいる武装した敵、たとえば労働者に由来するものではないことを実に印象的に示している。敵の行動が脅威として感知されうる前提には、兵士自身の内的な脅威の存在があるのだ。最初の例は外出許可の出た日曜日のエピソードである。

> 首都ベルリンの名物をくまなく見て回った後、ぼくはたくさんの同級生たちが囁き声で、それも嘲笑といわくありげなほくそ笑みを交えて話題にする、パサージュにあるカスタンの蠟人形館《パノプティクム》に、魔法にでもかかったように否応なく引き寄せられた。この手の施設に入る時にはいつもあまりよい気

分ではなかったから、顔をうつむかせて、陽光に照らされた外界の暖かさと、身の毛もよだつ展示物をぎっしりと詰めこんだ建物の塵っぽく、ひんやりとした空気のひどい落差にめまいを感じながら、その中に潜りこみ、角かどで待ち受けては動かぬ目でだしぬけにこちらを見つめる不動の模型の間を通り抜けていった。ぼくはビスマルクの蠟人形の前に立っていても、強盗殺人犯シュテルニッケルのえぐるような視線をちりちりと背中に感じて、我慢できなくなってしまった。蠟と、埃と、薄気味悪い人体模型が発する酸の臭い、処刑場のたぐいの見るも残酷な眺め、アルコール漬けの嬰児、解剖されて穴を開けられた女の死体、ダンテの『地獄篇』から、男も女もみんな裸でかみそりの刃の上を渡って血の海へと落ちてゆく光景の描かれた巨大な展示、これらすべてが塩漬け卵と赤キャベツがほんの上づらに被っただけのぼくの胃壁にのしかかってきた。それに駄目を押したのは「秘密の部屋」の展示である。好奇心とむかつく胃に翻弄されながら、「未成年入場禁止」の札を掲げた赤いカーテンを、他の訪問者の看視のもとに平静を装ってくぐらなければならないことで、ほうほうの態で保ってきた平静は著しく損なわれた。ぼくはショーケースからショーケースへと次々に歩き回った。そして最後の、梅毒第三期の展示のほうへよろよろ歩いていったところで、プロイセン王立幼年学校生徒は真っ青な顔で、それでも最後の瞬間まで歯を食いしばったまま、音もなく床に倒れた」。

二番目のテキストは戦争直前の世情を描くものだ。興奮した人々があらゆる方角から続々と広場に集まってくる。

……彼らがぼくと同様、どうしてここに吸い寄せられてきたのかも、何を求めて集まったかも理解していないことは目に見えていた。広場はたちまちのうちに黒い群衆で埋まった。

それを眺めながらぼくは、なぜ群衆が黒いのかといぶかしんだ。太陽は中天にぎらぎらと輝いていたし、女性たちは晴れ着を着て、男性たちの多くは広縁の麦わら帽をかぶっていたのだから。しかし実際には陽光はかげっていた。建物の陰に隠れてしまってでもいたのだろう。あたりの空気は青みを増し、空よりも濃い青を呈し、まるで嵐を待ち受けるかのようだった。ところが広場の上には雲一つみえない。鋼の壁のような空を背景に、教会の塔が灰色ににじんで聳えていた。蝟集した群衆には中心がなかった。ぼくはどこに向かうべきかわからないまま、どっちつかずの気持ちで元の場所に立ちすくんでいた。最初は少しばかりの騒ぎもあってぼくはそちらに注意を引かれたが、何があったのかもわからないままだった。

　ぼくはすばやく石段を登って首の詰め襟をゆるめた。心臓が大暴れをはじめ、また不意に止まった。それから群衆がまるごと消えてしまうかに見える一瞬が来た。それはのっぺらぼうになり、背景に退き、寄せ集まった亡霊たちの群れが右往左往するように見えた。横あいでぼくの腕をつかんだままぼんやりと立っていた、まばらな不精髭を生やした男までが、それまでは吐き気をもよおさせるほどはっきりと身近に感じられていたのに、肉を失ったかのように輪郭を失ってぼやけ始めた。[2]この状態は件の男が「戦争がすぐにも始まるぞ」と口を開くまで続き、それから不意に緊張が解ける。ぼくは大きく息を吸った。すべてがくびきを解かれ、軽くなった。ぼくは自分が何をすべきかを心得ていた。皆が口を閉ざしたまま、いそいそと、何かの命令を受けたかのように、しかし嬉々としておのれの道をめざし始めた。[3]

　どちらのテキストでもザロモンは、耐えられなくなった状況から抜け出している。梅毒の脅威からは失神することで、押し迫る群衆からは目の前の光景を幻覚として遠ざけることによって。するとすべては非現実的になる。実体は消え、身体の輪郭は失われ、認知されたものは解体して不確かなものになる。ザロモンは石段にすばやく登り、「首の詰め襟をゆるめ」る。心臓は動きを止める。彼はいわば群衆の中で死ぬのだ。ちょうど梅毒の恐怖が彼を失神させたように、群衆もまた彼を消し去る。人間たちは亡霊と化し、明るい陽光や晴れ着にもかかわらず、群れの中に黒々と沈む。横にいる男が自分の体に触れるのに耐えられなくなり、そのまばらな無精髭も吐き気と共にぼんやりと輪郭を失っていく。この瞬間、何かが起こる。ザロモンは群衆を殺す。すでにここで殺害は行なわれているのだ。彼はもはや失神するのでも、除去されるのでもなく、彼が群衆を消去する。これこそ、前段で述べた群衆が消え失せた広場、正確に言えば人々を追い払った広場を目にした喜ばしい安堵感を先取りするものだ。ここでは幻覚が一瞬にして群衆を消去するのだが、後には武器がその役を務める。群衆の「消去」を描くのに使われる語彙が、二つの事柄の同質性を証明している。それは「肉を失った」とザロモンは言うのだ。とはいえ、実際には後者の事態は、「群衆」に対して武装して向き合った彼と仲間がみずから手を下した結果にほかならない。まず群衆の肉を奪い去り、次に消滅に至らしめること。兵士的男性はもはや少年ザロモンがしたように自分自身を非現実化するのではない。兵士は自分の身を脅かすものを非現実化するのである。それを殺害することで喜びを感じるのだ。ふたたび獣が斃されたのだから。

群衆の中に無防備なまま取りこまれるという危機的状況に陥った兵士は、群衆から危険なものを取り除くしか自分を救う手だてはない。群衆は中心をなくし、方向を失って漂い始めるからこそ脅威をもたらす。もし中心があり、目標を与えられるならば、それは一挙に危険性を失う。戦争が迫っている、という報知はただちに群衆に形を与え、ザロモンもその瞬間から息をつくことができる。「すべてがくびきを解かれ、軽く」なるのだ。恐れていたものは「何かの命令を受けたかのように」熟知したものに姿

を変える。いや、それは美しいものにさえなる。
　その意味で、軍隊は群衆の模像であるとともにそれとは正反対のものでもある。軍隊に向ける愛は、群衆への愛、群衆内部での愛の不可能から生まれる。さまざまな反動形成は、自由の持つ恐るべき可能性に対する反応である。だからこそ命令がぜひとも必要になる。命令は群れの全体を拘束するだけでなく、みずからの身体の集合を取り戻させ、整列させ、溶解の寸前で男をふたたびまとめあげる。それは男を新たに生み出すのだ。
　にもかかわらず、恐ろしいもの、身の毛もよだつものがいかに熱烈に求められているかを第一のテキストは示している。ザロモン少年は、殺人犯のえぐるような視線を（背中に！）感じ、処刑場、嬰児、汗の臭い、かみそりの刃に流れる血、といったものに烈しく欲情させられて、もう立っていることも困難なのに、さらに梅毒の症状を見ずにはいられない。おぞましいこれらのものに強く引き寄せられながら、彼はそれに耐えられない。やがてそれは彼を追いたて始めるだろう。そして後には彼がそれを殺す。相手を殺すことでしか彼は、満たされない灼熱の中で自分を無化してしまうほど法外な感情からのがれることはできない。ぼくは亡霊ではない。彼らこそ亡霊なのだ。見るがいい、こうして銃を放てば、彼らはたちどころに失せてしまう……。

群衆と文化　高みに立つ唯一者[*1]

ドイツにおけるファシズム・イデオロギーの中心概念の多くは、群衆が具体化するもの、群衆の中で起きているものに対する防衛から生まれている。たとえば、「文化」「人種」「国民」「全体」といった概念がそうである。軍隊のような組織もそうだ。

「群衆」ではないものすべてをまとめあげ、群衆という負の概念の対極をなすのは「文化」という概念である。「ドイツ的なるもの」は「文化」をもって残余の世界の「群れ」から屹立する。

神の名だたる叡智には誤りがない、という言葉にわたしがなんらかの疑問を感じるとすれば、文化をまったく欠くかような群衆的人間の集団が、わが民族の生存圏をかけた聖戦の命運を決したことである。(ドヴィンガー、アメリカ人について[1]/[*2])

一九一九年三月十八日のバルト地域での悲劇は、芸術家の霊感にもう一度火をつけて、古の高邁なヨーロッパ文化と高貴で至福に満ちた人間生活がアジアの反動勢力によっていかに破壊されたかを後世に伝えることだろう。(ゴルツ、ロシア人について[2])

自己と他者という対立と並んで、文化と大衆、高所と低所という対立がここでは意味を持つ。「高邁な」文化が「下部から」脅かされている、という図式である。

「街頭式社会主義は人類を率いることは決してできない。社会主義がもたらすのは、あらゆる精神的ならびに道徳的価値の頽落と、すべての高等な文化の破壊である[3]」とベルトルト大尉は日記に書いている。

「統率」の能力を具えるのは「高等なもの」に限られる。「コミュニストの教説」は「下部」に属するものであって、「粗野極まる非文化」以外の何ものでもない。ふたたびフォン・ゴルツを引く。

私は彼らに言い聞かせたものだ。かのコミュニスト的教説は文化の頽廃と文化の拒否からなる世界観である、と。この教説はトルストイならびに、ヨーロッパ文化に拒否的に対峙しているアジア人たちに小賢しい予言者を見いだし、大都市の頽廃した虚弱児どもは彼らにはなはだ曖昧な礼讃を贈る。ところが、その拠り頼む典拠たるや、ことごとくが犯罪者や無法者の有象無象ばかりだ。そういった連中が、いまや確かにさまざまな弱点や多くの憂うべき退化の兆候を示しつつある文化の後釜に据えようとねらっているのは、粗暴極まりない非文化であり、無拘束であり、野蛮なのである。（……）心や情感、魂、精神、健全な悟性といったものは暴力や動物じみた卑俗さのもとに隷属することになろう。[4]

文化の「高み」にあるのは、高貴なもの、道徳、精神、心、情感、悟性、そして魂である。これらのものは「深み」、つまりは群衆においては存在しえない。「下部」に列挙されるものが何かを今さら繰返す必要はあるまい。ユンガーは「非‐文化」のカテゴリーを、「ワイマール文化」の公共空間や、大衆として目につくものすべてに拡大する。

大衆が数少ない精鋭と同等の役割を果たしえない以上、数少ない者たちが大衆と対抗せざるをえない。政治、演劇、芸術家、カフェ、エナメル靴、プラカード、新聞、モラル、明日のヨーロッパ、将来の世界……こういったものは付和雷同する大衆の手に委ねられている。大衆は千の頭を持つ怪物となって行く手に立ちふさがり、呑みこめないものは踏み潰す。成り上がり者めいて嫉妬深げに、卑しい姿をして。こうしてふたたび個人は挫かれる。個人を欺くのはたいていの場合、生まれながらの代弁者を僭称する者たちではなかろうか。[5]

「文化」を担うのは傑出した個人、ごくわずかの精鋭である。「文化」に値するものは少数者の手で、もっぱら少数者のために考え出されたものだけだ。もちろんその主体は男である。たとえ大衆的な宗教であっても同じである。

キリスト教は多数者のための宗教ではない。ましてや、万人のための宗教でなどありえない。少数者によって洗練され行動に移されることで、キリスト教は文化的精神がかつて生み出したうちでもっとも貴重な精華となりえたのだ。[6]（ゲッベルス『ミヒャエル』一九二三年）

先に見たとおり、「魂」は上の世界に属する。そこには男しか住んでいない。女がいたとしても、それは特別に男と認められた女たちにすぎない。自立した女性性は文化と対立する。

女性の解放は文化という文化をことごとく駄目にする。[7]（デルマー）

さらにデルマーを引こう。「避妊は人種の没落の発端である。享楽と文化は反比例して上昇もしくは下降する[8]」。

要するにデルマーによれば、享楽の度（たとえば避妊）が上昇するごとに「文化」は下落するというのである。

女性的なもの、性病、解体する力——群衆から発して身を脅かすこれらすべてに抵抗する厳がこの文化概念である。ユダヤ人が文化的民族に値しないのは周知のとおりである。これらの事情から、「個人」にとって自明な命題のいくつかが引き出される。たとえば「文化的男性」は、自分が限りない高みに立ち、女性的な深淵とは切り離されているという自覚を持っているが、その自覚は自分が野蛮になることなど金輪際ありえない、という確信から生まれている。深淵に対する男性の優越感はきわめて強く、そ

高級娼婦（ココット）の象徴的図像（シリーズ『全能なる女性』より．
ロドルフェ，1921年）

のために彼はたとえ山ほどの人間を殺戮しても、それを野蛮だとは考えない。殺戮も文化的な行為とされるのだ。男が文化を失うのは、大衆の手に落ち、十把ひとからげの民主主義者になって、愚衆の仲間になったときに限られる。大量殺戮と兵士的・男性的文化概念は、たとえファシズムのもとでなくとも、決して対立するものではない。それどころか、世界の風景を文化的なものにするために、文化なきものはこの地上から消えうせる必要があるのだ。

「文化のかけらもなし《ニクス・クルトゥラ》」というのが、ドイツ人がソヴィエト・ロシアの行動に対して繰り返して貼りつけたレッテルだった。ロシア人に関するあらゆる報告、物語、落とし話や冗談、どれをとってもそこからは「ニクス・クルトゥラ」という断定と嘲笑が聞こえてくる。あげくの果て、ドイツ軍により食料も与えられずに収容された数十万人のロシア人捕虜が飢え切ると、ドイツ側年代記作者たちは、この豚たちは互いに食いあいを始めた、と軽い戦慄を持って記録したのである（たとえばヘスがそうだった）。[9]「文化のかけらもない」相手なら傍観することもできよう（だとすれば第二次大戦における二千万人にのぼるロシア人の死者は、ドイツの文化的男性のもっとも水際だった成果といえるはずだ。ロシア兵は強制収容所の収監者たちよりもつかみどころがなかったのだから）。

アジア人が一人でも文化の高みに到達することができるとすれば、それはもちろん「傑出した」男にかぎられる。ここではトルストイがそうだ。ときにはレーニンに胡散臭い栄誉が与えられることもあるが、それもドイツ革命があっけなく挫折せざるをえなかったのはレーニンに匹敵する統率者を欠いていたためだという説明にあたって決まって名を挙げられるにすぎない[10]（残念ながら、左翼の側にも同様の論法がある）。

ちなみにフォン・デア・ゴルツは、文化の「憂うべき退化」の責任を、多少なりとも誠実な気持ちから共和国に奉仕した士官たちに負わせている。ここで文化の命脈も果てるのだ。

同じように、「教養」も「上」にあるのであって、路上にはない。

周りに立っている者たちの多くは両者の応答に黙って耳を傾けていた。路上で行なわれる議論に加担するのは万人向きの仕事ではない。教養ある男であれば、スパルタクス団の走狗たちの滝のような演説にはとうてい耐えられない。[11]（アルトゥーア・イーガー）

「滝のような演説」に太刀打ちできないのは欠点ではない。むしろ逆だ。「教養ある者」がその名に値するのは、流されないからだ。この場合、「教養」は知識を持たないことへの誇らな自負ともなりうる。それは疑問の余地がないもので、男性同士の関係から生まれた特定の挙動だけで文化を形成する社会的組織を代弁している。「尊敬」「畏怖」「勇気」「規律」「距離」「服従」「正直」また特に「誠実」と名づけられるものがこれらの挙動にあたる（この「誠実」とは、皇帝、国家、総統、そして戦友に向けられた誠実である。「誠実こそ栄誉の精髄」という言葉がある。女は栄誉とも精髄ともなんの関係も持たない）。

ドヴィンガー描くキルマンは、「生きることとしか眼中になく」、「禁欲」を望まない大衆の「いまいましい半端な教育」を罵倒している。[12]「半端なこと」も下の領域に属するのだ。上にいて、頭と体を高く掲げてこそ、ひとは「十全」でありうる。「下のもの」、「内部のもの」、肉体だけでは残念ながらとうてい男性的であるとはいえない。

高みに置かれた肉体だけが「男性的」でありうる。かくして法の名のもとにこけおどしのはりぼてが打ちたてられ、旗竿は高く天を突く。このような強靭で有用で孤独な個人は男のほかにありようがない。この個人だけが高みに立ち、ドイツ的なものは至高の場所に君臨するのだ。

記念碑のためのスケッチ（フィドゥス，1900年ごろ）

われらがドイツ的本質の悲惨がどこにあるのかを教えようか。ドイツ的本質は高みにある個人の中で生き、創造的な力を生み出している。ところがこの孤高の人々と大衆との懸隔は、星にその名を刻んだ他のすべての民族に比べて大きい。個々のドイツ人はしばしば天上的で、神の真の被造物というに値する。ところが大衆たるや、ドイツでは他の国に比して個人が高所にいるがために余計に手におえない存在なのだ。[13]（ヴァイガント）

なるほど、大層な理屈である。個人が高い位置にいるから、大衆は余計手に負えないものになるというのだから。この不安は落下への不断の恐怖から由来するに違いない。天上のわが家から深みに転落することは終末を意味する。気をゆるめたが最後、死の危険が待ち受けている。だとすれば、ひたすら高みをめざす文化的自我とは、すべてを混交する快楽の魔手をのがれる兵士的ファロスをそのまま指すと考えたとしても、それほど突飛な思いつきとはいえまい。フェレンツィはその『性器理論』で次のように述べている。

生殖器が生体の中心に生じた事情は、ダーウィンの言う意味での系統発生説にしたがって考える必要があろう。つまり、生体組織の中には、生殖器になんらかの形で代理されていない部分は一つたりとも存在しない。そのために生殖器はさながら総代理人として全器官の快楽の放出を取り仕切るのである。（……）ここで試みた性器機能の系統発生理論を本気でつきつめて考えた結果、われわれはあえて、男性性器を全自我のミニチュアとして、快楽的自我の代表物と名づけ、これによる自我の二重化をナルシズム的自己愛の基本的前提とみなすことにしよう。[14]

フェレンツィは、自分が「自我」および、ミニチュアの自我を保有しているという発見に有頂天になって、少なくともしばらくの間、精神分析の類型を使っている間は女性の存在を忘れてしまっている。彼の理論からは、心的機構における自我の審級の構成が性器優位説[*1]を前提とするだけでなく、心的機構そのものがファロスを意味することが明らかになる。精神分析の論法によれば女性はそもそも「自我」を持たないのだ（なんたる幸せ、というべきだろう）[15]。

こんな失言はなにもフェレンツィに限られたものではない。フロイトは「自我」と「エス」との関係をはっきりさせるにあたって、それを「前線」と「銃後」の関係になぞらえた[16]。理論を展開する上でこの比較は意味をなさない（たとえば、フロイトによれば「エス」には矛盾がないとされるが、「銃後」や「兵站地」についても同じことが言えるわけではない）。しかし、この比較が惹起する情動についてみれば、それは「銃後」を危険に満ちた混乱のるつぼと見る一方で自分を輪郭のはっきりした、境界を持つ前線ととらえる兵士の感情と一致する。フロイトの言う自我を含め、「自我」が屹立する土台となるファロスとは、一個の兵士である。少なくとも、兵士はファロスに起源を持つ[17]。

こうして見ると、兵士的なものとは、本書の第I巻でヨーロッパ史に一貫して現われるのを見てきた文化理解、すなわち自然、女性性、さらにはみずからの無意識までも中央集権的に屈服させ、それらを男性的自我から排除しようとする志向の延長線上にあることがわかる。この破壊的な作業がファシズムにおいて、生を有するすべての対象にまで拡大されていったのである。

「高みに立つこと」は性的な防衛と占領を目的とする行動であるが、そこからは必然的に、また当然のこととして、残りの世界に対するドイツの優越と、世界支配の権利が結論づけられる。

ドイツ帝国主義とその使命感の心的基盤は、この世界に存在するいかなるミニチュア自我といえども、欲求を満たされないまま虎視眈々と放電の機会をねらうドイツの硬いファロスほどの高さにそそり立つ

ゼップ・リスト，レニ・リーフェンシュタール主演『モンブランの嵐』

ことはない、という兵士的男性の確信にある。もしこれほど高くそそり立っていなかったら、この自我はとうに「群衆」の中に溺れて瓦解してしまったことだろう。

ベルトルト大尉にとっては、そこから世界大戦における前線が生じる。

> 一人の人間が群衆の中から抜きんでて、より高邁な人生の目標を持つならば、四面楚歌の状態に陥り、わずかな人々の理解を得るだけだ。ドイツを見るがいい。諸民族から傑出したドイツがいわば個別的な存在において具体化されていることがわかるはずだ。黙々と前進し、休むことなく働き続けるわれわれドイツ人に対する憎しみと嫉妬の上に敵の同盟は成りたっている。[18]

「群衆の中から抜きんで」た「個別的存在」とは要するにファロスのことである。「黙々と前進し、休むことなく働き続ける」ドイツ人は、群衆からも、女からも、自分自身からも超然として高みに屹立するファロスの一部になるという理想をめざす。*2

この目標に到達するために、ベルトルト大尉は戦闘機乗りにならなければならなかった。幾度銃弾に腕を撃ち抜かれても発進し、敵機を奈落に送っては撃墜記録を書き換え、とどのつまりは直立する男子として死なないわけにはいかなかった。[19]まだ目にしてもいない「花嫁」のもとに後退するわけにはどうしてもいかないのである。

旗を高く掲げよ。

残るのは孤高の場所だけである。アナベルク〔第I巻三五九頁参照〕の要塞への突撃を前にした、部隊への訓示はこう告げる。

諸君は戦士としての勇猛をさらに越えて、ドイツ国民として一度限りの孤独な高みに登りつめるがいい。これはもはや命令ではない。新たな世界に向けた使命なのだ。その世界は君たちの勝利によって幕を開けるかもしれない。さもなくば、われわれすべての死もろともこの世界が、来たるべき世代の憧れる夢として星にまで届くかだ。――義勇軍はここに新たな出発点に立つ。[20]（エッガース）

ヴァルター・ベンヤミンは戦争の風景に、ドイツ観念論の高邁な「自我」にふさわしい自然の形態を見て取った。

おおいに苦い思いをかみしめて言わなければならないが、全面的動員の風景に直面して、ドイツ人の自然感覚は、思いがけない飛躍をとげた。風景を感性的にだけ知覚していた平和な天才たちは疎開させられ、塹壕の縁から見はるかす周辺の風景は全体がドイツ観念論の地形そのものになってしまった。榴散弾のえぐった穴の一つ一つが問題を措定し、鉄条網を這わせた柵が自律性を意味し、棘の一本一本が定義を、あらゆる爆発が規定を意味した。そして、戦場の上に広がる空は、昼には宇宙大の鉄兜の内壁を、夜となればその上に広がる道徳律を呈した。技術はドイツ観念論のヒロイックな相貌を戦火と塹壕でなぞろうとしたのだ。だがそれは思い違いだった。というのも、技術がヒロイックな特徴だと思いこんだのは、実際には死神の相貌、死相だったのだから。[21]

屹立する自我はファシストにおいてこわばった武器の姿をしたファロスへと縮約されるが、それは無理じいされたものではなく、ことを極端にまで押し進めた結果である。この事実は今日でもなお気づかれていない。第二次世界大戦が終わると、市民たちはただちにファシズムへの抵抗の砦と銘打って、ファシズムから「基本的に超越した」無傷の個人なる存在を打ちたてた。この個人は共産主義陣営のファシズム批判の中で生き永らえるとともに、ブルジョア的学問における認識の主体として難なく返り咲いた。一九六八年のドイツの学生運動までが、革命家に「自我の強さ」を要求する始末で、特に組織化されたセクトへの移行期には、アヴァンギャルドを気どって大衆に命令を下す上部自我なるものをわざわざ据えてけち臭い満足にひたった。

いまだに男たちの言説では至るところでシニフェが幅をきかしている。シニフェすなわち、秩序づけては意味を与える筆、指揮棒、お手本といったものが、理論をひねり出す男たちの思考を牛耳っているのだ。いまだに、省察は一段高い段階とされ、理論となればさらに高等なものとされる。それに反して、感情や具体性という低いレベルに下っていくことは堕落を意味する。*3

だが、「理論の高み」などというものはそもそも男性の妄想以外のなんなのだろうか。「北」の高地と、南の低地《ディープ・サウス》、そのまた奥の荒野……。高い場所にある荒野なるものが考えられるだろうか。この組み合わせに対して人が（男《マン》も女《フラウ》も）抵抗を感じるのは、われわれの思考が高／低というコードに支配されているからだ。このコード化された秩序においては、男性的／女性的、制御された／無拘束な、精確／曖昧、外部／内部、また意識的／無意識的といった一連の対立概念が支配関係を固定し、さらにその中では下にあるものは下にあるというだけの理由で常に不正を意味する。「高級文化」に属し、「高所」に立つ「個人」にとって、祝福された全体性や身体的全一を取り戻すために必要なのは、抑圧することのできる「下部」である。

＊＊＊

この自我は下になることを拒絶して、常に権力を求めて戦いながら、高所にあるファロスを祭りあげる。このファロスは、だれのものでもないのに、国家権力のさまざまな機構の中であらゆる行動、発言、書式の物差しとして、たえず新たに具体化される。それはプラチナ製のメートル原器であり、ヴラド・クリストルが言うように、その代償として個人の中には火刑のための柱がしっかりと打ちこまれていく。それなのに、男たちは性懲りもなく高みを崇めたてる。麻薬中毒の昏迷の中でもまだ「ハイ」であることを望むのだから。気象図で「低気圧」が象られるように、不快なものはいつも「低い」ものとして表象される。

「立つ《アップ》ときもあれば、しなびる《ダウン》ときもある」。これが男根を指していることは疑う余地はない。しかし、オルガスムスで「絶頂」を感じなければいけない、という要請はある種の哲学の構造に由来する。ライヒその他までが当たり前のことのように感情の強度をクライマックスに至るカーブで描いているし、登山も代償満足を得るための行動だとされる。

六〇年代初めには気分がいいと「とてもダウンだ」、と言うこともあった。でもこんな戯言はそう長続きはしなかった。

Tryptichon mit Scheiterpfahl

火刑柱のある祭壇画（ヴラド・クリストル画，『フィルム・クリティーク』233号，1976年5月）

フォルカー・エリス・ピルグリム〔現代ドイツの家族社会学者〕にも男性賛美がある。

アリス・シュヴァルツァーに至ってはじめて、性的見地から女性という沈黙した群れの中に突入することへの統一した合意が得られた……。

「統一」に対する「群れ」、「性的見地」——ここにもすべてが勢ぞろいしている。ヴァギナは統一をもくろむ者が秩序を作り出すために用いる照準と化している。そして、「貫通」に反対する筆をとっている当のアリス・シュヴァルツァーは彼女を称える男性《ピルグリム》が「突入する」にまかせるのである。

アリスの知性と、彼女の背後にいる十四人の女性たちの報告書に私はいたく感銘を受けた。（……）彼女は美しく輝き、確乎たる強さと明晰さを持ち合わせており、この立場はいまや男性にもなんらかの影響をおよぼしうるものである。

見てのとおりアリスの立場はピルグリムの行なう巡礼《ピルグリム》の「ファリック」な書法にはいささかの影響

をおよぼすこともできなかった。

ヘルベルト・マルクーゼもアンジェラ・デイヴィスの『マルキシズムと女性解放』についてこう書いている。

獄中で書かれたこの著作は、偉大で戦闘的かつ知的な女性の手になる成果である。（『反革命と反抗』九三頁）

あるいはエルネスト・ボルネマン（現代オーストリアの性科学者）。

労働運動史上もっとも重要な女性であるクララ・ツェトキンの、勇気ある、明晰にものごとを見抜いたアジテーション……

ここで賛美されるのはクララならぬクラルス・党中央委員《ツェット・カー》だ。その顔にはマルクスばりの髭が生えている。男たちは自分たちの思想の最高峰に向けたシーズン限定の登山の途上で、明晰にものごとを見抜く女性ホムンクルスを発見し、新しい女神たちを追い越した喜びのあまり息も切れ切れになって山頂にたどりついて胸を張る。とどめにディーター・ドゥーム（現代ドイツの社会学者・精神分析家）を引こう。『人間は生まれ変わる』という著書の帯にはこんなグールー風の惹句が平然と記されている。

男女両性の連帯よ、それが確立される日には、われわれも立つ。

おまけにこの著書は、ある女性に捧げられている。

かつて男たちが忍耐する処女の上を通り過ぎたように、白い紙の上を貫通的な言葉を弄して好き勝手に暴れまわるのがもはやそう簡単にはいかないことを、少なくとももものを書く男たちは、彼らが称える女性運動から学んだものと思われる。

もちろん、誉め称えるにあたってつきまとう困難は個人的な問題に限定されない。第一、ファロスに起源をもたないような誉め言葉を見つけるのはむずかしい[4](ミヒャエル・ロアヴァッサーは、ぼくが送った本書の原稿に気に入らない部分があると、ファロスに引っかけて「ご芋茎《ずいい》に」と書きつけてきたものだ)。日常語のように豊富な可能性を持つ言葉に対して、(ちなみに日常語《ウムガングスシュプラヒェ》のウムガングとは性的な混交の領域でもある)この可能性を認めようとしない「高等語」は、単一の意味に自足する。「傑出した」とはすなわちひどく勃起した状態だし、「輝かしい」とは亀頭の輝きを意味する。その手の含みは他の誉め言葉にもある。「気が滅入る」と口にするとき、もうペニスは下を向いている。

老マルクーゼはある討論の中で、言葉のこの種の含意を気にしはじめたら話すことができなくなってしまうだろう、との危惧を口にした。本当だろうか。いったいぼくたちは、先端に向けて尖った身体のこわばった外皮しか口に出すことができないとでもいうのだろうか。少なくとも、ぼくたちが今ここで使っている言葉は、別なものになるという体験への不安をほかの言葉以上に率直に表現している。

シュラミス・ファイアストーンが言うように、男性の文化が「そのエネルギーを女性の情緒的な強さ」から「それに対してなんの返礼もなしに」受け取っているとしても、彼女の言う女性たちの「情緒的な潜在力」が男性文化によって阻害されないままに女性独自のものとして、「女性的な」解放能力として保存されている限りはさほど悪い状況とはいえまい。ところが残念なことに男の側からの「返礼」はある。男たちが女に与えるのは、男たちの言語である。高い/低い、外部/内部、主体/客体といった対立概念からなる救いようのない言語体系。そのために女たちの「自立」への試みはほとんどの場合男性側の権力の言葉を使って語られることになる。「立脚点」が主張され、「自立」がめざされ、多様な自己の可能性よりは「自分と一つになる」ことが求められる。これらの言い回しそのものが、「自立」した「立脚点」に固執するファロスの抽象性に根ざしたものだ。ぼくはかねがね、ブロッホやドゥチケ

〔ルドルフ・ドゥチケ　西ドイツの反体制運動の活動家〕その他左翼の連中が祭りあげてきた「正しい道」や、当然のようにそのもとに包括される「女性の解放」などという言葉を聞くたびに居心地の悪い思いを味わってきた。ティルマン・モーザーは、分析医のペニスが自分の背骨の中に支えとして伸びてくるのを無上の力添えと感じた、と言っている。いったい、存在のカオスが渦巻く大地でぼくたちを待ち受けているものは、硬い十字架にすがらなければならないほど危険な事態なのだろうか。

ユンガーは「ファロスのために光り輝く神殿を建立」[22]しようとした。彼にとって人類の全「文化事業」は神殿建設に象徴される。塔が建てられ、野獣は排除されなければならないのである。

人間は計り知れない高さの塔の建設にいまだに取りくんでいる。人類はこの塔に一つの世代を、彼らの存在の状態を、血と苦悩と憧憬をパテにして次から次へと積み重ねるのである。この積み重ねの結果、塔の切り石はゆっくりと、きわめて緩慢にではあるが神性に向かって伸長していく。峨峨たる原初の山巓に、野獣の背にしかと据えられた鞍のように。この塔はまだ荒削りだが、壮大な構図にはおぼろながら約束の地の目標が書きこまれている。[23]

野獣の背に塔を担わせること。ファシストはこの関係から人間の状況を読み解く。

人間という種族は、秘密に満ちた鬱蒼たる原始の森である。森の樹冠をなす部分は、広大な海[*5]からくる息吹にやさしくゆすられ、霧や雲気や湿気を脱して、澄み切った太陽をめざしてますます力強く伸びさかる。美への意志が芳しい香りと色と花冠によって頂点を飾っているのに対し、底近い藪では奇怪な植物が繁茂している。太陽の輝きがおさまるころ、王の見る一続きの夢にも似た赤いオウムの列が、撥条《ばね》のようにしなる椰子の木のくぼみに姿を消すと、すでに夜の闇に浸されはじめた低地からは、這いずり、忍び歩きをする野獣たちのおぞましい犇きあいがはじまり、貪欲な殺し屋たちの牙や爪にかかって、暖かい穴蔵でむさぼっていた眠りから死へと引きさらわれる獲物たちのけたたましい叫びが聞こえてくる。[24]

「上」は生と快楽（ただし自分相手の快楽）の場所であり、「下」は死と恐怖の場所である。「美」にかかわるすべては芳しい樹冠にあり、低地には「混沌」がはびこっている。「美」「精神」「文化」と普通呼ばれるものは、頂上の領域、「高い」領域にしかない。たとえばドイツの芸術活動にしても、それが場末のカフェにたむろするボヘミアンではなく、オリンポスに引っ越した大家たちに担われている場合だけ「高級」と認められる。上下ふたつの領域を混交することは厳しく禁じられる。H・H・エーヴェルスの『ドイツの夜を駆ける騎手』（このタイトルにも上／下の対立関係が示されている）の主人公ゲルハルト・ショルツが、母親の歌ったメーリケの詩によるヴォルフの歌曲を牢獄の中で思い出し、その一節をひとりでに口ずさむ。ところが歌い始めたショルツは不意に気づく。「そうじゃない。これはだめだ。この歌をこんな肥溜めで歌うことはできない。神への冒瀆だ！」[25]

「文化」とは、「上部」に属する者たちだけにかかわることであって、「上」と「下」との間に生ずることは決してない。そして「上」と「下」とが性的に反発しあうのと同様に、「上」の者同士は性的に惹きつけあう。この性的関係もまた「文化」という概念の中に包括される。同じ文化を持つ者は、同じセクシャリティーを持つのだ。

エーリッヒ・バラの小説の主人公ローデンハイム大尉は血の中に「春」を感じて、「バッカスの助けを借りてこのヴェヌスを眠りこませよう」[26]とする。しかし、バラによれば大尉はそのことでかえって「取り持ち女」の罠にはまってしまうことに気づかない。というのも、部下の兵士たちはみな（申したてによれば、相手を見つけることができない。...

絵葉書（チューリヒ，1906年）

ハンス・トーマ「あこがれ」

(クレイ・ウィルソンの漫画『ラディカル・アメリカ』ライプチヒ，メルツァー社，1969年より）
1 「最初は頭だ」　大海に出る船乗りたちの人間的弱点についての逸話
2 「おまえ，いったいいくつになる？」「ここでグロッグを何杯もやるほどの老いぼれさね」
3 「ちょっくらお楽しみのほうの話をしないか．どうだ，おまえのあそこを撫でさせてくれんか」「こいつはちとでかいぜ，見てみるかい？」

ば）女とベッドをともにしていて、彼を裏切ったからだ。従卒のホルツだけが部屋で眠っている。しかしホルツはローデンハイムの性的欲求にふさわしい同僚ではない。ホルツは上官のために身分にふさわしいパートナーを調達してくるように命じられる。

だが少なくともハーンは捕まえることができた。彼は小部屋で木の床几に腰掛けて、ゆれる蠟燭の光のもと『ファウスト』を読んでいた。

ハーンは喜んでローデンハイムの望みを聞き入れた。彼もまたもう若くはなく、羽目をはずすわけにはいかない者として孤独を味わっていたからである。そうして、二人の古株の同僚はワインを挟んで語りあった。ハーンはきわめて繊細な、高い教養をそなえた男で、ローデンハイムは自分にも昔は文学の類に親しんだ時代があったことを思い出した。部屋はまもなく、同じ文化と教養をもつ者同士が

4　「是非とも見せてくれ，もう一杯グロッグをひっかけて威勢をつけるか？」「グロッグなんて糞くらえだ．自慢のこいつをいっちょうテーブルにのっけてみっか」
5　「うへー，これはこれは！　なんちゅう太いバットだ」「どうだ，立派なもんだろう，船でも一番でかいしろもんだぜ．おっ立てばバケツだって一杯にならあ」

同一の関係に立ったときに生じる、あの心地良い雰囲気に満たされた。二人とも永らく飲んでいなかったワインが、この心地良さをさらに高めた。[27]酒神バッカスはともかく男同士の取り持ち役にはなったわけだ。

『ファウスト』や二人の教養水準について触れることは、「春」に誘われた二人の男の出会いを、社会的規則にかなった正当なものとして描くための小道具である。二人が「同一の関係に立った」という大仰な表現は、この場で接触が禁じられていることを暗示する。ここで行なわれることはあからさまなセックスには発展しえないだろう。万が一そんなことがあるとすれば、ワインを手にしてわざわざ「文化」なり「精神」なり「教養水準」の手札を出しあう必要もあるまい。

ものを知らず、また学ぶことにも背を向けた野蛮なドイツの男たち（士官、ナチスのお偉方、領主、政治家、工場主、校長、それと多くの教授連）が、もったいぶったポーズで「精神」なるものを口にし、「文化」を持ちあげるとき何を言いたいのかがここからわかろうというものだ。それと、芸術にはまるで縁がなく、考えることもしたがらないドイツの小市民の間で、ドイツは詩人と思想家の国などというフレーズが大手をふってまかり通っている理由も。[28]

彼らが言わんとするのは要するに、「女は出て行け」「欲望に死を」「文化ばんざい」「すべてを統率せよ」ということだ。「文化民族」はすべからく男から成る。それは「支配者の血」を受け継ぐ男性的民族であり、男性のみが創造性や知性その他を持ちあわせる。女はさしあたりこのうちどれも持たないし、アーリア人でもない。女がアーリア人になりうるのは、幾多の支配者の息子たちを産む「白い」女である場合に限られる。

それに比べれば「文化的女性」になるのはまだしも楽だ。わずかばかりだが女にも開かれている男の娯楽に加わり、満足のいく成果をみせればいい。レトの描くデンマークの女流作家カレン・ディネセン〔第I巻七四頁以下を参照〕もライオン狩りをやってのけることで文化的女性の資格を手にする。野獣の中に体現されている欲動を標的に、射撃に熱中することができるほどの人間ならば、文化的でないはずがない（女であれば、狩りにおいて男たち以上に彼女らの社会的に抑圧された能力を標的にするわけだから、なおさらこの推論は正しい）。狩猟をする女は「銃を持つ女」と違って牙を抜かれている。

獲物の狩りだしとは欲動の狩りを意味する。[29] レトにとっても、他の多くの兵士的男性にとっても狩猟が特別な楽しみであったのは当然といえよう。

われわれ青年士官にとって狩猟は好ましく、健全な喜びであった。それは都会でぶらついて単に気晴らしを求めるよりずっとすぐれた娯楽だった。[30]

（都会で気晴らしに狩られるのは牝山羊のような娼婦だろう）

6　「こいつはうまそうだ，ひとつちょうだいするぜ，相棒！」
7　「頭が一番だな，ムムム…」

狩りの話ならいくら話しても切りがない。わたしの最初の獲物はリエツォウで鉄道の堤からしとめた山羊だった。弾みをつけて獲物を肩に担ぐと、山羊から流れる汗でわたしはびしょぬれになった。それにあたり一面の蚊の群れ。これは耐えられないほどだった。[31]

エアハルト大佐に至っては、国外で密猟をして危うくキャリアを失いかけた。現行犯でつかまった後、西南アフリカでヘレロ族を追いたてた功績によって皇帝から恩赦を受けた大佐だったが、密猟はその後も続けられた。[32]

前述したハーンとローデンホルムの、同一の教養レベルにもとづく「心地よい」集いは狩りへの招待のエピソードをもって終わる。ローデンホルムは一九二〇年の復活祭の休暇に、交尾期の雷鳥[33]を撃ちに行かないか、と誘われるのである（ハーンは男爵で、城つきの森を所有している）。

このあとローデンホルムは営舎に戻るが、そこでバラが「思考の痙攣」と呼ぶ症状に見舞われる。その日の朝に命令を受けないまま射殺され、身ぐるみはがされたラトヴィア兵捕虜の姿が記憶から消えようとしないのである。この射殺をローデンホルムは食い止めることができなかった、あるいは食い止めようとしなかった。
彼はこの状態から抜け出すことができなかった。絶望的だ。一番いいのはすっかり落ち着くまで自分の感覚を麻痺させることだろう。彼は急いでコップ半分の火酒《シュナップス》を飲み干した。ありがたや、これは利いた。体から力が抜けていくのがわかった。服を脱ぐのももどかしく、彼は心地よい枕の中に深々と顔をうずめた。[34]

文化的おしゃべりから狩猟への招待、ボルシェヴィキの射殺、それからアルコールによる感覚麻痺——これは「同一の関係に立ち」ながら、互いに歩み寄ることができない二人の男のうち一人がたどる一貫した道筋である。彼らのセクシャリティーは人間相手にはものの役に立たない構造を持っているらしい。それは人に対しては敵対的にしか向き合わず、ぼくたちがこれまで頻繁に目にしてきたあの意識喪失状態のどれかにおいて現実化されるようだ。これらの意識喪失状態は決まってなんらかの暴力行為とセットをなしている。ローデンホルムの場合にはラトヴィア兵に加えられた暴力の記憶と結びついているが、彼自身が銃撃や殴打に直接手を下したわけではない。アルコールによる酩酊は、まるでローデンホルムが銃撃にまで至らなかったことへの埋めあわせのように見える。

いったいここで描かれるものが異性愛とか同性愛とかいった概念で扱いうるものかどうかはいよいよもって怪しくなる。ここでは、意識を喪失した状態で行なわれる暴力が本来の性的行為と思われるが、この暴力を別とすれば、兵士的男性と他の人間との間に生ずるリビドー的関係がほとんど男性同士の関係に限られていることは確かだ。というより、彼らが行動できる範囲はもっぱら男性から成り立つ制度の中に限られている。ここに生じるさまざまな緊張を名づけるのに「文化」はまさにうってつけの言葉だ。彼らは、他の人間に向けた肉体的な愛の渇望という意味でのセクシャリティーとは、相手が男性であれ女性であれ、ほとんど係りを持たないのだから。

この男たちはなんらかのセクシャリティーの所有者というより、多かれ少なかれその迫害者であるように見える。

文化と軍隊

ある文化が他を凌駕して高く聳え立つことがあるかもしれない。しかしそこから男性的骨髄が抜き去られてしまえば、もろい土台に立つ巨像と変わりない。なりが立派であればあるほど、その転倒はすさまじい。

こう言えばさっそく異論が出るだろう。「神は最強の部隊に加護を与えられるという。しかし、最強の部隊は常に最高の文化の味方をしてくれるだろうか」と。まさにそれだからこそ、最高の文化の聖なる使命は、最強の軍隊を持つことなのである。[1]（ユンガー）

文化イコール軍隊。なんのためらいもなく二つは等しいものとされる。一九一八年の敗戦の後はしたがって、義勇軍だけが「文化」の唯一の護持者だった。


幸運にも非の打ち所のない男たちが大半を占めていた。良貨が悪貨を駆逐した。優秀なものが雑草を根絶やしにした。

こうして彼らは純化された傭兵部隊となり、何世紀にもわたって蓄積された優れた文化によって彼らの先達を凌駕した。[2]（ルドルフ・マン）

したがって、「栄光に満ちた」ものと豪語する革命運動にもっとも責めを負わすべきは、革命勢力がプロイセン・ドイツ軍の体現する文化的基盤をかくも跡形なく破壊しつくしたことにあるといえよう[3]。（ゴルツ）

あらゆる信仰が消滅するとき、残されたのは「文化」と武器との同一性だった。ドヴィンガーは言う。……私はもう何も信じるまい、約束も、綱領も。信じるものはただふたつ、機関銃と弾丸だ。それさえ奪われるならば、やつらの前に身をさらして最後には壁際に押しやられても抗うことだろう。私たちが守ろうとするのは自分たちの身だけではない。それを超えた、わが国で文化と呼ばれるもののすべてだ[4]。

このように「文化」は「男性的なもの」の核心をなす概念として機能している。それは兵士的なものの全伝統を一言で総括するものだ。軍隊における栄誉と規範の体系、兵舎やカジノ、作戦行動、戦場、劇場の平土間、指揮官の謁見、カフェや売春宿、こういった社会的慣習の一切合財が「文化」という一言をもって簡明至極に一括される。「ドイツ文化」なるものが国内で謳歌している高い評価は、男性による支配とミリタリズムの崇拝に発している。自由な思想や行動を憎悪して自由主義者たちを迫害し、職から追いやり、亡命や死罪によって脅かそうとする者たちが、自分たちが愛しかつ崇拝するドイツ文化の名のもとにそれを行ないうるのは、なんら矛盾ではない。中尉と少佐と大尉の差を知っている者は文化の一員である。制服と死とを愛さない者は蛮人である。文化の「最高の」祝祭は戦争にほかならない。

ただし、戦いの文化の咲き誇った時代はとうに過ぎ去った。生と死を賭けた戦いには大衆までが関与することを許され、大衆は自分らの本能を戦場に持ちこんだ。われわれがつい最近捕虜にしたイ

傲慢なシジュフォスとその仲間たち（ドイツ民主共和国，1975年）

ギリス軍中尉はいったいどういう気で私にシガレット・ケースを差し出したのだろうか。やつは姿かたちはジェントルマンだが、振るまいは帳場の菓子職人さながらだ。[5]

これは文化を守る男子にとって由々しき事態である。今や大衆は戦場にまでのさばり、軍隊に集結して雄々しく守備の任務を全うする孤高の兵士たちのイメージを破壊し、粥か菓子のこね地のようなものに貶めようとしている。このべとべとの集塊が塹壕にまでつきまとう。ここにこそ、あれほど繰り返し口にされてきた、こんな連中まで塹壕の中に送りこんで戦争を女子どもの関心事に引き下げてしまった一般市民への呪詛の根がある。戦場は男がいまだに男であることができる唯一の場所であったのに。

群れのうちで笑止でないものがただ一つだけある。それは軍隊だ。ブルジョアは軍隊まで笑止な存在に引き下げてしまった。[*1][6]

軽蔑をこめるために、ユンガーはここでマルキシズムお得意の「ブルジョア」という罵倒語を借用している。軍隊にそぐわない者はことごとく「ブルジョア」なのだ。

ドヴィンガーは『最後の騎手たち』で、文化的人間、エリート的個人、孤高の人間その他に対して義勇軍が持つ意味をこんな記念碑に仕立てた。

いにしえの時代はもう一度われわれとともに立ちあがった。三重の意味においてそれはもう一度屹立したのだ。第一には兵士の本領とする領域において。ここ東部地区では、ヴェルダンの敗戦など存在しなかったかのように戦争が続けられていた。われわれは真の騎手として、すでにほとんど忘れられていた武器、われらが古き槍をふたたび研ぎ澄ました。だが戦車が轟音をあげて驀進し、われらが乗る駒は崩おれた。……第二には物質的領域において。もう一度われわれはまだ広大な空間を住処とした。地所を所有する人々とほぼ毎日顔を合わせた。ところがその空間はわれわれから奪

魂の国への侵入者（フィドゥス，1898年）

われ、バルト地区の領主たちは討ち死にした。……第三には精神的領域において。もう一度われわれ一人一人がここドイツで個人であることができた。何ものも精神を閉所に押しこめることはなかった。ところがそこに群衆が割って入って、東から西からわれわれに向けて殺到しはじめた。……かくして騎士的な軍人魂は終わりを告げ、大地の広大な空間にも、個人精神の無限の広がりにも終止符が打たれた[7]。

ドヴィンガーがここで「もう一度」と強調するものはどれも彼ら男性に一度も与えられたためしがないものばかりである。古の騎士の槍から始まって、領主の円卓も「広大な空間」も。ましてやどんな素状のものであれ「個人精神の無限の広がり」など存在するはずもない。プロイセン流のしごきが大手をふるところで個人精神など生ずるはずもない。ところがここに並べられるのは、これらの男性の子どもっぽい夢想の集合した現実、青年運動の少年的ロマンチシズム、その都市忌避、インディアン遊び、世界征服の夢、貴族の妄想、アーサー王の円卓伝説、といったものである。「夢よもう一度」とは、一度もなかったことなのだ。

> F・W・ハインツはこの夢がどこに出所を持つかを知っていた。
> カール・マイを耽読した子どものころの夢がここでは現実になった。敵と味方の匍匐前進、待ち伏せと攻撃、奇襲と斥候。インディアンの羽根飾りの代わりにわれわれの軍服のカラーには銀の樫の葉が縫いつけられていた。もっとも、頭の皮を剝ぐのに代わるような儀式は今のところまだ見つからなかった。[8]

最後の発言は論外として、ハインツは戦争において具現される「文化」がどういう社会的空間に由来するのかを確かに言いあてている。それは女の子といえば決まって火刑の柱に結わえられて登場する少年同盟の空間、社会的現実から隔離された若者たちの空間、「世界征服」が容易に行なわれる森が都市と代替される空間である。[9]

群衆は先にあげたドヴィンガーのテキストで新たな意味を得る。それは社会的現実の胚胎する恐怖全体を集約するのである。群衆は日常生活や職場、結婚生活、間借り、市民生活全般のもたらす拘束を意味する。「ヴェルダン」や「戦車」までが、近代の否定的な現実であるがゆえに群衆に分類される。「〈もう一度〉に憧れる男たち」は、近代的な社会も現代世界流の戦争も望んではいない。彼らはすべてに追い越され、時代から取り残されている。武器を手離さざるをえなくなるやいなや、彼らを待ち受けるのは工場であり、事務所であり、小作農業である。

FREIKORPS
MWH
Wolf
Sturmvogel
WERWOLF
Gen.-Feldm.v.Hindenburg.

義勇軍の徽章，肩章

個人の時代は終わった。群衆の時代が始まった。……さていまや諸君には二つの道が残されている。この場所で白鳥の歌を歌うか、それとも新しい事物の流れに身を任せるか……。[10]「新しい事物」とは賃労働である。身の毛もよだつ外来語だ。群衆は貪欲な触手を、わずかに残された英雄たちにまで伸ばしている。どうすべきだろう。

君たち若者はだれもがいずれかの意味において最後の騎士である。世界が丸ごと豚小屋になるのを防ぐのは君たちのもっとも本源的な使命だとさえいえるだろう。わたしの見るところでは、事態はどのみちこの方向に進むと思われる。[11]

「孤高の個人」の価値低下は世界を、一切が泥と糞尿にまみれて混在する豚小屋に変えてしまう。そして実際のところ、少年期の騎士と世界征服の夢想をかきたて、それを軍隊の中ではぐくんでおきながら、いざ成人しても若者にはたかだかブルジョア的な管理事務所で下級ポストをあてがうしかないだけなら、これは巨大なペテンである。

アルフレート・ゾーン゠レーテルによれば、上位の士官たちはいずれは由緒ある会社の支配人として成功できた。ところが「最後の騎士たち」の大半は、小金を貯めたところで大きな夢を買うほどのチャンスが得られるものではなかった。彼らの頭を満たしていたのは誇大な妄想にすぎず（それも「魂」に基盤を持つものではない）、彼らはこの妄想に拘泥し続けたのである。

アーサー王やジークフリート、あるいはオールド・シャターハンド（カール・マイの冒険小説『ヴィネトゥー』（一八九二）の主人公の綽名）になれなければ、せめて情け知らずの放浪の騎士になるしかない。こうして、欺かれた「個人」からなる軍勢はまずは義勇軍に、後には突撃隊に志願して「豚小屋」に戦いを挑んだのである。[12]

olf Manuel Deutsch (geboren 1525).

ゼンパッハの戦い，1386年（ハンス・ルドルフ・マヌエル・ドイチュ〈1525～〉による木版画より）

義勇軍旗

エリアス・カネッティは、ドイツの森には軍隊がいるとして、森にドイツ人の中心的な群衆シンボルを見ている。

狭い家庭を抜け出して森に向かう少年は、そこでなら孤独になり、夢見ることができると思っているのだが、実際には森で軍隊への入隊体験を先取りする。森には忠実で、真率で、まっすぐに立つほかの者たちがすでに待ち受けている。それは少年が望むままの姿であり、まっすぐに伸びている点で似通い、しかも一本一本は高さにおいても、強さにおいても異なっている。

森は、それも「ドイツの」森はファシストが群衆から装飾を作りだすにあたってのモデルの一つであったかに見える。森はドイツ男性の憧憬を形象化したものなのだ。

森は、女／自然の中でうごめいているものを秩序づける。支配者たる父親の手先と

旗手ヒトラー（フーベルト・ランチンガー，1938年）

して母なるドイツの身体から生みだされた恐ろしい怪物のかわりに、ここにいるのは整然と列をなし、一体となった息子たちである。出征する兵士の列、これこそ良き女性のペニスである。

こうして、ファシスト的男性は、妻のもとを去って自然の中に逃亡する場合にも、なお深い沼に踏み入って足を取られるわけではない。森の中に彼が見いだすのは文化だ。それは自然の中で目に見える形をとった、息子たちによって支配された領土、夢に見てきた男の領土なのだ。

朝露のきらめく自然の中を抜ける早朝の行軍をする時、兵士は汚れなき女性のイメージの中を通過していく。ところが家に帰れば男たちは、区画されたシュレーバー式菜園〔十九世紀半ばに医師シュレーバー博士によって提唱された都市郊外の区画式家庭菜園〕の中で、女性におけるメドゥーサ的な要素を自分の内面とともに垣で囲って閉じこめている。菜園は一寸刻みで土が掘り起こされ、杭で仕切られ、苗床と歩道、菜園と花壇が区分される。主はこの庭にいるミミズ一匹だって知りつくしているし、ミミズがまさか嚙みつかないこともよく心得ている。ここには解体的な願望も生き残ってはいない。ぬめぬめしたカタツムリが這い回ったとしても、嫌悪を催させることはない。家庭菜園の持ち主の中には夜中に武器を持って聖なる地所を守っている者もいるが、それはなにも実りかけのイチゴが台無しにされるのを恐れるためではなく、さんざん苦労して手に入れた、わずかばかりの処女地の純潔を冒されることを恐れるあまりである。彼らはこの処女地は自分のものだと主張する。わずかばかりの地所は彼ら自身の内面が侵犯されず、脅かされてもいないことの証しなのだ。

そこから、汚れなき自然のために戦うさまざまな自然保護グループの抱える矛盾の一つが明らかになる。きれいな川を取り戻そうという主張の中には、女性の純潔への要求も隠れている可能性があるということだ。逆にいえば、川の汚れに対する恐れは、女性の「汚れ」(性的な汚れと分娩の汚れ)ならびに自分自身の「汚れ」に対する恐れを意味しているともいえる。だからヴォルフ・ビアマンが恋人と一緒にエルベ川に飛びこんだとき、「こんなどぶ川でもぼくらは平気の平左」と歌ったのは、短い間とはいえ、彼としてはまともな詩を歌ったのだ。

戦場で敗けることなし

個人としてのドイツ男性がそれほどの高みに立っているとすれば、負けることはできない。敗北は考えられない。だからドイツが敗北しても、個々の戦いでは勝利ばかりだとされるのである。戦争に負けるまで、戦場では不敗だったというわけだ。

イタリアの絵葉書

戦争の間、一度たりとも男は挫けることはなかった。少なくとも、挫折が公になることはなかった（それともあっただろうか）。戦争での敗北は途方もない罪を負わせられたに等しい。いったん堤防の決壊を認めてしまったら、ついに女の前でひれ伏したことになる。なによりも、ひとたび萎えてしまえばもう硬く立つことはできない。

上に立つ者は他人より上にいるから勝たなければならない、と信じこんでいる者は、一度でも敗北を味わうと、自分の化けの皮を剝がされる思いがするはずだ（梅毒に感染したも同然だ）。

敗戦に直面したときに、特に士官たちがもっともしばしば口にする感情は「恥」であった。

一九一八年末には兵士みずからが国防を放棄したのに、敗北に対する責任の重圧からのがれるには、責任転嫁のために「匕首伝説」が捏造されなければならなかった。

後ろから匕首で刺されたならば、敗北したことにはならない。敵の正面を向いて立ちはだかっていたがために、背後にいる卑劣漢には気がつかず、無念にも刺される羽目になってしまったのだから。

「匕首で刺した奴ら」（それによって革命を準備した奴ら）に対する戦い。「海軍はここで名誉を取り戻す」――一九二〇年三月十三日にプッチの計画を明らかにした際にエアハルト大佐はそう宣言した。雪辱のこの日まで、軍服には恥ずべき染みがあって、そこからはっきりと何かが洩れているのが見えかかっていたからだ。[2]

百戦において不敗を誇るからには、あらゆる価値が転覆しても兵士たちはびくとも動じなかった。しかし、心の奥底では幻滅を味わい、うわべだけのものは一切信じず、希望もなく、前線兵士たちは祖国に帰ってきた。われわれに残されたのは無一物の栄誉と、名誉と自由が問われる場所ではいささかも撓まない男の意地であった。かてて加えてドイツへの信仰と、そこに暮らす不幸な民への愛着であった。それこそ、あの瓦解に際してもっとも偉大な前線兵士たちが比類ない道程を歩み始めた原動力だったのだ。[3]（フォン・マーンケン）

アドルフ・ヒトラーも戦場では無敗を誇った。

戦場《フェルト》が実はとうもろこし畑であってもかまわない。要は男が断固として望む運命である。負け戦にな

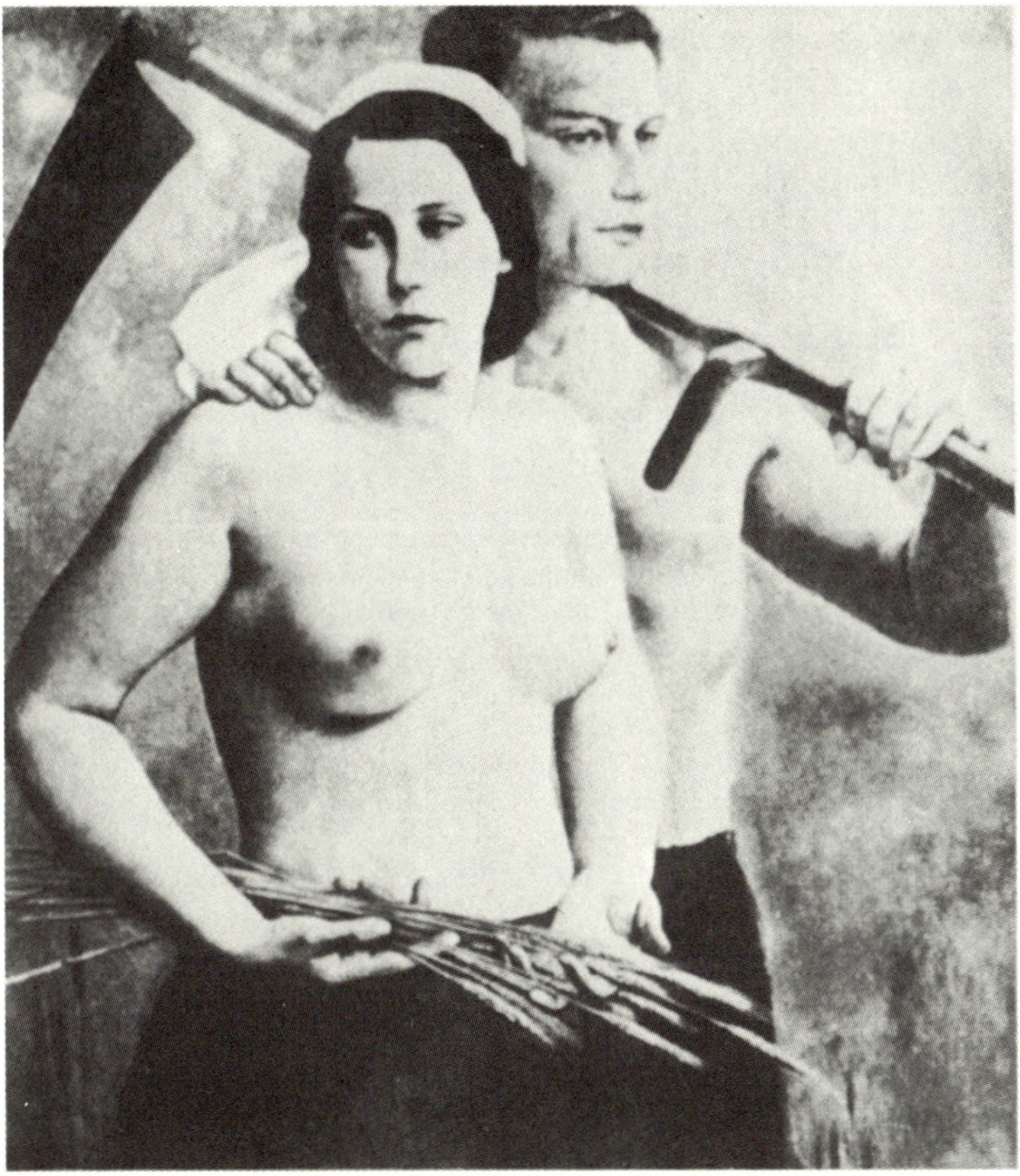

収穫（ヨハネス・ボイトナー，1933年ごろ）

るまではともかく勝ちに勝ち続けること……。

群衆《マッセ》と人種《ラッセ》

デルマーによる、これ以上つけ加える必要のない対置がある。それによれば、人種の示す特質はその細部に至るまで、群衆《マッセ》のもたらす恐怖と正反対のものを示している。

人種《ラッセ》の十戒

一、人種は風土と血と形姿との渾然たる恵み
二、人種は唯一可能なものの完成体
三、人種はわずかな選良の運命
四、人種は例外と、その掲げる権利
五、人種は幸福と生
六、人種は力、美、そして快楽
七、闘争、知恵、そして遊戯
八、人種は男にあっては熱情をこめた意志
九、女にあっては献身の情熱
十、人種はかつてフランス国民の太鼓判でもあったもの[1]

群衆《マッセ》の十戒

一、群衆とは風土と血と形姿からの精神なき頽落

二、かつては現実であったもののたそがれ
三、あらゆる俗悪なものの運命
四、平等とそのテロル
五、苦悩と死
六、虚弱と醜悪と不安
七、永世平和と麻痺と法律三昧
八、男にあっては意志の女性化
九、女にあっては売春
十、マッセは今やフランス国民の属性[2]

デルマーの著書では二種類の十戒の間には六五頁のテキストが挟まれている。だが比較してみれば両者が語彙から文型まで、細部まで対応していることは明らかだ。

男性文化の外的組織形態としてもっとも適切なものが軍隊であるとすれば、人種は兵士的男性の身体に関連づけられた、それにふさわしい組織形態を示すと思われる。人種の刻印を受けた自分の肉体に兵士は「美」「快楽」「遊戯」「幸福」「知恵」「生」を見いだすのである。人種とはおそらく、兵士を崩壊から護る何かなのだ。

ヴィルヘルム・ライヒにとって、「人種」がある性的志向を示すことは明らかだった。ただしライヒは異性愛と生殖とをあまりにも自明なものとしてセクシャリティー一般と同一視してしまったために、人種を「無性」的な概念とみなすに至った。[3] 彼はまた、人種という概念の「男性的」性格を見誤り、それが「群衆」の発する脅威に対する防禦から生まれ、「文化」という男性的・兵士的概念と結びつくことも見落とした。「群衆／集塊《マッセ》」のさまざまな現象形態、とりわけ身体の内部に潜んでいて不意の暴発でたえず脅威をもたらす「重い集塊」を思い浮かべれば、「人種」とはつまるところ、ファシストが自分のまとう身体の甲冑を指した概念であることに思い至るはずだ。それは、マッセを抑制するための身体機能である。これがあって彼は生きていられるのだ。

ライヒはまた、「異なる人種」とは異なる階級を意味することも発見した。ところがこれもまた単なる巧妙な隠蔽工作以上の意味を持つ。もし人種《ラッセ》が群衆の意味するすべてのものの正反対であるとすれば、「人種」と「プロレタリア」とは必然的に対立するはずだ。プロレタリア的なものとは、群衆の蔓延させる性病の一環をなすからである。[4]

したがって、「アーリア人」なり、他の「高等人種」の一員に自分を数え入れる者は、自分は低い階級に属さず、群衆でもプロレタリアートでもなく、女でも動物でもない、と宣言しているに等しい。さらに宣言はこう続くはずだ。自分は男であり、高所に屹立する個人であり、組織されたものであり、上部にいる諸君の一員であり、永遠の支配者として定められている。自分は軍隊である、と。

ところが、マッセの分子的な有機体をリビドーによって充当する者はまったく別の行動をとる。つまり、「全体」を望むのではなく、ドゥルーズ／ガタリが言うように「飛び地あるいは周縁」であることを望むのだ。「ぼくは君たちの一人ではない、永遠に下等な種族であり、動物であり、ニグロだ」。[5]

ここに群衆《マッセ》と個人との対立の起源が示されている。それは群衆と人種の対立に重なりあう。群衆と個人という対立が、ファシズムにおけるなんらかの群衆現象を説明するのに役に立たなかったのは、この対立図式そのものが群衆と人種という対立の中に包括されてしまうからである。

それに比べれば、ドゥルーズ／ガタリが提案した対立概念、すなわち「全体と個人とがそのたびに異

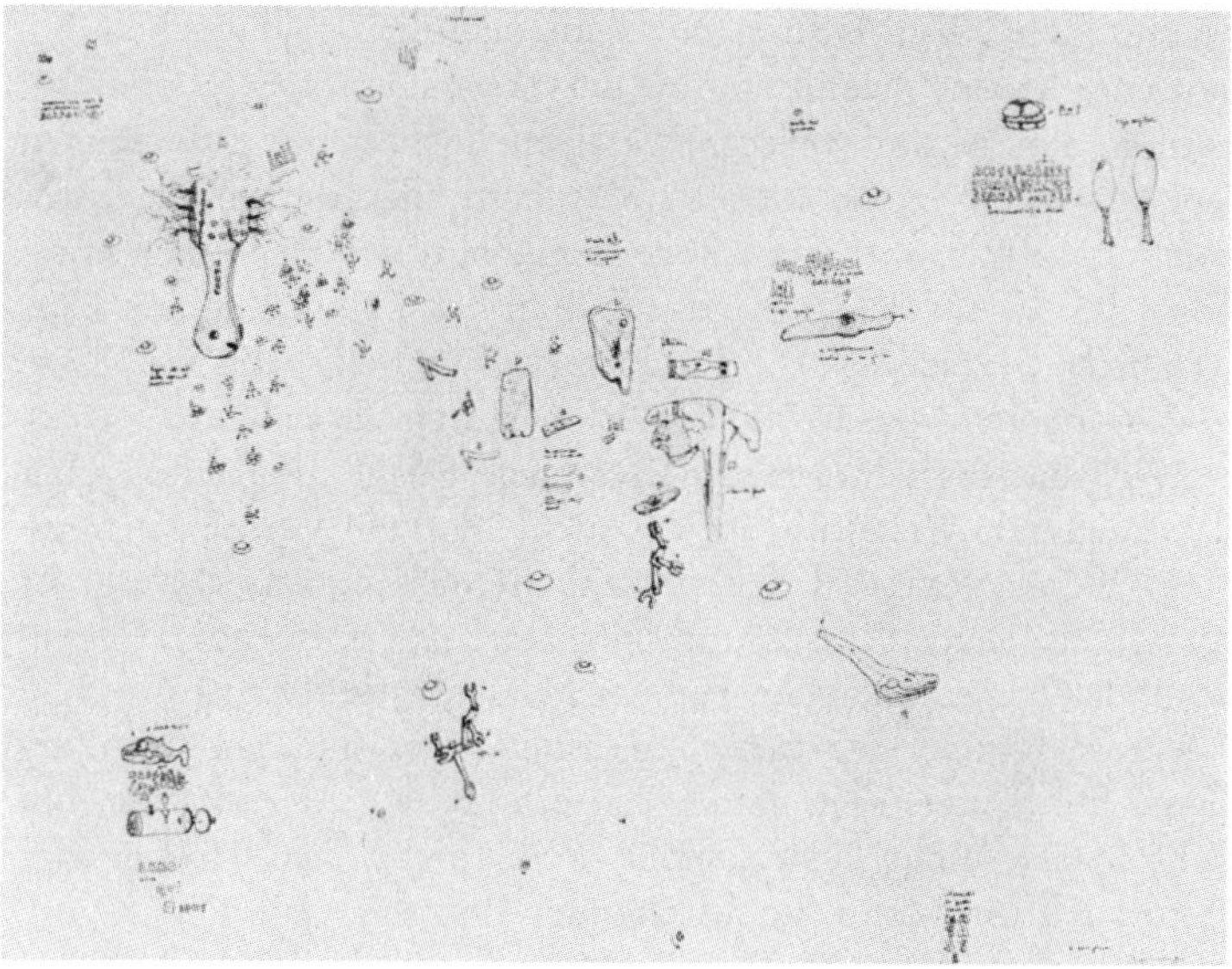

生成に関する推論を固定する（ジャンフランコ・バルチェロの素描，1968年）

なる関係に立つ、集合的組織《マス》の二つの形態」という対置のほうが有効である。[6]

ドゥルーズ／ガタリはカネッティの言う群衆の形態を分子的と名づけ、もう一方の、統合やブロック化を通じて中心に向かって組織される集合形態をモル的（質量的）とする。軍隊、人種、多数からなる統一体、マクロ物理学がモル的集合体である。*1 それに対して分子的集合体の意味するものは無限の多様性、増殖、境界を乗り越えた流れ、ミクロ物理学である。[7]

二つの集合的組織は、必ずしもどちらか一方だけがリビドーによる全面的な備給を受けるわけではない。両者は同一の個人、同一のグループ、同一の党の内部でも並存しうる。ただし兵士的男性にあっては二つの形態は、その肉体組織に対応するかのように、はっきりと対立して現われる。封じこめられた内部（無意識の分子的な秩序）と、それを封じこ

ジーメンス・シュッカート・コンツェルンの配電所．純血種の建造物

める身体の甲冑（支配のモル的秩序）とはまったく融和しないまま対立し、一方は他方の支配下に置かれている。したがって、「高等人種」の男性の完全無欠な身体は必然的に支配のための身体でなくてはならない。分裂してはならない。内部が外に洩れてはならない。そのために必要なのは、ともかく支配することだ。

　だとすれば、「人種の混合」という事態への兵士たちの恐怖がなぜ生まれたかは容易に見てとりうる。それがもたらすのは否応なしの解体だ。身体の甲冑はカオスと化した内部、すべてを呑みこむ「原人的なもの」のために瓦解してしまうだろう（唯一、戦争という組織化された殺戮行為において、兵士はみずからを滅ぼすことなく「原人的なもの」が外に現われるに任せることができる。その場合、身体の甲冑の機能は部隊という組織によって代替されるようだ[8]）。

　こうして異人種は、群衆のはらむ恐怖をもっとも集約して示すものとして現われる。

　群衆においては、脅威をおよぼす女性性との結びつきがもっぱら前面に出てくる（その程度のものを屈服させるには、せいぜい二、三発も銃弾を浴びせて元いた場所に追い返せばいい）。ところが異人種は、兵士たちの内部にあって容赦なく壊滅をもたらすエネルギーと好んで結託する。だからこそそれは根絶されなければならない。

こうして、アーリア人とユダヤ人の対立には三重の隔壁が読みこまれることになる。ひとつは階級の壁、第二は性の壁、そして第三には身体の内部と外部を分かつ壁である。

「人種的恥辱」〔ユダヤ人との婚姻〕はこれらの壁を崩してしまう。

マルクス主義の謳う無階級社会において解放を意味する観念のことごとくは、「人種混合」の観点からしてどれも危険極まりないものである——ファシストのこの主張はマルクス主義の掲げるユートピアにイデオロギー上の痛打を与えたと言えるのではないかとぼくは考えている。無階級社会という観念を断固拒絶させたのは身体に染みついた一連の確信である。内部は断じて外部ではなく、男は女ではなく、上は下ではないという確信、したがって群衆の統率は不可能だという確信だ。

なによりも、こんなことを容認したら死ぬのも同然だ。支配は生き残りのためにぜひとも必要なものだ（それは自然でかつ必然である）。ゆえに男女両性は対立し続け、両性の戦いは生き残りを賭けた戦いとならざるをえない。「下」は「下」であり続けなければならない（ほかにもこれに類したもろもろの観念が付随する）。

だから、コミュニズムには存在する余地はないのだ。「地上の天国」というプログラムは、まさか自分を解体してまで実現できるものではあるまい。それともそんなことができるとでもいうのか……。

レーニンが当然ながら強調しなければならなかったように、帝国主義が資本主義の「最高の」形態として解釈されるならば、人種差別主義は家父長制のもっとも激越な表現といえるだろう。[9] 帝国主義が外

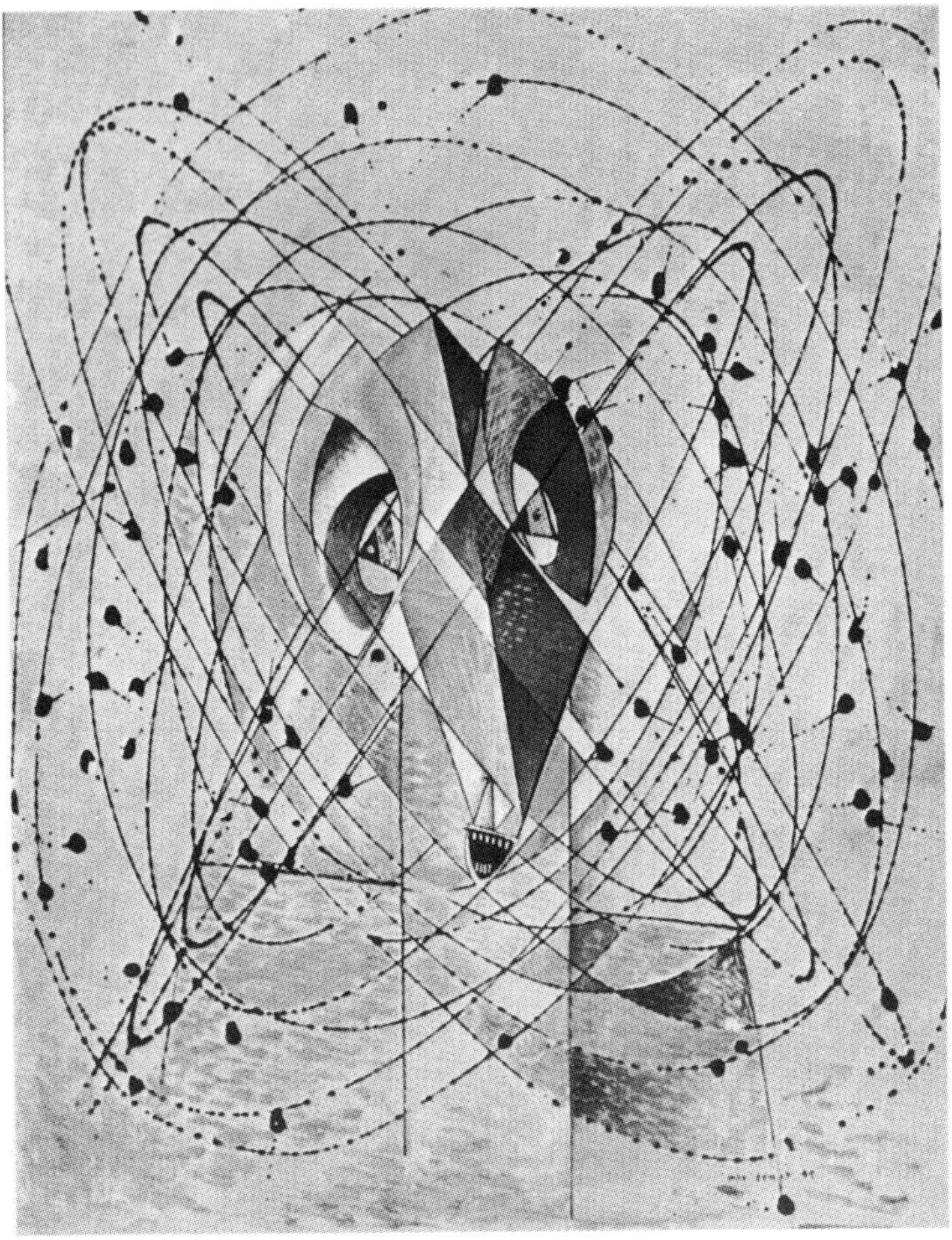

非ユークリッド的なハエの飛行に悩まされる男性の頭部（マックス・エルンスト，1947年）

向けに果たす役割を、人種差別が国内で果たす。それは「異人種」に対する死を賭した戦いであり、強いられた階級闘争であり、敵対的な性の闘争、差別を行なう人間の肉体そのものにおいて繰り広げられる戦いである。さらにそれは、「人種」である男と群衆／集塊《マッセ》である快楽との戦い、身体の甲冑と無意識の欲望生産との戦いである。卑しい大衆の快楽がただの一滴でも漏れ出している限りこの戦いは続く。いつもどこかで何かが染み出している……。ゆえに異人種と戦う戦士が最終的にめざすのは、すべてのものの死滅と結びついた自分自身の死である。「異なる種」を根絶やしにするすべはほかにはない。（もしいつか全員の生命を犠牲にするような状況がおとずれるとすれば、それこそ願ってもないチャンスだ。）

国民

「居並ぶ政党は群れ《マッセ》である。反して義勇軍は隊伍を組む一団である！」[1]とF・W・ハインツは言う。ここには兵士的男性と共和国（ワイマール共和国に限らない）との架橋しがたい断絶が簡潔に表現されている。なるほど共和国は政府を持ってはいるが（「かき混ぜられて上づらに昇ってきた連中」の政府だ）、兵士が必要とするような組織はどこを探してもない。したがってワイマール共和国が「国家」の扱いを受けることはほとんどなかった。仮に国家と呼ばれることがあったとしても、次のような文脈に限られる。エッガース義勇軍のマスマン少尉は、「群衆の側にばかり向いている」国家に仕えて痛痒を感じない警察官吏に向かってこう言う。「警視殿、国家が呼びかけたところで、ただの一人だって前線に歩み出る奴などいやしませんよ。いるのは何百万の腰抜けばかり[2]」。

しかし、「国民」の場合は特別で、この概念は共和国と結びつけて使うことは決してできなかった。国民はいわば孤児である。いやむしろ、もし砦を守る数少ない男たちがいなかったら、とうに見捨てられてしまったはずなのだ。

そもそも「国民」とは何か。

国民には三つの現象形態がある。

第一に国民は「前線」の「堅固な核」と等しいものである。

彼らの前線は最近の戦闘に際して無慈悲にもその鞏固な核に至るまで焼きつくされた。(……)疲れきった兵士のうち最後の一人の小指一本であっても、後方の兵站部にいる人間を束にしたよりはるかに国民という名にふさわしかった。[3](シャウヴェッカー)

ザロモンは前線兵士たちが帰国してベルリンに入城行進する光景をこう描く。

突然、ぼくは理解した。ここに行進するのは労働者や農民や学生、職工やサラリーマン、商人や公務員ではなく、兵士であるということを。彼らは偽りに軍服を着たのではなく、命令された者でも派遣された者たちでもなく、呼びかけに耳傾けた者たちであった。血と精神が発する内密な声を聴き取った志願兵たちであり、固い結束を体験し、事物の奥底にある事物を見抜いた兵士たちだった。(……)国民は彼らとともにいた。[4]

彼らはまるで塹壕の中からひとりでに生まれたようだ。シャウヴェッカーはこう言う。

われわれの生死が賭けられたこの瞬間、泥濘の中で待ち続け、火炎に取り巻かれて匍匐し、汚泥としらみとパンと渇きを分けあったこの瞬間に、われわれはついに一体になった。永い間互いを求めあっていたわれわれが、それまでほんのわずかの予兆も感じなかったのに、とうとう互いを見いだ

上：ブランデンブルク門の赤旗，1918年11月 9 日
下：突撃隊によるブランデンブルク門での行進，1933年 1 月30日

したのだ。ついにここまでやり遂げた。われわれは唯一のもの、学ぶことができないもの、失いえないもの、すなわち国民たる資格をわがものにした。[5]

こうして見てきたように、国民は国の境界や政体、また国籍やいわゆるナショナリティーといったものとはとりあえずなんのかかわりもない。国民という概念はある種の特定の男性共同体、すなわち永らく「求めあった」末、「血」の呼びかけによって成立した共同体を示すものだ。それは、ちょうど性の表徴と同様に、本質的な部分について「学ぶ」ことはできないが「失う」こともない、兵士からなる共同体である。

ビスマルクとローンがヴィルヘルム一世治下、プロイセンの指揮権を掌握した時点で、国家の要諦はプロイセン＝ドイツ軍に移行した。国権はそこにとどまり、（……）一九一四年八月一日まで保持された。この日を境に軍隊と民衆は一つのものとなり、ナショナリズムは指揮権を担うべき小数者の意志と要求という形をとって勃興したのである。[6]（ハインツ）

軍隊といい、少数者といい、指導権を担うべく定められた者たちという。ここで名指されているのは、軍隊の中核にいる者たち、特にその頂点に立つ士官のカーストである。それが一九一四年には民衆を率いる核となり、国民と呼ばれるに至った。ところがこの「国民」は、戦争と、そして何よりも革命の中で重い痛手を負った。共和国の側に寝返った最初の士官たちは（たとえその数がわずかで、たいていは日和見主義からそちらに転じたとしても）それまで存在した国民の死を告知した。そこで義勇軍が新たに国民を作り出す。

ボルシェヴィズムのカオスに対する戦い、平和思想の怯懦に対する戦い、そして国際主義とブルジョワジーの無力に対する戦いこそ、新たな国民の誕生の瞬間だった。[7]

国民の新たな誕生の中核をなすのが、共和国に対する義勇軍の武装であり、それは武装解除が「古い」国民の死を意味するのに呼応している。

アルプレヒトは彼の中隊が武器を投棄するのを見守った。（……）弾薬箱が次々に音を立てて水中に沈んでいった。いよいよこれで終わりだ。もう取り戻すことはできない。いまや文字通り丸裸になったわけだ。ここで国民は命令によってみずからの手で去勢したのだ。国際的な同朋融和の時代に、世界平和と人間愛、人間全体の福利の時代に、生殖器などなんの役に立とう。[8]

シャウヴェッカーが皮肉をこめてこう書いているとはぼくは思わない。彼はいつでも表裏なく書く。国民はその「生殖器」を戦いのためだけに必要とする。それは融和や平和や人間愛、幸福といったものとはなんのかかわりも持つべきではない。混ざりあうことに死を。われわれの愛とは殺すことだ。こう確信するハインツは聖書の十戒の第六戒をこう書きかえる。「もし汝の国民に対してやましさを感じるならば、汝、殺すなかれ[9]」。すなわち、あらゆる殺人を合理化するために必要なのは、国民を意味する兵士という集団の同意だけなのである。

国民の第二の現象形態は第一のもの以上に厳密に規定される。

「もしわが良心が、行けと命ずるならば私は従う。それは私の良心を通じて語っているのが国民であることを知っているからだ[10]」。国民はそれぞれの男の中にある。それは「敬虔でかつ誤つことなき血の暗い力に駆られてひたすら前進する兵士の憤怒に等しい[11]」（ハインツ）、「国民、それは精神的な価値であり、内的位階である。それはふたたび目に見えるものになろうと欲する精神的統一である[12]」（シャウヴェッカー）。

何が「統一」されなければならないのだろうか。

一つ一つでは衰退せざるをえない個々の要素、生のさまざまな個別性をふたたび溶かし合わせ、冷徹な現実認識と盲目的な信仰を融合すること、これこそドイツの使命である。この統一において国民は存在する。[13]

男性の中で融合する何か、それが国民なのである。

可能な限り最高のものの実現と、身の毛もよだつ無の狭間でみずからの内的存立を賭けて戦い、その戦いにおいて自己の存在と使命の内奥の核心に行きつこうとする英雄的人間の本源性、そこから国民が誕生する。[14]

兵士的男性の内奥に「行きつく」とは、彼の「存在の内奥の核心」である国民を見つけることにほかならない。この核心を捉えそこなうことは「身の毛もよだつ無」への転落を意味する。ブロンネンはこう書く。

ナショナリストの使命は、ドイツの内的かつ全面的な動員を行なうことにある。そして、必ずや起こる、避けることのできない戦いを奥底まで推し進め、未曾有の枠組みにおいてそれに備えることである。[15]

要するに国民をめぐる戦いは、男が男になるために内面で繰り広げる最終戦に似たものなのだ。この戦いの現場は、身体の「未曾有の枠組み」の内部であり、生と死の間であり、男性性と女性性の間隙、充足と無の境界、正常と狂気の中間である。これは男がおのれの内奥の価値、すなわち魂を維持するための戦いである。当然ながら、勝利の暁にはこう豪語することができる。

ナショナリズムとは何か。われわれがドイツを守るのは、われわれがドイツ人であるからだ。ドイツが祖国であり、ドイツの魂がわれわれの魂であり、われわれみながドイツ精神の一部をなすがゆ

第一の性的指標：ドイツ．エーリヒ・フォン・シュトローハイムは俳優兼監督としてハリウッドでドイツ将校のはまり役を演じた．

えである。[16]（ゲッベルス）

この種の文章の「われわれみな」という言い回しにだまされてはならない。それはいついかなる時も、ドイツ的精神の持ち主と認められた人間にしか妥当しない。厳密に限定された小数の集団を指すか、極端な場合にはそう語る本人にしか当てはまらない。「ドイツ的魂」なるものが彼の魂を指すとすれば、ドイツについて語る言葉は彼自身についても語るものだ。軍隊、高等文化、人種、国民、ドイツ――これらの概念はどれもが身体の甲冑を包括する、より大規模でより堅固な甲冑として機能しているように見える。それは「延長された身体」[17]に近いものである。

「骨の髄までドイツ」という有名な言いまわしがある。この言い回しには、ドイツ製というお墨付きを与えられるためには特にドイツ的身体（ドイツの皮革製品にしても、クルップ製鉄鋼にしてもそうだ）がとことん肉を殺ぎ落とさなければならないことが暗示されている。「国民の統一」とは、堤防の決壊を押しとどめるための過酷な防衛戦の末に兵士的男性の身体が行きついたみずからとの合一状態を指すのである。兵士の内部で拮抗し、ぶつかりあっていた欲望は、そこでようやく最終的なセクシャリティーへと定式化される。パスポートに押印された「性《セックス》・ドイツ」という記載は兵士たちをきっと恍惚とさせたに違いない。

第一次大戦後、ようやく建てなおしをはかりはじめたナショナリズムのためにハインツはこの状況を次のように総括する。

ナショナリズムとはさしあたり、目下猖獗をきわめつつある潰瘍性の腐敗、怯懦、忠誠の拒否、責任の回避、品性の欠如、エゴイズム、ヒステリーといったものとはまったく正反対をなす、人間的かつ性格的な姿勢にほかならない。[18]

まずは姿勢だというのだ。

第三の現象形態において「国民」は、このように形成された男性とその組織がすでに権力を掌握していることを前提にする。「国民」はここで外的かつ内的な「統一」を示すからである。支配の対象になるのは、「国民」にはなりえない「民衆」である。国民はいわば「民衆そのものの精髄」をなす。

ブロンネンはこの精髄の一員であるロスバッハの姿を次のように描く。

彼は、ドイツと呼ばれる怠惰なブロックから、巨大な、断固たる変貌を遂げた国民を鍛造するためには、たえず前進を試みなければならないという偉大な信念に満ちていた。[19]

この信念は一般の人間にばかりでなく、苦行の結果はじめて生み出される「国民」の姿勢を身につけるためにみずからを繰り返し鍛えあげなければならない男性の身体にもあてはまる。ともかく重要なのは鍛えることであり、鉄床《かなどこ》の上にまず置かれるのは「民衆《フォルク》」である（民衆は群衆とはまた別のものだ。それについてはすぐ後で述べる）。民衆は「国民」によってまっとうな形に仕上げられるべき素材である。「われわれは民衆の幸福をめざして戦っているのではない。民衆を運命の指し示す方向に向かわせるべく戦っているのだ」[20]（ザロモン）。運命の指し示す先には、「国民」に所属する者たちによる支配が待ち受けている。「民衆とは何か。それはともに苦しみ悩む、血縁からなる共同体である。一方、国民は形成し、支配する」[21]（ハインツ）。

要するにこれらの男性は、ドイツのために、故郷のために、彼らが愛する者たちのために、民衆のために戦い、しかも国民としてそれを行なうと言いながら、実は明らかにほかの人間たちを支配するために戦う、と宣言しているのである。

メルカー将軍は「民衆であり続けるために必要な強い国家[22]」について語っているが、「民衆」とは結

一つの民族，一つの国家，一人の総統

局、まっとうな支配と「強い国家」によって成り立ち、存在するしかないものなのだ。民衆もまた、国家の高い価値、すなわち国民の栄誉、権力、自由を根本においては崇高なものとして尊重する。しかしそれらの価値に命を吹きこむのはもちろん自由の身に生まれた者たちである。無力と恥辱にまみれた時代の只中で、この戦士たちの心に兆すのは、来たるべきドイツ国民の精鋭たち、市民と農民の末裔、貧困と古い貴族制から生まれた息子たちの姿だった。彼らの責務はわれわれの大陸の歴史を新たに作りだし、それに自分たちによる支配の断固たる封印を捺すことにあるはずだった。[23]（G・ギュンター）

かくして、民衆と大陸とに残された唯一の道は、「国民」という拷問具を待ち望むことだけになる。あらためて驚かされるのは、「国民」であり「兵士」であり「男性」であるという自覚から（民衆もまたそれを「根本においては崇高なものとして尊重する」とされる）権力行使の必然性という結論がいかに自明なものとして引き出されているかであろう。「われわれが存在し、ここにいるがゆえに、権力はわれらが手にある」という単純な理屈である。それ以上の理由づけは不要だ。ザロモンもそれを至極当然のように、まるで食事をほしがる小児のような無邪気さで書いている。

突然われわれは弾むような、すべてを包みこむ烈しい力に満たされた。権力だ。それを担うのはいかにも容易で、楽しくかつ甘美な負担と思われた。（……）われわれはほかのだれでもなく、自分たちこそ権力を握るべきだと考えた。それはドイツのためなのだ、と。というのも、われわれは自分たちがドイツだと感じていたからだ。この確信はきわめて強いもので、なんらかの理想が口にされればそれはそのままドイツのことだった。その他にも、戦闘、出撃、生存、犠牲、義務と、どの言葉をとってもドイツを意味した。われわれは自分たちがそうする権利を持っていると信じていた。

さらにベルリンにいる連中にはドイツを口にする権利はないのだ、と。[24]

「われわれは自分たちがドイツだと感じていた」という言葉は文字通りに受け取ることができる。弾むような、すべてを包みこむ烈しい力が男たちの体内を流れ、心を軽く楽しく、かつ甘美な思いで満たす。ここでは何かが流れ、男は愛を感じる。彼が愛するものは、ドイツとの合一感、また自己自身との合一感に由来する権力である。権力から来るこの幸福感、全能感も、彼とドイツとの結合から生まれる。国民を形作るのはいつの場合にもさまざまな結合である。別の言い方をすれば、それは分裂や孤立の克服から成り立っている。

国民とは、最良にして最強でもっとも兵士的な男性たちが、前線もしくは義勇軍において最高の男性、すなわち総統の指揮下に集結したものを意味する。

国民とは、「英雄的男性」そのものの内部で拮抗しあう二つの傾向の統一を指す。この統一が向かうところは、兵士的＝戦闘的な要素が最終的に勝ち残り、支配する「精神的統一」である。

国民とは、この男性あるいはこの部隊が民衆／祖国と結びついて国家の形をなしたものである。この国家を支配するのは当の男性／部隊にほかならない。

「国民」を「統一」することにともなう快感は、モル的な秩序のかかえる組織体が、別のモル的な秩序と結合してより大きな単位で統合されるか、もしくはモル状の組織が分子状の組織を打ち負かして「統一的形態」を作り出すたびに生まれる。

したがって、ファシストのいう「統一」が、抑圧者と被抑圧者とをある支配構造のもとに力ずくで結合した状態を指すことは明瞭だ。そもそも統一の意味するものは支配関係であって、平等な関係などではない。平等とは多様性であり、それは群衆《マッセ》／集塊を意味するだろう。それこそ、上／下、外部／内部その他を有無を言わせず結びつける「統一」とは正反対のものだ。

　このような統一は快楽に通ずる回路を兵士的男性に約束する。それが分裂と崩壊による死から彼を守るからだ。[*1]

　男性的＝兵士的肉体をまとめあげているのは、他の肉体（他人の肉体とともに、自分の身体の中の肉体的要素）を抑圧しようとする衝動であるかに見える。[*2] 兵士はこれらの肉体を暴力によって、極端な場合には殺戮によって従わせる。

　このように、国民という概念は男性による支配の要求をもっとも露骨な形で表わすことになる。女性解放運動は男性による支配を槍玉にあげるに際して、「男性的ショーヴィニズム」という言葉以上に適切な表現を見いだすことはできまいが、「男性的」とわざわざことわるまでもない。「女性的ショーヴィニズム」なるものは形容矛盾だからである。

　国民と群衆、国民と女性、国民と平等、国民と官能的快楽、国民と欲望、国民と革命、これらはことごとく背馳する。

　それゆえに、たとえ共和国政府が、政治学の概念によれば「国民的」と判断されるような政策を何百と実施しようとも、兵士的男性はどれ一つとして「国民的」と認めることはない（それがワイマール共和国の実情だった）。国民的という名に値するのは、兵士的男性みずから、もしくは彼らを率いるリーダーが行なうことに限られ、国民国家を名のりうるのは、男性および兵士によって支配される国家だけなのである。

　「国民」にはしかし、あらためて強調すべき本質的な特性がある。すなわち、国民からは何かが生まれ、それが帝国《ライヒ》の必然的な前段階をなすことである。[25] これまで見てきたように、男性的なもの同士の結合は「国民」を形作ることで実りをもたらし、未来につながることが証明された。ここで初めて、ユンガーが『帝国のための戦闘』で述べていることの意味が理解できる。

ナショナリズムは他の凡百の理念とは異なるものだ。それは計測可能なものを求めるのではなく、規矩そのものを求める。それは、過去何世紀にもわたって新たな形姿を産出し続けた母性的存在に通ずる、より安全な避難所にほかならない。われわれは戦闘を通じて子どもを産むすべを知る男たちがいまだにいるのを見てきた。[26]

ユンガーの文章でとりあえず神経を逆なでるのは、「母性的存在」と「戦闘による出産」との矛盾である。しかし、両者は結局同じものである、という読み方もできる。「戦闘を通じて子どもを産むすべを知る」男たちは「母性的存在」を抱えているのだ。彼らみずからが産む者でもある。生み出されるのは形姿である。この出産は狭義においては女性的なものを排除して、広義においては受胎にかかわるあらゆる過程を省略して行なわれる。生み出されるのは、未来であり、総統であり、権力であり、帝国である。そのどれもが兵士たちの手の届く「形姿」[27]という合言葉のもとに呼び出されうる全体的概念である。

ただし、この男性的出産に際して必要とされる母胎は、大地の身体である。

それに対して、生起しつつあるものがめざすのは根源的なものである。生のうちでもより深く、よりカオスに近く、まだ法規は知らないものの新たな法規を身内に宿した層である。これこそナショナリズムの本質であり、根源的なもの、すなわち母なる大地と取り結ぶ新たな関係を示している。大地の土くれは物量戦のもたらす炎によってふたたび吹きあげられ、血の流れによって受胎させられるのだ。——これこそ民衆の中に秘匿された根源的な言語に耳傾けることであり、それは二十世紀の言語にも翻訳可能なものだ。[28]
生殖は、硬い男性の核（国民）が「母」なる大地を爆発で吹き飛ばし、引き裂き、その中に戦闘的に食い入り、血の流れによってその内部を「受胎させる」ことで起こる。それによって大地から「生起しつつあるもの」、「新たな法規」が生まれるのだ。この新たなものこそ、これら男性自身による支配の時代なのである。
兵士的男性たちは新しい時代と自己自身とを戦争の中で新たに産み出す。[*3]
彼らの感情の中で「国民」という概念がいかに中心的な位置を占めるかを、やはりユンガーが言いあてている。
……物質的生産物の分配という問題に関してならばいかに多くの譲歩をしてもよかろう。しかし「国民」を拒むようないかなる権力とも断じて共存はできない。[29]
ここでもう一度明らかになるのは、「国民」という概念がいかに性的なニュアンスを帯びているかである。「国民」の言うままにならないことは、およそ考えうる最大の犯罪なのだ。「下」にいる一員でありながら「国民」による支配を拒絶するとすれば、それは「国民」に逆らうことだ。[30]逆に、「国民」を拒まない、とは犠牲を差し出すことを意味する。
われわれドイツ人が国家のあらゆる職務と、われらが血の一つ一つの叫びと、われわれが下し、また従う命令のすべてと、われわれが要求する犠牲とわれわれ自身が差し出す犠牲のすべてについて、それは国民が望み、国民によって与えられたがゆえに神が望みたまい、神が与えたもうたものと見極めたときに初めて、全ドイツ人による偉大な統一に名前を与えることが許されよう。これぞ国民だ、と。いや、もっと適切には国家《ライヒ》だと。[31]（ハインツ）

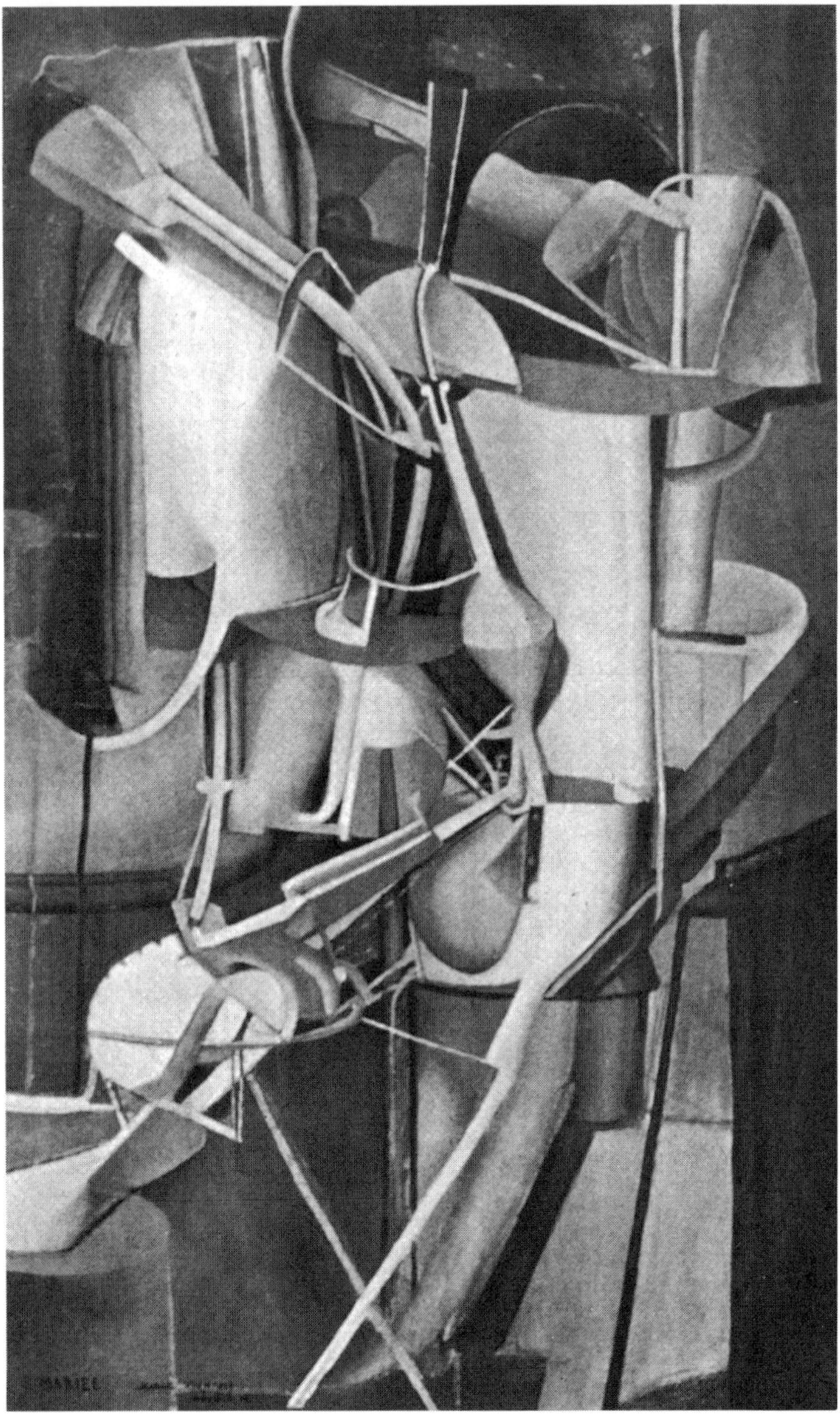

「花嫁」（マルセル・デュシャン）

「失われた乙女」（フェリックス・ラビス）

「縛を解かれたミヒャエル（ドイツ）」（フィドゥス／エルンティング）

雑誌『文化』創刊号，表紙（フィドゥス）

「国民」は是非とも犠牲を必要とする。しかしだれからの犠牲だろうか。ナチスの幹部が犠牲を必要とするというとき、自分が犠牲になることを念頭には置いていない。犠牲にされるのは、下にいる者たち、女、群衆、被支配階級である。ブロンネンが「国民」を形成する男たちのものだとする「犠牲をまったくいとわない血[32]」は、彼らが他の者たちを犠牲にし、総統のために生贄を捧げることが許される場合に沸きたつ血である。男たちが自分自身を犠牲に差し出すことはない。

だからこそ、引きもきらず犠牲を要求するあのプロパガンダがあれほど強い牽引力を持ったのだとぼくは思う。聴衆は、上にいるあの男がみずから犠牲になるつもりはないことをはっきりと感じていた。上にいるあの男と一緒にいれば身は安泰だから聴衆は彼に付き従ったのだ。「われわれすべてが犠牲を差し出さねばならない」というスローガンは、われわれすべてが（固有の集団として）、他人を犠牲にできるように結束しなければならない、という意味だ。

ただし、総統に付き従って「国民」となった者たちからも犠牲は要求された。ただしそれは一見して「精神的」、「道徳的」な犠牲であって、本人にとっても犠牲というより、一つの徳性の獲得とさえ思えるものであった。つまり、みずからの「下部」を犠牲にさしだすこと、混じりあうことの快楽と、無意識の生産力を断念することがそれにあたる。それによって彼ら自身は潜在的な犠牲になり、総統が彼らを戦場に駆り出したり、ベルトをもっときつく締めろと命ずるだけでも、マゾヒストのように振るまうのである。

しかしその犠牲を払っても、（それがベルトをもっときつく締めろという命令にすぎなかったとしても）充分に見返りはあったはずだ。犠牲を払おうとしない者を殺害して犠牲に捧げるのは彼らの権利だったからである。

戦争もしくは内戦がない状態、すなわち「平和」時においてこの権利は、「国民の統一」のために常に犠牲にされなければならない者たち、――子ども、女性、被支配階級、ユダヤ人、あるいはそれに順ずる集団に対して行使された[*4]。

彼らを嘲り、殴りつけ、騙し、死罪を宣告することは、上官への服従という犠牲を払う兵士たちの定期的褒賞でも重大な責任でもあったのである。

民衆《フォルク》

民衆という名のもとに私が理解するのは、アスファルトの都市でわめく暴徒でも、古い旗や帽章を引き裂く群衆《モッブ》でもない。偉大な、忍耐強い、ドイツ的民衆であり、畑を開墾し岩を穿った人々、鬱蒼たる森を守ってきた人々、世界の海を渡ってきた人々だ。この民衆が、たとえ政府がわれわれを追いたてようとも、前線を死守することをわれわれに要求する[1]。（ブロンネン）

民衆《フォルク》とは陶冶された自然の上に立つ存在であり、それが自然によって使嗾されて叛乱と横溢を煽りたてる「群衆」と異なる点だ。民衆は群衆より勝れり、しかし「国民」より劣れり……。

総統と群衆とが比較の対象にならないのは、画家と絵の具が比較できないのと同じだ。群衆から民衆を、民衆から国家を形成することはいつの時代にも、真の政治のもっとも深遠な課題であった[2]。

ゲッベルスは『ミヒャエル』で、総統の感化のもと群衆が民衆へと変容するだろう、と宣言しているが、すでにそれ以前にハンス・ブリューアが『青年運動における民衆と統率者』で同様の主張を述べている。

ドイツの大地（W. パイナー，1933年）

統率者《フューラー》と民衆は唯一の重大な局面において異なる。つまり、統率者は統率者であるためには民衆を必要としないのに対し、民衆は統率者を通じてしか民衆になれないのである。統率者を欠く民衆はいくつもの頭を持つ群れにすぎない。それは個々ばらばらな頭を持つ者たちの任意の集合体にすぎない。（……）この状態では民衆は単一の価値を担う存在には決してなりえない。（……）群れは統率を受けてはじめて民衆となるのだ。この瞬間を境に群れには魂が備わる。ちょうどミケランジェロ描くアダムが、神々しい火花を授かろうとその腕をおずおずと父なる神の方に差し伸べるように。民衆となることを望み、かような共同性の尊さを感受しようとする衝動を常に感じる人々はしたがって、統率する男を必要とするのである。[3]

群衆はそこでまるで磁場に置かれた鉄片のように磁力を帯び、「単一の価値を担い」、「魂」を備え、編成される。統率者は群衆に息を吹きこみ、自発的に群れの中に入り、それに形を与える。

群衆は火薬と銃の台尻の殴打をもってもとの場所へ退去さ

民衆（社会主義青年同盟のポスターより）

せられなければならない。それに対して民衆は「下」に位置するにしても、支配者たる男性／人種／国民による支配のために必要な、しかるべき「統一体」の一つにやすやすと組み入れることができる。

群衆の中ではとりわけ、「呑みこむ女」が猛威をふるっているのに対し、民衆において主流をなすのは、服従する従順で白い女性である。「白い」女性は、幸せを望んでもその相手となる男性を自分から選ぶことは許されない。そんなことをすれば命まで失いかねない。[4]

統率者は民衆によって選ばれてはじめて統率者になるなどという政治観は本末を転倒している。その場合の統率者とは利益代表にすぎないし、民衆と称されるのも実は

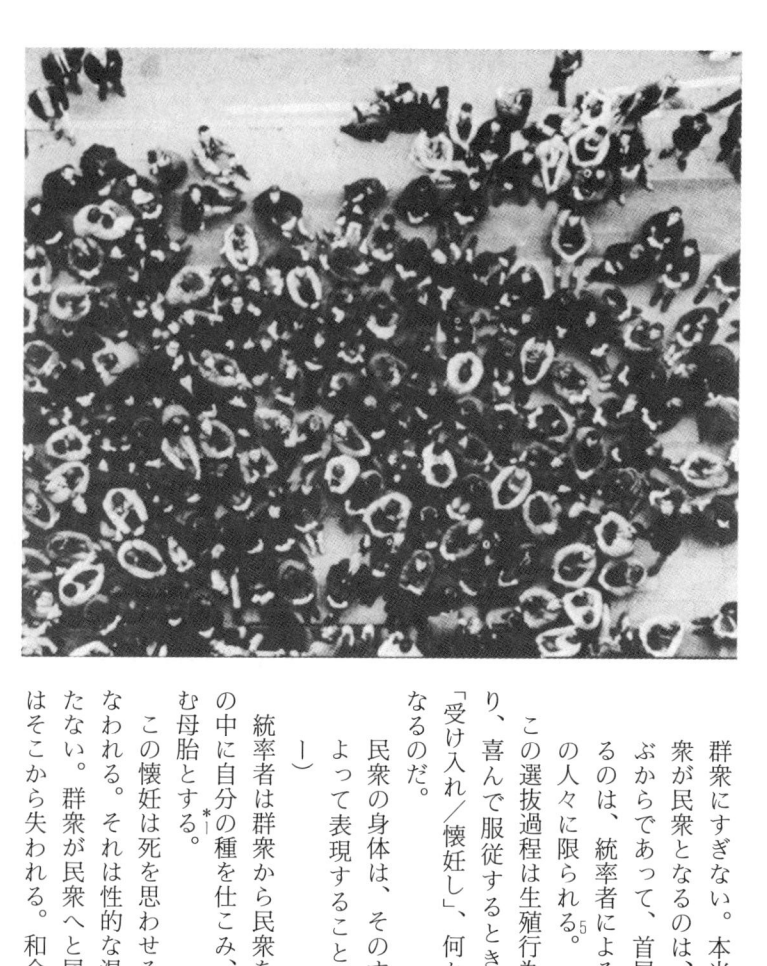

群衆にすぎない。本当は逆が正しく、民衆が民衆となるのは、統率者がそれを選ぶからであって、首尾よく民衆となりうるのは、統率者による選抜を受けた一部の人々に限られる。[5]

この選抜過程は生殖行為に似ている。つまり、喜んで服従するとき、民衆は統率者を「受け入れ／懐妊し」、何かを「生む」ことになるのだ。

民衆の身体は、そのすべての力を軍隊によって表現することに費やす。[6]（ユンガー）

統率者は群衆から民衆を作り出す際に、その中に自分の種を仕こみ、男性的組織体を生む母胎とする。[*1]

この懐妊は死を思わせるこわばりの中で行なわれる。それは性的な混和が示す特性を持たない。群衆が民衆へと屈服するとき、生命はそこから失われる。和合であるべきものが

漫画「愛」より（フランクフルト，1974年）
1　「(今日はうまくいくかもしれないわ)」
2　「ちょっと，やめてよ，まだ濡れてないわ」
3　「やさしくするよ，なあ」「だったらなんでそんなに顔に息を吹きかけるのよ」
4　「(息もできやしない…)」「そんなにきつくしないで！」

そこでむしろ併合を思わせてしまうのだ。国民、そして統率者は服従する「下位のもの」を包摂し、傘下の全体の中に組み入れる。

その際「下位のもの」はいったん生命を抜かれ、ふたたび生き返らされる。生まれるべきものは生まれるが、それは自発的な出産ではない。ここでは生殖の目的は併合であり、それは命を抜かれた生命の再構成という意味での出産である。

統率者と民衆が合体することでファロスがそそり立つが、そのファロスも生殖をつかさどるものではなく、支配的立場を誇示するにすぎない。兵士たちの隊列は民衆の身体から地虫のように這い出て、大地の身体から生まれた森のように行軍を始める。

統率者は、群衆（つまりは彼を呑み

こもうと脅かすものすべて）から性を抜き、命を奪うことでポテンツを得る。

この種の男性の伴侶である白い妻について言えば、彼女たちはみずからは性を抜かれたまま、夫のこわばった男根の世話を焼くことになる。彼女たちはそうしながら支配関係の中に適合し、みずからの身から小さな兵士たちを再生産して夫の手にゆだねる。しかも夫が勃起を必要するとあらば死んでそれに応じるのだ。

これが男を興奮させる。[*2]

反して、民衆が自分の意志で選ぶデモクラシーにおいては、この種の男性たちは全然「立つ」ことができなかった。

全　体

見てきたとおり、兵士的男性は中途半端なことを我慢できない。こと半ばまででは下にいるのも同然で、感染したも同然だ。自分がばらばらでないと感じるためには、いつでも何かを組みたてずにはいられない。いつでも統一が必要で、いつも自分は上にいなければならない。それでやっと全体が維持される。兵士はこの全体によほど愛着があると見えるが、たとえ自分がそう思いこもうとも、その愛はとうてい無私の愛とは思われない。

艱難に対するにわれわれは視界を自分たちの狭い圏域から全体に広げ、個人的な利害をすべて抑制して共同の目的をめざさなければならない。

これは陸軍少佐シェンク男爵が一九二〇年三月十九日にマールブルクで、「武装した徒党が掠奪を働

「ほんとにすてきだわ」
「君だってさ」

きながら国内を徘徊している」のに対して行なった演説の一節だが、飽きもせずに繰り返されるこの種の紋切り型が本当に言いたいことはなんなのだろうか。

簡単にまとめれば、「全体」なるものは、「国民」や男性自身の身体とまったく同様に、兵士的／男性的な組織体だけから成るということだ。

このばらばらになった情況を新たに正当化できるのは、全体への意志をおいてほかなかった。この意志は決して個人的な思惑などではなく、われわれの裡に宿る神の力であり、人生に対する肯定を正当化するすべてのものは、この神の力から発している。[2]（ホッツェル）

ここで言われる「神の力」とは、「ばらばらになった情況」を克服したことへの褒賞としてとしてドイツ人に残された「魂」の別の呼び名である。「全体への意志」があって初

フランスの絵葉書　　第１章　134

めて、この内的な戦いで勝利を収めることができるのだ。
敗戦によってばらばらになってしまった全体は、部隊において、義勇軍においてふたたび回復される。いまや半端なものは何一つない。だれもが全体のために立ちあがり、死んでいった。各人が全体であった——神と国民、精神と行為、本能と意識、はるか天国まで包括した信仰と大地深く根をおろした生であったのだから。権力と国民の栄誉、国家の栄光と尊厳、犠牲の精神と服従に際しての誠実、それらは渾然一体と結ぼれあって、裏切りと敗北から立ちのぼる幾多の雲をはるかに凌駕する勝利の印として燃えあがった。[3]（ハインツ）

環を閉じよ！　都市防衛隊に参加せよ！　募集ポスター（ブレーメン，1919年）

全体とはすなわち部隊*1であり、それと一体化する男性でもある。全体が成り立つときには支配関係も明瞭になる。「権力と国民の栄誉」とは男性の領分であり、「犠牲の精神と服従に際しての誠実」は民衆のためのもの、良き「女性」*2のためのものである。全体もまた上下二つの部分から成り立っていて、上には権力が、下には犠牲がある。

　ゴーテは主人公の一人の口を借りてヒトラーについて語り、彼の戦いにおいて重要なのは「個々の個人が全体の一部でしかなく、個人にとって、この全体のために自分の義務を果たす以上に偉大なことはない、という意識を持つことだ」としている。[4]「全体」に奉仕する兵士の「義務」とはしかし、この全体を支配する以外のものではない。「全体のために自分の義務を果たす」とは要するに、全体の中で「上部」に居座る人間たちの私的な権益の追求を上品に言い換えたにすぎないものだろう。全体が機能するためにはそこに抑圧された部分がなければならないという理由でのみ、彼らは全体を必要とするのである。

その意味で、全体における調和とは決して個々の部分の調和ではなく、ヒエラルキーからなる秩序によって強いられた調和である。

そこにこそ、すべてのモラルを超越する権力への意志の根があった。それはいかなる犠牲をも厭わない全体への意志だった。[5]（ホッツェル）

「いかなる犠牲をも厭わない」とある。全体への意志とは権力への意志なのだ。

社会における人間同士の利害衝突、異なる組織やグループの間に生ずる数々の矛盾が、兵士的男性の体現する全体を分裂させる。左派の言いつのる資本主義社会の階級的特徴は、これら男性の身体的統一を奪い、真中で引き裂く。男たちが生きる社会においては階級も対立もあってはならない。それがあるということ自体、自分の内的な亀裂も修復しえないことをそのまま意味しかねない。階級などというものが存在すれば、兵士たちに安寧を約束してくれるドイツ的精神の統一は永遠に手に入れることはできまい。階級の存在はみずからの身体内部に被抑圧者がいるのに等しい。階級である限り被抑圧者は生存の権利を主張する。階級であることによって下のものも、女たちも抵抗する権利を得る。そんなことがあってはならない。男の生存に必要なのは従順な家臣なのだ。階級闘争はしたがって死を、当面は社会的な死を意味する。それは最下層にあるものを上に持ち上げる。精神は没落し、男は女になり、兵士はどこやらの施設に収容されるだろう。支配者の座に就くことによってのみ兵士は救われる。階級闘争を主張するのは、兵士的男性の自殺に手を貸すことだ。それは兵士を内部から引き裂く。

民衆の福祉と生存の自滅に手を貸すのは、民衆から堕落した者として獣的なエゴイズムから発した自分たちの我意を押し通して王座にまでのし上がろうとする者たちだ。われらドイツ男性は彼らに向かって一斉に反抗の雄たけびをあげる。[6]（シャウムレッフェル）

だれかがほかのだれかの「自滅」の幇助をする、という一見矛盾した言い方は、ここでようやく腑に落ちる。要するに、民衆なり、下層の者なり、「堕落した」者たちは、兵士的男性がみずからの幸福を得るために『全体』を作りあげるのに不可欠な半分を構成する以外、みずからの生存権を持たないのである。もしその機能を果たさなければ彼らはその「獣的なエゴイズム」を指弾される。

こうして引き出される結論とは次のようなものだ。兵士的男性が「全体」を擁護するのは、みずからの分裂を恐れるがゆえである。もし彼の中で抑圧されている「半分」、つまり伴侶である「半身」、民衆のうちで「下層」を占める半分、すなわちあらゆる場面で支配を受けている者たちが自立を要求したら、彼は引き裂かれてしまうだろう。

したがって、全体のことを考えなければならない、とは結局、自分たちの支配が阻害されないよう見張り続けろ、という命令なのだ。

全体を考えよ、とは「おまえらが下にいることを忘れるな」というに等しい。それはさらに、「俺たちなしではおまえらは上半身を、頭を持つことはできない」ということだし、「おまえらは俺たちなしでは死んでしまうぞ」「俺たちなしでは神的な部分（とはすなわち男性的な部分）を欠いて、獣になってしまうぞ」ということを意味する。それは、「俺たち上の者がいなければおまえらは形すら失われ、顔も形もない集塊になる。俺たちは堤防のようなもので、これがなければおまえたちは溺れてしまう」と脅かすのも同然である。
もとよりこれらの不安は「全体」の上部にいる者の不安にすぎない。支配する部分と抑圧される部分からなる「全体」を自己の身体だと考える者だけが、この不安を自分のものと「同一視」することができる。

特に重要なのは、支配する者の身体を形作るこの「全体」が、決して上部構造だけでは成り立ちえないことである。全体の中で常に「上」にいるためには、現存するものを外部から統合する、より大規模な組織がたえず必要とされる。この全体的組織に所属しないものは、存在するだけで脅威を意味する。
この脅威に対抗するために全体的身体は、上部を養わせるさまざまな組織を下部で永遠に産出し続ける。しかもそれは共生的な組織というわけではない。むしろこの産出作業の要点は、すべてを呑みこむ共生状態に由来する不安をふたたび現実のものにしようとする集合（たとえば群衆）をヒエラルキー化された組織に作り変えることに、少なくとも不安をもたらす集合にヒエラルキー化された組織を対置することにある。この組織は全体的に見て、その中で上部を占める男たちの自我の延長[7]のように機能しているらしい。

このような組織の上に成り立つ人間関係（たとえば婚姻関係）を、「相補的」と名づけるのははなはだ軽率なこととは言えないだろうか。[*2] 男と女は、同時にもしくは相前後してさまざまな「男性的」もしくは「女性的」な立場を代表しているが、どのみちそれらは対等ではないはずだ。だとすれば、ぼくたちはなんの権利があって異なる二つのものを「一」という総括的な数字でもってひとくくりにすることができるのだろうか（それは人間をファロスというシニフィアンへと還元することに等しい）。

バレー「レラッシ」のためのスケッチ（フランシス・ピカビア）

フーコーとドゥルーズの対談の席で、「われわれはみんなグループだ」という命題が語られたことがある。

たしかに、双方が補いあう「相補的」関係は歴史的に見ても一度たりとも存在したことがない。人間同士の関係の中には、社会的に規定された人間のさまざまな「機能」がいつでも亡霊のようにつきまとっていた。対等な者同士が社会的に強制された機能を担うのではなく、それぞれの多様性を通じて触れあうことで成り立つ相補的関係は、おそらくぼくたちが今後作りあげなければならないものだろう。しかし異なるもの同士が多様に入り混じりあうこの関係の中で生じていることは、二人の個人を前提にした「相補的関係」という用語では正確には表現できないだろう。抱きあう複数の者が、固定した姿もとらず、社会的に規定された「名前」も持たずに触れあう一つ一つの愛の行為が、非ファシズム的な生の実現に向かっている。

ライヒや、最近ではデイヴィット・クーパーが行なっているように、より快楽に満ちたオルガスムスを要求するだけではまだ不充分だ。まずオルガスムスとい

『ファーレンハイト451』（フランソワ・トリュフォー）

う観念が一、人の人間の感覚としては廃棄され、解消されなければならない。他者の経験としてのオルガスムス、異なっていながらも同じ場に置かれた他者の経験としてのオルガスムスは、ファシズムを望まない人間を解放するかもしれない（反ファシズムとは時に応じて選択することができる政治的立場にすぎない。ぼくたちの生活をファシズムから解放するにあたって、この政治的立場はそれほど重要ではない）。

では男女の境界はどうなるのか。ぼくはこの章の草稿では、快楽に満ちた混交をたえず経験し続けることがこの境界を消し去るきっかけではないかと書いた。そこではたしかに両性は混じりあうからだ。たとえば、ヴァギナの中で境界を失っているものがペニスだと男は本当に言うことができるだろうか。その場合、ペニスもまた女の体の一部になり、ヴァギナもまた男の体の一部になってしまったとは言えないだろうか。二つの器官は男女双方の肉体に所属したのではないだろうか（もちろん、混交は区別があってこそ起こるのであり、混交によって区別そのものが消えるわけではない）。

エルネスト・ボルネマンは著書『家父長制』で、男女両性を決定づける外的ならびに内的生殖器、心理、遺伝、ホルモンなど七つの判断基準をあげて、これらの判断基準に照らしあわせるならば、男性と女性の区分は近似的なものであって、いつでも両者の混合がありうることを強調している。ボルネマンによれば、将来は性の社会的な規制が緩和されることで、両性が接近し、その差異が消滅する可能性がある（『家父長制』五三一頁以下）。一方、ルース・イリガライは怒りの叫びをあげる。

今日、以前よりもわずかばかり強く、わずかばかり騒々しく女たちの側からいくつかの発言が行なわれ始めたばかりなのに、男女の差がまるで魔法のように消滅してしまうかのような説が吹聴されている。これほど典型的な撤収も考えられない。女たちが少しでも騒ぎたてなかったとしたら、あいかわらず性差異の固定が論じ続けられたことだろう。それが、今は少しやかましくなっただけで、差異はなかったことにしようといわんばかりなのだ。

だからイリガライは逆の要求をする。

われわれは今後もなお男女間の性差を強調して、その巨大な規模をまず発見しなければならない。さらに、そもそも性差を発見するためには、さらに女性のイマジネーションが存立しうる空間を創出しなければならない。[*2]

性差の問題をさらに解明するためだけに限らず、これは聞くに値する言葉だ。支配の廃絶と真の平等は、多様な差異を解明することでしか実現できない。差異を単純化するだけでは男根中心主義を解放のイデオロギーに接ぎ穂するのと変わらない。多様性を解明すること、ただしそこからはもう形式的な区分が導き出されてはならない。しかもこの解明の作業は、もはや「全体」や「統一」を望まず、「意識」による「欲動」に対する勝利を虎視眈々と狙うこともない男たちの側からも行なわれるべきだ。そうすれば、男がかつてそうであることを常に望んだ「形姿」は輪郭を滲ませるだろう。矛盾すること（首尾

「断崖からの落下」（部分）（ルートヴィッヒ・フォン・キャロルスフェルト，1833年）

一貫性の破綻）、開かれてあること、無権力であること（もはや人を殺す側にはならないこと）への快楽が生まれるだろう……。

その時、生産を続ける欲望機械がどうなるかを見とどけることにしよう。今まで男たちはこの機械を内部へと追放した。その結果この機械は病気を生み、たまさか動けば殺人機械として突如暴れだして爆発するか、チクタクと鳴る怪物と化して人間をばらばらの部品に解体するかだった。

遠くには、さまざまな性をそなえた人間が姿を見せている。彼らは、本来自分のものではない名前など与えられてはいない。彼らに名前がないのは、打ち棄てられたからではなく、彼らがあらゆる名であることができ、かつどの名も持つ必要もなく、あらゆる名を帯びる可能性はあっても、それを所有することを強制されないからである。

補遺　性化された言語

公的な立場にある人間が聴衆に向かって話しかけるやり方はいつも性的だ。資本主義の男性社会の政治的概念は一語一句に至るまで性化されていて、それはそこに生きる人間の性的機構の現状をわかりやすいやり方で語る。シュトラウスやシュミットやゲンシャー〔いずれも一九七〇年代西独の政治家〕といった、民衆の肉のなんたるかをよく心得た有能な政治家たちが演説の中で口にする「憂慮すべき」状態は、聴衆がこの言葉に相応する「憂慮すべき」性的状態をみずからの肉体で自覚しているがゆえに信じられる。政治的言論は聴衆の身体に生ずる出来事に訴えてその正当性を主張するのである。

たとえばインフレは政府の責任だという非難も同じやり方で広められる。インフレは人間の労働力の価値を切り下げるがゆえに人間に対する罰だとされる。では人間の力を下落させるのはなんなのか。それはオナニーが「脊髄癆を招いたため」だとされる。インフレは、働く大衆の身体に現われた脊髄癆と解釈され、インフレが起きるときは政府が過度にオナニーを行なったに違いないとされる。社会民主党内部の政争があれほど大きな「関心」を呼ぶのは、この政争がオナニーを証拠づけているからだ。青年社会主義者《ユーゾー》〔社会民主党の青年組織〕は自己満足を味わっている、と新聞は一時期連日のように報道した。オナニー原因説に人々は即座に飛びつく。というのもだれもが身に覚えがあるからだ。ところが人々は、その「下」でインフレーションに陥る不安なしにオナニーができるような政府を求める。これは彼らの正当な要求だ（「安定政権」の意味するところは、一致団結を謳い、一滴の水も漏らさないことにある。ペニスは硬いままだ）。そこで政府は、自分たちはオナニーをしているのではなく、行動していることを納得させなければならない。そして実際にとられる行動がメンバーの除名である。その方がたとえば他国のインフレ率の高さを引きあいに出すよりよほど効果がある。もともと多くを持ちあわせず、労働力も通貨もサッカーの勝率も低い国々に比べて、わずかしか脊髄を失わずにすんだところで大した慰みにはならない。他の国が失うものもそれほど多くはなかったのだ。こうしてインフレ下で民衆の脊髄を「救う」者は、それがいかなる手段によるものであれ、ただちにヒットチャートで名をあげる。

悪評高い社会学のドイツ語は、難解だと批判されてもその批判をものともしない。人間は馬鹿ではないし、自分に直接関係することは即座に学習するものだ。しかし社会学のドイツ語の欠陥は、性とはまったく無縁なことだ。それは人間の皮膚をかすめることすらない。そのため「もっとも愚鈍な農夫」たる一般民衆は、「この連中には何一つわかってないぞ」と匙を投げてしまう。

人間の肉体はさまざまな秘密を隠している。暗く深い場所、岩礁、深み、堰、早瀬や堤防。困難な政治的決断はいずれも、岩礁や渦、洪水や絶壁を前にしたバランス取りに似ている。人が統率者を必要とする場合があるのは、自分の身体の上で、際で、その中で道を失わないためであり、また、他の身体、すなわち民衆の身体の蔵するさらに大きな秘密の中に迷いこまないためである。「全体」であるために外部の「延長された自己」を必要とする人々は、この民衆の身体と奇妙なやり方で「共生」によって結びついていると感じているのだが、それについては後で述べることになろう。一方、フロイトはこの秘密の起源を両親の身体に関連づけた。*1 たしかに、両親が隠すことで身体という秘密はより謎めき、より矛盾あるものになるだろう。しかし、この秘密が秘密として意味を持つのは、みずからの身体が秘密である場合に限られる。それがどんな帰結をもたらすのかは本人にもわからない。

それに反して、社会学者のドイツ語にしろ、昨今の左翼に一般的なアジテーションの言葉にしろ、惨めなほど秘密を欠いている。そのために、どちらも真実とは認められず、何かを隠していると勘ぐられる。結果として、言葉が向けられた相手にまで、そこで話している連中は「本質的な事柄」については何一つわかっていない、という確信を抱かせてしまう。左翼に対して今日向けられている不信の原因の一つがここにある。左翼の言語は身体の秘密を除外してしまうのだ。なんらかの苦痛を感じている人々を左翼は、単に知識がない者たちとして扱ってしまう。そのために左翼は幾度も同じ轍を踏んで、支配者たちの言説に政治的意味のレベルで反駁するという過ちを繰り返す。実際にはこのレベルでの反駁は二次的な効力しか持たないのである。

エリアス・カネッティは、身体に関連づけてはいないものの、公けになされる演説と秘密の関連を確かに嗅ぎとって次のように言う。

性的宗教（I：性的神秘主義，II：性的道徳，III：性的魔術），フィドゥス

あらゆる比較的自由な統治形態に対して人々が感じる疑惑や軽蔑、それが本当にまっとうに機能するのかという疑いは、この種の統治形態が秘密を欠いていることからくる。

カネッティがここで見てとっているのは、さまざまな問題を論じたり協議する手続きへの反感ではなく、「一切のことは前もって知られたことだから、何も新しいものは起こることはあるまい」という懸念である。実際のところ、「議会という無駄ばなしの部屋」で議論されることがらは、自分自身の肉体の肝心な部分の秘密が厳重に守られていることに比べれば、どのみち重要であるはずがない。それに反して、「総統が内密に協議する」ことは信頼感を呼び覚ます。彼が本質的なものに取り組んでいることを意味するからだ。あの状況下では、非常時の危機対策本部こそドイツの民主主義を支える最良の支柱だったのだ。

報道管制が引き続き行なわれると聞いたときの何百万人ものテレビ視聴者の快感もここから来る（それまでにも何か特別なことを知らされたわけでもないのに）。その結果、最終的に政治はふたたび人々の興味を引き、その安泰を世に知らしめる。何も知らされなかったことは、立派に統治されたことなのだ。お見事！

身体がもはや秘密でなくなってはじめて、政治の舞台には公けのチャンスがめぐってくる。ここにはじめて政治の真の基盤が生まれるのだ。

帝国《ライヒ》への道の先駆者

「群衆」から「民衆」をふたたび作り出すこと（ゲッベルス）、これがワイマール共和国の全期間を通じて、「国民」である男たちが中心に据えた目標だった。

一九一四年八月一日〔第一次大戦開戦の日〕にはすべてうまくいっていた。いざ国家の一大事となれば群衆は影も形もなくなった。少なくとも群衆は感激のうちに集団を形作り、ほほを輝かせて行進する男たちを見送る観衆となった。それどころか民衆へと変貌し、軍隊となったのである。

人々は時局という祭壇に新たな神々を掲げた。力、こぶし、そして男の勇気である。これらの神々が、武器を携えた若者たちの長い隊列となってアスファルトの道を地響きをあげて通り過ぎると、歓呼と畏怖に満ちた戦慄が人々の頭上を覆った。[1]（ユンガー）

これこそ正しい関係であった。こうあらねばならないのだ。戦いが終わればしかし、歓呼の声は民衆の喉につかえたままになった。そして彼らはたちどころに群衆へと退化してしまったのだ。

革命を名のるものの、先頭に立つ偉大なリーダーたちに率いられた群衆の組織的な蜂起などではない。見るも不様に増長しきった、頭目を欠く三流市民の集団にすぎない。[2]（ローゼンベルク）

のちには民衆となるべき群衆を選び取った指導者《フューラー》が、この転換を成し遂げるにあたって行使した手段はじっくりと見ておかねばならない。ファシズムのプロパガンダの中心的な手段である「演説」がそこで目に入ってくる。

この節では、群衆から民衆への「転換」がどのように行なわれるかが、ほとんど成功しかけて実際には頓挫した二つの例から検討される。企てが失敗したために、群衆は群衆にとどまり、指導者は死の憂き目に遭った。最初の例は一九二〇年三月十六日、ハーブルクでのルドルフ・ベルトルトである。

ベルトルトはファシズム文学において、一九二〇年三月のカップ一揆の正当な英雄として位置づけられている。カップ本人は英雄としての役割をまっとうしなかった。というのも彼は第一に平市民であり（ヒトラーは一九二三年十一月九日の将軍廟への行進に際して少なくともすでに突撃隊の制服を着て軍長靴をはいていた。これはロスバッハによれば、レームがヒトラーに「身に着けさせた」ものだった）[3]、第二にカップは一揆が頓挫するやスウェーデンに逐電し、第三にはプッチの最初の日にうっかりして、社会民主党と中央党からなる政府を拘束下に置くことを怠ったからだ。どれもが笑止千万な失態で、カップは「運動」の初期の英雄なり預言者なりとなるのに適当な器ではなかった[4]。

そのために、殺害されたベルトルトがこの決起行動を代表する英雄となった。群衆はいまだ民衆にまで成長しておらず、この決起に従うには未熟だったのだ。しかしながら、ベルトルトを担ぎあげる愛国的年代記作者たちによれば、この英雄は群衆がいつかは民衆になる可能性があることをともかくも証明した。決起のさなかにも、ハーブルクの労働者たちからなる群衆はこの指導者に服従する一歩手前まで来ていたというのだ。

群衆の大半は、まだ冷静を保ったまま入口の下に直立して彼らを射るように睨んでいる指揮官の姿を驚きと感動をもって見つめた。広場の一帯には、死んだような静寂と深い沈黙が支配していた。緊張と期待だろうか。何が起こるのか、だれが決断を下すのだろう。だれが審判の役を担うのだろう。何ひとつ動くものはなく、人々は微動だにしなかった。――

ジュルト島，ヒンデンブルク堤防を行く機関車

ゆっくりと、入口の下に立つ堂々たる兵士の姿に命が通った。まるで夢から醒めでもしたように、催眠状態からわれにかえった群衆の中を深い吐息が走りぬけた。しかも群衆は驚愕と畏怖のあまり、まだ正気を取り戻すことはできなかった。

二人の士官を従えたベルトルトは昂然と頭を上げて前方へ歩み出す。静まりかえった群衆の只中へと歩みは向かった。こんなことは予想もつかなかったことだ。民衆はおずおずと後退して道をあけ[*1]、みずからの胸中にあって激しくぶつかり合い、良心を揺さぶっている漠然とした感情の正体を突き止めようとした。そして大きく眼を見開いたまま、前を行く士官たちの姿をなすすべもなく見つめるのだった。その場にいる全員が、数限りない戦いの中で喜んで血と肉体を祖国に捧げ、いついかなる時にも自己を滅して民衆のために命を賭けたこの男の魂の巨大さを感じていた。

ベルトルトが歩みを止めた。——ふたたび彼のまなざしは群衆の上を払った。その不動の顔《かんばせ》は、鉄のように不撓の意志を語っていた。彼は話し始める。——その朝、使者に対して告げたことを群衆に差しで話そうというのだ。ゆっくりと、沁みいるように、言葉が彼の唇から出てくる。じっと聴く者の耳にそれは槌を打つ音のように響きわたり、一言たりとも聞き漏らされることはなかった。

「そして、降伏の条件について言えば」とベルトルトは続ける。「我輩は、おのが自身についても部隊についてもすべての条件を拒絶する。これまで来た道をこれからも進むだけだ」。

指揮官の確信に満ちた宣明を妨げる音は何一つ聞こえなかった。圧倒された集団の中に、自分たちが眼の前にしているのは天性の指導者の大器であるという思いが広がっていった。この指導者こそいかなる状況においても自分に託されたものを堅持し、そのためにはいかなる危険も、いかなる犠牲も甘んじて引き受けようとする者なのだ。これぞ周囲の一切を呪縛する指導者であった。しかも権柄ずくではない。皆が心から望んで、自発的にそのもとに帰順するのだ。粗暴な力の信奉者ではなく、艱難を穏便に克服し、異なる考えの持ち主とも手を携えあう者だ。彼が姿を現わしたときとは別の眼で、何千人ものデモ参加者は、戦争で受けた手ひどい傷をあらわにしたまま頂点に立つこの兵士の姿を仰ぎ見た。あまつさえベルトルトが演説を締めくくるにあたって群衆に向かって、どうか穏便平和裡に解散してもらいたいという望みを口にすると、彼らはこの要求を素直に受け入れようとするのだった。[5]

ではどんなはずみで彼らはベルトルトをずたずたに引き裂く仕儀に至ったのだろうか。それは、「ま

ったく唐突に、背後から粗暴な雄たけびを発しながら、急進派のもっとも過激な労働者の一群が波をなして、撤退しようとするデモ参加者の中に突っこみ、群れをその場で立ち往生させたからだった[6]」。
指導者の弁舌に耳傾けることをしなかったこの粗暴な波によって、平和裡に要求を受け入れるはずの集団は荒れ狂う野獣へとふたたび姿を変える。
指導者のもとへの民衆の帰順という、ここでヴィトマン少尉が描く願望像は、これまでぼくが描いてきた群衆と兵士の関係とは正反対のものだ。荒れ狂い、騒擾していた群衆はここでは押し黙る。「人々は微動だにせず」「なすすべもなく」立ちつくすだけだ。「民衆はおずおずと後退して道をあけ」、彼らの「良心」が頭をもたげる（「なんともはや、われわれは間違っていた」と言わんばかりに）。そして指導者が歩む道が自然にできる。群れは変じて兵列となり、その前を指導者が閲兵する――つまり群衆は彼に身を開き、貫かれるにまかせるのだ。それに続くのは男の演説による交尾のしぐさであり、民衆という女性には満足した反応が現われる。そして「別の眼で、何千人ものデモ参加者は、戦争で受けた手ひどい傷をあらわにしたまま頂点に立つこの兵士の姿を仰ぎ見」る。獣たちの前に神が姿をあらわし、彼らを自分に似つかわしいものに引きあげたのだ。それが終われば神はふたたび自分の仕事にもどらなければならず、今は配下となった肉に、ベッドの片づけをしておくようにと命ずる。肉は「この要求を素直に受け入れようとする」のである。この願望において、群衆とは指導者の満足のために奉仕するもの以外の何ものでもない。群衆に要求されるのはそれだけで、しかもこの要求は至極当然なものとされるのだ。

普通は群衆の中にある動きや主導権は今や完全にこの男の側に移る。彼は屹立し、まなざしで呪縛し（本来なら群衆の千の目が男を金縛りにするのに）、前方の「静まりかえった群衆の只中へと」歩み出す。民衆は口をつぐんで、「不動の顔《かんばせ》」をうち仰ぐ喜びに浴する。これぞ「艱難を穏便に克服する」魂の偉大さなのだ。偉大な魂とは、指導者の内的な偉大さとしての、高みに聳えるファロスのことであり、これをもって指導者は民衆の帰順の度をはかりとるのである。彼のまなざしが群衆の上を払う。すると万人が自分の身体の中に指導者と同じ魂の偉大さを感じるのである。

そして男は種《ザーメン》を播く。「彼は話し始める」（なんと、話すことが射精なのだ）。彼は「確信を口にする」[7]。この神は人であるからにはさまざまな欲求も持っている。われわれはそれを満たして差しあげようではないか。ベルトルトが「話す」ことの意味は、ヴィトマン少尉が「彼は話し始める」という文に続けて、言葉を失って「――」を置くしかなかったほど絶大なものである。この「――」を経由して指導者は、膨脹した魂との接触を失わないまま「差しで」対峙している民衆の中に流れこんでいく。それから彼の呪縛が始まる。「ゆっくりと」「槌を打つ音のように響きわたって」。彼は突きを入れ、群衆は──息絶える。指導者は群衆と交接して死体に変える。この交接のために群衆の側は微動だにできなくなり、何も流さないまま硬直し、涸れ、次第に干あがるのである（われわれは「差しで」吸引される）。ところが引き潮で海水が引くように群衆が大人しくなるのを妨げたのは、ベルトルトが予想もしていなかった凶悪な人間たちの波だった。

一方、トア・ゴーテが同じ情況を描いている、指導者としてベルトルトの登場シーンはそれほど印象的というわけではない。しかしゴーテ描くベルトルトもまた、群衆の只中を抜けて死へと赴く前に、群衆にひと泡ふかせずにはおかない。

彼はこちらへと殺到してくる、吼えたける黒い群れのほうに向かって行った。最前列にいる者たちの目を睨みつけて意気を殺ぎ、握った拳を下ろさせ、自分の視界にとどまる気にはならないようにした。彼らの思うところでは、この男は彼らに向かって追いたてられた捕虜ではなく、列の間を駆けぬけさせて鞭の雨を浴びせるわけにはいかない男だった。男は自発的に来たのだ。まるで勝者であるかのように。

群衆はおずおずと退いて通り道を作った。ルドルフ・ベルトルトは、彼を生きながら引き裂こうと待ち受ける群衆の只中へと歩を進めた。これまで幾度となく、目をあけたまま機銃掃射の雨の中を敵に向かって飛行機で突入して行った時のように。彼は全神経によって、自分の運命が自分を率いていく神の手に握られていることを感じていた。（……）突然後ろから殴られて彼はよろめいた。この場合にも訝しい思いはなかった。憤りもなかった。運命の階はこの群れの中を行くのであり、したがってベルトルトは自分の運命の指し示す道から毛ほどもそれようとはしなかったのである。[8]

ベルトルトの葬儀

ここにもまた群衆が屈服せざるをえない視線があり、自然にできる通り道がある。ベルトルトの演説を行なうのに時は遅すぎた。ベルトルトの死は折りこみ済みのことで、ただし群衆はその責任を負って広場から退場する。彼らに勝利はないのだ。ベルトルトはより偉大な指導者がこの広場に登場することを約束しながら死ぬ。すべては必然的な過程であり、以前から定められているのである。

彼は全神経によって、自分の運命が自分を率いていく神の手に握られていることを感じていた

とある。

いったい、ベルトルトが「毛ほどもそれ」ることができない運命なるものがいかなるものであるかは徐々に明らかになる。それは、ナチズム初期運動の洗礼者ヨハネのたどった道である。ベルトルトはプロレタリアの殺人集団サロメの手にかかって死

Horst Wessels Sterbezimmer

ホルスト・ヴェッセルが殺害された部屋

ルンペン・プロレタリアートは救いようのない例なのだろうか．
われわれはいつかそれを知ることになるだろう．

なければならない。彼はより偉大な者の精神を先取りして戦っているのであり、身近に迫ったその人の到来を予告するために死ぬのだ。[9] 待ちうけていた、より偉大な男の最初の登場は一九二三年十一月九日にミュンヘンの将軍廟前で頓挫した〔ヒットラー・プッチの失敗を指す〕。だから出来事の全体は後にもう一度繰り返されなければならなかった。このたび洗礼者ヨハネになって民族派《フェルキッシュ》の救世主と目されたのはホルスト・ヴェッセルである。〔一九〇七－一九三〇。一九二六年ナチ党入党。売春婦と居を構えているところを愛人と赤軍兵に襲われ、殺害される。ゲッベルスがこれを受難劇に捏造して「運動の血の証言者」にしたてた。ヴェッセルが機関誌『アングリフ』に載せた詩は曲をつけられナチスの愛唱歌となった〕。予言をする洗礼者がぜひとも必要なのだ。しかし二〇年代末には共産主義者の手にかかって殺されたナチ党員はいなかったために、たまたま都合よく降ってわいた死者を引き取って英雄に祭りあげたのである。「アカによる殺人の犠牲者」とされるヴェッセルは、よく知られているように（しかし忘れられがちなことだが）愛人のヒモ同士の争いに巻きこまれて「落命」した。[10] もっけの幸いというべきで、そうでなければヴェッセルが聖別されることなどとうていなかったろう。
そしてまた、一九二三年のミュンヘンでのヒトラー・プッチが失敗すると、『フェルキッシエ・ベオーバハター』の創立者であり編集主幹であったディートリヒ・エッカートは、まるで群衆が自分たちにふさわしい恋人をむごたらしく袖にしたかのように、彼らにあらゆる呪詛を投げつけている。

　愚かなり、大衆よ。おまえのことを心底気遣う者
すべてをけなすのだから。
神を汚す言葉を吐いては
おまえはヒトラーの善意までもけなす
パリサイ人が背後からだまし討ちをしかけたというのに
不平の呻きをあげるばかりなのだから。
だが見よ、今や来たりしはヘブライの人
おまえたちの主である人だ。
耳もとには鞭打ちの痕、口もとの傷も
忘れてはならない――
生まれつき奴隷のような屈従を強いられたあげく
おまえたちの頭にはがつがつと食らうことしかないのだろう。
ヒトラーが思い描いたことはありがたくも
ことごとく水泡に帰した。
おかげで彼はきわめつけの恥辱を受けずに済むというものだ。

おまえたち烏合の衆を解放するという恥辱を。[11]

しかし指導者は大衆を手放すことはできない。繰り返し彼は「下の者たち」に救済の恩寵を餌として差し出す。次のような言葉にもかかわらず。

「わかってるだろう、労働者連中を手助けするなんて真っ平ごめんだ」とシュレーゲルが言う。「いったい今日びのぬけ作どもの大たわけときたらない。どうにも度しがたいやつらだ[12]」。

ツェーバーライン描く突撃隊のシュレーゲルがこう呪詛するように、指導者たちが「ぬけ作ども」にいいかげんうんざりして、やつらの勝手に任せる方がまだましというものだ。ところが指導者たちは群れを糾合することによってしか自分たちを保持できないので、明日になればまたぞろ骨の折れる犠牲的な仕事に精出さねばならない……

いったいこの群れ（女たち、子ども、労働者、そして彼ら自身の内なる群れ、無意識の雑踏）は、自分たちが餌をやり、秩序づけてやらないことにはどうなってしまうことだろう。おそらくくたばってどろどろの粥になり、あたり一面へと流れ出すにちがいない……

まさにエリアス・カネッティがいうように、権力者は群衆を搾取するのではなく、逆にそれを養うのである。[13]

資本家は労働者を養う。

男は女を養う。

では無意識はどうだ？　無意識なんてものはない。あったとしてもせいぜい寄生体にすぎない。

じゃあ、子どもは？　子どもにだって片をつけることができるだろう。遅くとも次の戦争では……。

演説

市や町のホールで行なわれる演説はファシズムのプロパガンダの核心をなす。それは指揮官が部隊に向けて行なうスピーチを原型とし、軍隊もしくは軍隊に近似した組織を持つ男性共同体におけるコミュニケーションの要諦である。中隊長も、旗手長も、班長も、地区支部長も、大管区長も、あるいは州議会や国会議員候補者も、だれであれ、飽くことなく演説をした。書かれた言葉は重要度からいえば二番目に置かれた。ナチスがラジオを使ったのも、ようやく権力を掌握してからのことである。ナチスは演説を通じて国の隅々まで広がったのだ。[*1] 演説がどんな状況で行なわれたかを分析することなしには、ナチス支持層の拡大は理解しにくいだろう。

前節でヴィトマンが描いたベルトルトの演説の効果は、それが群衆に形を与えることにある。どうやらそれは群衆が一つの「魂」を得ることをきっかけに起こるらしい（演説者は事前に「魂の偉大さ」をもって群衆に触れる）。

「魂」は演説と結びついて頻繁に登場する語彙である（レポートや小説、討論の中でこの言葉はそう頻繁には現われないとぼくは思う）。魂という概念は演説という行為と関連をもっているらしく、このほうが演説の内容そのものより重要であるかに見える。

ここでは演説という行為に際してファシストが何を体験したかを叙述してみよう。

一九三一年八月二十九日、ダルムシュタット最大の集会所ホールの舞台上では、みずからの理念への奉仕のために身をやつれさせた一人の預言者が、聴衆の魂を得んとしてもがいていた。かれこれ

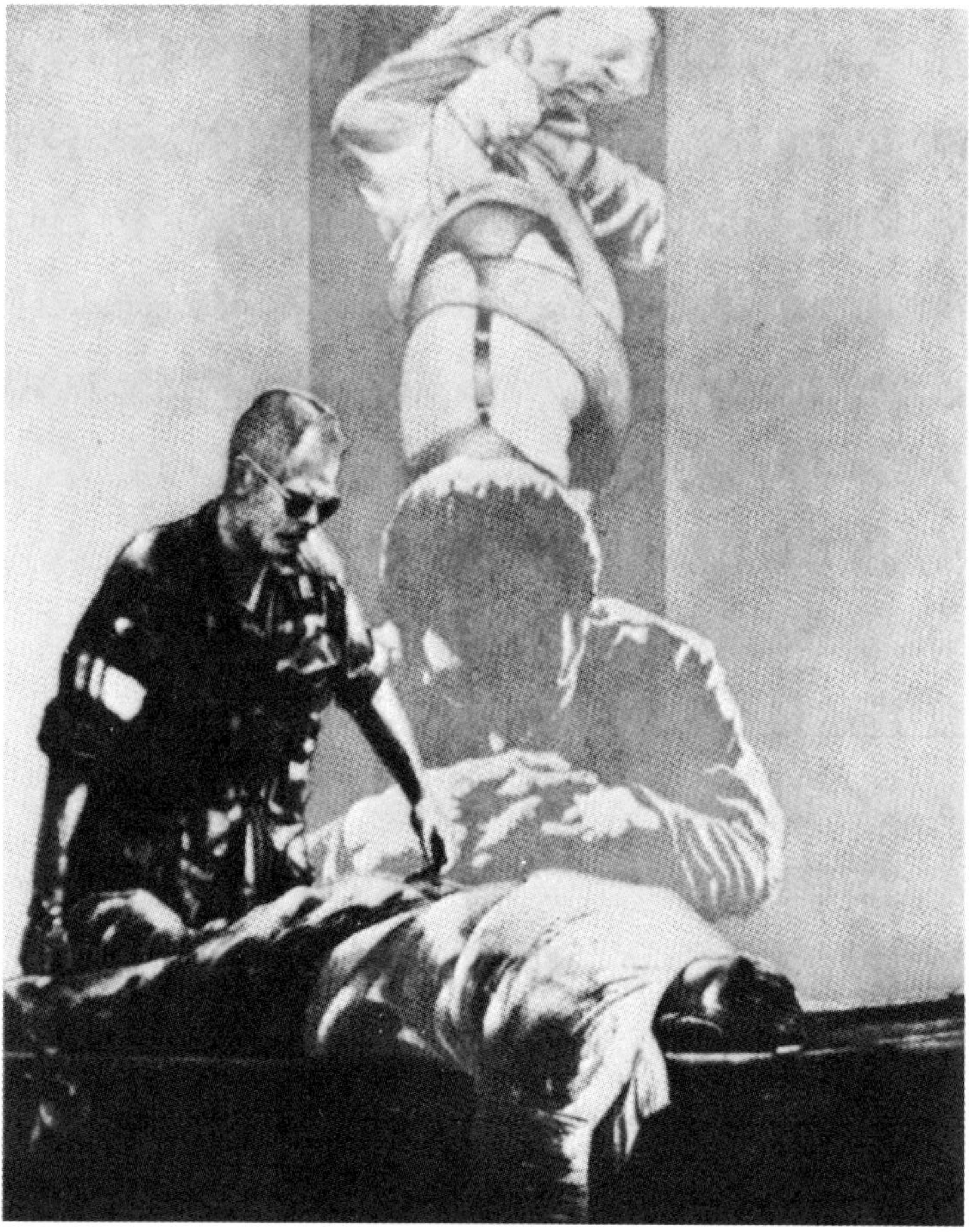

セックスと罪　V（クラウス・ベトガー，1970年）

二時間というもの、彼は何千という聴衆に向かって語りかけ、ヒトラーとその運動に至る道を示し続けた。最後の言葉が彼の口をついた。「ドイツは生きなければならない、生きるべきだ、たとえわれらが死ぬ定めにあろうとも！」。この言葉を発するやいなや、彼はよろよろと舞台の裏手に倒れこんだ。その後数刻を経ずしてこの男、ペーター・ゲマインダーは「運動」に身を捧げたその生涯を閉じた。[1]

バルドゥーア・フォン・シーラハがナチスの重要人物の人となりを収録した一九三四年の名鑑で、ペーター・ゲマインダーは二千回を超える「演説による出撃」の末、預言者として死を遂げた男として顕彰されている。この名鑑からは、ナチス指導者の各人が行なった演説の回数が克明に数えられていたばかりか、ノルマを果たさない場合には叱責や降格の対象になったことまで明らかになる。このノルマを果たし、あまつさえ疲労困憊のために党の職務で落命したとなれば（もちろん、この逸話が本当であればの話だが）、英雄的な死を遂げたとされ、前線での戦死になんらひけをとらないとされた。「聴衆の魂を得んとして」格闘する演説は、「平時」における重要な前線活動であったらしいのだ。この前線では新たな英雄たちが、預言者として誕生する。

この種の預言者によって「運動」に目覚めることは、後のナチス党員にとっていわば義務であった。兵士的・ファシスト的ジャンルに属する小説や伝記を見ても、演説によって啓示を受けたというエピソードを欠くものはほとんど見当たらない。

この点についておおいに参考になるのは、セオドーア・アーベルにより編集された、ナチス党員への「転向」に関する証言集である。[2] 要するに「転向」にあたって決定的な意味を持つものとして繰り返されるのは二つの状況しかない。一つは行進する部隊（たいていは突撃隊）を目にして、力に満ちた男性的結束の虜にされる場合で、もう一つはナチスの催しに参加してそこで弁士（初期のテキストではリーダーの一人、後には総統自身）によって魅了される場合である。それ以降、彼らは指導者から離れられなくなる。

演説について語る者たちに判で押したように共通するのは、総統が何を言ったかを伝えるのを重視していないことである。たとえば、彼は「強い印象を与える」、聴衆は感激しながら「光を見」はじめるなど、彼らは演説が自分たちの感情にどんな影響をおよぼしたかだけを綴る。それは生涯最大の体験であり、彼らはホールの中の群衆と一体となっていることを感じる。高揚し、至福を感じ、有頂天になる。演説の内容については、彼らは口をそろえて、それはずっと前から自分もひそかに考えていたことだった、と言う。本当は自分の考えだった、とまで言う者さえいる。ただし、それを口に出すことができなかっただけだ、と。ところが演説者の言葉があまりにぴったりと自分たちの感情と合致するために（そうだ、これこそ思ってきたことそのままだ）、これまでは集会に行ってもたいてい半信半疑であった者が一気に一皮むけて、思わず知らずのうちに拍手をし、歓呼のブラヴォーを叫ぶまでに変身する。今や勝ち目が回ってきた。人生はふたたび生きるに値するものとなったのだ。これはまさに奇蹟である。ある党員は書いている。「私はふたたび兵士になろうという切羽つまった思いを感じた」。預言者、啓示、そして二度と忘れえぬ体験――、これが頻出するモチーフである。加えて演説者の目の力が強調される。「一度でもヒトラーの目を直視して彼の演説に耳傾けるや、だれもそこからのがれることができなくなる」。ある男は、総統の目はまるでこちらに向かってつかみかかって離そうとしない手のようだと感じてまでいる。[3] これらの特色を網羅した記述がゲッベルスの小説『ミヒャエル』にある。

ぼくはこれまで一度も足を踏み入れたことのないホールにいた。周りはだれも知らない者ばかりだ。

貧しく、心やつれた人々。労働者、兵士、将校、それに学生たち。これが戦争後のドイツ民族だ。古いぼろぼろの制服が見える。薄汚れてほつれた軍服には巨大な戦争の記念品が喪に服している。ぼくはそれらすべてをまるで夢の中にいるように見た。

ほとんど気づかないうちに突然前方の壇の上にだれかが立って演説をはじめた。最初は吶々《とつとつ》と、物怖じするように、狭い枠の中に押しこめるには大きすぎる事柄にふさわしい言葉を手探りするように。

ところが突然、言葉がくびきを脱し、奔流となって流れはじめた。ぼくは虜になり、じっと耳を傾けた。あそこの壇上にいる男がテンポをつかむ。彼の頭上には後光のようなものがさし始めた。名誉？　労働？　軍旗？　ぼくが耳にするのはなんだろう。いったい、神が加護の手を引っこめてしまったこの民族にも何かが残されているというのだろうか。

聴衆は灼熱しはじめた。やつれはて、灰色に沈む顔に希望の片鱗がよみがえってきた。あそこで一人が立ちあがり、握り締めた拳を突きあげる。その隣にいる男は、首の灰色のカラーがきつそうだ。汗がその額に浮かぶ。それを彼は軍服の袖でぬぐった。

ぼくから二人離れた席には年配の士官が座っていて、子どものように泣いていた。

ぼくの体の中で熱と氷が目まぐるしく交代した。

何が自分に起こっているのかわからなかった。大砲の轟音を聞く思いがした。霧の中にいるように、ぼくは前方の二、三人の兵士たちが突然立ちあがり、万歳を叫ぶのを聞いた。だれ一人そのことを気にとめない。

壇上の男がしゃべる。巨大な切り石が次々に積み重なって、未来という名の大聖堂を築くかに見えた。ぼくの中に永年生き続けていたものが、ここで姿をとり、手でつかむことができる形をそなえた。

啓示だ、これはお告げだ。

瓦礫のような群衆の中で一人の男が立ちあがり軍旗を高く掲げているのだ。

ぼくの周りに座っている人々は一瞬にして見知らぬ同士ではなくなった。だれもが兄弟なのだ。

あそこにいる、ボタンのとれたぼろぼろにほつれた灰色の軍服を着た男がこちらに笑いかける。なんのてらいもなく「同志よ」と呼びかける。

ぼくは飛びあがり、叫ばずにはいられなかった。「われわれは皆同志だ。共に立て!」

感情を抑えることは難しかった。

ぼくは演壇へと向かう、というよりそちらに押し流される。そこに立ちつくして、壇上に立つ唯一のひとの顔を仰いだ。

それは演説者ではない、預言者だった。

彼の額からは汗が滝のように流れている。血色の悪い灰色の顔には燃える星のような青い目が二つきらめいていた。両の拳は固く握り締められている。

最後の審判の日のように、言葉に次ぐ言葉、章句に次ぐ章句が雷鳴となって鳴り響いた。

ぼくには自分が何をしているのか、もはやわからない。

気を失いそうだった。

ぼくは万歳を叫ぶ。だれもそれを不思議に思わない。

壇上のひとがぼくを一瞬見た。あの青い目の星がぼくを炎の束のように射る。これは命令だ。その瞬間からぼくは新しく生まれ変わった。

古い滓がぼくの体から抜け落ちて行く。

ぼくには自分の進む道がわかった。成熟へと至る道だ。

もう何も耳に入らない。有頂天へと突きあげられた思いだ。

ぼくは一気に立ちあがる。椅子の上に立ち、人々の頭上で叫んだ。「同志よ！　自由よ！」その
あとで何が起こったのか一切わからない。

わかったのはただ一つ、ぼくの手が脈打つあのひとの男らしい手の中にゆだねられたことだ。これは生の盟約であった。ぼくの目はあの青い巨大な両の星の中に没していった。[4]

「壇上にいる男」が語った内容は「名誉、労働、軍旗」という三語で端的に示されている。彼がしゃべる内容はわかりきっている。そして彼がその効果を当てこんでいるなら、語る言葉は正しくないはずがない。ゲッベルスのような後のナチスの幹部ですらここではなんら知的な問いかけをしていない。[5]だが、なぜ問いかける必要があろう。ここで起こることは思考というものを断固排除したうえで起こるのだから。ミヒャエルことゲッベルスは「夢の中にいるよう」な気がする。彼には「何が自分に起こっているのかわからない」。「演壇へと押し流される」。「自分が何をしているのか、もはやわからない」。「有頂天へと突きあげられた思い」。「そのあとで何が起こったのか一切わからない」。そして「ぼくの目は（……）没して行った」。ミヒャエルはトランス状態にいるのだ。

演説者本人においても事情はそう変わらない。演説は「奔流となって流れはじめ」、彼は「軍旗を高く掲げ」る。「両の拳は固く握り締められ」、「燃える星のような青い目」がきらめく。目は「炎の束」を発している。頭上には後光のようなものがさし始める。つまりは演説者も正常な思慮の域内にはない。

しかし、思念以上に、彼から語り出しているのは神であり、超自然的なものなのだ。それは白昼における神の顕現である。「啓示だ、これはお告げだ」。それまで隠れていたもの、さらには禁止されてさえいたものがここで目に見えるようになる。

この経過はファシズムの集団儀礼の経緯に酷似している。集団でのパレードに際してと同様、ここでもまた普段ならば禁止され、実現不可能であった出来事が公的に上演されるのだ。

エッケハルトの『嵐の世代』で描かれるホルスト・ヴァルテムベルクは、愛国派の国会議員の演説を聴きながら、この演説にはタブーとされるものが欠けているのが決定的な欠陥だと見て取る。なるほど、演説の趣旨に彼は賛成する、しかしそれだけではものたりないのだ。

> まるで夢の中で起こったことのようだった。演説者の滑らかな口説を聴いているとひりひりと身体が痛んだ。彼は別の集会のことを思い浮かべる。遥かかなたミュンヘンで行なわれている集会を、燃えさかる粗暴な声を思い浮かべた。ビアジョッキが乱れ飛ぶ、ピストルが鳴る。
> あれに比べればここにあるのは小市民的なままごとだ。[6]

演説者の「滑らかな口説」は、それが身体の中に食い入らないがゆえに苦痛をもたらす。本来言葉は食い入るべきものなのだ。聴衆はより多くのものを演説から期待する。たとえばトア・ゴーテのベルトルトが体験しているような至福がそれである。

> ここには戦いがあった。ドイツの魂をめぐる戦いだ。彼は茫洋たる至福を味わいながらこの戦いに身を投じた。たとえそれが自分の身を呑みつくそうとも。[7]

魂とは文字通りなんらかの「内的なもの」であり、演説者はそれをめざして進まなければならない。そうあってこそ、男がここで探し求めているものは生起しうるのだ。彼は「この戦いに身を投じ」る。

呑みこまれる危険を冒してさえ。

もう一方の側、すなわち演説する「指導者」と、彼が演説を行なう際の特別な作業に目を向けて見よう。

士官なり、義勇軍指揮官なり、突撃隊の班長なり、ともかくなんらかの男が、部下たちに向きあい、そこにイデオロギー的な支柱が欠けていて、戦意が必ずしも高揚しきっておらず、疑いがきざしていると感ずるや、次第に気が高ぶってくる。そんな場合に彼は、火がついたように演説を始める。ツェーバーライン描くハンス・クラフトがそうである。

するとハンスは心臓のあたりが熱くなって、話し続けずにはいられなくなった。[8]

そしてそれは成功する。

クラフトの周囲は相変わらずまるで教会のように厳かに静まり返っていた。彼はそのことでいささか狼狽し、いま目覚めた者のように熱した額に手をやった。それからほとんど弁解するように、どもりながら話し始めた。「同志諸君、私には自分自身にも、私の考えているところがどこまで行きついたか理解できない。いまもってはっきりわからないのだ。だが、見たまえ！」[9]

……突然クラフトの演説は奔流のように流れ始める。クラフトはもともと考えこむたちで寡黙だった。仲間と祖国の運命をいつも深刻に肩に担うその彼が変身を遂げ、演説者に、つまりは指導者になりかわる。指導者とは単に演説ができ、人を統率する以上の人物である。いわば神から与えられた恩恵にこの瞬間に彼はあずかることができるのだ。群衆と演説者という関係においても一つの奇蹟が起きる。

彼は椅子に腰を下ろし、いまだ体が火照るような朦朧とした意識の中で前方をじっと見つめた。奇妙な興奮に鷲づかみにされてかすかに震えていたために、彼には同志たちが彼の周りで跳びあがり、

左：叛乱者の口
右：「全ドイツが民衆受信機〔1933年から安価で販売された国営放送一局しか受信できないラジオ〕で総統の声を聴く」

喜びと興奮に駆られて彼に向かって押し寄せてくるのが目に入らなかった。*2/10

指導者自身の興奮ぶりを示すテキストは、語られた内容についても一切隠しだてをすることがない。生まれつつあるリーダーの頭に閃いた内容の逐一が惜しげもなしに披瀝される。いわく、祖国、国民、ドイツ的社会主義などなど。クラフトはこの演説によって、自分が真の指導者たる実をあかさなければならない。一方、聴衆の側も、光をじかに目にした感動をやはり目に見える形で示さねばならない。指導者は聴衆の中に何ものかをもたらす。つまりそうしたもたらすべきものを自分が持っていることをいずれかの時点で示さねばならないし、過去にもそうしてきたはずなのだ。それに対して聴衆が示さなければならないのは、記憶だとか回想に類したものではなく、もっぱら演説への反応だけである。

闡明、啓示、生まれ変わった男。ここでも変身は一連の融合過程を通じて起こる。

指導者もまた、演説を行なうことではじめて指導者になる。演説を通じて彼は高みに聳えるファロス、つまりは去勢されていない状態とのつながりを手に入れ、そのことで「魂の偉大さ」と、形姿《ゲシュタルト》へと変身するにふさわしい実質を獲得するのである。角石が次々と積みあげられ、「上にいる者」は未来という名の大聖堂を築く。指導者は自分自身もそれと融合して、全体を統合する神と交わりを結ぶ（この神の名は、「なんぴとにも所有されない者」である）。

個々の聴衆も融合を経験する。「ぼくの中に永年生き続けていたものが、ここで姿をとり、手でつかむことができる形をそなえた」[11]とゲッベルスは書く。

個人は他の聴衆と一体化して、同志からなる民衆へと融合されるのである（ゲッベルスにおいても、民衆はプロパガンダのために拡大解釈された利害集団にすぎない。「労働者、兵士、将校、それに学生たち」と彼は数えあげるが、どれも男性であり、ドイツ人全体を包括するものではない）。

もし聴衆が分裂していれば、統一は達成できない。したがって闡明も、啓示も、新生も訪れない。だからこそ、演説というファシズムの儀式の舞台は議会ではありえなかった。議会は必然的に衆愚でしかありえないし、そこに集う政党の数がふえればふえるほど、この群衆は度し難くなる。

聴衆は演説者を前にして、全体でひとりの男のように同調して対峙しなければならない。それも強調すべきは男であることだ。というのも、合一の過程にあわせて、顕著な男性化が同時進行するからだ。群衆は多様な姿を失い、それ自体が一つのもの、一つの肉体になる。ゲッベルスの叙述の中で彼はこの肉体の先端に立ち、「唯一のひと」である指導者に接近する。そして、自分の手が「脈打つあのひとの男らしい手」を感じた瞬間に、ドイツはもはや角を矯められたジークフリートではなくなる。分離したまま高みに屹立するファロスと民衆の身体は新たな全体へと融合し、この全体がすべてを聖《ハイル》なるものにする（『ハイル・ヒトラー！』）。しかし、重要なことは融合を遂げる彼らが二つの「男性的」身体を持つことである。

指導者の演説は命令において「絶頂」を極める。彼は、われわれは一体だと宣言する。ミヒャエルことゲッベルスが「啓示」を受けた瞬間にもっとも強烈に感じたのも「共に立つ」という感情であった。ここではファシズムの生殖行為がこれみよがしに顕示されている。指導者は自己生殖して自分を産むのだ（父親が種を仕こんだわけではない）。そして彼は群衆に向かって、そのものが高みに屹立するファロスとして形をなした演説に触れることで民衆《フォルク》となるよう説得し、身体となって自分に従属するよう言い聞かせる。結合を拒むものをとりこむ困難な戦いに臨む折には、指導者はみずからが立っていられるために、この従順な身体を必要とするのである（それは流れ去ってはならない）。

いつの場合も、ファシズム的行動の中核には二つの動きがある。一つは同一グループ内部でのヒエラルキーを形成する合一の動き。もう一つは、おのが傘下に入らないものを排除する動き――これは殺害を意味する。

欲望のコードは「さあ、次はなんだ」「そうか、では次はどうだ」と続く。ファシストにおいては「これは私に従う」「これも私に従う」「これは私に従わないのか」というコードが連鎖する（すべてのものが私のもとにぴったりと収まるようにできているのに、私に従わないというのか。そんなものはどけろ）。

「これは合う――これはどけろ――これは合う――これはどけろ――これは（私のもとで）合う――これはどけろ（強制収容所《カー・ツェット》行き）」――これが家父長制下で去勢された息子の、己が傷を塞ぐ素材を求める旅のディスクールである。この息子は「半分に割られ」、境界を失った息子であり、以前の「全き状態」から無理やり放逐されてみずからの半身を探し求めている。

彼はそれを征服と排除によって追求する。

ジャン＝ピエール・ファイエは排除の言語をいみじくも「堕胎の言語」と名づけた[12]。

合一をめざす運動で特徴的なのは、接辞「と《ウント》」の使用がめだつことで、それはまったく対立する二つのものを強引に結びつける。たとえば、「頭脳と心」「情熱と計算」「古代性と合理性」といった、一連の結合がユンガーにある[13]。ヒトラーの演説においてもこのウントが事物の拡大と倍増を誇示するポーズとして使われる（たとえば「偉大かつ天才的」など）[*3]。ヴィンクラーはそれを批判して「同語反復」だとするが、これは理に落ちた批判でつまらない[14]。

「不動かつ不敗」というとき、ヒトラーは必ずしも同じことを反復しているわけではない。自分自身と聴衆に向けて新たな全体のイメージを作り出しているのだ。

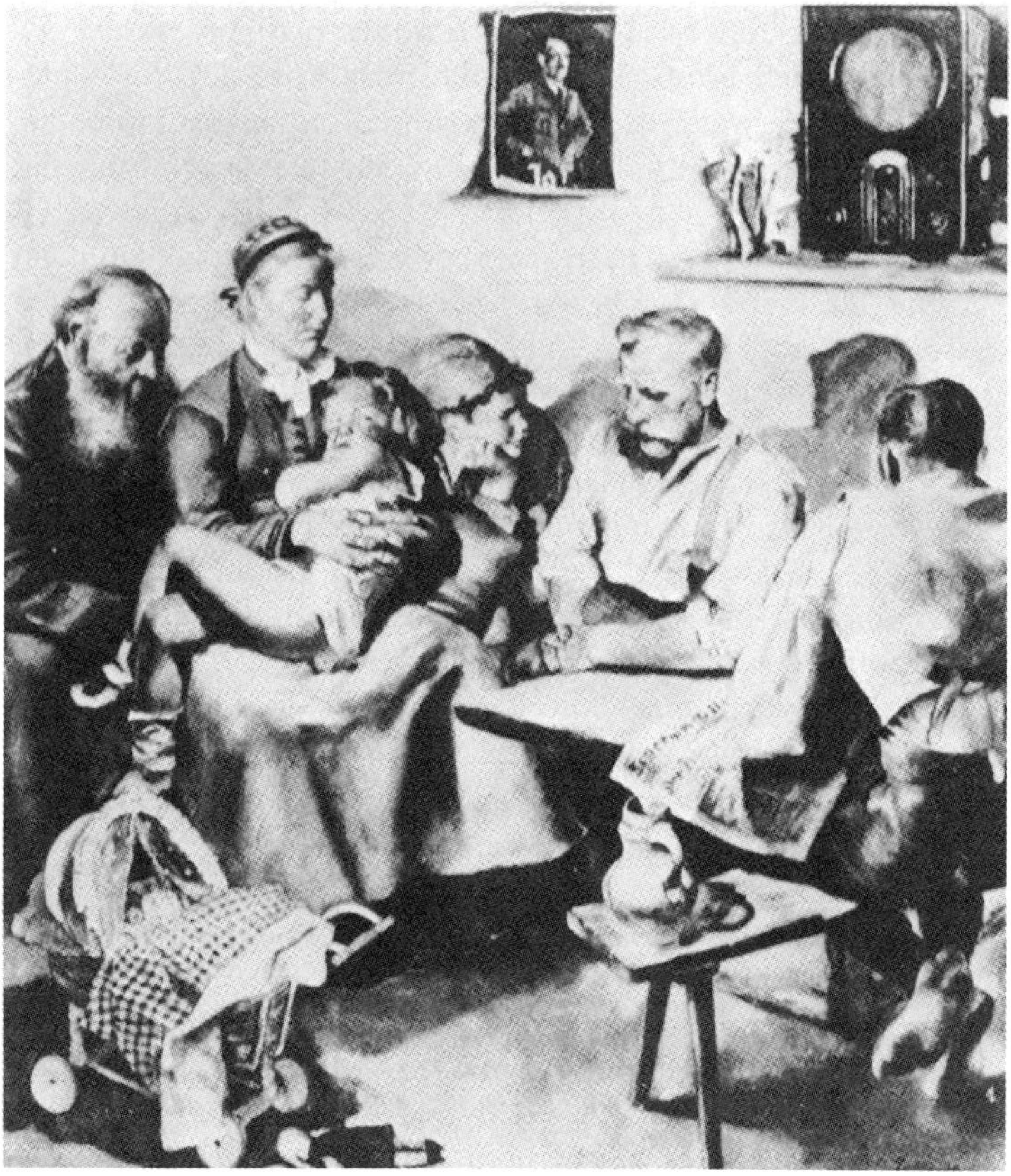

「総統が語る」（パウル・マティアス・パドゥア，1937年）

メアリー・ダグラスは、儀礼一般を指して空疎だとか無内容だとする解釈に強く抵抗した。彼女によれば儀礼において挙行されるのはいつの場合も「象徴化された歴史」なのだ。[15] ただし、だからこそ儀礼は必然的でかつ正しいものだ、という彼女の主張は簡単には受け入れられない。なんといってもぼくたちがここで扱っている歴史とは抑圧の歴史であり、病気と欠乏と狂気からなる歴史であり、儀礼によってそれらから解放されることはありえないからだ。

ファシズムの演説の儀式的な演出において、男性共同体は高所に屹立する抽象的なファロスと触れあうことで象徴的な合体を遂げる。傷は癒合する。聖霊にも似た巨大なものが演説という形をとって指導者の口から降臨するのである。[16] 演説の儀礼においてさらに目を引くのは、男たちが去勢されたと感じないためには男同士が互いに協力する必要があることである（それは社会の「下層」にあるものを犠牲にして行なわれる）。指導者が演説を行ない、聴衆が整然と集合するとき、演説者と聴衆はともにあるべき姿をとる。最大の禁忌であった両者の接触がそこで目前に迫る（これは男性同士の真実の愛情として公けにできず、禁止されていたものである）。この接触が成就するとき、男はたとえ将校であっても泣くことを許される。というより、泣くことが要求されるのだ。これが男の経験するオルガスムスであり、その快感を凌駕するものは殺戮を除いてはない。

男性同士による超＝生殖は、男性間の愛情の所産というより、むしろ脳髄による出産なのだが、この男性版処女懐胎が生みだすのは、殺戮機械としての「上部」である。それは国家の形成という、生殖に類似した行為において「下部」を抹殺すべく定められた機構である。[*4/17]

この期におよんで泣かない者、指導者の口で象られたものに随喜しない者、指導者に向かって延びてゆくものと融合しない者は、外部に放擲されなければならない。それは「周りの異物」、間諜、潜在的讒謗者であり、待ち望まれた反応がレトルトの中に現われるのを妨げる不純な成分にほかならない。失敗のもととなる具体的な脅威なのだ。

間にこんな邪魔者が割って入ったら、演説者と民衆の接触を待ってはじめて生じるトランス状態は生じえない。[*5]

兵士的男性が獲得可能なすべての満足に共通する特色は、それが彼らの意識と逆行する場合にのみ得られることにあるようだ。[18] 肉体の至るところにあるさまざまな禁忌、防衛と統括という敷居、未知の領域を前にした不安という敷居、これらの障害を越えるためには、トランス、陶酔、奇蹟といったものが介在しなければならない。

このことは殺戮についても、指導者の演説への参加（これは単なる聴取ではない）についても当てはまる。どちらの場合にも接触が行なわれて、そこで意識が突然途切れることが救済の効果をもたらすからである。

> 語る者は、語られた言葉そのものによって、みずからに対して快楽の経験を禁ずる。逆に快楽を経験する者は、あらゆる字義性と「語られた言葉」とを解体して消し去り、みずからもこの解体過程に巻きこまれる。[19]

セルジュ・ルクレアがここで言うように、「語られた言葉」と快楽の体験とが排除しあうとすれば、ファシズムの演説／儀礼においては、これまでぼくが特徴的なものとして描こうとしてきた「接触」はそもそも成り立たないか、あるいはそこでは「語られた言葉」自体が意味を作り出す機能を果たさないか、もしくはその機能を禁じられていることになる。

もし後者ならば、ファシストの演説が話題になる場合に、その内容についてはまったく語られないという奇妙な特色も腑に落ちるだろう。さらに、ファシストの演説の核心にある矛盾、すなわち見かけ上の組み立ての合理性と、思考の展開そのものの「非論理性」の間にある矛盾も理解することができよう。演説とは何ごとかを証明しようとする行動だが、ファシストの演説で述べられる考えそのものは、何かを証明しようとは一切しない。演説者は断定するだけである。ファシストの演説はそのうわべを見る限り、人を啓発するような合理性の華々しい外観を持っている。対立概念は明瞭で、対置はレトリックを駆使して構成されている。原因への問いかけもあるし、その帰結も数多く数えあげられる。「したがって《アルゾー》」はもっとも頻繁に使われる言葉である。いつでも「答え」が用意され、関連、経過その他が列挙される。演説者の中には、啓蒙的な合理性という言説の規則に反することを監視する学校教師がいつも目を光らせているかのようだ。

力を誇示しようとするスピーチの外面的形態は、身体の甲冑に具わった機能の一つであるかに見える。それはみずからの堅固さを見せつけ、自分の枠の中に収めるのに我慢がならないものを破壊し、踏みつけて強引に接合する。ゲッベルスにあった「未来という名の大聖堂」にいくつかの「切り石」を積むという言いまわしも、「名誉」「労働」「軍旗」といった華々しい単語も、なんらかの意味を作り出すというより、演説者が何かを代表していることをほのめかすにすぎない。演説者は平信徒相手の神がかり的な語り手でもない。言語を知りつくした一個の権威である。演説そのものが、それがめざしている組織と同じ形態をはやくもとっている。それは、目下進行中の出来事すべてに対して堅固な枠をはめようとする。

いったい、この枠組みの中で何が起きるのだろうか。ヴァルター・ベンヤミンは前に挙げたユンガー編のアンソロジー『戦争と戦士たち』への書評で「この怪物のように巨大な思想の構築物において、ありふれた新聞の社説を飾りたてるのにふさわしい美辞麗句」を見つけ、「恥ずかしい思いがする」と書く。さらにこの美辞麗句にも増して見苦しいのは「主体の凡庸さ」である、と。[20]

ぼくが思うに、ベンヤミンの批判は書かれたテキストには確かに当てはまるが、演説による説得過程については当てはまらない。これまで述べてきたように、演説のめざすところが快楽の経験の組織化であるとすれば、当の演説について、言語的・思想的な稟質である「主体」の欠如を批難しても仕方がないだろう。というのも、主体が欠如しているからこそ儀式の成功は保証されるのだから。「合一」「接触」「生殖」「闡明」は、言述の内容に注意が集中しないからこそ起こりうるのだ。集会に来た人々は何ごとかを考えたり、教化を受けるために集まったのではない（ファシストの読者にしても、本を開くのは何かを学ぶためではあるまい。いや、そもそも何かを学ぶために本を読む読者なんているんだろうか……）。

ファシズムの演説についてひょっとして批難すべき点があるとすれば、それはこの儀式に参加する聴衆が求める経験の組織化がものの見事に成功してしまうことである。演説は儀式への参加者を特定の意味を受容する客体に変えるのではない。演説者は、すべての参加者がすでに周知し、肯定している章句を少しだけ変えて二十回、三十回と繰り返すにすぎない。そうやって演説は参加者が生産の過程に加わり、それを自分のものとして体験することを許容する。演説を行なう「形姿」と接触することで参加者は演者に加わり、磁場に置かれた鉄片以上の役割を担う。つまり、模範どおりの場所にぴったりと身を当てはめて全体を作り、隣にいる鉄片に向かって「さあ同志よ、協同しあおう」と呼びかけるのである。

だからこそ「闡明された者たち」は、ホールの中で何が起こったかを倦まず強調する。彼らは自分たちを行動する者と感じている。彼らは、指導者が力強い演説という外的形式によって聴衆の周りに築いた巨大な聖堂、もしくは堂宇の中で陶酔を味わうのである。聖堂の建設が指導者の役割であるとすれば、陶酔が聴衆に割りふられた役割なのだ。

言葉を換えれば、ファシストの演説者は聴衆を単なる受容者に引き下げるのではなく、演説に精神的な「主体」が欠如しているのを逆手にとって、語りえないものについて自分なりのやり方で語ろうとするのである。彼の言葉によって群衆の封じこめられた願望は蠢動をはじめ、しかも解放されることなく、指導者と民衆のヒエラルキー化された共生状態と待ち望んだ「統一」と「全体」の表現に向けて組織化され始める。

こういった体制には、経済的関係もしくは他の「利害関係」を中心に据えた議論では決して立ち向かうことはできない。その種の議論に耳を傾けるような「歴史的主体」は筋違いの抽象化から生まれた虚構であり、われわれが扱う領域には登場しない（ほかの場面でもそうだろう）。

おそらくファシズムの体制に対抗するためには、ファシズム的集団とは異なる「群れ《マッセ》」、すなわち分子的な群れにおける人間の集合性を経験するほうが、全体的組織における経験より美しく、快楽に満ち、なおかつ人を保護してくれることを実感できる状況なり政治的行動なりを作り出すほかあるまい。

もちろん、こんな解決策を考える前に、左翼そのものがもういちど分子的な群れへと変身すべきなのだろうが……。

目

ゲッベルスの目は指導者の目の「青い巨大な両の星の中に没していった」。これは演説に伴って起こった出来事であろう。しかし演説だけに関連するのではない。視線において、目と目の出会いにおいて、男と群衆の接触は最大の強度に達するばかりでなく、おそらく新たな質への転換を経験する。

もし目の前に総統がいても、その目を見つめることができないならば、より正確に言えば、総統に目を見つめられることがなければ、出会いは失敗に終わる。相手が総統でなく、皇帝の場合も同じだ。


そこにいただれもが、自分は、いや自分だけは皇帝と目が会ったと確信して帰宅した。[1]（レーム）

ドイツには、いつかどこかで総統と直接目が会った体験を持たない突撃隊員はいなかった。「運動」の初期、少なくともミュンヘンの近郊では、突撃隊への入隊はこの視線の出会いをもって裏書きされた。たとえ総統に直接会ったことがなかったとしても、いつかどこかでヒトラーに目を見つめられたことがないドイツ人がいただろうか。総統に親愛の情を抱くドイツ人たちへのアンケートを集めたヴァルター・ケンポウスキーの『ヒトラーをご存知でしたか』を読むと、少なくともそうした事情が明らかになってくる。そこでは、ヒトラーをじかに目にしたはずがない多くの人々が、彼の目の鋼のような輝きについて語り、その光を浴びたこと、そしてそれが青かったことを語っている（実際にはヒトラーの目はまったくの茶色だった[2]）。

これらの証言が事実かどうかをここで争うつもりはない。何かが青いことを人々が望み、彼らを見つめた目が青に違いないと思ったとすれば、相手が盲人でもかまわないのである。

この種の目の例をいくつか取りあげてみよう。

参謀司令は並足で馬を進めて前線を視察した。彼は一人一人の兵士の目をしっかり覗きこむ。だれもが喜びに心臓を高鳴らせた。全旅団が観兵式のように整列するこの光景はなんとも荘厳なものだった。[3]

これは参謀司令ヴィルフリート・レーヴェンフェルトが、一九二〇年五月三十一日、ゼンネラガーで指揮下の海軍旅団の解散に臨んだ情景である。まなざしはしたがって未来を約束するものだった。

次に一九二三年十一月八日、ミュンヘンにて

ホールの中とその入口の歓声は途切れることがなかった。カール知事はヒトラーの手を両手で握りしめて長く熱烈な握手をし、感動して相手の目を見つめ続けた。[4]

(この描写はいささか見え透いたポーズを予感させる。結局ヒトラーは次の日にはカールに見放されることになる。この描写ではヒトラーは積極的ではない。目を見つめられるのはヒトラーの側だし、彼の手は相手の両手で揺さぶられるのだから。)

一九二〇年三月十九日、マールブルク。この日、安寧秩序の維持を理由にして労働者たちを殲滅するために学生義勇軍部隊がチューリンゲンに向けて行軍をはじめる。

点呼式は荘厳に進行した。部隊の周りをマールブルク市民が取り囲み、ドイツ青年たちの目の輝きをもう一度目に収めた。(……)この感動は幾多の人々の骨の髄にまで沁みわたったが、まことのドイツ人はそれを心で感じとった[5](たとえばこれを書くシャウムレッフェル一等軍曹がそうだ)。

この両眼、フランツ・エップのなんとも不思議な目には訴える何かがこめられていた。この目は苦悩と死と悲惨を閲して来た。しかし、それとは別の何か、これらの辛酸に弛まぬ男らしい勝利がこの目の中には確乎としてあった。[6](エップの伝記作者ヴァルター・フランク)

人々の目はまるで磁石に引かれる鉄片のようにロスバッハに釘づけになった。大尉は兵士たちの目と鼻の先を闊歩し、そのまなざしは一人一人を強電流のように射抜いた。ここで指導者とそれに従う者たちから新しい特別な結合を作りだした精神的緊張を、われわれはほとんど身体全体で感じ取った。[7]（崇拝者ブロンネン）

ロスバッハの深くくぼんだ、特別な目がわれわれとわれわれの沈黙の上を佩いていった。[8]

経験を積んだ男の目には「勝利」が宿っている。この視線の強電流が配下の者たちを「射抜く」と、「新しい、特別な結合」がそこに産まれる。視線はわれわれの上を佩いていき、ヴィトマン描くベルトルトの目は群衆の頭上を「払う」。

指導者のまなざしとは次のようなものである。「彼は目で群衆を支配した。呪縛しながらその豪腕で手綱を引き絞って彼らの激情を制した[9]」。ここで双方は間近に向き合っている。

一方には兵士のまなざしがある。「彼の灰色の目はまるで銃口のようだ。角の殺がれた顔には頬骨が兵士特有のごつごつした線を刻んでいた[10]」。（シャウヴェッカー、友人の兵卒ヘルゼについて）

ユンガーの描く塹壕兵士の目は「ヘルメットの下で千の恐怖をたたえて石と化す[11]」。しかし地下の避難所に降りた戦友たちが熱狂すると「心臓は感極まって撥ね踊り、皮膚の奥深い血管は泉の湧く音を上げ、無関心な目の硬直は輝きによって融け去る[12]」。「戦士のきらめく目もまた神性の結晶なのだ[13]」。

（ユンガーにとって、塹壕兵士のもっとも顕著な特性はその変身能力である。ここで目は硬直から輝きへと融解し、さらに神性の結晶へと変化する。）

風化し、磨耗し、干からびて、土気た外皮となり、暗く沈んだ眼窩から発される目の光に至るまで生気を失って、彼らは塹壕の中に根が生えたように立ちつくしていた。[14]

しかしいったん男たちが率直に語りあい、了解しあう場合はまったく別だ。

彼は激しく手を押しつけ、まるで顔全体が目になったようにうっとりと私を見つめた。[15]（ドヴィンガー）

各人が互いの真率で澄み切った男の目を見交わし、そこにドイツ的なものを見てとった。[16]（「スカパ・フロウの英雄」ことフォン・ロイター提督の臨席する男性サークルで。ルドルフ・ヘルツォークによる描写）

仲間内でのもめごとののちには和解がおとずれる。

ドナートは耳ざとく目を上げ、相手の目を正面から見すえた。一呼吸する間、彼らは黙ったまま睨みあっていた。それからドナートは右手に握っていたものを放し、武器を持たないことを示すようにその手を差し出した。「おい、わかったよ」と彼は怒鳴る。「もういいだろう」。[17]

ザロモンは監獄の中で亡き友人ケルンの目につきまとわれる。

ぼくは長い夜の間に亡霊たちが現われても怯むことはなかった。ぼくを毎日しつこく見つめる目のほかに、闇の中から見つめる目があった。そんな目たちが、威嚇するふうもなく、謎めいた痩せこけた顔の中に浮かんでぼくのもとを訪れると、ぼくは急いで夢から抜け出した。ぼくはこの目を追い払うことが困難であればあるほど、かえってそれに見つめられることを望んだ。ぼくがここに感じ取ったのは、一生の間続けなければならない戦いだった。実りをもたらすためにこの戦いには決して勝利が訪れてはならないのだ。[18]

こうして、男の目と目の対峙は、一生続く実り豊かな「戦い」とされる。亡きケルンの目はザロモンをその後約五年間にわたって夜中に訪れた。もう一度演説のシーンを取りあげよう。ミヒャエルことゲッベルスが総統を二度目に眼にする。

その晩、ぼくは大きなホールに千人もの聴衆と共に座り、ぼくに覚醒をもたらしてくれたあのひとをふたたび見た。彼は今回は熱心な支持者に取り巻かれて立っている。最初は彼とは気づかないほどの変わりようだった。その姿はさらに偉大に、さらに泰然自若としていた。凝集した力の横溢が、堰を切ったように彼の口から、そして両手から流れ出し、二つの青い目の星からは光にあふれる海が輝いていた。(……)

ぼくは魂の中で力の海がどよめきをあげるのを感じた。(……)ぼくの周りに座っているのは見も知らぬ人々だったが、この目から涙が溢れ出すのが子どものように恥ずかしかった。[19]

もちろん、子どもは泣かなければならない場合は必ずしも恥ずかしがりはしまい。泣くのを恥ずかしいと思うのは、望んでいながら禁止されていたことを公けの場で行なう勇気を奮い起こした大人である。もう一人の演説者を引こう。エッケハルト描く「現代の預言者、炎の人ティム・クレーガー」である。

石の上に座った男からは並みならぬ特別な力が発していた。両眼は聴衆を見下ろしてきらめき、彼が太陽を仰ぐと、目からは流れる炎のような光が溢れた。[20]

演説者においては何かが流れ出すことが許される。それがこの男を特別な存在に変える。そこからは「凝集した力」が「流れ出し」、その目は「海」だとされる。ただし、目の中にあるのは水ではなく、光であり、「炎の人」の目には「流れる炎」が逆巻いている。目はきらめき、輝き、光を放つのだから、太陽と関連しているように見える。ここで起こる充足の運動とは、流れることではなく、光を放つことだ。ミヒャエルは「燃える星のような青い目」の発する「炎の束」に射抜かれる思いがして、光をじかに目にする。まなざしがもう一つの目の奥に刺しこまれる時も、二つの流れは合一することなく、一定の距離を保って触れあっている。真に触れあうことなき接触――この特別な接触が可能な器官は唯一目だけなのだ（たとえば、背中に視線を感ずることがある）。二つの目の出会いは二つの光の衝突であり、そこで光は屈折し、「神性の結晶」の中で燃えあがる。しかしそこからは何かが漏れ出すことはない。光は何かを築きあげ、男を硬直した巨大な形姿として屹立させる。「ぼくは魂の中で力の海がどよめきをあげるのを感じた」とミヒャエルは言う。

唯一、代理的な接触が生ずるのは、二つの脈打つ、固い、暖かな男の手が互いに硬く結びあう場合である。その時も上では目から目へと稲妻が走り、光が炎のように燃え、視線が火花を散らしている。燃えるような目は、太陽の末裔たる、至高に立つ不羈不動の指導者の徴である。そしてそれはさらに広がってゆく……。

「彼はまるで顔全体が目になったようにうっとりと私を見つめた」とドヴィンガーにはあった。

　そして真性に燃え盛る目を見れば
同じ生まれであることが知れるだろう[21]（シュテファン・ゲオルゲ）

だとすれば違う生まれであることも識別できるはずだ。ゼルショは言う。

私はいつでもある人間をその握手の仕方でまず判断したものだ。たいていの場合この最初の印象が正しいことがわかった。エルツベルガー〔マティアス・エルツベルガー、中央党の政治家。第一次大戦の停戦条約に調印。一九二一年に旧軍の士官により殺害される〕と握手するたびに、まるで腐ったネズミを握ったような感じがした。モグラか何かを思わせる彼の乙に澄ました満悦ぶりを感じ取るたびに、わたしは虫酸が走る思いがした。鼻眼鏡が彼の魂の抜けた目を隠していた。[22]

「魂の抜けた」とは、燃えあがる炎がないということである。[*1]

東プロイセンのとある市長は、ロスバッハが違法にバルト地区に進軍したのに対して、この訪問者を「丁重な挨拶と湿った目をもって」立ち去らせる。[23]

ロスバッハの側の灼熱からすればこんな湿り気など焼け石に水、といったところだったろう。目は「男性的」にも「女性的」にも反応しうるから、ここで演じられているような劇には格好の媒体である。光り輝く、硬質の、能動的な目は男根的《ファリック》な姿をとる。そのきらめきは勃起したファロスの輝きを代弁している(カール・アブラハムは彼の患者に同種の連想があることを確認している。中性名詞である目を彼らは常に男性名詞と取り違えるのである)。[24]一方、目は受容的、溶解的、受動的にも作用しうる。それは男性においてヴァギナを暗示する姿に変化することもある。ヴァギナといってもこの場合は、去勢を行なわない、「良き」ヴァギナである。つまり、一方に「巨大な剣のように突き出す目」[25]があり、もう一方に「無関心な硬直が輝きによって融け去る目」がある。ここで重要なのは目がどちらにも変化しうることと、双方の機能を同時に備えうることである。同じ一つの目が、ある場合には能動的に輝き(つまり「男性的」になり)、別の場合には受動的になって(つまり「女性的」になって)光を吸収する側になる。それは他の視線と融合してアマルガム化することで、能動的にも受動的にもなることができ、他の目の中に食い入ることもできれば、目から発される視線を受容することもできるのである。[26]

だからこそ指導者たちの目は押しなべて青でなければならないのだろう。青は空の光の色にもっとも近い色であり、もっとも強烈な光と変容の可能性を持っている。鋼は濃い青をしているし、空の光を映

「目覚めよ，ドイツ」より

す湖は明るい青だ……。

指導者とともに全体へと集結する群衆が指導者の目を覗きこむとき、群衆の側の、待ちかね、麻痺し、一点を凝視する千の目は、一つの視線へと束ねられる。それは単独の目と化す。その中に指導者の視線が深々と差しこまれ、しかも彼は群衆の側から突然尖った杭が突き出されて一つ目巨人ポリュフェム〔ギリシャ神話の片目の巨人。オデュセウスの命令で手下たちはポリュフェムの目に杭を突き入れて難をのがれる〕の目をつぶしてしまうようなことはあるまいと確信している。[27]

目から発される視線が男根的で光を放つか、それとも融解的で受動的であるかに応じて、男たちは男女のペアのように二つのカテゴリーに分類される。バルドゥーア・フォン・シーラハによる写真集『第三帝国のパイオニアたち』に収められた写真を見ると、「運動」の先導者たちが二つのグループのいずれかに意識的に分けられていることがわかる。

いずれの肖像写真でも目がはっきりと強調されていて、しばしばレタッチによってその効果が作り出されている。シーラハは、ハンス・ブリューアが青年グループ、特にワンダーフォーゲルにおける男性同士の関係に特徴的だと考えたカテゴリーに従ってナチス指導者の群像を仕分けして配置している。すなわち、「輝く」まなざしを持つ男性英雄を一方に配し、見開きのページには、その恋人役と目される男性を配しているのである。これらの男性は、「第一級の男性同盟[28]」において、男性英雄の周りに集い、崇拝者からなる輪を作りあげている。

写真の男たちの目からは光と火花がほとばしり出ている。目はひとりでに輝くのではない。義勇軍士官のフランケは「輝く目はドイツ兵士の特権である[29]」と明言する。

つまり、ドイツ兵士ならざるものはこのような目を持つことはおろか、他の目を輝かせることも許さ

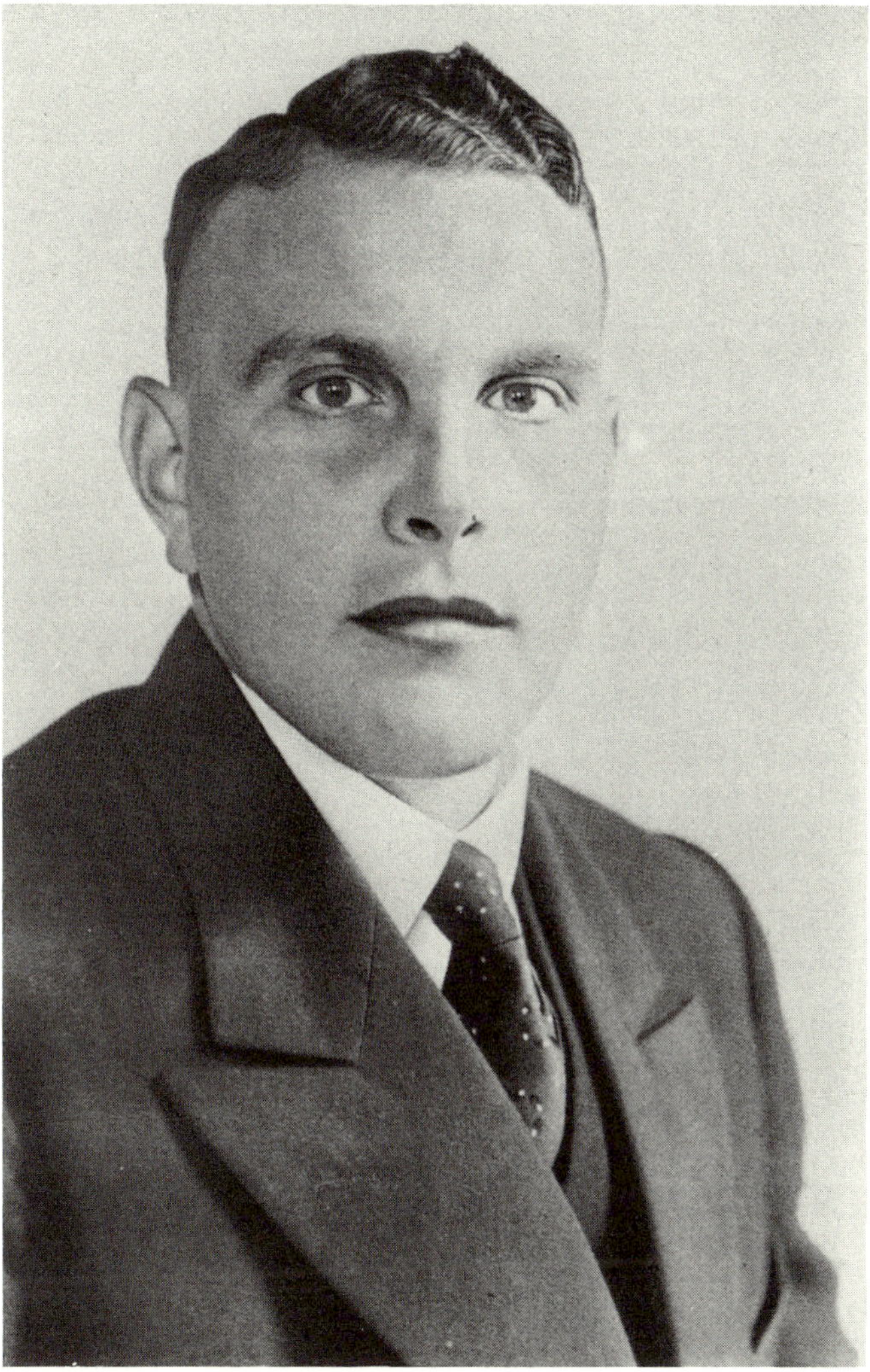

Edmund Heines

エドムント・ハイネス

れない。それはドイツ的特権なのだ。
ブリューアであれば、男性同盟の旗印に目のシンボルを書き加えたはずだ……。
……精神的男性の、深い淵のような目。かようなものはほかのどこにもない。女たちはこんな目をもつことはない。それを証明するには、ギリシャ人にとって当たり前だったことを言えば充分だ。つまり、男性は同性から見たエロスの対象となりうる、という洞察である。[30]

ブリューアのいう国家の頂点に立つのは、なかんずく「颯爽たる長軀の」「生命力をほとばしらせた」自由な男性英雄たちであり、その目は燦然と輝き、「火花を発して」いる。国家概念なるものが性的な観念に直接の起源を持つことについて、これ以上見事な証左は望みえないだろう。ブリューアは、「男性だけが創造的である」、とか「男性だけが国家を樹立しうる」などの、「男性間のエロス」によって統帥される国家への要請から、人種理論も含めてファシズムの理論全体をなんの断絶もなく帰結する。

ただし、ナチスの中で勝利したグループはブリューア流の男性同盟理論を、少なくとも表面的には排除し、削り取った。ナチスがさまざまな「快楽」に対して挑んだ殲滅戦では男性間のエロスも標的になっていた。何よりも、彼らは公認された同性愛がいかに容易に伝統的な軍隊の機構を切り崩してしまうかを明瞭に意識していた（もちろん公然たる異性愛も負けず劣らず解体的なのだが）。

おそらくブリューアの理想とするような自由な男性英雄タイプの男性はそう多くはいなかったろう。少なくとも、ナチスの中では出世できなかった。もし彼らがナチスの幹部に収まっていたらどうだっただろうか。何か違いが生まれただろうか。ブリューアは第二次世界大戦後に『男性社会におけるエロスの役割』の新訂版序文でヒトラーを非難して、ヒトラーは男性間の愛という普遍的な善に対して裏切り

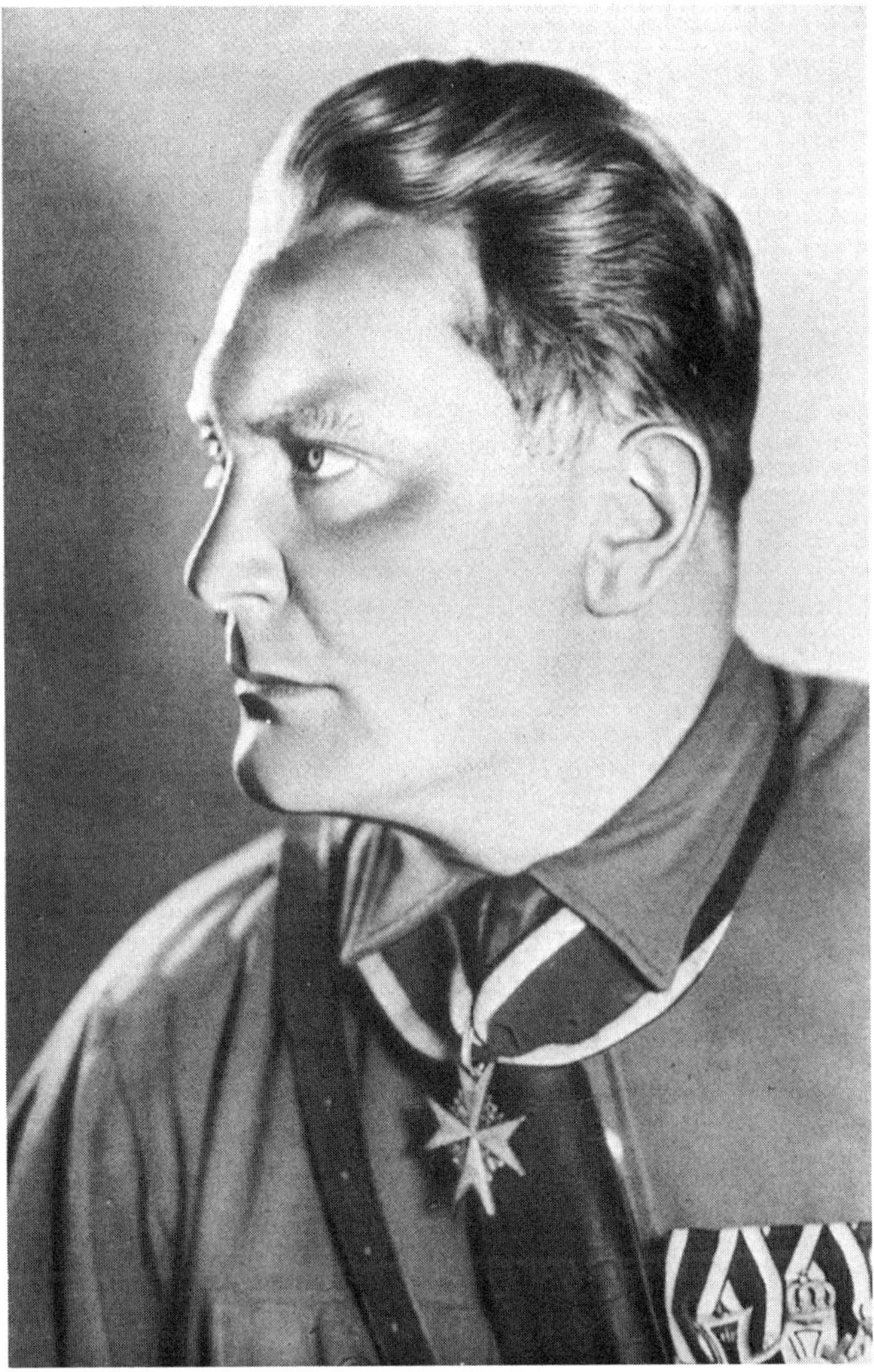

Hermann Göring

ヘルマン・ゲーリンク

を働き、それを抑圧し、その迫害者へと変貌した、と述べる（ブリューアの批判はフロイトの投射理論を援用してまずまずの裏づけがされている）。ヒトラーはそのことで、国家を統率する資格のある男性英雄としての稟質を失ってしまったのだ、と。ブリューアは男性的エロスからなるカリスマ的国家という概念から一歩も離れていない。そのことはブリューア以外についてもいえる。ナチス内部の二つのグループはどちらもカリスマ的な指導者国家を唯一実現可能かつ必然的なものとして前提していた。ただし、もし「男性英雄」的な指導者がいたとすれば、敗戦が確定しつつある時点で、ユダヤ人の殲滅のような試みを身の保全のためには必要としなかっただろう、とは言えるかもしれない。ユンガーが雑誌『来たるべき人々』に載せた一九三〇年の文章からは同種の予感が兆している。

私はこの人種の数々の破壊的な特色を見抜いている。だが、ユダヤ人を前にすればただちに怖じ気をふるう破壊者というのも、いかなる破壊者なのだろうか。「悪魔と差しで勝負をしようというのに、いまさら火を怖がるわけがない」ということわざもある。ユダヤ人は市民的な価値基準からすれば危険かもしれないが、英雄的な青年のそれからすれば無害至極な輩だ。

破壊者としてのユンガーが「この人種」の破壊性を前に示す比較的鷹揚な態度は、男性の「全体」を保持しなければならない身体の甲冑にもさまざまな強度や等級があることを示している。甲冑そのものの脆さと、それを着ている人間において形成されるセクシャリティーの間には直接の関連があるのかもしれない。身体の甲冑の最終形態は、たいていの場合軍隊において獲得される。セクシャリティーが「しごき」によって変容するさまは次章で論じられることになろう。その考察を終えて後、兵士的男性のセクシャリティーの様態についてより明瞭な定義を下し、それが彼らにおいて特徴的な白色テロルとどう係るかを論じることができよう。[*2]

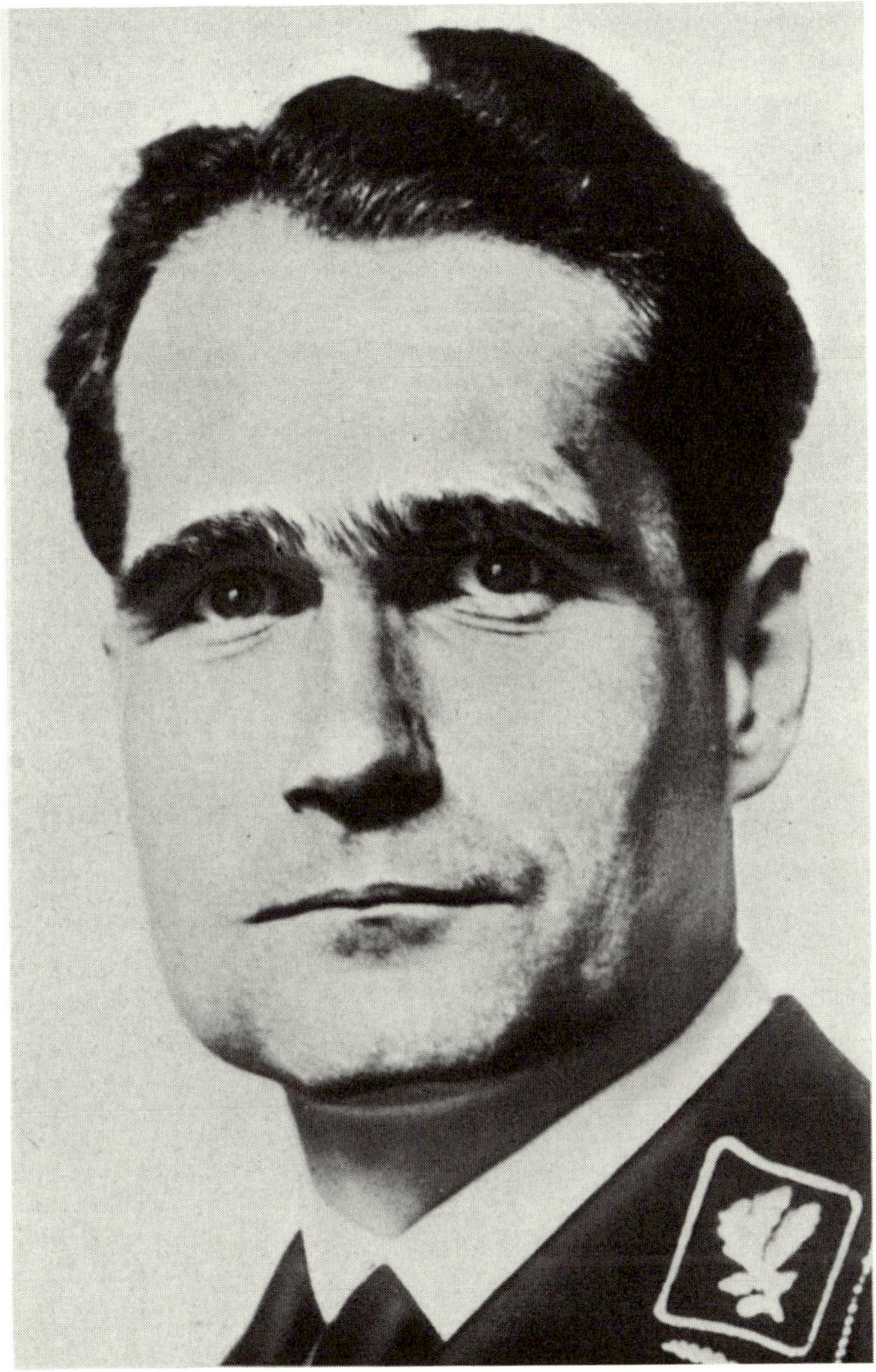

Rudolf Heß

ルドルフ・ヘス

もう一言、女たちの目についてもつけ加えておこう。ユンガーはある時、平和だった日々を回想してこう述べる。

これらの日々は明るさと暖かさと愛への憧れにあふれた毎日であった。子どもの頃の夢、昼のさなかの野原、母親のほほえみと、愛していた女たちの閉ざされた目が妄想の尾根で燃えあがった。31

女たちの目は、「明るさと暖かさと愛」に結びつけられる場合には閉ざされていなければならない。もし開かれれば暗い淵がのぞいただろう。女性の開かれた目はおそらく、ただちに男を呑みこむ深淵を連想させるのだろう。その睫毛にはヴァギナ・デンタータ〔歯のある女性器〕の牙がずらりと並んでいるはずだ。

ぼくらは映画を見て知っている。女がキスするときに目を開けているのは、遠からぬ裏切りの予兆だと。恋人の腕に抱かれているときも彼女は別の何かをこっそり導き入れる、あるいはほかの何かと結託しあっている。目は入口であり、同時に出口だ。それは「魂の窓」とも呼ばれる。目が閉ざされることですべての恐怖はシャットダウンされる。女の目の中をのぞきこんだ目は、フリードリヒ・ヘッベル〔十九世紀ドイツの劇作家〕描くジークフリートがブルンヒルトの目の中に見たと同じものを発見するのかもしれない。

だれがそなたの瞳をのぞきこもうと、
いかに有頂天に陶酔しても忘れることはあるまい
暗い死が傍らに立っていることを

さよう、ブルンヒルトの目とはこんな目なのだ。

互いの目の中を見つめあう男たちは、互いの魂の底まで目にする（というのも、男たちは魂をあたう

Alfred Eduard Frauenfeld

アルフレート・エドゥアルト・フラウエンフェルト

限り目の近くにまで伸延させるからだ）。そして、彼らはそこで目にしたものを無条件に信じるかに見える。ほのかに光り、輝く澄み切った目、開かれた目、そこにはなんら陰りのある深みは巣くっていない。

ぼくの父は、ぼくが嘘をついていないことを確かめたいときには、俺の目を見ろ、と言ったものだ。ぼくが目をそらさずにいま言ったことを繰り返すと、父はぼくを信じた。こうすることで父は、相手の目をじっと見ながら嘘をつくやり方をぼくに教えた。それは効果覿面だった。父は自分が耳にしたことを信じない場合にも、見たものだけは信じたのだから。

第二章

男たちの身体と白色テロル

一　セクシャリティーとしごき

幼年学校における肉体の改造

一人の若者は、いったいどのようにして一人の兵士に、――カネッティの言い方を借りれば、一個の「立体幾何学的形姿」に[1]――鍛えあげられていくのであろうか。この肉体の甲冑はどのようにして、その最終的な形態を獲得していくのか。その機能はなんであり、こうした肉体を所有する「完全なる」男とは、どのように機能するものなのか。――とりわけ、彼の自我はどのような種類のものであり、彼の住む場所はどこなのか。それについて答えを出さねばならないとぼくは思う。そして最後に、兵士のセクシャリティーとはどのようなものであり、また殺戮行為の渦中でどのような出来事が、兵士たちに他所では二度と味わえないように思われる快感を与えるのであろうか。

ドイツの将校がその肉体の形を鍛えあげられる場所は、普通はドイツの士官学校たる幼年学校であった。これについてはザロモンの詳しい報告があるので、まずはその記述をたどってみよう[2]。ザロモンは軍隊で自分自身の肉体に何が起こったかを書き記しながら、その語り手をつとめている。兵士たちが自分たちに疎遠なものについて語るとき、彼らの言語はきまって現実否定的な性格を帯びるものだが、こと彼らの肉体的外見、端的に言えば彼らの筋肉組織に生ずる変化に注意が向けられるとき、こうした現実否定的な性格は一挙に消えうせる。このことは、筋肉組織が彼らの不安が累積する場所ではないことを示している。

「学校《アンシュタルト》」において幼年学校生は、塀の中に閉じこめられている。出口は手の届かないところにある。施設の内部に徹底されている掟を厳格に遵守した者にだけ、報酬として出口は開かれるのである。

生徒間の関係は、例外なくヒエラルキーに基づいて作られている。序列の第一の基準は年齢である。それ以外の序列の中での位置づけを生徒は各自で学びとる。こうして全生徒が、明瞭な位階の序列の上に並ぶのである。どの生徒もだれが自分より「上」で、だれが「下」かをはっきり言うことができる。全員が下の者に対しては命令と処罰の権限を持ち、上の者に対しては服従の義務を負う。序列の最下位についた者は、ほかのだれかが自分よりさらに下になるよう努力せねばならない。さもなければ身の破滅である。

自分が下の者に対して持っている特権を行使しないような人間は軽蔑され、あるいは降格される。もちろんそんなことはありえず、だれもが自分の特権を行使する。

一日の予定には、一分の隙間もない。日課以外の活動のために、ほんの数秒の時間をかせぐことすら、要求をこなす達人でもない限りとうてい不可能である。

あらゆることが計画されており、あらゆることが公的である。引きこもっていられるような場所はどこにもない。便所の扉は腰掛けている人間の頭と脚とが見えるようになっているし、ズボンにはポケットがついていない。

生徒が手紙を受け取る際には、その場で開封し、差出人の署名を見せなければならない。その署名が女性のものであれば、手渡した将校がその手紙を朗読し、たいていの場合はその場で破り捨てた。本人に手渡されるのは、母親からの手紙だけだった。

個室で生活している者はだれ一人としていない。集合寝室のドアには鍵がかからない。ベッド越しに話しかけることは禁じられている。小窓のついた木製の間仕切りが置かれており、その向こうから寝室が見渡せるようになっている。将校が一人そこに陣取って監視している。[3]

ベッドは狭く、固く、湿っている。毛布を頭に被っているような奴は「臆病者」だといわれ、臆病者には「懲罰《ラポルテ》」が待っている。懲罰はあらゆる違反に対して適用される。罰として科された特別任務を果たそうとすると、今度は確実に通常の日課がおろそかになる。さぼりが発覚すれば、また新たな懲罰を招く結果になる。装備の不整頓は、規定を厳密に守ることがそもそも不可能であるために、どうしても避けられないのだが、これも懲罰の対象となり、それがまた次の懲罰の理由になる。

夜中に便所へ行こうとすれば、当直の将校を起こさなければならない。これも罰されずにはおかない。どんなものであれ、ともかく少しでも目に付くことをしでかせば、罰としてなんらかの償いをさせられる——食事を抜かれることもあれば、外出許可やわずかばかりの休憩を取りあげられることもある。もっとも、休憩といっても気休め程度のもので、ほんの束の間重圧から少しばかり解放される感じがするものでしかない。

こうして幼年学校生はごく短期間のうちに、そのまま幼年学校生であり続けようとすれば、「途方もない面の皮の厚さ[4]」を身につけることになる。「面の皮の厚さ」というのも、決してたとえとして理解されるべきではない。

「彼はここで、生まれてはじめて勝手気ままに過ごすのではなく、掟の支配下に置かれた[5]」、ザロモンはすでに入所二日目にしてそう感じる。しかも彼はそれを幸福だと感じる。少年はすべてを耐え忍ぶことを決意し、そのために必要な「気あい」を入れ、直立不動の姿勢をとる。

これまでのすべてはどれもが「勝手気まま」なものだった。学校生活はこれからもそのまま続くだろ

幼き志願兵（『クリング・クラング・グロリア　ドイツの民謡と子どもの歌』1921年より）

う。教師たち、あの権力なき権威の行使者たちがやっていることも気ままそのもの、笑止千万だ。

少年は十二歳で幼年学校に入学する。あたかも思春期のはじめ、フロイトの感じたところによれば「怒濤の押し寄せる」[6]この時期に、ある掟の支配下に置かれるという幸福を彼は味わう。フロイトによればこの転換期を経てはじめて、異性愛の対象選択を行なう能力に見られるような、最終的な性機構が備わるのである[7]。

ところが幼年学校はこの「リビドーの洪水[8]」を、「対象関係」とは別の何ものかに転換してしまう。

ここでは教えるということは行なわれない。あらゆる過失は、違反を犯した時点ではじめて、すでにそれを知っている者たちの反応を見てわかる。そのために

新米は、要領の良し悪しで多少の差はあるにしても、先輩たちのしでかした失敗を一通りすべて繰り返さなければならない。先輩たちはそれを承知していて、自分たちが受けてきたものを新参の連中に順送りにできることを期待してもいるのだ。全員に同じ苦痛を——これが彼らの公平原則である。この原則は厳格に守られる。過ちを冒したが最後、それを弁解できるような理由はありえない。

幼年学校生が仲間うちで加える処罰は、例外なく体罰である。ザロモンも入校初日から些細な失敗のために体罰を与えられる。陶製の飾り物をのせた盆を、まっすぐ手をのばして支え持ち（一つでもそれを落とすわけにはいかない）、さらに膝を曲げて中腰にしゃがみ、かかとと尻の間には開いたコンパスをはさんでいなければならない。ちょっとでも腰を浮かしたり、沈めたりするだけでコンパスははずれるか、あるいは刺さる。しかし、この難行をやり遂げればただちにヒエラルキーの中での昇格が決まる。そうなればその生徒は、も

方形の中での生活

うどん尻の新米《ザック》ではなくなる。袋《ザック》というのは、すべての新入生に与えられる名前で、彼らはその名どおりに扱われる。中身をからっぽにされ、たたき出され、また新たにつめこまれるのだ。

抵抗したり、年長の先輩とでもなぐりあう勇気は評価される。しかしその場合年長者は、たとえ自分が負けても処罰を忘れない。

同じく第一日目に、死を学ぶことの重要性についてある将校が訓示を垂れる。

夜は冷たいベッドと冷たい毛布。朝は冷水で水浴び。わずかでもひるむと水の中にほうりこまれ、頭から水をかけられる。朝食もヒエラルキーの順だ。自分の順番がくる前にパンに手をのばそうものならただちに食事ぬきだ。一番の下っ端には一番小さいパンのかけら、パンくずしか残らない。どん尻にだけはなるわけにはいかない。

朝食前にもう教練がある。

鼻が鉄棒のところにくるまで懸垂をしたり、膝をのばしたまま脚を鉄棒まで持ちあげようとぼくがもがいていると、室長がぼくの張りつめた上腕の筋肉をこぶしで叩いて、親切げに後押ししてくれた。しかしこれは実際には、ぼくが最後のぎりぎりまで力をふりしぼっているかどうかをはっきり確かめようとするための行動なのだ。[9]

あらゆる訓練は「ぎりぎりの限界」まで、苦痛が快感に変わるまで続けられる。はしごや横棒や平らな板で組みたてられた高さ十メートルほどの体操器具があって、ぼくたちはそれをよじ登っては、上から飛び下りなければならなかった。天辺に立つと、一瞬、不安のために体が釘づけになる。目はくらみ、墜落の衝撃をもろに受け止めながら地面に叩きつけられる。その衝撃は激痛をともなって、踵から腰を伝わって全身に広がっていく。[10]

幼年学校生に選択の余地があるとすれば、いくつかある処罰のうちどれを選ぶかでしかない。尻を棍棒で殴られるか、それとも休暇の取り消しか、——選ばれるのは体罰の方だった。肉体は次々に加えられる攻撃を鵜呑みにするうちに、ついには中毒になってしまう。あらゆる頑張りは、「陶酔的意識をさらに高め、力の上に更に力を積み重ねる」ための手段と化す。

これは肉体的苦痛の儀式であって、それを「陶酔的意識」[11]（強力な肉体の上に据えられた頭が味わう陶酔）に転化できないような者は、演説会場での盗聴者、パレードで隊列の横を通る傍観者と変わらない。そんな人間は爪はじきにされる。

幼年学校生のユルツィヒは、死の不安のために体をこわばらせた。他にもいた泳げない生徒全員がやり終えた三メートルの高さからの飛びこみができなかったのだ。飛びこみをした生徒たちの多くが、溺れる間際に水から引きあげられなければならなかった。しかし彼らは泳げるようになるまで、ただ闇雲に、痛む身体を引きずって飛びこみを繰り返すのだ。三日目の水泳ともなるとザロモンは自由に泳げる

ようになった。あのユルツィヒは父親が引きとりに来た。父親は「山のような大男」で、少佐だった。こうして彼は幼年学校から姿を消した。生徒たちは本当ならこの負け犬を殴るところだったが、水泳を指導していた将校はそれを止めた（爪はじき者を殴るにはおよばないのだ）。

次第にぼくは順応していった。教練の日課も、もはや突然の驚きをともなう、無気味な音を立てて動く機械ではなくなった。もつれあった人間たちの中から、徐々にぼくがなんらかの形で係りをもつ少数の人物が、くっきりと具体的な姿で浮かびあがってきた。ぼくはあいかわらずどんな犠牲を払っても自分を守り抜こうという決意を抱き続けていたが、こうして教練が続くうちに、毎度のようにぼくの決意を打ち砕いてきた愕然とさせられるような体験も、やがて少しずつ減っていった。そしてぼくはうなだれていた顔を徐々にもたげ始めたのである。[12]

ザロモンは、みずから機構の一部になったのである——この機構はもう彼に向かってうなりを発することはなくなった。そして、機構がもはや外部にあるものではなく、ザロモンがその犠牲者である必要がなくなった時、それは逆に中にいる者を保護し始める。

基本的には、ぼくはまったく一人ぼっちで生きていた。時には絶望的な激情に駆られて、身を苛むやり切れない感情に溺れ、この上なく惨めな思いになることもあった。ぼくをあらゆる方向から絞めつける極度の厳格さだけが、ばらばらになりそうな知覚をなんとかつなぎとめていた。唯一そこにだけ、この機構全体を作りあげ、(……)それに生命を通わせている意味を感じ取ることができた。最初のうちぼくにとってどうしても理不尽と思えたのは、この狭い空間の中で一分一秒といえども観察と監視からのがれることができず、まさに絶対的な孤独という苛酷な事実がなんの容赦もなく個々人を襲わずにはおかないということだった。さらにここでは、もっとも温かい同志愛とは、手から手に、心から心に伝わる親しい流れから生まれる単純極まりない友情とはまったくかけ離れたものを意味することも思い知らされた。[13]

ザロモンは半分はこの機構の中に浸かり(「極度の厳格さ」の持つ意味は受け入れている)、なお半分は孤独な者として「親しい流れ」を求めながら、依然として機構の外側にいる。ところが、この流れが機構の内部でだけ、しかも苦痛の流れとして得られるものであることを知るにつれて、ザロモンはこの機構の中に完全に統合されていく。

ぼくは幾度となく、この鉄の鎖を引きちぎろうともがいた。この鉄の鎖が、ひとえに自分の無力のゆえにぼくを仲間から遠ざけていると思ったのだ。しかし、たとえ人間的な温かみや粗野ななれなれしさを求めて、失われた憧憬を表現する最後の手段に訴えたとしても、この鎖を引きちぎることには決して成功しなかったろう。こうした手段はどこへ行っても所詮は鼻持ちならないものだろうが、ここ幼年学校ではそのいやらしさがことさら鼻につくのだった。ゴムの壁にでも突きあたるようなみじめな試行を繰り返しながらぼくは、それでもこの囲いから脱出する機会を常に新たに探し求めた。もちろん、どんなにもがいてもなんの役にもたたないことはいやというほど思い知らされるのだが、同時に門は開かれるべきところではもうちゃんと開かれていたのである。[14]

孤独な「囲い」から脱出するチャンスをザロモンに与えたのは、思わず漏らしてしまったおならだった。「おい、なんだかひどく臭いぞ。だれか早く窓を開けろ」。めったに生徒と口をきかない一人の将校が、それほどつっけんどんでもなく人間味のある調子で突然言った。それをきっかけに「人間的温かみ」を求めるザロモンの願いは、人間に内部があることを証明するにはもってこいのこの臭いと結びつき、それがあの「鉄の鎖」をようやくちぎる。ザロモンはそのために思わずつぶやいてしまう。「言い出しっぺが一番怪しい」[15]。この言葉が口を突くと同時に、彼は自分が周囲から完全に孤立していることに気づく……。

ザロモンを執務室に呼びつけた将校は、だれからさっきの言い回しを習ったか、その名前を白状するまで、しつこく問いつめた。「告げ口」をしろというのだ。その結果ザロモンは仲間から「絶交」される。これは一切のコミュニケーションが絶たれることを意味する。彼は幼年学校生にはありえないこと、ありうべからざることを口にしてしまったのだ。今や彼自身が、空気のごとく無視され、最悪のものとして扱われる。ザロモンによれば、「自分は捨子だったかもしれないとぼくがいうのに、兄までがそうかもしれないと賛同する始末だった。『おまえのような奴は俺の兄弟であるはずはない』とまでいうのだ」。[16]

「絶交」は、処罰される人間のもっぱら「内面」にばかり向けられている罰だが、懲罰は最終的には肉体の表面への攻撃へと転化される。やったことに対して慰藉料が支払われなければならないのだ。他の支払い手段は通用しない。

生徒たちが半円になってぼくをとり囲んだ。それぞれが手に鞭を持っていた。これは衣類を叩くために使われる、木のグリップに長い皮帯がついた鞭だった。グラースマッハーが前に出て、ぼくの腕をつかみ、机の所にひきずっていった。ぼくはやっとの思いで机に這いあがり、うつ伏せに体を横たえた。グラースマッハーは両手でぼくの頭をつかんで両目を押さえ、頭を机の上に固定した。ぼくは歯をくいしばって、全身を緊張させた。その時最初の一撃が下る。撥ねあがるぼくの体を、グラースマッハーは押さえつけた。それからはもう雨霰のように、背中に、肩に、脚に、荒れ狂う炎のような鞭の打擲がひたすらぼくの体を見舞った。両手で机の両端を抱えこむようにしがみついたぼくは、膝とくるぶしと爪先を鞭のリズムに合わせてばたつかせることで、なんとかして激しい痛みをふり払おうとした。あらゆる苦痛が体を貫いて机の上に根をはったような感じだった。ぶたれるたびにぼくの尻や太腿が、一緒に揺れる机の板に打ちつけられた。鞭が激しい力で振り下ろされるたびに、筋肉と肌と血と骨と腱とからなる束が新たに充電され、ついには全身が電気を帯びて圧延され、下に向かって破裂しそうになった。ぼくは頭をグラースマッハーの両手に完全にあずけ、突然全身を弛緩させて、うめき声をあげたままついに動かなくなった。「やめっ」と、伍長のグレックレン・Iが命令し、ただちに全員が引き下がった。ぼくはゆるゆると机からすべり落ちる。そこにグラースマッハーがもう一度近づいて来て、手を差し出して言った。「よくやった、これで話は片付いた」[17]。

問題が片付いたばかりではなかった。それからというものザロモンは皆から受け入れられ、仲間うちで歓迎されてアイドルになった。

「筋肉と肌と血と骨と腱からなる束」――もろもろの感情が宿るのはここであり、この場所以外ではない。あらゆるしごきは、いわばその場所を思い知らせるために行なわれるのであり、さまざまな処罰と同じく、しごきもすべてこれに向けて構造化されている。そこには曖昧な感情は一切存在しない。感情といい、願望といい、すべてはここで明確な知覚へと変容する。肉体の温かみを求める願望は燃えるような苦痛の知覚へ、人との接触を求める願望は鞭打ちの知覚へと転化されるのである。

しかも肉体は次第に、体表面に加えられる苦痛を、快感を求める欲求への回答として受け入れ始める。肉体は苦痛を満足感として受けとるようになるのである。肉体は快感原則にそむくように仕向けられ、別の方向にしごかれ、快感原則ではなく「苦痛原則」に支配される肉体へと改造される。痛いことは良いことなのだ……。

最終的には「新米《ザック》」も赤道祭〔船で赤道を通過する際に水をかけあう儀式〕の洗礼を受ける（ドイツ海軍の男たちの回想記でこの試練が海軍生活の頂点の一つとして描かれるのは不思議ではない）。

しかしザックの時代が終わったと全員に認められるのは、別の日だった。上級生が歓声をあげて迎える中をザックたちは、下の中隊集会室に行くように命ぜられる。そこでは町から来た歯医者が器具をちらつかせて待ち受けている。ザックが一人ずつそこに置かれた小さな椅子に座らされると、通称「歯の仕立屋」は大きく広げられた哀れな犠牲者の口にやっとこを突っこんでやおら動かすや、残っている乳歯を次々に、確かな手つきで一本残さず引き抜いてしまうのだった。悪魔みたいにニヤニヤしてこちらを見ている「仕立屋」を尻目に、ぼくがバケツにうつむいて血を吐き出していると、グラースマッハーは慰めるように、昔はもっとひどかったぞ、ザックたちは医務室に出頭を命ぜられると、たっぷり一リットルのひまし油を飲まされ、体の中まですっかりきれいにさせられたんだから、と語った。[18]

こうして、最後の乳歯と共に、母親という海につながっていた残滓が血まみれのバケツの中に浮かぶことになる。制服のカラーからは巌の突端が覗いている。

徐々にぼくは、自分の身体が張りつめ、規律を確実に身につけていくのを実感していった。家でやっていた子どもっぽい遊びのことを思い起こすたびにひどく恥ずかしい気持ちでたまらなくなった。もちろんこれ以降は威厳をもって行動する以外はできなくなった。ときたまは自由を求めるばかげた思いが頭をもたげることもあったが、そんな気まぐれも意志の確固たる方向づけを前にもろく消え去った。そうだ、命ぜられたことを実行できるのは、拘束のない気ままな放浪に倍も勝る喜びだった。[19]

その後ザロモンは入営後はじめて帰郷する。

両親が住むいわゆる生家の習慣やしきたりと自分の間には深い断絶が生じていて、ぼくはその溝を跳びこす意欲も必然性も感じなかった。あれこれと気遣って世話を焼いてくれるのがそもそもまったく耐えられなかったし、母親からたっぷりと流れ出す情愛は、ふたたび部隊のもっと厳しい空気を吸いたいという願いを掻きたてた。[20]

命ぜられたことをしなければならない、というのではなく「実行できる」という自覚がザロモンを家庭の束縛からも自由にしたのだ。今や彼は別の機構の中で機能を担うことになる。しかし、「母親からたっぷりと流れ出す情愛」はそこにまで触手を伸ばしている。

母親から発するこの流れは、ザロモンが快楽を感じながら機能する部品となった新しい機械の中の流れとなんらかの関係があるのだろうか。

機械の中の流れは持続的かつ全体的な流れであって、それは機械の部品を途切れなく正確に動かし続ける。そこにはなんの区切りもなく、停止することもない。もし幼年学校という装置が止まってしまったら、それは壊滅してしまう。スイッチを切ることはできないのだ。

この機械は、ザロモンが「勝手気ままな放浪への喜び」と呼んで放棄したものを原理とする、あの欲望機械とは正反対のものである。欲望機械の〈それから次は?〉——〈そうか、ではその次は?〉という連鎖は消え、全体機械の一部品となる喜びに席をゆずる。この全体機械とはマクロ・マシーンであり、権力の機械であり、そこにおいて個々の部品は自己の快楽を充たすのではなく、権力者の快楽を産むのに奉仕する。固有の自己は、単に信頼にたる機械部品として充当されるにすぎない。いったんそこに組みこまれれば、部品となった人間は、機械が動き続けるべきだ、速ければ速いほどいい、もし動かなくともそれは私の責任ではない、と言いつのるばかりである。

注目すべきなのは、個々の部品はそれ自体としては部品となることで一つの全体、つまり下位に従属する全体でありながら、同時に上位を占める全体にもなることである。各部品は他の部品に対して厳密に定められた機能と、定められた接続を有する。かつてあったような、機能の多様性はここにはない。それぞれの部品が全体機械の中で個々に全体であろうと望むために、多様性はここにはそぐわない機能であり、むしろ危険なものとされるに至ったようなのだ。

この点がぼくには非常に重要だと思えるのだが、全体機械は「思考」「感覚」「視覚」といった機能

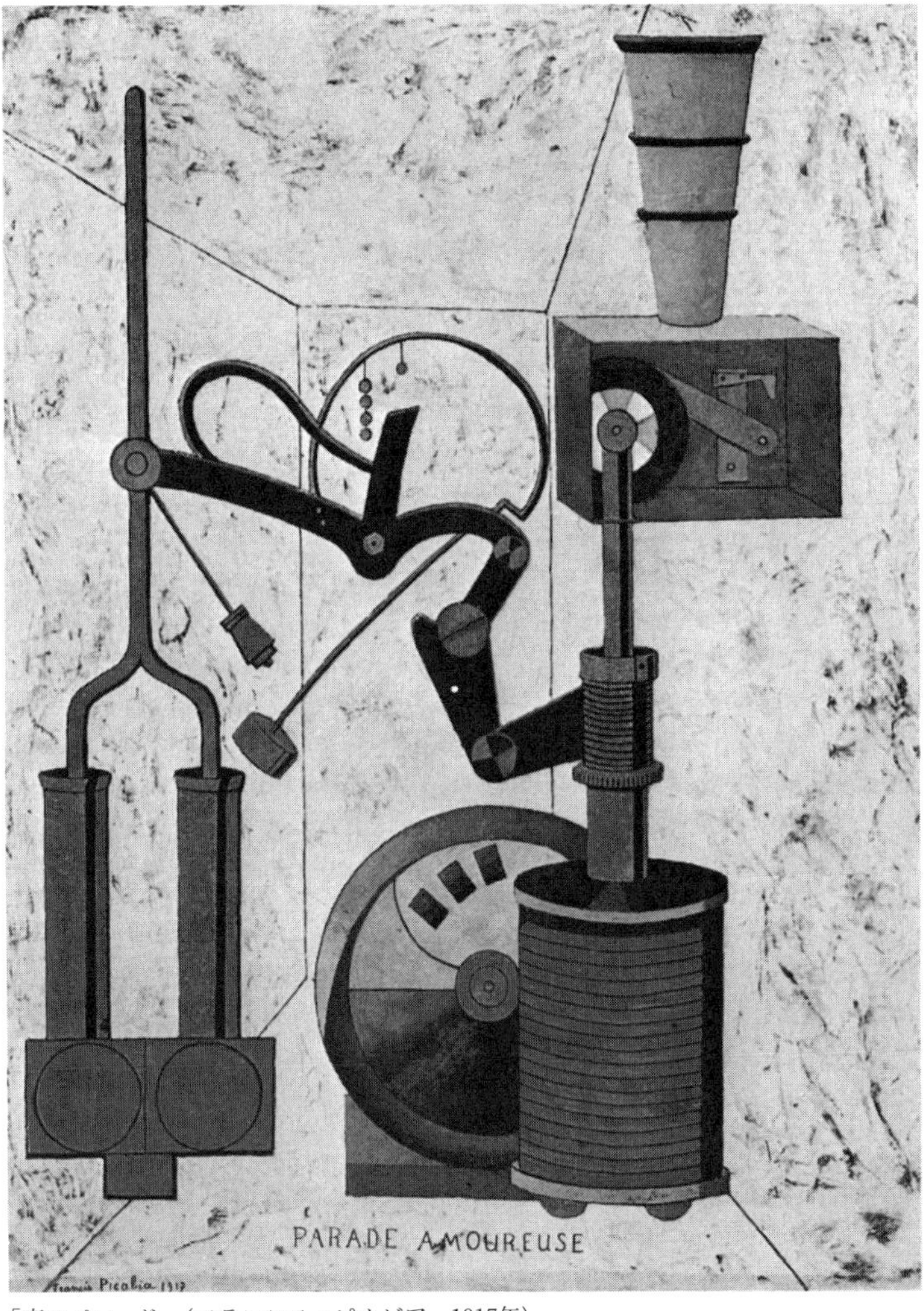

「恋のパレード」（フランシス・ピカビア，1917年）

（それらは本来限りない数の接続を生じさせる力を持つ、潜在的な多様性をそなえた機能だ）を変形して、動作へ、身体の動きへと転化する。ザロモンの新しい思考は特別な歩調の中に組みこまれる。ここではまったく目立たないものさえも必然的に重要な意味を獲得した。ごく簡単な栄誉礼は、二つの部分を拘束すると共に実り豊かな相互作用を保証する権威への服従のシンボルとなり、一一四のテンポに保たれた緩歩行進からは、死を覚悟した規律の肉体的・精神的表現が生まれた。[21]

部隊という全体機械

カネッティは兵士を「立体幾何学的な形姿」として描こうとしているが、それでは視点が個々の兵士や彼らの肉体の甲冑、彼らを取り巻く保護装甲、兵舎の壁、部隊の整然たる隊列といったものに限られてしまう。カネッティは兵士が機械の部品として機能することを見落としているために、この機械全体の構造を見過ごしてしまっている。

大佐がヘルメットに手を上げた。連隊は直ちに行進を始め、四千の脚が一斉に上げられ、また一斉に地面を踏みしめた。最初の中隊が、まるで一本の糸で操られてでもいるように脚を揃って上げ、芝土をふたたび踏みしめていとも無造作に行進して行く。歩幅はきっちり八〇センチだ。隊旗が近づいてきた。（……）

軍刀が高く掲げられ、陽にきらめいてまた地へと振りおろされた。踏み鳴らす何百もの足によって地面は砂塵を舞いあげ、どよめき、苦しげな呻きをあげた。まず二五〇人の兵士が密集した隊列をなして先を行く。二五〇の銃が肩に担がれ、定規で線を引いたようにまっすぐな列をなし、ヘルメットも肩の線も、背嚢の列も一糸として乱れることがない。二五〇〇の掌が前後に風を切る。二五〇〇の脚が、容赦ない、止むことを知らぬリズムに合わせて肉体を前に繰り出す。[2]

「仕あがった」幼年学校生たちが戦場に向けて行進を始めると、まるで一つの装置が稼動するような印象が、ザロモンによって意図的に作り出される。さらに、ここに描かれる装置は、戦争機械であると共に性的な機械であることも印象づけられる（「容赦ない、止むことを知らぬリズムに合わせて肉体を前に繰り出」して行くというのだから）。「前に繰り出す」という表現では、この機械の暴力的な性質に特に力点が置かれる。

この機械の構造についてザロモンは二つの点を強調している。一つは外面的な輪郭であり（「定規で線を引いたようにまっすぐな列をなし」「列は一糸として乱れることがない」）、もう一つは機能的には対等な各部分の膨大な数である（「四千の脚が一斉に上げられ、また揃って地面を踏みしめた」「二五〇〇の掌が前後に風を切」り、「二五〇〇の脚が（……）肉体を前に繰り出す」）。

兵士たちの四肢はまるで肉体から切り離され、新たな全体に統合されたかに見える。一人一人の脚は、それが本来付属している胴体に依存するのではなく、隣を行進する兵士の脚に連動して機能する。それによって機械の内部には、個々の人間の肉体から独立した、新たな全体的肉体の集合が生まれるのだ。

結束し、運命によって結ばれたただ一つの身体、それが海兵隊だった。[3]（エアハルト海兵隊について、H・プラース）

このような全体の各部分はどれもがまったく同じ動きをする。「一つの部隊、一人の男、唯一のリズム[4]」なのだ。

この全体機械の第一の目的は、稼動し続けることにあると思われる。それは外部に対して完全に閉ざされている。まったく同じ構造を持つ機械とだけは、融合してより大きな集合体を作ることができる。
では、この機械は何を生産するのであろうか。

第二中隊、第三中隊、そして第四中隊がそれに続く。たえず新たに雪崩を打って近づいてくる一団がある。広い幅を保って、くぼみも出っ張りもなく。壁にまた壁が続く。全連隊はあたかも内部でいくつもの列に区切られた機械のように、仮借なく、正確無比に、戦闘を鼓舞する賛歌のリズムに鞭打たれながら、四千名が一体となって全体を形作る。だれがこれに逆らうことができようか。だれがこの力と、青春と規律、単一の意志へと鍛えあげられた慫慂たる数千の者たちを前に抵抗することができるだろうか。森は退き、大地はどよめいて反りかえるかに見える。武器の触れあう音、皮帯のぎしぎしと鳴る音、そして鉄兜の下からは暗い眼《まなこ》がのぞいている。第一〇九近衛歩兵団、揃いのモールと白の肩章、四〇〇年の伝統。長い年月をかけて鋼のように鍛錬された集団だ。旗に誓いを捧げ、死ぬための教えを習得するとともに授け、民族の種子の中から選りすぐられて戦いの野に播かれる者たち。かくして彼らは行軍して行く、一一四歩の正確なテンポを保って。十二の中隊の、不敗を誇る兵士たちは死の覚悟を胸に抱いている。それぞれが九十発入りの弾倉をベルトに装着し、背嚢には火薬と固い糧秣が収められている。外套は巻かれ、長靴はおろしたてだ。引き綱のように締まった筋肉、幅広い胸とがっしりした骨組みがある。そして、陶冶から生まれた彼らの肉体の作り出す壁こそ、前線であり、境界であり、攻撃の先鋒であり、嵐と抵抗の精髄なのだ。その背後には、軍勢に兵員と糧秣と弾薬とを供給しているドイツがある。[5]

部隊という機械は最初に自分自身を生産する。それは全体としての自己であり、個々の兵士を新たな身体のもとで関連づける。それはどれもがまったく同じ形に仕上げられた部品だけからなる集合体である。

次に、この機械は表現を生み出す。そこで示されるのは、結束、強度、正確無比、直線と矩形からなる厳格な秩序、さらには戦闘と、ある種の特定の男性性である。別な言い方をすれば、この機械の生産する付加価値とは、男性同士の結びつきによる別種の全体的機構（たとえば「国民」）の維持に用立てられるコードである。

ザロモンはまた、部隊という機械は「前線」にたどり着く必要はないことを特に強調する。それは前線そのものを生み出す、というよりそれ自体が前線なのだ。この機械が動き出すにつれて境界は移動する。前線と境界は平時においても機械の一部をなしている。その存在には戦争がつきものだ。境界はたえず防護されねばならず（それはみずからの境界だ）、前線はひたすら前へと押しやられねばならない。ただし、公けに布告された戦争においてこそ、この境界防護は容易であり、満足のいく結果をもたらす。戦争が放電の可能性を与え、内部からの圧力から前線を解放するからだ。平和時において、前線は内部に対して、また機械の各部品に対してとりわけ厳しい統制を行なう。この統制を通じて前線は放電へと向かう高電圧を内部で生み出すのである。

放電は、この機械が再生するにあたっての重要な契機であるらしい。再生は、全体機械が放電し、戦闘に際して個々の部分が爆発することによって起こるからだ。みずからの境界を踏み越え、それに引き続いてすぐさま新たな境界を再構築することが、この機械の顕著な生産原理であるように見える。

全体機械は独立して存在しているわけではない。というより、それは単独では存在できない。ちょうど臍の緒につながるように、この機械はドイツにつながり、糧秣や弾薬や交換部品の補給を受けている。ドイツはいわばエネルギー供給装置にあたる。

砲弾工廠（アメリカ，1917年）

こうして電流回路によってドイツとの共生を実現することで、戦争へと突き進む機械は、最高位の全体として、あらゆるものの総括として姿をあらわす。パブロ・ネルーダが大洋について、「おまえには何一つ欠けるものがない」と歌った欠如なき状態は、ユンガーにとっては戦闘機械の中で達成される。われわれはしばしば、重い装備を身に負いながらも、身軽に、自由になった気分になる。いかなる重荷にもかかわらず、躍動と、その背後にある力を感じるのだ。

とりわけ身が軽くなった思いがするのは戦闘機械のそばにいるときだ。そこからは力と血の意志とがもっとも直截に語られている。だからこそわれわれは、いま何かが目の前で傍らを過ぎていくだけで震撼させられるので、そもそも人間がこんなにも心の底から揺すぶられる思いを経験することはめったにない。偉大さと統治へと向かう一民族の意志はここで鋼鉄に輝く武具をまとって、もっとも峻烈な姿を取っている。われわれの持ちあわせるもの、思い描くもの、そして存在のすべてがここに凝縮され、近代の人間はもっとも本来的な姿に回帰してここから出撃するのだ。(……)ここにあるのは単なる部分ではない、全体だ。[6]

フーコーは軍隊機械の中にあるユートピア的要素の伝統についてこう指摘している。

理念史家たちは、完璧な社会の夢想を語ったのは十八世紀の哲学者や法思想家たちだとしてきた。しかし、軍隊式の社会を夢見る人々もいた。この夢想が引きあいに出したのは、自然状態ではなく、精密に組みあわされた歯車のような機械である。原初にあった契約関係ではなく、果てしない強制的関係である。基本的人権ではなく、たえず進化する調教である。一般的意志ではなく、自動化された訓育と従順である。[7]

個々の部分の全体性　「鋼鉄の形姿」

戦闘の中では部隊が保っていた編成も解体する。マクロ・マシーンは個々の部品に分解する。全体として兵士的身体を構成していた個々の部分は、それまで外部からのしごきによって機能させられていたが、戦闘におよんでそのひとつひとつが全体であるかのように稼動することを実証できる。個々の部分は全体を縮小してそっくり写しとっているのだ。

それはまったく新しい種族であり、最高度の力を充塡したエネルギーの塊だった。しなやかに曲がる、引き締まった筋肉だけの肉体。彫りの深い顔立ち。ヘルメットの下には千の恐怖をたたえて石と化した眼が光っていた。彼らは乗り越える者たち、鋼鉄の兵士、あたうかぎり物々しい姿で戦いに引き出された武士《もののふ》たちだ。千々に砕けた風景の上を疾駆する彼らの助走は、夢に見てきた戦慄の最後の勝利を意味した。青白い影たちがもの狂おしい目つきでこちらをじっと見つめ、向こう見ずな部隊が散開するときには、思うだにしなかった法外なエネルギーが解き放たれる。死の大道芸人、爆薬と炎を扱う達人、華麗な野獣である彼らは、塹壕の中を軽快に走る。敵と遭遇する時の兵士たちは、およそこの世が耐えうる戦いのすべての要素を凝縮した存在であり、肉体と知性と意志と感覚の激越な集合である。[1]

ユンガーはこうして兵士たちを、もはや欲動も精神も所有しない存在として、というよりも、すべての駆動力がなんの摩擦もなく潤滑に稼動して鋼鉄の身体の機構へと転化されるがゆえに、欲動も精神も必要としない存在として思い描く。思うにユンガーはまさにこの方向で、身体機械というユートピアに向けて活路を見いだすのだ。

ヒトラー・ユーゲント・オートバイ部隊

左：「投擲選手」（ロタール・ベヒシュタイン），右：スパイダーマン

この身体機械は、ちょうど部隊というマクロ・マシーンが部品を扱うように、その内部を統括し、改造する。それゆえにユンガーにとっての機械の魅力は、それが感情を持つことなく生きるすべを（そして活動し、殺戮し、何かを表現するすべを）教えることにある。鋼鉄の甲冑はあらゆる感情をその中に封じこめる。

古い人間がしごきによって自分自身と戦うことから生み出された「新しい人間」は、それを生み出した機械にだけ拘束される。この新しい人間はしごき機械が実際に生み出したものであり、女の助けもなければ、両親もなしに生まれた。彼は同様に生み出された他の「新人」のサンプルと関連やつながりを持ち、彼らと合体してマクロ・マシーンである部隊を形成する。他の要素

スパイダーマン

はどれもが「下」に位置づけられるもので、彼の前後左右には何もない。

　鋼鉄の種族のもっとも緊要な作業は、自分を肉や体毛や皮膚や骨や腸、そしてもろもろの感情からなる無秩序なおぞましい混和、すなわち人間と称されるもの、「古い人間」の状態へ退化させかねないもののすべてを追撃し、防除し、従属させることにある。

　これぞ鋼鉄の形姿である。彼らの鷲のような目は、うなりをあげるプロペラのかなたの雲を見極め、戦車のエンジンの轟音を押し分け、獅子吼する榴弾の野を横切る地獄の道行きを敢行する。何日ものあいだ、死を覚悟して、敵に包囲され、死体の折り重なるトーチカの中で、半ば憔悴した状態で、灼熱する機関銃の背後で蹲る者たち。彼らこそ現代の戦場における最優秀の戦士たちだ。向こう見ずな戦いの勇気に満ち溢れる者たち、凝縮し、狙い定めたエネルギーの一撃によってその強固な意志を放電させる男たちだ。
彼らが音も立てずに鉄条網の藪の中に道を切り開き、突撃のための階を築き、夜光時計を見比べ、星によって北の方角を確かめるのを目にするとき、私は、彼らこそ新しい人類なのだ、という閃光のような認識に襲われる。突撃するパイオニアたち、中欧の精鋭たち。彼らは、犀利で健やかで、意志に満ち溢れた、まったく新たな種族だ。今日この戦場で幻のように顕現しているものは、明日は、生がその周りをうなりを立てて回転する車軸になることだろう。彼らの棲みなす都市では、彼らしなやかな猛獣たちが力をみなぎらせてアスファルトの上を行軍する時、何千倍にも沸騰する行動が層をなして積みあげられるだろう。瓦礫と化した世界の礎の上に立つ建築家に彼らはなるだろう[2]。

新しい人間とは、その肉体が機械と化し、その魂が消去された人間である。魂の一部は身体の甲冑に吸収され、一部は「猛獣のような」しなやかさに変形したのかもしれない。ここにいるのは、時計で時刻を計り、北の方角を知ることができ、焼け付く機銃を死守し、音もなく鉄条網を切るロボットである。行動を起こすとき、このロボットは心中の不安はおろか、感情のもろもろを持ちあわせていない。彼の自己意識とは、ことを行なうについて自分にその能力があるという自覚だけだ。

ぼくは、ここにいる人間こそ、保守的ユートピアが夢見る人間、すなわち機械化された外延と、意味を失った内面を備えた人間だと考える（今日、彼らはテクノクラートという形態をとっている）。

このユートピアの起源は、生産手段の技術的進歩にあるのではない。それは機械的技術の発展とはなんの関係もない。技術はこれらの男性の身体にある特別な要素を表現するために使われるにすぎない。機械化された肉体という保守的ユートピアの起源はむしろ、彼らが自己の内部にある人間的な要素、エ

「同志」（ヨーゼフ・トーラク）

ス、無意識の生産能力を統禦し、自分の外へと排除せざるをえないことにある。兵士的男性は誕生のときから（あるいはおそらく誕生の以前から）カオスと化す無意識と欲望生産をせき止める作業を続けてきた。それに対して彼は今や自分を鋼鉄の形姿として空想することで答える。これが新しい種族だ。[3]甲冑は、囲いこんだ内部を、速度を作り出す燃料に変えてしまう。あるいは、甲冑は内部を自分の外へと放擲するのかもしれない。そうすれば、今度は外部にあるものとしてそれを根治することができる。実際、相手は身体を取り戻そうとして躍起になって挑みかかってくるのだから。洪水として、火星からの侵略として、プロレタリアとして、ユダヤ人の蔓延させる梅毒として、エロチックな女性として。

要するに、全体機械の中に組み入れられた機械的身体という保守的ユートピアは工業的な生産手段の発展の結果ではなく、人間の生産力を抑止し、改造することから生まれたのである。

自我の審級についての補論

「鋼鉄の身体」が体現する全体的甲冑のさまざまな機能と、部隊という全体機械の外延のもつ機能を観察していると、それが外部に対する個人の境界として、前線として機能していることに気がつく。それは現実を制御する機構であり、欲動をコントロールし、それを防禦する器官である。危険な感情や思考に対するこの防禦機能は、身体の甲冑から、全体機械の各部品の筋肉組織の中から、もしくはそれらの部品が収納されている身体の形をとった部隊という全体機械から発しているように見える。

フロイトによる、心的機構に関する第二局所論によれば、これらの機能は本来すべて「自我」の心的審級によって引き受けられなければならないものだ。

ところが兵士的男性たちは、フロイトの言う意味での「自我」を持つことができない。自我はオイディプス・コンプレックスの「消滅する」段階におけるいくつかの同一化によって形成されるのだが、兵士的男性たちはこの段階にたどり着けなかったために自我を持つことができないのである。これについては第I巻第一章の終わりで明らかにした。そこで生じた疑問は、彼らが自我を持たないのになぜ現実に対して耐える力を持ち、なぜ「自閉的な」精神病になることがなかったかだった。

今はこの疑問に対する一つの答えが見いだせるかもしれない。彼ら男性たちの「自我」が、身体表面へのリビドーの備給を通じて、内側から形成されえなかったとすれば、また数々の同一化を経て形成されえなかったとすれば、彼らの「自我」はおそらく外側から皮膜のように被せられたものにちがいない。ぼくの推測するところでは、彼らは外部の審級が加える攻撃による苦痛のために、身体表面への備給を余儀なくされたのだ。ここでいう外部の審級とは、体罰を与える両親であり、教師であり、親方であり、仲間内のビンタの上下関係であり、軍隊である。それらは境界の実例を示すことで男たちに身体表面の存在をたえず銘記させる。その結果、制禦し、職分を果たす身体の甲冑が彼らの皮膚を覆い、甲冑に類似したより大規模な周縁を持つ構造物にぴったりと身を当てはめる肉体的能力が作り出されるのである。だとすれば、身体の甲冑こそ彼らの自我だということになろう。

快感原則から距離を置いたフロイトはこう述べることができた。

……われわれがひどい病気にかかった場合に自分の体内器官について新たな知識を獲得する過程は、自己の身体について抱く表象がそもそもどうやって獲得されるかを見るうえでおそらくモデルとなるだろう。[2]

身体に対して快楽に満ちた経験を与えるかわりに、苦痛を味わわせる社会においては、この言葉はともかく実際的な真実を語ってはいる。この場合、しごきや拷問は身体認識のための端的な契機ということになろう（尻を殴られれば尻が何を感じることができるかがわかるし、それがどこに正確に位置しているかもわかる。股間を蹴りあげられれば、ペニスがいかに敏感なものかがはじめてわかる、というわけだ）。

われ苦しむ、ゆえにわれあり。苦痛が感じられるところに、心的審級としての「自我」が生じるのである。

この種の「自我」が白色テロルにおいてどのような意味を持つかはのちに「自我と防衛メカニズム」の節で論ずるとして、その前にしごきと戦闘状況についてさらにいくつかの特色を見ておくことにしよう。

意識喪失《ブラック・アウト》

エルンスト・レームは下士官の修業時代についてこう書いている。

われわれ士官候補生は、最初から厳しい扱いを受けた。訓練が終わると芯から疲れきって兵舎の部屋にたどりつくのもやっとだった。一度などは教練のさなかに全員が意識不明になって、営内の病室でようやく気がつく有様だった。

こういった失神、もしくは失神に類した状態は教練に際して珍しいことではなかった。むしろ教練そのものの中に失神も折りこみ済みであったように見える。

マグヌス・ヒルシュフェルト編の『第一次大戦の風俗史』には次のような一節がある。

通常「朦朧状態」として知られている一連の症状は、兵士生活のもたらす苦痛に対する急性の精神病的反応として解釈することができよう。これは、時間的・空間的な見当識喪失と記憶喪失を伴う半睡眠状態である。[2]

徴募された一般の兵士では、この反応が上官にむけられた怒りとして発散されることもしばしばだったが、見習士官や士官候補生といった、士官をめざす兵士たちの場合はそうならなかった。失神している間に彼らの中で何が起きたのだろうか。失神によって何が生まれたのだろう。

士官候補生ザロモンの回想。

ぼくは「気をつけ！」を学んだ。両脚はぴくぴくと震え、手はうっすらと汗を帯びた。まだ「気をつけ」は続いている。腹の皮が突っ張り、肩が痛み始める。目の前には赤い波が漂い、ゆらゆらと輪を描いてはまた消える。遠くから細切れの夢のようなものがやってきて、大きく広がり、心臓につかみかかり、眼の中に突き刺さってくる。そしてぼくの息を止めようとする。想念が駆け足でかすめ去り、もつれ合い、重くなった脳髄の中で丸まり、撥ねる糸玉になって転がって行った。こうしてぼくは「気をつけ！」を学んだ。[3]

キリンガーは、皇帝臨幸のもとで行なわれた、各艦乗員によるボート・レースに際して完全に力を出しつくす。彼のチームが勝った。そのあとにこんな叙述が続く（文中では自分のことを「ペーター」と呼んでいる）。

営舎では、海軍幼年学校の士官がシャンパンを振るまった。突然ペーターは目の前が暗くなった。鼻からは血が噴きだし、何もかもがぐるぐると回りだし、彼は意識を失った。目を覚ましたのは営舎の病棟だった。彼が寝かされた寝台の横には上官と部隊付きの医師がいた。「で、調子はどうだ。

どうやら気張りすぎたらしい。だが君のように丈夫ならすぐに慣れるさ」。

くそったれめ、とペーターは思った、へたばっちまうなんて。上官がその考えを読んでこういった。「まあ、気にするな。他の連中が君のようになっていたら、うちのチームが三艇差で水をあけたことだろう」[4]。

キリンガーは失神して叱られるどころか褒められる。奇妙なことだ。彼は何をしたのだろう。極限まで力を振り絞ったこと——なるほどそれは比類ない体力の証明と受け取ることができよう。鍛錬を経ない肉体だったら、男が「自分を超えて」この極限にたどり着くことさえ不可能かもしれない。だが、褒められた理由はそれだけではない。

キリンガーは肉体を極度に集中的な緊張にさらしたために、失神に近い状態を経験する、もしくは完全に意識を失うのだが、その瞬間は、オルガスムスにおける緊張と弛緩の瞬間と関連づけていいだろう。

ただしオルガスムスとの決定的な差は、兵士たちが失神を起こすほど極端な肉体的緊張が（スポーツ選手の場合もそうだが）、内在的な限界を一切持たないことである。緊張が自分の意志で制限されない場合、すなわち中断されない場合には、それは必然的に極限を超えて身体のバランスの破壊を招く（オルガスムスの場合は、逆に身体のバランスは回復される）。ザロモンが「気をつけ！」の姿勢をとりながら感じる「安らぎ」も、オルガスムスのあとに訪れる平安とは正反対のものだ。ザロモンのそれは筋肉組織の最大限の緊張であり、緊張の弛緩は感覚の消滅によってしか訪れない。

失神状態において、兵士の中では抑圧するものと抑圧されるものとが束の間融合するかに見える（それは、通常は「男性的なもの」と「女性的なもの」として、身体の甲冑と閉じこめられた内部という形で敵対している）。ただし、現実には何も流れ出すわけではない。意識とあらゆる知覚機能のオーバーフローが起こるだけである。外部への流出を思わせる動きははっきりと認められる。ただし流れは内部にとどまったままだ。赤い波が現われては消え、「細切れの夢のようなもの」がやってきて「心臓につかみかかり」、想念は「撥ねる糸玉になって転がって」行く。流れは姿を変えさせられて、男の中で干あがってしまうのだ。キリンガーの場合に一連の出来事はさらに高ぶりをみせ、失神の瞬間にまるで全身が射精するペニスへと変身したかのように鼻血を噴き出すのである。

ここではまるで、興奮《オルギア》をもたらす能力が身体の甲冑へとそのまま移行したかのようだ。甲冑は、ブラック・アウトの瞬間に緊張状態の極限で一気に弛緩し、意識を押し流す波に身をゆだねる能力を手にする。オルガスムスは経験されるのではなく、耐え忍ばれる。しかも、愛するもの同士が経験するオルガスムスとは逆に、このオルガスムスが訪れる閾値は、回数を重ねるたびに引き上げられてゆく。身体の甲冑が鍛錬を経れば経るほど、極限に到達することは困難になる。鍛錬された肉体において高まるのは、弛緩することなく、ひたすら耐えぬく能力である。この身体の内部ではリビドーを搬送するために新たな運河が掘削されるが、リビドーは射精や肉体の緊張の弛緩を通じて外部に向けて流れ出すのではなく、男の知覚の上に流れ出し、それを消し去ってしまう。この経過は、電流が外部に流れずに、回路の中でショートしてヒューズが焼け切れてしまうのに喩えることができる。この内部回路は男の中に刻みこまれていて、男はそれを当てにすることもできるし、利用することもできる。必ずしもブラック・アウトという結末に至るとは限らないのだ。

ここでは第二の関係、すなわち指揮官やその他、緊張をもって対するべき人物との関係も一役を担う。キリンガーの場合、それは皇帝である。皇帝の接見の栄誉に浴することがボート・レースの勝者への褒賞だった（「おめでとう諸君、でかしたぞ。これからもシュタイン号と共に戦功をあげてくれたまえ[5]」）。

つまり、指揮官の満足げな表情や上から受ける賞賛が、緊張を持続するにあたっての第二の目標なのだ。そもそも上の男たちは、ねじを巻きすぎた部下が意識を失えば、まるで自分がオルガスムスを味わったように満足するものだ。

失神状態においても、上は皇帝に至るまでの上位にある者との幻覚的一体化は起こりうるのだろうか。ブラック・アウトに際して、男が男を愛しながら相手の中に侵入するという禁じられた事態が想像裡に起こるのだろうか（上官は視線と声によっていつでも侵入できる状態にある）。

フェレンツィはその性器理論において、性交に際して行なわれる合一を三つの段階に区別している。つまり、合一は生体全体においては「幻覚的」な形式をとり、ペニスにおいては部分的に、分泌液の段階では完全に行なわれる、というのだ[6]。

兵士の経験する「合一」（自分自身との合一、上官との合一）はしたがって、幻覚的なものにとどまらざるをえないことははっきりしている。ここでもう一つ気づかれることがある。欲望の充足が得られる中心的状況では常に幻覚的な対象誤認が先行するが、先に見たとおりこの状況には、二つの核となる知覚――「血まみれのどろどろ」と「空っぽの広場」――が結びついている。ここに第三の知覚をつけ加えることができる。それは、自分の力の極限を超えたために起こるブラック・アウトに際しての失神状態の暗黒である。白色テロルの行動ではきまって、三つのうちいずれかの知覚が前面に出る。それが持つ意味についてはこの章の中で明らかになるだろう。

限界を超えざるをえない状況まで身体を追いこむことがどれほど意図的に行なわれていたかは、死の危険まで冒して訓練が強行されていたことからもわかる。エアハルト大佐は海軍幼年学校時代についてこんな思い出を書き記している。

われわれ哀れな海軍幼年学校生に対しては、灼熱が教育手段として用いられた。一度などはわれわれのクルーに罰として、太陽の黄金の灼熱が激越を極める午後一時から二時にかけてボートを漕げという命令が下された。

こんな虐待や、なんの違反もしていない私までがとばっちりを食っていっしょに罰を受けるという不正が、私の子どもじみた反抗心に火をつけた。そこで私はわざとオールをボートから落とした。それを見とがめた下士官はカッターをすぐに本艦へつけろと命じて、当直士官に私の件を報告した。罰として私は大マストを十回登り降りすることを命じられた。それ自体がひどい難行なのに、熱帯のブラジルの炎天下でこの処罰はむごい拷問といってよかった。これで最後だとマストをよじ登り、横静策を伝って降りていくとき、私は意識を失いかけていた。だが私は気づかれまいと歯を食いしばり、どうにかデッキの下の洗濯室までたどり着いた。そこで冷たいタイル張りの床の上に倒れこみ、一、二度空気を吸ったあとで意識を失って横たわっていた。

この類の仕打ちは若い海軍幼年学校生をもっと頻繁に見舞った。馬のように頑強でなければ、ここをお払い箱になる。だがわれわれは結局は猫のように柔軟に、犬の皮のように頑丈になっていった。[7]

肉体においてかろうじて抵抗する要素は「子どもじみた」ものとして片づけられる。「むごい拷問」に近い処罰はまともな状態で機能している身体にとってさえテロルだろう。しかしそれは拷問に「近い」にすぎない。身体はそれに耐えぬく。この期におよんでマストから落ちた者は——実際その例もあったのだが——機械の部品としては充分仕上がっていなかったわけで、放擲されざるをえない。ここで耐えぬく者が機械の中では信頼されるのだ。ゼルショは言う。

われわれ幼年学校生が帝国軍艦シュタイン号の艦上で過ごした一年間は、とてつもなく過酷な年月だった。幼年学校士官であるノルトマン海軍大尉はわれわれを理論から実技、実技から理論へと容赦なく次々に駆りたてた。一瞬たりとも休む時間は与えられなかった。あらゆる汚れ仕事、困難極まる作業を大尉はわれわれにやらせた。どの場合も水夫よりも長時間だったし、火夫以上にこき使われた。われわれのだれもが、この十二カ月のうちに少なくとも月に一度は、国に帰ったらこの地獄からおさらばしようと心に決めたものだ。

しかしこの幼年学校士官は、いつかは指導者になるという青雲の志を抱く若者たちをどうあつかったらよいかを心得ていた。[8]

ある艦謁式のおり、ゼルショは帆桁にぶらさがったまま意識を失う。めまいの発作を感じたときに下に降りていれば間にあったはずである。しかしゼルショは降りずに上で耐えぬこうとする。ついに彼は墜落し、ネットで受けとめられる（デッキにたたきつけられて体がつぶれる可能性もあったはずだ）。嘖嘖たる非難が浴びせられた。一杯やっていたのではないかとまで言われた。しかし、失神する者が続出して、結局艦謁式は中止される。後になってわかったことだが、大量失神の原因は腐ったレバーペーストだった。だが、皇帝の目の前で、めまいがするからといっておめおめと自分から帆桁に空きを作るよりは、墜落したほうがまだましというものだろう。[9]

ゼルショは幼年学校の終わりごろにも練習船でひどい発作に見舞われる。キールに帰港し、士官に任命されるための学科卒業試験を受ける何週間か前、彼は奇妙な病気にかかる。意識を失い、何週間も昏睡状態のまま営内病棟に入院する羽目になったのである。医者にもその原因はわからなかった。ゼルショは医者たちが、彼はもうすぐ死ぬだろうと会話するのを、ヴェールを通すようにぼんやりと聞いてい

∞：Detail1:1772514-1725526（ディテール，ロマン・オパルカ，1965年）

ピラミッド・シリーズより（アグネス・ドネ）

る。しかし「生きる意志」その他のおかげで、ともかくゼルショは耐えぬく[10]。

しごきは男を実際に極限間際の崩壊寸前にまで追いやる。昏睡状態の中で男には新しい機構が、新たな肉体が育つのだ。このプロセスを克服したものは、目覚めたときにはまったく別の精神と肉体をもつ、新たな人間に生まれ変わっている。

性的欲望の吸収

しごきが「女性に向けた情欲」を除去するのは（そのような快楽がまだ存在しているとすればだが）、教練がもたらすもっとも目立った効用であり、公然の秘密とさえいえる。

ザロモンは「実際、服務によって、思春期のあらゆる欲望はあらかた吸い取られてしまった」と書いている。シャウヴェッカーは、食事の中に性的欲望を抑える炭酸ソーダが混ぜられているという噂に反論してこう書く。

ストラクチャー2（トーマス・ベイル，1976年）

ソーダなんぞより効果があったのはおそらく緊張だった。それは男をエロチックな感情に対して不感症にする。エロティシズムは平和時の凡庸な快適さから生ずる贅沢でしかない[2]。

「戦中にこんなものに思い煩うはずもない[3]」。もし万が一煩わされたとしても、それはただちに除去される。

「しっかりやりぬくことが体のためになる。そうすれば今晩せんずりを掻く必要もない[4]」とは、フォーゲルのある小説に登場する曹長の言である。

どのみち兵士の大半にとって、女性と関係を持たないのはあたりまえのことだった。それが万人にあてはまるとすれば、場合によっては非常に都合の良いことだったかもしれない。

エロスをしかるべき形に変換するという、はるかに骨の折れる手続きは、この単純なプロセスの背後に姿を消してしまう。兵舎内では男女の性関係をねたにしたあけすけな猥談も横行しているが、この猥雑さはむしろ、ここが女性ともいかなる種類の「愛情関係」ともまったく無縁の世界だという事実から眼をそらさせる、一種の気晴らしなのではないだろうか。それよりも重視されたのは次のようなことだ。

トレプトフ下士官兵学校が行なった銃の教練は見事な出来ばえだった。手に握るものが銃であれ、ビアジョッキであれ、女であれ、われわれの技術にかなう者はなかった。親衛隊も脱帽だ[5]。（シャウヴェッカー）

見るものを惚れ惚れとさせるのは、一糸乱れぬ統制と正確さであり、何を握っているかではない。

ごく簡単な銃の構え方にも、生のすばらしい高揚があらわれていた……[6]（ザロモン）

芸術作品としての兵士のイメージ、一つ一つの動作の美への賛嘆がこれらのテキストの中には一貫している。感情はない。すべては表現だ。

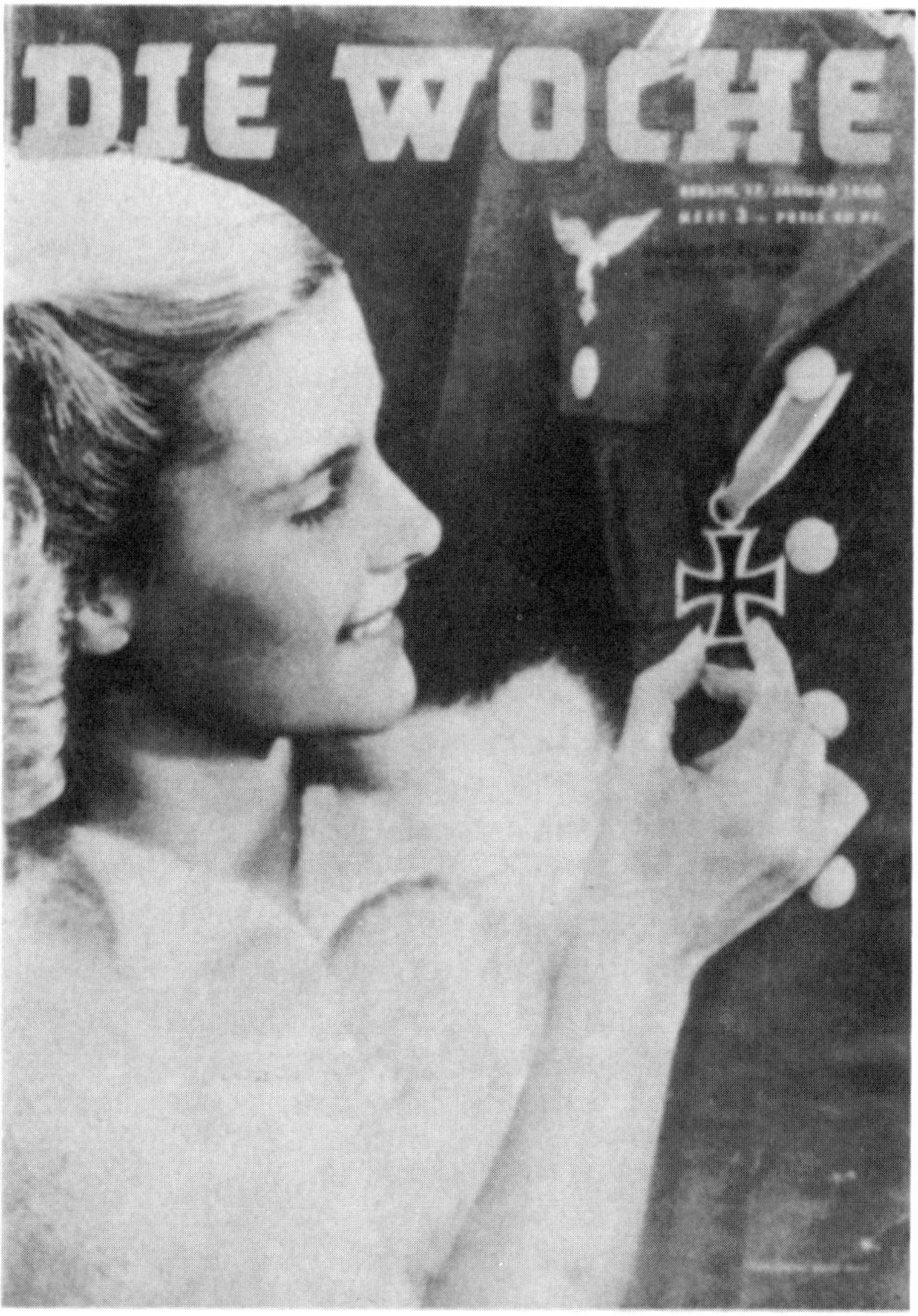

週刊誌『ディー・ヴォッヒェ』の表紙

完成。それこそが跳躍点だ。能力の極限まで果敢に突き進むこと。与えられたものを完璧なフォルムに仕上げること。前線から見た場合、ただひとり傭兵だけがこの意味で完成された人間なのだ。[7]

ファシズムの精巧な作品である兵士に手をかけ、研磨された精巧な部品として、総合芸術作品としての軍隊の中に組みこむのは、名高き「鬼下士官＝研磨士《シュライファー》」である。

実際、教練にあたる教官は、自分が創造の日の造物主、人間の作り手だと思いこんでいる。大半が田舎から入隊してきた、ぎごちない、なんの訓練も受けていない若者たちを兵士に仕立て、使える人間に鍛えあげるのは、まさしくもっとも立派で、かつもっともやり甲斐のある仕事だった。（……）新兵の教育にあたって冒した失敗は後になったら修復不可能だ。筋金入りか、投げやりか、それとも怖じ気に駆られた市民か、いずれにしろこの連中が一生の間まともな兵士になるかどうかという、祖国と民族にとって枢要な課題を教育下士官は解決しなければならなかった。[8]

メルカー将軍も、非戦時の軍隊が「まともな兵士」を生み出すにあたり多大な貢献をしたことを自負して、「怖じ気に駆られた市民」にも関連させてこう言う。

平時の軍隊はドイツ民族に肉体的鍛錬を課し、従順と秩序と義務への忠実を教えこんだ。わが国の工場の身体壮健な労働者たちも、労働組合の整然たる組織や男性的規律も、軍隊からその力を汲み取ったのである。[9]

ヴィルヘルム期の労働運動指導者の中にはこんなお世辞を聞いて喜んだ者もいただろう。[10] 兵士的男性から見て、レームの言う「使える人間」として品質保証のレッテルが貼られた人間を作り出したのは軍隊なのだ。彼らにとって軍事教練とは、まともな人間を作り出すための無条件かつ比類ない生産現場なのである。それも軍隊に限らず、社会全体にとっての工場であり、巨大な変身機械、再生機械なのである。[11]

プロイセン的社会主義

私は幾度も自問したものだ。何ゆえにここでの教育が、学校でのはるかに気を張らない、たがの緩んだ生活より自分の気に入ったのかと。私の結論はこうだった。われわれ海軍幼年学校生は全員が士官をめざしている。教官も上官も皆われわれがなろうとしている者の、いわば手本なのだ。彼らの命令にしたがって行動することをわれわれは必然的なものだと感じていた。なぜその命令が下されなければならなかったかをわれわれは見て取っていたのだ。[1]（エアハルト大佐）

一方、ザロモンは幼年学校の教官たちについてこう書く。

授業を担当する士官たちは、他の教師たちと違ってどんなに想像をふくらませてもあだ名をつけることはできないような人々だった。理由は簡単で、彼らはどう転んでも笑いものにならない存在だったからだ。[2]

レームは歩兵士官養成教育についてこう述べる。

士官候補生はあらゆる任務を完璧にこなすことを要求された。時にはつらい目にもあったがそれはよいことだった。将来は配下の兵たちに命じなければならないことを士官が今のうちに自分の体で確かめ、彼らよりも立派にこなせることは、教育という作業の筆頭に置かれた。私はしばしばあの兵学校時代に得た教訓を感謝をこめてふり返ったものである。[3]

重要なのは、しごきを受けた者が、しごき手である士官のようになりたいと望んだことよりも、実際に彼らにはそうなる道が開かれていたことだ（それが士官教育と、通常の兵にほどこす教練の違うところだ）。幼年学校生や士官候補生は何年か後にはしごきを加える側にしばらくつく現実的な見こみがあった。だから普通の兵とは違って、上官を心底憎いと思う必要もなかったのである（羨望や嫉妬といった感情はあったかもしれないが）。

第二には、上官はここで生身の身体的モデルとして機能していた。彼はすべてを自分の体で試さなければならないし、命令するすべてについて部下よりも巧者にこなさなければならない。別の、よりまっとうな肉体を獲得するという教練の目的をみずから達成し、身をもって範を垂れるのだ。新たな肉体のもとには、待ち望んでいた「どう転んでも笑いものにならない」状態が確保されている。士官とは肉体的に上等の人間なのだ。とはすなわち、待ちに待った男同士の戦闘的ぶつかりあいに際して、より多く愛する側なのである。

ここから引き出されるのは、フロイトが『群衆心理学と自我』で論じたのとは違って、上官は父親とは同一視されえない、という結論である。*一

父親の権威は、それがなんら裏打ちされる必要がないところに、まさに恐ろしさがある。父親は息子に対して要求するものを自分でもできる必要はちっともない。また、息子ができることを自分ができる必要もない。それにもかかわらず権威を保っている。父親の権力は横暴で、気まぐれで、法の保護を受け、かつ自明である。それは不当なものだ。それに較べれば教練を行なう上官の権力は正当なものと見える。自分が命ずることを自分もできるからだ。つまり、教官はしごきを受ける相手と原則的に対等であり、上昇過程にある下位の者と同じ立場にいる。下の者は上の者をいつか追い抜くこともできる。

父親が課すダブル・バインド――おまえは私のようになるべきだが、私がしていいことすべてをおま

えがしたらただでは済まない——は、正義の支配するユートピアである士官養成課程では無効である。ここではあらゆる障害を乗り越えた者には、約束されたポジションが本当に開かれている。将軍になることはできるが、自分が息子として育った家庭において父親になることは決してできないのである。たとえ息子が父親を数万倍も上回ったとしても。

これが兵士的男性の著述の中に徘徊する「プロイセン的社会主義」もしくは、「前線の社会主義」なるものの実体である。彼らにとって軍隊は、万人に対してヒエラルキーの中でふさわしい場所が指定されていることからして、社会主義の最高の形態だった[4]。

新兵をしごくときには話は別だ。そこではプロイセン的社会主義なる観念はなんの実体もともなわない。教官を位階において追い抜くことは皆無だ。上官は上官のまま、その厳しさは拷問以外のなにものでもなかった。

ただしこの教官も、フロイトが措定した一種父親的な愛される指導者タイプ、兵士が自分の「自我観念」によって同一化をはかるとされるタイプとはまったく関係がない。むしろ逆に、鬼下士官はしごき以外には何も知らないで、自分に与えられた権力を、軍隊以外の場所では（実際の戦場でもそうだった）どう背伸びをしてもかなわない大人の男たちを叱りつけることにだけ利用する輩だと、しばしば見られていた。

二　戦闘と身体

速度と爆発「対象」との接触

失神はしごきや、しごきによって訓練された兵士的男性たちが自分自身と闘うことで生まれる現象である。兵士のリビドーは外部の対象に到達することはない。リビドーは知覚の上に溢れだし、知覚能力を消し去ってしまう。指揮官も皇帝も外部の対象ではありうるが、おそらくそのために粉骨砕身してきたにもかかわらず、彼らを対象とすることは命令によって禁止されている。

ところが戦闘の中では力の配置は一変する。戦場には、はじけんばかりにねじを巻かれた肉体にとって到達可能な対象、すなわち敵の男たちがいるからだ。

敵がいることを考えるだけで、しごきに近い教練の様相は一変する。

こうして体は砂の中に埋もれていた。顎は曲げられた左腕の上にのせられ、全身は地面にぴったりと沿わされている。眼は虎視眈々と遠い目標をうかがっている。兵士たちは体を触れあわせて列をなして待機し、合図を待ちうけていた。「立て！」すると体はピンと張りつめ、左の脚もぐいと曲げられる。砂の上からわずかに胸が持ちあげられ、体中の筋が前へと押し寄せる。「進め、進め！」という号令で筋肉は急激に速度を増し、大地は下に沈み、後方へとすべり去っていく。体は一本の鋭い矢となって疾駆していく。言葉一つ発することなく部隊は散開し、一人一人になる。「伏せ！」の声。すると今度は大地には一瞬にして息をするふくらみが備わる。踏みつける脚の下でたった今まで平滑な平面を成していたものから、襞やうねりが生じて、ぶつかりあう肉体を抱きとめて隠してくれる。肺は重い呼吸を繰り返し、眼はふたたび目標をうかがっている。もう一度隊列は匍匐前進を始めた。そしてさらにもう一度。だが今はもう森の端が近い。そこには狙撃兵が待ちうけている。体中の血管には突撃を待ちうけて燃えあがる血が満ち溢れている。そこに簡素な二つの音を組み合わせた鋭い笛の音が響き、前進を命ずる。すべての思念は不要な錘のように消し飛ぶ。体は軽くなって、背中で風がうなる。今や突撃は烈しい快楽となり、大地は、目標へと一気に進むただ一本の、邪魔するもの一つない平滑な軌道へと姿を変える。目標は近い。大気は胸の中に凝集し、それまでは切れ切れの吐息でしかなかったものが一つに結ぼれてまがまがしい叫びになった。だれもが口を大きく開き、血と骨の只中から「うおーっ」という叫びが飛び出す。それは外気とぶつかり合ってかまびすしい雄たけびにまで高まる。われわれそのものが嵐だ。とどめようもなくすべてを粉砕する力だ、突撃するエネルギーだ。われわれは森の境界を突破し、藪や木の根を踏みしだいて敵に向かってはじけるように身を投げだした。なんの抵抗にも会わずにわれわれは目標を通り過ぎて駈けぬけてよろめく。とどめがたい力にとりつかれ、酔いしれて笑いを浮かべながら、急いで平静を取り戻そうとする。これがすべて仮の目標であったことを思い出して少しばかり当惑し、あまりに容易な勝利にいささかあっけにとられ、戸惑いながら元通りの戦列の中に戻るのだ。」

ここで兵士たちは失神に際して経験する以上の段階に到達する。つまり、感覚を消失することなく、外的対象との合一の先取りが行なわれるのだ。当惑し、とまどいを感じながら幼年学校生ザロモンは元の戦列へと帰還する。彼は禁じられた快楽という目標の間近にまで達したのだ。そしてこの経過は失神と隣接した境界で起こっている。ただしここでは叫びをあげて発散することが許される。

マルヌ戦（A. ライヒによるペン画，1914年）

一見したところ、兵士たちの突撃の目標は大地の身体との合一であるかに見える（大地は生きた肉体に姿を変える。「息をするふくらみ」や「襞」をそなえ、若者の「ぶつかりあう肉体」を抱きとめる）。しかし後に大地は支配された領域に姿を変え、下り坂になった地面を若者は「とどめがたい力」に駆られて突き進んでゆく。それから兵士ははじけそうになる。「まがまがしい」叫びが活路を開く。自分が叫ぶとも自覚せずに彼は叫ぶ。というより何か《エス》が叫ぶのだ。「血と骨の只中から『うおーっ』という叫びが飛び出す」。「はじけるように」彼は想像上の敵に向かって身を投ずる。

「目標」の強調と、そこに向かって兵士が突撃する「速度」、それに加えて兵士をはじきとばす内的な爆発が、戦闘の快楽を呼び起こす際には決まって含まれている。戦争においてこれらの要素は、兵士と戦争機械（大砲やマシンガン）との結びつきや、轟音、大地を生きたものに変えるかに見える手榴弾の爆発音などを通じてさらに数倍も強化される。

爆発——

「キャプテン・アメリカ」（アーネスト・ローレンス）より

彼ら全体に炎が回って燃えあがり、そこですべてがとどまった。（……）数刻の間、彼らは巨大な炎に包まれた。[2]

警報がわれわれの陣地の上にかまびすしく鳴り響いた。電気火花がはぜるような音を立てて、それはまだ生きているすべてのものを焼きつくした。そうだ、ようやくぼくらの番だ。ようやくぼくらは緊張を解き、安全装置をはずして燃えつきることができる……[3]

戦争に取りつかれた者たちの火山のような心臓の爆発。[4]（シャウヴェッカー）

それはまるで、心臓と同じところにある手榴弾のように内部で爆発して彼を粉微塵にした。[5]（ハインツ）

激しくうなる心臓のモーターに火薬をぶちまける無上の喜び[6]……

爆発は誕生と等価のものである。快楽に満ちたカタストロフの舞台となる、肉を捨象した身体がついにそこから生み出される。

目の前で創造の息吹が世界の上を吹き抜け、すべては彼自身も巻きこまれざるをえなかった世界の没落の瞬間にもう一度新たに生みなおされた。それは一瞬の出来事だったが、一抹の永遠でもあった。彼は土くれから作られた自分の身体と、噴泉からなる血管と、火山の溶岩脈からできた神経によって、瞬時にそれを感じ取った。すぐにもそれは自分にも襲いかかるだろう。自分と、周囲にいる皆をもろともに雲の高みまで抛りあげ、原子の粒にまで粉砕してしまうだろう。噴きあげられた土くれの真ん中には灼熱する核を抱いた心臓がある。それが来たるべき未来の種子なのだ。それは今すぐにも来る。[7]

待ち望まれるのは身体の甲冑がはじけ飛ぶ瞬間、硬直した身体‐自我が消滅する瞬間である。しかし、それは身体の中に何かが押し入り、崩壊と没落を招く「群れ」の体験ではない。自分の外への暴発に向けて、この身体は分子化されるのだ。自分の外のなにものかに向けて、その中へと兵士は弾丸のように飛び出す。なおかつ彼は生き延びようとする。

行進を続ける部隊の全体的甲冑は戦闘状態においては存在しない。ここにあるのは別の甲冑だ。その内部ではたえず爆発が起こり、しかも甲冑はそのために壊れることはない。それはいわば火器の円筒部、銃身だ。そして火器のモデルどおりに兵士たちの爆発は起こる。

彼らの体はぎゅっと縮んだ。塹壕の縁で大きな猫のように背中を丸めながら、彼らは右腕を後ろに伸ばした。関節がぼきぼきと音を立てる。息を詰め、それから圧搾空気（！）のようにそれを吐き出した。耳の中にはざわめきが聞こえ、両の肺ではハンマーが打ち始める。彼らはメリニート〔ピクリン酸系爆薬〕と砲火台の脚からなる、筋肉を備えた火砲そのものだ。彼らの目はかなたに向けら

第二次大戦中，空爆時に灯火管制を呼びかけるポスターより（ドイツ1943年）

れるときには細くせばめられる。青い地平線の向こう、腹に赤ワインを貯めて酔いしれた敵が、ブレーキの利かない車両のようになって梢や幹の間からわらわらとまろび出てくる彼方を。[8]（シャウヴェッカー）

火器は、兵士たちが通常ならできないことをやってのける。発砲し、かつ損傷を負うことがない。シャウヴェッカーの描写において、兵士たちと火器とは融合して、まるで砲身の金属が彼らの身体の甲冑になり替わっているかのようである。砲身が兵士たちの「自我」として機能するのだ。

いったい、宇宙に向けられたこの鉄製の武器になんの意味があろうか。もしわれわれの神経がそれと一体となって組みあわさっておらず、そのシャフトの一本一本に音を立てて流れるものがわれわれの血でないとしたら。[9]（ユンガー）

砲身は「音を立てて流れる」血の全エネルギ

コミック「マイティー・トア」より

ーを爆発へと、砲弾へと集中させる。それが向けられる先は宇宙だ。その偽りの構造全体だ。砲身から発射されて（それでも砲身は壊れない）他の身体に食い入ること、それが兵士の唯一の欲動だ。

銃身から脈打ってはじき出される銃弾を見ていると、まるでそれが生きた温かい人間の肉体に食いこむように私は感じなかったろうか。武器と一体になってしまったのではないかという悪魔のような快感がなかったろうか。私は機械ではないのか、冷たい金属ではないのか。乱麻のような群れの中に突き進み、食い入ること。そこに門が聳え立つ。それを通過する者には恩寵が訪れる。（ザロモン）

「冷たい金属」になること、感情を持たず、にもかかわらず痙攣しながら肉体の中に食い入ること。力への陶酔と境界の超越。自我は機関銃の銃身という鞏固な現実の後ろ盾を得て、崩壊せずにいる。しかし、この場合にもめざされているのは負荷が限界を超える瞬間だ。ドヴィンガー描くパーレンも機関銃と共に灼熱する。

何千発もの弾が発射された。妨げるものは何もない。

パーレンの指に火ぶくれができるほど銃は熱くなっていた。パーレンは撃ち続ける。感じるものはただ、まるで血に飢えたもののように彼の掌の中で暴れまわるこの小さな獣から次々に送り出される死だけだった……。ボルシェヴィストたちは、まだ守りにもつかないうちに味方の死体が壁のように積みあげられるのに呆然とした。やがて前方で動くものは何もなくなった。すべては暗褐色をなす、もつれあった塊だ。「やめ！」とラングスドルフが良くとおる声で命じた。だがパーレンにはその言葉が耳に入らず、ヴォルマイアーが銃から彼を引き離すまで射撃をやめなかった。それからこの小さな男爵は頭陀袋のように倒れこみ、目を回した……。「弾が当たったのか」とライマースが怒鳴った。

「私はもう子どもじゃないのよ，それに…」

「後ろに寝かせておけ」と、こんなことには慣れっこのラングスドルフが不興げに言う。「気絶しただけだ[11]」。

頑丈な筋肉の甲冑‐自我の爆発によって押し出されることで、リビドーは一気に解放される。これ以上めざましい成果はない。しかしそれでもなお充分ではなく、リビドーのかなりの部分は防護に回り、ふたたび主体の知覚に過剰供給される。これがブラック・アウトである。リビドーは、緊張の搬出という本来の目標を一時たりとも放棄しないのだ。

パーレンが薬莢の流れと化して熱く走り抜ける欲動を体

から発射することを妨げるものも、この欲動を暗褐色のもつれあった塊の中に注入するのを妨げるものもない。類は友をよぶ。「こんなことには慣れっこ」のラングスドルフは、自分の経験から、失神などパーレンのような兵士には当たり前のことだと請けあうのである。

攻撃の瞬間に兵士的男性たちは、あらゆる手段を通じてパーレンと同じ変容を、自己からの脱出を求める。なかでももっとも熱烈に待ち焦がれられるのは、彼らがついに弾丸の運動をみずから引きうけ、狙った肉体めがけて戦争機械からの射出弾となって驀進する際の感覚である。そのためには敵の肉体に到達し、命中し、貫通し、炸裂するのに充分な速度を身に帯びることが不可欠になる。

> 男たちは鞭でたたかれたように飛びあがった。まるで自分たちが弾丸になったと思いこむように、彼らは前方に身を屈めて疾走する。ガラス質になった空気の中をシュウシュウと沸きたつ音がする。咆哮が聞こえ、振動が走り、火花と雷鳴が満ちる。森も川も野も、すべてが生きたもののように痙攣している。[12]（F・ノルト）

速度こそこの肉体の基本概念である。[13] 兵士は熱くなるまで走らなければならない。奔走し、まず精神の回転をあげ、それから肉体を疾駆させて突進して、快感の流れの中でみずからを感じ取れる地点まで接近しなければならない。

> 彼らは走り続けた。そして突然、目の前に広がる広大な空間に興奮し、完全な酩酊状態に陥った。目に入るものは無限の遠方だけである。その高みには彼らが探し求めていたものがある……。それは何か……。進め、走り続けろ！
>
> 彼らはさらに突進した。一瞬一瞬が貴重なものだった。この広大な空間の中に彼らはまるで空気でできた漏斗に吸いこまれるように、攻撃というメールストロームに呑まれるように入っていった。

なんのためらいもなく、土くれの山や木立を乗り越え、砲弾のえぐった穴を身を屈めて迂回し、敵に向かって叫び、身をかきむしるような怒りを終始心中に抱えて、眼には涙を溜めて疾走した。血はごうごうと猛りながら彼らの体を突きぬけていく。[14]

兵士たちは「敵に向かって叫ぶ」、まるで幼児が乳を求めるように。「身をかきむしるような怒りを終始心中に抱え」る彼らを今や訪れるのは、これまで蒙り続けたもろもろの飢えと痛みへの復讐の時である。眼にたまる涙は追憶の涙であり、流すことなくこらえにこらえてきた涙、随喜の涙である。これは放電だ。流れは敵と自分が相互に浸透しあう瞬間をめざして流れ始める。敵こそ親密な類縁なのだから。

とうに忘れ果てた思い出のように突然閃くものがあった。あそこにいるのはもちろん敵だ。確かに彼らはそこにいる。われわれは間もなく敵のもとにたどり着くのだ。その思いがわれわれを烈しい粗暴な快感で満たした。それはまるで、これまで裂ける寸前まで張りつめてきたもの、溜めに溜めてきたものが突然出口を見いだして、轟きをあげる瀑布となり、深紅色や緋色の深淵へとなだれこむかのようだった。

急げ、もっと急げ！　今は殺さなければならない。あるのはただ一つ、流れる血だけだ。それが解決と、充足、そして幸福を意味する。もうすぐ敵に襲いかかることができる。もうじき勝者として、抗いえない者として表舞台に立つことができると考えただけでデモーニッシュな喜びが湧いてくる。待っていろ、すぐそこに行くぞ。私は自分の右手が万力のようにピストルの握り手に絡まり、左手が短い竹の杖を握りしめるのを感じた。顔には沸きかえるように血が満ち、歯が固く食いしばられて、澄んだ涙がとどめようもなく顔をぬらして滴り落ちるのを感じた。[15]

攻撃目標でユンガーを待ち受けている敵には、明らかにいくつもの要素が統合されている。やらずにすましてきたもの、禁じられてきたものの数々の尻拭いをこの相手は引きうけなければならない。そして、およそこの状況下で想定されるものすべてが放電されるために、「敵」は、融合がはかられる相手の男性、復讐の的となる虐待者、また、母なる大地に対する優位を争って戦った対等の相手、そのいずれとも単純には一致しない。敵とは、これらすべてを一身に兼ね備える存在であり、おそらくは望んできたもののすべてであると共に、憎んできたもののすべてでもある。「あそこにいる」人間とは、あまたの感情を備え、髪の毛も肉も骨もある人間であり、分子レベルでの闖入者、いつかは排除されるべき旧タイプの人間だ。その中に食い入れれば生き延びることができる……。

　火の洗礼！　そこでは大気が溢れんばかりの男性性に満ち、そのために吐く息の一つ一つが陶酔を招き、なぜとはわからないまま泣きたい気持ちにさせられた。男の心はこんな感動を味わうことができるのだ！[16]

　ここに描かれるのはもっとも激烈な放電の状況であるとともに、愛の至福が成就された瞬間でもある。多くのテキストで、「戦い」と「愛」とが見え透いた形で結びつけられていることからもそれは明らかだ。たとえばシャウヴェッカーのテキスト。

　明日は前線に出向かなければならない。榴弾が炎を上げる抱擁の只中へと、戦闘機の燃え盛る愛のまなざしのもと、銃撃の烈しい口づけに立ち向かわなければならない……。[17]

一方、ザロモンは読者に、ザロモンの跨るものが機関銃ではなく女の体だと思いこませる。

　ぼくは引き金を絞った。今日一日のけだるさが消え去った。機銃は暴れて逆立ち、魚のように跳ね回った。そいつをぐっと優しく手で抑え、顫動する脇腹を両膝ではさみ、弾薬帯を次から次へと送りこむ。銃身からは湯気が音を立ててあがる。ぼくには何も目に入らなかった。だがシュミッツ

リキテンシュタイン

〔機関銃の愛称〕は踊り続け、叫び続け、壕の内壁で甲高く喚きながらぼくを押しのけて上によじ登ろうとした。[18]

あまりにもあからさまだからいちいち説明するまでもあるまい。機関銃は歴とした娼婦で、次から次へと男を受け入れる。ことを終えた男たちは友人となり、銃身はしたたかに湯気をあげる。

ただし、愛の恍惚と決定的に違うのは、ここでは別のものが流れ始めることだ。テキストの中を流れ始めるのは血の流れであり、兵士たちが書くに際しての言葉の奔流である。この瞬間ほど彼らが使命感に燃え、偉大な文学を書きたいと念じている瞬間はない。彼らは自分自身を爆発させることで読者を力ずくで押し流そうとする。読者の思考と感情とを言葉の瀑布の中に引きさらい、読者の中に押し入り、耳の中で血が轟々と鳴るのを聴かせようとする。彼らが行使しうる限りのあらゆる言語材料が、ここで戦闘の場に狩り出される。永遠という文学史の中に地歩を築くための戦いの場に……。

最後に訪れるものがある。エクスタシーだ。聖なる者たちと偉大な詩人たちのものであった境地、偉大な愛の境地がここで偉大な勇気に対しても訪れるのだ。（……）これぞ陶酔の極致であり、すべての桎梏を毀《こぼ》つ解放だ。なんの遠慮もなく、なんの制限もない狂奔だ。ただ自然の暴威だけがそれと較べることができる。ここでは人間は吹きすさぶ嵐、逆巻く海、轟く雷鳴のごときものに変ずる。それから万有へと溶け入り、銃弾が的をめざすように、死の暗い門をめざして疾駆する。[*1] 頭上では深紅色の波がぶつかりあい、どこかに移動しているという意識はとうに失せている。まるで一陣の大波が満潮の海へと引き返していくかのようだ。[19]

ユンガーほどの者の築く言語の岩礁までが、巨大な波の中に消えることをめざす。しかし、消えるに先立ってはあまたの暴力的なもの、吹きすさぶ嵐と、逆巻く海、轟く雷鳴が出現しなければならない。そのとき彼はもはや名前をもつ孤立した男ではない。ドイツ人、兵士、「われ」となって万有の中に溶け入るのだ。これがユンガーにとっての大洋的感情である。もっとも、フロイトと違ってユンガーは、この感情が不可知なものであるとも、自分がそれを「抑圧」しているとも決して言わない。彼の求めるのは諦めでも昇華でもなく、快感の中への溶解だ。しかし、彼の内部にも表面にも、新たな結合や新たな分節をめざして欲望の水脈に向かうべき部分的欲動はない。ユンガーが形作るのは全体だ。境界から抜け出すためには殺すか殺されるかしかない。侵入するか、爆発するか、それしか道はない。[*2] そこには他人のものか自分のものかはともかく、血の陶酔が介在する。

呼吸と心臓の音、エンジンのうなりと榴弾の飛来、そして機関銃の連射音が渾然と合わさって一つのリズムが生まれた。ここに流れるは――熱き――人の血――たちのぼる――湯気は――魔法の――煙――。こうしてそのリズムはゲオルクが何年か前にたまたま読んだゲーテ『ファウスト』の「ワルプルギスの夜」の初校テキストと結びつき、それと同化した。

「ここに流れるは熱き人の血。たちのぼる湯気は魔法の煙[20]」。

ハインツが呼び起こす流れは大洋や、コンゴなりミシシッピーなりの遠方の名前とは結びつかない。この流れの中には永遠の女性のイメージが浮かぶこともない。それは優しく押し包むような水を知らないのだ。この流れは、奔騰し噴出する熱い内部だ。*3

血とは暴発に向けられた願望、生に向けられた願望が形を取ったものである。血の中には、兵士的男性が流してもよいものが流れている。ファシズム文学の全体を通じて、血は正しい感情の同義語である[21]。血はいわば心的機構全体を代替する。血が無意識の生産力なのだ。それは機械化された筋肉組織で脈打つ油であり、エンジンが稼動するときには沸きかえり、機械の中で泡だつ。良き血からは良き内面が生まれる。*4

彼らの言い分では、そもそも血なくして戦争機械が稼動することなどありえない。ハインツが描く「呼吸と心臓の音、エンジンのうなりと榴弾の飛来、機関銃の連射音」は血のリズムにほかならない。「ここに流れるは熱き人の血……」。したがって、戦争そのものも、血が沸騰するゆえに存在するのだ。

血は形なき時代にあって、男たちを鍛えあげて芯のある人間を作り出す[22]。(ハインツ)

シャウヴェッカーでは、血は兵士たちの体を、まるで雪解けの時の滝川が集まるように駆けぬけていく[23]。

ユンガーでは、血は爆発するように泡だって噴きあげ、白く灼熱して熔ける原初の巌へとふたたび雪崩れ落ちる。[24]

戦闘は感情の上にかぶさっていた雪を溶かした。感情は流れる血となって花咲いた。……男の勇気ほど奇貨とすべきものはない。男が戦いのために武具を鳴らして野に赴く時、血は神々しく輝いて血脈を縫ってほとばしる。[25]

待ち焦がれた愛の夜を前にするよりもなお熱く、かつもの狂おしく、血が頭と体の中で渦巻くとき[26]……

その瞬間、男たちは有頂天になって我を忘れ、血管の中でたぎる血は灼熱する心臓を泡で包んだ。[27]

ユンガーは、戦場めざして進軍する男たちの流れる血が至上の概念であることをいささかも疑わない。緊張と実践とが作り出す、このエンジンのようなリズムを前にすれば、ズットナーからカントにいたる警告の声は子どもじみたつぶやきとして消え去らざるをえない。血は独自の、何をもっても動かしがたい規則を持つのであって、いかなる経験もそれを前には頭を垂れるしかない。[28]「何をもっても動かしがたい規則」の一つは、この流れが常に前線*5をめざし、決壊が行なわれる地点に向かうことだ。世界大戦において軍隊は大河となってそこに集結した。

ここを流れ過ぎていくのは、生への意志だ。戦いへの意志と権力への意志だ。それは生を犠牲にすることさえいとわない。戦闘をめざす、この暗く押しとどめがたい流れの前ではすべての価値は無と化し、すべての概念はうつろになる。そこでわれわれは根源的なもの、強大なものの発現を感じ取る。それはこれまでにも存在してきたし、今後人間が滅びようとも、戦いがなくなろうともなお

HARTE ZEITEN
COMICS
GESCHICHTEN FÜR HEISS-BLÜTIGE MÄNNLICHE MÄNNER! NICHTS FÜR WASCHLAPPEN!!
-ZACK!
ZING
Irons · 70
UNSERE GESCHICHTE BEGINNT IRGENDWO IM NIEMANDSLAND GESCHAFFEN VON HARTEN KRIEGERN! SLUGGER McCORD UND ACE JOHNSON, DRAUSSEN IN EINER WICHTIGEN MISSION, KRIECHEN DURCH DIE DUNKELHEIT UND WARTEN....
HÖRST DU WAS, SLUGGER?
NIX ALS FRÖSCHE UND GRILLEN!

4 「なあ，まるで故郷（くに）の夏の夜みたいだな．なんとも穏やかで静かじゃないか．向こうに目の吊りあがった敵が2万もいるなんて信じられないな」
5 「そうだ，それを考えるとぞっとする」
6 「さあて，仕事にかかろうぜ．かれこれ2時だぞ．5分で攻撃開始だ」「まあ一服吸わせろよ，まだ時間はあるだろ…」
7 「ダダダダダ…」

(右ページ)
1　過酷なる時代　熱き血を持つ真の男たちのための物語　意気地なしには不向き
2　スラッガー・マッコードとエース・ジョンソンは重要な使命を帯びてここに配備されて闇の中を匍匐し，待機していた．
3 「おい，スラッガー，何か聞こえるか」「カエルとコオロギの鳴き声ばかりだ」

永遠に存在し続けるだろう。[29]

右に引いたのは、ユンガーの『内的体験としての闘争』の結びの一節である。それは、みずからの肉体の法則を、あらゆる生あるものの背後にある法則だと認定する。戦闘に際する体内の流れの暴発[*6]は、そのまま「生への意志」とみなされるのである。血が流れなければならない……。[30]

> 激しくはじける喚声は敵のあげる雄たけびと交じりあった。それは無限の淵を前にした、心臓からふり絞られるような叫びだった。文化という日々の営みの中でとうに忘れられていた、認識と戦慄と血への渇望から生まれる叫びだった。
>
> そう、叫びは血への渇望からも生まれた。この渇望は戦慄と並んで、兵士たちを赤い波の瀑布によって呑みこむ、第二の感情だ。すべてを滅ぼす雷雲が怒りの野を覆うときに生まれる陶酔と血への渇き。こんな言葉は、必死に生きようとあがいたことのない者たちには奇妙に聞こえることだろう。敵を目にすることは、すさまじい恐怖をもたらすとともに、耐えがたい重圧からの解放をもたらしもするのだ。戦争の上には、嵐に際して黒いガレー船のマストに張られた赤い帆のように、血の情欲という帆が掲げられている。そこにこもる限りない振幅力は、エロスとだけ比べうるものだ。[31]

いや、この情欲はエロスと比べられるだけではない。ここでユンガーがきわめて精密に言語化しようとするものは、エロスそのものと化している。彼は自分と自分が置かれた状態について隠しだてをしない。こういう折にはユンガーの言語からは不正確なもの、現実否定的なものは消え去る。言語には非難されるべきものは何もない。その非合理性、狂気、主体の欠如などを並べたてて難癖をつけても無益だ。それを報告として（勝利の報告だろうか）受け止めるか、拒否するか、道は二つしかない。左翼はそれを拒否した。

おそらくここが、ドイツでファシズムがなぜ勝利したかを理解するための勘所だろう。ドイツ共産党が欲望をより良い現実を生み出す動機とはみなさなかったのに対し、ファシズムはよりラディカルな形で欲望に拘泥し続けた。ここでいう欲望とは、血が流されるべきだ、という欲望であり、もっとも歪曲された願望である。一方、ドイツ共産党においては、解放のもたらす快楽や、新たな結合を作りだすことへの快楽、数々の新たな流れを産みだすについての快楽はほとんど感じられない。それどころかコミュニストたちは、ファシストたちが「目覚めよドイツ！」と叫び続けている傍らで、欲望をさかしらな戦術や駆け引きの舞台に引きこんで干しあげてしまった。文学についてもそれは同じだった。ドイツに「眠って」いたものは聞くための耳を持っていたのだ。そこにあちこちから「目覚めよ」と蘇りを告げる声がする。それは内部で眠っていた死者の「帰還」を呼びかける鐘の音だ。

ファシズムは群衆の中で息絶えていた生の復活と蘇りをもっとも巧妙に組織した（「必死に生きようとあがいたことのない人々には奇妙に聞こえるだろうが」）。ここで行なわれたことは政治的事件としてもっとも重要なものの一つ、いや、多分いまなお最重要の事例だろう（いまなおこの国には死んだままの生が数多くあるのだから）。しかし、非ファシストがなすべきは、死んだ生を組織化するのではなく、そのくびきを解くことであり、加速し、強め、多様性に向けて解放することである。多様なものがもっとも優れている点は、ファシスト的な方法をもってしては組織化できないこと、また、それ以外のやり方を使っても人間による全体機械の部品に組みこまれず、秩序の網目に取りこまれないことである。多様なものは、党組織の権力に飢えたメンバーに適応することはもはやなく、いかなる権力者や組織に肝臓や小指として服従することもない。多様性が実現できるならば、それこそ、たえず再生を訴えて叫びをあげなくともすむ、生きられた生の約束といえるだろう。

人間の多様性は、それが特定の目的を追求する場合にはみずからを「組織する」ことがあるかもしれない。しかしそれは多様性が充分に発展を遂げてからの話である。

戦争の現場

個々のテキストに現われる爆発の強度には大きな差がある。ただ、戦争という出来事が、それを叙述する男そのものを中心に据えていることだけは共通している。爆発は彼から生まれるか、あるいはすべてが彼に関係づけられる。世界の没落の出所は彼だし、彼のために演出される。戦争の現場となるのは、まず何をおいても、他の肉体の中に押し入り、抱擁のうちにそれをみじんに砕くことを待ち受ける男自身の肉体である。

戦争の中心に勇んで踊り出るのは、抗いがたい魅力を持ち、新たなセンセーションを追い求め続ける誘惑者である。[*1] 人間が群れをなして死に、植民地の原料や世界市場における優位をめぐる帝国主義諸国が戦いを繰り広げるさなかで、彼はまったく私的にふるまう。たえず「国民」や「全体」を体現していると広言してやまない者が、ここではまったく孤立した、利己的な個人として私的な態度を貫き、快楽の流れをひたすら追い求めている。

彼の中には音を立て、火花を発し、爆発し、湯気を上げ、流れるものがある――それだけが重要なのだ。シャゲラク〔デンマークとスカンジナビア半島に挟まれた北海の海峡。一九一六年ここで英独の海軍が第一次大戦で最大の海戦を戦う。結局、勝敗の決着をみなかった〕の戦いで太鼓とラッパの合図が「全員戦闘準備につけ！」と告げると、ゼルショは「子どものように純真かつ素直に心躍らせる」[1]。その瞬間、「疲れ果てた

「ひでえや！　こんなはずじゃなかったのに」「それでは，もう一度振り出しに戻ることにします」

腕には信じられないほどの浄福が注ぎこまれる」。榴弾の火や機関銃によってシャウヴェッカーは熱いくちづけを受ける思いがし、ザロモンは股の間で何かが疼くのを感じる。果てしなく続く塹壕戦はユンガーの血を沸きたたせ、ついに彼は轟音を立てて流れ落ちる瀑布のようになる。これは脱出だ。ドロップ・アウトにしてターニング・オン〔麻薬による陶酔状態〕、というよりドロップ・インであり、爆発《バースト・アウト》なのだ（「おまえもあれをやったか？」）。

戦争は彼らの肉体の一機能である。しかし奇妙なことに、もっとも激しく快楽を感じているさなかにも、身体は内部で分裂したままだ。一面から見れば戦闘の瞬間、男はいわば裸であり、皮膚を持たない。身体の甲冑は消え失せたかに見える。すべては身体の内部へとじかに流入し、またそこからじかに流れ出る。統制は失われ、この場合にはそれが許されているかに見える。

ところが同時に彼の全身そのものが甲冑でもあ

る。うなる弾丸、鋼鉄の被いそのものだ。身につける鋼鉄の鎧は、失われた皮膚を代替するかに見える。そこでは集中が図られ、目標に向けてきりきりと弓が引き絞られている。つまりは完全に統制された状態である。この「全体」の中には相反する二つの要素が依然として同居している。それは荒れ狂い、暴発しようとするが、にもかかわらず拘束されたままである。ファシストのテキストにおいてこの対立は身体と意識の対立という形を取る。身体と違って、意識は突撃の行動がもたらす興奮の中で消滅することはない。

　ユンガーは、自分がより強い者になったと感じ、自分の勇気をはっきりと自覚している。[2] 攻撃のさなかに、ユンガーは全身が脳になり、景色や出来事は後になってもぼんやりと夢のようにしか思い出されない。[3] シャウヴェッカーでは、「兵士たちの脳髄は隅々まで澄明で、氷のように冷たいまま熱を帯びて燃えている[4]」。

　さらに「彼にはすべてのものが別様に、しかしきわめて明瞭に目に入った。景色は手の届くほど間近をよろめきながら通りすぎてゆく。目は何も見ていなかった[5]」。また、「放心したまま研ぎ澄まされた聴覚で、息絶えてゆく指揮官のかすかな声が冷たい棘のように刺さるのを耳にしながら」シャウヴェッカーは自分が活動している姿を見る。[6] そしてハインツでは、「ふたたび気を失う前に、冴えわたった意識にこの未曾有の荘厳な風景の魔術がもう一度広がった」とされる（ここで言う荘厳な風景とは、塹壕の合間にのぞく荒涼たる風景である）[7]。

　一連の行動はそれ自体が「ふたたび気を失う」瞬間、すなわちブラック・アウト

1　この物語はとある中隊が夜のパトロールを終えて疲労困憊の末，前線のキャンプに帰還した時から始まる．ジョー・スペンス一等兵はぼんやりと考えこんでいた．

2　ジョーは疲れきっていた．戦いにも，殺戮にも，ただ生き残るためだけに続けられる戦争そのものに疲れきっていた．

3　ドカーン

4　「くそったれめ，こんなのは台本になかったぞ」

〈という次第で…，もう一度最初から始めることにします〉

UNSERE GESCHICHTE BEGINNT, ALS EINE KOMPANIE, MÜDE UND ERSCHÖPFT VON EINER NACHTPATROUILLE, ZU IHREM AUSGANGSLAGER ZURÜCKKEHRT. GEFREITER JOE SPENCE IST IN GEDANKEN VERLOREN!
JOE WAR MÜDE... MÜDE DES KÄMPFENS, MÜDE DES TÖTENS, MÜDE DES KRIEGES IM KAMPF UM'S NACKTE ÜBERLEBEN!
VERDAMMT! DAS STEHT DOCH GARNICHT IM DREHBUCH!
ICH GLAUBE WIR... EH.... FANGEN BESSER NOCHMAL VON VORNE AN!

をめざしているわけだが、その直前の明晰な知覚は第一に自分の意識そのものを対象にする。外部にあるなんらかの特定のものが知覚の対象になるわけではない（風景は記憶の表面にぼんやりと浮かびあがり、「手の届くほど間近をよろめきながら通りすぎてゆく」ばかりである。ハインツの場合も、知覚されるのは風景そのものではなく、その「魔術」である）。むしろこれらの描写がおしなべて告げるのは、自分の氷のように冷たい意識が、自分自身の冷徹な意識を知覚していた、ということだ——ぼくは何もかも知っている、自分の行動の逐一は見落とされることはない、ぼくは「自分の勇気をはっきりと自覚しながら」突進した、つまり、自分の感情は意識されていた。ぼくは自分がこの瞬間に感情を持ったことを忘れはしない、他では感情など持つことなど絶えてなかったのに——

戦闘という状況下でも、彼らは体験することはない。ただ記録するだけだ。突破口は強烈な快感の経験をもたらすわけではなく、徹底した自己観察に通じている。それに何をおいても必要なのは「氷のように冷たい」脳髄だ。それあってこそ、自己の肉体に起こったことは何一つ見落とされない。そしてこの肉体において何ごとかが起こることを許されるのは、兵士が殺すか自分自身が死ぬ場合だけだ。氷のように冷たい思念は、殺戮もしくはみずからの死を待ち望みながら自己の肉体を知覚するのである（われ殺す、ゆえにわれあり。われ死す、ゆえにわれありき）。

自己の肉体に生起する出来事に向けてこのように知覚が集中することは、ほかではオルガスムスの場合しかない。しかしオルガスムスに際して肉体は孤立していないし、快感も細心をもって注視されるべき状態であるわけではない。むしろ逆に、身体的快楽は、得られる快感が強ければそれだけいっそう、記録という知覚のプロセスから心的エネルギーを撤収する。オルガスムスにおいて身体的経験と意識とは対立しない。オルガスムスが妨げられることでもなければ、脳がオルガスムスを逐一観察することは

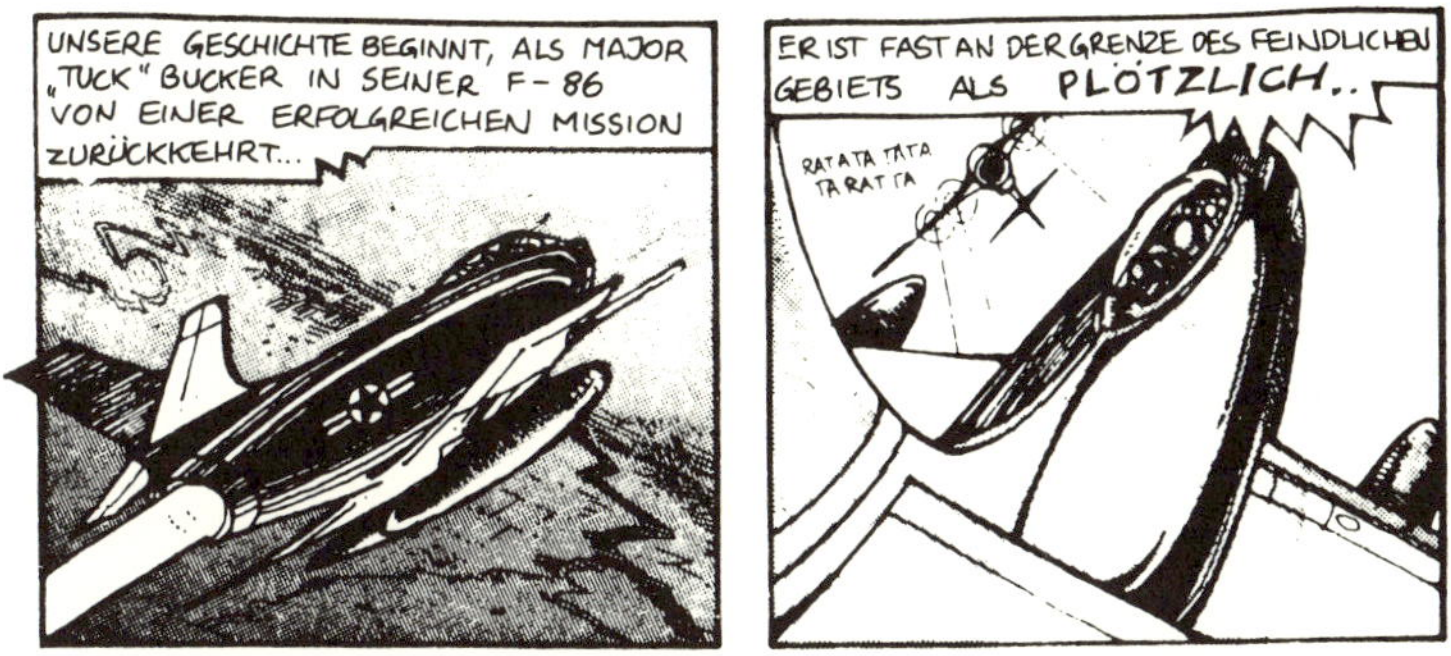

1　この物語はタック・バッカー少佐がF-86戦闘機で無事任務を終えて帰還する場面から始まる
2　もうすぐ敵地との境界を抜けようとするその時，突然…　タタタタタタ

パッカー少佐は一瞬左に旋回し上昇して…
くそったれめ，ひとつだってまともに語り終えることができやしない．また初めからやりなおしだ…

ない。
ところが兵士的男性において、感覚の知覚は感覚そのものとまったく乖離している。彼らがもっとも強烈な感情を経験するのは、完全に孤立した場合である。快楽の実際の目標は彼ら自身である。ここで脳髄は筋肉組織の爆発に先だってその動きを記録する。肉体に寄生する頭脳は、肉体が炸裂する直前にこの過程を記録することで「快感」を得るのである（「頭脳化」という概念がこの過程をよくいいあらわしている）[8]。

したがって爆発／放電は実際の緊張弛緩をもたらすことはない。リビドーのエネルギーは身体内部の経路をとり（これはしごきに際しての失神によって道をつけられたものだ）、観察と体験の乖離が解消されるのはブラック・アウトしかない。

この身体の構造が緊張の搬出を拒み、緊張がいかなる形でも解消されないために、兵士の欲動は具体的な形をもって放出される。すなわち、血として。

血が流れ、生命が絶えるとき、救済が訪れる[9]（しばし待て、しばし／そうすればおまえには幸福だって訪れる／小さな手斧を携えて）。

目と目が会い、麻痺したような沈黙の数刻が過ぎていった。そこに高く叫び声が上がった。急激で、粗暴で、血で赤く染まった叫び。それは聞く者の脳裏に焼きつけられる、灼熱する刻印となった。この叫びが、感情という暗く、予想もつかない世界にかけられたヴェールを引き裂いたために、叫びを耳にした者は、殺す側になるか殺される側になるかはともかく、ひたすら前方へ進まずにはいられなかった。この期におよんで降伏や命乞いや仲間からの呼びかけなど知ったことか。ありうる了解はただひとつ、血による了解だけだ。（……）

物語は北ベトナム軍の正規兵クァン・ホイが泥と闇の中を音もなく匍匐して行く場面から始まる．
味方の陣地からますます離れ，敵陣深くに侵入する．彼の任務は破壊工作だ！

この怒りの乱舞は束の間の荒れ狂う炎だった。それが燃えつきたとき、塹壕はあたかも断末魔で息絶えた者の遺した深くくぼんだ褥のようだった。白い包帯を巻いた青白い人影が、昇る太陽の奇蹟をじっと見つめている。この世があるということと、体験したことの現実性を理解できないままに。[10]

目と目が会う。これまで長いこと誘いをかけてきた誘惑者がいま目の前に立っている。敵は一刻だけ自分の前に姿をあらわす自分自身の鏡像のように、そこにいる——太古のあゆる炎をその歪んだ顔に兆して、とユンガーは書いている。[11]「前方」にあるのは「この世があるということの現実性」が失われたみずからの過去である。兵士は戦いによる打開を通じて世界の現実性をもう一度取り戻そうとする。しかし、そこにはヴェールと、熱と、怒りと痙攣しかない。快楽の経験という現実への突破は成功しない。肉体が弛緩し、自我が平穏を取り戻すような生の体験はここにはない。何がどう起こったのかもわからないブラック・アウトの状態もまた、禁止された快楽を求めようとしたことへの懲罰のようなものだ。しかし、それ以上の懲罰は、これらの肉体が快楽を経験する

クァンが音もなく接近すると…
いったいこのコミックはどうなっちまったんだ．すっかりたががはずれてやがる

可能性をそもそも持たないことである。

　徐々に彼らはトランス状態、虚脱と陶酔から「目覚め」はじめる。そして彼らは「昇る太陽の奇蹟」の中で、自分たちがここにはいなかったこと、何も感じないこと、自分たちの甲冑がもろくなり、すぐにも壊れてしまうこと、「白い包帯を巻いた青白い人影」でしかないことを確認する。そうだ、まだ相当量の血が要る。自分の血であってもかまわないから……。

＊＊＊

　フェレンツィの考察によってブラック・アウトとオルガスムスの関係をより正確にとらえることができるかもしれない。フェレンツィは、勃起と射精に際する経過と、下等生物が自立を獲得する能力、すなわち不快を引き起こす組織の一部を切り離し、再生する能力を比較している。[12]フェレンツィは、そこに抑圧という心的過程のモデルがあるのではないかと推測する。彼によれば、「おそらくは勃起もまた、さまざまな不快な要素を負荷された性器が、肉体の他の部分から切り離されそうになりながら、中途半端に終

物語は始まる…
グエ！　またまたくそくらえだ．なんてこった．もう一度はなから始めるとするか

わった試み」である。さらにフェレンツィはこう続ける。[13] 性器をどうしても掻きたくなるのは、全身から集合した不快な感覚が性器表面の掻痒感として蓄積されているからだと思われる。この掻痒感は、掻くという行為によって除去される。しかし、一方では掻くという反応そのものが自立の試み、すなわち痒みを生じる部位を爪でただちに掻きとろうする試みの古い残滓にすぎない、とも考えられる。実際、掻痒感はたいてい、痒い部分を血が出るまで掻きむしって、皮膚組織を除去することではじめて止む。推察するところ、勃起と摩擦と射精とは、最初は全器官を捨て去りたいと思うほど激しい形で始まりながら、徐々に緩やかなものとなり、やがて掻くこと（摩擦）にのみ限定され、最終的にはわずかばかりの体液を分泌することで満足を得るに至った自立の経過といえるだろう。[14]

この仮説を敷衍すれば、身体から流れ出す何ものももたず、その代償となるような液体を放出する方途も見いだせない兵士は、痒みがなくなるまでおのれの身体を掻きむしらなければならない、ということになろう。兵士の身体全体（彼の自我）は、放出の可能性もないまま、完全に性器そのものに成り代わるように見える。[15]

兵士の肉体にとって戦闘とは、どうあがいても出口がないかをおそらくは知るための、また、自分の身に何が起きているのかを知るための唯一のチャンスであるはずだ。秘密はもうこりごりだ。「あらゆる秘密は爆発性のもので、それ自身の内部の熱によって膨脹する」とカネッテイは書く。秘密の露見は、火山が突然熱流を噴き上げるように、突如として、不可抗力に起こるものであり、その後に何が起こるかは大した問題にはならないものである。[16]

敵に向かって、したがってまた自己の認知に向かって「不可抗力」に、かつ爆発するように突進できること（敵とはみずからの鏡像にほかならない）、これこそユンガーが戦闘の瞬間を空想する際の核心にある動機だ。しかし、昇る太陽の光のもと朝霧の中で蒼ざめた兵士の顔に浮かぶのは、この冒険もまた秘密を暴くことはできなかったという無残な思いだ。

男の肉体はこうして引き続き閉ざされたまま、恐ろしい秘密であり続ける。

兵士の身体、機械、ファシズムの美学

われわれの世代においてはじめて機械との宥和が始まり、機械のうちに有用なものだけではなく美しいものをも見るようになった。[1]

美と有用性という対置はあてにならない。というのも、ユンガー自身は機械を生産という一般的な目的以外の用途で使おうとしているからである。機械が「美しい」のは、それがユンガーの肉体の抱える問題の解決に用立てられる可能性を持つからである。

われらが物語は…　なんたるザマだ！

> われわれは自分のうちに隠れているものを機械に転嫁しなければならない。それには距離と怜悧な頭脳が必要だ。閃光を発する血の落雷を変容させて、自覚的で理詰めの成果を産むのはこの頭脳だ。[2]

機械は、兵士の肉体が行ないえないことを引きうけ、肉体の代理となってそれを行なうものだとされる。動作はスムーズで、迅速で力強く、華麗で、圧倒的で、かつ完璧でなければならない。しかもそれは内部からの爆発にもびくともしない。

ユンガーが提示している機械のプログラム一式を見ると、彼が機械に他のやり方では達成する見こみがない大量の快楽の提供を期待していることがわかる。

> 機械は美しい。生の充溢とあふれ出る力を愛する者にとって機械が美しくなかろうはずがない。ニーチェが礼賛したルネサンスの風景の中には、機械のための場所はない。しかしニーチェがダーウィニズムに反対して、生とは生存をめぐる惨めな闘争だけではなく、より深く、より高尚な目的に向けた意志であるとしたとき、同じことは機械についてもいえる。

機械は生産という、われわれの倹《つま》しい生活の用を満たす手段であるばかりではなく、より深く、より高次の満足を与えるものだ。それが与えられれば、多くの疑問は氷解する。芸術的な人間はある日突然、機械の中に鉄の部品の合目的的な寄せ集めではなく、ひとつの全体を発見するだろう。策略家は、機械によって生産を使命とする戦争の呪縛からのがれることができるだろう。彼らは技術者や社会改良家同様に、先の問いの解決にかかわる者たちだ。[3]

ユンガーは人間の欲望生産に代わるものとして、無造作に機械を持ち出す。彼によれば機械は「全体」であるというのだが、もしそれがユンガーの肉体の要求するものでなければ、この意味づけはまったく無意味なものに終わる。機械は満足を作り出すとされる。ドゥルーズ／ガタリが描く欲望機械は、ここでユンガーが機械に対して抱く願望とは正反対のものだ。ユンガーもたしかに欲望の生産について語っている。ただしそれは限定した意味での生産である。欲望機械と全体機械という対照は、第II巻第一章〔「群衆と人種」の節〕で述べた群衆組織における分子的構造とモル的構造の対照に相応する。

無意識という欲望機械は、それ自体が器官機械、源泉機械、エネルギー機械からなる分子的な群れとしての存在であり、さまざまな部分対象や、あれこれのものの残りくずや構成要素とカップリングした純然たる多様体である。それは総括することができず、あらゆる結合を受け入れ、あらゆる快楽を生産することが可能な多様性である。それに対して技術のみからなる機械はモル的な構造体であり、個々の部品はあらかじめ決められた位置に置かれている。これらの部品は階層的な秩序をもって組みたてられた統一体としての機械の中で割りふられた機能を果たす。こうした構造ゆえに「全体機械」と呼ばれる機械において、欲望は兵士の自己の身体組成に係る形で典型的に現われる。そこでは欲動は一様な運動機能にむけて変形と統禦を受け、感情を欠き、強力無比で、快楽の強度は「爆発」の「速度」をもって計られる。

人間からなる多様体機械はたえず新たな結合を作り出すことで機能する。ここでの結合は開放的であり、あちこちに自由な回路や予想もつかぬ空間、強力な電流が潜んでいる。それは結合と切断を繰り返す。一つ一つの部分は他の部分から機能的に独立している。機能する場所を選ばないのだ。

それに対し、人間からなる全体機械は、各部分がヒエラルキーのもとに構築され、機能を担わされる。接合は規格化されている。電流は各部品の爆発によるオーバーヒートで流れ出す。この機械を駆動させるのは、点火、爆発、ブラック・アウト、――充電――点火、爆発、ブラック・アウトという連鎖である。

多様体機械は「分裂症的《スキゾ》」で散開的である。

全体機械はパラノイア的で、強迫的、円環的、包囲的である。戦争機械の中ですべての全体機械はその稼働能力の限界まで駆りたてられ、それぞれの機械にはとてつもない速度と数限りない爆発が日々約束されている。それは全体機械を構成する各部分に、法外な快楽を約束する。ところが、平和時にこの機械は、集中的な支配による不充分な量の快楽を与えるにすぎない。全体機械が外部へと爆発的に拡大し、なおかつまとまりを保つことができる大規模な機会は、戦争をおいてほかかない。

とはいえ、「非戦時」であっても、機械は戦闘以外の目的にはなんの役にも立たないことをユンガーが語っている。「民生用」機械への陶酔を彼はこう語る。

ぼくたちはしばしば、急行汽車が原野を稲妻のように雷鳴をあげて驀進し、スポーツカーが急勾配のカーブを曲がってコースに突きすすみ、ぼくらの町の上に怪鳥を思わせる飛行機が轟音をあげて旋回し、ピストンや弾み車が林立するガラス天井の工場ホールで圧力計の水銀柱が上下し、壁の白い大理石プレートにはめこまれた動力計の赤い針が震えているのを目にするとき、ここにはある余剰が、贅沢が、多大なエネルギーが、意志そして生そのものが丸ごと力へと変容を遂げているのを感じた[4]。

もちろんここで「生」というのは、ユンガー自身の生のことである。

このヴィジョンは機械と人間に備わったそれぞれ固有の能力を転倒することで、両者を共に凌辱する。つまり、生産手段である機械は、本来ならばその有意義な使用によって人間の状況を改善し、肉体を取り戻させる、とはすなわち生き残りをかけた闘争の中で身につけた筋肉の鎧を取り去ることを可能にするものなのに、ここでは肉体的快楽の表現手段へと貶められる。一方、快楽の生産者である人間の側は、快楽の生産を禁止し迫害する筋肉でできた機械へと変貌させられる。人間の無意識に自然に備わった機械としての特質は、人間の体表面の人工的な機械化のために消し去られ、その一方で機械にもともと備わっていた生産という機能は、無理じいの人間化の名目で捨象される。人間からなる欲望機械の多様性は、兵士たちからなる、快楽を迫害する機械の統一に姿を変え、逆に客体を生産する機械の統一性と単純性は、擬似人間的な表現の美的な多様性を獲得することになる。その結果、人間は不完全な機械に、機械は不完全な人間になり、両者はともに、何かを生産するどころではなく、それぞれがこうむった恐怖を表現し、伝播させるしかなくなる。倒錯的に歪められて、両者はともに破壊者へと落ちぶれる。真の人間も、真の機械もこの倒錯の犠牲にされるのである。表現機械としての飛行機は生産機械の上に爆弾を落とし、機械化された身体が生身の身体を破壊する。ここでこれ見よがしに誇示されるのは、兵士的男性の非人間化されたリビドー、すなわち非機械化されたリビドーと、彼らの非人間化された肉、すなわち機械化された肉である。

ここから、ベンヤミンの『複製技術時代における芸術作品』の有名な一節を再考し、いくつかの修正を加える可能性が生まれるだろう。ベンヤミンは次のように書く。

> 政治の審美主義をめざすあらゆる努力は一点において頂点に達する。それは戦争である。戦争だけがこれまでの所有関係を維持しながら最大規模の大衆運動に目標を与えることができる。政治の面からは現状をそうまとめられる。一方、技術から見ると、戦争だけが所有関係を維持しながら現代の技術的手段のもろもろを動員することができる、ということになる。[5]

ここで戦争について言われていることは疑いようもなく正しい。ベンヤミンが「政治の審美主義」と呼ぶ過程がファシズムの本質をなす政治的行為だとされていることも正しい。しかし、「政治の審美主義」という概念は必ずしも適切とはいえない。ベンヤミンは「芸術の政治化」という言葉を意識してこの用語を使っているのだが、「政治の審美主義」という概念は、ファシズムの現実の営為を定義する試みから生まれたというよりは、元になる言葉を転倒しているにすぎないとぼくには思える。

まず批判しなければならないのは、ファシズムの志向が「所有関係」の維持と並行している、という指摘である。ファシストはベンヤミンが言うように、「所有関係」を維持したうえで「現代の技術的手段のもろもろ」を動員することを望んだのではない。特にファシズムの文筆家はそうではなかった。「ユダヤ人」から財産と生命を奪い、世界の顔貌にファシズムの「烙印を押し」、強大な機構の中で去勢の不安からのがれていられるというファシズムの目論見は、資本家が自分の所有物を守ろうとする思惑とは別のものだ。両者の利害は一部は一致する、しかし同一のものではない。

「われわれが何であり、何になりうるかを経験するために、あらゆる機械を戦争に動員せよ」というのがファシズムの合言葉であった（所有関係を維持するためなどでは断じてない）。機械の中で、もしくはその上で「男を維持する」こと、「男となる」こと、[6]これが兵士的男性の肉体的条件から発した願望である。兵士たちの語る言葉は政治経済分野のいかなる概念にも関連づけられてはならないのだ。そのことを考慮すれば、ベンヤミンの文章はこう書き直すことができるだろう。

戦争だけが最大規模の大衆運動に、そのモル的で反革命的な性格を維持しながら、目標を与えることができる。政治の面から現状はそうまとめられる。一方、技術から見ると、戦争だけが技術の人間的な利用から大衆を完全に排除しながら、現代の技術的手段のもろもろを動員することができる、ということになる。さらに、所有関係について言えば、戦争だけが所有物を最大規模で流通させ、かつ従来の所有関係を維持しながら、その所有権を剝奪することを可能にする。もう一つ、欲望経済の関連からすれば、戦争だけが、伝統的な人間類型を維持しながら、人間の心的エネルギーを根こそぎ動員することを可能にする。

しかし、こう書き換えてもまだ不充分なものが残る。あるものを「維持しながら」という前提が不充分なのだ。この規定は所有関係にのみ当てはまるもので、しかも生産手段の私的所有の原則にのみかかわるものだ。ほかの場合、それぞれの条件は「維持」されるのではなく、なにがしかの変化をこうむる。つまり、人間の集団を生きた生の生産のために利用する可能性が、ファシズムの行なう破壊なり陳列なりに際して、そのつど変化させられるのである。

生産し、それを利用する活動に替わって毎回現われるのが、破壊し、かつそれを展示する活動である。こう規定してはじめて「政治の審美主義」が進行する過程はより具体的かつ包括的に記述できよう。

今日から振り返れば、ファシズム特有の活動が「維持」ではなく、いかに数々の長期にわたる変化を生んだかがわかる。モル的な集団が公けに行なった破壊活動の余波は、変じて群衆形成そのものへの恐れを生み出した（ここからも、自我と群衆との対立があらためて激化していることが結論づけられる）。一方、技術への快楽は、戦争を通じて技術の潜在的破壊性が示されることで、技術そのものへの不安へと変わった（ここから、人間と機械との対立はさらに固定化された）。横暴で盗人じみた収奪が行なわれた結果、財産を共同で所有することへの喜びは、私有財産をひたすら守りたてようという新たな欲求へと変貌してしまった（財産は生き残りを保証するものとして返り咲いたからだ）。そして、解放の喜びは、破壊による偽りの解放を見せつけられることで、むしろ人間に備わった数々の非人間的な能力への恐怖に姿を変えた（これによって秩序とアナーキーとの対立が更新される。秩序のための戦いは、みずからの無意識を相手どった戦いを意味することになる）。

こうして、ファシズムがもたらした否定的変化の数々は人間を巻きこみ、容易に解消できない心理を植えつけた。変化への不安とあきらめである。

支配はまたしても必要なものと認められた。「解放」は遠ざけられなければならないのだ。なぜなら解放とは、死に向かうものと信じこまれているのだから。

美学のカテゴリーによれば、現実を生産するにあたってのファシスト的やり口全体は、原材料への暴行として説明できる。ブロックに適合するために人間は暴力を加えられなければならない。生の営みを軽減するための道具であるはずの機械は、破壊機械になり果てる。襲撃を受けた土地の人々は、ユダヤ人のみならず、平凡な人々、ごく普通の人々までその財産を奪われた。彼らは生産手段の持ち主であったわけではない。「解放」されたのは倒錯した欲望だけであり、それが人間めがけて襲いかかったのだ。

原材料への暴行の餌食になったのは、とりわけ、新たな素材の「正しい」利用、とはすなわち生産的な利用の可能性を持たない階層の人々であったように思われる。暴行を加えられる原材料の筆頭にあがったのはこの人々の身体である。それは社会的拘束の結果、歴史的に提供される快楽の強度も量も体験できず、それを生産することもできない。身体の甲冑はいよいよ全体的に機械化されるに従って、多様な現実よりも存在の表現を生み出すようになる。それとともにこの甲冑は、機械の生産的側面と結びつくのではなく、その破壊的、顕示的、陳列的な側面とますます強く結びつく。この甲冑は戦闘機のような破壊と顕示のための機械と空想のうちで結合することはあっても、見てくれが地味で、有用なばかりの輸送機と結びついたり、ましてや飛行機そのものを製造する機械と結びつくことはない。

先進的な技術に接する可能性をふさがれた人々が、自分自身の肉体を技術化することで、自分たちより強い階層なり、階級なり、国家なりの生産技術や戦争技術に答えるのは、ヨーロッパ史でしばしば目

甲冑と武器

にする事実といっていい。
たとえば、力を失いつつある騎士階級は、商業資本と結びついた封建主義の中枢権力が大砲や武器によって、人の住む世界を征服しはじめたとき、どうしただろうか。彼らはますます過激な肉体訓練を行ない、身にまとう甲冑をさらに強化した。つまり、体全体を機械化することでこの変化に対応したのである。リッペの指摘によれば、騎士たちの教練はそれが歴史的に見て時代遅れとみなされかねない時期に導入された。大砲の発明がそのきっかけである。[7]
大砲の砲身を覆う分厚い鉄は、それが騎士の体を覆う鎧になるとき、この進歩に対するパロディーを思わせる。自分を「美的に」演出するためにはずいぶんな重荷をになわなければならなかった。だが、ともかく彼は立派な戦士だったには違いない。

アルベルト・シュペーアのデザインによる最初の帝国モニュメント

この場合に「誤った素材」を使った生産に至った騎士たちの「誤解」は、新しいもの（大砲や武器や、鎧を着けない部隊の迅速な機動力）に答えるのに、旧式な鎧の強化をもって応じ、古いものの維持のために新しいものを利用できると考えたことにある。この誤解から、不死身を思わせる怪物が生まれる。この鎧を身につける者は、自分が不死身と見られることだけに全力を使い果たす。

進歩した生産技術をさまざまに用いることによる身体の技術化が、各時代に特定の階級の成員が身にまとう身体の甲冑をいかに強化し、いかなる変化を決定づけたかもおそらく証明できるだろう。（たとえば錬金術師たちは、支配者たちが彼らの富を、金や他の地下資源という形で大地の身体から収奪し始めると、「金」を内部に捜し求め、金とは自分の情動が高貴に変化したものだとした。それは彼らがたいていの場合、船も鉱山も所有していなかったためだろう。その代わりに彼らは心の状態を語る豊かな語彙という原材料を掘りだした。彼ら錬金術師の甲冑はおそらく文字という形態をとっていた。彼らはグーテンベルクの銀河系のかつての住人である。）

理念が化肉して肉体となるのではない、理念は肉体から生まれるのだ、とフリーダ・グラーフェが書いている。ファシスト的芸術家と原材料との関係は彼の肉体の状態から帰結する。ファシストの「近代性」は誤った対象に向けられているにすぎないのだが、彼は筋肉組織の機械化というモデルにしたがって、あらゆる素材を扱う。彼は誤った素材をさんざんいじくりまわし、あげくそれを破壊してしまう。

彼は唇に一度たりとも上ったことがない単語一つからいくつもの小説をひねり出す。

彼は、できることならただの一度も「私」という言葉を使わずに、ひたすら書き続ける。

知識がたりないときには、教えを垂れる者に変貌する。彼は物語をプロパガンダのように書き連ねていく。

パール・ハーバー（日本の戦時ポスター，1941年）

たった十二行の詩で彼は世界の問題を解決する。聴くときにも彼は耳傾けることはない。あくまで口に拘泥する。見るときにも彼は見ていない。見破るだけだ。

ペニスがそそり立たなければならないことを、彼は建築をもって、方形の石をもって表現する。鋲を打った長靴の足音は音楽の中にも聞こえなければならない。風景画を描くとき彼の絵筆が範とするのは、畑に規則正しい幅で畝を立てる農夫のやり方である。

対談は書物ではされてもラジオで行なわれることはなかった（直接の報道メディアであるテレビがあったとしても、ライブで放送されることはない）。

叫びをあげようとすればそれが歌になった。健やかな子どもたちは長調のコードで育つと処方した。本来なら医者がやるべきことを音楽家にやらせた。ミルクが足りなければ血で間にあわせた。自由が求められれば警察で間にあわせた。

しかもそれがみんな善意からなされた。

怒るのも善意からだ。自分の傷が痛む時には、すべてを正そうとする。他の人間すべてを矯正しようとする。

ひきもきらず仕事を続けることがファシストの最大の欠点だ。とはいえ、休憩をしようにもどこにそれがあるだろう。安らぎはない。身を横たえることはできない。前進し続けるためにその場で足踏みしなければならない。

破壊が彼の保存の方法だ。彼は革命的保守主義者だ。だれかを訪問するにも軍隊が一緒だ。それが世間と知りあうためのヒトラーの方法で、彼はドイツ人をみんな駆りたてながら、自分は家にとどまった。

「北海」（ミヒャエル・マティアス・キーファー，1933年）

送り出した彼らの報告や映画を見ては怒りをぶちまけた。どいつもこいつも間違っていると言い張った。
　充足があるはずもない。ファシストがかくあれと望むのに、相手にするものすべてが言うことを聴かなかったのだから。
　すべてを破壊しつくしてようやく、自分に抗うものは何もないとほぼ実感できる。その場を一歩も動かないまま世界の本質を見抜くための方法はひとつしかない。どれもこれもが一様に見えるように手を加えることだ。それは死をもたらすことにほかならない。
　そうすれば安堵のため息がつける。自分に食いいろうなどと思うものはもう何ひとつ視界にない。ハイル！　……ラジオのスイッチを入れると、聞こえてくるのはワグナーの神々の黄昏、愛の死のモチーフだ。目は閉ざされている。

三　兵士的男性の自我

断片化する甲冑

　機械化された身体を描く際にユンガーは描写と空想の間を揺れ動く。もっとも過激な形態、すなわち「鋼鉄の形姿」は、なんらかの現存する兵士のタイプを描くことから生まれたものではもはやない。それは身体のユートピアであり、しかもユンガーが空想しただけではなく、より普遍的な形姿である。兵士たるものはかくあることを望み、またそうあらねばならなかった。ただしこの理想はごく一部しか、もしくはほとんど実現しようのないものだった。

　このことは白色テロルにともなう数々の現象について重大な意味を持つ。ユンガーの空想どおりに兵士が実際に機能したとすれば、この兵士は、速度／爆発／流血／ブラック・アウトという一連の過程において、それに費やされるエネルギーがそのたびに増大するという対価を払ったとしても、少なくともある程度の満足を得ることは可能である。ところが、男たちの現実の身体甲冑はそれよりはるかにもろかった。生身の人間だから当然だ。「磨きあげられた芸術作品」にまで身体が鍛え抜かれた例はまれにしかない。たいていは教練の作りあげた断片にすぎない。したがって兵士たちの甲冑には所々隙間やでこぼこがある。彼らの自我もまた甲冑に見あって断片的にならざるをえないし、ある特定の状況で情動が押し寄せる際には、すみやかに断片化することで対応せざるをえなかったはずだ。ある程度堅固な全体性を維持するためには、兵士たちの身体は隊列という全体的甲冑を少なくとも必要とした。

内面的な価値が一点の曇りもなく高められた男以外は、愚直なまでに従順であることを学ばなければならない。そうあってこそ、もっとも過酷な試練に際しても彼の挙動と性癖は指導者の精神的支配のもとに統制されうる。」

ほかならぬユンガーがこう言っているのは興味ぶかい。ユンガーにとって男の価値はかかって「性癖」を「統制」する能力にあり、したがって彼は一般の兵士たちにその能力があるかどうか、彼らの身体甲冑がもつかどうか疑いを抱いているのである。ユンガーの言う「鋼鉄の形姿」というイメージの真骨頂は、感情の徹底したコントロールを行なう能力にある。極端な場合にはすべての感情の消去が要求され、ブラック・アウトを待ってはじめて片時の断片化が許される。だとすれば一般兵士の断片化した甲冑は、それよりはるか以前に、外部から来るさほど大きくない危険や、さほど強くない情動の押し寄せに際して易々と崩壊せざるをえない。だからこそ外的な甲冑である部隊という全体的自我は、情動の強度が高まれば高まるほど、重要な意味を帯びる。命令がやみ、皮膚の代わりになっていた隊列が崩れたとき、それまで機械の中で外的な圧力だけによって位置を保持していた各部品に何が起こるのかは、すでに述べたことでもあり、あらためて想像する必要はあるまい。各兵士は、破裂した機械の部品のようにあたり一面に飛び散り、闇雲にものに当たってばらばらになる。これは内戦の状態だ。「前線」は崩壊し、白色部隊は制禦の利かない、自我も超自我も欠いた個別の小グループに散逸し、甲冑は回転する断片へと解体する。カオスとなった「エス」は激流となってその場からの逃げ道を探す。

部隊の隊列からも自分自身からも解き放たれた兵士たちは、手近で遭遇するものがあれば、敵であれ敵以外のものであれ、手当たり次第に殴り殺し、撃ち殺す。そうすることで彼らは、あたかもものがれ去るエスをもう一度捕えて、あらためて全体性の傘のもとに抑えこもうとするかに見える。

われわれ外から来た部隊にとって幸運だったのは、スパルタクス団を血眼になって追い求める中で起こった、二十人にのぼる仕立て屋の徒弟がその宿主もろとも撲殺される、という事故がバイエルン兵士によって行なわれたことで、もしそうでなければわれわれ「プライセン」〔プロイセン人への蔑称〕に対する嘖々たる批難の大合唱が沸き起こっただろう。[2]
惨事の現場はミュンヘンだった。ここで自分の「幸運」を語るのはルドルフ・マンで、まさしく「プライセン」のエアハルト師団の配下であった。
ふたたび一九一九年のミュンヘン、
怒りに駆られた一団は、完全にシロとは見えない一般人一名を捕縛し、両手を挙げさせて盾にして部隊の前に立たせた。男は数歩前に歩いたところでスパルタクス団の銃弾に当たり、どうやら死んでしまったらしい。[3]
「どうやら」死んでしまったらしい、とテキストは告げ、その後この男に言及されることはない。弾の盾にされたのは一介の市民にすぎない（それも「完全にシロとは見えない」）、スパルタクス団の餌食だ。なにしろこちらの一団は「怒りに駆られて」いたのだから。
「私たちはあなたがたが来たことをみな喜んでいました、ところがあなたがたがしでかしたことを目にしてしまいました」[4]。食料品販売店主マイスの妻の訴えが描いているのはつぎのような状況である。
——彼女の夫は、非武装のまま、大半が南ドイツ出身の十七人の運河労働者とともに一九二〇年四月一日にハム〔ドイツ西部の工業都市〕近郊ボッセンドルフでファウペル旅団の兵士の手にかかって殺された。兵士たちは、鎮圧された労働者たちに武装解除のための猶予期間を認めたビーレフェルト協定が発効する一日前にその地域に到着した。これは明らかに非合法な進駐であったが、数日というもの、赤軍の

「残虐行為」を伝える報道以外には耳にせず、「捕虜にせずその場で殺せ」という公然もしくは非公然の命令を受けた兵士たちは、隊列をやや崩して町に入ってきた。この隊列は攻撃に移ればいつ崩れてもおかしくなかった。[5] 状況は特別に強い情動をはらんでいる。彼らが遭遇する敵／対象はもはや抵抗しないだろう。間もない勝利と、二週間にわたる戦闘で味わった屈辱に対して復讐ができることを確信して、兵士たちは身体を規制するあらゆる甲冑から解放される。さらに彼らはおそらく、味方と敵との弁別をまだかろうじて行なおうとする、身につけた身体＝自我までも脱ぎ捨てる。いや、脱ぎ捨てるのではない。この身体＝自我は、生きた生命を目にするや、自動的に崩壊するものなのだ。兵士たちは生きた生命を目にしてももはや逃げ出す必要はない。というのも彼らは動くものすべてに静止と秩序をふたたびもたらすことで、すでに我を忘れ、無我夢中だからだ。それまで「皮膚なしに」血の風呂〔大虐殺という意味がある〕の中を目標に向けて走ってきた彼らの身体には、血を浴びることで新しい境界ができている。他の人間を殺すとき、兵士は自己に対して距離を取り、他の人間たちと区別をつけ、彼らに死を割りふることで、みずからはふたたび死をのがれる。このとき兵士の力は、「誤った対象」を殺害できるほどに、それどころか、殺さずにはいられないほどに増大する。

　攻撃を終えると部隊という全体機械は指導者の命令に忠実に従って、ふたたび一人の男のように立つ。

　　この野蛮で麻のごとく乱れた時代には、人間の本能生活の暗い深淵に向かう扉が開いてしまうことも時にはある。たとえ厳格な軍紀という鉄のかんぬきがそれを閉ざしていたとしても。[6]

　殊勝ぶってそううそぶくのはルドルフ・マンである。マンはこの扉が時々は開かずにはすまないこと、士官たちはそれが開くように配慮しなければならないこと、そして、この突発事態があってこそ軍の「日常の」規律が保たれていることについては口をつぐんでいる。

軍隊という機械はときおり血を啜らなければ、軋《きし》り、空回りし、あげく故障してしまう。それがおそらくは、士官候補生や軍営の兵士たちの間で「しごき」が大手をふっていたことの理由なのだろう。いつかはどこかで少量の血がほとばしらなければならない。だれかの身体境界が新たに引き裂かれなければならない。それではじめてすべてがもとのさやに収まり、油をさされて新たに回転をはじめるのだ。[7]血の風呂をひと浴びして渇きが癒され、ふたたび休息が戻って、自分の手足が然るべき位置にあることを確認すると、兵士は感情のない、しかし満ち足りた豚に戻ることができる。早々と豚に戻った兵士は人生には金がかかることを思い出す。エアハルト・ルーカスは次のような逸話を紹介している。

> 殺人者たちは死体から身ぐるみ剝ぎ取った。数千マルクの現金（運河労働者は賃金を受け取ったばかりだった）、時計、指輪といったものを兵士たちは着服した。彼らは村人の前で、「これなら俺たちにも使える」だの「これは余祿というものさ」だのと平気でとぼけた。死体から衣服や靴までが奪い取られた例すらいくつかあった。最初の目撃者は、軽傷を負っただけのヴィルヘルム・ダンだった。失神からわれに返ったダンは、一人の士官が「仕事」にかかっているのを目にした。この士官は、死んだと思っていたダンが動くのに気づいた。そして、信じられないことに、この士官はダンに向かって、おまえも金を持っていないかとたずねた。ダンは、やはり撃たれて倒れた兄が給料をポケットに入れていると答えた。士官はその死体を指差させ、死人の上着から紙入れを抜き取ると、「気前よく」十マルク札を取り出してダンに与え、これで病院に行って包帯してもらえ、と言うなり紙入れを自分の懐中に収めた。[8]

この逸話は作り話ではあるまい。

ここで士官はだれかに「話しかけることができる」存在に戻る。あるいはいっそ、以前とは別の人間

義勇軍による連行．殺害の直前

になるといってもよい。ルーカスの叙述からすればどう見ても、死体を漁って貴重品を奪っている男たちが、労働者を殺したのとはあたかも別の人間であるかのように揃いもそろって「臆面もなく」このような行動をとったことは明らかであるように思える。

兵士たちは「興奮に駆られて」突発的に行動しただけではない。彼らは計画的にも行動した。たとえば家宅捜索に際しても、あるいは赤軍に所属した労働者を探し出すのに、銃を担いだときにできる帯革の痕を検査して、容疑者の裸の肩にそれを見つけるとその場で射殺するような処置を思いつく際にもそうだった。[9]

このような変身がいかにして可能だったか、断片化した自我と、比較的安定した自我とがなぜ急激に交代することが可能なのか、「血による陶酔」と、見るもさもしい現実感覚がどう隣接しているのかを次の節で見ることにしよう。

自我と維持機構

「維持機構」とはマーガレット・マーラーの用語である。[1] ぼくはこれまでこの用語を使ってこなかったが、兵士的男性の自我が殺害行為においていったん崩壊し、また立てなおされる過程を見る中で、そのメカニズムの幾分かについて述べてきたつもりである。

マーラーは、精神病の子どもの攻撃的行動を示すためにこの概念を導入した。マーラーはフロイトのいう「防衛機構」という概念は、なによりもこの子どもたちの攻撃行動においてあらゆる自我機能が完全に崩壊していることからして、オイディプス・コンプレックスから引き出された他の概念同様、精神病の小児の心的過程を示すためには不充分であるばかりか不都合だと考えた。「超自我」という概念も『母子共生と個体化』には一度たりとも登場しない。

（兵士的男性の行動をオイディプス的概念で理解するにあたってぼくが同様の困難に直面したことと、その理由については、第I巻第一章の終わり〔「中間報告」〕で詳しく述べた。）

したがって、マーガレット・マーラーが「維持機構」という概念で意図したものをここで敷衍するのは、単なる思いつきではない。ファシスト的男性の示す主要な兆候が従来の精神分析ではせいぜい「精神病的」としか理解できないことは、これまで何度も論じてきたとおりである。実際にはどこに精神病とファシズムとの関連が見いだされるのだろうか。

ひとつ顕著な一致点がある。マーラーが精神病の子どもたちに関する論文で使用している概念は、兵士的男性に具わる精神物理的構造の特質の大半をきわめて的確に言い当てるもののようにぼくには思える。マーラーはまるで兵士的男性の行動をモデルにしたかのようなのだ。この一致は偶然のこととは思えない。

マーラーは、母子共生状態から正常に抜け出すことができず、この不快な状態から押し寄せてくる危険と不安の中でたえず脅かされている子どもたちを「精神病的」と名づける。[2] しかしぼくはなにも、この状態がファシストになるうえでのいわば「素因」だなどと考えるわけではない。しかし、このような子どもたちがある一定の教育環境のもとでは「ファシスト」的か、臨床的に見れば明らかに精神病的か、いずれかにしかなりえないのではないか、とも予想している。

こうした類推に対しては、当然ながら拒否反応が予想される。ただぼくは、「精神病」という概念を、伝統的な精神分析学や、とりわけ精神医学が使用してきた意味で――すなわち、記述的にではなく、あまりに広義に、しかもしばしば蔑称として使用してきた意味で使わない限りは、こうした拒否反応は無

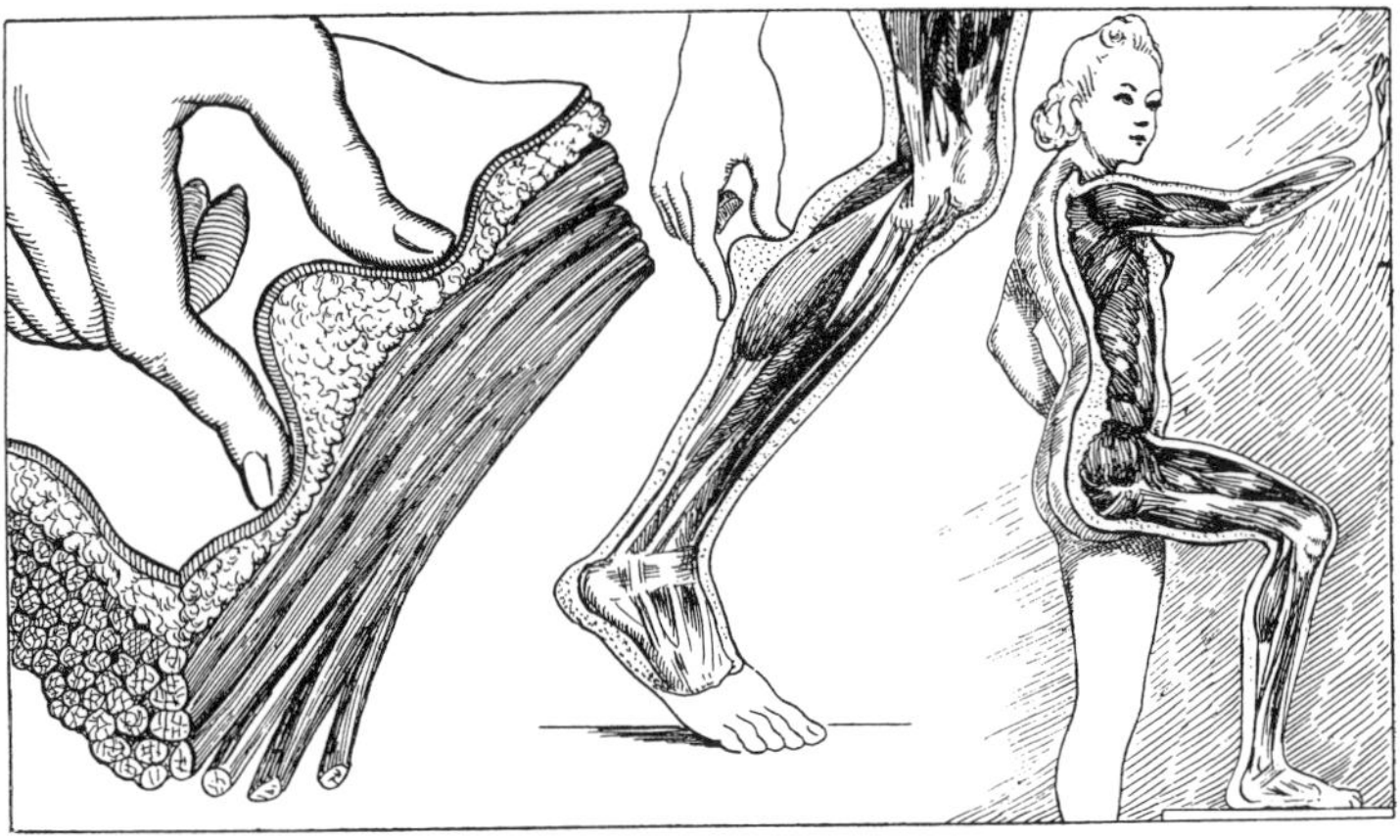

ヴァンダー博士によるスペインの通俗医学書より

用だと考える。[3]

マーラーの考察によれば、「精神病」と名づけうるのは、患者とされる人間が、リビドーによる備給を内部から受けて安定した身体境界を築くことができないという基本的欠陥を備えている場合である。ただし、この定義もぼくにはまだ臨床的・分類的に過ぎる。むしろぼくは、このタイプの多様な形態を包括し、かつ特定の方向づけを行なわないような、もっと単純な定義を提案したい。つまり、生まれ終わらない、あるいは最後まで生まれきらない人間、という定義である。

マーラーが「個体化」によって達成されると見ている状態を、ぼくは誕生の「終わり」と呼びたい。個体化とは、生まれてから最初の数年を決定づける必要不可欠な共生状態から、子どもがみずからの身体境界をリビドーによって備給することで、母親や他者から区別された自己としての確かな感情を獲得して自己を区別する状態をさす。個体化が成功するためには、外部から情愛を注ぐことが必要である。[4] さらに個体化とは、子どもが鏡の前で自分を「客体」として認識しながら、相手にふたたび呑みこまれる恐怖や呑みこまれることへのあこがれを抱くことなしにこの状態を受け入れ、それについて自分の言葉で語る状態である。[5] こうした「子宮の外での誕生」過程はおよそ二歳六か月まで続くとされる。それが終わることで子どもは「わたし」となるのである。フロイトが「自我」と名づけた心的審級を子どもがあらかじめ獲得している必要は決してない（というのも、自我はオイディプス期における同一化から生じるものだからだ）。そしてもちろん、子どもが「わたし」になることができるためには「自我」という審級をめざす必要もないのである。

本書の主題になっている男性たちは、どう見ても発達のこの最終段階まで到達していない。なぜそうなのかは、すでに第I巻第二章の終わり〔「汚れとしての身体」〕で説明を試みた。すなわち、身体の流れのせき止めと否定、体表から快楽の感覚を排除しようとする厳格でむごい手の介入、苦痛に満ちた体罰がその原因である。さらに、母親の側から折にふれて、もしくは不断に注がれる、しつこい「呑みこむような」情愛も原因に加えていいかもしれない。この情愛は対処できないほど強烈な刺激によって子どもを溺れさせ、その結果子供を苦痛に際してと同様、「内部」へと逃げこませるきっかけになる。

この最初の社会化を子どもは外的な境界に関する確たる感覚なしに、フロイトの言う意味での「自我」の心的審級なしに経験する。

第二の社会化、すなわちもっとも広い意味での「しごき」が身体境界の感覚を形成することについてはすでに見た。いま問題になるのは、「しごき」を通じて「自我」の心的審級にあたるものがはたして形成されるかどうか、あるいはもっと一般的にいえば、臨床的に見て「共生状態」にある人間が、社会的に行動可能な人間になりうるかである。

ぼくの予測では、ヴィルヘルム期にはごくわずかの人間しか、まがりなりにも「生まれきる」ことができる幸運に浴さなかった(他のヨーロッパ諸国でも事情は似たりよったりだったろう)。兵士的男性タイプの行動と「一般男性」の行動との間にこれほど多くの類似点が見いだされるのもそれが原因だろう。換言すれば、ドイツにおいては基底構造において「精神病」的な人間が標準だったのである(それはまさにフロイトの生きた時代だった)。このタイプの人間はたとえばオイディプス型よりはるかに標準的かつ一般的で、むしろオイディプス型はきわめてまれな例であり、それはフロイトみずからもそうだったような非ファシスト的な市民の作りあげたフィクションであったと思われる(この虚構をフロイトは信じたのだ)。

オイディプスは諦念と、「父親の克服」によって生まれる。これがフロイトの選んだ道だった。それに対して、「生まれきらなかった」人間は父親とはわずかしか関係を持たない。社会的に定義された機構としての、一家の権力者としての父親は存在する。この父親は父親としての役割を演ずるが、その役割は子どもが父親の無力に気づくにつれて減少する。ところが「生まれきらなかった」子どもの精神的欲求に対しては、父親はほとんど意味を持たない。この子は、もし必要があれば終生にわたって母体との結びつきを求める。母体との結びつきにおいてこの子は「完全」であり、「生まれきる」ことができるのだが、成長すれば成長するほど、求める母体は大きくなる。身体境界が欠けているためもあって余計に、この子はあらゆる母体と、もっとも巨大な母体とも空想裡に直接結びつくことがありうる。より巨大な肉体がこの子を養い、庇護しなければならないのである。ただしそれは一種の「母体」的なものであって、現実の母親から敷衍されたものではない。第II巻の最初で、ぼくが組織形成のファシズム的なあり方とファシズムのプロパガンダの主な特徴として素描したあの統合行動は、「生まれきらなかった」男たちが、失われた半身を求めるやむにやまれぬ必要から発しているのかもしれない。欠けた半身

ハリウッド女優メアリー・マイルズ・ミンター．ミンターはアルコール中毒と殺傷事件を含む色恋沙汰を繰り返したために映画界から追放された

なくしては、この男たちはそもそも存在しないのだし、彼らはあまりにも時期尚早に、未完成のままこの半身から暴力的に引き離され、傷を負ったまま「生きる」ことを強制されるのだから。おそらくその結果、別れを強いられた半身に対する第三の行動として、復讐が行なわれる。それは、後から作り出された、人工的で無理じいの共生状態から支配関係を作り出そうとするもので、これまで見てきたとおり、ここでの関係はいつでも支配関係に帰着する。一連の出来事は、退行とはなんの関係もない。このこともマーガレット・マーラーの考察から結論づけられる。

フロイトも「自我とは何よりもまず『身体‐自我』である」という前提から出発している。[6]

自我は究極的には、身体感覚、主として体表面から発する身体感覚に由来するものである。したがって自我は、心的機構の表面であるとともに、身体表面の心的投射とみなされうる。[7]

奇妙なことに、フロイトによるこの説明は、『自我とエス』の英語版にしか載っていない。ドイツ語版では、自我が審級（身体表面の心的投射）であるという事実のほうが強調されている（これは、ドイツにおける反物質主義への迎合だろうか）。

それはともかく、マーラーは自我がいまだに審級として確定されていないフロイトの初期理論から始める。マーラーの用語では、「自我」とは身体‐自我にほかならない。

彼女によれば、自我はリビドーの累進的移動、体内（特に内臓器官）から体表面への移動によって成立する。この移動は身体境界が外部からの快楽によって活性化されたことへの反応として起こる。[8]

快‐不快の連鎖系列と足並みをそろえて、共生的母体の内部で身体‐自我を代理するものの境界形成が行なわれる。[9]

すなわち自我は、もはや母体ではない自己の肉体に関する感情として成立するのである。この身体が

カリフォルニア州モントレーの浜辺の砂の彫刻（写真・ヘドリック，1917年８月23日撮影）

自分自身について得るイメージを名づけるために、マーラーは「身体像」という、パウル・シルダーによる概念を援用する。

哺乳や接触に対する反応と結びつき、後には距離の認知によって補塡される内部過程の知覚が、身体の心的表象である身体像の基礎を作りあげる。[*1] これらすべてが自我という観念の中核を構成するのである。[10]

体表面で不快感が支配的である場合には、身体‐自我も、その観念も形成されることはない。その場合には「身体像（特にその境界面）からはリビドーが撤収される」。[11]

その結果、身体内部は烈しく分裂した感情の交錯する現場となる。メラニー・クラインによれば、たとえば関与の不足など、体表面に生じた不快な感覚は、小児が母親の乳房をとりこんで作り出す、内部の「良い対象」の形成を困難にする。代わりに母親の乳房の不在、もしくは乳房から感じとられる、子どもに対する母親の嫌悪をとりこんだ「悪い乳房」が優位に立ち、子どもは統禦も排出も不可能な情動に充たされる。「悪しき母」が子どもの内部に住みつくのである。[12]

マーラーからの引用を続けよう。

母親は完全に内部へと取りこまれる。そして、リビドーは母親からも、また他の対象世界からも撤収される。

その結果として、自我が断片化し、自己の境界が消えうせ、母親の身体境界と混交されるナルシシズム的な状態が生まれる。

断片化した自我の重大な欠陥は、内的ならびに外的な刺激の統括と総合を行なってすべてを包括するメカニズムに現われる。[13]

特に重要なのは、体機能がたえざる過剰刺激の影響下に置かれることにある。この場合、リビドーは体表面にも、また体表面と結びついて外部のなんらかの対象へと向かう排出経路にも拘束されないために、刺激は内部からも外部からも加えられる。欠けているのは、体表面へのリビドー備給と並行して進行するはずの、「中和されない破壊的で攻撃的なエネルギーを身体－自己の境界外部へと排除するプロセス」である[14]。

非常にもろく傷つきやすい自我装置の無力は、共生的・精神病的な内部組織ゆえに生じるものだが、この無力のために、内部にある中和されない欲動や、外部からもたらされる多様なトラウマ的刺激の供給過剰とどう対決するかという問題が、小児の自我をたえず脅かし続け、ついにはそれを瓦解にまで至らしめる（これが断片化である）[15]。小児の外部に存在する動きの逐一は、それが強大であればなおさら危険で、子どもの知覚の手に負えないものになる。それは子どもの内部に直接侵入し、急速に自我を断片化し、崩壊させながら破壊的なエネルギーを放出させる。

ある六歳の患者について、マーラーはこう述べている。

この子どもの身体は全体が原初的な攻撃欲動に浸されてしまっていて、そのためにこの子にとっての根源的な不安は、自分が爆発し、こなごなになりはしないか、という恐怖であるように見えた[16]。外部にある対象が生気に満ち、複雑で微妙な差異を含めばいっそう、この根源的不安は増大する。この不安にどう対抗したらいいのだろう。

断片化された自己は変化するものや複雑なものに対処することができない。それはまとめあげ、総合することができない。生きた対象とはしかし、無機的な対象に比べてはるかに変化に富むものであり、傷つきやすくかつ予測困難なものである。[17]

だから断片化された自我は生きた対象を死んだものに変えてしまうのだ。

精神病的兆候を示す彼らの防衛機構は、内的ならびに外的な現実から差異を取り去り、生命を抜きとることに向けられている。[18]

マーラーはここで二つの新しい概念を導入する。

> 私はこの防衛機構を「脱生命化」とも、「生気の剝奪」とも呼んできたが、それは精神病もしくは前‐精神病的な小児の壊れやすい自我にとって「予測困難な」刺激に対して、その脅威を減じることを目標とするメカニズムである。[19]

ドイツ語訳では、「生気の剝奪《デアニメーション》」が「魂の抜き取り（エントゼールング）」とされているが、この訳語は本来問題とはなっていない「魂《ゼーレ》」を加えることで余計な混乱を招く。ぼくは「脱生命化」という用語で統一しておきたい。

脱差異化は知覚した対象を丸ごと否認することで行なわれる。[20]

> 複雑な刺激、とりわけ社会的また情緒的な反応を要求する刺激は、それが自我の退行を阻害することがないように、知覚における脱差異化が行なわれる前に、丸ごと否認され、幻覚によって自閉的に排除される。脱差異化のプロセスでは、生命を持つ対象と生命を持たない対象とのもともとの区別*2が失われる。[21]

脱生命化と、脱差異化は二つのやり方で行なわれうる。一つは、実際に「生命を奪い」、対象から差異のないのっぺりした「統一体」を作りあげる破壊行動を通じてであり、もう一つは、生きたものを死んだものとみなす小児の知覚を通じてである。

後者の場合、小児はみずからが「死んだ」ように、いかなる刺激にも一切反応せず、何も知覚しないかのようにすっかり「内に閉じこもって」蹲っている。つまり「自閉化」する。マーラーは次のように述べる。

> 自閉症とは、脱生命化と脱差異化の企てである。それは、これらの患者たちが、感覚による知覚を産む潜在的な源泉のスイッチを切り、幻覚によってそれを排除しようとするメカニズムと見ることができる。特に排除されるのは、社会的な感情表出のさまざまな反応を要求する、無限に多様な生命を持つ世界の源泉である。[22]

しかし、自閉症は内部で起こる出来事にも抗う。

> 否定的な幻覚によるこの種の精神病的否認の結果、攻撃衝動によって飽和した内部の知覚が優位を占める。これらの内的刺激は否定されるわけにはいかない。それは強引に感覚器の側に押し入ってくる。この固有感覚的‐腸管感覚的刺激に片をつけるために、自我はそれを脱差異化し、脱生命化しようとするのである。[23]

ぼくの理解が正しければ、ここでも自我は死んだふりをしようとする。それができなければ攻撃衝動が突発する。もしここに情緒なるものが現われるとすれば、それは「極端な情動」から生まれた「パニック、もしくはオルガスムス的エクスタシー」以外のものではない。それは完全な感覚麻痺《アパシー》と交互に現われる。この転換についてマーラーは、まるで患者の小児が「ある行動様式から別のそれへとスイッチを切り替えるようだ」と書いている。[24]
防衛行動の目的は明らかだ。外部では何ものも動いてはならず、内部では感情が生じてはならない。

これこそが小児にとって生き残りを保証すると思われる状態なのだ。ゆえにマーラーは小児がこのとき取る行動を「維持機構」と名づける。この概念は精神病の子どもにとって「対象関係」と「防衛機構」を代替するものだ[25]。

この子どもたちは、これまで述べてきたとおり、リビドーによって人間化された対象世界が脱落しているために、対象関係を形成することができない。精神分析は通例、対象関係に対立するものとしてナルシシズム的関係をあげるが、マーラーはそれには言及しようとしない。ナルシシズム的関係は、自分の「自我」を対象にする。ところがこの子どもたちの自我はどこにあるのだろうか。マーラーはこう提言する。

われわれは「対象」ならびに「関係」という概念を拡大しなければならないだろう。さらには「防衛」という概念についても。(……)もっとも広義には、相互干渉が行なわれる現場で、生理学的もしくはその他のやり方で組織に対して働きかけるものすべてを「対象」と名づけていいだろう。相互干渉の場が子宮の内部であるか、あるいは子宮を取り巻くものの一部である子宮外の存在であるかの別なく[26]。

次に防衛についてマーラーはこう言う。

精神分析において防衛の概念が使われるのは、欲動とその内的代理物に対して反抗するメカニズムに関してである。しかし、私がすでに詳述したことを踏まえれば、個々の欲動同士はおろか、欲動と自我も区別がつけられないし、客体と主体の区別もつけがたいことは明白である。この理由から、精神病的な「維持機構」は、通常の二者(母子)単一体をはるかに超えたところにある、区別されない「欲動対象」全般に対して働くことになる[27]。

ここでいう「区別されない欲動対象」との融合には特別の知覚が結びついていて、子どもはそれを何度でも再現しようとする。そこに働くのは、リビドーによる備給が絶たれることがなかった欲動対象に結びついた知覚のうち、抑圧されずに残された知覚である。

フロイトの一九一五年の論文によれば、抑圧のさまざまなメカニズムについて、少なくとも一つだけ共通するのはエネルギー備給の撤収という作用である。[28]

ところがここではこの撤収が行なわれないのである。そのかわり、マーラーが「擬似備給」と名づけるものが起こる。すなわち、小児はもしうまく行けば、意識はされないものの抑圧もされないまま手に入れることができるある特別な知覚をめざす。それは「折衷的記憶蓄積」と呼ばれる、非常に強度に情動の備給を受けた記憶像の集合体で、それは決して忘れられることがない。[29] 小児は「一次過程」のメカニズムを通じて、繰り返しこの知覚を再現しようとする。一次過程においては、加工や昇華といった迂回を経て進行する二次過程とは異なり、知覚の同一性を最短の経路で、すなわち、直前にとられた経路をそのまたどってふたたび獲得することができる[30]（一次過程、二次過程はともにフロイトの用語である。一次過程は無意識に結びつき、そこで心的エネルギーは欲望の充足に向けて自由に放出される。一次過程は「快感原則」に関係する。それに対し二次過程は、意識もしくは前意識に基づく、欲望充足の制止や延期、迂回をともなう過程とされる。それは「現実原則」にあたる。また「知覚同一性」もフロイトの用語で、主体は一度体験した欲求の充足に基づいて、この充足体験に基づいた知覚を繰り返し再現しようとする。一次過程のめざす目標が知覚同一性である、と説明される）。

患者のスタンレーという少年についてマーラーはこう述べる。

この子の感情反応は、折衷的記憶蓄積を一次過程によって再生産したものであって、それは非可逆的で、抑制不可能なもののように見えた。[31]

マーラーは、一次過程においてめざされるのは、快感をもたらした最初期の核をなす状況の再現だけではないことを特に強調している。そこでは、子どもが決して完全には抜け出すことができないために、無理やり立ち帰らざるをえない、不快をもたらす原初の状況がめざされていることもありうる。子どもが求める知覚の中には、たいていの場合複数のトラウマ的な出来事が折衷的に集合している。これらの出来事は必ずしも同時に起こったわけではない。折衷は、凝縮、転移、代理、同時性など、一次過程ではよく起こるメカニズムを経由して進行する。[32]

精神病の子どもたちについてマーラーが見いだした一連の徴候が、ぼくがこれまで兵士的男性について彼らの著作や行状から再構成しようとしてきた行動の特徴と一致するのは驚くべきことに思える。マーラーがこの子どもたちの症例をもとに提示した精神分析的概念のうちで、「ファシスト」的男性の行動に当てはまらない概念が一つでもあるだろうか。

ファシスト的男性の行動においても、対象関係の不能や、リビドーによって人間化された対象世界の脱落が見受けられる。そこには攻撃的衝動に飽和された、混沌とした「内部」がある。外部の強烈な生命との接触により、身体境界が崩壊することへの脅威があり、内部と外部の境界の抹消がある。さらに、隠された欲動目標に結びついた内容の抑圧の失敗があり、幻覚的知覚、殺戮行為によって解放が訪れるのを前にした対象の置き換えがある。彼らの「どこかまったく別なところにいるような感覚」、その放心状態、攻撃行動において見受けられるトランス状態――これらを表現するのに「区別されない欲動対象との融合」以上に適切な概念をぼくは思いつかない。

一次過程の到達目標とされる知覚同一性についていえば、これは兵士的男性が血まみれのどろどろ、空っぽの広場、ブラック・アウトのうちいずれかを脇目もふらずめざす姿において、われわれが繰り返し確認してきたものではないか。これらの知覚において、単なる「防衛」以上のもの、すなわち怯えることなく生き残るためのチャンスが手にされていることは明白だった。「維持機構」は、「防衛」という概念から抜け落ちるものを正確に言い表わし、さらに、自我によって操作される「防衛」と両立しえない「自我の断片化」という事象とも矛盾しない。「脱差異化」と「脱生命化」についてもこれまでぼくたちはそれが行なわれる現場をたえず目にしてきた。兵士的男性は、自分と異なる何かについて記述することができない。それを自分の生にかかわる対象として認知することすらできない。彼らはそれを脳のミンチ器械にかけて粉々にし、見分けもつかない塊《マッセ》に変えてしまう。そうすることですでに生命を失ったもの、もしくは死にしか値しないものとみなす。とどのつまりに来るのが、殺戮行為そのもののなかで行なわれる、生きたものの脱差異化と脱生命化だ。これこそ白色テロルの核心であり、一連の過程を通じて兵士的男性に生き残りと自己維持、さらに自己の再生を保証する行動と見ることができる。最後につけ加えるべきは、ヒエラルキー的階層構造を築いて共生関係からのがれることをめざす、全体的形象の建設に向けた、飽くことない欲求である。それは、たえず統合をはかろうとするしぐさで表現される。彼らの欲求は、共生的・精神病的な症状を示す、「生まれきらなかった」子どもたちの、共生的二者単一体を回復しようとする欲求とまさに一致するものとはいえないだろうか。子どもたちは取り戻された全体性の中で優位を占めることができ、マーラーの言い方を借りれば、もう一つの半身を「みずからの企図を遂行するための器官」とみなしうるのである。[33]

　ただし、ぼくが思うには、兵士的男性とこれらの子どもたちをはっきりと分かつ重要な相違が一つだけある。それは兵士の場合、自閉的であることはまずないことで、彼らはときたま発作的に闘うばかりでなく、たえず「権力をめざして」戦い続ける。兵士においては、先の子どもたちとは別様の現実原則が優性をなし、別の自我構造が存在するのだ。[34]

マーラーは言う。

われわれは概念的には、母体にふたたび呑みこまれる恐怖を、自我が境界を失って、もはや子どもが魔術的に支配することができない、攻撃的な備給を受けた二者単一体へと解消されることへの恐怖としてとらえる。したがってそこから生まれる精神病的な防衛衝動――つまり自閉症――は、二次的な防衛とみなすべきものである。[35]

自閉症が「二次的な防衛」であるとすれば、呑みこまれる恐怖に抗うには、自閉症に代わる他の防衛形態も現われうる。そしてこれこそ、ぼくの考えるところ、兵士的男性に当てはまるものだ。

ぼくは兵士たちがその比較的安定した自我をいわば殴られて手にいれたのだろう、と推測した。教育にあたるさまざまな人間たちが彼らを「自閉症的」にはさせなかったこと、さらに身体表面へのリビドーなり情愛なりの備給不足は外部からの殴打によって埋めあわされることを指摘した。

見た限りでは、これらの可能性を理論的に否定するものは何もない。もちろん、そこに成立するだろう「自我」は、奇妙な構造を持つはずだ。それはそもそも個人に属する心的審級としては把握できないものだろう。それはいわば社会的な自我であり、しごきを受けて苦しみのあげくにつけ加えられた筋肉の甲冑として、個人の上にかろうじて被されているにすぎない。生命あるものを知覚したり、それに触れることで断片化する危険は、この自我がさらに大規模な構造体、つまり自我の境界を支え、それを保証する社会的な構造体の中に組み入れられたときにのみ、確実に避けられるものであろう。家庭から軍隊に至るまで、これまで述べてきたような意味で「全体」として機能する社会的組織すべてがこの機能を果たすはずだ。

そのことは、身体内部の流れのせき止めや、排便のしつけと並んで、殴打もまたもっとも重要な教育プロセスであることを意味するにちがいない。ドイツ版の「生まれきらなかった」人間はしたがって、苦痛を体に叩きこまれることで無理やり生かされ、役に立つ何かに人為的に仕上げられたといえよう（殴打を知覚しながら死んだふりをするのはかなり難しい）[36]。

それに比べれば、「自閉症的な」子どもたちはぶたれたことは少ないようだ。それはぼくが聞き取りを行なった心理療法士や医師たちがそろって認めるところだし、文献にもそれを否定する事例はない。患者の大半は情緒的な飢餓状態にある子どもたち、誕生を望まれず、生まれる前から母親に拒否され、おそらくは乳房と視線による最初の接触が拒絶的であったか、もしくはまったく行なわれなかった子どもたち、両親に無視されてほったらかしにされた子どもたちなどである。この子どもたちには殴打という形での関与すらなかった。

これにもう一つの事情が加わる。自閉症的な子どもたちが自分自身に向ける明白な攻撃である。それについてマーラーはこう述べる。

たいていの自閉症的な小児は体表面へのリビドーの備給が比較的少ないが、これは彼らの苦痛への感受性がきわめて不足していることの理由である。感覚器官へのリビドーの備給不足は、性感帯の階層化や形成が十分には行なわれないという現象と並行する。それは、彼らの場合、自体愛的な行動が他と比べて少ないことや、彼らがある対象を他の対象と取り違えやすいことからよくわかる。自体愛的な行動に代わってこれらの子どもたちが示すのは、自傷的な行動である。壁に頭を打ちつけたり、自分の体を嚙んだり、傷つけたり、切り刻んだりするが、これらの行動には口唇的、肛門的、男根的な要素が入り混じっている。そうした自傷行動は実際、歪まされまた阻まれたリビドーの流通を身体境界で備給するという目的を果たしているように見える。それは、自分が生き、完全であることを確かめようとする病的な試みを示しているようだ。自傷的な行動は、子どもたちが身体を感じとる手助けをする。それらの行動のいくつかは、身体‐自我の境界に対する意識と、同一性の感覚には至らないまでも、身体の統合に対する感覚を研ぎ澄ますについて、決定的な役割を果たしている。[37]

つまり子どもも窮地に陥った場合、欠けた身体境界を苦痛によって確認し、たとえ自己破壊という犠牲を払っても、苦痛を通じて間にあわせに身体自我を成り立たせることに逃げ道を求めるのだ。身体境界を確認するための比較的穏便な行動として、これらの子どもたちは診察の間に頻繁に床を転げまわるそうだ。[38] 兵士的男性は、自己の境界と自我とを確かめるために強いて皮膚と床とを触れあわせて床を知覚する必要は普通はない（ヒトラーが絨毯の上を転げまわったという、なんとも痛ましい報告があるにはあるが）。兵士は制服、特にベルトと肩帯という形で自己の境界を引きずっている。体は何かが自分をまとめあげていることをたえず感じている。外部からの介入によって形成された兵士たちの体表面は、ぼくの見るところ、彼らの「内部」での体験とははるか遠く隔たっていて、その肉体は外側の筋肉体と内部の内臓体とに分裂している。筋肉体は兵士の持ちあわせる「自我」に関係するすべてのものと等しい。すなわち、統制機能、欲動に対する防衛、兵士の自覚的な思考が決定するもののすべて、演説、著述、「男」としての自己理解、「全体」のために奉仕するたゆまぬ活動――。これらは、兵士の身体‐自我の機能であり、苦痛によって強化され、断片化に抗おうとする、筋肉組織の反応だと思われる。*3

この身体‐自我の周りに集結するのが、外部の社会的もしくは組織化された自我である。国民、党、部隊といった、いくつかの例についてはすでに触れた。兵士たちが機能するこれらの全体機械のどれも

帝国随一の建築家アルベルト・シュペーア設計の街灯台座（ベルリン）

が、彼らの自我の機能を代行する。兵士とじかに「結合」するメカニックな物体、たとえば交戦中の火器もそうだ。家庭という全体組織もこの種の組織化された自我の一つである。特に「白い妻」は、ドメスティックな空間の秩序を作り出す役目を帯び、性的な危難に対する確固たる防護線であり、家庭という空間に服従し、その統一を支えるために生命を奪われた存在である。兵士たちはこの白い妻を自分たちの身体甲冑の一部として利用しているとさえいえるだろう。

いずれにせよ、兵士たちの「自我」はこれらの支えのどれかにたえず依存している。この支えが機能しなくなれば、自我は瓦解する。生命あるものが突然自分の内部に押し入ってくるのに対しては、自我は「維持機構」を通じて、すなわち脱差別化と脱生命化を通じて身を守る。これらのメカニズムが兵士においてどのような特殊な形を取るかについては、後に「三つの知覚同一性」〔第II巻三七五頁以下〕で論じることにする。

自我崩壊と労働

兵士の自我は、孤独と苦しい戦いをしなければならない。外部にあるなんらかの組織に支えられることがなくなれば、自我は早晩崩壊の危険にさらされる。たとえば、一九一八年十一月の軍隊の解消にあたってがそうだったし、牢獄で、睡眠中の夢の中で、あるいは犯罪者として追われる中でもこの孤独との戦いを強いられる。何人かの男たちがそれについて語っている。

エアハルト海軍大佐はカップ・プッチの首謀者の一人として拘束され、友人によって「解放」されたのち地下に潜伏した。非合法の生活において彼を苦しめたのは、パンひと切れをもらうについてもいちいち「ダンケ・シェーン」を言わなければならないことだったが、一番耐えられなかったのは「衣類や下着といったごく日常のこまごまとした部分がなおざりにされたことだった」。

私の靴下やシャツがあちこちに散らかされ、靴や上着も着散らされたままだ。それも金がすっかり底をついたときだった。毎日卑屈な思いにさいなまれた。しかし私は活を入れてがんばりとおした。毎日晩になると嘔吐感に襲われたが、なんとか反吐を戻すまいとした。船酔いを克服した海の男とあろう者、苛酷な人生にも耐えられるはずだ。だらけるまいと自分で自分に命令を下した。[2]

海軍生活を終えたエアハルトの人生では、迫りくる「だらけ」との戦いがライトモチーフのように一貫している。思考能力の衰えが早々と現われ、汚れに対する不安や、追われているという確信が他のすべての思いを押しのける。

カフェや居酒屋で休憩時間を過ごすのには嫌気がさした。もういいかげん歳のいった男であれば、たとえ平凡な人間でも、このような生活では、落ちぶれて堕落した思いからのがれられないはずだ。[3]

「歳のいった男」というが、エアハルトはまだ四十歳にもなっていない。「船酔いを克服した」には違いなかったが、生まれきっていたわけではない。軍隊なしで数カ月も経つと、カフェにいるだけで落ちぶれた思いに襲われる。ただし、自分はアルコールには手を出さなかった、とエアハルトはぜひとも言っておきたいようにつけ加える。

一方、ザロモンは、ケルンとフィッシャーとかたらってラーテナウ暗殺を計画するが、実行前に彼らと別れる。一人ハノーファーにいた折、彼は二人の友人の死を耳にする。だれからも見放された思いに取りつかれ、駅頭で自分の手配書まで目にしたザロモンは町をさまよい歩く。

ぼくはまるで針で刺されるような戦慄を感じた。手足は炭化し、頭は胴体からはずれて、体とは別の方角に転がっていくような気がした。だが、最初に我にかえったのも頭だった。冷たい氷に漬けられていた頭は、あるベンチで警官が自分を覗きこむのに気づいた。
警官はザロモンに別段不審な点を発見しなかった。頭も胴にちゃんとついていた。ザロモンはふたたび歩き出す。

どことははっきり言えない痛みが体を苛み、皮膚に食い入った。皮膚はまるで局部麻酔をかけられたようにこわばり、しびれたままで、脳髄だけがとり返しのつかぬ喪失を思い返して疼いた。[4]

ザロモンが回想の中で何度も書いていることからすれば、ケルンとの関係は自分を生き返らせる共生状態を意味するものだった。[5]この共生状態の中でザロモンの体表面へのリビドー備給を可能にしていたものが今は崩壊し、さらには身体甲冑の最後の機構である「脳髄」までが崩壊に瀕している。ミュンヘンに向かう列車の中でザロモンは高熱を出して気を失う。ミュンヘンに着いた彼は「神経が剝きだしになった」[6]気分がして、毎晩宿を変える。

こうしてぼくはまるでイザール川の水になったように、ほのかに光る石の上に流れ落ち、渦と渦とがぶつかりあう早瀬に浮かぶ自分の姿を見た。[7]

ザロモンは同じような感情に、一九一八年十一月に、それまで彼と「結びついていた」世界が「とうとう最終的に塵埃の中に沈んだ」[8]時にも襲われている。その時には、「いかなる犠牲を払ってもがんばりぬく」[9]決意と義勇軍への入隊によって生き延びることができた。しかし今度待ち構えるのは逃亡のあげくの逮捕と五年間の入獄であり、ザロモンは「新たな境界」の中に封じこめられることになる。

自我崩壊の危険は、戦争において常にあった。戦闘と戦闘との間に待機する一瞬にも、男たちをまとめあげていた隊列は崩れかける……。

いつまで続くか知れない準備態勢、待ち伏せ、あらゆる感覚器の緊張、敵との死を賭した遭遇の予感、そうして何週間、何カ月が過ぎていく。アルプスから海まで、身をこわばらせた男たちの鎖が張りわたされる。畑を越え、森を越え、沼と河と山頂を越え、冬と夏を、昼と夜を越えて。[10]

前線の向こうに現われつつある不気味なものの脅威と、身につけた軍務の確実な手応え。ユンガーは兵士たちの本来の居場所を常にその狭間に見いだす。

いったい本当のところ何がどのように起こっているのかを描くのは困難だ。兵士がやってきて囁く――「敵攪乱部隊あり。電線が寸断された模様」。よろしい。脳髄は、電話のことを考える。ケーブルの切断、指令部との連絡が部隊の緊要の任務たること、了解、了解。士官学校、陣中要務令。それならよく知っている。しかし突然、わかりきっていたものが、亡霊たちの会話のような取るに足らない笑いごとに思えてくるのだ。言葉が隠された意味を帯び、表面の覆いを破って、永遠に理解できない深みへと直接に語りかける。感覚は別の重心のまわりで波立ち、まるで暗がりの中で手さぐりするようだ。[11]

マーラーの言う「意図する部分と、体験する部分への自我の分裂[12]」をユンガーは正確に記述している。

……というのも、突如として人は思考する存在から、感受する存在に変身を遂げたのだ。人間は今や、どんな鋭い理性の武器をもってしても空を切るようにすべり抜けてしまう亡霊に弄ばれる球のようなものだ。球を動かすのは、予想がつけられないからという理由で、われわれが普通はその存在を否定している要因である。しかし、それが暗い地下牢に巣くうコウモリのように襲いかかってくる以上、どんなにそれを否定しても無駄というものだ。[13]

精神分析の言葉を使うと、もう少し色あせた表現になる。

自我はこうして、非中立化され、解体された欲動の、とりわけ緩和されない破壊的情動の犠牲となるのである。[14]（マーラー）

ユンガーが先の引用で戦争や、その脅威について語っているのでないことは明らかである。内面の「コウモリ」が飛びかう、――これでは当時の批評が無視するのも当然だ。ユンガーは戦争文学作家ではない。

「夢の中」でのように知覚される出来事、非現実感、揺れる地面の上を動いているに違いないという不安、――ある程度の水準をめざすファシズム文学を読めば、これらの描写はほとんどどれにでも見つかる。

何かがやってくる。それからのがれる道はない――手さぐりで近づいてきて――息詰まるような陰鬱さで私をとり囲む――正体もわからぬもの――言いあらわしようのないもの。――だが確かにそれはそこにいる。麻痺させるような不安が襲ってくる――逃げだしたい――しかし何やら重いものが私にまとわりつき――邪魔をする。ぐったりとして身を任せ、そちらを見ようとするが――それは見えない――つかまえられない。

そいつはやって来る、やって来るにちがいない、――暗い路地で人殺しを待っているような気持ちだ――埋もれた坑道でゆっくりと窒息していくようだ――最後の力が、とどめを打つ恐怖の前に萎え果てて行く。――死だ。

「全部夢だ、ただの夢にちがいない！」最後の希望のように私の中で叫ぶものがある。[15]

……実際、それは夢にすぎない。肉体の甲冑がもろくなったときに、自分が内部に抱える「地下牢」とそこに囚われた者について見る夢なのだ。甲冑が脆くなるのは眠っているときである。緊張が解けるや否や、夢が甲冑に襲いかかる。ザロモンがこう感じるように。

ぼくは突然、狭い部屋から逃げださねばならなくなった。腕が何本もある、わけのわからない形をしたぐにゃぐにゃの生きものが、冷たい隅の方から脅すようにぼくに飛びかかってきたのだ。逃げ道は急な角ばった階段のついた暗い穴しかなく、それは奈落の底に通じていた。生きものは逃げるぼくよりも速く、触手が今にもつかみかかろうとするのが見えた。足をもつれさせながらぼくは暗闇の中に駈けこんだ……

ザロモンはこの夢の中で「有頂天の興奮のうちに」自分が飛べることを思い出す。そして宙に浮かんだものの、いつも恐ろしい生きものの頭上すれすれを飛ぶばかりだ。ときには「デーモンが姿を変えた敵の頭上」を飛ぶこともあったし、水の上を飛ぶこともあった。

暗い海の上を飛んでいるとき、見るも恐ろしいポリプの姿をしたデーモンが水面に姿をあらわし、ぶよぶよした胴の真中に突き出た丸い目であざ笑うようにぼくを見つめるのが見えた（強調テーヴェライト）。ずっと高いところにいたはずなのに、懸命に動かすぼくの脚は波立つ海水に濡れ、引きこむような液体の中に全身の肉が吸いとられていくのを感じた。[16]

ザロモンの描写がひどく具体的なのは、彼の身体甲冑が見事に仕上がり、立派に機能しているからだとぼくは思う。別な言葉を使えば、彼の甲冑はちょっとやそっとの危険に遭遇してもそう簡単には断片化しない。彼は自分が内部の「引きこむような液体の中に吸いとられていく」のを感じながら、かといってその中に沈み、あとは頭上に波がかぶるに任せるわけでもない。このことがおそらく、ユンガーと同じくザロモンが「書く」行為を通じて自分を安定させることに成功した理由ではないかと考えられる。彼らは崩壊の限界をたえず先へと繰り延べる。そのことによって崩壊の描写はさらに劇的なものになる。

それとは違って、先に例示したゴーテのような、ユンガーやザロモンに比べれば取るに足らない作家のテキストでは、描写はいくつものハイフンで寸断されて読者によって補われるしかなくなる。ゴーテの場合は危険に近づく勇気がないために、ずっと遠くから恐怖を「呼び起こしている」のであって、そのために大多数のファシズム著作家と同様、目の肥えた読者には退屈なのだ。

ルドルフ・ヘスはとあるフェーメ殺人に加わった廉で投獄されていた。ヘスはそこで、監獄医が「拘束性精神病[17]」と呼んだ症状を呈する。

猛獣のように、私は自分の房の中で暴れまわった。もう眠ることができなかった。それまでは、いつもほとんど夢を見ることもなく朝まで眠り続けたというのに。

獄中では「錯綜した不安な夢」が彼を苦しめる。

この錯綜した夢の中で、私は絶え間なく迫害され、撲殺され、あるいは奈落に墜落した。夜が苦痛の種となった。一時間毎に、時計台の鐘の音が耳についた。朝が近づけば近づいたで、今度は一日が始まり、人々が姿をあらわすことがまたますます恐ろしくなっていく。だれにも会いたくなかったし、会うことができなかった。私はむりやり気をとり直そうとしたが、戦う気になれなかった。祈ろうとしたが、不安に駆られてみじめにどもるのがやっとだった。私は祈りを忘れてしまっていた。神へ通ずる道がもはや見つからなかった[18]。

これが一度は牧師になることを誓った人間である。容赦ない自己非難が身を苛む。過ぎ去ったもののすべてが、ふたたび間近に押し寄せてくる……。

私の内面の興奮は、日に日に、それどころか毎時間毎時間高まっていった。私はほとんど狂乱状態に陥る寸前だった。精神的な荒廃がますます進行していった[19]。

たとえ世界全体が悪魔の巣窟であろうとも…

ヘスは幻覚を見はじめ、自分が両親と共生している姿を思い描く。死んだ人々とのつながりは存在するのだろうか。私は、自分の思考が完全に錯乱する直前の強度な興奮状態に際して、しばしば両親が目の前にまるで生きているように姿をあらわすのを見た。今なお自分が両親の庇護の下にいるかのように、彼らと言葉を交わした。なぜこんな連想が生じたのか、今日でもなおはっきりとはわからない。またこうした出来事については、その後何年たとうとだれにも打ち明けることはなかった。[20]

このどん底と荒廃を経過した後、牢獄での私の生活はとりたてた事件もなく過ぎていった。私は次第に安らぎと落ち着きを取り戻していった。[21]

ヘスは「労働」に逃げ道を求める。しかし、耐え忍んだ「どん底状態」を思い出すだけで、「鞭打たれる」ような思いが蘇った、と回想している。[22]

ここではいったい何が起こったのだろうか。ヘスはみずからの自我を「交換」させられ、新たな全体機械の中の機能を担う一部品へと、すなわち兵団という機械から監獄という機械の一部分へと機能転換させられたのだとぼくは見る——（後のアウシュヴィッツの指揮官としてのヘスは、機構が円滑に作動し、全員がその職務をこなすこと以外、なんの関心もなかった）。彼の古い自我、兵士としての自我は崩壊し、それに続いて必然的に生じた共生的状況の再来とともに消滅する。そこからもう一度、監獄生活の全面的に受け入れによって自我は新たに再生するのである。いったんは崩壊しながら、新たな「自我」とともに再生する能力こそ、種々の外的自我に依存している「生まれきらない」人間たちの特別な属性のようにぼくには思われる。その際それらの外的自我は、いわば組みたてられ、解体され、ふたた

Die Zeitschrift der Arbeitsgemeinschaften entlassener Freikorpskämpfer

働く同志（過酷な労働こそわれらが行く道，われらの希望，家と故郷）．退役した義勇軍兵士のための労働共同体雑誌の表紙び組みたてることができる。その間に挟まれる解体や失神や昏睡《コーマ》に際して彼らは何も覚えていない……自分がどこにいるのかも。

念のために言っておくと、ヘスはたとえばザロモンのように幼年学校のしごき機構を通過してこなかった。十七歳で家を出て、そのまま兵士になった身である。しごきを受けた兵士の身体‐自我に比べれば、ヘスの身体‐自我は、同じ筋肉でできているにしてもはるかに不安定で、監獄で起こった急速な崩壊現象に抵抗できなかったのだろう。たとえば幼年学校と第一次大戦とエアハルト師団を経験してきたキリンガーは、毎朝、正式の起床時間の前に行なわれる三〇分間のミュラー式と呼ばれる肉体訓練のプログラムをこなし、毎日の「氷のような水[*1]」での全身浴や、窓の桟《さん》に指だけ掛けた懸垂運動などを行なって自我の崩壊を持ちこたえた[23]。しかしキリンガーにしても生きのびるための決定的な支えとなったのは結局のところ「労働」だった。

監獄生活を経験した後に彼は書いている。

たとえば私がもし予審判事だったなら、しぶとい容疑者には何も与えないだろう。まったく何もだ。本も、新聞も、手紙も、筆記具も、工作道具も与えずに、石鹸と手ぬぐいだけを与えておくだろう[24]。

(……そうすれば、たとえ「リンゴを三つ盗んだ」だけの人間でも、ふたたび「労働」することを許されるために殺人の罪すら自供するだろう、というのだ。)

ヘスが自分に課した労働は、まず「矯正手段」として役立った。労働が「一日の大半を隙間なく埋めて」「一定の規則正しさを強いる」ことが彼には重要だった。「私は自分から進んで厳格なノルマを課した――そして仕事に際してはそれが一番肝腎なことであった。(……)こうして労働が、一日のうち多くの時間を通じて、役にもたたず神経を消耗させるばかりの思い煩いから私を守ってくれたのである[25]」。

さらに一九四六年にクラカウの独房でヘスは次のように書く。

いまこうして拘留されてみて、私は心から労働が恋しい。私の生活を完全に満たしてくれる筆記作業が課されたことに、どんなに感謝していることだろう。[26]

課された「筆記作業」とは、自伝の執筆であった。したがって、今この自伝が残されているのも、ヘスがふたたびあの「どん底」に落ちて、身体‐自我の崩壊する中でアウシュヴィッツを、もしかしたら「内側から」追体験しなければならなくなることを怖れたおかげなのである。彼がポーランド法廷のために書いたこの生活記録に見られる卑屈なほど誠実な姿勢は、刑をなるべく軽くしてもらいたいという願いとはまったく無関係であることだけは確かだ。しかし、どうか自分を一人ぼっちのまま自分の感情と向きあわせないでほしい、と温情を乞う願いとこの姿勢は結びついていたかもしれない（「もし諸君が私に書かせ、働かせてさえくれるなら、なんだって言おう」）。

兵士たちにとって、書くこと、特に日記を書くという行為そのものが、今述べたような効用をもっていたのは確かだろうとぼくは考える。だからこそ、これほど多くの兵士たちの手になる伝記が残されているのだ。夜が訪れ軍務が終わると、彼らは書くことを通じて身体を保持した。放っておけば自分たちの身体を引き裂きかねないものを、釘で彫りつけたような直線的な筆跡で無骨な文法の中に嵌めこんだのである。[27] 万年筆と紙は連結した一組の装置であり、身体甲冑の自己維持のために、文字の列と綴じた紙からなるもう一つの全体的機構を提供する。*2 書くことは感じないですむため、消滅しないですむための手段なのだ。

ファシズムが「労働」一般に対して抱く観念の本質は次の点にあるとぼくは思う。つまり、労働は男を生につなぎとめておくためのものであるが、それは労働が賃金を介して物質的な再生産を保証すると

彼らは血を捧げる　諸君は労働を捧げたまえ！　ヨーロッパをボルシェヴィズムから救うために（フランスのポスター，1941年）

いう意味ではない。労働という行為そのものが、自我を断片化と崩壊から守り、それによって自我を呑みこむ共生関係の侵入から男を守るという意味なのである。[28]

したがって、アウシュヴィッツ収容所の門に掲げられた標語は、大まじめに書かれたものなのだ。この標語はヘスが考え出したものではないが、彼はよくその意味を汲みとって擁護している。

「労働《アルバイト》はわれわれ《マハト》を自由に《フライ》する」という標語もまたアイケ〔テオドア・アイケ 一八九二―一九四三、ダッハウの強制収容所司令官。彼の指導下でダッハウは模範的収容所になったとされる〕の考えた通りに理解されるべきである。いかなる種類の囚人であれ、持続的かつ勤勉な労働実績によって衆に抜きんでた者については釈放する、これがアイケの断固たる本意であった――ゲシュタポと帝国刑事警察局はそれと対立する見解であったが。[29]（強調テーヴェライト）

ヘスの見るところでは、せっかくの良き意図を台無しにしたのは戦争であった。もしヘス自身が囚人の一人であったら、先の標語は実際に生きる支えになっていただろう。ともかくこの標語は指揮官であるヘスにとっても大いなる支えになった。

> 私は、自分の職務に誠実であろうとすれば、疲れを知らず休みなく収容所建設のために動き続けるエンジンであらねばならなかった。このエンジンは、親衛隊の人間であろうが囚人であろうが、だれであれ全員をひたすら前へ駆りたてて、繰り返し繰り返し引きずっていかなければならなかった。[30]
>
> 私の眼中には仕事しかなかった。[31]

ヘスは、部下の親衛隊員たちがこの労働思想を充分に尊重しないことに悩んでいる。

一九四二年以降、強制収容所が殺戮施設と化していくにつれて、彼にとって収容所は本来の意味を失っていく。ヘスの仕事は、収容所の建設ならびに拡張、つまり機能の保持であった。もちろんその中にも一定量の刑罰、虐待、処刑が含まれてはいた。しかし、これらの付随的なものが主目的になった時、収容所はもはや彼の気に入るものではなくなった。ヘスの仕事は、点検、介入、観察、命令を行ないながら所内を歩き回り、すべてが統制のもとに順調に機能していること、そして自分が尊敬されている人間であることを確認することだった。[32] アイヒマンによる囚人殺戮の命令を、ヘスはほとんど、自分の仕事を妨害するものだと感じた（アイヒマンはもっぱら事務的に仕事をこなし、収容所の仕事からは直接の満足を得ていなかった）。殺戮が横行すれば、自分の仕事は台無しだ。[33] したがってヘスは、結局のところ彼自身の自我の境界でもあった収容所の境界の助けを借りて収容者たちを（自分の内部に閉じこめられたものと同様に）飼いならし、境界内の秩序を維持するために必要な最小限の人数だけを抹殺するにとどめた。欲動対象に働きかけることで彼は充分に（ほとんど無感情に近いまで）「安定」していたために、せっかく安全に囲いこまれているものまで絶滅させる必要を認めなかったのである（彼にとって最大の脅威は、強制収容所からの脱走だった……何かが囲いから漏れだすからだ……）[34]。

ゲッベルスの小説『ミヒャエル』でも「労働」は最初からキーワードとして現われる。ところが作品が終わりにさしかかるころ、「労働」は闘争の下位概念であることが判明し、さらに「闘争」と「戦争」こそ根源的なものだとされる。「労働は救済をもたらす」と、ミヒャエルは言う。[35]「救済」とは、ミヒャエルの行なう「労働」のすべてが目標とする憧れの状態である。それは旧い人間たちからの救済、「内なる卑しさ」からの救済、そして、日記の中ではイワン・ヴィエヌロフスキー*3という名前で、ミヒャエルの敵対者として論争の場に現われるあの「誘惑者」からの救済を意味する。ミヒャエルは小説の最後で、「労働者」になるために鉱山に入っていくのだが、なによりもそこで彼には、陶酔を生むほど過酷

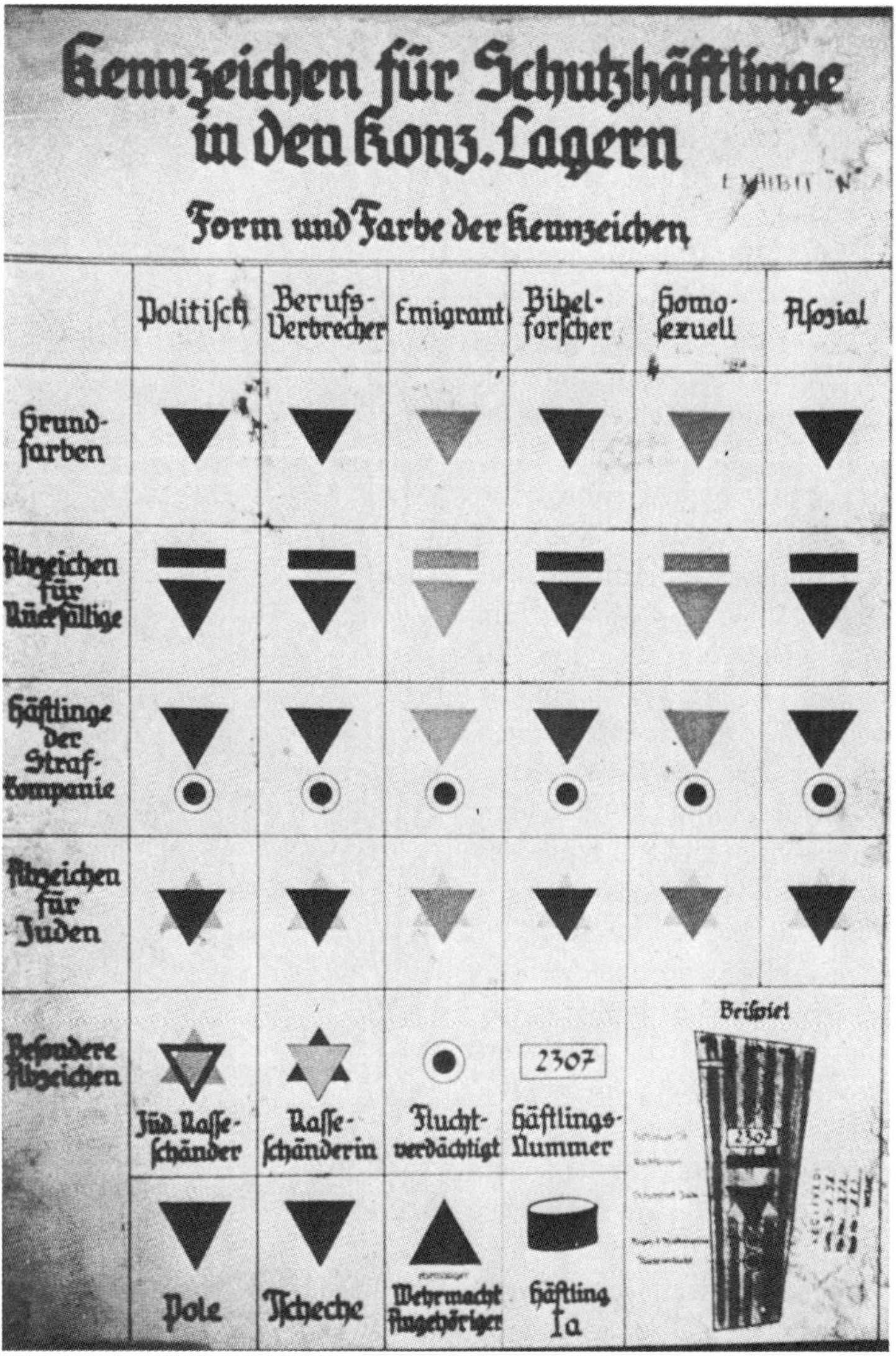

強制収容所の囚人たちにつけられた目印（横軸に政治犯，職業的犯罪者，亡命者，聖書研究派，同性愛者，反社会分子がならび，縦軸には基本色，重犯，懲罰房収監者，ユダヤ人，その他の特性〈ユダヤ人の種族汚染男性，同女性，逃亡嫌疑のある者，囚人番号，ポーランド人，チェコ人，国防軍兵士，Ia の囚人〉があり，貼付の例が示されている）

「嵐に祈る者」（フィドゥス「生の徽章」1908年より）

な労働を体験する可能性が開かれる。この労働が、しごきによる失神や陶酔感と同じように、「救済」を保証するのである。「私は、後継者にはなりたくない[36]」とミヒャエルは言う。自我の境界を脱する新たな機構の中で、みずからの力で生まれた新しい人間となること、そのために「労働」が役立つのである。「私はもはや人間ではない。私は巨人であり、神である！[37]」と、ミヒャエルは最初の労働を終えた日の日記に書く。内なるイワンを縊り殺すにはこれで充分だ。ただし、労働が賞賛される割には、鉱山労働の具体的内容はほとんど描かれないし、書く行為が讃美されてもその対象にはほとんど言及されることがない。

　さあ、これでまたこつがつかめた。調子がもどってきた。ページからページへ、ペンが飛ぶように走る。創作せよ、創作せよ！[38]

書くという行為は、炭坑で石炭を採掘する作業や、兵営で筋肉トレーニングを行なうのと同一の機能をもっている。それが向かうところも常に一つだ。

ついに自分は完全に自由になった！

私の内に奇蹟が起きる。一つの新しい世界が開けたのだ。

今や道は開かれた。労働を通して私が切り開いた道だ。われわれ全員が一度は救済のための労働を行なわねばならない。まずは自分自身に対し、次には他者に対して。

自分の生がまず克服されねばならない。そうすれば、時代の生を作り出すのに必要な強さを身につけられるだろう。[39]

新しい掟よ、立て。

闘争を意味する労働の掟、そして労働そのものである精神の掟。この三者の綜合《ジンテーゼ》がわれわれを内的に、また外的に自由にするのだ。闘争としての労働、労働としての精神、そこに救済がある！[40]

「綜合《ジンテーゼ》」という言葉もここでは呪文めいた意味で使われているにすぎない（哲学用語と結びつけること……これも労働だ！）三つのものは、結局は同義語だ。違うのはそれぞれの抑圧機能のあり方だけである。「闘争としての労働」において優勢をなすのは、主として肉体の制禦であり、「労働としての精神」においては、頭脳の制禦が優位を占める。しかし「労働」であることからすれば、それらはどれもが自己と他者に対する抑圧労働であることは変わらない。たとえばヘスが強制収容所の囚人たちを扱ったやり方は、彼が自分自身のさまざまな欲望や、無意識の生産力を扱ったやり方と大きく異なっていないといっても誇張ではないとぼくは考える。どちらに対してもヘスは拘禁と抑圧労働と死をもって答えたのだから。

ここにできる前線で戦う労働者の集団を、ゲッベルスは「政治的労働者層」と名づけている。NSDAP〔国家社会主義労働者党＝ナチスの正式名称〕のAの文字が指している労働《アルバイト》の本質については、決して隠蔽されていたわけではなかった。

労働者層というのは階級ではない。階級が経済的な概念であるのに対し、労働者層は政治的なものに根拠を置く。それは一個の歴史的集団だ。（……）労働者とはドイツ民族を内と外とに向けて解放すべき存在である。[41]

したがって、ナチスが「労働」について説き聞かせたのは、単なる「たわごと」などではなかった。彼らは労働とは、みずからの歴史、感情、出自、両親などから自由な、安定した自我をそなえた一個の人間としての再生の労苦にほかならない、としたのである。これから作りあげられるべきドイツの歴史によって、みずからの歴史からのがれること……「政治的労働者層とともに、われわれは新たに復活するだろう」。

精神分析はこのプロセスを「再誕生の空想」と名づけることで、案の定骨抜きにしてしまった。新しい人間になって、ついでに家庭からものがれようという試みは、精神分析の手でママ－パパ関係へと巧妙にと引き戻される。ユングはファシズムが本当に望んだのはママであり、近親相姦だとした（ゲッベルスのテクストはなんにでもシンボルを見たがる人には読み解きやすい。ヴァギナの坑道を抜けて子宮にたどりつき、ふたたび生まれ変わった者として自分からハンマーを振るい、労働に酔い痴れながら新たな人間を作り出す、というのだから）。

ユングよりは細部に敏感だったフロイトはそれを批判した。フロイトが言うには、ファシズムが望んだのはパパであって、しかも本当に求められたのはママの中にいるパパである。というのも、（母親の）

ナチス党公認による唯一の女性雑誌『女性の望楼』1940年５月１日号（「我ら労働者，農民，兵士は帝国を担い，建設する」と標語がある）

肉体の内部にはすでにペニスを思わせるものが一貫して存在していて、救済を求める者はそのために母体の内部に押し入っていくのだ。フロイトは再誕生の空想の背後に、父親を対象とする潜在的な同性愛的願望を見た[42]（お望みならこの解釈もゲッベルスのテキストから引き出すことができる。ミヒャエルは鉱夫長のマティアス・グリュッツァーに導かれて教育される。この人物は鉱夫の中で唯一ミヒャエルを受け入れ、守ってくれる人物であり、いわば父親的な慈愛に満ちた友人である。そして彼らは大地の内部で出会う……[43]）。

しかし「私はもはや人間ではない。私は巨人であり、神である」とミヒャエルが歓呼する、待ち望まれた再生が本当に意味するものをユングもフロイトもとらえていない。自分はもはや母親の息子ではない（だから、何をいまさら近親相姦を望むはずがあろう、あるいは、父親を愛する必要があろう）、大地の息子であり、自分自身の息子である。大地と、いまだに単なる「人間」でしかないすべてを支配するために作られた存在なのだ。

ぼくが間違っていなければ、ここに現われる願望は構造主義人類学がいう「直接的出自」を求める願望である[44]。両親につながる家系、血縁関係は切断される。——私は神の子だ。私を生んだ母は自然だ[*4]。「直接的出自」とは、あらゆる社会的な権力関係を飛び越えた、権力の継承を意味する。この権力は巨大な自我を生み出し、その巨大さは世界の境界と重なるほどである。ただし、ファシストたちの再誕生の空想では、世界と自我との関係は萎縮している。新たに生まれた自我はもはや神の子ではなく、みずからの生んだ息子、歴史の生んだ息子だからである（ゲッベルスも小説の進行する中で、キリストに成り代わる試みを放棄する。自分がキリストになったとすれば、父なる神とはだれだろう。父などこの世に存在するはずはない）。この世では、より大きな全体の一部としての新しい自我（ただし全体の境界は自我の境界と重なる）と「世界」が向きあうだけである。自我と世界の関係は、支配という関係に限られる。支配によってのみこの自我は崩壊することなく、生きることに耐えられるからだ。

したがって、ファシズムにおいて直接的出自は、大地の身体そのものと欲望との直接の結合をふたたび作り出す。この結合からはあらゆる流れが生まれ、堰を切って流れだすはずだ。ただし、それは欲望そのものが堤防や境界や自我であることを望まない場合に限られる。大地の身体の上に限りなく広がって増殖することを求める欲望のミクロコスモス的多様性の代わりに、ファシズムが現出させたのは、全体的身体である自我という甲冑の中に組み入れられながら、大地をまるごと取りこもうとする「欲望」である。そこからファシズムに特有の政治と欲望の関係が生まれる。政治はリビドーの備給を直接に受ける対象になる。そこにはなんの迂回路もなく、パパ‐ママ関係の烙印も押されず、因習や機構や歴史的制限も一切ない。一方、「自我」は、たいていの場合はより大規模な全体的自我の断片にすぎないことから、「われわれ」という形で連帯して、世界の残りの部分、星屑の全体に向きあう。

> そうだ、われらこそ世界の支配者にして、海上の王たちだ。
> 　領空の支配者にしてドイツの篤実なる息子たち、かつて大地が生んだうちでもっとも戦いにたけた者たちだ。
> 　海兵隊、太陽の鳥たち！　これぞエアハルト師団の合言葉である。[45]（プラース）

闘いを前にしたユンガーはこう言う。

> ここでは世界精神に直接手助けされて、思いのままに暴れ、作り出すことができる。ここで歴史はその焦点において体験される。[46]

これを誇大妄想と呼ばずになんと呼ぼう。彼らは両親から離れ、何ものも意味しない血縁関係からも

「旗が立てられた！」（シュヴァイツァー－メルニル）

Der Vormarsch

★ Blätter der Wikinger ★

Sondernummer zum Gedächtnis der Brigade Ehrhardt

Wir stießen den zerbroch'nen Schaft / Der Fahne in die Erde — — / Und sieh! Gott gab ihm neue Kraft / Und sprach von neuem: „Werde!" / Der Stamm schlug tief die Wurzeln ein, / Auf daß er ewig lebe, / Hell strahlt im gold'nen Sonnenschein / Der Flagge morsch Gewebe. / Die Herzen hoch, den Kopf empor, / Kämpft wider Schmach und Lügen, / Das Schwert zur Hand, das Banner vor! / Wir wollen, müssen siegen!

ヴァイキングたちの冊子『前進』エアハルト師団記念特別号（われらは折れた旗ざおを大地に突きたてる．／すると見よ，神は新たな力を与えたまい／ふたたび「成れ」と命じられた／旗は木の幹となって根を張り／永遠の命を得る／黄金にきらめく陽光のもと／脆くなった旗の生地が輝く／胸高鳴らせ，頭（かしら）をあげよ／屈辱と嘘とに戦いを挑め／剣を手に取れ，旗を押し立て／われらは勝利せねばならない）

「皇帝」(ギュンター・ブルス「鬼火」フランクフルト，1971年より)

CUNT COMICS
NO. 1
1969
PISS ON YOU EARTH!

make yourself happy
fuck the world
THEO VAN DEN BOOGAARD

マリリン・モンロー

離れようとする。「歴史が私を免罪する」のだ。

彼らは考えうるあらゆる共生的統一体のうち最大のもの、すなわち「われ／われわれと歴史」という統一体の支配者として、歴史の秘密のプランを遂行する。それが彼らのいう「自由」の意味するものだ。それが訪れる日までわれわれは休むわけにはいかない[47]……。

生まれきらない男たちは、迫り来る自我崩壊をくいとめるために、自分たちの「われ（自我）＝われわれ」を絶え間ない労働（相手を服従させる労働）によって産出していかねばならない（それが解体に代わる救済をもたらす）。そのために彼らは、生きのびるための共生の母体として、最終的には世界全体を必要としている。世界という完璧な全体の中で、はじめて生は復活するのだ。

あらゆるファシズム的「労働」がめざすのもそこである。「労働――戦争！[48]」――崩れかかる石炭の山の下敷きになって死ぬゲッベルスのミヒャエルは、最後にそうつぶやく。

当時のドイツ人の大多数が、「労働」についてこれと同じ考えを持っていたに違いない。それは、ファシストたちが行なった失業対策が、みごとに成功したことからもわかる。彼らは経済的措置によって失業を解消したのではなかった。失業者たちを路上から一掃して別の場所に誘導し、立ちつくす群れを勤労奉仕団の隊列に編成する一方で、国家財政の避けられない破綻を平然と受け入れたのである（なぜなら、財政破綻は、興奮した群衆と違って全体像を破壊することはないからだ）。ファシストたちがシャハト（ヒャルマー・シャハト、銀行家・政治家。ワイマール共和国の帝国銀行総裁として対インフレ政策を立案。後に右傾化してヒトラーの政権誕生を助け、一九三九年まで帝国銀行総裁、経済相、戦時経済相を兼任する。ゲーリングとの競争と四カ年計画への批判により退任）の警告を「理解」しなかったのだという説を真に受けるのはあまりにもナイーヴというものだ。彼らは、結局は戦争がその問題を解決するかしないか、二つに一つだ、

「天体観測」（フランツ・バイロスのスケッチ，「アフロディティの園」の私家版より）

ということを知っていたのである。「全員が労働している」という状態が、すべての者が持ち場につき、境界が安全で生き残りが保証されている状態を意味するならば、「失業」とは単なる経済問題ではないのである。解体を阻止し、失業者の群れを路上から一掃することは、失業中の労働者の一部にとってすら、おそらく問題の経済的解決以上に重要なことだった(今日でも事情がどれだけ違うだろう)[*5]。仕事がなければ人が飢え、凍えるのは確かに問題であるとしても、それは副次的問題にすぎない。全体的機構が維持され、自我の境界が確立されるならば、多少の死者が出ても仕方がない。こちら側に「われわれ」がいて、あちら側には「おまえたち」がいる。——どちらがどちらを呑みこむか、そしてだれが無傷で助かるのか。これが問題なのである。

自己維持過程としての「労働」が、「生まれきらない人々」の通常の存在様態である。マーラーが「精神病的」小児が生き延びるための試みとして分析した維持機構は、「正常」な自己維持がもはや機能しなくなったり、あるいは社会的な全体＝自我＝境界の欠落によって、この機構が効力を失うような例外的事態の中ではじめて稼動しはじめる。しかしぼくの見る限り、いずれの場合にも、このメカニズムが働く原理そのものは同一である。

みずからに命令を与えること、身を引き締めること、あらゆる形態の意図的な自己統制——油断なく注意を向けること、絶え間ない観察——「自己鍛錬」のための肉体トレーニング——「男らしい」態度、誇示するための毅然たる姿勢——「われわれ」と称されるもの、すなわち住宅共同体、隣人、協会、党、民族団体、アーリア系白色人種等々の中に入りこもうという絶えざる衝動、——何かを行なうために常に活動していること——秩序づけるとともに、感じずにすむために「書く」こと——耳を貸さず、相手を呪縛するために語ること、「角石に角石を積みあげること」——その他数多くの、似かよった構造をもつ活動は、主に自我の安定を維持するために行なわれる限りでは、白色テロの日常的形態、あるいは「民間的」形態として理解していいだろう。レト-フォアベックにとっては、暇さえあれば夜中の猟に出かけることがこの維持機能を果たしていたものと見える。メルカーにとっては「男の規律」をのべつ口にすることがそれにあたる。彼が自慢するところによれば、この言葉を口にするだけで、作りが違う男たちは早々に義勇軍から退散していったというのもよくわかる。あるいは次のような言葉。「まともな行進をできることがわれわれの身につけた最良の能力である。アルファにしてオメガ、永遠不変のものだ、と彼は大声で叫んだ」。これはハインツの小説『爆薬』の最終ページからの引用である。小説の結び文句はこうである。「そしてみんなが仕事についた。――」

先にあげた兵士たちの一連の行動も、その心的機能からすれば、人間相手のあからさまな破壊・殺戮行為と原理的には変わるところがない。違いといえば、自己維持にともなって生ずる快楽の強度が、兵士個人の行動では一段低いことだけである。この場合、一連の行動は自分自身の自我を対象にしている場合が多く、その意味でより「ナルシスティック」な性格を帯びている。外部の対象に向けた殺戮はむしろ副次的な産物で、無視や排除の結果でしかなかった。レト-フォアベックの狩猟は本格的な殺戮に至るまでの中間点に位置している。

たえずみずからを産出し、みずからを維持する甲冑化した自我は、息抜きという言葉を知らない。肉体の全組織は常に戦闘に備えて構え、常に圧迫下に置かれていなければならない。感覚器は何ひとつ知覚することができないまま、常に覚醒していなければならない……（「怪物を生み出すのは、理性の眠りではなく、眠ることなく何ひとつ見落とさない合理性である[49]」とドゥルーズ/ガタリは言う。だが、兵士たちの場合にもぼくたちは「合理性」を持ち出すべきなのだろうか）。

106. Arbeitslose vor einem Berliner Arbeitsamt

107. Arbeitsuchender in einer Berliner Straße

108. Eröffnung des Autobahnbaues durch den Führer

109. Reichsarbeitsdienst marschiert

写真106：ベルリンの職業安定所前に集う失業者たち．写真107：ベルリン街頭の求職者「いかなる仕事であれ，すぐさま請け負います」．写真108：総統によるアウトバーン建設の鍬入れ式．写真109：勤労奉仕団の行進

四　「生まれきらなかった者」の自我に関する雑多な考察

ファシズムと家庭

家庭におけるファシズム的政治は甚大な破壊力を持ったダブル・バインドを強いる。たとえばライヒが言うような、ナチスは家庭を支持したという説は限定的にしか妥当しない。ナチスは家庭を破壊しもしたのだ。

「生まれきらなかった」男たちの自我は、家族の三角構造とは心的にはなんの関連も持たない。具体的に言えば、審級としての父親は生まれきらなかった男にとって無意味な存在だ。人格としての母親も彼にとっては意味を持たない。家族の強いる境界を破壊することで、この自我はモル的な統一体、すなわち他者、祖国、宇宙といったさまざまな統一体と向きあい、それを自分の中に取り入れるか、あるいは自分をその一部に組みこもうとする。心的構造からすれば、彼の内実は反‐家族的なのである。

とはいえ、社会的審級としての父親、人格としての母親、主要な居場所としての家庭が強力に存在し続けることに変わりはない。この三者は生まれきらなかった男たちの社会的甲冑の一部を作り出し、外的な自我の一部になり、彼らはそれに身の丈を合わせる。というよりこの場合は身の丈を合わせざるをえない。家族の成員に対する家庭の社会的権力は部分的にしか破綻していないからである。ファシズム国家は家庭を、自我の境界という秩序の構成要素として利用し、その機能を強化した。しかし、世界を足下に従えようとするこの国家の思惑からすれば、家庭は本来は邪魔者なのだ。

ブッヘンヴァルト荘　KZ876「最初の布告を行なう．当局はいかなる者にも新たな住居を提供する．200階建て，市の中心にある新築の立派なアパートだ」（ギルバート・シェルトン作「素晴らしきイボイノシシ」より．『ラジカル・アメリカ』〈1975年〉所収）

(左) 女たちよ！　仕事を持たない男たちが何百万人もいる
将来の見こみのない子どもたちが何百万人もいる
ドイツの家族を救え　アドルフ・ヒトラーを選べ
(右) ふたたび幸せな未来が手にされた　12月４日は総統に感謝を捧げよう
〔1938年12月４日にヒトラーはドイツと隣接したチェコ領ズデーテン地方を併合した〕
失業問題とズデーテンの併合は父親なしに片づけられた

この思惑に沿って、ファシズムの家庭政策も両面作戦をとった。ファシストたちは一方では父親の因習的権力（子どもの絶対的服従）と、偉大なる産みの母の地位を温存した。しかし、返す刀で家庭から教育権を奪い取り、子どもたちを党の組織であるヒトラー・ユーゲントやＢＤＭ（ドイツ女子青年団）に所属させてじかに総統への忠誠を義務づけた。家庭の要求するものと総統の要請に軋轢が生じた際には、子どもは総統の側について両親をスパイすることを強要された。党の青年組織は家庭内の私的で限定された利害に対して、未来にかかわる壮大な任務と世界支配というドイツの使命を提示して、精神的満足を餌に青少年を誘った。これは家庭ではどうやっても充たされない欲求である。[2]

家庭は精神的な満足を与えてこそ、さまざまな人間関係の形づくられるコミュニケーションの場、庇護の場として人間的な基礎を作るはずなのに、この機能が奪い去られることでそこは因習的な支配を温存するテロルの場と化す。

ダブル・バインドは、家庭を表立って攻撃することへの禁止から生じる。「父や母を敬わねばならない」と命ずる声は国家の側から増幅され、そのくせ国家は父や母たちから尊敬に値するものを根こそぎ奪い取るのである。

両親を敬わねばならないという命令は、したがって甲冑の他の部分同様、殴って教えこまれなければならない。ここで問題になっているような自我をそなえた子どものうち、だれ一人両親を実際に愛したり、尊敬している者はいない。逆に、子どもは実体を欠いた両親の支配のもとに置かれ、それをテロルと感じざるをえないために、両親を憎む。

特に憎しみの対象となるのは母親だ。しかし子どもが実際に憎んでいるのは自分の内部にいる母親だ。自己憎悪と、みずからの生命の軽視とあらゆる肉体的苦痛として現われる自己破壊的な傾向は、あたかも自分のうちに取りこまれた「悪い」母親に対する懲罰のように見える。これは母親が「生まれきらなかった」子どもを身を切るような寒さのうちに放置した過ちに対する復讐なのだ（その一方で、実際の母親への尊敬が強要される）。兵士たちが武器で女性の肉体を毀傷するのは、したがって最終的には母体への「退行」をめざしているのでも、性交をめざしているのでも、架空に想定されたペニスの切除をめざしているのでもない（たしかに兵士たちのテキストでは部分的にはそれらを暗示する記号が頻繁に登場しはするが）。女性の肉体の毀傷はむしろ、あらゆる虚偽と悪の根絶を目的に行なわれる。この根

1

2

3

第2章 − 4　350

4

5

6

テーヴェライト家のアルバムから
1　アイヒェンローデ駅，1933年．両親とぼくの三人の兄と姉
2　ブルーノ・テーヴェライト，父（左から二人目）
3　1938年，軍隊で．右から二人目が父
4　この写真の裏には父が，「1950年の年末，ブレートシュテット，建設(アウフバウ)！」と書いている
5　フーズムのブレートシュテットにあった住宅，1948年から1954年
6　グリュックシュタット，1957年．ギムナジウムの６年生（第10学年）クラス，若造たちと大柄な娘たち

前線の都市フランクフルトは守られた（戦争も末期になると年寄りにも名誉が与えられる）

絶を通じて自我はより良い世界で新たに生まれ変わることができるのである。

そのために、妊娠した女性への攻撃は、それが可能な場合には、避けられるどころか強いて求められたのである。ドヴィンガーの小説の主人公パーレンは、「アカ」たちに対する殲滅を「子宮の中の子どもに至るまでの殲滅」とし、それが「私の言う意味での殲滅だ」と言い張る。[3] やはり子どもをはらんだ女性の殺戮と、子宮から胎児を抉り出した生々しい体験を、つい最近もヴェトナム帰りのアメリカのGIが自己懲罰の意味で書いている。[4]

「生まれきらなかった」男たちもまた、女の腹から、これと同じ誤った道を通って生まれたのである。[5]

「戦争を廃絶することは、母親が子どもを産むのをやめさせるようなものだ。子どもを産むことだっておぞましいことだ。生あるものはすべておぞましいものなのだ[6]」とゲッベルスの『ミヒャエル』にはある。

つまり、「生まれきらなかった」男たちは、子どもを産むことを女性たちに強いながら、女性の出産能力を憎しみと復讐の対象にするのである。

ぼくたちの時代にも妊娠した女性の肉体の美しさは隠されていて、逆のものが強調される。デパート

ボルシェヴィズムは家庭の敵（イタリアの反ボルシェヴィズムのポスター．下に「家庭とは文明諸国のもっとも忌まわしい発明品である」というレーニンの言葉が引用されている）

アルトゥーア・レッセル「誕生を待つ母」(ベルトルト・ヒンツ他編『ドイツ・ファシズムの画家たち』フランクフルト，1977年より)

やブティックで自分の着たい服を探すことに慣れた女たちは、いざ妊娠するとこの可能性が制限されていることに気づくのである。マタニティー・ドレスには見栄えのしないものしかない。

退行

マーガレット・マーラーはこう述べる。

> 母親を介してもっとも原初的な現実意識を獲得する能力において本質的な欠損が認められる精神病の子どもが、この欠損があるために現実に対して疎遠になったと考えてはならない。実際には、彼らは外的現実に関して一度たりとも確証を持ったことはないのである。[7]

したがってマーラーによれば

> 精神病の子どもの精神内的状況は、なんらかの周知の発達段階への退行とはなんの関係も持たない。[8]

この指摘は、外側から比較的安定した身体－自我を与えられた「生まれきらない」男たちにとってどんな意味を持つのだろうか。

彼らもまた、その自我－甲冑が断片化したとき、口唇期なり肛門期、乳児期、胎児期といったなんらかの周知の発達段階に「退行」するわけではない。維持機構が作動する場合に、彼らが影響下に置かれる心的運動は、後戻りではなく状態の変化をもたらす運動である。戻ろうにも、いったいどんな段階から「戻る」というのだろう。

退行が行なわれるには、ある一定の発達段階にまで達していることが前提される。フロイトは心的機構を、機能上ないしは構造上のヒエラルキーに階層づけられたものととらえた。主体は困難な葛藤を経験した場合（分析に際してもそれは起こる）、このヒエラルキーにおける心的な到達段階、たとえば昇華の能力なり二次過程の機能なりを獲得した段階から、より「低次」もしくは「以前の」段階や、通常の行動ではすでに形式的にも時間的にも通過したはずの行程へと「退行」するとされる。[9] ところが、生まれきらなかった男たちには、これらの心的段階がまったく欠けているか、あるいはごく不完全な形でしか存在しない。彼らの自我を安定させる支えは外部からもたらされる。その支えがなくなったからといって、「退行」する必要はない。突然、今まで隠されていたもの、せき止められていたものがあからさまな形で顔を出すだけである。統合された心的機能を持つ個人の場合、退行はゆっくりと段階的に進行する。それに対して、生まれきらなかった男たちの場合には、退行に際して現われる状態とは異なり、質的には区別のない種々の状態の間で急激な交替が起こる。[10]

生を維持する機能は、「生まれきった」人間の場合には快感原則そのものを実行に移す。またそれはオイディプス的人間の場合には、検閲や遅延、迂回、昇華といった能力として現われる。外的な自我しか持たない「生まれきらない」男たちでは、この機能は形成されないまま、社会的な制度や因習、指揮官といった外部の全体的機構から与えられる。さらにこの機能は彼らの身体において、もっとも広い意味での姿勢という形で存在するが、よく鍛えあげられた男においてさえそれが鞏固なまま保たれることはめったにない（筋肉は自我の構築には不向きな材料なのだ）。

彼らに固有のものといえるのは無秩序な欲動である（これだけは常に存在する）。外部からつけ加えられた身体甲冑を維持するには骨が折れる。全体的機構に備わった比較的堅固な社会的自我は、男たちがその一翼を担おうとも、いかなる意味でも彼ら自身のものとはいえないのである。

白色テロルの決定的な特色は、攻撃的潜在力が常に現前していることにある。ここでは知覚構造が破壊されて攻撃衝動が顕在化するための長いプロセスを必要としない。生まれきらない男たちは、他の人々が「退行」していく段階にいつも片足をかけたまま生きているのである。

分析の可能性

なぜこのタイプの人間が精神科医の分析室や精神病院にではなく、政治の場面に出現したのかが今やよりはっきりと理解できる。

その理由は第一に、彼らには自分を支える外的な自我があるために、自分が病気だと判断する必要がなかったことにある。外的な自我が健在である限りは、彼らもまた健在で、現実に適応できた。ヒエラルキーをともなう共生的な構造体（そのうちもっとも満足のいくものは「われわれ」と世界全体との共生状態である）の中で優位を占めようという彼らの欲求が、必然的に政治に向かわざるをえないことについてはすでに見たとおりである。

しかし彼らが分析しがたいのには、より深刻な理由がある。なるほど彼らは、自我の安定した構造を持たない精神病の患者には欠けている言語使用能力を有している。だが、彼らは何について語っているのだろうか。彼らの言語が身体甲冑の役割を果たしているとするなら（ぼくはそう思うのだが）、それは常に防衛として口にされる。この言語からはそれ以外の何ものも期待できないのだし、心的葛藤の核心に通ずるような「連想」もそこから生じようがない。したがって言葉は葛藤への洞察を可能にすることはおろか、変化をもたらす素材にもなりえない。ここでの法則は、言葉が発されている限りは何も起こりえないということだ。発話の意味するものは、身体‐自我が持つ他のもろもろの機能同様、障害の

「活性化」と「発散」であり、それは精神分析が治療に際してはっきりと禁じているものである。その他にも精神分析は患者の退行の能力、すなわち以前の段階や行程に戻る能力を前提とする。いったん以前の段階に戻り、それから患者がたどった経過を分析者への転移を通じて擬似的に再現し、それについて語ることになるのである。ところが生まれきらなかった男たちは退行しない。一つ一つの人格がもはやまったく区別されない状態に彼らはいる（したがって転移もありえない）。この状態において言語は一次過程的に、すなわち、ある特定の知覚同一性に最短のルートで到達するために発される。これがこの言語の第二の機能である。言語はここで、自己維持という欲求を充たすために直接に利用されるのである。この機能を果たす言語は、分析者にとって比較的解明が容易である。しかし、患者との共同作業の道具としては、第一のものとしてあげた防衛機能同様、役に立たない。

　彼らの言語が、その象徴的な意味を読みとろうとする者にとって容易に解釈できるように見えるのは実は罠である。それは反ファシズムの闘士たちがこの言語を「愚か」であるとか、「政治的には無意味」と評したときに陥ったのと同じ罠である。

　どちらの見方も、この言語を生み出した心的構造を無視するとともに、その心的・政治的な起爆力とエネルギーを無視している。それを過小評価せざるをえないのは、この言語が何を語っているかに注目し、どう機能しているかを見ないからである。「何を語るか」の次元であれば、解釈者たちは自分たちの言語の意味内容と比較して無造作に自分たちの「優越」を確信するだけでこと足りる。「ファシズムは勝利するはずがない、われわれのほうが賢いのだから」――この物言いはおそらく一九二〇年代の左翼によるファシズム「評価」の大半に含まれているはずである。

　一方、この問題に対し、精神分析の側から答えが出される可能性があるとすれば、それはフロイトが厳しくそむけ、精神分析にかかわる世界ではいまだに重大なタブーとなっている手続き、すなわち、患者の身体を治療の中に直接含めて考えることにあると思われる。[11]

ギゼラ・パンコウは、自分たちの身体境界がまったく不鮮明で、ここで問題になっている男たちのように外側の全体‐自我によっても装甲されない、いわゆる「精神病」の患者たちを扱うためにこれまでとは別の方法を提案している。

パンコウの治療は、しばしば身体の一部しか体の全体として体験しない患者、すなわち自己の肉体を毀損されたものとしてしか体験しない患者の身体境界を承認することをめざしている。彼女によれば、「感じ取られた肉体の断片一つ一つが、精神病の進行する中でやっとの思いで獲得した、患者にとっては堅固な土台なのである」[12]。

全体的甲冑のなかに閉じこめられている兵士的男性に対しては、精神病患者とは違って彼らの身体の開口部を承認し、その肉体の内部を認めてやることがおそらく重要だろう。そのことで、たとえ体表面が快感によって活性化された場合にも、自分の体が解体され押し流される恐怖に彼らが取りつかれることはもうなくなるだろうから。

意識

「論理的」あるいは「批判的」な思考がまったく欠けているにもかかわらず、兵士的男性たちは緩慢でも愚鈍でもない。彼らの意識はただ一つ、身辺から世界情勢まで、およそ起こったことのすべてを観察し、支配のもとに置こうとする断固たる試みに集中している。彼らの意識は、脅威にさらされた人間特有の意識であり、苦悩する意識である。身体は、粥状のものに襲われて沈下が訪れることをたえず予感し、意識はこの危難がどこから来るかを知ろうと四六時中神経を尖らしている。

ゴットフリート・ベンは意識に課される苦悩について、いつも番犬を置いて守ることの苦悩だとして嘆いているが、これは現実の経過をたえず理解しなければならないことへの嘆きではない。「意識」とは、危難に際して眠りこまない能力をさすのであって、四六時中身を脅かしている危難があるがために、意識は弛緩することも、享受することもできないのである。これがベンの言う「懊悩」なのだ。

記憶

いくつかの日付が兵士的男性の脳裡に記念碑のように植えつけられている。一八七〇年九月二日のセダン戦勝記念日〔セダンはフランス北東部の都市で普仏戦争の激戦地。ドイツはセダンを攻囲してフランス皇帝ナポレオン三世を降伏させ、大勝利を記念してこの日を戦勝記念日とした〕。一九一四年八月一日、第一次大戦のドイツ国民の英雄的な戦闘が開始された不滅の日。そして一九一八年十一月九日の敗戦の忘れがたい恥辱の日付。特別な地名もある。まずアナベルク——ここでポーランドを打ち破り、屈辱が雪がれた。将軍廟——ここでバイエルン州知事カールが裏切った〔第I巻三九頁を参照〕。シャゲラク——海戦の勝利の旗を高く掲げた場所〔第II巻二六二頁参照〕ここも決して忘れられない。

気づくことは、記念の日が記憶のうちに呼び出される原因となるのは、たった二つの情動だけだということである。一つは復讐欲であり、もう一つは、「再生」のきっかけをなす偉大な出来事に対する特別な歓喜である。

彼らはまた、子ども時代も黄金の日々として、かけがえのない偉大な記念日のように描いている（ただしこれは現実的な記憶の痕跡を少しもとどめない。学校時代についてもそうである）。いくつかの「突出した」出来事が何度も繰り返して思い出される。それもいつも判で押したように同じ形で再現され、ディテールの逐一も忘れられてはいない（この千篇一律は、ファシストの書くテキストを戯画化する際の格好の標的だ）。

マーラーは、「ある特定の情動に充たされた過去の状況を忘れることができない」一人の患者を例に挙げながら、「異様な心身的記憶」について述べている。[13] それによれば、この状況にかかわる記憶は回帰するたびに必ず、当初の情動を少しも弱めずに丸ごと誘発する。

「ここでは自我の断片化のために、腸管運動や口腔内の空腹感、排泄に際しての感覚、むかつき、嘔吐感といったものが統合されていないように見える」[14] とマーラーは述べ、その結果、不快な状況が訪れるとそのたびにこれらの感覚がばらばらなまま、強烈に自己主張を始めるのだとする。

こうして一九一八年十一月九日は「巨大な嘔吐の日」となる（それを思い出すだけでおれの胃はひっくり返る）。

もう一方には、考えるだけで気持ちがすっかり安らぐ思い出がある……。皇帝の誕生日のパレード、子どもはみんな白い晴れ着を着ている…。それを思うと目は輝き始め、体はひとりでに「気をつけ」の姿勢をとる。彼らの記憶は身を引き裂きもするし、融合もする。

この記憶にとって、決まりきった文句を誤り一つなく呼び出すことは造作もない。丸暗記したもの、命令、禁止、体験を記念する一里塚、「基礎知識」、いくつかの歌と詩、といった類のものだ。特定の言葉を耳にすると、合図に合わせたようにたいていの老人たちの目が幸せげに輝くことがある。ああ、あれだ、あの名前、あの一節だ……。

「コゼンツァの夜にささやくもの」とか「ブゼントの岸辺の黒い波」の合唱とかはだれも忘れなかった歌である。あの時世界は完全に秩序だっていて、どの言葉もあつらえ向きだった。

新しいものはとんと受け入れず、耳にしたこともまもなく忘れてしまう老人たちや酔っ払いも、教科書に載っていた詩や、知識の大枠となった事項ならまだまだ諳んじることができる。そこでは「脳」が語っているのではなく、断片化した身体‐自我の残滓が言葉を発しているようだ。この記憶の働きもまた、甲冑の維持機能の一つであるかに見える。甲冑を保持することがかつての学校教育の目的だった。あることをひたすら繰り返して叩きこみ、記憶に植えつけること。記憶が十分に根づけば、生徒は輪郭を獲得し、正しい姿勢を身につけるとされた。いわばコルセットとしての知識だ（名句・慣用句のことをドイツ語では「翼のついた言葉」というが、それと対比すればこれはさながら「装甲する言葉」だ）。

この丸暗記が良いものとされているのはとんでもない間違いだ。当の本人がどれほど多くを忘れてしまったかを考えてみれば、この「記憶」なるものがどれほど惨めな代物か察しがつこうというものだ。維持機能だけをとりあげれば、記憶の性能は抜群だ。それはしっかりと封をする。ところがこれらの記憶の石ころがあればあるほど、人間は新しいことを受け入れるのがますます困難になる。

記憶力の衰えが老いの結果だという説は、おそらく部分的にしかあたっていない。記憶力は、身体‐自我の維持という課題による消耗の度合いに応じて衰えることがあるかもしれないが、選りすぐられた少数の事がらに対してはむしろ研ぎ澄まされ、きわめて正確にそれを覚えているものである。

何かを手につかむ

マイクル・バーリントは、共生的二者単一体からあまりに早期に脱した人間においては、安全な支えを得たいという充たされない欲求が、ある対象にしがみつくしぐさとなって現われることを取りあげている。このしぐさは、脅威をもたらす物体がいついかなる時にそこから出現して自分を滅ぼすかもしれない「空虚な空間」に対する恐れを打ち払う役目を帯びている。バーリントはつかまれるものを分離不安的対象と呼んでいる（分離不安には、恐れたり、ためらったり、不安を感じたり、しがみつくという意味が含まれており、この種の物体を必要とするタイプは分離不安症者と呼ばれる）[15]。

「『溺れるものは藁をもつかむ』ということわざがこの行動を見事に言い表わしている。どの言語にもこの言い回しがあるのは大いに意味のあることだ[16]」とバーリントは述べる。

「空虚な空間」に現われる怪物に対する恐怖や、逆に「空っぽの広場」という知覚同一性を取り戻そうとする志向については、すでに兵士的男性の主要な特徴として見てきたとおりである。たとえばユンガーは、夕刻のブリュッセルのたそがれ時が不意に危険に満ちたものと思える瞬間について書いている。「空間は冷たい無限の中へと滑り落ちて行く。ぼくはまるで邪悪な力にすべもなく翻弄される極小の原子の粒にでもなった気がした[17]」。

ウィニコットの説を受けてバーリントは分離不安的対象を、ぬいぐるみや布の切れ端のように小児が母親の不在を破綻なく切り抜けるための助けとなり、かつ後の対象関係における対象のモデルとなる「過渡的対象」を引き継ぐものと見ている[18]。過渡的対象は母親の乳房を直接継承するものとして機能し、もし発達に支障がなく、子どもが対象関係を形成できるまで成熟すれば、やがてこの対象は消える。

スピッツを抱いて，乗馬杖を肌身離さず携えたベルトルト大尉のもっともよく知られた写真

しがみつくしぐさがなくならず、成人においても別な形をとって持続するならば、それはなんらかの障害の存在を示すことになる。しがみつく行動は必ずしも手を使って行なわれるものだけを指すのではなく、首や下あごの筋肉の緊張（たとえば歯を食いしばること）や、全身で直立不動の姿勢をとることなどもこの行動の一つに数えられる。

バーリントは「分離不安的」な物体を列挙しているが、その結果、道具（鉛筆、絵筆、ハンマー、バイオリンの弓など）と、直接の実用性を持たない物体（王笏、指揮棒、十字架など）との区別は消えてしまう。[19]その形態もきわめて多様で、混乱を招きかねない。

バーリントの説どおりだとすれば、綱渡りの曲芸師が持っている杖は、猛獣使いの鞭は、知識人のパイプは何を意味するのだろうか。

モーゼの掌の中で杖は蛇に変わってファラオの蛇を食ってしまったというが、そのモーゼから始まって、男性の英雄たちはなんらかの杖を手に握っている。それは王笏の場合もあれば、十字架を象った杖の場合も、聖ゲオルギウスの槍やジークフリートの剣の場合もある。魔法使いは魔法の杖を持っていたし、将軍は幕僚《シュタープ》（＝指揮棒）たちと作戦会議を開く。賢い男は立派な文体《シュティル》（＝尖筆 Stiel のeは昇華の結果消えている）で書き、教師たちは竹の指し棒と人差し指を駆使する。ヴィルヘルム二世はといえば、この分野でも目立ちたがりで、麻痺して曲がらない腕をぶら下げていた。

ドイツの将校たちはいつも杖のような棒を持ち歩いていた。戦闘に際した義勇軍指揮官たちはそれを握っているばかりではない。

部隊司令官ローデンホルムが悠揚と、鉄の冷静を保ちながら前線を視察していた。荒れ狂う毒蛇のように飛び交う弾丸が司令官の周囲でうなってその血を、命を奪おうとする。しかしどれも空をかすめるばかりだった。まるでローデンホルムの掌でゆっくりと上下に振られる乗馬鞭が弾を四方へと逸らすかのようだった。[20]

手に握られたものはときに攻撃的な作用をおよぼすこともある。陸軍中尉フォン・マルツァン男爵がバルト地区で機関銃掃射を浴びたときのことだ。

どうしてそんなことを思いついたか今となってはわからないが、私は散歩用の杖を振りあげてボルシェヴィキどもを脅し、しばらく銃撃を止めろと叫んだ。すると本当に奴らはその場を放り出して逃げ去り、われわれはその後を追撃した。[21]

ボルシェヴィキの敗走の原因がなんだったにせよ、ともかくマルツァンは杖のおかげだと思いこんでいる。

ゲングラーの伝えるところによれば、「鉄の男」ベルトルトはドイツの降伏の後にも「しばしば乗馬鞭を掌にして散歩している」ことで共和国側についた士官たちの神経を逆なでしたという。[22]

ドイツの将校たちが乗馬鞭で軍靴の踵を激しく打つしぐさは、鞭の握りでテーブルや椅子の肘掛をこつこつとたたいて注目を要求するしぐさとともに有名なものだ。ヒトラーは河馬の皮製の鞭を持って歩き回った。[23]

分離不安症者が武器の実用的な使用法に異義を唱えている例もある。一九一八年十一月九日の敗戦以降、革命派の部隊は銃を下に向けて持ち歩いた。「銃の先で糞の中をあさるのが当節の慣わしになってしまったらしい」とザロモンは書く。[24]「赤い端布を首に巻き、銃を地面に向けた連中がベルリン中をむさくるしい風体で徘徊している[25]」のをラインハルト大佐は目にする。共和派がみずから制服の肩章を剝ぎ棄ててこのかた、銃口を地面に向けるのは革命的な新習慣で、それにもっとも腹を立てたのは兵士たちだった。兵たるもの、銃はまっすぐに捧げ持ち、銃身をぴったりと体につけるのが正しいので、これははるかに窮屈だが「兵士にふさわしい」姿勢なのだ。

バーリントは分離不安症を解釈するに際して、オイディプス的解釈と基底欠損を原因と見る解釈の間で大きく揺れている。オイディプス的解釈によればこれらの物体は「第一に、信頼にたる、愛する母親と等価で安心をもたらす象徴であり」もしくは「強力で決して萎えることのないペニス[26]」を意味する。しかしバーリントは著書の末尾で次のような結論に達する。

分離不安症者が手にする対象は、ある意味で彼の甲冑の一部であるような印象を受ける。[27]

この指摘はまさに我が意を得たものだ。それは精神病の小児が自己維持行動をするにあたって「正しく知覚された人物」、すなわち母親にしがみつくのではなく、「大いに割り引かれた」「完全に干からびた」、ときには「生命を抜かれた規範的象徴、部分対象の代理物」に助けを求めるというマーラーの説とも合致する。[28]

おまえはいったいだれなのか。軍隊、党、地域合唱団、スポーツその他の団体、住宅共同体、県民会、有志消防団、従業員団体、公務員団体、教師団、州民の一人、国民の一人であるおまえは。これらのさまざまな集団の中で男は自分のいる位置をほぼ確定できる。それぞれの組織において自分の位置はまったく同じではないし、それぞれのヒエラルキーの中で高いか低いかの別はあるが、その位置は比較的固定している。

　決定を代行し、現実を精査あるいは執行する機関として、内的ならびに外的脅威に対する防護の障壁として、これらの組織は実際に自我の代行者として機能する。だから、他人とはじめて知りあいになると、どこの出身だとか、どんな職に就き、家族構成はどうでどんな団体に属しているか、等々、これら自我を代行する団体／身体に問いが向けられるのは当然なのだ。この問いは些細なものとはいえない。答える人間は問う自分と同じ身体組成を持つ人間であるかどうかを探り、実際それは突き止められる。たとえばこう答えてみるがいい。自分は定住所を持たないコスモポリタンで、出自も不明だ、職業も今のところ探しているところで、将来は何かになりたいとは考えている、家族はこれこれしかじかだが、そう重きを置くわけではない、所属団体だって？　そんなものには加わりたくない、などなど。するとこいつは自分を持たない正体不明の男で、内面も規制されず、野放しにされた野獣だと思われるのが相場だ。外国人嫌《ゼノフォビア》いは自分の内面との対決を恐れることから生まれた症状であり、自分と同様の外的な補助的自我の甲冑を身にまとわない人間を目にするたびにこの恐怖が蘇るのである。単なる「外づら」の問題ではないのだ。

　したがって、新参者に先ほどのような問いを発する人間は、いったん相手の自我の社会的、組織的な所属さえ突き止めてしまえば、それ以外には相手について何かを知ろうとは、当座もそれからも思わないのである。その裏には何か恐ろしいものが隠れているかもしれないからだ。あの男と知りあいかって？　ああ、もっとも組織の中だけのつきあいだがね。

これらの組織は異なる価値の尺度を備えている。それは、受け入れ、促進、選出、除籍などに伴って全体のヒエラルキーの中での地位に応じて、異なった強度の感覚刺激を与える。内部の関係の網目は複雑に織りあわされている。「夫が委員長になってからあのひと、こっちに挨拶もしないわ」とか「今度の税務署長は悪いやつじゃない。大学出とは思えんな」だの、「当射撃愛好会は労働者から大学教授まで幅広いメンバーを擁している」だのの言いぐさが飛び交い、混交がはかられ、メンバーは自分より上や下の地位に関与してできる限り強度の快楽の分け前にあずかろうとする。それはまるで、自己の肉体では体表面へのリビドーの備給不足により正常に形成されなかった性感帯に欠けていた区分や文節が、組織という全体的身体へとそのまま転移されたかのようだ。つまりこの組織内での相互のヒエラルキーが、個人の性感帯の区分を代理するものとなるのである。したがって、さまざまな全体的組織の間の接触、会合やコンテストやフェスティバルは、種々の性感帯に加えられる刺激に匹敵するし、異なるヒエラルキーを持つ全体的身体に所属していて普段は互いに触れあうことなど絶えてない部分同士が触れあう機会でもある。

おそらくその理由から政治家たちはだれしもさまざまな団体の「幹部」の座を手放そうとしないのだろう。それは自分が一般の人間たちと同じ身体組成を持つことを見せつけるためばかりでなく、そこから得る何かがあるためだ。つまり、彼らは幹部に居座ることで主要な性感帯を独り占めし、そこに生じた快楽を吸い上げ、全体的身体機構のうちでも心地よい感覚の集中するこの部分を他人に愛撫させるのである。

投射

「生まれきらなかった」男たちは社会的自我で身を守っているために、何か生命を持ったものが彼らの甲冑をうがち、彼らの自我を断片化しようと脅かしていることを知覚することはあっても、この知覚を外部に「投射」することはあまりない。彼らの知覚した事実はまったく的はずれなわけではないからだ。

いわく、官能的な女性は男を自分たちの身体と混和させ、解体させる能力を実際に備えている。プロレタリアの性的自由は、自分たちのそれより実際はるかに大きい。黒人は少なくともダンスはうまい。ユダヤ人の平民子弟は、陸軍少尉よりエレガントでチャーミングで如才がない、などなど。乾ききった日常を送る公務員の目から見れば大学生の時たま行なうコンパは乱痴気騒ぎに等しいらしい。

こうして犠牲の山羊に祭りあげられた相手には、「生まれきらなかった」男たちがどうにも我慢できない何かがある。しかしその「何か」は、強烈な刺激を期待させるために、一面で男たちをひきつけるものでもある。それを持ちあわせ、それとともに生きる連中、彼らは「うまくやって」いる。だが連中はそのことで俺たちを排除し、俺たちの面目をつぶす。男たちが彼らを迫害するのは、本当は仲間に加わりたいためでもある。

だとすれば、「投射」のもとで生じた疑惑をあっさりと否定するのは、この投射そのものの修正手段としては不適当だということになるだろう。もしそれを思いこみだと簡単に片づけてしまえば、現実のものとしてそれを見ている彼らの不信を高め、そこには何かが隠されていないか、何か油断ならぬ危険が待ち伏せてはいないかと疑わせるだけだ。

彼らに対してたとえば、「女子学生は娼婦ではない」と答えるのは間違っているとぼくは思う。二〇年代の状況に沿って言えば、党の政策上プロレタリアの性的・道徳的な「潔癖」を宣言するばかりで、普通とは違って回数も多いプロレタリアのセックスの事実（彼らはそれをもって「娼婦」と名づけるのだが）を否定することは、政治的に見ても有害だ。それは迫害する者と迫害の対象との仲介の可能性をすべて奪ってしまうからだ。迫害する人間は自分の得た知覚によって橋を築いている。彼らとの間の殺戮にまで至るような関係が解消できるためには、この橋がさらに拡張され彼らの知覚がより現実に即した経験によって支えられなければならない。

ぼくが思うに、ファシズムに感染しやすい人々との政治的駆け引きの前提は、彼らが羨望をこめて憎んでいる対象において何を知覚しているかを知り、それをまっとうに受けとめることである。「われわれは彼らとは違う」と突き放すのではなく、「われわれを見るそういう見方もあるのか」と考えることが、彼らを理解するための最低限の基礎となるはずだ。

誕生の幇助

ここでたいていの場合成立している愛情関係、特に最初の一歩がどのような種類のものであるのかを確認しておくことは無用なことだろうか。

男であれ女であれ、「生まれきる状態」に到達するためには、少なくとも一歩でもそれに近づくためには、相手を必要とする。欲求はたいていの場合一方的で、時期に関しても両者が一致することはない。

そのために一方は自分が「使い果たされた」と感じ、だまされたという意識を持つのである。それを非難しても仕方がないだろう。生き残りをかけた闘争がそこで行なわれているのだから。しかし、いくつかの関係を、時に応じて互いを支えるために役立つ当座の関係として考えることはできない相談なのだろうか。万人が自由で独立した個人であるとか、望めばだれもが自分で選んだ道を行くことができるとかいった、嘘で固められた啓蒙的なイデオロギーの罠に陥ることなく。

互いが助けを必要としているのを自覚している男女は、助けあうことができるだろうし、この種の関係に仕組まれたダブル・バインドから抜け出すこともできる。そうすれば、相手に対して距離を置いてたえず状況を「展望」する自由で独立した個人であるふりをしながら、実はたいていの場合まったく子どもっぽい欲求の満足を相手に要求する必要もないだろう（これも精神的テロルに陥らないための処方である）。

人間の「攻撃性」

「生まれきらなかった男たち」は自分自身に関してだけではなく、情緒や他人の人間的可能性に対しても不安定である。彼らは人間の行なう生産活動の中には危険な脅威が潜んでいると考えているので、多くのものを断念することができる。彼らは歴史的な可能性の数々が実現されることに不安を抱いている。もし実現されるとしても、自分がそれに耐えられる保証はあるのだろうか、と。

二つの大戦とファシズム、強制収容所、スターリニズム、苦役、そして爆弾によって植えつけられたこの種の不安は、再領土化をさらに推進するにあたって今日におけるもっとも強力な武器である。人間

全世代の人々が，彼らが正当と判断する理由のために死ぬ．彼らは死ぬことで日常の苦しみや退屈からなんとか解放されると信じているのだ．戦争が絶望から自分たちを守ってくれると考えているのだ．なんともはや！

の持つエネルギーに対する不信を生んだのだから。

「われわれは人間に何ができるかを見てしまった……」と言う人々がいる。もうこんな企てからは手を引こう——むしろ欲求を自制し、無意識を、感情を押さえようではないか。さもなければ何か恐ろしいことが生じるかもしれない。われわれは自制するすべをこそ学ぶべきだ。衝動を押さえること、そして支配すること（他人への支配も含めて）。ここからおそらく、人間には本源的な攻撃性が存在するという考えへの根強い支持が生まれるのだろう。*1 攻撃するとき、人間は幾分なりとも自分をまともだと感じるからである。

われわれの内面、無意識の欲望生産から手を引け。これがファシズムの遺産の一つであり、それは今日なお影響を与え続けている。それとともに、女性との関係、また他人との関係がうまく行かないのは、現代では特に男性の側（つまり「攻撃的」とされる側）が自分を信頼できないことに主に起因しているように見える。自分を信頼できなければ、ほかのだれを信ずればいいのだろう。

本書第I巻で引いたエレイン・モーガンの「おいで、

故郷が危ない！　東部戦線防衛のために巨額の支援が必要．ただちに援助を！　火急の要あり！（東部防衛のための自発的醵金を呼びかけるポスター）

水は素晴らしいよ」という呼びかけは、第一に男たち自身が内部に抱えている水に向けられるべきだろう。自分の欲求に応じること、これは女性解放運動のスローガンの一つだ。

山なす屍

何百万もの（二百万、四、五百万、いやそれ以上だろうか）餓えたパキスタン人。溺れ死んだイスラム教徒、ビアフラやエチオピアの死体の山。テル・サタルの大虐殺。ヴェトナムで皆殺しにあった村の数々、カンボジアの十万人にもおよぶ難民……。だが、ぼくたちはその現場にいない。これまでと同じように。テレビは勝利の映像を伝える。われわれは生き残ったと。そこには世界中で反乱と混乱を求めて今なお叫びをあげ続ける群れが死んで横たわっている。きっと次の屍の山ももうすぐ築かれるだろう……。

テレビでこうした映像が映し出されるおかげで、ぼくたち自身の絶滅を求める声がまだそれほど大きくならずに済んでいるということは十分考えられる。

第三世界もしくは第四世界に築かれた死体の山は、地上に暮らす者の一人一人に、権力者の心理的快感という分け前、生き残るという分け前を時に応じて与える。

五　自己の境界づけと自己維持としての白色テロル

「区別できない欲動対象」との融合に際する三つの知覚同一性

兵士的男性の行動が三つの知覚、すなわち「空っぽの広場」「血まみれのどろどろ」そして意識のオーバー・フローの結果である「ブラック・アウト」に到達することを常にめざしているのをこれまでに見てきた。

これらの知覚は彼ら男性の自己維持行動の目標であるようにぼくには思える。そこではマーラーが言う脱差異化と脱生命化という維持メカニズムが、幻覚と兵士的肉体の筋肉化という、二つの可能な経路を介して稼動する。

『夢判断』においてフロイトは「知覚同一性」への到達を一次過程における願望目標と規定し、二次過程が充足目標として追求する際に経由する「思考同一性」と区別している。[1] 知覚同一性を介した経路は、欲求の充足の方法としては「低次の」形態である。そこで欲望は、遅延、妨害、類推、思考、言語表象、概念といった、あらゆる迂回路を避けてまっしぐらに進み、以前に満足を味わった欲求充足の状況に結びつく心象をむりやり（幻覚によるか、もしくは現実の対象を加工することで）再現しようとする。

一次過程のめざすのは快感を生んだ当初の状態の知覚に限られる、という説はマーラーによって修正された。マーラーは精神病の小児の観察から、一次過程の進行の結果、不快な体験の核となる状況が再現されることもありうると指摘する。[2] この症状は、「生まれきらなかった」子どもが、発育過程においてある特定の破壊的段階にとどめ置かれ、そこから抜け出すことができないことを示すサインと理解してよかろう。そして、自己維持のための攻撃的な行動は、この子どもの重大な欠損がどこにあるかを示すものとみなすことができる。兵士的男性の行動からは、快感を生み出した状況と不快感を生み出した状況を二つとも読み取ることができるとぼくは思う。一次過程はそのどちらにも向かいうるが、どちらがめざされるかは兵士の身体‐自我が攻撃行動の中でどの程度まで断片化しているかによって決まる。さらにこの断片化の程度は兵士が脅威を感じているその時どきの危険の強度によって決まる。

「空っぽの広場」の知覚を生むのは、具体的でも幻覚的でもある脱生命化の行動である。広場の群衆に向けて銃を放つと、とたんにそこで生きているものがかき消されたような幻覚が生まれる（そこには前に生きていたものの死骸がいくつか転がっているだけだ）。この場合は以前の快感に結びついた状況を再現しようという志向が前面に出ているように見える。もう蠢《うごめ》くものはない、私の中に押し入るものは何もなく、すべては整然と仕切られている。生きているものはわれわれと武器だけ、両者が組みたてる全体だけだ。喜びとはじけるような陽気さが感情の主調をなす。身体のしぐさはただ一つ、引き金をしぼることに集中されている。それは筋肉の動きというより、ボタン一つ押すと奇跡が起き、すべてが一瞬でかき消える魔法の合図を思わせるものだ。スイッチが切り替わるように別の現実が現われるのである。銃の引き金は安楽な生活へのシフトレバーのようなものだ。

「空白の広場」には武器をともなわない、もしくは「一般市民」的な形態もあるかもしれない。邪魔になる厄介な現実を議論や命令や無視によってあっさりと消し去ってしまうのがそれだ。矢継ぎばやに言葉が発されたあと、「すべて了解」「問題解決」でけりがつけられる。「他にだれかいるか」「どこだ」

「警告！　建物内にとどまれ！　目下路上では掃射中につき，生命の危険あり！」

「ああ、あそこか」——バン——。さあ、これで片付いた。——普段でも、「ああ、あいつか。数には入らんさ」と片づける類の無視が横行する。

ビア・ホールで交わされるような議論の大半が生み出すのも、この「空っぽの広場」の知覚である。その晩こそ事態はきれいさっぱり片付いたと思いこんでいるものの、翌朝になれば残っているのは二日酔いばかりで、問題の解決どころの話ではない。——いわゆる「役たたず」の状態である。

二つ目の知覚である「血まみれのどろどろ」が再現されるにあたっては、脱生命化と脱差異化が協働している。ぼくの考えでは、ここで兵士は自分にとって不快な体験の核となる状況がよみがえるのを経験する。境界をすべて失い、自分を呑みこむ共生状態の中に何もかもいっしょくたに取りこまれ、肉という肉は血まみれのどろどろの物体に変じ、その中に自分も没していく状況。極言すれば、血まみれで生まれ、そこから一歩も抜け出すことができない状況が回帰するのである。この知覚において特徴的なのは、恐怖の源との肉体的な近接である。この近接は、呑みこまれる危険が増すにもかかわらずあえて求められたものでもあり、そこから兵士は力ずくの殴打（銃の台尻で殴る、など）もしくは至近距離からの銃撃によってしゃにむに抜け出し、生き残る側にまわって差異を確定しようとする。——俺ではない、このどろどろの物体は他の者たちだ、と。

この時、兵士の感情は著しく矛盾している。「俺はどこにいたのだ」「あれが俺か」——「原初の叫び」が口をつき、目の前は朦朧としている。同時に安堵の気持ちもある。そうだ、あれは復讐だったのだ。

「血まみれのどろどろ」という知覚同一性の再現は、味方の兵士の血まみれの死体を見たり、自軍への「アカによるテロル」の報知を耳にした直後の、それに対する報復行動として行なわれることがきわ

血入りソーセージを守るスパルタクス団員（射撃用標的）（1920年に結団一周年を記念して配布されたエアハルト海軍師団の「記念帖」より．この本はエーベルト内閣がエアハルトの部隊を雇い入れたためにこの年に発刊することができた）

めて頻繁にある。兵士たちはまるで、この状況から生じる脅威をただちに撥ね退けておかねばならないという切迫した必要を感じているかのようだ。すぐそばにいるだれかにとばっちりがおよぶのもやむなしとされる。必要なのは、血まみれのものが自分ではなく、他のだれかであることを目に見える形で証明することだ。

　ここで中心となる動作は、ぶち割り、こじ開け、粉々にするための殴打である。この動作では、別の現実へとスイッチが切り替わることによってではなく、身体を筋肉の突発的な動きへとむりやり巻きこむことで、新たな自分が生み出される。殴打は、他のすべてを区別がつかない粥状の物体に変え、そこから男を「自己」としてもう一度引き上げることをめざすのである。

　さて、これにも数々の「一般市民的」形態がある。言葉による殲滅もその一つで、たいていは相手から受けた「侮辱」への報復という形をとる。そうなるとすべてがいっしょくたに一つ鍋に放りこまれる。「女なんてみんな同じだ」（どいつも薄汚れたどぶ水だ）。拳骨でテーブルが殴られる（殴ったために飛び散ったスープは他の人間が犯した無作法の証拠だとされる）。おなじみの「おまえたちがどういう人間かわかっているぞ」（要するにろくでなしだ、ということだ）がとどめのせりふである。

　民間でおそらくもっとも多用される自己維持の方策は、ともかく他人であれば大した理由もないのに後先かまわず片端からこきおろすことだ。格好の標的とされるのが友人や比較的親しい知人で、うっかり近づいて一緒にされるのは御免だとばかりにけなされる。俺たちではなく、奴らの側が得体の知れない十把ひとからげなんだ。黒白つかぬ、腰の座らない連中で、頭の中に詰まっているのは朦朧とした霧と偉そうな言いぐさばかりだ。で、その後ろには何があると思う？　（やっぱりどろどろの集塊に違いあるまい）。

批判というカモフラージュをほどこして現われる場合もある。酷評である。あるものを手当たり次第にやっつけてそれが何かわからないほどずたずたにして、酷評する本人が言うところの血まみれのガラクタに変えてしまうこと。仮面はぎも行なわれる。仮面は顔から引き剝がされなければならない。変装していればそれも剝がされ、内部が暴かれなければならない。そうする権利がこちらにあることがはっきりとわかるように……[3]

ブラック・アウト／流血という知覚に際しての経過は、脱差異化や脱生命化という概念では充分に説明できない。「空っぽの広場」や「血まみれのどろどろ」とは異なり、この場合の行動は、あるものを除去したり、破壊によって生き残りの方途を探ることを直接にはめざしていない。この行動はそれ自体が向かう独自の目標を持っている。

「ブラック・アウト」につながる行動がめざすものは、対象関係にもっとも近いが、それと完全に重なることはない。というのは、激しい愛に駆られてこの行動が占有しようとする「対象」は外部にはなく、みずからの身体がまとう筋肉の甲冑だからである。追求されるのは、みずからの「内」と「外」との、内臓組織と筋肉組織との融解の知覚である。外部の対象は「敵」にも見いだすことができるかもしれない。ただしそれは、敵が自分と同じ体構造をもち、ユンガーの言葉を借りれば自分と「瓜ふたつ」の場合に限られる。「二つの民族のもっとも鞏固な意志を体現する者」同士がぶつかりあうとき、男と男が武装して対峙するとき、そこには愛する者と愛される者がもっとも至近で、かつもっとも隔たって出会うユートピアが生じる。彼らは殺戮の命令を受けて出会い、殺された側だけが「流れる」ことができる。敵の死骸は殺した側が自分の似像から抜け出した証拠として穴だらけにされる。[4] 自分と同じ者の血と溶けあうことで自己融合が行なわれるのである。陶酔のさなかのブラック・アウトは、快楽の流れ

防衛軍の兵士

を感じることがないままに、どうしても何かと溶けあわずにはいられない人間であり続ける苦悩に終止符を打つ知覚である。それは自己維持のメカニズムというより、救済のメカニズムなのだ。内臓組織と筋肉組織とが敵対する身体の乖離状態が陶酔に近い状態で解消される主要な経過にちなんで、ぼくはこのメカニズムを「自己融合」と名づけたい。この過程は、「脱差異化」と「脱生命化」と並んで、兵士的男性の第三の中心的な自己維持の機構として挙げられるべきものだ。しかもこれはもっとも有効なものだとぼくは考える。ここでは自我が快楽に満ちた断片化を経験することで、マーラーが「区別されない欲動対象」と呼ぶものとの融合がもっとも迅速に達成されるように思うからだ（この「対象」は、先にあげたような制限もしくは拡大を加えた概念として理解されるべきものだ。それはむしろ到達される状態というべきもので、フロイト的な意味での「対象」ではない）。

自己融合と結びついたこの知覚において、以前の状態の再現という面と、ユートピア的な面と、どちらが優勢を占めるかは容易には判定できない。とはいえ、人間の通常ある状態とも、幼児期のなんらかの経験ともまったく異なる状態に到達するためになされた法外な努力を考えると、やはりユートピア的な側面のほうが優位を占めると思われる（ここでは「退行」という概念はまったくそぐわない）。

ブラック・アウトに際しての主要な感覚は次のようなものである。消される感覚、溢れかえる感覚、境界を越す感覚、どこかにたどり着く感覚。

身体活動としては、疾走、最高速までの加速、回転超過、突入（さらに突入の結果自分と相手を「破裂」させること）。

日常的なブラック・アウトにはこんな形もある。倒れるまで働き、回転し続けること。似たり寄ったりの者同士の間でのあらゆる種類の競争（ヨーロッパの男性たちの間に競争原理が染みついているのは、彼らの間で愛が禁止されていることによるものと思われる)。それからテンポ。機関銃のようにのべつ幕なしにしゃべりたてること。稲妻のように早い思考。火花を散らすような精神。ブリリアントな機知やエスプリ(これらの特性が女性にはごくまれにしか備わっていないという観察は確かに当たっている。ただし、男たちの場合にも厄介払いできたらいいものが女たちに欠けているからといって、女たちがそれで困るという結論は出せないだろう)。「急げ」というのは、自分にとって邪魔な感情から早くのがれたいためだ(そして磨きあげた言葉の甲冑できらびやかに抜きんでるのだ)。さらに、似通った人間への攻撃もこの種の変形の一つだ。気のおけない間柄ならではの正確さで、自分の間違いを相手にあら探しし、それをこてんぱんに叩きのめすこと。

思いきり背伸びをしきって自己融合を達成しようとする試みに失敗すると、必ず待っているのは自分を呑みこむ共生状態への復帰である。自己嫌悪がふたたび頭をもたげる。以前の状態、古い自分からの脱出は失敗に終わったのだ。

そこでアルコールの登場である。これまで毎日毎日百万編も繰り返されてきた、アルコールの力を借りて自己融合に似たブラック・アウトに至ろうという試み。しかしたいていの場合は、壊滅的な共生状態にある自分をふたたび見いだすばかりで、自分からのがれようとする試みは、ひたすら飲み続けなければならないという苦悩へと変わる。大地の母から贈られた危険な液体はいくら飲んでも切りがない。泥酔の果ての譫妄状態の中にも、呑みこむ女の下半身の幻覚に現われたのと同じねずみや蛇、モグラや蟹といった生き物の群れが底の方で蠢《うごめ》いているのが目にされるのはまったくの偶然といえるだろうか。

＊＊＊

どの維持機構についてもいえるのは、それが厳密な意味では快感原則に従っては機能しないことである。このメカニズムにおいて性的欲動は自己維持欲動の中に包摂されている。包摂される代償として、性的欲動は外的対象を失わなければならない。したがってここでは、性的欲動がもたらすはずの快感は、実際には生き残ることからもたらされることになる。

総じて自己維持機構は、「生まれきらなかった」男たちの自我が断片化の危険に常時さらされているために、多かれ少なかれ強く、また病的に働く。それは、フロイトが『快感原則の彼岸』において「死の欲動」について触れることを余儀なくされた不快な状況をも繰り返さざるをえない強迫のメカニズムである。

ここでぼくは「死の欲動」をめぐる煩瑣な議論を取りあげようとは思わない。しかしすでに取りあげてきたいくつかの自己維持活動は、たとえそれが自己の消滅（つまり心的エネルギーの絶対的放出）をめざそうとも、まずは快感をもたらす経験への到達をめざしていることは明らかだと思われる。ただ、ほとんどの場合それは失敗する。快感の獲得の失敗という観点からすれば、これらの活動は快感原則そのものと矛盾するものとはいえない。そして、快感の獲得に失敗せざるをえないのは、快感原則と敵対するなんらかの別の「原則」のせいでは決してなく、それを試みる身体のどこにも快感原則がもはや充分な物質的基盤を有していないことによるのではないか。体表面が脱エロス化され、身体の内部が汚物の流れや危険な泥沼として表象され、堰が築かれたこの身体のいったいどこに快感を獲得する能力が宿るというのだろうか。

現代では快感原則に背を向けさせられた肉体を見分けるのは難しくない。それに対し、快感原則に敵対するなんらかの欲動の活動を証明するものは、ぼくの見る限りでは一つもない。あるとすれば、これらの肉体を産出した破壊的な社会の圧力だけである。

＊＊＊

いずれにせよ、「血まみれのどろどろ」から身をもぎ放し、群がる有象無象を「空っぽの広場」の表象で消去する「生き残り」行動が、女性性に対する直接の戦いを意味することは確かだ。

「血まみれのどろどろ」においては、いつの場合も、互いに入り混じりあう人々の状態がまざまざと思い描かれるのも特徴である。兵士的男性の目には、女たちの下半身は性交や月経、誕生といった出来事に際して血と糞からなる沼地へと変貌したものと映り、この汚れきった沼地は「穢れなき女性」とこれ見よがしに対比されずにはおかない。けがらわしい混交を望む男には、この汚濁に感染したら救いようがないことを教えこまなければならない。いずれにせよ一発お見舞いするか、銃の台尻で殴りつけるかだ。

家庭は自己維持のあらゆる形式が出現する場でもあるが、そこでの葛藤においては「血まみれのどろどろ」の知覚は、娼婦／産婦としての母親に対する復讐と、兄／弟を裏切るエロチックな姉／妹／娼婦に対する復讐を生む。

「空っぽの広場」を前にする兵士的男性の目の前には、生命を抜き取られた「白い女」の清浄な肉体も横たわっている。興奮して群がるエロチックな女の肉体や、それに寄生する蛆虫たちはそこから消え失せている。

家族のコードにおいては、母親の肉体を門番のように見張っていた怪物である性的父親はもはやいない。広場から群衆を追い払った銃撃は、穢れた誘惑者としての父親に向けられた復讐でもある。

一方、ブラック・アウト、つまり自己融合の知覚は、排除という形で間接的に女性的なものを制圧しようとする。セックスに代わり、女を排除した英雄的な殺戮行為が男の要件となる（火花を散らす演説合戦や呑みくらべもそうだ）。女性が存在するという事実そのものが、男性同士の生殖を思わせるもつれ合いの中で幻覚によって除けられる。

　家族についてもう一つつけ加えておこう。特にユンガーのいくつかのテキストにおいてそうだが、闘いの相手として対等の資格を持つ自分と「瓜ふたつの」敵の背後には、しばしば兄弟の面影が浮かぶ。兄弟同士はこの場合、父親の後継者として、どちらが母親（大地）の支配者であるかを争うことになる。[5]これは継承権をめぐる現実の闘い、特に長男が不当に優遇されることに対する弟（継承権は持たないが、より優秀な弟）の闘いの一種といえるかもしれない。ブラック・アウトの中で相手を刺し貫くのも、兄に対するこの復讐にあたるだろう。「審判の日が来る」[6]と、ユンガーがこの戦いを期待して書いているように。もちろんこの戦いでは弟が兄を倒すのではなく、長男が正当な後継者であることを証明する場合もある。ただしいずれの場合も女性は不在である。支配される対象（母親／大地）が兄弟のどちらを選ぶかはおろか、支配を望むかどうかすら問われない。これは戦う者同士だけが決定する事柄だ。

　ブラック・アウトで体験される自己融合がもっとも強烈な快感の知覚となるかどうかは、自分とほぼ同等の敵が存在し、それと闘うことが「騎士同士の闘い」（あるいはそれと類似したもの）と呼ぶに値するかどうかにかかっている。前線における戦いはこの条件を満たし、逆に内戦はそれには値しない。内戦においては敵の要求が最初から不遜でかつ根拠のないものと判断されるからだ（それに比べれば、フランスが戦争への勝利を宣言する方がまだしも正当というものだ）。

　だからこそ、内戦においては「空っぽの広場」や「血まみれのどろどろ」の知覚に通ずる戦闘形態が

「大地の母」（フィドゥス、一九一三年）

とられることが多い。それは原則からしてテロルの性格がより強く、情け容赦がない。下部のもの、内部のものが上部／外部に噴き出そうとする動きはフェアな闘いによって押さえられるのではなく、抑圧・せき止め・殲滅という断固たる処置をもって封ぜられる。おまけにこの断固たる処置によって得られる満足は、似た者同士の間でのブラック・アウトをもたらす闘いに比べてははるかに少ない。そのために、間を置かずに何度も繰り返すことが求められるのだ。

　内戦を扱ったテキストでは、世界大戦を扱ったテキストよりも家族関係を連想させるコードが目立つ。もしそうでなかったら不思議だ。というのも、内戦は全体組織の「内部」で起こる出来事で、そこに生じる前線に家族という全体機構に由来する名前をつけることは容易だからだ。さらに、戦う者同士がかかえる感情的布置も家庭内での人間関係になぞらえたほうがよりはっきりと表現できる。おそらくそのことから、内戦と聞くとそれに緊密に結びついたものとして、タブーの侵犯やなにかしら不潔な行為といった猥雑な連想が生まれるのだろう。ここは両親の寝室の近くで、一帯は立ち入りを厳しく禁じられた領域なのだ。鬱憤を晴らすために内戦を望み、それを必要とする連中も、いざとなると奇妙に矛盾した感情を抱く。自分たちがやっていることは本来許されないことなのだ。内戦は、それがもたらす多くの利得にもかかわらず、根本的には「倒錯」した行為だ。[7]

　しかし、家庭的葛藤の決着が内戦の場に移されたとしても、それは自己維持行動に比べれば副次的なものにすぎない。たとえ兵士たちが家庭内での葛藤を内戦状況に転置しても、それだけではファシズムにおいてぼくたちが目にしてきた、膨大な数の、あのように激しいテロルは実行されなかったろう。

＊　＊　＊

義勇軍の精神を見せるには銃の台尻をひと振りふた振りすれば足りる。[8]（シュルツ少佐）

銃の台尻で殴りつけるのは義勇軍兵士の誇りを示すトレードマークであったらしい。

当時の社会民主党系の新聞が白色テロルを「恐怖に駆られたあげくの虚妄」[9]（つまりは赤軍の捻出した虚構）だと片付けていたのに対し、同じく内戦の直後に発刊された義勇軍系の文書はテロルによる殺戮の快楽をあえて隠そうともしない（もちろん、個別の殺害の事例については否定している。実行者の名前が判明した場合、つまり司法による介入が懸念されたり、宣伝上悪影響を与えると判断された場合には犯行への関与が否定された）。

そうでない場合はむしろ逆だった。

いかなる激昂をもってわが勇猛なる上部シレジアの兵士たちが殴りまくったかは、彼らの銃の台尻が欠け、一部にはその部分が完全にもげたものまであることを見ればわかった。[10]（シェーフェル大尉）

すぐさま部下の兵士の一人が赤軍の男を、頭蓋骨が砕けるほど殴りつけた。[11]（ツェーバーライン）

これらの記述は後からつけ加えられたものではない。銃の台尻による殴打は、一九一八年以降のドイツ革命期における労働者に対する殺戮の手段として、敗走する相手を狙って銃撃を浴びせるのに次いで、二番目に頻繁に使われた手段だった。[12]

接近戦においては銃の台尻がもっとも有効な武器だ、という説明が用をなさない状況下でも、やはりこの殴打は行なわれた。デュルメン〔ドイツ北西部の小都市〕にあった復員軍人用野戦病院に赤軍が四名の負傷者を収容した。「翌日の朝、国防軍部隊が敵陣を占拠し、病院の負傷者が赤軍の兵士だと判明するや、彼らは負傷者を銃の台尻で殴ったり、銃剣で突き刺して殺した。死体は形をとどめないほどずたずたにされた」[13]。

現西ドイツ軍で行なわれた講義で聞いた話として、カール・ミュラーがこんな逸話をぼくに教えてくれた。一人の大尉が、なぜドイツ軍兵士は敵と近接遭遇した場合に、たとえば日本兵なら短刀で刺すところを銃の台尻で殴るのか、と突然質問したのに対し、だれも答えられなかった。大尉自身がそれに答えて言うには、銃の台尻による殴打はドイツ兵士のメンタリティーにかかわるのだ、とのこと。この説明は悪くない。

「逃亡中に射殺」という但し書きのついた犠牲者が多いのは、おそらく、頭蓋を殴り割られた捕虜たちを、逃亡を企てたために殺したと偽るのはさすがに難しかったからだろう。一九二〇年の時点では、軍はまだそれほど力を回復していなかった。

銃の台尻で殴り殺されるのではなく、「まともな銃弾で」殺されることは男たちに許された特権でもあった。

いいか、銃などはもったいない。俺たちはおまえをずたずたに引きちぎり、みんながおまえの肉切れを拝めるようにしてやる。(ローザ・ルクセンブルクの殺害者に対する公判の証人尋問から)[14]

どうやら弾丸もまた、フェレンツィが仮定するとおり、性器の分泌物と同一のものといえそうだ。弾丸もまた性液と同じく、不快と感じられる環境に棄てておかれることは望まない。だからこそ、女たちや、兵士でない一般市民の男たちは通例「銃で撃つに値しない」のである。(第Ⅰ巻で登場したエーリッヒ・バラの小説の「赤いマリー」は、この説に矛盾するかも知れないが、彼女は銃によるまっとうな死刑が執行される前に「白いマリア」へと変身を遂げている)。このことからも、銃をはじめとして武器一般がいかに見事に身体甲冑の一部として機能するかをうかがい知ることができよう。武器は兵士の肉体の外部にある物体では断じてない。

黒、白、赤

三つの知覚同一性には特有の色がある。

「血まみれのどろどろ」は赤

「空白の広場」は白

「ブラック・アウト、融合」は黒である。

黒は熱狂した錯乱状態の中で死者の踊りとして経験される男同士の禁止された愛の色である。この熱狂は肉体の過充電と、接近戦における武器の助けを借りた互いの識別から生み出される。

白は混和したものの対極をなす色である。冷たい輝き、生命を抜かれたものを包む屍衣、看護婦になった白い伯爵夫人、大理石の肉体。下半身から怪物が不意に牙をむくことはない。ひと噴きで邪魔者をきれいに消し去る白い塗料。

赤は血まみれになって転がっている女の肉の色。男から切り離された湯気の立つ塊、殴りつけられたばかりの血だらけの口。

したがって、兵士たちが黒白赤の旗〔ナチスの党旗の色。第一次大戦までのドイツ第二帝国の国旗の色でもあった〕を狂おしく愛するのは偶然ではない。この旗には男たちの三つの主要な欲動目標が色で表現されているからだ。

「われらの旗に狼藉を加えようものなら、そいつの腹に一発弾をぶちこんでやる。腹への一撃《バウホシュッス》だ。綴りはベルタのB、アンナのA……」。こう書くのはルドルフ・マンである（Aが普通使われるアントンのAではないことに注目）。さらにマンは次のようにつけ加える。「ドイツ民族からこの旗を取りあげたのは、まったく分別を欠く愚行のきわみの一例だった。過去のもの一切への毒々しい憎しみから生まれた愚かしい処置だ[1]」。

黒白赤、それは常に戦いとられるべき色、常に確かめられるべき色彩だった。過去と現在と未来にかかわるあらゆる快楽はこの三つの色の中に含まれる。最終的にそれは復活を祝う色となるはずだった。

黒白赤、この三色は考えられるうちでおそらくもっとも美しい色の組み合わせだろう。この三色を堅持することから、ハーケンクロイツの旗が生まれ、突撃隊の旗が生まれた[2]。（キリンガー）

ファシストは赤をコミュニストから盗用し、その上に民衆受けのするハーケンクロイツをつけ加えたという、ブレヒトをはじめとして今なおしばしば繰り返される説明はまったく的外れなものだ[3]。

というのも、ここここそファシストたちがコミュニストからの借用品に頼る必要をまったく感じない領域だったからである。ワイマール共和国は黒赤金の三色旗〔黒赤金の旗はもとは一八四八年のフランクフルト国民会議で正式にドイツ国旗として制定された。ワイマール共和国はそれを復活させた〕を国旗に据えて何をしただろう。この旗には白というけじめの一撃を意味する色がない。白はどこから見ても「明白な関係」を作り出す色だ。白のかわりに共和国の奴らは金色を選んだ。金は市場経済の坩堝の色、商品世界の混和を示す色だ。そこからちまちました目的を追い求める惨めたらしい競争や賄賂、卑下、兵站地に巣くう男たち、ズボンの中に洩らす臆病者たちが生まれる。金は糞の色、紙切れにまで落ちぶれた貨幣の色だ。

実際のところ、社会における葛藤を武器ではなく市場を通じて解決することがワイマール共和国のめざしたものだった。それを兵士たちが自分たちの「価値切り下げ」だと恐れたのはもっともなことだ。金色をもって、市場は他の男たちともども兵士たちを押し流して一介の群衆《マッセ》／集魂に変えてしまうのではないか。

「いったいドイツ民族全体が腐りきってしまったのか。人間に向けて心の中で話しかける神から顔をそむけ、金銭を神と崇めたてるのだから[4]」とベルトルトは日記に記している。

調整原理としての金銭／金を拒絶し、それを「市民根性」と同一視するのが兵士たちの一致した見方だった（それは彼らが金を欲しがらない、ということは皆目意味しない。逆に、手に入れられれば懐に入れた。二〇年代の「愛国的地下組織」は、使いこみや詐欺を互いに非難しあうエピソードにこと欠かない。彼らが断じて認めなかったのは、自分たちの働きに対して市場原理が優位を占めることだった）。

Rot

白、これは来たるべき「平和」のためにもっとも重要な色だ。それは群衆が自分のそばにいないことを意味する色であり、同じく未来の妻の色でもあった。

銃もなく、白い女もいないでは、黒も赤も価値を失う。戦闘の陶酔から生まれるブラック・アウトの黒はアルコールのもたらすけちな酩酊で代用され、赤はといえば、銃の台尻で殴った時のあの爆発的な刺戟が失われ

Blau

Weiß

左から「青」「白」「赤」

たために、女たち相手の毎日の抑圧や、いつもどおりの知ったかぶりで満足させるしかない。

黒赤金はこうして彼らにとって、大酒のみの黒、女への抑圧と知ったかぶりの赤、市場での浮き沈みの金を意味することになる。

それでも、もし「金」が能書きどおりであれば、新しい三色旗が差し出すものを、まだしも受け入れることができたかもしれない。しかし、ワイマール共和国の金は他の不幸を忘れさせるには、弱体にすぎることが判明した。

だからこそファシストたちは、白にしがみつき、武器を地中に隠し、ある者は地下に潜伏し、ある者は牢獄に入り、ある者は亡命し、またある者は毛嫌いしていた職に就きながらじっと冬を耐え、世界恐慌が懐中の金や労働価値を切り下げ始めるや、ふたたび「白」の復活を求めて叫びをあげたのである。身近に迫る濁った流れや、深みへと引きずりこむ危難に対して身を護る白い一撃を期待する新たな層が形成されて多数をなした。

「生まれきらなかった」息子たちは（その中には五十代の男たちも混じっていたが）、いまだになんとか「突破」を試みながら、結局は相変わらず役たたずの能無しとしてベンチを温め続けるはめになるかも知れなかった（本当は支配するために生まれたはずだった）。彼らに欠けている「金」は国の中で少数の金持ち（特に「金持ちユダヤ人」）の手に渡り、国旗の中では黒や赤より目立っている。黒も赤も、もっとも美しい組み合わせ相手である「白」を取り戻したいと願っているはずだ。

金は白の価値を切り下げる。市場は国内政治の手段としての銃の価値を切り下げる。それに対抗してファシストがめざしたのは、武器の価値を取り戻すこと、武器による一撃、つまり白色テロルである。

旗の機能全般についてカネッティはこう述べる。

> 旗とは風に目に見える形を与えたものである。それは切り取られた雲の一片のようでありながら、雲より近く、雲より色鮮やかで、いつまでも変わらない形で保持されている。旗は風に翻っているときが一番目立つ。旗を掲げる民族はそれぞれ、まるで風を切り分けることができるかのように、頭上の空が自分たちのものであると言い張らんがために旗を使う。[5]

旗において、見えないものが見えるもの、秩序あるものと見えることは、実際、旗の魅力の大半をなす特質といえるだろう。さらにカネッティにとって風の中には不可視の群衆、特に死者の群れが体現されていることをつけ加えれば、旗の中に力強くなびいているものは、飼いならされた死者の霊だという

「さて単純なドイツ男のミヒェル君，やおら起きあがってナイトキャップも放り出してひと頑張りしたあと，黒赤金の旗に敬意を表したとさ」(ドイツのカリカチュア，1848年)

左：女神マルセイエーズ（フランスの歌手デリスルの1916年の舞台）
右：「下から上へ」（フィドゥス，叙情詩集『新しき自由の書』ベルリン，1911年より）

ことができるだろう。旗《ファーネン》と祖霊《アーネン》！高々と掲げられた旗は、死者たちの軍勢が自分たちとともに戦っていることを知らせる。

そして、死者の群れに、死に絶え、封じこめられた願望という死物の群れまで算入すれば、旗の力は何層倍も強大になることだろう。この場合、旗はそれに続く者たちの、統率され、外からも見えるようにされた欲動を、彼らの欲望を示す色で代表することになる。旗の中で揺れ、波打っているのは、秩序づけられた欲望の流れなのだ。旗が波打つのではない。そこに表現されるのは動きであって、たとえば、炬火だとか、「われらが頭上の猛禽の羽ばたき」だとか、他にもさまざま形で表わしうるものだ。

旗が敵の手に渡るなどということが万が一あれば、死者／死物の群れもそっく

「若きドイツ」（ヴァルター・ヘックによる壁画）

り敵の手に渡ることになり、秩序づけられていた欲望はコントロールできなくなる。旗は是が非でも取り戻されなければならない[6]。

　旗の生地の中では、飼いならされた内部で、やはり飼いならされた女性性が軋みをあげている。ほんの申しわけ程度に裸を覆うだけの布切れを軽蔑的に「小旗《フェーンヒェン》」というわけがこれでわかる。女と旗の組み合わせは娼婦を意味するのだ。

　ドラクロワによるフランス革命の有名な絵の中にもこの組み合わせがある。自由と名づけられたジャコバン党員の女性がバリケードの上で三色旗を振っている。ファシズムには旗を振る女性は登場しない。一つだけ例があるのは、アルトゥーア・カンプによる「ヘミングシュテットの乙女」だが、この絵では旗には持ち手の女性のセックスへのいかがわしい連想が生まれることがないよう、聖母子像が描かれているし、乙女の手に握られた剣もその種の連想を拒絶している〔ヘミングシュテットはドイツ北端の小村。一五〇〇年にデンマークの傭兵

「ヘミングシュテットの乙女」(アルトゥーア・カンプ，1939年)

中国のはがき（1969年）

イタリアの海軍援助部隊のポスター（1936年）

部隊と同地の農民が衝突し、農民側が勝利して自由を手に入れた」。

警告。われらが体操連盟の旗手ローザ・ハマーシュミット嬢が妊娠していた、という誤った風評が遺憾ながら伝わっているが、今後何人たりともこの風評を広げることを慎むようここに警告する。妊娠していたのはハマーシュミット嬢ではなく、その随員のエンマ・A嬢である。エンマ嬢の手に旗が渡らなかったことで、われらの旗は穢れなかったとみなすことができる。今後なお恥ずべき虚報を広めてわれらの旗を侮辱する者があれば、法廷に訴える所存である。

ヘンバッハ体操連盟理事会

（これは一九〇七年のチューリンゲン新聞の記事である。出所はエドゥアルド・フックスの『風俗の歴史』「市民階級の時代」の補遺で、フックスによればもとの記事ではエンマ・Aの名前には伏字がされていなかったという。）

殴打

国中が上を下への大騒ぎでも
拳骨をたんまりくれて、ぶちのめしてやる」

殴ることには特別の背景がある。それはテロルに際しての他の行動とは違って、先にあげた三つの知覚のどれかに行きつくことを主な目的にしているのではない。確かに、儀式的な打擲によってむきだしの肉体を打ち据えることで「血まみれのどろどろ」という知覚同一性が生まれはする。しかしそれへの到達が主要な目的だとすれば、銃の台尻で殴りつけたり、銃剣で刺し貫いたりしたほうがよほど手っ取り早いだろう。しかも殴打は打ち据える相手の殺戮を意図しているのではない。その本質はもっと別なところにあるものと思われる。

いかなる形をとるにせよ、殴ることは兵士的男性にとってきわめてなじみ深い行動である。彼らの体表面に対して、その筋肉組織を狙って外部から加えられる痛みを伴う攻撃を、ぼくは「生まれきらない男たち」が一種の心的な自我審級である「安定した」身体‐自我を獲得するための手続きと理解した。兵士たちが他人に対して加える殴打もまた、彼らの自我形成と関連していると見てよかろう。

実際、目につくのは彼らが殴るのをまったくの日常茶飯と心得ていることだ。バーデンの狙撃兵部隊に捕まり、さんざん殴られたある労働者は、軍事裁判では無罪放免になったが、殴打という不当な扱いを受けたことに対してある士官に苦情を述べたてた。するとこの士官が言うには、「バイエルンの部隊に捕まらなかったことをありがたいと思うがいい。連中は捕まえれば見さかいなしにその場で死ぬまで殴るからな[2]」（バイエルンの部隊とは、エップ師団のことである）。殴られたくらいで済めばもうけものというべきだ。兵隊の手にかかればだれであれ、殴られるくらいは当たり前だ。殴る相手が若ければ若いほど、兵士たちは殴打が助言として受け取られ、助言に相応して相手が殴られて感謝することを期待している。

> 心から感謝して若者はもう今後一切スパルタクス団とは係りを持たないと誓い、命が助かったことを大喜びして、命じられた方向へと一目散に駆けだしていった[3]。

このシャウヴェッカーの報告で、エップ師団の兵士たちに「さんざん打ち据えられた末、放免された」のは十六歳の少年である。なるほど、全部が全部殴り殺されたわけではなかったわけだ。若者たちや、まだ「教えがいのある連中」に兵士たちは明らかに情け深く、教育的に接した。

ツェーバーラインの描くハンス・クラフトは二人の十六歳の赤軍兵士にみずから補習教育を施す役を買って出て、まずは政治上の倫理をたっぷり説教して彼らの「糞くだらない革命騒ぎ」をこきおろし、やおらこう命ずる。

「おい、ヘライン、こいつらをたんまり殴りつけて、三週間は座ることができないくらいにしてやれ。さあ、始めろ。」

「おまえら洟垂れ小僧どもは撃ち殺すにはまだ若すぎるし、ものを知らんからな」とヘラインが、助かったと顔をほころばせている若造たちにどなった。「さあ、来い。おまえらの親たちがきちんとやらなかった尻たたきの補習を少しばかりしてやろう。さあ、どっちが先に音をあげてプロレタリアの凱旋歌とやらを歌い出すかな」。若者二人は気の利いた冗談を耳にしたように笑いだした。そうだ、彼らは命拾いしたのだから。[4]

しばらくあとでは、「プロレタリア連中に救い《ハイル》を信じさせるには、殴って教えこむに限る」と注記がある。[5]

こうした行動は、自分たちが蒙った殴打を相手に対してじかに繰り返す行為のように見える。兵士たちは殴られる相手が身につけるべき「衣装」として拳骨をたんまりと浴びせ、麗しい教訓までつけ加える。それこそ、彼らにかつて救済をもたらした手順だったのだ。

彼らの目からすればプロレタリアは子どもか学校の生徒に毛の生えたような集団だ。それに対する自分たちはいわば委託された教育係か教師、少なくとも兄貴分にあたり、まだ幼い弟たちに自分たちが身につけたことを順送りに教えこむ役回りなのだ。カネッティは「命令の棘」から解放され、それを「下」の人間に受け渡すことが、特に群衆の中での行動を通じて「命令の棘」から解放されることがない人間にとってどれほど大きな欲求であるかを述べている〔第II巻三五頁を参照〕。
兵士たちは、自分たちがこうむった膨大な量の殴打の幾分かを、また、殴られることでこしらえられた甲冑の重過ぎる負担のいくらかを、叩きこまれるべき拳骨をまだわずかしか受けていないのが明らかな相手に分け前として施す。
「さあ、受け取れ」というわけだ。実際、殴る人間は何がしかの分け前を与えることで、かつてこうむった苦痛にみあう快楽を手にする。殴ることではるかに気が楽になるのだ。殴るたびに何かが外へ放出される。それは、自分から何かを手放し、何かを生産するというわずかに残された可能性の一つであり、彼らにとっての教育なのだ。
そして学ばされるのが赤軍兵士である。義勇軍兵士が恐れた潜入者たちは特に教えがいがあることがわかった。
数人の赤軍密通者たちは、義勇軍兵士たちがだれに言われるともなく作る鞭打ちの列の間を駆け抜けて陣地から逃げだしたが、それからというものそんな事件は影を潜めた。[6]
レーテ側の送りこんだ使者たちをしたたかにぶちのめすことが度重なったものだから、リヒテンフェルスからザールフェルトの区間には赤軍の鉄道パトロール隊はとうとう姿をあらわさなくなった。[7]
義勇軍第三砲兵中隊に所属する者だ、という自白を聞いてわれわれは胸をなでおろしたものだが、それでもこの男はさんざんに拳骨を浴びせられた。生涯忘れない教訓になったことだろう。[8]

この点で私は彼に同意し、それを態度で示した。腕力でだ。[9]

こんな挨拶はもうこりごりだぞと教えこむための体罰が続いた。[10]

などなど。

実際、大まじめで言うのだが、彼らにとって殴ることは自分たちの考えをはっきりと伝えるのにもっとも適した手段なのだ。それはしばしば相手に対する簡明直截な答えでもある。

赤軍の使者がやってきて言った。「われわれはここに宣戦布告する」。ロスバッハがそれに答えるに、「兵隊を二人連れて来い。赤旗をむしりとってその男のズボンを下ろせ。二十五回だ。俺もいっしょに数える。最後に蹴りつけるのは俺だからな……[11]」。（ブロンネン『ロスバッハ』）

この場合、「アカ」連中の最大の過ちは「思いあがり」である。それに対して、おまえはここまでだと、境界と敷地が示されたのだ。相手を貶めることで兵士の自己維持は達成される。生意気にも挑発してくる相手は屈辱的な子どもの位置にまで引きおろされる。この場で決着をつける必要があるのは、どちらが子どもで、どちらが相手に対して口をきくか、なのである。

ツェーバーラインの小説に登場する、かつて赤軍にいたある兵士は自分の兄弟に罪を着せることでその場を切り抜けようとした。それで仲間の兵士たちの目が欺けると思ったのだ。哀れなやつだ。

「マルティン！」「ここだ」「こいつを中庭に連れていって、この犬畜生が自分の兄弟を裏切ったと大声で触れまわれ。それからみんなの前で車の長柄に引き据えて二十五回、背中にたっぷり鞭を食らわせてやれ。それでこの卑怯者もおとなしくなるだろう。[12]」

殴打で罰を与える者の意図とその経験からは三つの異なる側面を取り出すことができる。

第一のもっとも一般的な側面は、打擲が教育的な効果を持つべきだ、という考えである。「自分が教育されたとおりに教育しろ」というモットーにしたがって、教育的な体罰が加えられる（「少しばかり殴ったところで害になりはしない」）。殴られた相手はその「効果」があったことを態度で示し、身にしみたことを叫んで知らせなければならない（音をあげない強情者には二倍の体罰が加えられる。いつかはだれしも覚えこむものだぞ、と）。

第二の側面は、殴ることで得られる明らかな安堵感である。打擲を実行する者は、自分がもはや子どもではないことに、もう尻をむきだしにされる側ではないことに満足を感じる。重荷を捨て去り、これまで味わった不快感をだれかに転嫁することへの満足だ。自分が男であることがわかるから、復讐は気分を明るく解放させる。打擲を行なうまでには相当な鬱憤を溜めこんでいるから存分に吐き出すことができ、気分もすっきりする。

第三にあげられるのは、「二十五回、背中にたっぷり鞭を食らわせてやれ」という言い方に現われるような、犠牲者を観察することにともなう快感である（これについては次節で述べる）。

最初の二つの特色は、性質とやり方からいって、殴る本人の「自我」に対してかつて浴びせられた打擲から直接派生したものと見える。体罰によって教えられ、体に叩きこまれたものの重荷をだれかに転嫁することに安堵を感じるのは、兵士たちの数ある自我機能のうちでもっとも自明なものらしい。世界がさしあたり秩序を保っているとき、兵士はもっぱらだれがビンタを食らい、だれがそれを免がれるかを注視し、それどころか体罰が順当に行なわれるように配慮することで現実のコントロールを行なう。

「さて、諸君」と、少尉は上機嫌で続けた。「話しあうときが来たようだ。いずれにしろ、今日もた食らわせるビンタがきつければきついほど、言葉つきは軽くなる。それは軽妙でさえある。

っぷりやらかしてくれたもんだ」。それからやおら脇を向いて、短くこうつけ加えた。「さあ、いつもどおりやるがいい。各人に二十五ずつだ[13]」。

少尉は「上機嫌」である。ものはあるべきところに戻り、気分は上々、冗談まじりの口つきは殴りの儀式につきものである。

シュタイネッカーも同様に軽口をたたき、「シュテティンでは部下たちがスパルタクス団に大層不評だったというが、それには御者用の鞭が特別に一役買っていたそうな」と伝える[14]。一九一九年六月末のベルリンでの鉄道ストライキに際して、海軍の機工兵たちは「複雑な機械をなんとか操作し、かたや義勇軍兵士たちは駅に通ずる門を固めるピケ隊にゴム製の警棒で荒療治を加えた[15]」(レーヴェンフェルト)。「駅のホールで歩哨の一人に唾を吐きかけた労働者は、仲間の兵隊たちに、何はともあれよってたかってさんざんに、愛情のこもった拳骨を頂戴した[16]」(メルカー)。「我を通して踏ん張り続けたおかげで、連中は何日かの間まるで座ることもできないありさまになった[17]」(ブロンネン)。キリンガーによれば何人かの労働者は第三海兵師団と出くわしたのち、「第八兵舎〔尻のこと〕を冷やしにいった[18]」。シュルツ大佐は労働者たちに鞭打ちの列の間を走らせたあと、「彼らのうちだれ一人として、中隊から兵舎の門までもう一度歩いて戻る気はしなかったことだろう[19]」と言う。ヴェラーに至っては鞭打ちを「聖霊からの授かり物」と称している[20]。

同様の「転嫁」の構造は、捕まえた労働者に兵士たちが打擲を加える前や、その最中に下されるさまざまな命令にも見ることができる。

たとえば、「勝利の栄冠に万歳を」〔皇帝ヴィルヘルム一世を称えた愛国的な歌〕を歌えとか[21]、「海兵第三師団万歳」を叫べ[22]といったものがある。あるいは射殺刑を執行される前に、「右向け、左向け、行進!」

と命ぜられたり、[23]かと思えば筋金入りの兵士が自分を罰する目的で兵舎の中庭を「俺はポーランド野郎だ[24]」とか「このろくでなし[25]」とか「俺は赤軍の兵士だ、人殺しだ[26]」とわざわざ触れまわることもある。労働者たちを射殺する前に彼らに穴を掘らせ、歌を歌えと命ずるのも、[27]兵士たちが自分たちに加えられたしつけの原則をそのまま踏襲しているものと見ることができる。ある人間の意志にそむくことを無理やりやらせ、それもこれは自分が望んでやっていることだと声に出させて確認するのは、兵士たちにとってとうになじみの教育法だからである。

原則からすれば、彼らは一連のしごきを、どれも自分が「男になる」過程で加えられたテロルを通じて知っている。他人に転嫁するに際してほんの少しおまけをつけてやっているにすぎない（やられたことの上を行くだけだ）。

殴りながら「告白」を強要するのもよく行なわれることである（何も言わないやつは何か隠している。「白状」すればしたで、すぐにしゃべらなかったことが悪い、嘘つきだとなじられてまた殴られる）。これも本質的には、この時代の父親たちが息子たちの「行きすぎ」に対して講じた処置に沿うものである。黙っている奴はきっと嘘つきだだし、白状すれば白状したで、それで罪なしとして罰を免がれるわけではない。必ずどちらかのはずで、いずれにしても罰は当然だ（この原理にしたがってぼくもまた父親に殴られた）。

「自白」をすれば罰から免がれるなどという温情に浴したことがある兵士はおそらく一人としてあるまい。それなのに、目の前で「子どものように」火遊びをしている労働者たちに対してどうして別のやり方ができようか。

別な言い方をすれば、兵士たちはダブルバインドがどう機能するかを、手に落ちた犠牲者を相手にとにかく見せつけようとするのだ。たとえば吠える犬に向かって、まだ吠えるのかと殴りつけ、歯を食いしばると、「吠えないのはまだ痛みが足りないからだ」とまた殴る。

権力を握る側からすればこんなあべこべはいくらでも許される。兵士たち自身が同じ経験をしなければならなかったのだから。いつの時代どの世界にも、苦労の末に生まれようとしている者に対して、その努力の正邪やあるいはその危険を教えこむ立場にある、もしくは教育を買ってでる個人ないしは機関が存在した。教えられたのとは逆の行動をとればとったで、それも後日、過ちか失敗と判決を下されることになる。

たとえどんなことを始めようと、どんなやり方でやろうと、ともかくそれは間違いだ――過去百年間ドイツに生きた、二正面階層に所属する人間のうち、このことをしばしば思い知らされて絶望し、諦め、怒りに震えなかった者はわずかしかいない。この命題は、ここドイツでもっとも首尾一貫して組織された大衆的経験の核心を突いているとさえいえる(そこから派生した論理の一つが、年長の人々、たとえば両親とファシズムについて話しあうことをものの見事に妨げる。「じゃあ俺たちのやったことは全部間違っていたというのか」「そんなことはありえない。求められたものをいつでも忠実にこなしただけなのだから。それが全部間違っていただって？　善いことだってしたじゃないか、なあ、そうだろう……」などなど)。

負けたスパルタクス団がダブルバインドの中でもがくのを眺めるのがどれほどの満足をもたらしたかをルドルフ・マンの描写の一つに見ることができる。一九一九年五月、軍部はミュンヘンで家宅捜索が始まる前に、敵方が武器を提出すれば無罪放免にする期間を設けた。マンの描写は告知の文言から始まる。

「即刻すべての武器を提出すること。武器を手中にして逮捕された者は射殺する」――いったい、まっとうな判断力を備えた市民のだれがこんな布告に従っただろう。武器を放棄しようにも、どうやってそれを実行すればいいのか。供出場所に行こうとしても、武器を抱えていればたまたま建物の中に突入してきたパトロール隊に階段も降りないうちにひとたまりもなく射殺された。入口までたどり着いたとしてもドアを開けるや否や、武器を持っていれば一斉射撃の狙い撃ちだ。通りで見つかれば、壁際に連れて行かれて銃殺。コートの下に武器を隠そうものなら事態はもっと悪くなった。銃を逆さにして高く掲げ、攻撃の意志がないことを表示したとしても、だれがそれを信じただろうか。生命も自由もこれではまだ保証されたことにならない。これこそ八方ふさがりの板ばさみで、この中でたくさんの人間が冷や汗をかかされた。実際、正気を失って、手放せなかった武器を置いてある家に帰れずにいる連中がいた。彼らは小走りで私のところに来て、どうすればいいかと尋ねた。そこで、銃を長い棒の先に結びつけて掲げて持ってきたらどうだ、と教えてやった。本当にこんなことをした奴がいたとすれば、腹を抱えて笑ったことだろう。[28]

兵士的男性の手になる文書の中には、労働者たちを殺したり殴りつけたりする前に、自分たちが兵舎の中庭で受けたのと同じテロルを加えたことを示す描写はめったにない。

ぼくが思うに、兵士たちがそれについて口をつぐむのは、彼らがかつて苦しめられ、苦痛を味わったことの明白な証拠である。もしそれに触れれば、しごきを男の誕生の場として神聖視する必然性とひどく矛盾することになっただろう。

男たちは自分たちの行なったテロルについて口をつぐんでいたわけでは決してない。ただし、テロルを報告するにあたってはその持つ性格を改変している。暴力性、血なまぐささ、強暴な破壊欲はむしろ強調したものの、殴り返す、それも誤った対象を殴り返す報復の機会を永らくねらってきた自分たちの公正とはいえない行動についてはできれば隠しておきたかったのだ。報復行動は、自我の安定化のためにつけられる日記その他の材料としても適当ではない。それに対し、すでに述べたように、「英雄的」な殺戮はこの目的にまさに合致するのである。[29]

しかしそれは彼らがこの「どちらかといえば些細な」行為の記録をやめたことを意味するわけではない。むしろ詳細に述べたてているくらいである——ただし、敵のやった行為として。「赤色テロル」の非道を悲憤慷慨して告発したとしても、自軍の「白色テロル」を英雄化し、その人間的必然性を根拠づけたとしても、殺戮行為を克明に描き出すことで知覚中枢に生ずる情動はいずれの場合もまったく同じものだ。[30]

鞭打ちと環視

「二十五回、背中にたっぷり鞭を食らわせてやれ」と命じる者や刑を周りで見守る者と、実際に刑を執行する者の反応は異なる。命令し監視する場合は、みずから手を下して殴ることによる肉体的な放電が経験されるわけではない。快感は目と耳を通して得られる。快感の一部は「血まみれのどろどろ」という知覚同一性を再現することで生まれるのだが、ほかにもいくつか特記すべき点がある。

鞭打ちの儀式と、銃の台尻で殴る際に身体が経験する爆発とのもっとも明瞭な違いは、鞭打ちが一定時間続くことにある。始まりと終わりがあり、鞭打ちの数もあらかじめ決められている。環視する者の快楽が徐々に高まっていくのをねらいすますようにそれは実行される。快楽の一部は、鞭で打たれる人間がこの刑を通じて変身していく経過を観察することから生まれる。最初は叫んだり烈しくもがいたりして抵抗していた受刑者が、刑の終わるころはぐったりとし、血だらけになって静かになって鳴りをひそめるか、呻くしかすべを知らない。鞭は皮膚と肉をねらいすます。皮膚は裂け、肉は顫えるだろう。一九二〇年にルール地帯に侵攻した兵士たちが鞭打ち刑に使った「牡牛ならし」とか「御者用鞭」と呼ばれる鞭は、短いゴム管の束がついているのが一般的で、[1]ふつうは骨までは痛めない。これは尻を殴るのに使われる刑杖の場合も同じである。臀部にはほかにないほど肉が付いているからだ。

次の節でこれらの男たちの同性愛について論じるに先立って、臀部への殴打がなんらかの「同性愛的」行動と判断されうるかどうかを知っておく必要があろう。伝統的な精神分析や精神医学は両者が関連すると仮定する。

たとえばザトガーは「臀部性愛」という一九三一年の論文で、臀部や大腿部への打擲については同性愛が「おそらくもっとも重要な動機」をなすものだろう、と言う。

この場合快感は、苦痛を伴う烈しい鞭打ちによって臀部の筋肉が性交に際してと同じように痙攣するのを見ることから生じる。鞭打ち嗜好者もまた、皮膚が赤らんだり、腫れたり、蚯蚓《みみず》腫れをおこしたり、ついには血が滲み出したりするのを見ることに非常な満足を感じる。叩くために臀部をむきだしにすることでも鞭打ちを行なう人間の皮膚性感はしばしば刺激され（……）鞭打つことで筋肉内性感がオルガスムスを味わう場合すらある。[2]

鞭打ち刑を想像して快感を得るのも、精神分析の症例報告ではしばしば「同性愛的な」患者に典型的な症例として扱われる。[3] もし鞭打たれる男と鞭打つ男の間に生じる肉体的関係が、それを「同性愛」と名づけるに充分なものだとすれば、鞭打ちと同性愛の関連は経験的に証明されたことになるだろう。しかしこの関係をそのまま同性愛とみなしえないことは、第I巻で述べた「白い既婚女性」と兵士的男性との関係を例にとっても明らかである。あそこで確認した、快楽に満ちた性愛の領分に対する男たちの防護の姿勢を、リビドーの「異性愛的」な体制の証拠と見るのはグロテスクというものだろう。[4] それは性に敵対的な体制と理解されるべきものだ。そして、同じく性に敵対的な体制として理解すべきものが、軽率にも「同性愛的」と分類された男たちの身体的関係の中にも存在しないだろうか。

むきだしの臀部に暗黙のうちにただちに意味（すなわち鞭打つ者のリビドーの対象という意味）を読みとらない場合、鞭打ち刑の儀式に際した「見る快感」に関するザトガーの記述の重点はむしろ同性愛とは別の部分にあるとぼくには感じられる。つまり、鞭打ちを通じて肉が変化していく様と、打たれる者の肉体の「性交に際してと同じように痙攣する」動きの観察である（ウルグアイの「バンデラ」と呼ばれる、手足を吊るした捕虜を打ち据える拷問では、打たれた者は苦痛のあまり風になびく旗のように身を震わせる）。

兵士的男性たちはこの点に関して前節で扱った以上の発言はほとんど行なっていない。鞭打ち刑そのものは英雄的な自己顕示には明らかにふさわしくない暴力の一種なのだ。むしろここでは鞭打ちの観察を強いられた者たちの記述を追うことにしよう。もっとも克明な記録は、強制収容所から生きて帰った人々によるものである。

ここで引くのはハインツ・ヘーガーという同性愛容疑で収監されていた囚人の記録である。ヘーガーは囚人として一九三九年から四五年にかけていくつかの強制収容所を転々と移動させられた間、数限りない鞭打ち刑の現場を目にする羽目になった。ようやく一九七二年になって、『ローザヴィンケルの男たち』〔強制収容所では同性愛嫌疑のある囚人の衣服には通常のワッペンのほかにピンク色の三角のワッペンが貼付され

映画「ヒトラーの子どもたち」(1943年) より

た」というレポートでこの体験をあえて報告する気になった。[5] それは「典型的」な体験とはいえない、しかし、ここでは典型的かどうかが問題なのではない。残虐な行為を伝える話は、いかにあらゆることが可能だったかを教えることに意味がある。ヘーガーは臀部への鞭打ちを目にした体験をこう伝える。

「犠牲者は木馬《ボック》と呼ばれる例の鞭打ち台の上で尻が一番高い位置に来るように縛りつけられた」[6]。囚人の一人が鞭打ち刑を命ぜられると、そのブロックの囚人全員が集合させられ、鞭打ち台で行なわれるこの刑を目にしなければならなかった。点呼場所でそれが行なわれる場合には、全ブロックの囚人が集められた[7]。

鞭が振り下ろされるたびに犠牲者は大声で数を数えなければならず、痛みのあまり即座に数えられなかったり、声が小さかったりすると、その鞭打ちは数から引かれた。その結果、命じられた二倍の鞭を食らうこともしばしばだった[8]。刑の執行者は収容所長が決めたが、「たいていはサディスト的な性向を持つ親衛隊の隊長たちがこの仕事を進んで引き受けた[9]」。こう書くヘーガーは、本文からわかるように、自分が同性愛的「性向を持つ」ことを自覚している。

ヘーガーの視線は見守る司令官に向けられている。

> 囚人たちの隊列のすぐ近くには親衛隊員の収容所長が立っていて、興味津々と刑の執行を監視していた。鞭が振りおろされるたびに所長の目は輝き、何発もしないうちに、顔全体が興奮と快感のために赤らんできた。両手はズボンのポケット深くに入れられていたが、彼が刑の執行中自慰を行なっていたことは火を見るより明らかだった。それもわれわれ囚人がいる目の前で、悪びれもせずにだ。ことが済み、欲望が充たされてしまうと、この倒錯した豚野郎はさっさと姿を消した。このあと刑がどうなろうが、眼中にはなかったのである。
>
> 私はこの親衛隊長が、笞刑台で刑が執行されているときに自慰を行なっているのを三十回以上も目にした[10]。

鞭打たれる囚人が叫ばないことが一度あった。件の親衛隊長は、自分の倒錯した喜びの幾分かをそがれたのだろう、その囚人に向かってどなった。「このホモの豚め。なんで叫ばない。尻ばかり使っているおまえには打たれるのがうれしいと見えるな[11]」。

それから鞭打ちは最初からやり直しになった。フーコーが言うとおり、「拷問の祝祭」は単なる逆上の結果ではなく、規則や秩序を持つ[12]。しかしそれだけではない。拷問を受ける側に何が起こるかもあらかじめ予測されているのだ。生かしたままでいくつの鞭打ちに耐えられるかから、苦痛の量、拷問される者といつまた同じ立場に置かれるかもしれない観衆にもたらす効果まで。ではあの親衛隊司令官のオナニーにはどんな意味があるのか。鞭打たれ、本来は叫ぶはずの男が「ホモ」であることになんらかの意味があるのだろうか。

この出来事のディテールを追ってみよう。笞刑台には犠牲者がほとんど動物的な体位で縛りつけられている。頭と手足を下にして、四つ這いになったような形で台に載せられている。尻は一番高く掲げられ、しかもこの急所はむきだしにされている。なんの防備もできないこの状態がさらしものにされる。同時に、この囚人が公的に暴行を受けることも顕示される。状況の猥雑さは、最初見た限りでは、打たれる者がすべての接触、すべての暴行をなされるがままに受け入れなければならないことに由来するように見える。[*1] ことはタブーとされた治外法権の領域、肛門にまでおよぶ——こうした経過は臀部が性的対象として魅力を持つかどうかには無関係である。鞭打たれる者の隠された場所、私的な場所を浸犯することが求められているのだ。

この状況で連想されるのはユンガーの一文である。ユンガーは、塹壕で夜間に奇襲の危険にさらされる感情を、「見られる」感情として表現している。

> それはまるで目隠しされて裸で断頭台に縛りつけられ、嘲る目の快楽の餌食にされているような気分だった。[13]

笞刑台では攻守が一転する。ここでは危険をはらんだものの側が断頭台にしっかり縛りつけられ、完全な統制下にある。見てはならないものを貪婪に眺めている「嘲る目」の持ち主は自分である。

他の人間、たとえば整列して鞭打ち刑の次回の犠牲となるのを待つ者たちや、収容所長の部下たちは、生殺与奪の権限を持つ司令官の自慰が眼に入っても、それを見ることは許されない。

司令官はこの場合、もっとも厳しい禁忌、すなわち「衆人環視のもとで」性的満足を遂げるという禁忌をおおっぴらに破るために、権力者の地位を利用している。だれもがそれを見ることを強いられる。しかしなんらかの反応をすれば、それは死を意味するだろう。こうして囚人たちと部下たちは一体をなして、ある意味での公衆を構成する。彼らは公的モラルが効力を失ったユートピアを作りあげるのである。そこではモラルを定める人間は、両親を含めてみな骨抜きにされている。隠したり諦めたりする時代は終わった。みずからの死の時代も過ぎ去った。何も秘密にされてはいないのだ。「見るがいい、これが俺たちだ。俺たちは欲しいものを手に入れる。気後れする必要など何もあろうはずがない」と演説は続くはずである。

同時にしかし、司令官は公衆から離れ、まったく一人でもある。彼はこのユートピア的空間でただ一人、集まった死者たちの群れに向かいあっている。そこにいる者のだれ一人として生きてここを出られないからだ。自慰によって司令官は死者の群れに対して、生き残りを示す無礼講《オルギア》を演じて見せるのである。縛られた犠牲者が鞭打たれるたびに一寸刻みに無化され、居あわせた者たちの恐怖が高まるのに対して、司令官は彼らの動きの逐一を通じてますます巨大かつ安全になるのである。

鞭打たれる者が「ホモ」だから打たれるのがうれしいのだという司令官の邪推には、相手を貶める快楽以外に、実際の怖れも混じっている。ここで満足を得ていいのは自分一人だけなのだ。そしてこの満足には、鞭打ちを受ける側が、こうむる苦痛に対して何がしかの返礼を差し出すことも含まれるように見える。虐待者は「命令による棘」（カネッティ）からも、かつて身に浴びたしごきからも、身体の毀損からも手の届かないところにいる。それだけでなく、虐待の相手からなんらかの報酬まで受け取るのだ。そのために相手のセクシャリティーが重視される。つまり、打たれている相手は今は「満足」を得ることは許されないが、かつては打たれることで満足を得たはずなのである。笞刑台にさらされた犠牲者が「ホモ」としてかつて味わっているはずだ、と勘ぐられる快楽は、こうして犠牲者から没収され、司令官のものになる。鞭打ちは一種の快楽交換の儀式なのだ。鞭が振りおろされ、悲鳴が上がるたびに、犠牲者がかつて味わった快楽の一定量が奪い取られ、見守る者へと受け渡される。犠牲者は性的存在として虐待されるのである（したがって、性的経験を積んでいればいるだけ歓待されることになる）。おそらくそのために老人や子どもは多くの場合鞭打ちの対象とはならなかったのだろう。彼らにはまだ、もしくはすでに、奪い取るべき快楽はない（責めあげられる相手が自白を迫られる「情報」とは、多くの場合、彼から実際に搾り取られる快楽の偽名にすぎない）。

ヘスは、鞭打ち刑の場に居あわせるのはきわめて不快だった、と書いている。収容所に赴任して間もないころ、最前列でこの刑を見ろと命令されたヘスは、ある「政治犯」が大声でわめくのを聴いて目をそらしたくなったそうである。[14] 行為そのものへの嫌悪といった類の原因ではない。おそらく、鞭打たれる犠牲者の「差し出す」ものが多すぎたのだろう。ヘスは興奮に耐えられなかったのだ。それ以降ヘスは、彼の言葉によれば「石の仮面」[15] をつけることでこの興奮を持ちこたえられるようになる。

ぼくの見るところ、鞭打ちの儀式は数ある虐待の中で一番「性的な」虐待、それも男根的《ファリック》な虐待である。鞭打たれる者は一種の「ネガティヴな」性交を強いられる。鞭打ちのリズムは、性交のピストン運動のリズムにもっとも近い。打たれる者の悲鳴の高まりは興奮のカーブに比例する。やがて「絶頂」がきて、弛緩がくる。犠牲者までが一緒に鞭打ちの数を数えなければいけないというのは、オルガスムスには一定数のピストン運動の後で登りつめるのがもっともよいという俗流の性理論を思わせる（ぼくもギムナジウムの時代にはよくこの説を耳にした。実際、多くの男たちはピストン運動の数を数え、なるべく多い数で「行く」ことをめざす）。鞭打ちも性交同様、持続することに意義がある。緊張は高められ、目標は先延ばしにされ、絶頂に至る……。ヘーガーの描く親衛隊司令官は「こと」が済むや、さっさと姿を消してしまう。*2

「生まれきらなかった」男たちの行なうオナニーは、心的経済論から見るとたいていの場合、身体的全一性を感じ取ることができる状態への到達を主な目的とする。オナニーは、「同性愛者」として診断を受けに来る患者の多くが、体表面へのリビドー備給を当座限り補うために日に何度も行なう行為である。[16] それは差し迫る自我の崩壊や、攻撃的な空想、身を引き裂く不安感から身を護る手段である。自慰の後はわずかな間だけ安心感が生まれ、頭はからっぽになる。

自慰を念頭に置くと、鞭打ちを環視するのにはもう一つ特別な意味があることに気づく。打たれる者を目の前に見ることで、この眺めを楽しむ側は不要な空想からも解放されるのである。自慰をしている限りは、内部のものに脅かされる危険はまったくない。危険な内部はあそこの鞭打ち台にさらされて、しかるべき流儀で扱われている。あれと自分の肉体とはもうなんの関係もない。それと同時に、自己維持のために費やされるすべての活動は、「欲望するための欲望」を脇に押しやり、無意識的なものの存在をまるごと抑圧する。この抑圧は内的知覚を外的知覚と代替することができればそれだけいっそううまくいく。

鞭打ちの回数が増え、自慰の手の動きが激しくなるたびに、犠牲者は自分の持つ境界を失っていく。一方、見る側には自分の境界がますます確かなものとして経験される。この過程で肛門が本来の性的対象として確定できるとはぼくには思えない。自己維持の快楽は、対象関係を求めるいかなる欲望も押しのける。肛門も例外ではない。

啓蒙主義時代における拷問とは違って、この鞭打ち刑の中心にあるのは拷問する側の身体である。十八世紀において司法上の拷問は、真実の究明の儀式と、懲罰の儀式とが同じ基盤で営まれる奇妙な需給関係の中で機能していた。身体刑にあって尋問を受ける身体は、懲罰の標的であるとともに、そこから真実をむりやり引き出す場所でもある。しかも嫌疑が証拠調べと有罪性を一体化しているのと同様に、拷問に際して苦痛を計算するのは、懲罰の手段であると共に、予審手続きの一つでもあった。[17]

ファシズムにおける拷問では、懲罰と真実究明はどちらも二次的な意味しか持たない。拷問の主産物は、拷問する側の全一性の経験であり、その肉体的全能の確立である。したがって、前景に出るのは拷問される人間ではなく、拷問する側である。その存在そのものが相手を「怖気づかせる」(拷問される側は消え去らねばならない。見せしめの材料としても、彼らはなお危険なのだ)。

一九四三年にベルギーの抵抗組織の一員としてゲシュタポにつかまり、虐待を受けた体験を持つジャン・アメリーは、虐待者についてへーガーとはまったく異なることを感じている。彼らはサディストだったろうか、とアメリーは自問し、こう答える。

狭義の性病理学的意味では、彼らはサディストではない。私は充分考え抜いた上でそう考えている。二年間のゲシュタポによる収監と強制収容所での収容生活の間にも、性病理学的な意味で本物のサディストには出会わなかったと私は思う。

あえて彼らを名づけるなら「虐待を請け負う愚鈍な官僚」である。しかし、確かにそれ以上の者でもあることは、性病理学的なサディズムの快感になど酔い痴れず、糞まじめで、緊張した、殺人という自己実現に向けて神経を集中する彼らの顔から読み取ることができた。彼らは全身全霊この行為、すなわち権力、精神と肉体に対する支配、野放図で羽目をはずした自己拡大に打ちこんでいたのである。[18]

ぼくはヘーガーを否定しなかったようにアメリーにもあえて反駁しない。アメリーはとにかく虐待者の顔を見たのだから。しかし彼がジョルジュ・バタイユと口を揃えて、サディズムを性病理学的にではなく「実存心理学的に」捉えようというのなら、この対置はあまり有効なものとは思えない。アメリーが最終的に捉えている虐待行動の本質が、ぼくが展開している主張とそう隔たらないだけに、それはいえる。

アメリーが言うサディズムとは次のようなものである。

それは他者のラジカルきわまる否定である。社会的規範と現実原則の否定である。虐待と、破壊と死とが凱歌をあげる一つの世界である。そんな世界が成り立たないことはわかりきっている。しかしサディストにとっては世界の存続など意中にない。むしろ反対に、世界の廃棄をこそ彼は望んでいる。サディストは自分にとってある意味では「地獄」である他の人間たちを否定することで、己れの全能の統治権を実現しようとするのである。

これに続く一節はぼくが思うに事態の核心をもっとも突いている。

他の人間たちは肉に変えられる。そして肉に変えられることで死の間際にまで連れて行かれる。いや、もしかするともう死の境界を越えて無に達してしまったのかもしれない。虐待される側とは違って、虐待と殺戮を行なう側はそのことで肉であるみずからの破壊的性質を、肉の中に溺れて自分を見失うことなく実現できる。必要とあらば、虐待をやめることだってできるのだ。[19]

打たれる側が肉と化すこと、それは笞刑台に縛りつけられた犠牲者についても見たとおりだ。ただぼ

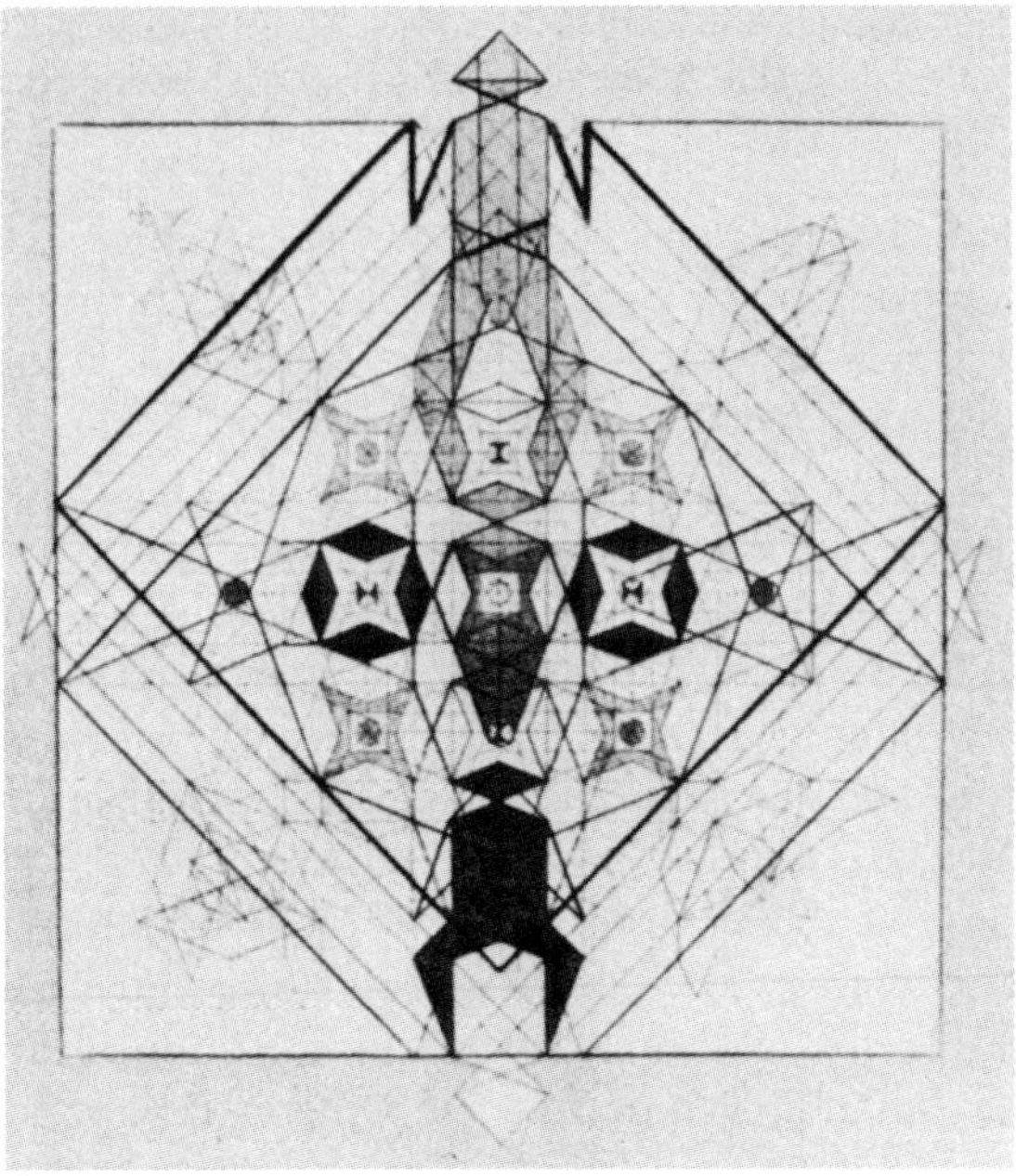

エマ・クンツによる素描（一九五七年ごろ）

くとしてはアメリーとは違って、鞭打つ側に起こる変化を「脱‐肉化」と呼びたい。一方が、やめようと思えばやめることができる権利を持つのに、両者を同じ過程の中にいると見ることはできない。打たれる側は輪郭をなくしていくのに対し、打つ側は輪郭を得る。輪郭が確認できたから鞭打ちをやめるのだ。打つ側は「自分を失う」危険には陥らない。彼は自分を取り戻し、全身を包む身体甲冑を手に入れるからこそ、その顔にはアメリーの言うように糞まじめで、緊張した、集中する表情が浮かぶのである。

ヘーガーとアメリーの記述のもっとも大きな違いは、ヘーガーのそれが刑を監視する虐待者を描いているのに対し、アメリーは実際に鞭打っている人間を描いていることにある。ヘーガーの虐待者では、自慰という行為が彼自身の中で自足するのに対し、アメリーの虐待者は外部に対象を持つ。ただし、この二つの様態を対置することに意味があるとも思わない（それでは異なる哲学あるいは心理学の学派間の争いに巻きこまれるのが関の山だ。アメリーがよい例だ）。

決定的な違いは、身体に起こる変化の記述と身体の解放である。虐待者はアメリーが忖度するような事情（「世界の廃棄」その他）を何一つ意図しているわけではない。虐待者は、自分の身体を維持するために何かを行なうのであって、ほかのやり方では身体の断片化から身を守ることができないからこそ、虐待を加えるのである（別な言い方をすれば、サディズムなどという概念も使わないほうがいい。それは歴史的な重荷を引きずっているために、現象の実態に近づくのを妨げる。歴史的な自己反省を果てもなく繰り返す結果、現実の事象に迫ることができなくなるのは、今日のあらゆる概念システムと、相変わらず大手をふる抽象的思考の宿命かと思われる）。

六　同性愛と白色テロル

この章の表題は、実際にはない関連があたかも存在するかのような印象を与える。いま言えることはそれだけだ。しかし場合によっては同性愛と白色テロルに関連があるかに見えることも確かにある。

ぼくは本書の第I巻の最初（八六頁以下）で、兵士的男性（またそれに限らず、もっぱら男性だけからなる共同体に所属する男たち）の「同性愛」に関する議論を除外した。それは、この問題について発言するとき「もののわかった」男たちでさえその場に持ちこもうとする、同性愛を眼の敵にする情緒的反応をひとまず避けたいと考えたからである。

さらに言えばこの手続きは、同性愛と白色テロルが互いにはっきりした関連を持たない、という確信よりは、この問題についてあらかじめ先入観を持たずにおこう、という意図から生まれた。むしろ当初ぼくは「潜在的な」同性愛に類したものと、それと結びついた「欲動の鬱積」がファシズムにおけるテロルの発生にははっきりと関与しているとさえ予想していた。

しかし今となっては、わざわざ同性愛（潜在的であれ、顕在化したものであれ）を持ち出すことなしに、ぼくの言う意味での白色テロルの主要な行動様態を記述できることがわかった。

となればここでは、なぜ同性愛と白色テロルが関連するという主張があれほど根強く支持されてきたのかを考えることが課題になる。

問題が何かを思い出すために、一九二三年三月六日付で『ミュンヒナー・ポスト紙』に載ったある「報告」を見ておこう。これはE・J・グンベルが愛国的地下組織について書いた著書『謀反者』に引用されている。

もう一人の大のヒトラー支持者フランツ・キルシュターラーは、一九二三年二月二十七日に、自然にそむく淫行という罪状で二カ月の収監の判決を受けた。キルシュターラーが繰り返し餌食にしたのは主に失業中の若者たちである。彼はかつて「鉄軍団」の一員であり、エアハルト海兵師団の準曹長であった。ルール地帯と上部シレジアを転戦。窃盗で刑を受けた前科がある。[2]

この短い記述からも、すでにいくつかの関連が見えている。

同性愛とサディズム/マゾヒズム

過去にこの問題を扱った実証的調査はない。精神分析の症例報告はあっても、そこから数値的データを引き出すことはできない。「同性愛」のさまざまな形態を数量化することは不可能である。一九七四年に出版された、マルティン・ダネッカーとライムート・ライヒェによる、西ドイツの同性愛者を対象にした社会学的調査『通常の同性愛者』では、調査対象とされたうち八%(六四人)の男性が「はっきりしたサド・マゾヒズム的挙動を示す」とされる。[3] これはパーセントからいうと多くはないが、数からすると少ないともいえない。同性愛者の(仮想の)総数にこの数字を当てはめれば、何人かの強制収容所の守備兵士をこのリストに含めることもできよう。ただし、ダネッカーとライヒェによれば、親衛隊兵士の「ポンチ絵的な」イメージに当てはまるのはその中でただ一人、「西ドイツ軍の曹長」[4]だけで、彼は別な意味からも例外に数えられる。というのもこの曹長は自分の「サディスト的」性行動について自慢げに報告し、このグループに属する他の多くの患者とは違って、欲動満足を「自分と無関係な」状

「まことに遺憾」クルムほか（『ラディカル・アメリカ』より）
われわれに道を教えんがために来た聖人たちは，尻を蹴りあげられるのが落ちだ．――「やっちまえ」「汚らしいホモめ」「兄弟よ，平和を―」「アドルフの時代なら労働キャンプにぶちこむところだぞ」

態で経験するわけではないからだ。

調査対象のうち、このような乖離を示したある男性の性行動には《臀部への打擲と鞭打ち》が含まれていた。自慰に際してこの男性は、軍か監獄かで鞭打ち刑が行なわれていて、自分がその実行者になることを空想するという（しかし個人的には私刑には反対だそうである[5]）。

この男性が、快感の中核を代表するものとして選んだ臀部に対して両価的な関係を持っていることを、彼の「きわめて不満足に終わった性体験」が示している。

「肛門性交の後、ペニスが汚れていたとき、あるいは、肛門性交のあと、何かのきっかけで腸の実際の用途を思い出したときがそうだ」とこの男性は言う。「腸の実際の用途」とか、先の引用の「個人的には私刑には反対だ」という言葉に乖離がはっきりと現われている。彼は自分の満足のために作りあげた空想世界が、「実際の」満足を与えることは結局できないと思っているのである。[6]

ダネッカーとライヒェは、多くの同性愛的性行動において防衛的性格が優位を占めるという結論に達している。同性愛は「去勢不安」への防衛である場合もあるし（去勢不安はすでに見たとおり、そのほとんどが自己の解体に対する不安の言い換えである）、「自分の性的能力をたえず確かめずにはいられない[7]」強迫である場合もある。また、肛門性交一般に、カモフラージュされたサド・マゾ的な行動が隠されている場合も防衛的性格が強い。ダネッカーとライヒェは、この精神分析学的解釈が彼らの調査したいくつかの症例によって裏づけられる、とする。[8]

「倒錯」と題された章はこう終わっている。

相手の同意を得ないサディズム的虐待や、同性の相手を死に至らしめるような性犯罪に類した行動は、調査の中にはごくまれにしかなかった。臨床的に見て、こうした行動は一概に同性愛という符牒のもとに理解することはできないだろう。「犯罪者」はたいていの場合、実際に同性愛であったわけではない。彼らが性的識別において起こす混乱は、深部の精神病理学的な基底構造の障害の中では、心的には副次的な意味しか持たない。[9]

だとすれば、われわれが目にしているのは、「現実には」存在するはずがない、また存在しない「同性愛」の奇妙な変種だということになる。しかし、「同性愛的」とされる集団において同性愛的行動と暴力とが一致するというダネッカーとライヒェの臨床的観測は一概に否定するわけにはいかない。ただしその数は全体から見るとわずかであるようだ。

もしnを一〇〇とすれば八七％が性的接触を持っていることになる。さて、どこだったっけ。友情に…依存して、いや、もとい、依存性における頻度…ここにこうあるぞ「最重要とは言えないが、非常に重要」と…。となると毎日、あるいはほとんど毎日九〇％ということになるぞ…こいつは興味深い。…すごい頻度じゃないか——おやおや…

猫：「ぼくが思うに彼の理論と実践の間にははっきりした混乱があるね」
犬：「君の言うとおりだ」
フォルカー・ライヒェ「愛」フランクフルト、一九七五年（ぼくの見る限りではほとんど知られていないすてきな本）

逆に、「異性愛的な」性行動への傾きと暴力行為の一致は明らかにまれである、という主張もできないだろう。だとすれば、性愛と暴力の関係を述べたこの種の推測にどんな意味があるというのだろう。この推測は、あらかじめ先入見を持ってしまっている人々の偏見を固定し続けるためには都合がいい。これらの偏見は彼らの自己維持行動の中である種の役割を担い、この防衛の合理化が高度になればなるほど不可欠なものになる。ダネッカーとライヒェもまた、先の引用で「性的識別において起こす混乱」は副次的な役割しか持たないだろうとする。つまりいわゆる「同性愛者」たちの行動は、社会組織の中に存在する男女両性の厳密な分離に条件づけられた、より重大な欠陥を示すものとして理解できるのではないかと言うのである。だとすれば、ある種の「同性愛的行動」*1は、必ずしも防衛だけを目的とした行動ではなく、兵士的男性の「防衛的」とされるさまざまな挙動と同じく、前述した自己維持行動として理解できるのではないだろうか。

同性愛的欲望

ギイ・オッカンガムの『同性愛的欲望』は、「実際の」同性愛と「実際にはない」同性愛とを曖昧にしか区別できないジレンマから抜け出す手助けになるかもしれない。

オッカンガムは「同性愛的欲望」を、ドゥルーズ／ガタリの言う欲望の本質と、アヌスの排除という社会的事実内容の二つの極を中心に記述しようとする。*2

オッカンガムは同性愛的欲望に二つの境界逸脱の可能性を見る。一つは本源にあった「リビドーの無形性[10]」に向けられたもので、これは初期のフロイトもとった説である（「性的欲動はおそらく最初は対象とは独立したものだったろう」)。もう一つの境界逸脱は、肛門領域を社会的治外法権の場とすることで、固定化された中心的抑圧の廃棄をめざしている。

ファロスがその本質からして社会的なものであるとすると、アヌスは本質的に私的なものだ。[12]

アヌスは社会的欲望として機能することはもはやない。それはアヌスの機能がもっぱら排泄に限られ、したがって第一に私的なものだからである。(……)個人的で羞恥心を備えた私的人格の形成は「肛門的」であり、公的人格の形成は「男根的」である。アヌスは、ペニスとファロスのような二重の存在様態による両価性を持たない。ペニスを見せるのは恥ずかしいことだろうが、大文字の社会的ファロスである場合には、それは同時に誇りを示す行為でもある。男性はすべて自分の社会的役割を保証してくれるファロスを所有している。ところが、アヌスはすべての人間が持っていながら、各人格の最奥に埋もれたもので、ひた隠しにされている。[13]

第I巻第二章の終わり(「身体境界の混和」および「流れとしての身体」を参照)でぼくたちは、肛門に閂をかけ、あらゆる排泄物の流出を否定することが身体の流れに抗する防塁を築くに際して重要な意味を持っているのを見た。肛門はあらゆる堰を代表するものであり、その隠れたモデルである。アヌスは、それがいわば個人の基礎をなす「土台」であるかのように巧妙に隠されている。それはジョルジュ・ダリヤンの『泥棒』で祖父が孫に向かって「この親指はおまえのものだぞ、だからそれをしゃぶったりしてはいけないし、おまえのそれをよく見張っていなければならない」と言い聞かせるのと同じ意味での個人の所有物なのだ。アヌスはとにかくおまえのものなのだから、それを使うことも許されないくらいだ。しっかりとっておくんだぞ[14]!

これはミシェル・フーコーが『監視と懲罰』で、個人を監禁の産物として描こうとしているのと一致する。フーコーによれば、今日、法規を逸脱した者、犯罪者は病院から監獄に至るまでの監禁システムによって、他の人々から「個別化」されるというパラドクスを生む。しかもこの個別化は犯罪者の逸脱した人生の事細かな記録と、その結果としての隔離によって行なわれるのである。[15]

その意味ではオッカンガムの言う「同性愛的欲望」は単に他と同じような性的欲望ではないことがわかる（たとえば自由主義的・改革的な寛容の立場は同性愛を他の性的欲望と同列に置こうとする）。アヌスの領域に踏み入ることは、社会的監獄の解放という意味を含む。この地下牢には他の地下牢に至る鍵も保管されている。そこに立ち入ることはしたがって、欲望の革命的な次元、すなわち「欲望するための欲望」をふたたび取り戻すことにも通じる。オッカンガムはそこからこう結論づける。

> 同性愛者たちのもとで拒絶されているのは、特定の性的対象としての女性への愛ではない。むしろ、欲望の禁圧そのものの基礎をなす主体‐客体システム全体が拒絶されているのである。[16]

ただしここでつけられている「同性愛者たちのもとで」という限定は原則からいって支持できない。それはダネッカーとライヒェの行なった調査がはっきり示すとおりである（もっとも『通常の同性愛者』という彼らの著書のタイトルは「正常」という規範の存在をはからずも明かしてしまっているが）。オッカンガムの意図はむしろ、多くの同性愛者の行動を経験的レベルで観察してもおそらく容易には発見できない、同性愛の理論的意味を明らかにすることにある。経験的レベルで裏づけられないとしても、それはオッカンガムの理論の価値を損ずるものではない。

同性愛が経験的に個人の問題としてしか扱われておらず、同性愛者たちが孤立させられたことが、同性愛のはらむ実際の志向と可能性に彼らみずからがほとんど気づくことができない理由である、とオッカンガムは言う。

同性愛を個人的な問題として、しかもそのひと個人の問題としてだけ語ることは、同性愛をオイディプスの支配下におくことに確実につながっている。しかし同性愛的欲望とはむしろ集団的欲望であり、それは欲望を結合する機構としてのアヌスの機能を取り戻し、アヌスを集合的に復権させることでアヌスを糾合する。それを通じて、アヌスを惨めな恥多き秘密の部位に貶めてしまった社会に対して反抗させるのである。[17]

オッカンガムが書いていることを「実際の」同性愛の実態として受け入れるならば、白色テロルと関連づけられている同性愛の形態は、本当は現実のものではないことがわかる。この了解は少なくとも問題を論じるにあたって概念的な区分を行なう際の手助けにはなるだろう。

ただしそれは両者を厳密に分けて考えなければならないという意味ではない。というのも、ブリューアが明らかにしたワンダーフォーゲルや青年運動、さらに突撃隊に見られる、男を愛する「自由な男性的英雄」のさまざまな特性のいくつかと、「同性愛的」欲望とのつながりはやはり完全には否定できないからである。[18] ブリューアは突撃隊の隊長エルンスト・レームを「男性的英雄」タイプの傑出した例としてあげている。ブリューアの著書に現われる、集団形成的で、公然とタブーを打ち破ってみずからを誇示する同性愛の傾向は、少なくとも異性愛を強制する社会のコードに歯向かっていることは確かだ。ブリューアにおいて、同性愛は男性共同体や国家を形成する能力と必ず結びついて取りあげられる。ブリューアはどう見ても「惨めな恥多き秘密の部位」から遣わされたスパイでも、オイディプス側に寝返った人間でもない。[19]

論　争

雑誌『プシュケー』の一九七二年第二六号に、チャールズ・ソカリデスの『公然の同性愛者』をめぐるライムート・ライヒェとヘルム・シュティーリンによる論争が掲載された。ライヒェによれば同書は、「顕在的同性愛に関するこれまでで唯一の、包括的叙述[20]」とされ、シュティーリンもそれに異論はない[21]。

ライヒェは同性愛の発生に関するソカリデスの仮説を大筋では認める。

同性愛のきっかけをなす動因として、ソカリデスは母子共生期の最初の、まだ分化が生じていない段階の末期における、母親と子どもの分離の失敗をあげる[22]。

つまり同性愛はおそらく、基底欠損の領域に端を発するというのだが、この領域は「兵士的男性」に特有の問題が生まれるのと同じ領域である。もしかしたら顕在的同性愛は、「生まれきらなかった」男たちの別の現象形態なのかもしれない。しかし、両者の類似はどこまで認められるのだろうか。

ソカリデスが先の基本的仮説に含まれるいくつかの問題を、理論構成にあたって考慮しようとしない、とするライヒェの批判はもっともなものだ。ライヒェによれば、「前オイディプス期に存在する中核的コンプレックスを強調することは、正常・異常の別なく発達全体の核としての役割を果たすものとしてオイディプス・コンプレックスに与えられた意味を追認することにならざるをえない。ソカリデスはこの危険をまったく考慮していない[23]」。

ソカリデスによれば、

この中核的コンプレックスの本体は、前オイディプス的な固着状態に退行しようとする衝動である。

そこには原初の母子共生状態を再現するために、母親と融合することへの願望と恐怖とが共に存在している。同性愛はこの退行への衝動を抑圧するのに役立つ。[24]

あらためて繰り返すが、「中核」「コンプレックス」「抑圧」「固着」「退行」「再現」といった一連の概念は、「生まれきらなかった」男たちの問題を扱うには適切な概念ではない（そのことについてはすでに論じた）。しかしソカリデスの仮説で興味を引くのは、「同性愛」が総体において防衛から生じているという指摘、しかも「基底欠損」の領域に起源を持つという指摘である。もしそうだとすれば、同性愛と、解体し呑みこむエネルギーとしての性的欲望からのがれ、あるいはそれを変形させるという、兵士的男性のとる解決手段との間には根本的な矛盾が生じることになる。同性愛になりつつある人間は、兵士的男性が抱えるのと同じジレンマから抜け出すために、逆に性的欲望へと向かうというのだろうか。

これはきわめて重要な論点であり、これまで兵士的男性の心的機構についてぼくが述べてきた推測を根本から揺るがすものだ（ぼくは白色テロルを「性的欲望」の一種だとはとても定義できない）。

先を追ってみよう。ライヒェはソカリデスへの批判の後半で、ソカリデスを分析家の仮面をかぶった同性愛者の敵として論難しようとする。

ソカリデスの著作には同性愛に対する嫌悪がみなぎっている。この嫌悪は医者としての嫌悪、聖職者としての嫌悪、人間としての嫌悪がないまぜになったもので、至る所でそれが目に見えるひずみとなって露呈している。[25]

ライヒェは四つの点を取りあげてソカリデスを批判する。第一はソカリデスが健全な悟性に基づく判断として同性愛＝病的、異性愛＝健康でノーマル、という等式を読者に押しつけていること、第二はさらに同性愛者を潜在的に犯罪性と結びつくものとみなしていること（「同性愛者は多かれ少なかれ婚姻と法律に対する瞞着を行なっていることが明らかになる」)、第三にはソカリデスが「まったく精神分析的とはいえない治療への使命感に駆られ」、ときにそれが治療の無理じいにまで至っていることである。そして第四に、——これが当面の問題にとって一番重要なものだが——ソカリデスは、頻繁にまた大まじめに使われる「すべての同性愛者」という言い回しで同性愛者のあるタイプを想定し、それに誹謗中傷とほとんど区別がつかないレッテルを貼りつけている。

(ソカリデスによれば)同性愛者の超自我は原初的であるとされ(一二三頁)、あるいは昇華の能力がない(七五頁)、とされる。さらに同性愛者は自分の性的逸脱をロマンチックなものとみなすとされ(七四頁)、その自我の構成には欠陥がある(一一〇頁)とされる。さらに「すべての同性愛者」は多かれ少なかれ破局ぎりぎりのところで生きている、とされる。(……)

こうして、ソカリデスにおいては、同性愛が相対的に見て自我-同調的起源を有する可能性はまったく否定されてしまうのである。[26]

ライヒェの批判に対してシュティーリンはソカリデスの精神分析分野での功績を持ち出して、「同性愛の中核にある前オイディプス的コンプレックスを見抜き、この理論的基礎に立脚して同性愛の問題に取り組んだ非凡な勇気と才能」を多いに買う。[27]

(もしシュティーリンが言うほどソカリデスが戦闘的なら、ライヒェの危惧ももっともなものといえよう。)

そればかりかシュティーリンは精神分析協会会員としての身分意識に基づいて、批判者のライヒェを「アウトサイダー」呼ばわりし、あまっさえ脚注では、得意のやり口でライヒェを葬り去ろうとする。

ドクター・ソカリデスは私に対して、自分が公の場で同性愛者たちに繰り返し非難されたことを打ち明けた。これらの人々は後に自発的に患者としてソカリデスのもとを訪れ、自分たちの非難がうわべだけのもので、防衛的性格のものであったと告白したそうである。彼らが公の場で博士を攻撃するために使った論拠は、ライヒェ氏が持ち出す論拠と非常によく似ている。[28]

ぼくの見方が間違っていなければ、ここでシュティーリン教授は「精神療法の未開拓の処女地に向けて[29]」常に前進を続ける博士《ドクター》からたまたま耳にした話を「利用」して、図星を突いて顔に泥を塗ったライヒェに止めを刺し、その批判をまがい物として抹消しようとしている。そうすることでシュティーリンみずからも、「ドクター」がまず手をつける権利を有する精神療法の未開拓の処女地に馳せ参じようというのだろう。そのときが来るまでは他の連中が『プシュケー』誌に批判を載せることなどまかりならない。これは門外漢の患者たちの雑誌などではなく、（ヘテロセクシャルな）「ドクター」向けの学術誌なのだから、とでもいわんばかりに。

もう一度繰り返しておこう。このような学問上の小競りあいも、ここで扱っている主題に係るもので、サッカー場での乱闘や政治家たちの独善的な議論の応酬と同じく、少なからず（というよりまさにそのまま）「同性愛的」なのだ、と。

とはいえ、ソカリデスの同性愛者論をさらに詳細に検討することで、問題のもつれを解く糸口は見つかるかもしれない。ライヒェの引用から明らかなように、ここで同性愛者とされた人々は、ぼくが「生まれきらなかった男たち」と名づけ、一定の条件下では「兵士的男性」に成長する可能性のあるタイプの男性たちと、やはりいくつかの共通点を持っているように思われるからである。

ソカリデスの『公然の同性愛者』

ソカリデスは、診療のために彼のもとを訪れる男たちにはある共通性がある、と述べている。おしなべて彼らは同性愛的行動をとる必然性を感じているというのである。しかし、やむをえず行なうこの行動において、性的欲望は一貫して二義的な意味しか持たないか、まったく重要性をもたない。ソカリデスが再現している患者の告白によれば、際立つのは別の側面である。

私は別の方法で射精にまで至ることができますが、それでは満足できません。それは私が同性愛的行動をする前には不安を感じているのに、いざそれをすることが決せられると、もうそれだけで肩の荷がおりたと感じてしまうからでしょう。そんなふうなのだと思います。どういうわけか私は射精の瞬間に、自分が呑みこまれるのではないか、そしておそらく意識を失うのではないかという気がします。私はひどく混乱している。どうしてもそれをせずにはいられない。この行為が私の性的同一性を取り戻すからです。[30]（患者B）

達しないと、私はばらばらになってしまう。[31]（患者B）

それからこの患者は、自分が破裂して「何百万もの小さな破片」になってしまうのではないかと感じる。

私はひどく惨めで、自分がその場で裂けてばらばらになってしまうような気がしました。それはひどい不安で、その後に同性愛的行動をとらなければならないという強迫がやってきます。なぜか自分がその場で攻撃を受け、抹殺されるかのような気分なのです。恐ろしい危険が身に迫っている。

体はおこりのようにがたがた震えて寒気がします。そうなるとベッドにもぐりこんで毛布を頭からかぶり、胎児のように縮こまるしかありません。同性愛的な行為におよばなければこのありさまです。私がそれをするのは自分をなんとかもたせるためです。一線を越えてしまえばもう終わりです。もしあれをしなければ気が狂ってしまうかもしれません。ほかにどうしようもないのです。どうしてもしなきゃならない。でないと爆発するか、気が狂うかしかありません。その瞬間にはまるで空間と時間がごちゃごちゃになり、すべてが動いているようです。そして私は出口もない絶望的な窮地に取り残されたままなのです。[32]（患者B）

この強迫は毎回一種の発作として現われ、強度の頭痛と見当識の喪失をともなう。

私が性的な刺激を感じようとするとき、相手の男は並以上に従順でなければなりません。そしてこう口にするだけで私は相手の男たちとあの行為におよぶよりは、彼らを殴ったり、首をしめたり、性器をきつく縛ってやろうかという気になるのです。彼らの性器を引きちぎり、もぎ取り、引っ張って苦痛を加え、その苦痛を楽しみたくなる。私の太腿で相手の首を絞め、苦しげな顔を見てみたい。そうするとほんとに気持ちがいいんです。私の中には邪悪な感情がうずうずしています。みんなが仲良くしようとか、そういう見せかけは体裁ばかりの茶番です。私は母親が大嫌いだ。母が自分にしてくれたことすべてが憎しみの種です。みんな母親のわがままで、思い通りに操られるのだから。ああ、叫びたい。吐き気がする。自分に何がされたか、そのことを考えるたびにもっともっと憎くなります。そうだ、わたしはずっと前から母親を殺したかった。[33]（患者A）

私は自分の相手の首を両脚か、首の周りに絡ませた両手で絞めてやりたくなります。ちょうど母親の首を絞めたいのと同じに。でも私は、自分が女の代わりに男を選んでいるだけなのだと思っています。男の喉の奥にペニスを押しこんで、息を詰まらせて苦しそうにもがかせることで、本当は女を縊り殺したいんです。私はそれに快感を感じます。[34]（患者A）

さらにこの患者の告白を聞こう。

同性愛に身を任せるたびに私は、男たちを相手にしたときの自分が格下げされるのを楽しんでいるのだと思います。母親に対しても、自分が卑下しているという感じを持つし、そうすると、母親を食べつくしたくなる。乳房を食べ、そのすべてを食らいつくしたくなる。ほかの女ではだめです。母親の乳房だけを食べたいので、それは男たちのペニスに取って代わられるものです。[35]

ソカリデスが「同性愛者」として引用する患者たちは、だれもがこれと似たり寄ったりの告白をしている。

「同性愛」と「白色テロル」の関連を問うためのきわめて重要な手がかりがここにはある。ソカリデスが引用する患者たちの同性愛的行動は、心的ダイナミクスから見れば、兵士的男性のテロル行動と正確に重なる機能を持っているのだ。

自分が呑みこまれ、消し去られてしまう恐怖に駆られた末のやむにやまれぬ同性愛的行動は、もしかするとマーガレット・マーラーが言う自己維持行動の一種と解釈できるかもしれない。第一の目標として、行動する主体の「全体性」の確立がめざされていることがそれを裏づけているし、対象の生命を奪い取ろうとする強度の執着が認められるのもその根拠である。さらに、同性愛的行為によって得られる救済は、兵士たちが敵と遭遇した際に自分と同等の相手（敵）と融合するブラック・アウトの後の救済と非常によく似ている。

だとすれば、ソカリデスのもとを訪れた患者たちは、オッカンガムの言う意味での「同性愛的欲望」に照らしあわせても、ダネッカー／ライヒェが言う「自我‐同調的」な同性愛に照らしあわせても、「同性愛者」とはいえない。[36]

ここにいるのは、「生まれきらなかった」人間に典型的な不安や恐怖を回避するために、ある特定の社会的条件下で、通常は係りを持たない対象を同性愛的行為によって虐待し（あるいはそうせざるをえない状況に追いこまれ）、生き残るために不可欠な自己維持の快楽をこの行為に見いだす男たちである。

ソカリデスは、患者たちが通常の結婚をするのを同性愛からの回復を示す外面的徴候と見ているが、彼らにとって異性愛に基づく行動が持っていた意味を考えると、ぼくの推測は裏づけられるだろう。たとえば治療期間の終わりごろ、先の患者Aが異性愛体験への満足を次のように語るのを見ると、彼にとって問題なのは目下の「異性愛」でもなければ、おそらくかつての「同性愛」でもないことがわかる。

> ここには何か説明できないもの、暖かさのようなぼんやりした感覚がありました。娘たちのだれかと一緒にいても、自分は彼女を必要としていると感じ、恐怖はありませんでした。罪責感もなく、不満や冷たさも感じませんでした。求めていたものがここにはあったのです。ぼくはぼくであり続け、ばらばらの断片になってしまうとは感じませんでした。[37]

この患者は「娘」を必要とする。ちょうど兵士的男性が、自分の自我の支えとして、身体甲冑の一部となる「白い女」を必要としたように。ともかく「ばらばらの断片」にならないことに欲求は向けられているのだ。

ソカリデスはあえてこれを寛解だとする。かつて「同性愛」と診断された患者は崩壊を免れ、女性との関係を取り戻す。なるほど、同性愛はこれまで直接には犯罪とみなされることはなかったかもしれない。しかし犯罪的であることには変わりがないのであって、この患者はともかくその犯罪的状態から抜け出せたのだ、とソカリデスは言いたいのだろう。[38] しかし、同性愛が犯罪的であるか否かも、この経過がはたして「寛解」といえるのかどうかも、当面は二次的な問題である。

むしろ重要なのは、患者が同性愛でも異性愛でもない状態から、別の、やはり性愛とは無関係な状態へと移行したことにあるとぼくは思う。この二番目の状態に移行したとき、患者は脅威をさほど感じなくなり、既存の規範に以前よりうまく適応している。

たまたまこういった種類の患者だけがソカリデスのもとを訪ねたのだ、という批判は的外れというものだろう(ソカリデスが彼らの症状に批判めいたコメントをつけ加えることを槍玉にあげても仕方がない)。非難されるべきは、彼がそこから「同性愛者」という、個人的には破滅の際にあり、社会的には犯罪者扱いされる怪しげな実体を作りあげてしまったことである(分析家は患者にとって、いつかはやってくる監禁状態から自分を救ってくれる最後の頼みの綱と見えることもあるのだから)。

自己維持行動としての肛門性交

まだ残された問いがある。異性愛を強制する既存の社会の中で、男性間の同性愛的行動の特定の形式が、なぜ心的ダイナミクスにおいて白色テロルと類似した自己産出的な暴力行動の形をとることがありうるか、言いかえれば、肛門性交が自己維持的行動へと変化するためには何が必要か、である。

二つの推測が成りたつ。

ソカリデスの患者たちの症例報告で目を引く、(受動的)対象に向けたしばしば殺害妄想を生むまでに至る脱生命化の衝動は、必ずしも暴行を受ける相手にだけ向けられたものではあるまい。オッカンガムが言うように、アヌスの領分に踏み入ることが「禁止された」領域一般の侵犯を含意するとすれば、つまり欲望を志向性のない状態、あてどない放浪に向けて解放するための一歩だとすれば、この禁じられた領域を暴力的に責め苛もうとする行為は、特定の対象をめざしたものというより、欲望全般の迫害と解釈することができる。だとすれば、死をもたらすまでに攻撃的な肛門性交は、責め苛む側の全体性を回復するための一つの方策なのかもしれない。それは、犠牲となる対象から「血まみれのどろどろ」を作り出す白色テロルの脱生命化行動に相当する。肛門性交に際してアヌスは、そこに脱領土化の膨大な可能性が封じこめられているがゆえに、攻撃の的となるのではなかろうか。生まれきらなかった男たちはそれを敏感に感じとっているために、法外な力に身を引き裂かれまいとして、この可能性をはらむ部位を暴きたて、無害化せずにはいられないのではなかろうか。

第二の推測だが、アヌスが欲望の迫害に適した場所となったのは、ここでは快楽という病毒を追いたてその生命力を奪い取りながら、かつ女性の呑みこむ力を回避することが可能だからかもしれない。それはこのタイプの男性にとって、女性の性的な部分にふたたび呑みこまれることへの恐怖があまりに大きいために、女性が表象するもろもろの危険に近づいて快楽の元凶を絶つことができない場合に特にあてはまるだろう。あるいは、呑みこむ女性の近くにいるだけで壊滅的な共生状態に陥って自己を失い、われを忘れて暴力をふるうか惨めな思いを味わうかになりかねないので、それを避けるために肛門性交という行動をとるとも考えられる。

以上二つの推測は同性愛の性的機構一般が示す特質について述べたものではない。それが妥当性を持つとしても、男性間の性愛が禁止されている社会機構だけに限ってのことである。こうした社会においてのみ、アヌス[39]はオッカンガムが言うように「欲望するための欲望」を代表して迫害を受ける部位になりうるのであり、自己崩壊を防ぐための戦いが行なわれる場所ともなりうるのである（肛門性交を「受動的に」甘受することは特に屈辱的なこととみなされる）。

この範囲を超えて同性愛と白色テロルの関連を見るのは作為的というものだろう。もちろん、白色テロルと男性共同体との関連は残される。それについては後で述べよう。

あらためて強調しておきたいのは、自己維持の目的で行なわれる同性愛的行為の「遂行」は、特に同性愛という現象にだけ係る特殊なものとして見られる必要はない、ということである。自己維持や対象の脱生命化の機能を持った行動は、異性間の性愛を舞台にして行なわれることのほうがはるかに多い。ただ、その場合これらの行動はそのほとんどが異常とはみなされないだけである。

幼年学校における同性愛

ハンス・ブリューアは「自由な男性英雄たち」に見られる男性間の性愛を礼賛する書物を公刊したあと、若い読者から数多くの手紙を受け取った。彼らは自分たちの愛情生活を隠し通すことができなくなり、著者への手紙でその一端を語っている。ブリューアが出版した読者の手紙の一つを引用しよう。

これらの友情のほかに、年長者と年少者からなる愛情関係があった。年少者は「金的《シュッス》」と呼ばれたが、これは「ぞっこん惚れこむ《フェアシュッセン》」という言いまわしから来ている。一方、年長者を指すルイ（ひも）という綽名があったが、そんな呼び方をすればさんざんに殴られる羽目になるので、これは禁句だった。われわれはこの情愛のこもった関係を卑俗なものに貶めたいとは思わなかったからだ。

（……）熱烈な抱擁やくちづけ、さらには性交に至ることもあった。どれもわれわれにとって自然なことで、だれも病的だとか、法にはずれているとは思わなかった。すべて当たり前のことだったのだ。（……）カップルは公の場では一緒に行動することはまったくなかった。ときおり廊下や階段の踊り場で短い言葉を交わすのが目にされただけだ。（……）最初に年長者が年少者に、自分の相手になってくれるかどうかを聞く。聞き入れられる場合もあるが、気に入られなければそっけなく肘鉄を食わされる場合もある。わたしはといえば、ギムナジウム第四学年〔十四歳ごろ〕の時に一週間のうちに三度もそんな申し出を受けた。どれも断り、何日か過ぎてやっと自分の待ち望んでいた相手が来た。それは背が高く、明るい金髪の一級上の生徒で、大きな青い目と、白い肌をしていて、以前からわたしには特に親切にしてくれはしたがしつこいところのない上級生だった。（……）彼はわたしに、ずっと前から好きだったが、まだわたしが充分には成長していなかったので待っていたのだと打ち明けた。さらに、彼の言うには、数日前、水浴びをしているわたしを見た。わたしが飛びこみ台の上にいたのを下から見上げたらしい。風がわたしの幾分幅広の赤い水泳パンツをはためかせていたが、彼の目にはわたしが何も身につけていないように見え、わたしが今や愛に対して成熟したことを見て取ったという。わたしは躊躇するまでもなかった。以前からこのひとに強い愛情を感じていたからだ。われわれは抱きあい、くちづけをした。一日に一度は逢瀬を重ね、晩になると彼はわたしのベッドのある部屋まで来てお休みの挨拶をしていった。（……）わたしは彼を心から愛し、彼の求めにはなんにでも応じた。[40]

ブリューアによれば、「幼年学校に還流しているのは男性同士のエロスの巨大な流れである」[41]。「この制度は周知のもので、性的関係を示す特別な用語もあり、生徒たちの交友の目的ははっきりとこのエロ

右：イヴォ・サリガー「パリスの審判」(1939年)
左：A. ギヨーム「ドイツ版パリスの審判」(1915年)

スの実現にある」[42]。

ブリューアは幼年学校生の同性愛を、「教育者」に対する生徒たちの明らかな反抗ととらえている。

宗教活動や授業といった日常の描写を見れば、これら純朴な少年たちが彼らの自負ゆえに、牧師と教師という、学校活動を牛耳る人種に対してまったくの軽蔑を抱いていたことがわかる。少年たちは彼ら教育者がその本性から発する敵意をどう見ても本能的に感じとっているのだ。教師たちは少年たちにとって自分たちの愛情生活を抑圧し、台無しにする張本人で、このことだけでも軽蔑に値する。(……)それに対し、幼年学校という軍隊的青年組織においては、ワンダーフォーゲルによく見られるように、偽善者によってことが台無しにされる気遣いはないのである[43]。

ブリューアには明らかに理想化の傾向があるが、ここに掲げられた証言がすべて正しいかどうかよりも重要なのは、理想化が何に向けられているかである。ブリューアは幼年学校生の同性愛を、父親の延長線上にある教師たちのセクシャリティーもしくは非セクシャリティーの管理をのがれるための試みとしてとらえている。それは士官たちが同性愛をひそかに認知していることと矛盾しない。むしろ逆に、先に見たとおり士官たちは兄弟の延長線上にある。士官もまた生徒たちと同じシステムを通過したのだから。

そのことで、幼年学校における同性愛は独特の局面を示すことになる。それは権力への入口になるのだ。権力への接近は最初、「教師」や「偽善者」といった連中の意見や道徳律を超えることから始まる。兵士的・同性愛的幼年学校生は公的な教育や家庭、教会といった、既成の俗物的性観念から昂然と抜け出す。彼らはこれらエスタブリッシュメントを自分たちよりはるかに下位のものとみなしてそれと手を切り、逆にますます鞏固に軍隊と結びつく。ここでいう軍隊とは強力な超法規的機能を持つ集団である。ちょうど思春期にある少年たちの性的快楽を過小に見積もったり、否定するつもりはぼくにはない。それはいったん境界を越えれば抑圧を突破する並はずれて強い力を持っている。しかし、決定的に重要なのは性的快楽の強弱ではなく、幼年学校の中で組織化された同性愛の侵犯的性格だとぼくには思われる。少なくとも、少年たちがのちに将校になって、社会を代表する公的な意味を持つ「責任ある」立場についた場合、既成のモラルからの華々しい解放の約束を破棄できるのは、そこに侵犯という側面があるからにほかならない。軍隊の中で同性愛的な志向を持つに至った男の社会的重要度が高まるごとに、そのセクシャリティーは彼の負う「責任」と抵触するために、内密にとどめることを余儀なくされる。このようなケースでは、同性愛的な活動のうちの性的成分が、当の男性の年齢、責任、代表義務といった要素の過重によってますます減ぜられ、ついには倒錯したパワー・ゲームを残して消え去ってしまうことが考えられる。

最上位の相手として皇帝ヴィルヘルム二世までが加わったオイレンブルクを中心とする仲間たちのい

わゆる「同性愛」スキャンダル〔一九〇三年、ドイツ宮廷内部でのフィリップ・オイレンブルク伯爵をはじめとする皇帝の側近やその友人の交友圏にあった同性愛的な関係が文士マクシミリアン・ハルデンらに暴露され、政治的スキャンダルにまで発展した事件〕も、権力の闇の上層で行なわれる秘密の社交遊戯の一つと理解してよかろう。イギリスの歴史家ジョン・レールが最近この事件について新たな資料を出版したが、[44] その中には小モルトケのファルンビューラーあての書簡も含まれている。そこでモルトケはミュンヘンのオイレンブルク伯爵を訪問した際、伯爵が有名な「霊媒」と「磁気治療士」を呼んで、訪問客と自分の未来を予言させたことを伝えている。

交霊《セアンス》の間、フィリ〔オイレンブルクの愛称〕はわれわれの作る輪に近寄り、メスメリストの体に触れて静かに問いを発した。すると霊媒は目を覚まし、彼女のほほに幾筋か涙が流れた。非常に困難な状況だった。メスメリストは、フィリが触れたのがわかったか、とまだ涙を流している霊媒に聞いた。すると霊媒は、直腸に痛みを感じました、と告げた。[45]

オカルティズムそのものは同性愛となんの関係もあるまい。しかしここでは権力者たちが、自分たちに許された侵犯の快楽を高める口実として、オカルトと肛門性交を利用しているのである。モルトケとオイレンブルクは、法が近寄りえない場所で下劣な遊びをすることに満足を感じているのだ。「われわれがここで何をしているか、世間が知ったらどうだろう……。だが、見ろ、わしらにはそれができるんだぞ」。これが快楽を生むための権力の使用法である。

ぼくが思うに、「同性愛」という領域をファシスト的男性にとって魅力あるものにしているのは、それが侵犯と権力の絡みあう特別な複合体と結びつきやすいからである。兵士的男性は強制的な異性愛のコードや、その別名である正常さといった、「女性性」と結びついていて中途半端な快楽しか与えない

レダ（パウル・マティアス・パドゥア）．この種の絵は許可された

領域を怖れているが、同性愛にはそこから抜け出す余地が残されている。ここで兵士は一般市民とは異なる本性である大胆な非日常性を自分にも他人にも見せつけることができる。しかし逆にいえばそのためにこの種の同性愛は性的欲望とはなりえないのである。この同性愛は、それが忌避する異性愛同様、厳格な規制を持っている。それは暴発、侵犯、悪童じみた狼藉、倒錯、そして最終的にはテロルという形をとるが、これらの行動はファシズムのシステムの中で意味を持つもので、男性同士の愛情関係を形成しうるものではない。まさにこの理由から、ファシズムにおける境界突破には、オッカンガムが同性愛的欲望に認めているような、性的コードの逸脱という解放的な契機は現われないのである。それは結局再領土化の道をたどる。つまりなんらかの突破口を開くのではなく、社会的秩序の防塁機能を補佐する役目を負わされて、あらかじめ線引きされた行動の枠内にとどまるのである。同性愛が全体として「白色テロル」の領域に近づくのは、再領土化にとってむしろ好都合な随伴現象であって、白色テロルと同性愛との関連が成り立つならば、同性愛を表向き「経験的な」事実に基づいておおっぴらに誹謗中傷することが可能になる。しかし関連を持つのはあくまでも男性同盟と白色テロルである。テロルの快感は権力から発している。権力は同性愛を異性愛同様に占拠し、暴力的に捻じ曲げる。ヘスも「同性愛」のこうした特質を感じ取ったのであろう、ブランデンブルクの牢獄でこう書いている。

同性愛は収容所内に蔓延していた。若くて見栄えのする捕虜はみんなに求められ、「美少年」をめぐって醜い喧嘩や陰謀が絶えなかった。抜け目のない奴は崇拝者からたっぷりと見返りを受け取った。長年にわたる経験と観察に基づく私の考えでは、これらの施設に蔓延する同性愛が生まれつきのものであったり病的な資質である例はごくわずかしかない。特に性欲の強い男性の場合は、必要に駆られてやむをえず同性愛という形を選ぶこともあったろう。しかし、大半の同性愛は、道徳的抑制がまったく課されない状況下で「なにがしかの生の感触を得るために」刺激的な行為を求める欲求から生じたものだ。[46]

強制収容所からの釈放にあたっては、「本物の」同性愛か、それとも単に状況に乗じた同性愛かの区別が検査された。どのみち「本物の」同性愛や、実際の同性愛的快楽は監禁され続けなければならないのである。区別にあたって親衛隊員が課した検査基準は、ソカリデスのそれによく似ている。

一九四四年に親衛隊総司令はラヴェンスブリュック収容所において「嫌性テスト」なるものを実施させた。病的な兆候のある同性愛者たちが不意打ちで娼婦と同じ場所で労働につかされ、その反応を観察されるのである。娼婦たちには、疑わしい同性愛者たちにこっそりと近づいて性的な刺激を与えることが命ぜられた。同性愛から回復した囚人はこのアプローチにすぐ気づき、刺激を与えられるまでもなく反応した。一方、回復の見こみのない囚人たちは女には目もくれない。娼婦があまり露骨に近づくと、彼らは烈しい嫌悪を示し、身震いして身をそらした。検査の後、退房を予定された囚人にはもう一度、同性の相手と性交する機会が与えられたが、ほとんどの者はこれに嫌悪を示し、本物の同性愛者による誘いかけを手荒く撥ねつけた。しかし男女どちらの誘いにも乗る特殊な例もいくつかはあった。彼らをバイセクシュアルと名づけうるかどうかについては、ここでは断定を避けたい。[47]

ヘスの観察が正しいかどうかはともかく（多分に自分の「願望」を交えた気味があるが）、この観察は禁じられたもの自体の魅力と、それを全面的に支配することの魅力とが、この収容所長を人間の性行動の研究者にまで変えていく様を示している。研究者であると同時にヘスは裁判官でもある。同性愛的な資質をたまたま持ちあわせたり、「なにがしかの生の感触を得るために」侵犯の目的で同性愛的行動

ローリング・ストーンズ（ギイ・ピーレルト「ロック・ドリームズ」より）

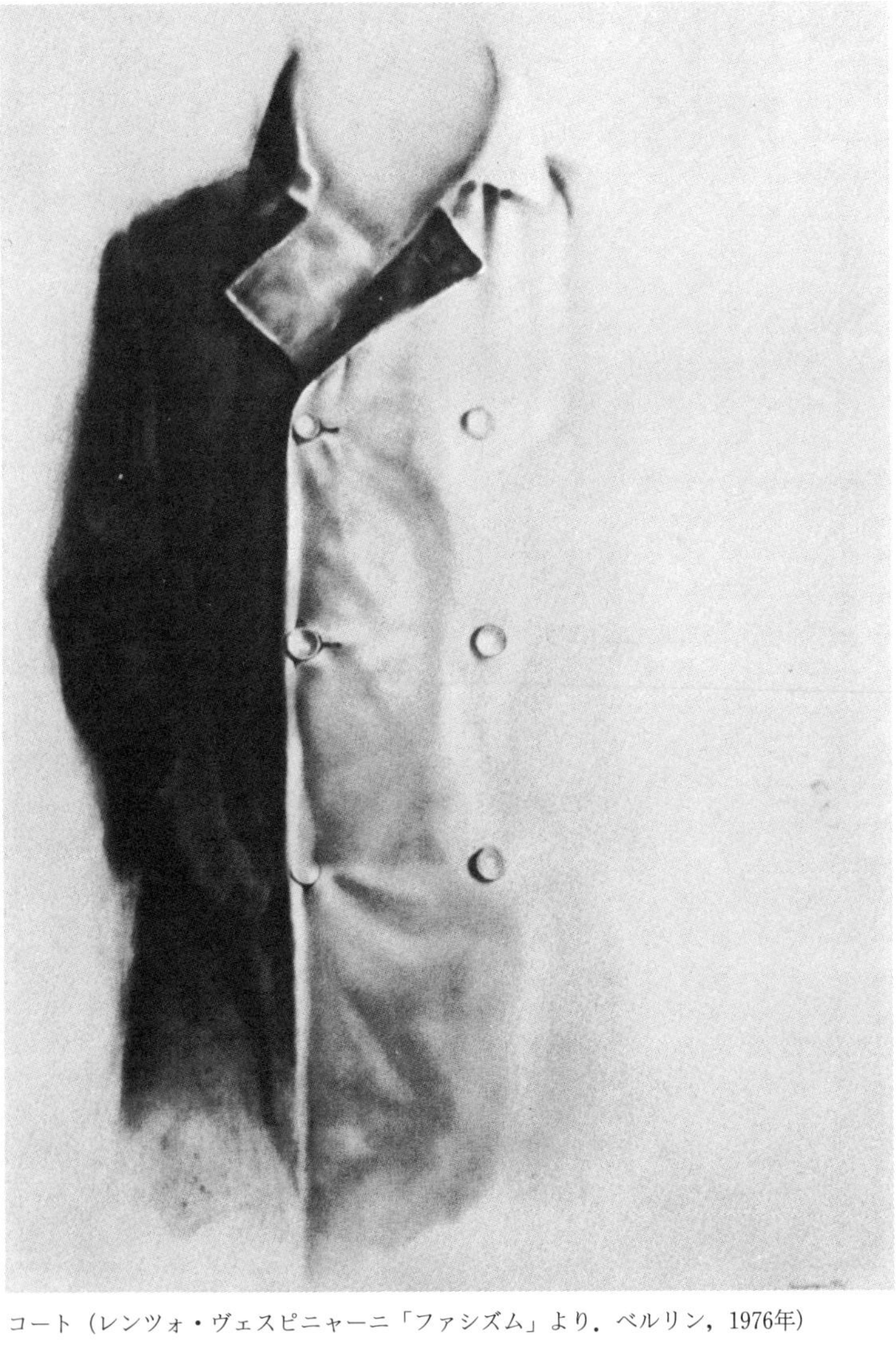

コート（レンツォ・ヴェスピニャーニ「ファシズム」より．ベルリン，1976年）

をとる者はかろうじて許されても、快楽のためにそれを行なう者には死が宣告されるのである。

統制された性倒錯遊戯

かりそめに女性の服装をして「同性愛」と戯れる遊びとしての異性装についてはさまざまな報告がある。ただし、この遊びは一見脱境界的に見えるが実は厳格に規則づけられている。

ミュンヘン、一九一九年五月。

戦闘の日々にきわめて麗しい形で保持されていた同士愛の良き伝統は、平和が訪れてもなお堅固に守られたが、次第にユーモアがそこに目立つようになった。あるとき、徒党を組んでゲルトナープラッツの劇場に出かけ、そこで『イスタンブールの薔薇《ローゼ》』という愉快なオペレッタを見た。すこぶる気に入ったので、この芝居を自分たちで真似て演じようということになった。

部隊は五月十二日に移動することになり、その道中で上演の機会が訪れる。

ここでわれわれは『イスタンブールの薔薇《ローゼ》』をミュンヘンから目的地のベッツィガウまでの車中、思いつく限りのあらゆるヴァリエーションで演じた。長い移動列車の中でも、われわれの車両ほど陽気な車両はなかったろう。ローゼ役をアントン・ディルガーという、体重一八〇キロはある天性の喜劇役者が演じ、妙なる裏声でアリアを歌ったときには、われわれは涙がほほを伝わるまで笑った。わたしも仲間たちの大合唱に鼓舞されて「イスタンブールのローゼよ、おまえだけだ、わがシェヘラザードなるは」と歌ったものだ。衣装も凝ったものだった。この「遠征」はわれわれにとって忘れがたいものになった。[48]（ピトロフ）

デルマーも戦争中のフランスでの思い出を書き記している。ある日の朝、地下室の一角に設けられた寝床で目を覚ますと、ろうそく一本が点されたまだ薄暗い部屋に心地よい香りが漂っているのに気づいた。そこへ、開け放されていたドアから背の高い女性が入ってきた。不意に現われたこの女性は緑の絹のロココ風ドレスを着ていた。白い両肩には髪粉をふりかけた鬘から長い巻き毛が揺れている。化粧も入念で、唇には真っ赤な口紅がさしてあり、眉には眉墨でくっきりと優美なカーブが描いてあった。手には絵が描かれた絹を張った扇子が添えられている。

女性は口元に優雅な笑みを浮かべ、重たげなまぶたから誘うような視線をのぞかせた。指先は軽くスカートをつまんでいる。卓の上に置かれた、バイオリンを弾くピエロが描かれたオルゴールから、モーツァルトの有名なオペラのメヌエットが流れ始めると、まるで天空からわれわれの陰気な地下室に降りたったような美しい女性は、かの美しかりしロココ時代をしのばせるメロディーに合わせて踊った。

最後のステップにかかった瞬間、ドアが突然開けられた。一等兵が部屋をのぞきこみながら叫ぶ。

「戦闘機が来たぞ!」

劇は終わった。部屋の中に、まだ何かを待ち望むような沈黙が満ちる。呼吸の音だけが聞こえ、心臓が動悸を打つのが外から見えた。そのとき、建物の前の芝生に敵の列車砲が発する最初の榴弾が届いて大穴をうがった。地下室は鈍い響きで揺れた。

かの女性は化粧した顔を青ざめさせ、軽く会釈をしてから部屋を出ていった。十五分後、衣装を解いた士官候補生は、押し黙ったままわれわれの戦列に加わった。美しい一時の幻影が末永くわれわれの心に残っていた。[49]

ゼルショも学校劇でアイスキュロスの『アガメムノン』を演じたことを書いている。

十一月二十一日はわが生涯でもっともすばらしい日だった。ベルリン通りとカウアー通りの角にあったわれわれのギムナジウムの体育館で行なわれた特別公演には、両親のほか、大臣やその他歴々の臨席を得た。皇帝と后妃の高閲を賜る予定もあったという。はたしていらっしゃるだろうか、という期待が場内にはあった。結局ご臨席はなかった。（……）だがわたしにとってそんなことは無関係だった。心ここにあらずで、別な世界に滑りこんでいたからだ。わたしはプリアモスの娘カッサンドラという大役だった。

襟ぐりの広く開いたドレスの上に、長い純白のマント。サンダルをはき、手には長い杓杖を握り、頭には胸まで届く長い黒髪の鬘。それを結ぶ白い司祭用の髪帯は金色の冠で留められている。そんないでたちで舞台に歩み出たわたしは、まったく神が乗り移ったようで、アポロンの女預言者そのままであった。観客席で何が起こっているかなど目に入ろうはずがない。心にあるのはただ一つ、光の神アポロンがわたしに課した恐ろしい宿命をわが身がのがれることもできないし、ほかの人々をこの宿命から救うこともできない、という思いだけだった。

幕が降りると喝采の嵐が巻き起こった。[50]

のちの海軍士官候補生時代、ゼルショは困難な転回作戦を指揮するよう突然任される。彼は興奮を押さえられなくなる。

このとき、ふたたびカッサンドラのことが頭に浮かんだ。

「げに恐ろしきかな、いかなる炎のわれに向かいきたるや！

アポロンよ、光の神よ、われを護りたまえ！」
「さっさと消えうせろ」わたしは思わずつぶやいた。司令官はびっくりしてわたしを見つめた。

その作戦は成功する。「艦は強風を突いて進んだ。カッサンドラは今やすっかりぼやけてしまった」[51]。兵士たちは軍隊を通じて、そして戦争が彼らにあてがう機能を通じて「男」になる。その過程は社会的なものである。彼らの「自我」（つまり全体の中の部分、甲冑）が「男性化」するのであって、生物学的な性が変化をこうむるわけではない。本来の性は一定しない。彼らは性を「とりかえる」ふりをしているだけだ、それも衆目を前にしてである。引用した三つの事例はいずれも演技であり、劇である。それぞれにおいて、社会的な枠組みは状況全体を同性愛化する可能性をまったく排除している。公序そ

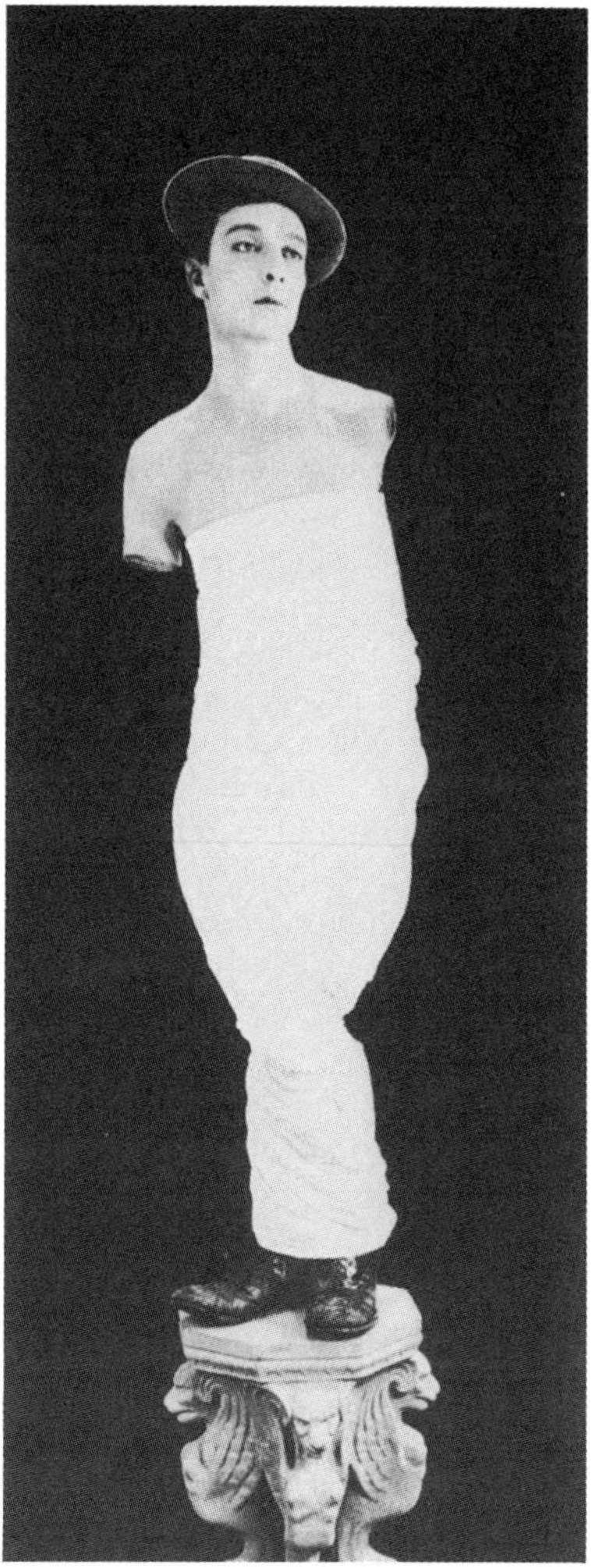

ミロのバスター（バスター・キートン）

兵営のスター女優

のものが、性愛の侵入に対する防塁となっているのだ。

あるいは、彼らは性役割の交換を演じているだけであって、演技であれば社会的なコントロールがしばしば通常より少なくなることもあるので、そこに喜びを見いだしているのだろう、といえるかもしれない。

その意味で、ニュルンベルク裁判におけるゲーリングの反応は非常に興味深い。ゲーリングはナチの指導者や、特に自分に対して向けられた非難の一切に対して堂々と反論するか、またはそれらの非難が捏造されたデマだと言ってのけた。ただ一つ、ゲーリングがあるパーティーでトーガ〔古代ローマ風の長衣〕にサンダルというういでたちで化粧をし、口紅を塗り、爪に赤いエナメルまで塗って現われた、というシャハトの証言に対しては動揺し、「なぜそのようなことがわざわざ取りあげられるのかわからない」と答えた。この発言だけがゲーリングをごく短い間ながらうろたえさせた発言だった。[52]

演技だけでなく、もう少し駒を進めて互いが接触するまでに至る例が、ハーン描くところの、一九一八年の十一月革命後の数カ月間にシュトゥットガルトで毎夜行なわれた共和国側の水兵たちによるダンスパーティーの描写にある。晩に外出してなんらかの娯楽で気晴らしをする機会がなかったこれらの部隊の兵隊たちにとって、この種のパーティーは珍しいものではなかったらしい。

> タバコの煙でもうもうとした広間の、裸電球がいくつかぼんやり点る中で、アコーディオンの派手なメロディーに合わせて踊る水兵たちのグロテスクな姿が浮かびあがった。彼らは艦上でいつもしてきたとおり、一方の一団が女性役、他方が男性役に分かれて踊っていた。男役は大まじめに威厳たっぷりに、女役はクニッゲ男爵の作法書そのままの優雅な身振りで、水兵たちは互いにダンスを申しこみ、踊った。滝のように汗が流れるまで皆はダンスに打ち興じ、リズムに酔い痴れる熱狂は

海軍の「ガールズ」(第一次大戦中の英国捕虜)

いつまでもやむことがなかった。

もちろんわたしも踊らないわけにはいかない。お相手となったのは引く手あまたの火夫の「女性」だった。(……)皆は帆船の甲板にいるような気分になり、波に揺られて海路を行く船の動きをまねたダンスをした。だれもがこの錯覚に酔った。足を踏み鳴らす音、裸電球の光、パイプの煙、踊る者、それを見守る者たちのグロテスクな様、奇妙にメランコリックな音楽。なんとも強烈だった。

技巧的で厳か、かつメランコリック、汗は滝のように流れ、目は輝く。グロテスクではあるが、クニッゲ男爵の作法書どおりのこのダンスパーティーは性的とはとてもいえない。水兵たちは男女のペアを演じる。男女一組という形態だけは遵守されるのだ。

もしこの水兵たちの中に同性愛者がいたとしたら、こっそりと隣室の暗闇に引っこむしかなかったろう。

「男の魅力」の社会的本質

欲望を他の男性に向ける主な理由が、強い快楽を伴う公的活動から女性たちを切り離す社会的機構にあることは確かだろう。[*3] 男性が優位を占める社会においては、「経験を積んだ」男性に伍するだけの活動の可能性は女性たちには与えられない。その理由からもすでに女たちは愛するに値しないものとされる。英雄的生涯や強さ、栄達、輝かしい成功や才気や狩り、征服すべき遠方、きわめるべき山巓、行為を成し遂げた「自由な男性英雄」（ブリューア）の神々しい美、こういったものへの憧れが女性のもとで実現できるはずがない。女たちは私的領域に閉じこめられ、日常の汚れに係ることはあっても、世の流れを決定づける偉大な行為とはなんの係りも持たないのだ。[53]

この八人の男たちだけのために働くことが私の生きがいだった。彼らとともに働くことは、この世の苦しみのすべてを忘れ、左派の連中の汚らしい所業を忘れるのと同じだった。[54]

歴史上の女性たちも、今生きている女性たちも、この晴れの舞台では一顧だにされない。フォン・ゼルショはひょっとしたらシバの女王との恋愛を夢見ることはあったかもしれない。だが所詮はこの夢も、彼女を棄てたり、あるいはライオンに食い殺されるのを見て喜びを感じるための妄想にすぎない。

成熟した男性に魅力を感じない無感動な生徒たちには大して価値がない。彼らにかかずらわっても仕方がない。[55]

彼らは間違った方向にそれてしまったのだろう――そう言わんばかりにブリューアは、女を愛する男と、男を愛する男を、まるで藁くずと穀粒とを分けるように区別する。

「わたしはいかがわしい男性にはなんの共感も抱かない」[56] と断言するトア・ゴーテだが、そのほかの

クルムバッハのガール「友よ，乾杯！」（絵葉書，1910年）

男性なら大丈夫といった口ぶりだ。

ぼくたちは焼けた砂の上で真っ裸のまま日がな横になって肌を焼いた。敵襲が午後にあると、服を着る間もなかった。裸のままで塹壕にこもって銃を撃ち、手に銃を握っただけであとは裸のまま反撃に転じようという男たちの姿はさぞや奇妙なものであったに違いない。輝く太陽のもとには、護りにつく青年たちの白く輝く裸の体があった。森の中にも木々の間を走る白いスマートな体がちらちらと見えた。この反撃はぼくが体験したうちでももっとも迅速で胸のすくものだった。[57]（ザロモン）

ぼくの父親たちの世代に、こんな眺めに快楽を感じてファシストになった男たちを探すのは困難かもしれない。ぼくたちが父親たちを知ったときには、そんなそぶりはいっこうになかった。この種の刺激はもうずっと前に用済みになってしまったのだから。しかし、十二年にわたって少しずつ蓄積したものは決して少なくなかったはずだ。たとえその結果が苦いものに終わったにしても。そもそも、男性性の最高所に立つことはどれも苦い経験なのだ。

人間としてではなく、純粋な原理として敵を畏敬すること、しかしそれと戦うこと。全精神と全力をもって信念を守り、火炎放射やガス攻撃をもいとわないこと。こういう話題は男たちの間でしか口にできない。[58]（エルンスト・ユンガー）

エレイン・モーガンは、「男たちと共に何かをしたい女性は、男たちの中では、ちょうど別の体構造をもつ人間のために男性便所が設けられているのと同じように、まったく別の精神構造を持つ人間のために組織全体が作りあげられていることに気づくだろう」と言う。[59]

ダネッカー／ライヒェは「資本主義的な生産形態をとる社会においては、欲動はもっとも一般的には賃労働の資格という集合的形態をとらざるをえない[60]」と言うが、先の体構造が主流をなす場合にはこの指摘は修正すべきだろう。——男女両性の生産関係[*4]において男性が優位を占める社会においては、欲動はもっとも一般的には男性間の愛情という集合的形態をとらざるをえないであろう、と。もちろんこれは男性の欲動についてだけいえることである。同じ状況下で女性の欲動は、一人もしくは複数の男性に自発的にかしずくのに適切な形に変更を加えられている。

別の言い方をすれば、わが国においては「男同士」に特有のふるまいや、女性に対する「おまえにはこれはわからない」という拒絶的な言いぐさは、個々人のなんらかの特別な心的素因なしに生じうるということだ。むしろ、こうした風潮に染まらないためにはよほど特別の素因なり、教育なりが必要なのである。

だとすれば、男性共同体を拒否する男性はだれにせよ、この共同体のもっとも忠実なメンバーに比べれば概して性的であるという理由で、はるかに同性愛的だ、という結論さえ引き出せるだろう。

こうした社会的背景のもとで「潜在的」同性愛を論ずること自体がぼくには間違っているように思える。秘密めかして「潜在的」とされるものは、「女性的なもの」の価値を引き下げ、「男性的」自我を脅かすものの一切を「女性性」と関連づけることで、その代案として「男性的領域」が発する誘惑を処方する社会においては公然の事柄なのである（「女たちの存在深く、巧妙に隠された場所に仕掛けられた落とし戸は無へと通じている。（……）しかし、同士と連携しあう者はそこに落ちこむはずがない。自分の最良の本性を男たちに担保として預けているのだから」[61]。（ブリューア）

フロイトと歴史

男児を男性の養育者が育てること（たとえば古代では奴隷が養育を行なった）は、同性愛の成立に有利に働くようだ。今日の貴族階級で性倒錯が目立つのは、彼らが主に男性の使用人を雇っていることと、母親が子どもの世話をあまり焼かないことを考慮すれば、おそらく少しは理解しやすくなるだろう。[62]

フロイトは一九〇四年に『性理論三篇』でこう書いている。この指摘は、一見なにげないもののように見えるが、「倒錯」の成立に関するフロイトの精神分析的説明、特にその中心にある、同性愛への途上にある男性と母親との同一化という仮定をあっさりと覆す。この種の理論的構築物のもろさを露頭させるには、歴史的事実をいくつか持ち出すだけで十分だ。これは非歴史的、というより反歴史的な性格に拘泥している精神分析理論の根本的な欠陥を示すものだ。

結局言えることは、「同性愛」が医学的な問題ではなく、われわれ全員に係る政治的問題だということだろう。同性愛問題を男性全般のあり方や、セクシュアリティー全般が抱える問題と切り離そうとするならば、同性愛を現状のままに維持し、同性愛のある特定の形式を告発したり、それを病気として扱うのに手を貸すことになる。

同性愛をめぐる闘争としての権力闘争

男性間の性的関係が軍隊という組織の中でどのように反映されていたかは、信ずるに足る材料（特にそれに直接携わった者の証言）がない限り答えうる問題ではない。しかし、うわさや流言の山の中から、二つの特性だけは、ある程度確実なものとして取り出すことができる。

まず言えるのは、一九三四年のレームの粛清と突撃隊の失脚の時点までは、多くのナチス指導者たちは自分たちの同性愛的関係を、少なくとも自派の内部では強いて隠そうとしなかったことである。ロスバッハは一九五〇年に公刊された回想記で次のように書いている。

レームは自分の同性愛的性癖について遠慮会釈なく口にした。ヒトラーもそれを一九二六年以来知っていた。にもかかわらずレームを突撃隊の隊長に据えたのである。[63]

ロスバッハ自身も同性愛的性癖を持っていたのだが、それについて彼は一九五〇年の時点では口をつぐむ。ロスバッハは「レームの同性愛はもう数カ月来日常的な話題だった」と言い、さらにハイネス、ハイデブレック、エルンストといった突撃隊上層部の「性的過ち」が明らかになった顚末を披露しながら、「こともあろうにゲッベルスがあつかましくも風紀取締り役を演ずる冷笑的なやり方にはむかついた」とつけ加える。[64]

この指摘は第二の論点にもつながる。つまり、ナチスの内部で「同性愛」の領域は決して公けに制裁を受けることがなく、曖昧なまま取り置かれたのだが、だからこそ同性愛は右派内部の権力闘争においては常に特別な役割を割りふることができる領域だったのである。「仮面をはがされた」同性愛を既存の道徳に照らして「頽廃した」ものとして糾弾し、規範を逸脱した異分子をボイコットすることはいつでもできたはずだ。実際これは頻繁に使われた方策である。男性的＝愛国的な組織の内部の表向き政治的な抗争の多くの裏には、性的な理由が控えていたように見える。明らかに嫉妬から始まった撃ちあいはもとより、[65]「赤軍による殺人」として申告された二〇年代の突撃隊員死亡事件の多くが、地位争いの絡んだ内輪もめや、友情の破綻の結果であったことは多いに考えられる。少なくとも、「赤軍による殺人」とされたたいていの事件に赤軍が係っていなかったことは歴然としている。[66/*5]

ロスバッハの回想に戻れば、ゲッベルスが風紀取締り役を演ずるのをロスバッハが「こともあろうに」とその資格を否定していることが目につく。なぜ「こともあろうに」なのかは不明だが、仲間を誹謗するこの種の発言でこんな言い回しはよくある。それはある集団の「だれもが知っている」うわさを前提にしているのだが、この集団の中では上にいる人間も下にいる人間もひっくるめて全員が脛に傷もつ身であるために、それを種にどの程度まで当人の頭を押さえられるかがそのまま権力内部の駆け引きの手段となるのである。したがって、常軌を逸した性行動をいつ告発するかは、その時の情勢次第だった。この便宜性ゆえに、性的な讒謗はドイツのファシストたちが内輪での権力闘争でもっとも多用する手段となった。スターリンとは異なり、ヒトラーは自陣にいるライバルのだれに対しても、コミュニストに転向しただの、第三インターの回し者だのという批判を浴びせたわけではない。政治的な過ちの代わりに「性的な不品行」、とりわけ同性愛が絶好の標的とされたのである。

この手で排除されたのはレームだけではない。一九三八年にはブロンベルク元帥〔ヴェルナー・フォン・ブロンベルク　一八七八－一九四六、ヒトラー内閣の国防相、軍最高指揮官〕の後継者として軍の総司令官の地位につくはずであったフリッチ大将〔ヴェルナー・フォン・フリッチ　一八八〇－一九三九〕が犠牲となった（ちなみに軍総司令官の地位はヒトラーが羨望したものだった）。最初にブロンベルクがゲーリングの手配で「素性宜しからぬ婦人」との噂を流されて失脚した。次いでヒトラーは、ある男娼を証人として喚問して、フリッチの同性愛を告発させた。フリッチは、自分は断じて同性愛者ではないと宣言したがむだだった（のちに、この告発はでっち上げであることが判明した）。[67]

Heldengedenktag. 17. März 1935

1935年３月17日戦没将兵慰霊祭でのスナップ　左から右へ：フォン・マッケンゼン陸軍元帥，ヒトラー総統，国防相ブロンベルク大将（当時），２列目左から，総司令官フォン・フリッチ男爵，ゲーリング将軍，レーダー総督
(軍人や政治家…どんな平凡な狂人もこんなものにはなりたくない)

こうして見るとおり、ファシズムの権力闘争はソ連のように、誤った政治路線の介入工作を口実に行なわれたのではなく、道徳的逸脱を根拠にして行なわれたのである。

なぜだろう。外部の政敵についてはまず芽を摘んでおきさえすれば、そこからファシズムの支配の土台を脅かすような材料は出てくるとは思われない。ナチズムの自我は政敵よりは、自分たちの戦列で規範とされている行動の秘密が露見する危険、すなわちもっとも広義における性的なもののもたらす危険をはるかに恐れたのである。

ナチスは「政治的な」コミュニズムには権力の座を少しも脅かされているとは感じなかったが、コミュニズムの呑みこみ、溶解する力には脅威を感じたかもしれない。ナチスはこの力が自分の内部にもあることを感じとり、そのために将軍たちや、場合によっては党の指導者まで槍玉にあげて、その「不道徳ぶり」を公けに誹謗することで、この力が表面化し、拡散することを防止したのである。

ダブル・ダブル・バインド

以上述べてきたことをまとめれば、ファシズムが同性愛の禁止にこだわるには二つの理由がある。一つには、それが性的欲望へと発展する危険を内包しているからである。そうなったら組織的な統制を加えることは容易にはできないだろう。

第二には、同性愛を公認することで侵犯可能な領域の一つが失われてしまうからである。この領域に入る資格を与えられ、そこに受け入れられることは、秘密の占有に加担し、権力の中枢の一員に加わることを意味した。ナチスは社会生活の他の分野では秘密の領域にも権力の中枢にも近づくことを一切認めなかったために、彼らは秘密と侵犯に係る二つの領域を手許に残しておかねばならなかったのである。ナチスはメンバーに社会的な決定を下す権利を与えるのではなく、禁じられたことを行なう自由を与えた。

しかしこの自由は二重の意味での拘束である。というのも、ナチスの運動がメンバーに与えるこの自由は、同時に「運動」への拘束を意味するものだからである。たとえ運動への参加が自由意志に基づくものであっても、それはいつでも強制的な従属関係に変貌しかねない。運動が要求するものを完遂しなければ、さらし者にされて釈明を求められることになる。結局はここにもダブル・バインドの罠がある。それは、第Ⅰ巻で論じた近親相姦の命令と禁止（第Ⅰ巻五五九頁以下を参照）と対をなす、男性同士の関係に仕掛けられたダブル・バインドである。つまり、おまえは男を愛さなければならないが、同性愛者になってはいけない、という命令、そして、おまえは禁じられたことをしてもかまわないが、上官が望みさえすればいつでもそのための罰は食らうのだぞ、という威しである。これはどちらも巧妙に仕組まれた、いわば時限爆弾つきのダブル・バインドといえよう。命令と禁止という二つの極の間を綱渡りすることは、勢力関係に通じた、よほど器用な軽業師ならできるかもしれない。ただしできたからといってこのダブル・バインドが解消されるわけではない。一番賢明なのは、言いつけに従い、生じた矛盾を抑圧することだろう。日常にあるなんらかの禁制を廃棄するという脱領土化の可能性は、こうして徹底的に骨抜きにされて、入り組んだ従属関係からなるシステムに姿を変える。その中で生き延びるにはこのシステムに無条件に服従するか、それとも際限のない陰謀の中に加わるしかない。このシステムをまとめあげるのは権力だけである。ブリューアはこの機構が生み出した成果を見てこう描いている。

まず目につくのは側近の兵士たちの美しさだ。ヒトラーはわれらドイツ民族が誇るにふさわしい見事な美形の若者に囲まれていた。みながみな「北方的」と評される、整った面立ちの男たちである。これがヒトラー直属の男性同盟であり、彼が信頼した若者たちだった。しかし若者たちの目を見ると、うつろなことに気づかされる。ときにはその目の中に不気味な炎が燃えあがるのが見えた。わたしはこの若者たちを青年運動の時代から知っていたはずだ。それが、どうなってしまったというのだろうか。狡猾な魔術にでもかけられているようだった。

若者たちは確かに総統を愛していた。ところが総統にはただ一人の友人もない。総統は彼らをすげなく押しのけ、若者たちに気の進まぬ結婚まで命じた。結婚によって女たちは不幸になるだけだが、しかし母親になることはできる。こんな若者たちをわたしは診察で何度も目にしてきたので、彼らの惨めな境遇についてはいくらでも証言できる。[68]

中傷

互いの尊敬とか、いわんや愛情関係など生じようのないのがこのシステムの特徴である。その本質はこのシステムの権力構造が壊れた場合に露骨に現われる。権力構造もろとも、かつての仲間たち同士を結びつけていたいわゆる「愛情」なるものも瓦解する。ナチスの元メンバーが一九四五年以後に幾分かでもお互いについて好意的な言葉を交すのを耳にした例をぼくは思いつかない。自分だけは棚に置きながら、彼らは仲間たちを下賤なごろつき集団か何かのように描く。自分は本当は奴らを止めようとしたのに、残念ながらできなかったのだ、と。ニュルンベルク軍事法廷では、被告の大半が他のナチス指導者に対して自分から望んで距離を置くのが普通だった。同じ被告席に立った人間に対してもそうだった。

ところがナチズムの「理念」について問われると、彼らは今なお信奉している、と口を揃えて答えた。この点ではかつての横並びの統一を取り戻した彼らは、それぞれ自分だけは立派なナチスであったが、他のみんなは無能で狂っていたというのである。システムだけは自分にとって唯一耐えられるもの、必要なものとして弁護しながら、それを支える個々の人間は重要でなく、消え去ってもかまわないのである。

ギルバート判事はニュルンベルク裁判の間すべての被告と個々に面談し、被告同士の会話も聴取したが、その記録からいくらか抜粋するだけで、先の事情はよくわかる。

ライ博士〔ロベルト・ライ　一八九〇―一九四五、ナチスの「ドイツ労働戦線」指導者。ニュルンベルク裁判では判決を受ける前に自殺〕の自殺についてのゲーリングの発言「別に驚かなかった。自殺しなくともライは死ぬまで酒を飲み続けたろう」（一四頁）。シュトライヒャー〔ユリウス・シュトライヒャー　一八八五―一九四六、元ジャーナリストでヒトラーのもとで早くからナチスに加わり、一九二三年のミュンヘン一揆に参加。ナチスでは大管区長。新聞『前衛』を通じてユダヤ人排斥運動をあおった。ニュルンベルク裁判では絞首刑〕の発言「ああ、ゲーリングか。あいつは結婚もまともじゃなかった。一九四〇年にわたしが大管区長官を罷免されたのもあいつのせいだとわかっている。あいつの子どもは人工授精でできた子どもだっていう話を他に洩らしたためさ」（一六頁）。リッベントロープ〔ヨアヒム・フォン・リッベントロープ　一八九三―一九四六、ワイン業者ヘンケルの娘と結婚して上流階級に近づき、英国駐在大使の後、三八年からヒトラー内閣の外相を務める。ニュルンベルク裁判で処刑〕に対するゲーリングの発言「リッベントロープのワインの取引相手に何人かイギリス貴族が混じっていたためにヒトラーは彼が顔が利く人間と思いこんだのだ。（……）リッベントロープは無知無学にもかかわらず自分の地位にだけは必死でしがみついていた」（一九頁）。ヒトラーについてフランクの発言「数年経るうちにわたしはこの男が実際にはいかに冷血漢で、血も涙もない精神異常者かということを見抜いた。奴のいわゆる〈魅惑する視線〉というのは、要するに感情を持たない精神病者の目つきだ」（二六頁）。「それからヒトラーの裸体崇拝。（……）奴にとって裸体は、自分が理解することができない伝統的な形式へのプロテストであったまでだ。いや、形式や伝統に対する精神病的な憎悪が、ヒトラーの性格の根本的な特徴だった」（二七頁）。ボルマンについてのフランクの発言「ボルマンはシラーの〈たくみと恋〉のヴルムみたいなやつだ。軽蔑すべきおべっかつかいで血に餓えた陰謀家だ」（二七頁）。パーペン〔フランツ・フォン・パーペン　一八七九―一九六九、ヒンデンブルク内閣の首相。ヒトラー内閣では三四年まで副首相。ニュルンベルク裁判では無罪宣告を受けた〕はヒトラーについてこう言う「あいつは嘘つきの気違いだ、わかりきってる」（三四頁）。ゲーリングが強制収容所について「ヒムラーが部下からより抜きの精神異常者を集めてあんなことをさせたんだ」（四五頁）。シュトライヒャーがヒムラーについて「体構造が性格を示すものだ。わたしはその分野の専門家だ。ヒムラーは自分がひとかどの男だと思いこんでいるが、そのかけらもありはしない。あいつはニグロの血統さ」（四七頁）。「連中はだれも彼もエゴイストで憎しみあっている。お互いがいやでたまらないんだ」（ゲーリング）（六五頁）。リッベントロープ「この命令はヒムラーが出したに違いない。しかしわたしは彼が真正のドイツ人かどうか疑っている。奇妙な顔つきをしているだろう。お互いに耐えられないね」。リッベントロープに対してシラッハ「成り上がり者だ。貴族というが素性の知れない怪しげなしろものだよ。奴がどうやって外務大臣になったのかわかったもんじゃない」（九三頁）。

ほかの被告に自分の発言を伝えないことを条件とした発言（一四二頁）。シュペーアはゲーリングもまたヒトラーに対して陰謀を企てていた、と言った（一六七頁）。リッベントロープ「ヒムラーは残忍だった。最後の数年間は気が狂っていたに違いない。奴がヒトラーにあんなことをさせたんだとわたしは思っている」（大量殺戮について、一六九頁）。「あのデブがそう言ったって！」とシャハト〔ヒャルマー・シャハト　一八七七―一九七〇、政治家。ヒトラー内閣では三九年まで帝国銀行総裁、三五年から三七年まで蔵相、ゲーリングと対立し失脚後は無任所の大臣としてとどまる。四四年、ヒトラーへの抵抗運動への関与の廉で収監〕は叫んだ「そんなことに耳を貸しちゃいけません。あの目立ちたがりのおしゃべりはだれの顔にも泥を塗って、自分は知らん顔をしているんだ」（一七五頁）。「あいつにできるただ一つのことといったら、窓ガラスをぶち割ることだけだ」とノイラート〔コンスタンティン・フォン・ノイラート男爵　一八七三―一九五六、政治家、パーペン内閣、ヒトラー内閣で三八年まで外相。四三年には政界から引退。ニュルンベルク裁判では十五年の禁固刑を言い渡される〕は小馬鹿にした笑いを浮かべて言った。国会焼き討ち事件の捜査でゲーリングが矢面に立たされているのを見た時には皆が喜んだ（一八〇頁）。ざまをみろ、という喜びよう。それどころか、検察官のジャクソンを誉める声さえある。「この大馬鹿者が政治家ですって！」シャハトはリッベントロープについて嘲るように笑って言った、「奴こそヒトラーの外交政策への無知の証拠ですよ」（一九〇頁）。パーペンは同じ人間について一言、「無学な奴！」。ノイラートによると、リッベントロープは一九三四年によくわからぬ理由から病院に入院し、医者は「異常な性生活の嫌疑」を口にしたという（一九八頁）。シュペーアは「臆病者」のゲーリングが英雄面をしようとした、と腹をたてる（一九八頁）。リッベントロープがカルテンブルンナー〔エルンスト・カルテンブルンナー　一九〇三―一九四六、弁護士、三八年のオーストリア併合を推進。四三年より国家保安本部および秘密諜報本部長官。四四年には連合国と部分的講和を求めるが失敗。ニュルンベルク裁判では絞首刑の判決を受ける〕について言うところでは、「いったい、もうだれを信じていいのかわからない」。カイテル〔ヴィルヘルム・カイテル　一八八二－一九四六、三五年ヒトラー内閣では国防軍長官。一九四〇年からドイツ軍元帥。ニュルンベルク裁判では絞首刑の判決を受ける〕についてデーニッツ〔カール・デーニッツ　一八九一－一九八〇、海軍軍人。第二次大戦ではUボート作戦を進める。四三年より海軍総督。ニュルンベルク裁判では十年の禁固刑の判決を受ける〕は「尊敬に値する男だ」と言うのに対し、パーペンは、「そう、自分の頭を持たないが尊敬に値する奴ではある、とにかく」と言う。シャハトは嫌味たっぷりに「たしかに尊敬に値する。ただし、男じゃない」と言う（二三一頁）。同じくカイテルについてゲーリングは「惨めな弱虫」（二三七頁）と片付ける。シャハトの発言によれば「ゲーリングは一九三三年に、いいですか一九三三年にですよ、ヒトラーについて奴はウィーンのカフェを徘徊したごろつきだ、と言ったものです」（二七九頁）。シュトライヒャーがフリック〔ヴィルヘルム・フリック　一八七七－一九四六、ヒトラー内閣内務大臣。ヒムラーと対立して四三年に内相の地位を奪われ、その後は無任所の大臣。ニュルンベルク裁判では絞首刑の判決を受ける〕に、証人ギゼヴィウス〔ハンス・ベルント・ギゼヴィウス　一九〇四－一九七四、法律家でナチス党の内部で三〇年代から抵抗運動に係る。四四年のヒトラー暗殺計画の失敗後はスイスに逃亡〕の発言がゲーリングにとって危険なものかと考えるかどうかと質問をすると、フリックはそっけなくこう答えた。「そんなことはどうでもいい。自分が生きていられるかどうかだけが大事なんだ」（二八三頁）。ゲーリング「フリックは自分が犯した罪をわたしにかぶそうとしている」（二八四頁）。フリック「この手でヒムラーの首根っこを折ってしまいたいくらいだった。だがヒトラーがいつも彼を助けた。それはさておきヒトラーは私の流儀ではことを進めようとしなかった。私は法にかなったやり方ですべてを進めたかったのに。私は結局一

ヘルマン・ゲーリングの肖像（1935年）

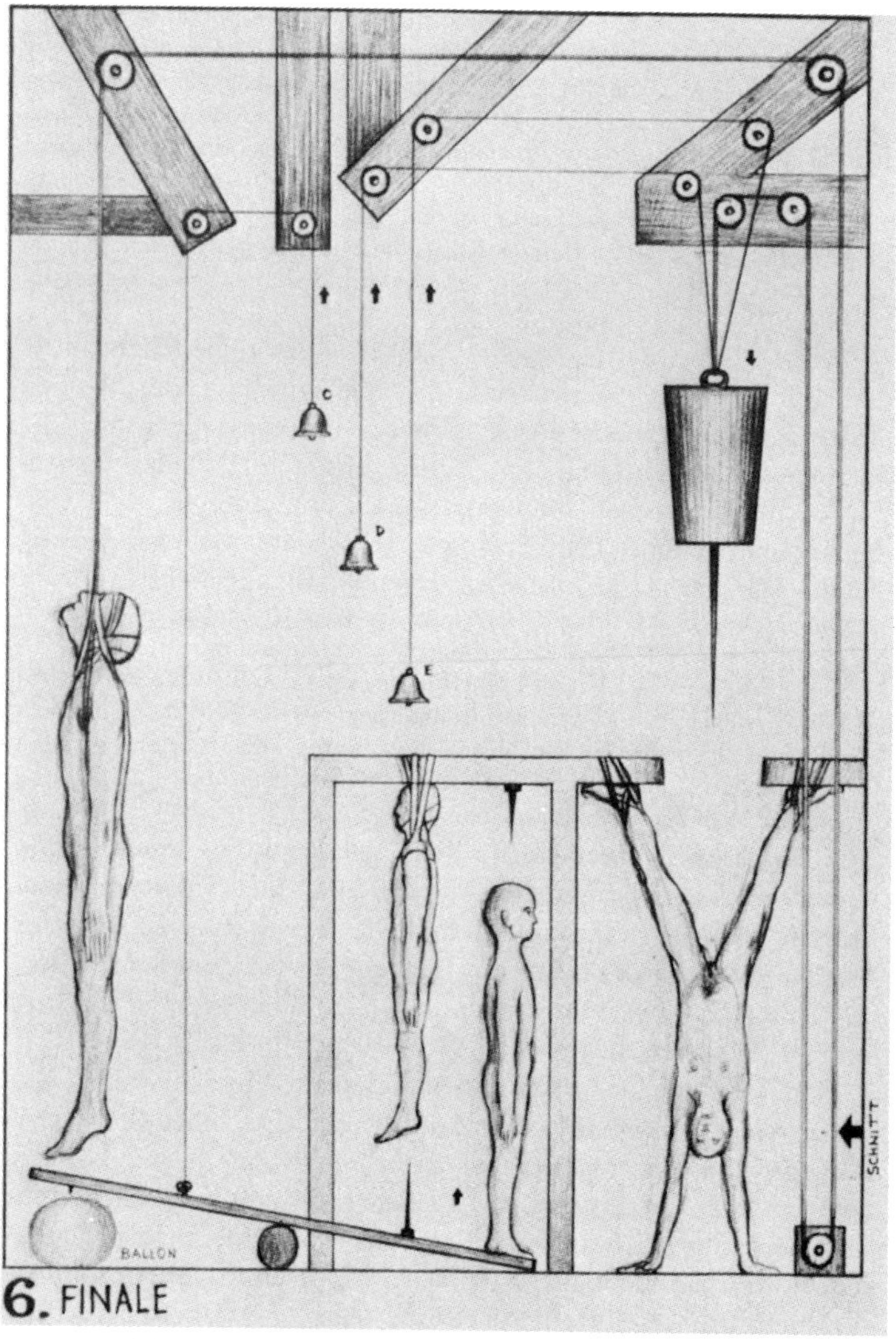

フィナーレ（ギュンター・ブラス『鬼火』1971年より）

介の法律家ですよ」(二八六頁)。シャハト「(シュペーアは)自分以外の人間はみな犯罪者だ、と常々言っていた」(二五九頁)。その後モスクワ筋から当時の海軍提督レーダーの証言がもたらされたが、そこにもゲーリングに関する致命的な証言が含まれていた。たとえばデーニッツが無能で、ただヒトラー・ユーゲントを前に行なった熱烈な演説ゆえに「ヒトラー小僧《ユンゲ》」という綽名を賜っていることも書かれていた。さらにリッベントロープ、ゲッベルス、ヒムラー、ライについても否定的な発言が続く(三五一頁)。デーニッツはギルバートに言う、「実際、われわれの中で回覧されているこれらの証言の欄外には、こう書かれるべきですよ。嫉妬、傷つけられた自負心、うらやましがり屋のくず、とね」(三三〇頁)。

男たちの同盟がもはや権力を失ったときには、愛情はすべて消え失せる。白色テロルのメカニズムは歯止めを失って味方同士の中で稼動し始める。もはやいかなる「全体性」も男たちをまとめあげはしない。彼らの現実感覚も瞬時にして崩壊する。一人一人が、自分だけは絞首刑をのがれられるかもしれないと本気で考えているのだ。ゲーリングさえそうだった。彼らには自分が訴えられる理由がそもそもわからない。

ギルバート「生まれたばかりの子羊のように潔白というのが下級審の控え室では一種のジョークになった。外務大臣は単なる使い走りで、国防軍司令官はオフィスの代表者にすぎないというのだから。ユダヤ人を狂信的に憎悪した者たちは口をそろえて、それがユダヤ人問題の人道的な解決であり、残虐な行為などした覚えはないという。ゲシュタポ長官のカルテンブルンナーでさえそうだった。そしてゲーリングはもちろんその中でも一番立派な人間だというのである」。[69]

しかし、嘘に嘘を重ね続けたにもかかわらず、彼らはファシストとしての「立場」からは一歩も退く

パラス・アテネー（ミネルヴァ）の誕生（ミヒァエル・マイアー「遠ざかるアタランタ，すなわち自然の神秘についての新寓意集」〈オッペンハイム，1618年〉より）

ことができなかった（リッベントロープは、ボネ〔ジョルジュ・ボネ 一八八九―一九七三、仏の外相として一九三八年のミュンヘン協定に調印〕に対して反ユダヤ的な発言をしたという証言に反論して、「わたしがわざわざそんなことを言うはずがない。ボネは言うまでもなくユダヤ人だと思っていたのだから」と述べている。[70]

ことここにおよぶと、彼らのうちだれも「イデオロギー」なるものを代弁しているのではないことがわかる。彼らが守りたてているものを「デマゴギー」や「詭弁」と呼ぶのもはるかに的はずれである。権力を剝奪された権力者たちができるのはただ一つ、自分たちが何か、を語ることだけである。それを語ることで彼らはしゃにむに自分の肉体的生存にしがみつこうとしているのである。互いを非難し、傷つけあうことなしには彼らは生存できない。この段階では彼らの発言は状況に応じた場当たりの発言ではありえない。生き残りを賭けた申し立てである。もしかしたらもういちど「分け前にあずかる」ことはできないものだろうか。シュトライヒャーもギルバートにそうした願望を伝えている。

私は二十五年このかた彼らに警告を発し続けた。しかし今やユダヤ人が決断力と勇気とを持っていることを認めるに至った。彼らは今後も世界を支配し続けるだろう。この言葉をぜひとも覚えておいてほしい。そして、もし力になれるなら私は彼らの勝利に進んで手を貸そうと思う、ユダヤ人は強くかつたくましいのだから。（……）そしてユダヤ人が私を彼らの一員として受け入れてくれるつもりがあるなら、彼らのために戦ってもいい。（……）もちろんこの裁判の後で休暇はもらいたいものだが。[71]

七　結　論

前置き

本書を締めくくるにあたってぼくが行なういくつかの一般化は、実際に存在する多くの差異を平準化するものではないことを断っておこう。二〇年代のさまざまなファシスト集団の核となった戦闘的な兵士たちは、のちにファシズムが作りあげる大衆装飾のブロックの中に最終的に合流した者たちとは明らかに異なる。またファシスト集団そのものも個々に違いがある。彼らが書くものは大同小異でないだけでなく、質的な差、ニュアンスの違いがあるし、内部のグループ間の関係も異なれば、個々人の意図や目標もひとまとめにはできない（ジャン－ピエール・ファイエが二巻本の『全体主義の言語』において、驚嘆すべき努力でこれらの差を分析しようと試みている。同書の劣悪な翻訳がウルシュタイン社から九八マルクで売られている）。どのみち、物を書く人間には、なんらかの形で特別なものを作り出そうとする気まぐれ、物狂おしい執着の兆しがどこかに隠されているものだ。たとえ

「次に，本日のニュースによれば世界情勢はきわめて深刻な様相です…」

それが戦闘や爆発を招く種類のものでないにしても。本書でこれらのもろもろの差異についてほとんど触れなかったのは、それが本来のテーマでなかったからではない。ファシストの筆者たち自身が、こうした差異にはさほど重きを置かず、むしろ自分たちの同一性を強調したからだ。それは、ファシズム陣営にのちに合流したさまざまな人々が、それぞれ特定の社会的位置につきながら、出身グループ内部の構造の中に存在した自分たちの違いや独自性、単独性、特殊性といったものを、ファシズムという特定の単一性・全体性のために殺ぎ落としてしまったのと同じだ。

その結果、ファシストたちの言語はいずれの場合も二つの主な特色を判で押したように示している。一つは、身体と身体との具体的な関係とか、自分自身や労働、自分の情動を描く際には、彼らの言語はまるで意味をなさず、空っぽで「くたびれはてた」ものになることだ。ところが、いわゆる「生命の強烈な力」を含んでいる情況と遭遇した場合には――つまり、戦闘や世界史的使命の完遂に際して、プロレタリアート、黒人、みだらなユダヤ人、金権ユダヤ人といった他の階級や人種と接触したり、また伯爵夫人、城主、白い姉妹と赤い牝の結合といった問題に直面した場合には、言語は俄然激越になる。それは対象を丸ごと占拠し、寄生虫のようにその内部に強引に押し入り、その境界を破り、「客体」としての特性を破壊し、それが備えている生命にかじりつき、しまいには食いつくそうとする。言語はその時、快楽で満ちあふれて爆発せんばかりになり、自己融合と、身体の甲冑からの脱出と、内部への突進とをひたすら駆りたてる動輪として機能する。ちょうど太陽系の爆発が残すブラック・ホールに吸いこまれるように、ファシストの言語はかつて社会の中で生を得ていたものが爆発を起こして現実のあちこちに穿った穴の中に、猛烈な勢いでまっしぐらに吸いこまれていく。すると、かつてこの空白の中にあったものが雄々しく立ちあがる。負のエネルギーを帯びた集塊としてこの言語は生命を得るのである。

突撃隊の行進（エルク・エーバー，油彩）

いま挙げた二つの特色は、ファシズム下に生きた多くのドイツ人の行動に見てとることができる。ぼくはここでそれを一般化して示そうとするのである。さまざまな差異を抱えるにせよ、多くのドイツ人は、まずは何をおいてもドイツ人であること、ドイツの男であること（自分の名前は二の次である）、そしてさらに「ドイツ人／男性」であることで自分たちが「権力」への道の通行権を手にし、他の生あるものたちに敵対した自己実現の権利を持っているという信念のもと、大同団結したのである。

ファシズム下のドイツ人たちが一致して示すもう一つの方向は、自分たちの内部にありながら、いったん解き放たれるや統合が不可能になるような烈しい身体感情を断固遠ざけようとする決意である。性愛に敵対的な婚姻関係、組織化された近隣制度、至るところにある位階や序列の冷たい境界線、水も洩らさぬ監獄の中で、岩のように硬直した顔を突きあわせているという意識が、彼らには共通している。

なかでも画一的なのは、権力が発生する現場への心的備給のあり方、モル的な集合体に向けた心的備給（そして、分子的組織への逆備給）のあり方である。それはファシズムの歴史的事実として否定しようがないもので、たとえさまざまな差異を認めようと望んでも、そこになんらかの共通の志向を見てとらざるをえない。

ぼくにとって肝腎なのは、ファシズムの「追従者」と「大物」とがいかに区別しがたいかを言いたてることではない。とはいえ、これまで述べてきた集団的組織のあり方を考えれば、巨大機械の部品となるのに適した形を備えず、外部のブロック化された集団的自我の必要を認めないような者が、ファシズムという組織にすんなり適合しえたとは思えない。

ファシズムが単なる誘惑や誤認ではなく、現実生産の特別なやり方であることを認めてはじめて（本書はまさにそれを一貫して示そうとしているのだ）、「大物」たちに対する所見が、ただ単に「追随した」だけとはとても見えない「取り巻き連中」の状態をどの程度まで代表しうるかを論じることができるはずだ。その程度についてははっきりしたことは言えないし、確実な論拠があるわけではない。しかしこの仮説そのものはかなりの確度をもって正しいとぼくは思う。

内部から

ある特別な霊気というものがあって、それがときおり、世界の上に、多くの者たちの上に一斉に広がっていくのも謎の一つだ。だれもその実体を知らないし、それがどこから来るかも知らない。

（エルンスト・ユンガー）

彼らを結びつけていた絆は、忠誠の誓いだとか、組織の規約といったものよりもはるかに堅固なものだった。彼らの血管の中で脈打つ同じリズムが一同を結びつけていたのだ。彼らを一線にまとめあげているのは、それぞれが心底から納得して諾《うべな》った、一連の新たな掟であることは明らかだった。皆が同一の種族から発した同胞のようにふるまい、同じ痛みと同じ流れが体内にあるのを感じていた。[2]

「行動する男たち」は、自分たちが時代の中に激流をなして広がるものに押し流されていると感じ、それをリズムとして、陶酔として、必然として、苦痛（陣痛）として体験している。そのことが彼らの発言に信憑性を与える。正しいかどうかについて釈明する必要はない。それは彼らがこの出来事を自分たちの一部として体験しているからだ。「血管の中で一斉に脈打つものがある」。「真夜中の熱中した会話の中でぼくらは互いの思考と言語の調和を陶酔のうちに確かめあい、はるかな場所まで手探りで進んでいった[3]」。

たとえ一時的に離れることがあっても、彼らは戦場に向かう道で互いの姿をふたたび見いだす。たとえば上部シレジアに向かう列車の中。

誇り高い顔つきを持ち、金髪をした彼らはだれもが非常によく似ていた。もちろん、彼らの運命の共通性に思い至らない者は、彼らの類似性に気づくこともなかったろう。ぼくらはただちに互いが同類であることを了解し、挨拶を交わしあった。国のさまざまな場所から戦いと危難の匂いを嗅ぎつけ、互いがだれかも知らないままに、行軍の命令もなく、上部シレジアという以外は定まった目的地も知らずに馳せ参じた者たちだ。車中にいる間にすでに中隊の指揮系統ができあがっていた。少し言葉を交わすうちに指揮官が決められ、ただちに全員が自明のこととして指揮官の権威を尊重した。のちに曹長となる兵士がさっそくメンバーのリストを作成した。[4]（ザロモン）

たいていのファシズムの作家たちは兵士たちの同質性をこぞって強調する。[5]このことについてぼくが今まで言及せずにおいたのは、兵士的男性が文章化したものもしないものも含めて、彼らの行動からある特定の「タイプ」を抽出するという、これまでぼくがとってきた手続きのよりどころとしては「同質性」という論拠をできれば使いたくなかったからだ。

この手続きが有効か、それとも筋違いであるかは、兵士たちの妄想が「集団的」であるか、それとも「個人的」か、もしくは「階級的」かという問いを理論的に突きつめるのとはまったく別個に、そのものとして実証される必要があった。[6]

ぼくとしてはこの妄想を特定の男性同盟的な集団の妄想として理解したのである。それは厳密な意味では単なる人間集団ではなく、マクロ‐機械的な全体構造を有する組織である。

「すべてを打ち毀し、没落せしめよ！」[7]というのが、この構造体が自己主張のために好んで使ったスローガンの一つだった（ハインツはこの言葉に、カップ・プッチのきっかけとなったベルリン入りを控えたエアハルト師団の兵士たちの感情を代弁させている）。

個々のメンバーについては「魂の内にはしかと燃える炎あり」[8]というスローガンがあてはまったかもしれない（これはドヴィンガーがベルトルト大尉を描く際の常套句である。ちなみに大尉は第一次大戦後の「戦記もの」文学の中で「メイド・イン・ジャーマニー」の刻印をもっともはっきりと刻みつけている男性である）。

心の炎は水などでは消せない。

この種の男性や、その心的・肉体的構造を作りあげたのは戦争だという、広く流布された重大な誤解がある。そしてこの誤解から引き出された数々の結論が、ドイツにおけるファシズムを理解し、それと戦うことをめざすと公言する、いかにも拙劣な企てを支える根拠の一部にさえなっている。

第一次大戦と戦後状況、加うるに世界恐慌がドイツ・ファシズムの温床となった、という類の主張は、ファシズムの凱旋を実質的に担ったこれら兵士的男性たちが、一九一四年の第一次大戦開戦時には本質的な特徴をすでに備えていたことを見誤らせてしまう[9]。

実際に彼らを作りあげたのは、戦争に先立つヴィルヘルム期の平和である。外面的には戦争のなかったこの時期の平和は、資本主義的な男性社会が陥っていた恒常的な戦争状態のうわべの姿であり、若者たちも女性も、給与所得者も、それにもちろん男性たちもこの戦争にすでに巻きこまれていたのである。

この「うわべだけの平和」においては、若い男たちが勝ちに回るチャンスは閉ざされていた。少なくとも二正面階層（第一巻四八一頁を参照）の若者たちには将来の見こみはなかった。国の実権をがっちり握るのは抽象的な父親たちで、家庭や学校を牛耳る具体的な父親は抽象的な父親の代替品でしかなく、コピーですらなく、若者たちの手本としてはおよそ話にならなかった。残されたのは軍隊という場だけである。

しかしたとえプロイセンの軍隊といえども、平時には望みをかなえてくれたわけではない。唯一戦争だけが勝利なり、栄達なり、発散なりを約束した。二正面階層に所属する、十八歳から三十五歳にまたがる青年たちにとって、戦争はようやく一人前になったことが認められる唯一の機会であり、男たるにふさわしい役割を割りふられるチャンスだったのである。「平和」時にはこの年齢の大半の男性たちは権力の行使とは縁遠い、蚊帳の外に置かれていた[10]（しかも権力の行使は彼らにとって社会生活で考慮すべき唯一重要なことがらだった）。いわば大きな子どもである彼らにとって、カール・マイや、世界征服の夢や、第四氷河期が来れば世界は汚辱から浄化されるだろうという空想[11]に耽るほうが、ここ五十年ばかりのうちに巨大化した工業技術を人間のためにどう生かすべきかを考えるよりはるかに自然だった。

若者たちを必要とし、同時にまた彼らに敵対したドイツ帝国主義はしたがって、二つの矛盾した姿で彼らの目に映ることになる。それは一面では忌まわしい資本主義であったが、別の一面では若者たちに生きる場を約束する軍国主義だったのである。

この二つの面の背後に同一の力が働いていることを見ぬけなかったのには、ドイツという国が半ば市民国家、半ば君主国家だったという二面性が与っている。この二面性ゆえにドイツは、父親たちに敵対する市民階級の若者たちの情動が反資本主義へと向かう危険を回避し、軍事的システムとして派手な外観をとって生き長らえていた君主制に忠誠を誓わせて、彼らの情動を中和することができた。軍隊の場で市民は役たたずの笑いものでしかなかったのである。[12]

マルクスがドイツのブルジョアジーに向けた、君らは市民的革命を行なうという世界史的使命をすっぽかした、という非難はまったく的外れだ。逆にブルジョアジーは、労働者運動の激しい突きあげにもかかわらず、自分たちの危機をうまく切りぬけるすべをきわめて良く心得ていたというべきだ。[13]

したがって、資本主義に骨抜きにされている事情を棚に上げて、資本主義と戦うことを拒んだブルジョアジーの「誤った意識」を問題にするだけでは不充分だ。むしろ資本主義は彼らが本当に望んでいた軍国主義と戦争を与えてやったのである。

ブルジョア的資本主義とファシズムとが潜在的に同一のものであるという説は経済学的にいえば正しい。資本主義においてブルジョアジーは、必要な場合には、あるいはみずからの延命をはかるために必要だと考えればファシズム的組織を生み出す。

しかし欲望に関して見るならば、両者は同一ではない。まったく異なるものだとさえいえる。兵士的男性の反ブルジョア性は見せかけなどではなく、骨身にしみたものだ。兵士たちはおそらく労働者以上に、プチブル連中を忌み嫌っているはずである。お偉方に取り入るとすれば、それは相手がブルジョアだからではなく、権力の領域とつながっているからにすぎない（「ブルジョアの有象無象はあてにならないし、どっちつかずで絶望的だ、先はない」というのが兵士たちの本音だ）。[14]

戦争への熱狂を後の歴史家や政治家による宣伝のための捏造だとする根拠はない。二つの代表例を挙げておこう。

「白の週間」より「火の元素」(マックス・エルンスト)

われわれはこれまで人生について何を知っていただろう。途方に暮れ、内には不満を抱えていたこと、それこそわれわれが戦争という新しいもの、雄々しく波乱に富むものにかくもひきつけられた理由の一つだろう。[15]（ユンガー）

戦争は小市民的な日常些事の時代にあって「古代の劇」のようなものだ、とユンガーはつけ加える。「平時」においてこの時代に戦争を仕掛けたり、父親をはじめとする権力者たちのテロルに戦いを挑むには彼らは非力に過ぎた。しかし、戦争への熱狂の裏には、父親の書斎机を爆弾でこなごなにしてやりたいという願望がはっきりと感じられる。もちろん実際に爆弾を仕掛ける勇気はない、しかし、とにかく何かが爆破されねばならないのだ……。

われわれは憤懣やる方ない思いで部屋に閉じこもり、この腐った地球が轟音をあげて爆発するのを待ちうけていた。時々だれかが血に飢えたような演説をぶち、胸に鬱積した思いを吐き出す。俺たちより年老いた世代の、どれもこれも堕落して腐れきった連中なぞ、壁際に並べて撃ち殺してしまえ、と。[16]

こううそぶくのはブロンネン描く士官候補生時代のロスバッハである。

だとすればこれらの男たちの身体にとって、戦争はこの破壊的な願望をある程度まで充たしてくれることに意味があったのだ。筋肉体と内臓体がたえず軋轢を起こしながら、溶解を恐れかつ欲している、爆発する以外には道がない男たちの体構造は戦争によって決定づけられる。それは多くの男たちの体構造を元には戻れないものに固定した。しかし戦争がこの構造を生んだわけではない。[17]

この事情こそファシズムを議論するに際してもっとも肝腎な点である。したがってドイツ・ファシズムの問題を、なぜ大衆が経済的危機に際してファシズムに傾いたかという、特殊な状況下の固有の問題と理解してはならない。ファシズムは二〇年代終わりの経済的事情とはもっとも関連の薄い問題なのだ。経済的危機からはファシズムではなくプロレタリア革命が生じる可能性も同じようにあったのだから。ゾーン゠レーテルが、「ナチスの党員バッジを忠誠の証しとして胸につけていた」「中間層および下層のサラリーマン」について「その技術力ならびに組織力からすれば、彼らは労働者と結託し、共闘を組むことも可能だったはずだ」と指摘しているのは正しい。[18] しかしサラリーマンたちは実際にはそうしなかった。

戦争が終わるとこの男たちはまるで孤児のような状態に置かれた。彼らの形式を維持していた戦いという生の基盤はもはやないし、今後も望むべくもない。彼らの存在は戦争と一体をなしていたのだ。この危機的事態を前にした反応は簡明そのものだ。

> 人はわれわれに戦争は終わったのだと言い聞かせる。とんだお笑い種だ。戦争はわれわれそのものなのだから。その炎は今なおわれわれの内に燃え続けていて、不気味に燃えたつその破壊の魔力はわれわれの一挙一動をとらえて放さないのだから。

戦後、兵士的男性たちが飢えたように飛びついた反革命的活動は、彼らがまず戦う敵を是が非でも必要としていたことから生じたものだ。だからこそハインツは一九一八年から二三年にかけての期間についてこう書くことができた。

> 過去百年にわたる物質主義のもたらした氷河期はドイツの国土を荒廃しつくした。われわれはその上に堆積した岩盤を砕くために埋められたダイナマイトだった……。われわれ自身が爆薬となって、一皮ずつみずからの身を削ぎとり、燃えあがらせながら、行く手を阻む岩塊を破壊していったのだ。[19]

ワイマール共和国はヴィルヘルム期の平穏と地続きのものとして、つまりは「物質主義のもたらした

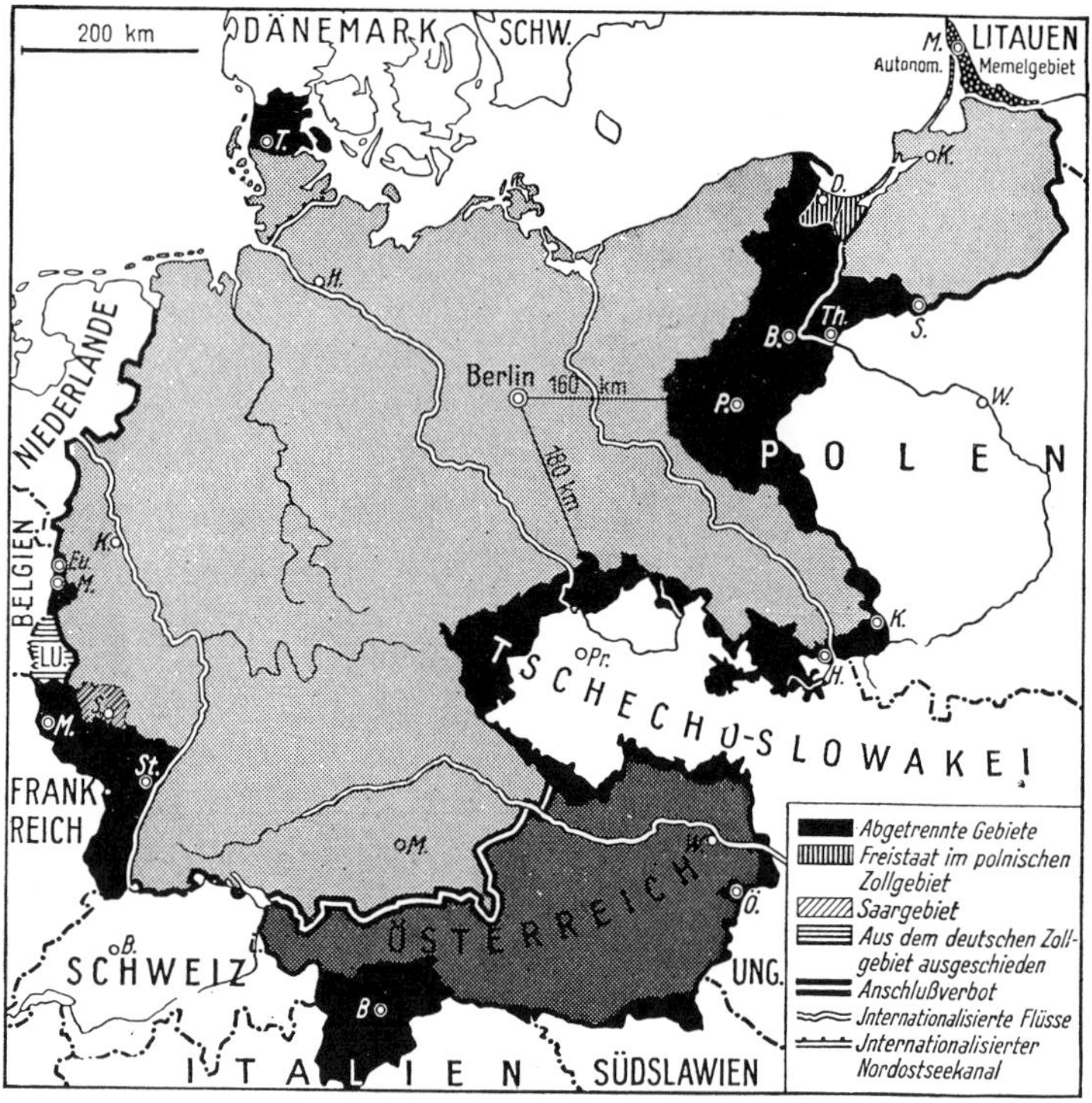

ヴェルサイユ条約によるドイツ帝国領土の損失（黒い箇所が損失部分）

氷河期」と「プチブル根性の時代」の延長として彼らには感じられた。戦時にはとりあえず影をひそめていた、経済的信用だの、支払能力だの、商売や風采だのを取りざたする市民的生活なるものが息を吹き返し、またぞろ羽振りを利かせている。あまつさえブルジョワ的商業システムからは皇帝や君主制という抑えもなくなってしまった。権威どころの話ではない。一方、兵士の側からすれば戦争は簡単に帳消しにはできない経験を可能にした。そのために、ヴィルヘルム期にはまだぼんやりとした予兆であったものが、今や確信となった。この確信をハインツは、自分の身が爆薬になった、という言葉で表現しようとするのである。新しい「共和国」が「堆積した岩盤」とされるのは、戦前にあった制度に比べて明らかに重圧を増し、耐えがたい圧迫をかけるからだ。おまけに共和国は、悲惨な生活を埋めあわせるために唯一受け入れ可能な兵士という生活形態を、今後そもそも不可能なものにしかねない。つまり共和国は戦前のもろもろの害悪をそっくり引き継ぎ、嵩じさせたものとしても憎まれているのである。平和だって？

ドナートは足をふりあげて雪を四方に蹴散らした。「願い下げだ」と彼はうめく。「おれには平和なんてまだ来ない。遠い先の話だ。おれが片をつけないうちはな」。[20]

戦争を必要とする男たちの気持ちは、戦争から生ずる個人的利害から発している以上、講和もまた彼ら自身が係るべき要件なのである。いかなる協定も認めうるものではない。ヴェルサイユ条約などもってのほかだ。

連中は戦争は終わったと思っている。大はずれだ。負けているうちは戦争が終わるわけがない。[21]起こるだけではだめで、勝たねば戦争とはいえないのである。

勝ち戦《いくさ》と負け戦《いくさ》、これについてベンヤミンが書いている。

特徴的なのはどちらにも二重の意味が含まれていることである。第一の主要な意味はもちろん「勝ち」「負け」という結果だが、第二の意味〔ドイツ語の「勝つ」には「獲得する」、「負ける」には「損失をこうむる」という意味がある〕はこの言葉の中に独自の空所を作り出している。戦争の結末と共鳴するとき、第一の意味は完全になり、その結末によってわれわれにとっての戦争の収支決算がどう変わったかを思い知らせる。つまり、勝者の手元には戦争が残り、敗者はそれを「失う」のである。勝者は戦争を自分の側に取りこんでわがものにし、一方敗者はそれをもはや持たず、戦争なしに生きなければならない。これは戦争そのもの、その全体について言えるだけではなくて、戦局のごくわずかな推移や微妙な駆け引き、はるか遠方で行なわれる作戦についても言える。戦争に勝つか負けるかは、言葉の意味に沿う限りわれわれの存在の構造の深部にまで食い入ってきて、われわれの描写や空想や発見が豊かになるか貧しくなるかは一生涯それに左右される。そしてドイツは世界史の中でも最大の戦いの一つであり、民族の物質的ならびに精神的基盤全体に根をおろしていた戦争を「失った」のだから、この喪失がいかに深甚な意味を持つかを想像することができよう。[22]

こうしてドイツ人の魂《プシュケー》には、火が付かず、もしくは頓挫したいくつもの革命のほか、いくつもの負け戦、特に第一次大戦の敗戦の記憶が埋めこまれた。この戦争は幾世代かにわたるドイツ男性の、兵士になり勝者になるために生まれたという確信と結びついた男としての矜持をはなはだしく傷つけたのである。ドイツが生得の権利とさえ信じていた勝利の代わりに、ナルシシズムに対する最大限の侮辱が加えられたのだ。

男性たちの欲求と、最高最上の形容詞である「ドイツ的」とはあっさりと等号で結ばれている。

われわれがピストルから繰り出す反抗は、敵の狡猾で卑劣かつ嘘八百の所業に釣りあうべく、荒々しくしぶとく、嘘偽りのないものだが、それは将来において、もっとも簡潔な形をとったドイツ的生命の根源的な力の表出として評価されることだろう。[23]（ハインツ）

ブレスラウ、一九二〇年三月二十六日

兄さん、そして義姉さん！

ぼくたちが今日ヴェストファーレンに向けた輸送列車に乗ったことをお知らせします。バイエンブルクまで行ければ良いでしょう。そこでひと暴れして溜飲を下げるつもりです。なにしろ海軍第三師団の荒れ狂ったあとには草も生えないと恐れられているのですから。ぼくたちはドイツ精神のために戦っているのです。親愛なるカール（押収された葉書より）[24]

彼らにとって自分のいる位置はこの上なく明瞭だ。なんの証明も必要としないし、反駁される気遣いもない。ドイツ人ならそれがわかるのであって、そこに理屈はない。そうしない者はそれだけでもう「生きるに値しない生命」が巣くう境界の向こうに足を踏み入れているのだ。兵士たちにとって、これは事実の確認であって、それ以上でも以下でもない。

実際のところ、自分たちが正しいという彼らの確信を覆すのは困難なことだったろう。彼らは要求されたことは忠実に実行したのだから。父親に対しては従順にふるまい、自由と享楽を諦め、つらい教練で受けた辱めを呑みこみ、ようやく人に命令する身にまでのし上がった。意気揚々として戦場に向かい、最善をつくし、つらい目を乗り越えて生き残った身だ。皇帝を崇め、愛し、国土を「守った」のだ。ドイツ精神の精髄として提示されたもろもろを彼らは崇めたて、求め続けたのだ。ドイツの名において要求されたすべてを彼らはやってのけた。すべてが「瓦解」した今、自分たちがドイツ的なものの権化だと信じたとして、いや、そもそも周囲にいる者の中で唯一のドイツ人だと思ったとして、なんの不思議があろう。平和を拒絶したからといってなんの不思議があろう。こんな状態のために自分たちは教育を受けたのではない。ましてや平和は自分たちのためのものでもなければ、この手で達成したものでもない。平和がもたらそうとしているのは、戦争前の死ぬほど耐えがたい生活を焼き直した、輪をかけて悲惨な生活だ。

戦い続けなければならないという強迫をもっとも激越な口調で言いたてるのはエルンスト・フォン・ザロモンである。平和時に「根っからの兵士」が抱いていた緊迫した思いは、ザロモン自身が戦列に加わることができなかったために逆によけい切実なものと感じられたらしい。ドイツ降伏を知った時、ザロモンはまだ幼年学校に在籍中だった。その時点まではあげて戦争にかかっていた期待は、戦後の戦いに向けられ、ザロモンはことあるごとに戦いの現場に馳せ参ずる。

そのためにザロモンは義勇軍関係の作家たちの中心的存在となり、兵士たちの心的構造の必然性と要件とを倦まず描き続けるのだが、この心的構造が戦争によって生み出されたものではなく、戦争への教育によって生み出されたものであることをはっきり裏づけているのはザロモン自身である。ここで問題となっているタイプの男性を作り出すには、ザロモンが幼年学校で受けた教育だけで充分なのだ。市民生活にも平和にも適応できない男性類型を作りあげたのは前線での体験だ、とする説が、結局ドイツ・ファシズムの誕生のメカニズムを覆い隠すのに格好の神話でしかないことがこうして明らかになる。ファシズムの生成にあたっては、戦争そのものが兵士の内面に生じさせた変化より、男女の相互的関係が反‐生産関係に逆転された結果、欲望を流れるにまかせることへの包括的禁止が決定づけられた事態のほうが、はるかに重要な意味を持っている。

「新しき理念」（メルナー）

だからこそファシズムの問題は、ぼくらの生を構成するさまざまな関係から生まれる「ノーマル」な現象なのであり、いまだ解決されてもいないといえるのだ。いくつかあるブルジョワ的・資本主義的な社会形態のうちいずれがファシズムの先駆をなすか、まだファシズムまで至らない社会、すでにファシズム化した社会はどれか、という問題設定は、これに比べれば多かれ少なかれ瑣末な議論で、後回しにすべきものだ（せいぜい政治学者むけの定義ゲームにすぎない）。

ザロモンは自分の戦闘衝動をぶつける敵の本当の意味を心得ていた。

「われわれがこの場所に匍匐し、激しい怒りに駆られて虎視眈々と待ち受けているのは断じてボルシエヴィストではない」。ザロモンは自分にとって初めての大規模な戦闘体験であった、バルト沿岸作戦についてそう語る。[25]

陣地の周りには闇が軋みをあげていた。われわれは世界への入口を探し、ドイツは背後のどこかで霧に包まれていた。見えるのはもつれあった像ばかり。大地を、力を与えてくれる大地をわれわれは求めた。しかしそう簡単に力は与えられない。われわれが求めたのはドイツのため、自分たち自身のための新しく、かつ最終的なチャンスだ。かなたの不気味な闇の中には、見知らぬ形なき力が隠れていた。われわれがなかば驚嘆し、なかばは憎悪する力、われわれの前進に抗う力だ。国境を守るために来たといっても、ここには国境などない。われわれ自身が国境で、この手で道を開いてきたのだ。わが身はここ一番の賭けで張られた形《かた》だ。大地がその勝負の舞台だ。[26]

「闇」からの脱出。霧の中から世界へ、変身から統一に向けて駒は進められなければならない。

一方、赤軍兵士たちはこの場合にも自分たちが戦いでどんな役を割りふられているのか知る由もない。「形なき力」「前進に抗う力」であるにすぎない。所詮は「血まみれの塊」の知覚へと変化すべく定められた標的、生への通路を阻む化け物にすぎない。
ザロモンはバルト地域の国境警備という表向きの出動理由を鼻で嗤い、「国境など存在しない」と言い放つ。あるのはおのれの境界だけだ。探され、維持され、さらに戦闘の中で踏み越えられるべき境界だけだ。
「前進」という言葉は、バルト地域に動員されたわれわれを有頂天にさせるほど神秘的で危険な意味を秘めていた。突撃に際してわれわれが求めたのは、力を最高点にまでもっていき、一気に解放することだ。あらゆる運命に耐えられるという意識を確認することが熱く求められた。世界の真の価値をおのが身内で確かめることが望みだった。
「前進」の政治的、作戦的意味にザロモンは毛ほどの関心も示さない。
われわれにとって「前進」とは地図上の一地点をめざしたり、前線の奪取を行なうといった、戦略上の目的を意味するものではなかった。それは鉄の結束の意味を体験することであり、兵士を一段高い次元へと突きあげる新たな緊張を生み出すことであり、さらに、真の戦士たる者がなんら関与すべくもない、没落し、腐れ果てた世界とのあらゆる絆を断ち切ることだった。[27]
共同体（男性社会）、産出（女抜きの）、再生、上昇（硬直、緊張、さらなる高み、そそり立つファロス）、没落し腐れ果てた世界（女という沼地）からの離脱、戦闘に際しての自己融合。兵士的男性の手になるテキストはたえずこれらの極点に収斂するが、その執拗さから判断すると、これらは兵士的男性の強迫観念と見える。彼らが自分たちの行動は内部から定められたものだと考えるのも無理はない。それは伝統的な意味での「政治的」確信に由来するものではない。[28]
実際、ほとんどの作家が、政治など皆目わからないし、わからないことに誇りを持っていると言明している（政治とは、議会や政党や新聞といった無駄ごとなのだ）。[29]

同士諸君！　目下急迫しているのは祖国の一大事だ。同属と国民同胞の救出にことはかかっている。われわれの目標は高邁かつ神聖だ。いかなる政治とも党利党略とも係りがない。日常卑近のもめごとやもろもろの不快事から超然と離れているのだ。[30]

これは一九一九年一月のプフェッファー義勇軍の募集広告から引いた文章だが、あらゆるものから「超然と」離れているには、よほど高い所にいてひたすら独立独歩を守らなければならないはずだ。

政治やそれにまつわるごたごたが重要視されているような場所はおしまいだ。金輪際見こみはない。そこに集っているのは、なんの目的で戦っているかになど関心のない連中だ。[31]（H・ギルバート）

深い谷の向こう岸から「おまえらの望みはなんだ」と問いかける声がしばしばあったが、その問いにわれわれは答えることができなかった。答えられなかったのは問いの意味がわからなかったからだ。いや、たとえ答えても、彼らはそれを理解できなかったろう。[32]

これは無用な弁解などではない。実際兵士たちは「政治」にはまったくの無知無能だった。数ある小説や報告に散見する、バルト地区作戦に際してのラトヴィア側の「裏切り」を嘆く例を見ればいい。敗戦国であったドイツ軍の兵士がバルト地域に留まることができたのは、ブルジョワ的共和国を望んだラトヴィアの勢力にとって、赤軍と戦うためにドイツ兵が必要だったからにほかならない。勝利の暁にはカルリス・ウルマニス〔一八七七―一九四二、一九一八年十一月八日に独立を宣言したラトヴィア共和国の初代首相〕によるラトヴィアの共和国政府はドイツ兵に対して入植許可を与えるはずであった。ウルマニスの思惑では、彼らはドイツ系バルト人の貴族たちの所領を解体した土地を分配されるはずであった。もちろん

上段左から，スヴァロフ侯爵，フレッチャー（バルト守備隊指揮官），ジーヴェルツ（ドイツ義勇軍指揮官），マントイフェル

貴族たちはすでに土地から閉め出されている。これらの元地主たちも志願兵として赤軍との戦いに加わった。ただし、もはや自分たちの利益を求めてではなく、公式には共和国のためにだけ戦ったのである。ところが「バルト守備隊」と呼ばれたこの部隊に所属する士官の一人、マントイフェルとドイツの義勇軍指揮官フォン・プフェッファーは、赤軍に対する戦いの勝利が決定するや、ウルマニス政権に対してプッチを行なった。親ドイツ派の司祭ネードラを傀儡に立てて、ドイツ系バルト人の権益だけを守る、まったくの植民地政権を作ろうとしたのである。プッチはドイツの派遣部隊の中で計画されたものではなく、周知のものでもなかった。義勇軍の総指揮官もそれについては知らなかった。ところが、プッチの結果だけは既成事実として受け入れたのである[33]。

この時点で入植の約束が実行される見こみは、プッチが無条件で成功した場合にしかありえなかった。ところがそれは、小規模な派遣部隊が、赤軍や共和国支持のラトヴィア兵のほか、ソヴィエト・ロシアに対する緩衝地帯としてラトヴィア共和国の存立を望んだ連合国（イギリス）まで相手にしなければならなかったから、そもそも不可能だった。ラトヴィア軍とイギリス軍が仕方なく手を組んで、ドイツの「鉄軍団」とバルト守備隊に共同で立ち向かい、当然ながら時を経ずプッチを鎮圧したとき、あろうことかラトヴィアの「約束不履行」に対する抗議の叫びがドイツ側からあがったのである[34]。政権に返り咲いたウルマニスに対してドイツ兵たちは入植の約束を履行するよう、大まじめで迫った……[35]。

その後「鉄軍団」のいくつかの部隊がアワロフ率いる白ロシア軍に寝返るにおよんで、ベルリンの社会民主党・カトリック中央党の連合政府はやむをえず彼らを反動的傭兵部隊と名づけて批判したが、一転して彼らはこの政府の姿勢に怒りを向けた（ただし政府の姿勢は、同じ政権がのちにこの「傭兵」たちを本国の労働者鎮圧に投入するにあたってはなんの妨げにもならなかった）。

東方のドイツ平和（フィドゥス「芸術と生活」1918年より）

一方、「鉄軍団」の残党がベルリンの政府に要求したのは、皇帝の行なった戦前の東方政策を継続することだった。戦争に負けたことなどてんで意に介さなかったのだ。彼らの言い分ではベルリンの政治家たちの所行はドイツへの裏切り、「社会主義者」による裏切りにほかならない。

自分たちと行動を共にしない者は反逆者だ。われわれがここで要求するのは勝つこと、そして国を維持することで、そのために手段は選ばない……。政治的な矛盾も不可能も眼中にない。「不整合」は懼れるに足らない。たとえば、一九二三年十一月四日にシュトレーゼマン〔グスタフ・シュトレーゼマン 一八七八―一九二九、一九二三年から首相兼外相。二九年まで外相としてドイツの対外協調政策を推進する〕に向けて打たれた「鉄兜団」の電報にはこうある。

> このままでは埒があきません。交渉ばかりで行動はなし。何百万人が飢えているのに何千人もが腹を肥やす。その間にならずものが祖国からむしり取っていく。国民的独裁をただちに打ちたてることだけがドイツを救う手段です。帝国宰相殿、われわれは即刻独裁制を樹立することをここに要求する。[36]

政治など知ったことではない。わかっているのは、自分たちが楽になるには何が起こらなければならないかだけだ。宰相閣下、これがあなたの最後のチャンスですよ、というのだ。

「他の将校たちに煽られているだって？　とんでもない。われわれ将校が政治について何を知っていたというのか。ここ六年間読んできたものといえば戦況報告、部隊指令書、連隊司令書、訓練指導要領、日曜日には小説をいくつかといったたぐいだ。それに銃後から恋人が書いてくる、いったいこれから戦況は良くなるのでしょうか、と永遠の繰言と嘆きに満ちた手紙」（……）

これはノスケが後に自分の名で新聞に公表している回想である。兵士生活はその全体が汎国民的なものであって、いかなる政党に与するものでも取り入るものでもない。そういって良ければわれわれは右もなく左もなく、両者の区別を消し去り、ドイツ的であるとだけ信じる新たな党派である。そのモットーは最良の意味での、「世界を震撼された勝利の後に踏みにじられたドイツ、世界に冠たるドイツ」につきる。（……）いまだに銃剣を身に帯びている者はだれでも政党の駆け引きをめぐるいまいましいごたごたなど聞く耳を持たない。リュトヴィッツ将軍〔ヴァルター・フォン・リュトヴィッツ　一八五七―一九四二、カップ一揆の首謀者の一人。リュトヴィッツは将軍を罷免され、配下のエアハルト師団を率いてベルリンを占領し、カップ新政府の樹立を宣言した〕も例にもれない。このことは皇帝麾下のグレーナー元将軍がはっきり請けあうとおりである。[37]（ルドルフ・マン）

カップ・プッチの準備に主導的に係ったグレーナー将軍〔ヴィルヘルム・グレーナー　一八六七―一九三九、第一次大戦末期にドイツ帝国陸軍参謀次長。ワイマール共和制のもとでは、運輸相（一九二〇―二三）、国防相（一九二八―三二）、内相（一九三一―三二）を歴任。一九三二年四月、ブリューニング内閣の内相としてナチス突撃隊解散令を出してシュライヒャー将軍と衝突して退陣した〕はこともあろうに部下から、政治にはなんの心得もなかったと念をおされているわけである。

しかし、マンの文章には、後にナチスが引き継ぐことになる新たな「政治」の概念も披瀝されている。同じ「血」、すなわち同じ情感によって結ばれた「兵士の自覚」こそ、新たな党派とみなしうるものである、という考えである。

これはワイマールの左派政党がその政治的「賢明さ」にもかかわらず見ぬけなかったことである。エルンスト・ブロッホだけは例外だった。

奇妙な、また救いがたい悪循環といわねばならない。ほかならぬ資本主義の機構が「魂」の流れをせき止めるために、「魂」は堰を切って流れだし、荒廃した非人間的な日常を打ち破ろうとさえしている。ところがサラリーマンが最初に出会う俗流マルキシズムは——俗流であることが珍しくないのだが——彼らの「魂」をふたたび理論的にも排斥し、そうすることで反動的な「観念論」のもとへ追い返してしまう。[38]

それにしても、ブロッホがここで並べている概念はどうだろう。引用符に挟まれた「魂《ゼーレ》」は宗教的なニュアンスを帯びることで「無意識」にも色目を使っている。「観念論」は哲学的用語としては本来ならば「物質主義」の対でなければならないはずだが、この対もブロッホが言う「サラリーマン」の問題（これも恣意的な限定である）を言いあてているわけではない。そもそも、ことの実相に少しでも迫るためには、マルキシズムからは「俗流」という限定は削ってもかまうまい。

むしろザロモンの方が、ブロッホの言う「反動的観念論」のなんたるかをよく言いあてている。

戦争と冒険、擾乱と破壊と、われわれの心臓の隅々から鞭で駆り出されてくる得体の知れない、身をさいなむ衝動！　世界を取り囲む窮屈な束縛の壁の門を突き開けて、灼熱する野原を行進する。土くれと舞いたつ灰を踏みつけ、道なき森と風の立つ荒野を抜けて疾駆する。ひたすらかじりつき、突進し、東に向けて、われわれとアジアの間に広がる白く、熱く、暗く、冷たい大地に向けて征旅を進める——それがわれわれの望むところかどうかはわからない。しかしとにかくわれわれはそれをしたのだ。[39]

行進し、踏みつけ、駆りたて、突進し、征服する——これらの行動は、監禁と干拓という、男女両性の関係と自己自身への関係を引きちぎるダブル・バインドの強圧のもとで、「流れ出そうとする」願望が姿を変えたものである（この強圧はブロッホの言う「資本主義の機構」だけに存在するものではない)。「ひたすらかじりつき、突進し、東に向かう……」(確かに「民族」は「空間」を必要としているのだ)。

とはいえ、これは初期の市民階級が教養小説で描いたような「旅」ではない。教養小説において主人公は世界の波にもまれ、経験を重ねた上で一人の市民として、いわば係留された船となって冒険から帰還し、結婚生活という波立たぬ小水路へと曳航させられる。ところが、兵士たちの旅は略奪の道行き、異物を殲滅する突進である。ここにいるのは静かに見守る者ではなく、迫害者であり、さまよう旅人の心にとって懐かしい鏡となるような平穏な観照された風景ではなく、疾駆する肉体と風景そのものとの共生状態である。灼熱する野原、道なき森、風の立つ荒野――これらの風景は飛びかかる者を呑みこもうと向こうから待ち受けている。

視線だけが東に向けられるのではない。その目的は征服なのだ。

ここにはさまざまな緊張がある。白と黒、熱と冷却、硬さと柔らかさ、上と下。両立しがたいものの対立がある。肯定か否定か、男か女か、生か死か。両者をつなぐ道はない。間には鉄条網と壁が立ちはだかる。生きる道を見いだすことは、「世界を取り囲む窮屈な束縛の壁の門を突き開け」ることだ。そして、ユンガーの断定によれば、「寝返った者は射殺される」[40]。


死を覚悟し、戦いに飢えて上部シレジアに向かった者のうちには、だれ一人としてさまざまな条約の神聖な義務を守るために出征した者はいなかった。道義や理屈や良心に訴えるために戦列に加わった者はいなかった。彼らのうちだれかが空を仰いで、譲り渡しえない永遠の掟がそこに書かれているのを見たとすれば、それは復讐に正義を求める青年という掟以外のものではない[41]。

ここでザロモンが偽らず表現しているのは、押しひしがれ、裏切られた欲望である。それは現実に即した欲望でもある。兵士たちにとって「復讐の掟」は生きる権利より容易に実現しうるものであろう。ただし、彼らがどうしても復讐を要求せざるをえないのは、自分たちをそこまで追いこんだ者たちには復讐することができないからだ。兵士たちは犠牲者にすぎない。だから復讐は、まだ生きている者たち、欲望することへの欲求が、殺すという衝動に変化しないふうに見える者たちに向けられる。復讐の意味するのは、すべてを責めたてて全体性の中に組みこむこと、そうでなければ死だ。「復讐の掟」すなわち正義の要求であるというのが、ファシズムが彼らの言う革命の権利を表現するやり方だろう。いや、表現するだけではない。この段階では、「政治の審美主義」という有名なベンヤミンのテーゼもついに間尺にあわなくなる。革命の要求が復讐の掟へと変質したあと、ファシズムはそれを表現したばかりではなく、やすやすとそれを行動に移していったからである。復讐は広範囲にわたり、その結果大地は荒廃し、何百万の人間が殺された。ファシズムが大衆に復讐の「権利」を与えたというのは適当ではあるまい。しかし、ファシズムが彼らに復讐の力を与えたことは確かだろう。党大会は別として、戦争、内戦そして強制収容所は、もはやベンヤミンの言うような華々しい劇的演出や美的な表現ではない。ファシズムの巨大な集合体は、戦争や内戦や強制収容所という形をとることで、自分たちのものである大地に直接つかみかかった。大地は存在するだけで当然ながら彼らに帰属するのである。

　政治的概念としての革命と復讐は、左右両派の「過激な」グループの欲望の両極端を示す。双方は、ブルジョワ的な狂気が通常たどらざるをえない経路、すなわちダブル・バインドという隠れた法則を通じて罪悪感を生む昇華という欺瞞的な手続きで骨抜きにされることをよしとせず、また自発的に歴史の舞台から退出することも拒否する点で似通っている。

　しかし、革命を志すグループが、変革を実現するためにものごとの現状と情勢（現象の多様性）を見極めなければならないのとは違って、ファシストは自分の頭の中にある巨大な統一と新たな全体的秩序のために世界を素材として消費する。

われら今日の人間はすべて表現主義者である。内面から外面に向けて世界を形成しようとする者たちだ。表現主義者はみずからのうちに新しい世界を築く。その秘密と強みは情熱にある。しかし思い描く世界は現実と衝突してたいていは脆くも崩れ去る。印象主義者の魂はマクロコスモスの写像であるミクロコスモスだ。

それに対し、表現主義者の魂は新たなマクロコスモスであり、完結した世界だ。

表現主義の世界感情は爆発である。それは自己にこだわろうとする独裁的感情だ。[42]

これはゲッベルスの『ミヒャエル』からの引用だが、ぼくにはこう書く人間が自分の状態について自覚的でなかったとは考えられない。[43] 自分や自分の仲間が将来権力を握り、「思い描く」だけの世界が現実を圧倒することをゲッベルスはまだこの時点では知らなかったはずである（そのために必要な資金を自分たちでは調達できなかったのである）。

一方、過ぎ去った戦争についてユンガーはこう述べている。

戦争の舞台に登場したわれわれは、何ものも阻むことのできないあのゲルマン的憤怒を身にみなぎらせた戦《いくさ》の神のようだった。ドイツ人は歴史の中で時にそうした姿を取ることがある。国境の向こうにはわれわれを憎む者たちがいる。憎しみや蔑みを撥ね返すためには、相手を怖じけさせる姿を取るしかない。だからわれわれは絶対的な掟の戦慄すべき執行者としてここに立ちはだかり、この掟そのものから独自の法規を作り出し、敵対する世界の厳の意志を挫こうとするのである。[44]

この男たちが要求しているものがつまるところ、自分たちが今あるとおりに、またこれまでも生きて

THE MIGHTY
THOR
APPROVED BY THE COMICS CODE AUTHORITY
MARVEL COMICS GROUP
12¢ IND.
139 APR
"TO DIE LIKE A GOD!"

「ザ・マイティー・トア」

きたとおりに生き続ける権利であることを考えれば、彼らになんらかの「倫理的」な判断を下すのは至難の業のようにぼくには思える。当然ながら彼らの要求する「権利」は権力に比例して大きくなる。それはこの場合、一つの精神的法則であり、世界がいつも「敵」にまわるのは、彼らが世界を利用する目的が、世界の望むものとはおよそ正反対であらざるをえないからだ。わずかな一歩を踏み出しただけでもそこには逸脱や侵犯という意味が生まれる。「打ち破るに値する」なんらかの他の「意志」に向けてこの歩みは進められるのだ。

その点から見ても、彼らが権力と親和性を持つのはごく自然なことと見える。権力を持たないことは彼らにとって、何にもありつけず、権利も快楽も剥奪される脅威をそのまま意味する。すべてに抗い、断固押し通すしか道はない。

他方で侵犯は絶対服従というシステムの中で行なわれる。各部品に対して「権力の中にいる」という自覚を持たせる全体機械は、それぞれの部品が定められた持ち場を動かないという厳格なヒエラルキーのもとで機能している。したがって、個々の部品が抱く権力意識は必然的に個人的なものでなく、単独に維持することもできない。全体機械は巨大な社会的権力の一環をなし、それを表現し、維持し、讃美する目的で機能し続けるのである。この機構はファシズムが抽象的な父親の権力のために作りあげた数々の可動的モニュメントの中でも傑作といえるものであり、天を突いてそそり立つファロスと肩を並べるものだ。

全体機械が崩壊するとき、各部品はこの崩壊を陶酔として体験する。しかし崩壊そのものは総体として見れば、抽象的な父親の権力の保持を意図して行なわれるものだ。これ以外の目的での発散なり突発はこの権力によって禁止されている。各部品はいざなんらかの解体が起これば、みずからの力と機能の基

盤であるヒエラルキー的構造原理が壊れざるをえないために、崩壊を望むことはどのみちできない。

ここでいう父親の抽象的権力とは、現実の家長とはほとんど関係がない。居ならぶ現実の父親のうち、権力の頂点に投影された父親はヴィルヘルム二世だったかもしれない。しかし、この国父の惨めな退位によって、最上位の玉座は空席になった。ファシストたちもその座を新たに埋めようとはしなかった。総統も父親の座に就いたわけではない。ヒトラーは初代の突撃隊員として、息子たちと世代を共にする兄弟であり続けた。

それどころか、現実の父親たちは堕落したものとして軽蔑されさえした。[45]

しかし、現実の父親が軽蔑に値するものでしかなかったからこそ、抽象的な社会的権力を引き続き抽象的な父親の権力として

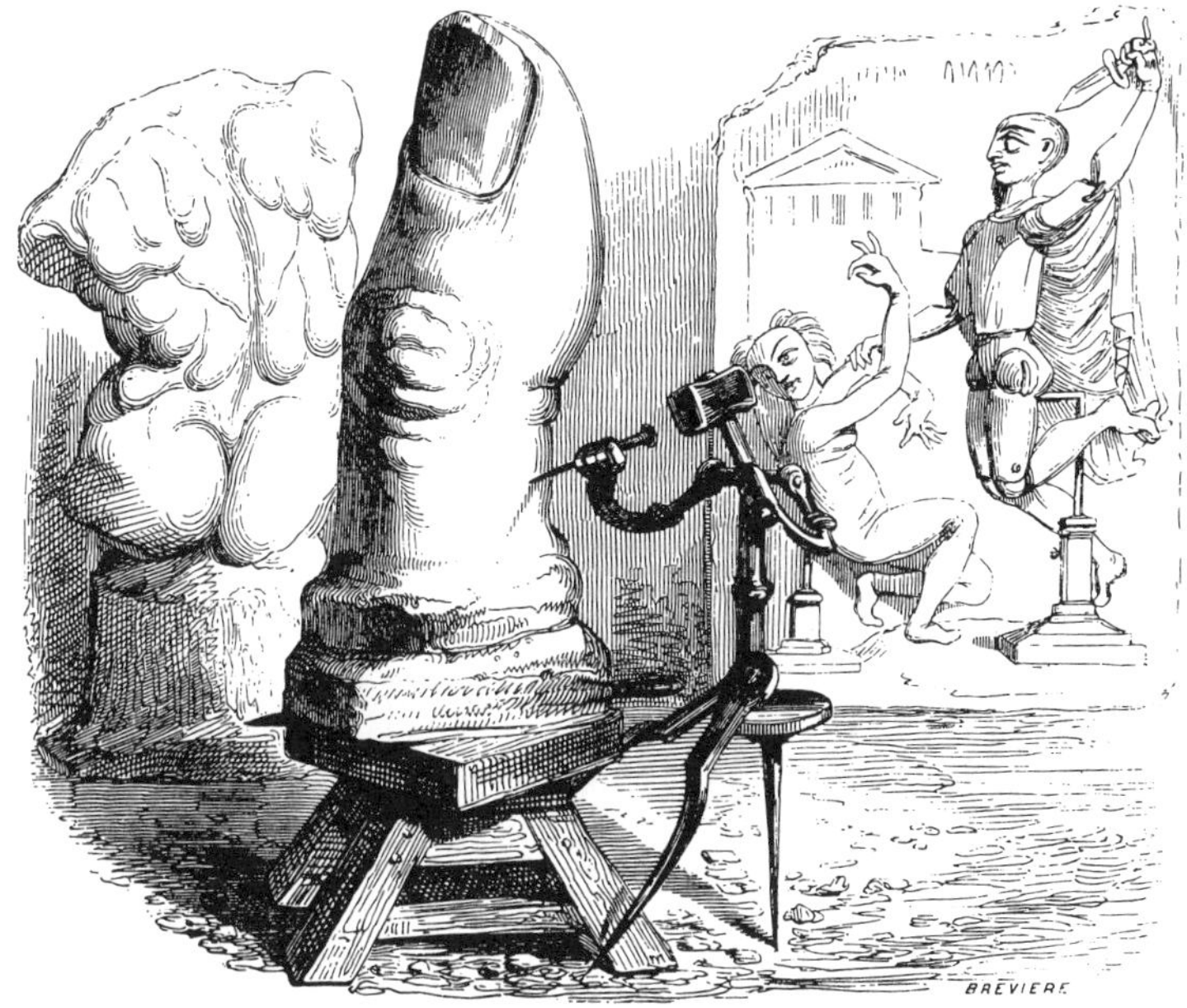

神の指，巨大なる作品（グランヴィル，「遠い世界」1844年）

語ることもできるのだ。自分たちが心底から父親を望み、しかも現実の父のように弱体ではないものを望む、という意味で。この父親は、息子たちが陥っている泥沼から近々救い出してくれるはずの父親である。そのために、兵士的男性の著述には、ステロタイプ的でアンビヴァレントな理想像をのぞけば、父親が登場することはほとんどないのだろう。彼らは現実の父に対する沈黙によって、より良き父に対する願望を語っているのである。*一

一九二九年にユンガーが出した『炎と血』は、ユンガー少尉ただ一人の体験をもとに、ある戦いの経過を記述する目的で書かれた著作だが、全体を貫くテーマは、至高の権力の領域とつながりをもつ「だれか」を探索することにある。瀕死の重傷を負った少尉はよ

ろめきながら前線の後ろの参謀本部にようやくたどり着き、指揮下の部隊が戦略的に重要な道路を制圧したことを将軍に自分の口から報告する。将軍は戦況報告書で少尉の名を目にした記憶があり、彼が生還したことを喜ぶ。この前途有望な勇敢な青年は戦死したと伝えられていたのである。作戦遂行の報告を終えた今、頭部と肩に銃創を負った少尉は気を失って倒れる。将軍に認められ、誉められるために持続してきた緊張がやっと解けたのである。[46] 敵との直接の対峙から発した興奮はこれをもって完結する。至高の権力の間近にいる代理人である将軍は最後に「アーメン」を唱え、この息子が完璧かつ最良の息子であるとお墨付きをあたえる。死に瀕した状況のもとでは、彼がそうある権利と幸福にだれが文句をつけられるだろうか。だから安んじて気を失うことができるのだ。

全体機械の中に取りこまれた従順な息子たちはこのように「父親」の姿を熱望する。この父親だけが彼らに永遠の全体性を請けあうとともに、権力、すなわち天を突いてそそり立つ全能の輝くファロスの原理との結びつきを保証する。

ザロモンは『憎悪された者たち』でこの状況をもっとアイロニカルに描いている。部隊の解散を目前にして、カイ少尉がとあるカフェで戦友たちに別れの挨拶をする場面である。

「俺たちは時代の激流の岸辺で片時身を休めている。われわれは血に陶酔した戦士の一団だ。民族の骨の髄からにじみ出る甘い蜜を吸い、それをまた民族の口元になすりつける者たちだ」。そう言いながら少尉はグロッグをぐいとやってまた言葉を継いだ。「後の世代は俺たちに問うかもしれない。何を君らはやったのか、と。答えはこうだ、俺たちは血を攪拌したのだ。(……)すると彼らは言うだろう。よくやった、乾杯、とな。しかし、同じ質問が今度は隅で飲んでいる太った気楽なブルジョアどもに向けられる。——乾杯!——彼らの答えはこうだ。われわれは兵隊の攪拌した血

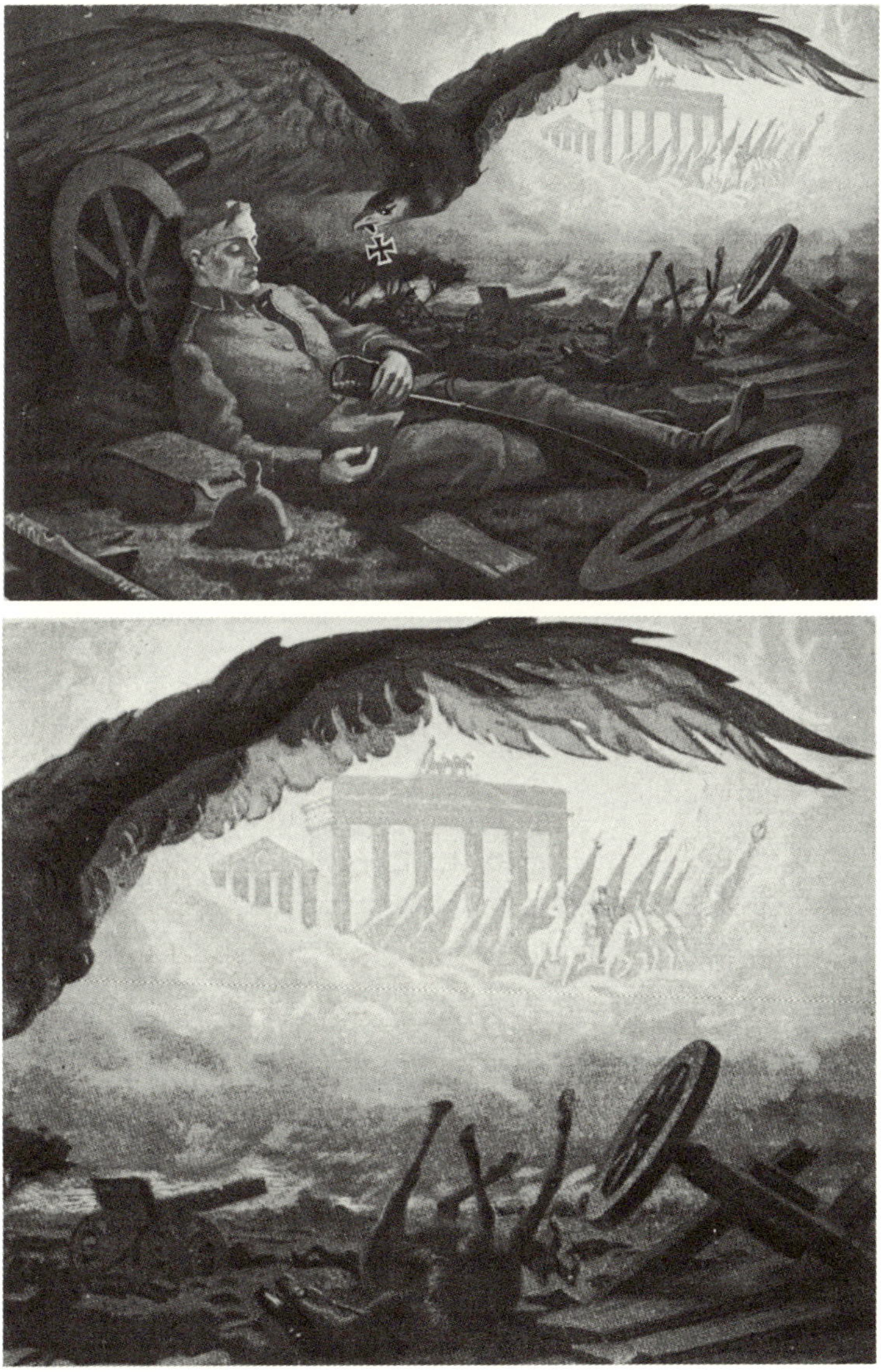

絵葉書（1915年）

を煮つめてスープを作った、とてつもなくうまいやつに今われわれはありついているんだ、とな。続いて、後の世代が〈前へ、——進め!〉と号令をかけて俺たちを送り出すだろう。(……)そして最後の審判の日にも俺たちはあちこちに散らばった骨をかき集めて召集に応じるだろう。俺たちは右へ行けと審判を受ける。天国への道だ。埃のつもった書類挟みみたいな腰抜け野郎は、——判事殿に乾杯!——媚びへつらってお辞儀をして、こう口ごもるはずだ。〈失礼、判事殿。われわれはこれまで骨というものを持ちあわせたことがございませんので、骨は持参できませんでした〉とな。となれば判決はこうだ、左へ、地獄へ行け、そこがおまえら悪人にふさわしい場所だ。言っておくが、この最後の判決は容赦ないものだぞ」[47]。

こうして、「後の世代」は次第に、あべこべの世界を裁く「判事」に姿を変える。「左」には性的な意味もある。「骨なし、腑ぬけ」ということだ(シュテーケルもフロイトも、夢判断において右は正しいもの、正しい道を、左は邪《よこし》まなもの、禁止された邪悪なものを指すとしている)[48]。

一方、抽象化された骨を持ちあわせているのを評価してくれる父親を求める「息子」は義にして正しい。「よくやった、息子よ」という声を彼らは聞くはずだ。「最後の判決は容赦ない」はずだ。右に行けと命ぜられるのは、「血を攪拌する」ために必要な骨の正当な継承権を持つわれわれだ。約束は遅くとも最後の審判までにはきっと履行される。時期が早まれば早まるほど好都合というものだ。われわれの先頭に立つ総統はこの権力そのものを具体化しているのではなく、それを求めるすべての人間の欲望を血肉化しているのである。彼らは生き残るためにこの権力を必要とし、その拡大と固定に努めるのである。

彼らが「同性愛者」でないことは、直立した堅くそそり立つペニスを崇拝していることからもわかる。

彼らがペニスの象徴性と不壊の性質にこだわるのに対し、同性愛的欲求はオッカンガムの言うように、区別を行なう機関としてのファロスへの攻撃も含んでいる。[49] 肛門の侵犯が、集合的に抑圧されたものの回帰を意味するとすれば、そそり立つファロスへの執着は、過ぎ去ったものが集合的に回帰することへの願望を意味するはずである。実際の父親が資本主義によって無力化することで自分たちに自由が約束されるのは、兵士的男性たちにとって時期尚早で、しかもそれにともなって彼らの内部にある欲望の流れまでが激流へと変化して彼らを呑みこみかねないために、耐えられない事態であった。もし万が一そんなことが起これば、今度はこの流れの中で不動の支えとなる父親が必要になる。後に新たに核家族が生まれると、社会的には屍のような父親はその中でテロリスト的な権力を行使し、一方、社会生活から切り離された母親は、子どもたちから奪い取る以上には生を与えることがなくなった。その結果家庭は、自由な行動を選ぶことができない人間をある程度確実に生み出す集団になりはてた。そうならないためには少なくともまず感情のファシズムを捨て去る必要がある。

　このシステムの中で、統率者《フューラー》は、息子たちと抽象的な父親の権力領域をつなぐ役割を果たす。統率者はこの領域にまで手を伸ばし、抽象的な父親の意志を汲みとってそれを執行する。同じやり方でドイツのファシストたちは全員が自分たちをドイツの歴史的意志の執行者と心得ていた。この権限は皆目疑いえぬもの、文句のつけようのないものである。こうして社会的権力の中枢は、彼らの欲望を実現する聖域として確保されることになった。

　彼らだけが入ることを許されている聖域である政治的権力を欲しがる人間がいようものなら、相手がだれであろうと、神聖な正義の怒りの鉄槌が振りおろされる。兵士たちが互いの権利を認めあうのは、各人が全体機械のそれぞれの部所について、権力の中心から分に応じた距離を保っているからである。

それは彼らなりの平等の観念でもあるが、そこではだれもが同じ抑圧に服していることが大前提になる。抜け駆けは嫉妬深く監視されている。保守思想の主要な目的の一つは、この平等を現状のまま維持することであるかに見える。つまり、各人は高みにいる父から与えられた自由以外の自由は持ってはいけないのだ。疑わしい場合には、自由などはなから与えられない。

自分たちより無力なだれかが余計な自由にありついただけでも、システム全体の存立は脅かされるだろう。いわんや、無力なはずの者たちが大挙して集団をなし、彼らの抽象的な父親の圏域を征服しようとするならば、それは全体機械の聖なる秩序を冒瀆し、彼らの至福を冒す所業というべきだ。

「プロレタリア独裁」というスローガンがファシストたちにどれほどのショックを与えたかは、追体験できないまでも想像することはできる。

怒濤をなして通りに溢れるものが呼び覚ます恐怖ばかりではない。それがめざす方向が、ファシストたちの欲望の領土である、抽象的な父親の権力の領域であることも恐るべき事態だった。その聖なる不可侵性が彼らの再生と全体性を保証していたからである。統率者《フューラー》のほかだれもこの領域と関係を持つことは許されない。

「プロレタリア独裁」というスローガンは、自分たちより年少の息子たちがごろつきと結託して起こす叛乱を連想させると共に、彼らが思いあがって父親の地位につくことまで危惧させた。何かといえばストライキを打ちたがる生意気な小倅どもと群衆が、自分こそは天上の欲望の化身にほかならない、と僭称する――おぞましい茶番劇だ。やつらのカーニヴァル騒ぎが世界を救うだって？　じゃあ兵士はどうなる？

正当な、しかも従順で、年かさの嫡子である自分たちは、統率者を押したてて全体的機構の支配に服

マックス・エルンスト「白の週間」より「祈る者」(「天にましますわれらが父よ，どうかそこにいて下さい．われらは地上に暮らす身ですが，ここにだってときには素晴らしいことがあるんですから」〈ジャック・プレヴェール〉)

することで、ようやく法の名のもとでファロスの模造品を手にすることができたのだ。服従があってはじめてここまでたどり着くことができたのだ。年端もいかぬ「下にいる」弟たちが支配者になったら、この模造ファロスまで取りあげられるだろう。

そうなればまるで裸の王様だ。だれが見てもわれわれが裸だということがわかってしまう。実際のところ、身には一物もつけていないのだ。弟たちが父親の権力領域を支配するとなれば、兵士たちが去勢されている事実も知れわたる。それだけではない。世界の支配者となるべく委託を受けたはずの自分たちが見るも惨めな無能のくずに成り果てるのだ。兵士たちは抽象的な父親から受けた「委託」を頼みとしている。それだけが彼らの相続権を証拠だて、権力へのいわば正当な通行権を保証する。自分たちより下にいる者たちの革命などお呼びでない。全体の中に組みこまれ、権力（これが自由を意味する）を手にすること、そして権力を通じて爆発の快楽を味わうことを約束されているのは自分たちなのだから。*2

ただ、マルクス主義がするように、ファシストたちが身を滅ぼしたのは自業自得だ、などの理屈をつけて彼らの考えをいわゆる「誤った意識」の産物として片付けてしまうのはかなり無理がある。では聞くが、どんな革命なら彼らにあれ以上のものをもたらしたというのだろう。

とんでもない。兵士たちは自分たちが存在する必要を充たすためには何をしなければいけないかについては、一切迷うところはなかった。たとえばザロモンが下の者たちを暴力で抑えつけろ、と主張するときがそうである。

われわれがかつて攻撃の命令を受け、そして今後も攻撃し続ける支配者たちは違法な支配者だ。それは彼らの支配が人間の欲求に左右される価値秩序にばかり基づいていて、あの永遠の深遠な力を拠り所とするものではないからだ。この力があってはじめて、欲求を持つ必要も生まれるのだ。

われわれは常にこの力を引きあいに出した。それ以外のものは、党も、綱領も、旗も、徽章も、ドグマも、理論も、何一つ根拠とするには値しない。そして、われわれの姿勢が断固たる方向を持ったのは、この姿勢が、束の間の現象に対する暴力を、作られたまがい物に対する生命を、偶然のめぐりあわせに対する位階を、偽物に対する真正な実体を主張したからである。来たるべきものの意味を問うのでは満足できず、価値の尺度を求めたからである。これは使命だった。神と悪霊たちが戦いを繰り広げている戦場は広大で先が見えなかったのだ。[50]

「人間の欲求」と聞けば、普通ぼくたちは万人にとって社会生活の基礎として受け入れられるのが当然のものを想像する。ところが、兵士的タイプの男性にとってこの欲求は唾棄すべきもの、忌むべき何かなのである。その理由は彼ら自身の欲求が否定され、拒絶されていることにある。その代わりに彼らの存在の中核には「糾合」と「支配」という「あの永遠の、より深遠な力」がある。他の人間が掲げる欲求や、別の欲求を持つ人間は、彼らにとって危険であるとともに必要不可欠でもある。必要だというのは、「上」に居続けるためには「下」の人間が必要だからである。一方、危険だというのは、下の人間の掲げる欲求が自分たちに直接向けられ、自分たちが持つ支配の権利を脅かしかねないからである。だれであれ欲求を口にする者は、そのことだけで兵士的男性の掲げる、暴力の中で生を送る自由を著しく阻害するのである。それは兵士にとって生きるための正当な要求と化した復讐の権利を切りつめる。ゲルマン的な憤怒に比べれば、人間の欲求など二の次のものだ。

したがって、「万人にその欲求にふさわしいものを与えよ」という命題には制限が付されることになる。兵士的人間の場合には、「殺す」という欲求だけが最大限にまで拡大される。それは人間にとって本源的な欲求ではあるまい、と抗弁したところでなんにもならない。兵士的男性にとっては、感じたものが即欲求なのだ。

「神と悪霊たちの戦い」においては、――ちなみにザロモンは「神に対する悪霊たちの戦い」ではなく、「神と悪霊たちの戦い」というが、これは両者の結びつきを排除しない――神の側に積極的につかないものはことごとく悪霊の類縁とされる。高所に聳え立つファロスのために、抽象的な父の権力を確保するために、マクロ的集合の中でおのれの全体性を維持するために、戦いが行なわれねばならない。悪霊とは、下にいるものの一切、内部に巣くうもののすべてだ。さらには、ミクロな集合体、梅毒の黴菌《バチルス》、入り混じり融解させる女性性、ネガティヴな身体の流れに姿を変えた自己の無意識と、その無定形な獣のような姿――どれもが悪霊を意味する。

このような対比において、戦闘的なコミュニストも、淫蕩なユダヤ人も、軟弱な市民も、等しく「敵」というレッテルを貼られる。コミュニストは下にいる者たちの権力奪取の手先だし、ユダヤ人は破壊的な性病を蔓延させる媒体である。ブルジョアは砂地獄に足を取られながら行動を起こさない死の走狗だ。彼らのそれぞれが、別個のやり方で「生まれきらなかった」兵士たちを呑みこむ敵なのだ。敵の中には女たちもいる。「奈落に通ずる落とし戸」を備えた肉欲の手先たち、行方知れずの快楽の流れに同化した者たち。快楽の流れが男たちを境界から遠ざければ「生まれきらなかった」男たちの生命はたちまち危うくなる。敵の中にはさらに、原則なき蝟集という、ミクロ的機械の原理そのままの、快楽に重点を置いてさまざまな組みあわせと空間を際限なく追求する子どもたちもいる。敵の中でもっとも手っ取り早く片がつくのは、男たちからなる全体機械の支配に甘んじる軟弱な市民たちだ。第二に標的になるのは戦闘的コミュニストで、彼らは「まっとうな男」のポーズをとって「自由な男性英雄」の後釜に坐ることを目論むかぎりは、御しやすい相手だ（コミュニストはそれをもってただちにナチスに寝

選挙ポスター（1932年）「マルクス主義は資本主義の守護天使．リスト１の国家社会主義労働者党を選ばれたし」

返ったとはいえないが、相手としては無害な存在になる)。

兵士たちの多岐にわたる不安は、さまざまな政治的・公的領域から借用した言いまわしで表現されている。アナーキズムとボルシェヴィズムに対する不安に対しては、去勢を行なうメドゥーサ／ヒドラへの恐怖が重きを占め、「コミュニズム」に対しては、娼婦の情欲のように人を溶解して何もかもつき混ぜる沼地への恐怖が、「プロレタリア独裁」に対しては、年下の者、自分より下にいる者たちの反乱への恐怖が重視される、といった具合である。

これらの命名は恣意的なものでもなければ、不安の投射でもない。これらの表現はたいていの場合、恐れていた対象を知覚した際の実際の印象に基づいている。この印象がまず一般化され、次に、もしそれが自分のものだったらどうだろうと想像することから判断が下されるのである。

一連の作業はテロ行為においてさらに徹底され、幻覚的な対象置換を生むまでに至る。つまり、殺害を実行する本人の知覚において、自分の体験・感情・歴史のコンテクストから取り出された人間が、実際の犠牲者と入れ替わるのである。

テロルや戦闘では、以前示したように、待ち望まれた三つの知覚形態――「血まみれのどろどろ」、「空っぽの広場」さらに自己融合に際しての「ブラック・アウト」――のいずれかに到達するべく、あらかじめ回路ができている。テロルや戦闘行為は、脅かすものを滅ぼすことで境界を設け、境界を維持し、差異を作り出して兵士的男性が生き残る方途を切り開く。

「悪霊」には一匹たりともこの境界を越えさせるな、とザロモンは言う、「これは使命である。恥ずべき犯罪があるとすれば、この使命を全うしないことだ」。

二正面階層に属する者たちの激しく変動するヒエラルキーの中で「下に」抑圧された男たちを政治的

ファシストに変身させるのは、まず、殺戮に加わることで自己を生み、維持しようとするやむにやまれない衝迫である。労働力搾取の理論から、彼らを貧困化したブルジョアジーだとか、粗暴化した小市民とか、腐敗した権力の屑、死の官僚組織などと見るのは許されざる誤りだ。経済的な価値下落や身分の低下があったとしても、それだけなら政治的ファシストになる必要はだれにもあるまい。彼はもっと以前から感情のファシスト、内部からのファシストだったのである。[51] 戦いへの切実な欲求があったから戦場が生まれたので、戦場があったから戦闘欲が生まれたわけではない。攻撃は男性結社の機能の一つで、予見可能なものであるとライオネル・タイガーも言う。[52] ユンガーは同じ内容をもっとヒロイックに表現する。

なるほど戦争は目的によって聖なるものとされる。しかしそれ以上に、戦争そのものが目的を神聖なものにするのだ。[53]

戦う人間以外に聖なる人間が存在するだろうか[54]（じゃあ、女が戦ったらどうなるのだろう）。第I巻の終わりでぼくは、社会的・公的に禁止されたものが、権力と結びついた侵犯者によって公けの場で儀式的なやり方で執行されるのを指して「聖なる儀式」と呼んだ。[55] 同じ言い方をすれば、兵士たちは戦いという聖なる儀式において、禁じられた愛に身をゆだね、愛する対象を血の中に置きざりにするのだ……。

「戦いは愛と同じく生の形式である。それなのになぜ愛だけではなく戦いも洗練させないのだろう」、とユンガーは彼独特の省略体で問いかける。[56] 愛と戦いでは「対象」の果たす役割が異なることにはまったく思いおよばないらしい。

DIE ZWEI SIND SCHULD
DASS DER HERRENKLUB REGIERT,
UND ES DEM DEUTSCHEN ARBEITS-
VOLKE TÄGLICH SCHLECHTER GEHT
DER 6. NOVEMBER SOLL FÜR SIE
GERICHTSTAG WERDEN!
WÄHLT SOZIALDEMOKRATEN!

自分たちを生んだ教育的なテロルのことも兵士たちは忘れてはいない。ただし、彼らがこのテロルをあまりにもみごとに受け入れ、血肉と化してしまっているために、テロルは別な感情にとって代わられてしまっている。数多くのパンチを受けたために、身体そのものがそれなりのやり方で過敏なものに変えられてしまったのである。

　こうして毎日続く苦痛の中でぼくは、望みや夢や希望の数々がみな消え去り、最後にただひと塊の肉と裸の神経の束だけになるのを眺めて満足さえ感じることができた。神経は張りつめた弦のように、失われた音をもう一度響かせ、孤独という希薄な大気の中でふだんより倍も激しく身を震わせることができるのだった[57]。

　自分の肉体を見つめる時のこの「満足」は、彼らが戦闘を描写する際に特徴的だった「氷のように明晰な意識」と同様に、自分の肉体に備わった愛の能力を破壊することがいかに快感に満ちた行為であるかを示している。兵士の身体は、筋肉でできた甲冑だけに機能を限られた部品に変えられて、この戦闘機械の中に組み入れられるのだが、唸りをあげ、震動し、内部はみごとに結合しあった部品に変身する瞬間に味わう興奮は、兵士にとって愛に際しての身体の顫えや流れの感触と、とうの昔に同じものになっている。ここで起こるのは、ネガティヴなオルガスムスだ。自己と対象の破壊を通じたネガティヴな革命だ。「革命のパロディー」というベンヤミンの表現ではまだ言葉が足りない[58]。むしろ、ファシズムは革命の陰画《ネガ》であるように見える。このネガにとらえられた特徴をポジとして引き伸ばせば、革命の特徴をそのまま読みとることができるだろう。しかし、ファシズムは革命とは正反対の行動を起こす。つまり、生きた社会的現実を丸ごとネガ

右：選挙ポスター（1932年11月６日の議会選挙）「この二人が悪者だ．両者は紳士クラブ〔1924年に設立された団体で，巨大資本や産業界の重鎮，保守的政治家をメンバーとする圧力団体．身分制国家を主張し，ナチスの政権獲得も容認した〕が現政権を牛耳り，ドイツ労働者階級の情況を日々悪化させた元凶である．11月６日を彼らの審判の日にしよう！　社会民主党に一票を！」

に同化させ、破壊から何かを生むのである。ファシズムにおいては破壊がそのまま生殖である。ユンガーの描く兵士たちは「戦争によってものを生む」こつをつかんでいる点で比類がない[59]。彼らは他者を破壊し、物を破壊し、外部の対象世界を破壊し、殺戮機械の部品に変身することで自分を生み出す（「炎の洗礼」とユンガーが呼ぶものがそれだ）。復讐を実行する主体になってはじめて、彼らは自己自身と同一化する。そして、これこそファシズムの適切な理解のために肝腎な点だろうが、それを通じてみずからの「時代」との一体化を経験するのである。

> わたしには自分が間違っているはずがない、という確信があった。われわれは時代の抑えがたい意志に従って生きてきたのだから。そして、自分たちの行動の正しさを証明するものが至るところで生まれていた。危険をはらんだ時代であったからこそ、われわれの生きざまも大胆不敵だった。時代がカオスをはらんでいたからこそ、われわれの思考も行動も信念も、どれをとってもすべてが混沌に満ちていた。われわれはこの時代に憑かれ、時代の破壊力の虜となり、破壊を実り豊かなものに変える苦痛にも魅了されていた[60]。

ともかく、こうして「時代の破壊力の虜」になった息子たちこそ、巨大資本や市民・農民層が革命的プロレタリアートに対抗させることができた強大な勢力だった。義勇軍の兵士的男性の存在なしには、国防軍も社会民主党と中央党による連合政府も、武装労働者に立ち向かうすべはなかったこと、少なくとも革命勢力をあれほど徹底的につぶすことはできなかったこと、これについては疑いを挟む余地はほとんどない[61]。

　そして、復讐と殺戮と、破壊による区別を求める飽くなき渇望なしには、突撃隊をはじめとする国民地下戦線の組織は、一九二四年から二八年にかけてのワイマール共和国の安定期を生き延びることはできなかったろう。

わたしは昔から破壊に特別な快楽を感じてきた[62]。

こうして「生まれきらなかった男たち」の感情の迷路には至福の生に向かう赤い糸がライトモチーフのように走っている。この場合ライトモチーフとは修辞上の技巧ではなく、オブセッションの表現である。

渇望されるのは「激しい怒りを帯びた生[63]」である。「兵士たちの面がまえは熱狂的な絶対性を物語っている。奥深くに光る目には破壊に向けた冷酷な意志の炎が燃えている[64]」。攻撃に際して「われわれを突き動かすのは、稲妻のように家屋を襲撃し、体内にたぎる欲望を鎮める以外のいかなる衝動でもなかった[65]」。「テーテルミュンデ全体が巨大なたいまつのような炎に包まれていた。火をつけたのは、人間の原初の快楽である破壊欲を突然よみがえらせ、その虜となって破壊の権利を求めて雄たけびをあげる男たちだった[66]」。

フロイトがこれらの文章を読んでいたら、同時代に生きていたこの男たちの自然な欲求そのままに荒れ狂う破壊衝動を手がかりにして、「死の欲動」の仮説を、このような行動や発言に現われた狂気に対する防衛形式のひとつとして自分の理論の中に取り入れていたかもしれない。これは的はずれな推測だろうか[67]。

ただしフロイトが同時代に起きた巨大な破壊活動の主役たちを、精神分析という手段を用いて診断しようとしても、まず次のような問いに答えなければならないために大きなジレンマに突きあたったはずだ。つまり、精神分析の範疇ならば普通は神経症と診断されてしかるべきこれらの破壊者たちが、精神病院や癲狂院や、あるいは他の犯罪者収容施設に入れられることはほとんどなく、なぜ「政治」と関係を結ぶに至ったか、という問いである。兵士たちに見られるリビドーの特殊な倒錯は、すでに精神分析の理解の枠を大きくはずれてしまっていた。彼らは総体として見る限り、はなはだ強靱な「現実適応」能力を備えているように見えるし、自我に際だった欠損があるようにも見えない。超自我の形成障害を示す症状も見あたらない。にもかかわらずこれらの男たちはなんらかのやり方で明瞭にエスの命ずるままに行動しているように見える。そしてエスが破壊をめざすものだとすれば、兵士たちの破壊活動の背後には、文化をもってしてはごく不充分にしか抑制できない「死の欲動」の存在をやはり認めることができたのではないか。

しかしこれは大きな誤解だ。ここで診察される兵士的男性たちは「衝動に従って」生きているわけでは皆目ない。テロルはむしろ、断片化せず、境界づけられた心的統一体としての自我を獲得しようとする彼らの格闘からやむなく生まれるものだ。欲動を流れるにまかせるどころか、それをのがれることが彼らの本意である。欲動の暴発は充足を与えるのではなく、かえって全体的甲冑をますます堅固に補強するだけである。したがって白色テロルは、なんらかの「欲動」の発露機構というよりは、断片化に対して統合をはかろうとする自我（身体‐自我）の機能とみなすべきなのだ。

これまでぼくたちは多種多様なテロル行動において、虐待する側が自分の「無意識」からのがれることで凱歌をあげるのを見てきた。彼らは虐待の相手に無意識を見て、それを殲滅するのである。

（その限りでぼくは、「ファシズム」的男性を単一の事例と見ないことにこそ意味があると思う。彼らの誕生は男性的・ヨーロッパ的自我の歴史の一環であって、ぼくはそれが女性に敵対する形でいかに生成されたかを本書の第I巻第二章でいくつかの特徴を取りあげて論じようとした。）

ヴィルヘルム期の社会は、否定的な姿をとる無意識を多少なりとも平穏に統合できるような自我が男たちに生じるのを妨げた。この状態の社会的特徴は、エスの側からよりも、自我の側から見るほうがよほど鮮明になったはずだ。

ところがここでもまた精神分析は自己自身の持つ急進性に対して不安を抱いてしまった。あえて大胆な指摘を行なえば、社会の残忍な側面をさらけ出してしまうだろう、というのだ[68]。わけても特別扱いされるのは、特に二正面作戦をとる階層の聖別された母親像で、もしこれ以上踏みこめば彼女たちを例外的に扱ったり、分析の対象から除外することはできなくなる。ここでいう母親たちは、貴族であり、市民であり、農民であり[69]、その一部はプロレタリアでもあったわけだが、殺戮を行なうマクロ的機械に飢えたように身を投じる息子たちの存在に対してこの母親たちが決定的な責任を負うことについては、過去にも現在も口にされないままだ。母親の行なうことはそもそも学問の対象ではなかったのだ。こんなタブーを打ち破ることは、大多数の精神分析学者にとって今も昔も荷が重すぎると見える（彼らにも「同業者社会」がある）。母親という聖なる牛は屠られることがないまま、ファシズムの手であらためて母親イメージとして聖壇に掲げられた。ファシズムのさまざまなグループの中に登場した生まれきらない破壊者たちは、母親たちの実質的な後押しなしには生まれるはずがなかった。この事実は、遅くとも一九四五年以降には隠し立てできなかったはずだ。ところがそれは公けのものとはならなかったし、女性の解放のために努力し、生きている女性たちの間にさえ、それを口にすることへの躊躇がいまだに若干は残っている（もちろん、それを認めることで、すべての悪は女に責任がある、というていの女性害悪観が新たに焼きなおされる危険もある。しかし、一方で、バーリント、マーラーその他が論じているような母親と子どもの共生的単一体に注目することで、ファシスト的でない人間を産み育てる当事者としての女という、新たな革命的意識が生まれる可能性も大きいのではないか）。

兵士的男性の書く文章そのものが、彼らの破壊行動を「死の欲動」や「攻撃欲」に類したものとは別の、情愛や自己産出の行動と結びつけようとする断固たる意志を示している。これらのテキストは兵士たちの行動の源が、彼らの蒙った欠損にあることを隠そうとしない。たとえ直接に表現されない場合にも、この欠損は自分たちが欺かれたという感情にはっきりと現われ、たいていの文章の出発点になっている。

フロイトは一九〇四年に「もっとも厭わしい倒錯」について「愛情の全能がこれらの錯誤におけるほど強く現われることはおそらく他にはないだろう」と述べている。[70] この洞察はしかし、生きる意志と殺害行動との関連を問う際には生かされることがなかった。おそらくフロイトは文明化された世界に予想もつかない規模で出現した破壊のすさまじさを目にして、生物学的仮説の領域に引き下がるのが適当だと考えたのだろう。あるいは一九五二年のインタビューでヴィルヘルム・ライヒが推測しているように、死の欲動の仮説にはフロイトによる死の容認が投影されていると言えるかもしれない。社会に満ちた死の暴力と戦うよりはみずから死を選ぶのが、フロイトとそれに続く分析家たちのとった道だった。少なくともライヒは、フロイトの理論に死の欲動が登場するのと、その顔が癌の兆候を示すのとが同じ時期にあたることを見てとっている。[71]

殺戮者たちは自分たちの破壊行動の動機を説明する場合、この衝動を原初の巨大な欲動の現われとして表現しようとした。それは方法こそ異なるものの、フロイトによる死の欲動説と不気味な暗合を示している。当然のことながら彼らは自分たちが、間近の把握可能な歴史、つまりは自分たちの歴史の犠牲であるよりは、何千年にもわたる伝統もしくは遺伝を引き継ぐ存在だと思いたがる。

武器はいつも手の届くところにあった。だしぬけに射撃が始まり、坑道の奥深くにもつれた叫びが響くや、男たちはまだ眠りから覚めやらぬままに、遮二無二武器をつかむ。深い眠りに落ちながらこうして武器に手を伸ばすのは、血の中の何か、氷河期の人類が石斧をつかむのと同じ、内なる原初の人間のしぐさだった。[72]

武器を手につかむこの反応は、断じて学んで身につけたものであるはずがない。少なくとも、彼らが巨大な万能の破壊者であるのは歴史的・超人的な事象なのだ。

彼は戦いを血の中に抱えていた。（……）戦いのために生まれ、生き残ることができる場を戦いの中だけに見いだしていた。[73]

われわれは潜水夫のように体験の底深くに潜った。（……）われわれは戦争の執行者であるとともにそこから生まれた者、その生が戦争へと宿命づけられた者たちだった。[74]

トア・ゴーテの描く戦傷を負ったベルトルトにとって、療養の日々は消耗の日々でしかない。「私を癒すことができるのは、わが愛する場所、前線だけだ[75]……」。

兵士にとって戦争とは若返りの泉であり、待ちかねた場であると共に願望の成就の場でもある。[76]

（エルンスト・レーム）

ハインツは義勇軍の中に生き続けるもっとも誇るべき特性として、ドイツ青年の「戦争に向けて燃えあがる熱狂」と「冷静な戦闘技術」をあげる。

この特性は、死との親密な共存が生を甘美かつ魅力あるものにする魔術的な領域で生き永らえている。そして、数々の証言が伝える通り、死を前にして恐れおののくばかりのフランス民族は、まるで死に惚れこんだようなわがドイツを、まさに地獄を目にするような驚愕をもって仰ぎ見たのである。[77]

別のページにはこうも書かれている。

われわれはいまだ形なきものからなんらかの具体的なものをもぎ取って、あの人間の中でわれわれの恐怖をついに根絶したのである。[78]

つまるところ、兵士は敵を内に抱えるがゆえに「内部からの（根っからの）兵士」と称されるのである。先の引用にある「恐怖」とは、自分自身のそれも含めた生命との接触によって解体することへの恐怖にほかならない。

「まばゆい陽の射す真昼に迷い飛ぶフクロウのようにわれわれは不安で千々に裂かれる」というユンガーの表現があった。[79] これは死に魅入られた者がみずからの願望や快楽を前にして抱く不安を示すのに格好のイメージである。自分にも適応できないし、目の前に見ている生の「現実」に適応することもできないのだ……。

すべてが別なものにならなければならない…

すべてが破壊されなければならない…

この世のすべてが打ち砕かれようとも、われらの行進は続く……。

こうした感情を隠す必要をファシストたちは何一つ感じなかった。両大戦間期ドイツの状況の特徴をおそらくもっとも的確に言い当てているのは、一九三〇年にローヴォルト社から刊行されたザロモンの本の次のような一節だろう（ちなみにローヴォルト社はクルト・トゥホルスキーの本の出版社でもあった）。ザロモンは外相ラーテナウの暗殺に係った廉で五年の禁固刑から釈放されたばかりであったが、小説『憎悪された者たち』によって文学界に華々しいデビューを果たす（それにしてもこのタイトルは、ナチスによる政権獲得の前夜に、なんとうってつけのタイトルであろうか）。

　われわれは慌てふためく群衆の中に銃を撃ちこみ、遠慮なしに暴れまわり、撃ちまくり、殴りつけ、追いたてた。野原のウサギのようにラトヴィア人たちを駆りたてた末、家という家に火を放ち、橋という橋を木っ端みじんにし、電柱は片端からへし折った。井戸に死体を投げこみ、続いて手榴弾を投げ入れる。手に触れるものはなんでも叩きのめし、燃えそうなものにはなんにでも火をつけた。われわれは真っ赤だった。人間的な感情などひとかけらも残ってはいなかった。狼藉をはたらいた場所では地面が破壊の凄まじさに呻きをあげた。襲撃を受けた町や村は、もとは家が立ち並んでいたところに灰と塵と焼けた丸太の山が残るばかりだった。それはあたかも裸になった地面に膿を持つ潰瘍が生じたような光景だった。立ちのぼる巨大な煙がわれわれの進軍の軌跡を印した。われわれは山なす木っ端に火をつけて火刑の火を焚いたが、燃えているのは命のないものばかりではなかった。そこで燃えていたのはわれわれの希望、あこがれの数々だった。さらに、ブルジョア的な価値基準、文明化された法規と価値のことごとくだ。われわれを罷免した時代の、語彙や理念や事物に対してかろうじて抱いていた信仰のうち、塵にまみれたがらくたのように引きずっていたものの一切にそこで火が放たれ、炎上しているのだった。

　われわれは引きあげた。勝ち誇り、酔い痴れ、獲物を山積みにして。[80]

　これが一九三〇年におけるドイツの「微罪」と称されたものだ。そして、破壊の喜びと殺人の快楽を上回るのは、敗戦後アメリカから来た青二才たちの顔をうつろに見上げる無邪気げな顔つきだけだ。

「われわれはそれについて何も知らなかったのだ……」。確かにそうだろう、破壊の狂乱の記憶をみなかき消してしまうほどに陶酔は激しかったのだから。

「どうか教えてくださいませんか。われわれは貴重な時間を失いました。いったいここはどこでしょう」。「おまえは神の国に住む者の手に導かれているのだぞ」。おそらくこうして人はそれでも天国までたどり着いたのだろう。

平　和

第一次大戦の始めにはごく小規模で限られたものでしかなかったドイツ将校団（将校二万二一一二人、予備役二万九二三〇人）は講和の時点には全体で二七万人の規模にまで膨れあがった。[1] ワイマール共和国下で国防軍はヴェルサイユ条約に基づき当初四千人の将校だけに限られるはずであった。また参謀本部は、共和国に「忠誠」を誓う代わりに、独立した組織としてのお墨付きをエーベルト大統領からあらかじめ受け取っていた。[2] 参謀本部が新たな将校団を編成するについては「実際の」将校、つまりできれば戦前に士官教育を受けた将校たちを優先したことは明らかで、参戦という必要がなければ将校にならなかったような者たちを将校として受け入れたくはなかったに違いない。彼らの大半は平時において将校になれるような資格を何ひとつ充たすことができない者たちだろう。

軍からあぶれた元将校たちは最初は無職であった。大半は復帰すべき職も持たなかった。たとえば学校からそのまま軍隊に入った高校生たちがそうだ。彼らは兵隊になる以外に学んだことはなく、軍隊から放り出されれば先の見とおしはなかった。大学生になることも可能だったろうが、それにも困難はつ

ボール紙の戦車隊（ヴェルサイユ条約下の軍事訓練）

きまとった。

「おい、考えても見ろよ、これからまたホメロスをかじり直そうっていうんだぜ。ギリシャ語なんてアルファベットも忘れてしまったのに」。「お手上げだ」とヘルバーはため息をついた。ゼーバッハは椅子の脚でバランスをとっていたが、その髪にはすでに何本か白いものが混じっていた。[3]

ここで語りあっているのはゴーテの『われら生を担う者』に登場する義勇軍兵士たちである。年かさの彼らも大学入学試験を受けなおさなければならない。

一方、最初から兵隊で、軍隊の中で将校としてたたき上げた年配の兵士たちにしてみれば、大学に入るなど夢のまた夢であった。冗談でしかなかったろう。それでも何人かはこの道を進み、しばらく後には短期間の志願兵として大学生部隊の先頭に立つ者たちがいた。マールブルク大学の学生義勇軍の指揮官となったフォン・ゼルショがそうである。

私はドイツとその国家的再生を固く信じていた。私にとって学問はこの信仰をさらに下支えするものだったので、大学に入学すると先の信念はいよいよ堅固になった[4]。

大学での勉学はゼルショには二の次のことであったらしい。

ほかにはどんな道が待ちうけていただろうか。銀行や事務所でのサラリーマン生活（生活といえないような生活）、中級か、まれには上級の公務員職、いずれにしろ「身にべたべたとまとわりつくしつこい小市民生活」が待っていた。

「いっそどこか遠い片田舎の出のご婦人と結婚でもしようか。麦わら色の髪をして、グレートヒェンみたいな髪型のうぶな女性とでも。……それで仕事の合間には子どもを作るのはどうだ」。「弾丸のほうがましさ！」リンダーマンが吐息をつく[5]。

「ほかにいったい何をしようっていうんだ」とヴェルナーがいらだたしげに聞き返した。「ワインの行商人になるか、掃除機でも売り歩くか、それとも保険の外交員か？」トゥルクスは背の高い体を小きざみにゆすり、まるで汚れた水の入ったバケツを肩に担ぐように前かがみになってつぶやいた。「どれもまっぴら御免だね[6]」。

トゥルクスにとってはプロレタリア女の手にかかって英雄的な死を遂げる〔第I巻一一一頁参照〕ほうがまだましなのである。しかし多くの者はいやいや「外交員」になり、もっとも唾棄すべき戦場である市場で、市民の日用品を売りさばくために気高い志を切り売りして世過ぎとする。

かつてはすべてが激しい冒険に満ちていた。今戻ってきたのは日常の営々たる繰り返しだ。体を麻痺させる白蟻のようなものがわれわれを呑みこんでいく……[7]。

ヘスは亡き父親の意向にしたがって牧師になる約束を母親に果たさなければならなかった。しかし母親が突然死ぬ。

　翌日私は東プロイセンに向かった。そこで義勇軍のバルト地区方面隊に志願するためだ。こうして、職業に関する私の問題は急に片がつき、私はふたたび兵士になった。[8]

レトも結婚式の翌日にすぐにバルト地区への派遣を望んでいたことは、第Ⅰ巻の「七つの結婚」の節で見たとおりである。

　ゴーテの描くベルトルトは森林官になれという父親の説得を、社会民主党の上役に仕える忌まわしい光景を描き出して撥ねつける。

　今ぼくがここで「はい」と答えても無駄ですよ、父さん。自分のことは充分にわかっているつもりです。祖国を重視しないあんな奴のもとで長く働くことなんかできやしません。とても無理です。[9]

ゲーリング，1923年（突撃隊の隊長になった年）

　それは不当な仕打ちだ。士官はまっとうな身分であり、英雄でリアリストなのだ。戦争には負けた。旧ドイツ軍は解体した。（……）齢四十六の職業軍人である私がこの先どうしたらいいというのか。
　愛する祖国を見舞った災厄と、自分の将来に対する不安がたえず私の心にのしかかっていた。そんな暗い思いに沈んでいたあるとき、ドレスデンの見栄えのしない小酒場で大きなポスターが目に入った。そこには東方国境警備志願兵募集、と書かれていた。私は俄然興味をそそられて酒場に入り、詳細を問いあわせた。[10]（ツェシャウ）

ギムナジウムの卒業資格を持たない若者たちを待っていたのは農場か作業所か工場である。農場経営者の長子であれば農場を継ぐこともできたろう。とはいえ零細で、借金を背負った農場である。[11]次男三男となれば見知らぬ恐ろしい都会に出て、労働者か職工か、それとも営業活動をするサラリーマンに身をやつすしかない。トア・ゴーテの小説『われら生を担う者』に、工場について交わされる会話がある。

「工場ではどこを見ても時計ばかりだ。あるのはくずしようのない単調な作業のリズムだけだ。かつてぼくらの周りには激しいテンポがあった。そこにしぶとく匍匐するように進む時間がはさまれていた。それはもう一度激しい興奮がおとずれるのに備える時間だった」。

「そう」とぼくは相槌を打つ。「興奮だよ、予測もつかずにおとずれる、とてつもない規模の興奮だ。そいつは突然やってきて爆発するようにすべてをぶるぶると震えさせる。市民たちの目には平穏で安泰に見えるそれまでの休止期間は、ぼくらにとっては次の爆発を待ちうける待機の間だったんだ[12]」。

この危険な「爆発」を待ちうけるからこそ、彼らは市民でもなく労働者でなくてもいっこうに困ることはなかった。他の人間が恐れ、あるいは関心を持たなかったものを彼らは待望したのである。彼らには別のリズムがあった。

興奮は去った。最悪の事態がやってきた。みながこそこそと、あるいは公然とわれわれを値踏みした。今後何世代にもわたって働きバチになれと命じた。持ちあわせるものは身ぐるみ奪いとられた。

――だが何も起こらない。興奮は終わったのだ。時代は回り続ける、しかし火花は閃かない。われわれ根っからの前線兵士たちは火花を待ちうけた。だが、時代は市民の手に渡ってしまったのだ。[13]

ルドルフ・マンはエアハルト師団のうち、将校ではなかった数少ない兵士たちのためにこんな総括を行なっている。

> 工場や作業場とつながっていた糸が切れてしまった今、それをもう一度撚りあわせるのは、変わりやすい人心からして至難の技だろう。われら傭兵は労働者たちの中ではよそ者扱いされて憎まれる。ものの感じ方が一緒になることは金輪際ないと思え。[14]

ドヴィンガーの表現はマンほど具体的ではないが、そのかわりヒロイックである。「作業衣を着ていても彼らは常に銃を執る準備をしている」。「彼らが手榴弾を抽斗に思い出としてしまいこむことがあるとすれば、それはかつての秩序がドイツ帝国でもう一度永遠に確立される日だ[15]」。（ナチスにとってはヒロイックなドヴィンガーのほうがありがたかった。ルドルフ・マンの著作はその後版を重ねることはなかったが、ドヴィンガーの著作はナチス推薦のベストセラーとなり、学校でも教材として使われた。）

マンが、兵士の「ものの感じ方」は労働者とは別だと強調するのはまったくそのとおりである。兵士たちが市民や労働者の日常生活と妥協するのは至難の業だろうという予測に対しては、ヴェーラーが兵士側のこんな反応を描いて駄目を押す。

> 列車はいわくつきの地区の一つにさしかかった。するとどこかの薄暗い裏庭か戸口から「政府の犬の労働忌避者め」とののしる声が聞こえてくる。シュナイダー少尉は怒りのあまり唇を嚙みしめた。[16]政府の犬だなど、とんでもない。十一月のドイツの義勇軍が政府などに忠誠を示したためしがない。

この種のいかにも義勇軍的なユーモアを示す発言は、義勇軍がすべての階級を代表する「民族共同体」だとする彼らの主張が空疎なプロパガンダであったことを、どんな統計資料よりもはっきりと示す。[17] ここで「いわくつきの地区の一つ」というのは労働者が潜んでいる地域のことで、義勇軍兵士がその「薄暗い裏庭」に踏み入ることは労働者を駆りたてる場合に限られていた。

ここで第一次大戦後の状況についてまとめておけば、第一にいえるのは、兵士たちがもっとも恐れたのは、戦後の状況が戦前の状況をもう一度もたらしかねないことだった。つまり、現実の父と息子の序列の中での息子としての従属的な立場が、偽りの父と上役たちに服従する立場として回帰することへの恐怖である。極端な言い方をすれば自分はふたたび「子ども」に戻ってしまうのだ。

戦争への参加は「生まれきらなかった」男たちにとって、自分たちが大人であることの決定的な証明であった。戦争は待ちに待った両親からの離脱を実現する、もしくは容易にするチャンスだった。戦争が終わってふたたび職業を学びなおすことは、それがなんであれ、とっくに後にした状況に戻ることを意味した。しかも両親が子どもに行使する社会的な権力は戦後も温存され、両親の支配からの離脱がもともと自立に基づいたものではなかっただけに、この後退はなおさら危険なものに感じられたのである。

第二に戦後は、たとえば二十二歳そこそこの少尉が戦争中には自由に行使できた権力を、たとえわずかであれ利用できるような立場を提供しなかった。第一次大戦前のドイツ軍の際だった特徴であった、わずかな階級差でも上官となれば下の者の生殺与奪を決定できるような恣意的な権力行使の場は、「共和国」が提供する平時の活動にはどこにもなかった。[18] それどころか、かつての小君主たちは単なる兵卒か、ときには生徒にまで降格されるのに甘んじなければならなかったのである。

第三には、これはかつての将校たちだけにではなく、兵士たち全員にあてはまることだが、平和時には爆発的な放電の可能性がなかった。これなしには彼らの身体は崩壊しかねない。

　こうして、戦後状況は彼らが職業につく道を閉ざしただけではなかった。身に迫っている情況は、ほとんど生きることをやめろという命令に近いものだった。

　プロレタリア側からすれば兵士たちを「労働忌避者」と非難するのは当然だったろうが、こんなレッテルを貼っても事態は何も変わらない。第一に、資本家が自分たちを支えるために中間階級に提供する労働を好まないからといって、それを特別な欠点とするにはあたるまい。むしろより重要なのは、提供された市民的労働に対して兵士たちが抱く憎しみがある不安から発していることで、これが彼らの大半が市民的労働を拒んだ理由だとぼくは考える。不安とは、この種の労働の中で精神的に適応して行動できないという不安であり、自分がひとかどの人物であるという意識に侮辱的な制限を加え、果ては笑いものにしかねない「市民的存在」を前にした自己の無能力に対する不安である。戦場での冒険談など、少なくとも事務所のデスクでの無能を弁解する材料としては早晩ものの役にもたたなくなることはわかりきっている。

　兵士たちの自我－甲冑の脆さからすれば、たとえ職場においてでなくとも自分たちが笑いものにされるのを怖れたのはもっともなことだった（第Ⅰ巻第一章で挙げた多くの暴力の例、特に女性に向けられた暴力は、自分が笑いものにされた侮辱感から発した行動である）[19]。

　逃げ道が一つだけある。

> 鈍い絶望感が皆を襲った。一刻も早く熱い戦いの中に身を投じて名誉の死を迎えることだ。たとえそれが見こみのない幕開けだったとしても。奴隷であるよりは死を！[20]（エアハルト大佐）

平和の差し出すものなど、ごまかしにすぎない。

西部戦線で砲撃がやんだときにはあれほどありがたく思われた人生が、よくよく見るとなんら大きな価値を持たないことがわかった。人生を明るく楽しくしていたものを暴徒たちが奪い去ってしまったのだ。

ドナウの岸で死んだとて／ポーランドで倒れても／それがなんだというのだろう
かまわないさ、悪魔に魂をさらわれようと／ぼくは一人の騎士として死ぬのだから。

そうだ、ポーランドに行こう。国境警備隊に入ろう。あそこではまだドンパチが聞こえるはずだ。
戦場ではまだ男が男として役に立つ。心を躍らせるものがある。[21]

男が「男」としての価値を持たなくなってから久しい。しかし銃撃の音は確かに聞こえる。あそこでは引き金を引くことができるのだ。

ポーランドのけしからぬ侵入から国境を守るために銀行員の職を投げうった者もいる。

いや、こんな場所に未練はない。日中の冷たい数字の行列と晩に読む無味乾燥な本の中に、救いを求めるドイツの兄弟たちの凄まじい呼び声が響いてきたようだった。それがあまりに生々しかったので、彼は銀行の事務所の中でほかにこの凄まじい叫びを聞いた同僚がいないかと、思わず見まわしたほどである。――いや、そんなはずはなかった。彼らは相変わらず書類や小切手や債券の上に身をかがめているだけだ。きれいに髭を剃りあげ、ネクタイをきちんと結んだ連中の善良そうで満足しきった、しかし退屈そのものの顔。

翌日には彼はゲーリッツ〔ドレスデンの東方、ポーランド国境の町〕に向かう列車の中にいた。自分はどう転んでもまっとうな市民になどなりようがないことを感じていた。今という時代にはもう適応できない。自分が見知らぬ土地にいるような気がした。そうだ、まさにここは見知らぬ土地なのだ。[22]

1920年3月，カップ一揆を正当化するビラ（552頁の写真を参照）を配るエアハルト師団の兵士たち．ヘルメットには未来の徽章がチョークで印されている

銀行の日常的な物音の中に「ドイツの兄弟たちの」「凄まじい叫び」が聞こえていたというのはいかにも作りごとめいているが、大所高所からの正当化がなければ、出奔を理由づけることはできないのだろう。この手の文章のもってまわった誇張と嘘っぽさは、特に彼らが本心を口にしないことから生まれる(「イルゼ・コルネリウスへ。この時代に実入りの多いブルジョア的な職に就くことは、裏切りなのです。脱走も同然です。なぜなら――これから偉大なことが起こらなければならない、いやきっと起こるはずだからです」)。[23] 自分の意図を押し通し、常に「権益」のために行動するのがプロレタリアのやり方だ。この「権益」はいずれも権力の絶対性と全体性を侵犯する。ところがファシストたちは絶対的な命令に答えて行動を起こす。ツェーバーラインが「良心の命ずる声」と呼ぶものがそれだ。「ドイツ人」とは、なすべきことを実行する人間なのである。[24]

バイエルンでは集計によれば九千人におよぶ将校のうち半数が義勇軍に加わった。[25]

一九二〇年の二月から三月にかけて、海軍部隊を手始めに義勇軍が解体の憂き目を見たとき、彼らを見舞ったショックはいかばかりのものだったろう。[26] 解散の恫喝そのものが、プッチをもって応ずるに値するもので、実際それが不充分な準備しかできなかったカップ一揆の引き金になった。リュトヴィッツ将軍とエアハルトは、手持ちの部隊の中でもっとも信頼していた部隊を失わねばならないことで八方ふさがりの状況にあった。リュトヴィッツを公職から解く処置にもすでに手がつけられていた。[27]

解散の通知に接したときのエアハルト師団兵の反応を、ルドルフ・マンは次のように描いている。

われわれはいかに貧しいものだろうと、ノスケが約束した将校兵団にとどまり続けたい。(……)義勇軍を体験したわれわれこそ、兵隊という職にもっともこだわる者だ。どっちみちほかの連中は兵役を離れてしまったはずだ。だいいち、あれは約束だったのに……。彼らは口ごもって呆然と腕を垂れていた。[28]

今や突然、赤い沼地の恐怖が彼らに蘇える。「統一」と「全体」につながった臍の緒からまたもや無理やり引き離されようとしているのだ。

勇ましい弁舌は影をひそめ、張りつめた手足は弛緩する。もはや敵に襲いかかることはできない、と思うだけで敵に負けた以上に気は萎え果てる。

それほどに男たちは兵士という「職」に拘泥する。いや、兵士とは職業というより一個の存在なのだ。戦後この存在は渇望の的になる。相応の給与も支払われた。一日の報酬は平均で三十マルクから五十マルク、家族を養える額である。将校にはそのほかに特別給が支払われた。ノスケは毎日の俸給に五マルクを上乗せした。それは当然エアハルト師団にも支給された。当然とはいえなかったのは、ノスケ自身が在閣していた政府に対するプッチにエアハルト師団が加わった後にも、この俸給が支払われ続けたことである（社会民主党内閣のこの能天気な愚かさは義勇軍文書の中で上機嫌で紹介されている）[29]。

バイエルン政府は管轄地区の義勇軍にさらに一日五マルクの俸給を支払っている。

兵士たちは政府に軍服を支給されていた（当時は衣服自体が不足していた。質の良い靴はなかなか手に入らなかったのに、軍靴の質は保証されていた）。おまけに義勇軍兵士には退役に際して、長期にわたって従軍した兵士に給付されるのと同額の一時払い金が支給された。

市民生活で飢えや食料品の配給が日常的であったこの時期に、兵士たちには食料も保証されていた。一日二〇〇グラムの肉と七五グラムのバターが与えられ、さらにビール、タバコ、一日四分の一リットルのワインまでが支給された。ルドルフ・マンが「良き時代」だったと言うのも当然である。[30]

それに輪をかけて、義勇軍兵士には通常、年金や恩給を受ける資格さえあった。[31]かなりの額にのぼる

「王制主義者のプッチというのは嘘だ！」右であれ左であれ，あらゆる階級的優遇は廃されなければならない

給金はもちろん一般民衆の知るところとなり、そのために部隊はたとえばベルリンでは「ズッペ・トゥルッペ（スープ部隊）」の綽名を頂戴するまでになった。[32] 失業者や、より安楽な生活を求める多くの男たちが、これらの余得に釣られて義勇軍や臨時的な志願兵部隊に入隊してきたはずだ。特に編成の初期の、政治的位置がまだはっきりしない時期にはそうだった。

しかし義勇軍に関係する作家たちは、幹部がこのような異分子を「排除する」すべを心得ていた、と念を押している。

そもそも最初の義勇軍を組織したメルカー将軍は、はじめは首にする人間ばかりで、二六人のうち休暇後に戻ってきたのはわずかに六人だったと報告している。

ある時、私が編成されたばかりの部隊を前にして、義勇軍で私が何を期待しているかを訴えると、彼らはしばらく相談した後、「ふた言目には軍規、軍規とやかましい部隊」に入隊するのを諦めたい、と申し出てきた。[33]

メルカーの読者ならここで頷いたはずである。実際、「軍規」という言葉が彼の著書では頻繁に繰り返される。こううるさくては、メルカーが例に引いている男たちが彼のもとを去りたくなったのも無理もないと、本を閉じながら思うはずだ。

ルドルフ・マンも、部隊に適応できない人間は教練のあまりの厳しさに耐えられずに逃げ出した、と書いている。彼の記すところによれば、いかなる数奇者でも怪しげな輩でも歓迎するが、ただ一つ、「兵士」であらねばならない、という一条だけは堅持されたという。[34]

だが、わざわざしごく必要もなかったろう。義勇軍という存在に格別の必要性を感じない者をはじき出すには、ここに集う男たちの挙動と作法を見せるだけで十分だったはずである。

左：ラインハルト大佐（ベルリン市司令官，1919年．ここでは親衛隊の制服を着用）
右：ズッペ伍長（彼の名のためにラインハルト親衛隊は「スープ(ズッペ) 部隊」と綽名された）

つまりぼくが言いたいのは、なるほど兵士たちには食料も行き届き、手当ても恵まれていただろうが、たとえその種の余得が半分、いやそれ以下であったとしても、大多数は兵士であり続けるチャンス、もしくは兵士になるチャンスを利用しただろうということだ。[35]これが重要なポイントだ。このことは義勇軍の中でももっとも中心的役割を果たした者たち、一般社会では反社会分子と烙印を押されかねない、兵士にしかなれなかった者たちには特に当てはまるはずである（極端に反社会的でも、部隊には適応できた）。

要は軍人精神であって「スープ」の問題ではないことは、労働者たちが食料や衣服の窮乏、それに失業にもかかわらずこの種の「民族防衛隊」に加わろうとはしなかったことからも見てとれる。これについてはメルカーが、実に驚くべきことだ、と訝っている。[36]

一方には軍隊が好きでたまらず、「スープ」なしでもそこに留まりたがる人間がいたのに対し、他方にはスープという餌を拒むほど軍隊を憎む人間がいた。

これこそが一九二〇年三月の段階で義勇軍と赤軍に分かれて共に武器をとって対峙しあう男たちを区別するもっとも枢要な点である（武装労働者を「左派のルーデンドルフ派〔エーリヒ・ルーデンドルフ 一八六五—一九三七、第一次大戦中のドイツ軍参謀次長で戦後は反共和国的国粋運動の要となる〕」と呼ぶのは『前進』の編集者であった社会民主党のツィックラーの悪意ある中傷である）。[37]

＊＊＊

中間階級の広範囲にわたる経済的零落によってファシズムが急速に広がったとする説は通俗的なファシズム理論の中で「貧困原因説」として知れ渡っている。[38]

貧困がファシズムの土壌となったこと自体は否定できない。しかしそれがドイツのファシズムの「説明」としてどれほど説得力を持つかは別の問題である。

それに関していくつか考察してみよう。まず、「零落」とは主に経済的な零落だけをさすのだろうか。学校を卒業したばかりで、前途の教育も中断されたまま戦場に赴いた息子たちの多くにとって、しかるべき社会的地位につくのが父親たちよりも困難であったことは確かである。時間を浪費しただろうし、特にワイマール共和国初期の一般的経済状況の悪さも原因としてあげられよう。

とはいえ、ギムナジウムや中等教育を修了した二正面階層の男性たちには、大学にしろ、公職にしろ、

左：ヴァッター将軍（1920年，ルール地方の労働者叛乱の鎮圧に際しての指揮官）
右：フランツ・フォン・エップ（ヴァッター旗下の殺人チャンピオン．1933年以降はバイエルン地方長官）

私企業や銀行や商店勤務その他の中級もしくは上級サラリーマンにしろ、就職の門戸は原則として開かれていたはずである。もちろん職に就いたとしても経済的な不自由は残り、不足を補うための臨時労働をする必要もあったろうが、それは根本的な障害とはみなしえない。

　おまけに彼らの両親にしてもそれほどめざましい栄達を遂げたわけではない。公務員、牧師、商人、また将校の程度である。息子たちが親と同じ職に就こうと思えば、戦後のドイツ経済の現実はそれほど大きな障害とはならなかったはずである。ところが、彼らにとって親の職業は憎しみの対象だった。もちろん将校をのぞいてであるが。

彼らのうちで実際にかなりの資産を失う憂き目にあったのは、エルベ東岸の大農園主の子弟たちだった。彼らの農場は不充分な機械化と資本金不足、非効率的な土壌利用に輪をかけて、小作人たちを戦前もしくは戦中と同じように搾取するのがきわめて困難になったために、利益を生むことができず、競売に付されかねないありさまだった。

では倒産した小企業の子弟たちはどうなったろう。彼らには確かに先の見とおしがなかった。ただし、見とおしといったところで、もともとそう大きな期待をかけていたものではない。小売人や商売人の類を彼らが忌み嫌ったのは単なる噂ではない。たとえ結局は商人に落ち着く宿命にあるにしても、彼らの望みはほかのところにあった。

アルフレート・ゾーン゠レーテルはこれらの若者について書いている。

> 彼らは父親たちの商売に戻るつもりはもうなかった。たとえ商売が立ち直ったとしても、古臭いものとしか見えなかったからだ。それに対して彼らがヒトラーの「政権奪取」に参画することで権利を獲得した役職は、みずからがプロレタリア化するのではなく、プロレタリアに対する支配者となる立場を約束した。「マルクス主義者」を徹底的に叩けばそれだけこの栄達は早くなる。[39]

そのほかにも、比較的貧しい二正面階層に属する巨大な集団があった。彼らの問題は地位低下よりも、社会的上昇の見こみが乏しいことにあった。

たとえば、学校で良い成績を収めて専門職に就く教育を受け、下級公務員としての前途を待ちうけている農民の子弟たち、また、都会に出て労多く低賃金の販売補助員の仕事から抜けられない青年、プロレタリア的な悲惨状態から少しでもましな「中間層」に脱出しようと考えている労働者の子弟、などがそうである。彼らはみな職には就いたものの、その地位は困難な状況に臨んだ場合に自分のいる社会的階層から移動するためにどうしても必要な、幾分なりとも安定した自意識を育てるには、なお不充分なものだった。

より良い生活に憧れる彼らの夢は多かれ少なかれ挫かれ、若者たちは希望を失い、不満をかかえた集団として取り残された。

そしてこの集団の抱える感情は、ワイマール共和国で二正面階層に属する非常に多くの人々が抱える感情であった。すなわち、自分たちには当然必要な何かが、少なくとも望んでいたものの何かが欠けているという感情である。

それはまた、この国で戦争のために教育を受け、戦争に勝利した暁にはドイツ男性に当然期待される使命を果たすよう言い聞かされた男たち全員について、広範囲に当てはまることだった。彼らが出征に際して約束されていたのは次の二つのうちいずれかである。ただちに死ぬか、それとも短期の苛烈な戦いの末、精鋭の一団に加わり、全ヨーロッパ、ひょっとしたら全世界を支配するか。彼らはドイツ人であり、至高の存在だった。*1

彼らが兵士的男性に育つまでには窮屈な環境のもとで我慢ばかりを強いられた。至るところに禁止があり、身体に加えられるテロルがあり、発作的な抵抗を抑える必要がある。しかも、死をもって威されながらそれらをどれも受け入れなければならない。

願望が充たされる目標は、空間的にも時間的にもいつでも遠くにあった。幸福を約束するのは遠い世界と未来である。至近では阻まれていた欲望が、遠方では大陸や風景や広大な空間といったものへの「愛」に姿を変える。歴史への「愛」と、地質時代第四紀や遊星への空想旅行がそこに生まれる。すべて過去のもの、いまだ来たらざるものは偉大である。森への愛、見極めがたい数々の神秘への愛、全世

ドイツ文化2000年祭のパレード（ミュンヘン，1937年）

界とのつながりを作り出していた柔らかな風を送る春の暖かい日々への愛……。これが変化だ。ぼくらはナポレオンの歩んだ道をたどっている。身にまとうのはニーベルンゲンの物語から抜け出したきらびやかな甲冑だ。いつその時は来るのか。暁の光の中で馬を駆って攻撃が始まる。槍と槍とのぶつかり合い。突き！　の一声で敵が倒れる、壁が崩れる。ぼくらの前には何もない野原が広がるだけだ。身を脅かすものはない。世界はぼくらのものだ。――「何になりたい？」――「ローマ人」――もしくは「帝国主義者」。これこそ世界一簡単な答えだろう[40]。すべてを征服し、所有し、その主となること。さらに奥へ進軍し、征服し、最後の最後は皇帝のために死ぬこと……。そうできたらどんなにすばらしいだろう[41]。皇帝の「最愛の」兵器でもある海軍が彼らにとって最高のものの象徴だった。

　ところが実際に起こったのはなんだったろう。厳しくしつけられた生徒が幼年学校ではしごきを

受け、練兵場で兵士にまで鍛えあげられ、戦争では泥にまみれて塹壕の中を這い回った。そして今いるこの俺は敗軍の兵士、幾重にも傷を負った兵士だ。祝杯をあげるのはまだまだ先らしい。やむなく灰色の服の勤め人になったとしても、クリスマスにせいぜい葉巻でもめぐんでくれる程度のでっぷり太った上役とは顔を合わせることもめったにない冴えない身分だ。これが英雄の末路というわけだ。うだつのあがらない愚かな不器用者の役どころをつとめて、見ているご婦人方のどうでもよげな笑いを耳にしながら舞台から退散しようというのだ。

こうして、泰山鳴動した末にドイツ帝国主義からはねずみ一匹出てこなかった。南西アフリカのヘレロ族の大量虐殺はあるにはあった〔一九〇四年当時ドイツ領だった南西アフリカ、現在のナミビアでヘレロ族が植民地当局に対して起こした叛乱の武力鎮圧を指す。この鎮圧でヘレロ族は人口全体の八割を失った〕。だがそれもちっぽけなもので、遠い昔の話だ。清の拳匪（義和団）事件の鎮圧も、やや大規模な狩猟遠征であっただけで、とうてい溜飲が下がるほどのものではない。それは通常の東アジア戦略の一環にすぎない。

この遠征の終わりにはカジノで派手なお別れパーティーが開かれる予定だった。

植民地関係者全員が出席する。ありがたいことに女性は抜きだ。だってそうだろう、支那を去るとなればいつもどおりに無礼講のドンチャン騒ぎをやるしかない。[42]（キリンガー）

宗主国のこんな逸楽が失われたばかりではない。ドイツ植民地と監督官は、そして大した面倒もなく一定量の血を迸らせる確実な機会はどうなってしまうのだろう。血を流すこと、もしくは流血を見ることは、ヨーロッパの平均的男性が自分たちの堤防の決壊を防ぎ、幾分なりとも平衡をとるために必要な措置なのだ。植民地競争に勝ったイギリスのジェントルマンたちは望めばその機会がすぐにも与えられる。イギリスのおべっか使いどもが植民地で白い神と崇められるのに、ドイツ人はこれからどこでそうされるというのだろう。
そこに敗戦の災厄が重なる。
そうだ、ぼくたちは時代の子だ。むきだしの現実には飽きてしまった。もううんざりだ。[43]（ユンガー）
恥辱、裏切り、度重なるぺてん。われわれは支配者であるはずだ。それなのに今、どんな元手がある？　定年までの事務職か？（「やれやれ、……」）。これまでわれわれはどんな話を聞かされてきただろう。われわれは支配民族だ。これ以上本性に逆らって生きろというのか。摂理に逆らって生きろというのか。週五十時間働いて八百マルクの月給を受け取り、そうして腐りきっていくのか……。
「おれたちがいるのは本当にドイツなのか」とファルカーは聞き返した。吐き気で喉がつまりそうになる。「あの小倅どもは本当にドイツの母親から生まれたのか、触れるもけがらわしいあの女たちも。ここに流れるのは本当にあの聖なるライン河なのか。ドイツ人が必死に守りたて、敵をさんざん悩ませたあの河なのか」。
「なあ、フォルカー」とデュルキンゲンがなだめる。「去年の洪水と同じさ。暴れ水も永くは続かない。水は流れ去り、泥は沈むものさ。もうすぐ復活祭だ、フォルカー。あれもこれも復活の日を前にした大掃除だと思えばいいさ」。「だがおれたちの復活は暦どおりには来るまい？」「おれもそう思うさ。ただ昔だって特別な理由で自分たちにふさわしい新しい暦を作った男たちもいたわけだろう？」「おまえもその聖なる兄弟たちの仲間入りか」とフォルカーは言って部屋を出ていった。[44]
しかし、決起は二〇年代にゆっくりと広がった。「聖なる兄弟たち」は「歴史の車輪の輻《や》をおのが拳でつかむべく」たえず身構えていた。

義勇軍兵士

嵐の晩に彼らは自分たちの告白や誓いや呪いの言葉や戦いの歌をガラスの破片の山に埋めた。踵に鋲を打った靴の下で木の床が軋み、注いだワインの半分は床にこぼれた。「女は出ていけ」の大合唱で酒保の女給たちが退散すると、全員がリーダーを囲んで、行動を起こさせてくれとせがんで責めたてる。あるいはすっかり黙りこんで「旗手」を務める者の周りに頭を集めて、すべてが「否」という中で自分たちが肯定する時が来るの待て、という言葉にじっと耳傾けることもあった。そんな時、若い目の中には、酩酊を押しのけて熱く、燃えるような希望が輝いていた。それは「その日」への希望だった。[45]

「その日」は幾度かめぐってきて過ぎていったが、どれも本当の「その日」ではなかった。

しかし彼らは自分たちが教えられたものにしがみつき続けた。それを必要としていたからだ。われわれが主人であり、直系の主人だ。ドイツはユダヤ人のものでもボルシェヴィキや黒人のものでもなく、われわれのものであり、そうあり続けるだろう。それがわれわれの信念であり、感情であり、望みであり、いまなおわれわれはそう信じ続けているのだ。こんどこそはその日が来ると……。

こうしてわれわれだけがドイツ人と称するに値する唯一のドイツ人であるのに、ここではまるで重んじられていない。こんな状態は変えられなければならない。

来たるべき新たな帝国においてすべてが正常になるには、一切が一度毀《こぼ》たれなければならない。

男たちは「聖なる兄弟たち」の仲間であり続け、「国民的地下組織」に加わり、やがて突撃隊に、さらに親衛隊に加わるだろう（正規軍に入隊した一部の兵士たちもいた。レーヴェンフェルト海軍旅団の二一三〇人がそうである）。[46]

「負けているうちは平和などありえない」。確信を持って口にされるこの言葉は、ファシズムの凱旋を先取りし、第二次大戦の前触れをなすものである。ファシズムが緒についたのは世界恐慌の前であり、ヒトラーの登場や国家社会主義労働者党結党の前、いや、十一月革命にさえ先立っていたのだ。

さらにファシズムは支持者たちが戦争状況以外でも支配者になることをあらかじめ予定に入れていた。ゾーン－レーテルはすでに一九四一年にこう書いている。「ヒトラーが、征服後のヨーロッパについて構想していた新秩序は、生産活動におけるあらゆるプロレタリア的労働の上に立つ部署に、組織部や指導部、司令部や監督部からはじまって、職長や頭《かしら》に至るまでの上位の職階を設けて、ドイツ純血の支配者民族を配置し、支配される側の『混血』および『劣等人種』にはプロレタリア的な肉体労働や汚れ仕事をあてがう、という体制の上に築かれていた」[47]。

プロレタリアより上位の社会的階層、つまりは一種の擬似エリートを作り出すという政治的・経済的必然性は、肉体労働だけを行なうプロレタリアートから自分の手による社会化の手段を奪う結果になった。しかし本来この政策は、ファシズム的人間がとりつかれている支配への心理的強迫観念に活動余地を作り出すためにぜひとも必要な措置だった。

一九七三年の改訂版にゾーン－レーテルが付した脚注にはこうある。

今日の移民労働者《ガスト・アルバイター》をめぐる状況は、ドイツ、スイス、その他多くの国と地域においてヒトラーの理念との驚くべき類似性を示している[48]。

（おそらく移民労働者は、「生まれきらなかった」二正面階層がいまだに要求している権力への関与を可能にする、現代版プロレタリアートなのだろう。）

＊＊＊

「無力な」反ファシズムよりたちの悪いのは、厚顔無知な反ファシズムである。

東と西の左派が手を組めば
褐色のペストもお手あげだ

これはヴォルフ・ビアマンが東ドイツを去って「西」でのお披露目の際に書いた歌《ソング》の一節だが、ファシズムに対する旧来の姿勢を焼きなおしたものにすぎない。

ファシズムを公然と非難したり、見くびろうとする試みは数多い。その中でもファシズムの本当の力を見誤るよりもはなはだしい過ちは、ファシストを暗黙のうちに軽蔑したり、「反ファシズム」勢力の中にある対立を無視して一枚岩の「統一」を想定することだ。

ファシズムのリーダーたちをギャングの一党になぞらえるにしても（ブレヒトの『アルトゥーロ・ウイ』）、田舎芝居一座になぞらえるにしても（チャップリンの『独裁者』）、あるいは放火魔（マックス・フリッシュの芝居『ビーダーマンと放火魔』）や、金融資本家と独占資本家を用立てる誇大妄想的な国民煽動者（マールブルク学派）、時流に巧みに便乗してのし上がったプチ・ブルジョアの滓（H・M・エンツェンスベルガー）だと片づけるにしても、いずれの場合もファシズムの民衆運動としての性格は無視されている（もちろんぼくは全民衆の運動だと言うつもりはない）。[49]

それまで労働忌避者の集う「スープ部隊」と侮られていたものが、決起の後はいきなり「血に飢えた犬」とののしられた。最初は笑いものにされ見くびられていたものが、突然憤激と告発の的になったのである。

義勇軍に対するドイツ共産党のこうした侮蔑的な姿勢は、のちには上り坂にある国家社会主義労働者党に対してもそのまま繰り返された。力量に乏しいナチスは政権を握って数カ月もたてば自分からハン

搭乗を前にしたヒトラー総統

カチを投げ出して降参するか、開明された民衆によって惨めな退散を余儀なくされるだろう、という軽はずみな「確信」を口にしておきながら、ドイツ共産党はナチスがその後も政権を握り続けると、その資格について犬の遠吠えのように告発を繰り返すばかりだった。自分たちは罪もないのに虐げられた人間だとでも言いたげに（虐げられた人間はもちろんたくさんいただろうが、必ずしも共産党指導部にそれが多かったわけではあるまい）。

ぼくが考えるに、こうした議論の前線には、男たちに共通する思考が一貫して存在する。ファシズムを評価するにしても、批評や分析を加えるにしても、そこには常に、あの笑止な連中よりは自分のほうがまともな指導者役を務められるだろうに、という男たちの本音がちらつく。

要するに彼らは自分たちの優越性にだれも気づかなかったこと、いまだに気づかないことに侮辱を感じているのである（だれもついていかないリーダーを笑いものにするのは、統率力のあるリーダーに対する崇拝の念の裏返しである。同じメダルの裏表というやつだ）。

しかしヒトラーというリーダーは、意図された、もしくは容認された滑稽さがあったとしても、笑いものにできるような存在ではなかった。これはぼくが、一九三四年にニュルンベルクで開かれたナチス党大会を記録した映画『意志の勝利』を観てから思ったことである。この映画では、党大会の演出に向けられたレニ・リーフェンシュタールの冷静な視線が、コミュニストの数ある分析よりはるかに多くのものを浮き彫りにしている 50 （リーフェンシュタール女史が編集を行なった由はこの映画のクレジットに示されている）。

映画は、導入部の交響楽のうねりの中から誕生するのを待つかのように、一分間あまり続く白色画面の後に現われる、大きく翼を広げた石造りの大鷲の映像で幕をあける。それは行きつく先の映像でもある。すでに起こり、経過した歴史の映像、混沌の歴史に終わりを告げる映像である。

翼を広げる大鷲は観る者を翼の庇護のもとに囲いこむ。この映画そのものが、何よりもここ党大会に参加する者を庇護する祝祭の記録なのだ。仲間に加わる者には何も起こる気遣いはない——映画はその幕開けから救いの国を告知する。

ファシズムは天から生まれ落ちたもののように、歴史から生まれ落ちたもののように登場する。空高く重なる雲の合間を行く飛行機からの映像が映し出されるが、姿を見ずともこの飛行機が総統をニュルンベルクに送り届ける飛行機であることがわかる。観客はしばらくの間総統と同じ視点から眺め、総統と共にニュルンベルクへと運ばれて行く。プロペラの音も聞こえない。機はまるで軽い羽根のように、ホルスト・ヴェッセルの軍歌「旗を高く掲げよ」を編曲した荘重な音楽にのって飛行する。

飛行機からの空撮映像が現われる前に、リーフェンシュタールは映画の最初で記念碑に刻むようにいくつかの日付を書きこんでいる。

　一九三四年九月五日
　世界大戦開始から二十年
　ドイツの受難の始まりから十五年
　ドイツの再生から十九カ月後

次第に爆撃機Ｊｕ52として姿を見せ始める飛行機で降下するヒトラーは、非物質的な領域から派遣された者のように、抽象的な存在として登場する。ところが他方で、映画の冒頭で総統の目を通して物を見ることを許された観衆は、総統を身近な存在として感じはじめる。この親近感は、映画の中で途切れることなく示され、大映しにされた総統の顔が、会場に整列したブロックの党員個々の顔と対話しているように見せる至近撮影のカットを多用することによって、たえず新たに確認される。

飛行機による到着のシーンにもすでに重要な逆転が含まれている。総統の搭乗機の影が地上に集まった人々の上を掠めていく映像がある。それは最初、怪鳥グリフィンか巨大な鷲にでもさらわれるような子ども時代の不安を呼び覚ますが、すぐに庇護のイメージに変わる。鳥の影は揺曳し、着陸し、穏やかに手招きする。さらわれる者などだれもなかった。しかし重要なのは、これまで欠けていたものが充たされる、という効果である。不安をかきたてられた後だけに、ここでは庇護されているという思いが倍も強く感じられる。*2

飛行機を降りるヒトラーの姿は幾分ぎこちない。続いてニュルンベルク市内を車で走る際にも同様の印象を与える。そのうちにはたと気がつく。そうだ、このぎこちなさはなければならないものなのだ

ドイツ，音楽の国

（少なくとも、あってもいいものなのだ）。ぎごちなさは親密さを演出する。総統はわれわれと同じ人間であり、空から降りたった神ではない。むしろ天からわれわれのもとに戻ってきたのだ。そして地上にいるこの人は「天」から派遣されただけではなく、われわれの代表であり、われわれがこの人を天に送ったのだ、と。[51]

とはいえ、いくら親密だからといって総統への批判が許されるわけではない。明らかに批判を加えうる総統の挙動に対しても批判が禁止されていることは映画でも示される。批判が禁止されることで総統のぎごちない、滑稽な印象は特別の価値を備える。むしろそれははっきりと肯定される。さらに重要なことに、それと同時に総統を歓呼して迎える群衆の滑稽さも肯定されるのである。総統が無謬の存在であること、過ちを犯すはずがないことは、下からの願望に支えられた徳性なのであって、教皇のように上から与えられたものではない。総統が批判しえない存在であることが、彼ら自身を守るのである。

到着の日は、ヒトラーの泊まるホテルの前の通りを埋める松明と、さまざまなマーチを組み合わせたパレードで終わる（『勇猛なるリュッツォウの戦』や『鉄を生んだ神』などの軍歌がバックに流れる）。

夜の訪れと共に歴史が蘇る。夜と霧につつまれたニュルンベルク、牧歌的な古都、亡霊の徘徊する都市、そしてついに旗を掲げる町となったニュルンベルク。眠る町の中で歴史と神話とが呼び起こされる。激しく悲劇的な浮沈を繰り返したドイツの本性が、多様な姿をとって、晴れて党大会の日に蘇るために、その歴史からしてもふさわしいこの都市に集う。

朝を告げる鐘が鳴る。カメラは鐘楼から兵士たちのテントへとパンして、後に登場する男たちをざっとなでていく。数知れぬ列をなすテント、秩序を守るドイツ・インディアンのテントだ。男たちの起きだす姿が短いショットで映される。裸の上半身、脚、洗顔、ホースでの水のかけあい、どのシーンも実に楽しげだ。短く髪を刈った男たちが身繕いをする。

一人がもう一人の髪を櫛で梳かしつける。互いに背中を流しあう者もいる。薪運びとキャンプファイアー。太った料理番が巨大な鍋を掻き回す。飯盒を携えて朝食配給の列に並ぶ姿がある。それからレスリングや騎馬戦が映し出される。五人の若者で作られた騎馬がフィールドを疾走し、若者たちが張って支えるシートの上では仲間の一人が高くジャンプする。――カール・マイと原ゲルマンがないまぜにされたロマン主義の、家族に背を向けて自由を謳歌する者たちの遊戯だ。笑う男たちはたとえ醜男であっても美しい。ここにいるのが後に登場する数知れぬ隊列を組みたてる素材となる男たちだ。彼らを見ていると、なぜナチスが若者たちをひきつけたか、その秘密がわかる。少なくとも明らかなのは、ナチス党が醜男であれ、つぶれた顔であれ、耳がとび出していようが、気味の悪い笑い方をしようが、涙目、酒に酔ったような赤鼻であろうが、カチカチの骨っぽい奴から太っちょまで（ただし制服にも収まらないような肥満体は別だが）、ともかくだれであれ皆をエリートとして受け入れ、つまりは運動の中核に入ることを許し、少なくとも最高の民族、唯一無二の人種の一員であることを認めたことである。リーフェンシュタールの映像からはそれが読みとれるのだ。

割を食った男たち、「生まれきらなかった」男たちに、ほかのどこがこんな椀飯振舞をしてくれるだろうか（合理主義的で父権的な共産党が許してくれるはずはない）。

もう一方で『意志の勝利』でぼくたちが目にするのは、全体を融合しながら発散しようとする巨大なエネルギーである。男たちは自分たちに欠けているものが得られると見れば、さまざまな秩序や部署にすぐさま適応する。党大会の場で男たちは、ひっきりなしに叫ぶ「ハイル」「ハイル」の合言葉どおりの全一《ハイル》を取り戻す。ここではもう何も壊れていないのだ。いまからこの先永遠に。この瞬間から永遠の

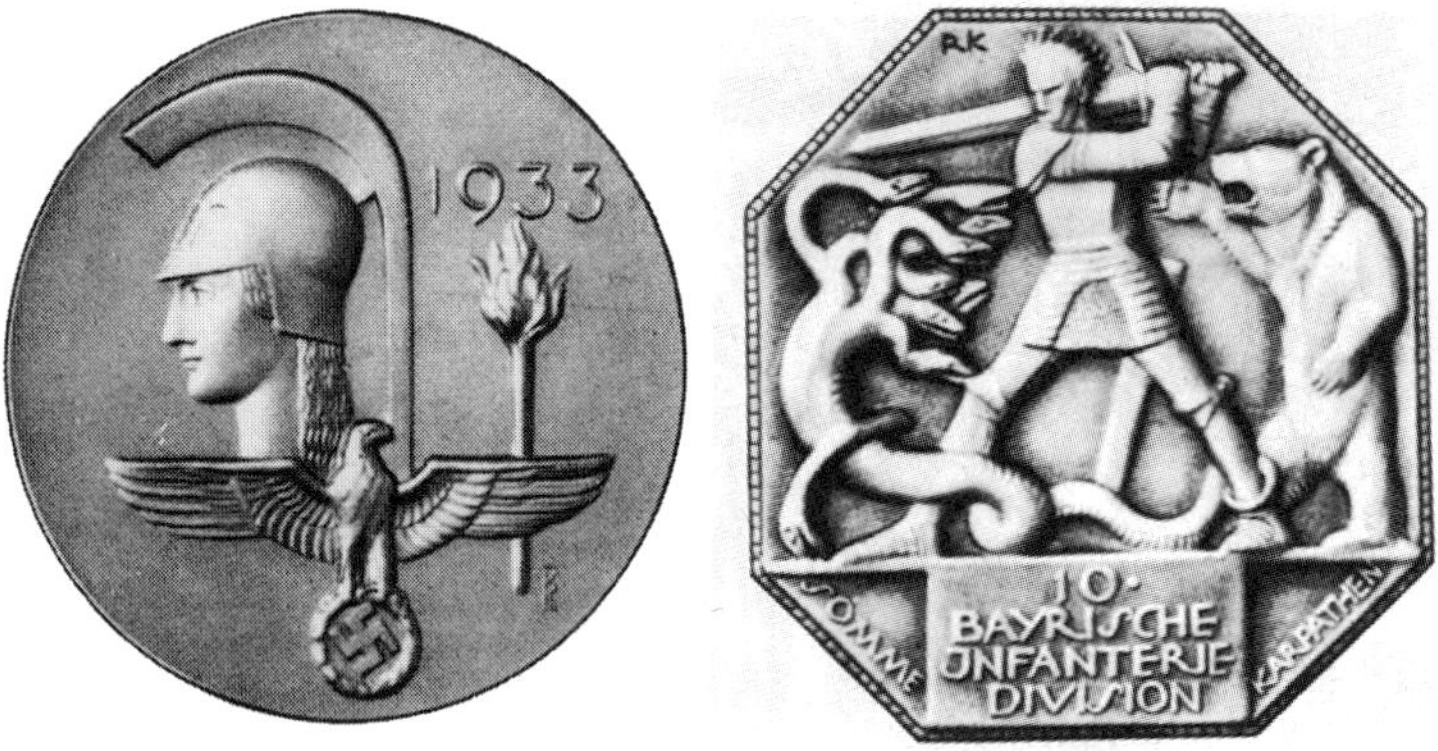

左：1933年のナチス党大会の記念メダル．右：バイエルン第十歩兵師団のメダル
（A・シュペーア編『第三帝国の芸術』1937年より）

生命が与えられる。正真正銘の始まりだ。*3

そしていよいよヒトラーの演説が始まる。勤労奉仕隊、ヒトラー・ユーゲント、党の執行部、突撃隊に向けられた演説は、融合していたものを固め、取りこみ、褒め称える。耳を傾ける男たちの地位にそれぞれ配慮し、その意気を高揚させる演説は、男たちのどんな極端な期待をも上回っていたはずだ。直系にあるナチス党執行部に向けては、われわれの命令はいかなる地上の権力のものでもないとされ、「われらを創りたもうた神」が引きあいに出される。「国家がわれわれに命ずるのではない。われわれが国家に命ずるのだ！」

――背嚢を負って整列する五万二〇〇〇人の勤労奉仕隊に向けては、「君たちの共同体を通過しなければいかなるドイツ人もこの民族共同体に加入することはできない、そういう時代が来る」と言葉がかけられ、君たちこそドイツ民族という一つの身体を彫琢する五万二〇〇〇の彫刻家だ、と賞賛される。ヒトラー・ユーゲントに向けては「たとえわれわれが無一物に帰そうとも、かつてわれわれが無の中から救い上げたその旗だけはしっかり握り続けていてくれ

フランクフルト医師会館の壁画（ゲオルグ・ポッペ『フランクフルト医師会館の総統像』より）

たまえ。諸君はきっとそうしてくれるものと私は信じている。諸君の肉はわれわれの肉であり、諸君の血はわれわれの血であり、諸君の若い脳髄にはわれわれをわれわれを駆りたてるのと同じ精神が燃えているからだ」と激が飛ばされる。ヒトラーは演説で彼らを鼓舞し、煽りながら、同時に擦り、愛撫する。そして、双方を使い分ける巧みなやり方は演説を重ねるごとにいよいよ堂に入ったものとなる。演説を自家薬籠中のものとしたヒトラーは魅力的で、ついには一瞬の間でも彼を美しいと思わないわけにはいかなくなる。

これはデマゴギーなのだろうか。いや、そうではない。デマゴギーという非難は、役者じみているという非難と同じく、参加者たちの欲求を否定し、ヒトラーがともかく何かを与えていることを無視している。「代替宗教」だって？　そうじゃない、これが正真正銘の宗教なのだ。

ルターの「神はわれらが砦」に代わってここでのスローガンとなるのはホルスト・ヴェッセルの

ある。

神なき時代の宗教、それがナチズムである。神をもはや信じていない点で、それは教会以上の教会である。

が「めざすものはいまだ高みにあれど／若人はやってのけん」である。

「旗を高く掲げ、隊列を固めよ」である。「地に悪魔満ちようとも／われら固く成し遂げん」に代わるの

先になびくはわれらの旗、
一人、また一人と男は未来に向かう（……）
旗こそ新たな時代を示し
永遠へとわれらを導く。
われらの旗は死以上のもの[52]

（これにあたるのは聖書の「死よ、汝の棘のいずこにある／地獄よ、汝の勝利のいずこにある」（コリント人への手紙、第一、十五章五五節）だろう。[53]）

そして、これは権力の作り出す単なるトリックではないかという疑いに、ヒトラーは党大会を締めくくる演説で率直に答えている。この演説の効果は「レトリック」などとは縁のないところから生じている。ぼくがそこに聴きとるのは、特定の状況や願望について語るヒトラーの天才的な能力である。この能力は、ヒトラーが語る状況や願望が、隊伍を組んでブロックをなす聴衆たちの中に広範に存在していたからこそ意味を持つ。天才的な力は、聴衆の傷つけられた肉体を癒す的確な言葉を心得ていることに示される。語りかけているのは、資本家の空想の代弁者ではない。その操り人形でもない。そこで語るのはまがいようもなく「もっとも価値ある男たちのリーダー」であり、彼は「男の中の男[54]」であることの意味を時代にふさわしい形、つまりファシズムとして告知するのである（「男が男として価値を持た

ない時代」であるからこそ、それが告知されなければならない。）

（ヒトラーの演説）

この運動の第六回党大会は終わりを迎えた。われわれの列に加わらない何百万のドイツ人はこの大会を政治的な権力拡張を誇示する壮大な劇としか見ないかもしれない。だが何十万の闘士たちにとってこの集いが意味するものははるかに大きい。これは古くからの戦友同朋が親密な精神的邂逅をなす巨大な場であり、おそらくその中の多くは、われわれの党が今日観閲するこの圧倒的な規模にもかかわらず、国家社会主義者であることがいまだ困難であったあの辛い日々のことを思い出していることであろう（ハイル！）。というのも、われわれの党がわずか七人であった時代から、二つの原則が堅持されていたからである。第一、党は真の世界観的政党であること。第二、党はドイツにおける唯一の妥協することなき権力であること（ハイル！）。

われわれは当時は少数党にとどまらざるをえなかった。なんとなれば、党は国民のうちでも戦闘と犠牲を厭わないもっとも価値ある者たちだけを徴募したからである。この者たちはいずれの時代にも、数を恃むのではなく、少数であることに意味を見いだす者たちである（ハイル！）。

そしてドイツ国民の中から選りすぐられた民族の精鋭たちが、誇り高き自意識のうちに、果敢にも、勇猛にも国家と民族の先導を望んだがゆえに、ますます多くのドイツ民族がこの先導に同調し、その旗に従ったのである（ハイル！）。

ドイツ民族は幸いなるかな。見かけ倒しの幻の引きも切らぬ連続がいまや断ち切られたことを知ったのだから。それを成し遂げたのはこの揺るがない大黒柱である（ハイル！）。民族の最良の血を担うと感じ、その自覚の上に国民の指揮を引き受ける者たち、この指揮権を擁護し、堅持し、もはや譲り渡さぬことを決意した者たちである（ハイル！）。

真に戦闘的な戦士は民族の一部分にしかいないものである。彼らにはほかの何百万の民族同胞に要求される以上のものが求められる。彼らに必要なのは「われ信ず」という信仰告白《クレド》ではない。「われ戦う！」という誓いである（ハイル！）。党はこの先、ドイツ民族の政治的指揮を司る精鋭組織となるであろう。その教説は不変である。その結束は鋼のごとく、その作戦は柔軟で適応力に富む。だがその全体は一つの結社のごとくあれ（ハイル！）。

党のめざすところは、まっとうなドイツ人すべてが国家社会主義者になることである。しかし、ナチス党員たる資格を持つのは、優秀な国家社会主義者だけである（ハイル！　ジーク・ハイル！）。

かつてわれわれに敵対する者たちは、度重なる禁止と迫害によって、当時内部にはびこり始めていた泡沫のような分子を運動から放擲して掃き清めてくれた。今日われわれがなすべきは、検閲をみずから引き受け、悪しと判断されたものは撥ねのけ、したがって（ハイル！）、したがって、心からわれわれに帰依しない者を排除することである（ハイル！）。

来たる千年にわたってこの国家とこの帝国が存立し続けることはわれわれの希望であり、意志である。未来が余すところなくわれらの手の中にあることを知るのはなんと幸福なことであろう（ハイル！）。たとえ年かさの者たちの足元がぐらつき始めようとも、続く若者たちがわれわれをめざし、隊列に加わる……（ハイルの声にかき消されて聴き取れない）。肉体と心をもろともに！（ハイル！）（ジーク・ハイル！）。党と共にわれわれが万斛の努力を傾注してはじめて、国家社会主義の思想と本質の最高度の具体化を実現することができる。そうしてこそ党はドイツ民族とドイツ帝国の不壊なる永久の列柱となるであろう。時来たれば、われら民族の誇り高き古の武士《もののふ》たちの輝かしい勲に満ちた軍隊と、負けず劣らず伝統に裏打ちされた党の政治的指導部が手を携えることになろう。その時こそ、この二つの組織が両輪となってドイツ人を教育し、鞏固にし、彼らの肩にドイツ国家、ドイツ帝国を担わせるであろう（ハイル！）。

この後まもなく数万の党員はニュルンベルクをふたたび離れることになる。ある者は思い出をゆっくり嚙みしめるかもしれない、しかし他の者たちは次の点呼に向けてすぐに準備を始めるであろう。来る者たち、帰る者たちはそのたびに新たに幸福と感激を味わい、鼓舞されるであろう。なぜなら党の理念と運動とはわれらドイツ民族の生の表現であり、それゆえに永遠なるものの象徴だからである。国家社会主義よ永遠なれ！　ドイツ万歳！

（ハイルの声が絶叫に変わる。ヘスがマイクの前に立つが、なかなか話すことができない。ようやく話し始める。）「党はヒトラーである。ヒトラーはドイツだ、ドイツがヒトラーであるごとく。ヒトラー、ジーク、ハイル！」（全員がそれを唱和する。ハイルの叫びは「旗を高く掲げよ！」の大合唱に変わる）。

ベンヤミンは歴史家に「もっとも歪められたものにも美を見いだすこと」を要求したが、リーフェンシュタールがこの意味での美を見ているとはいえないであろう。彼女は、自分の記録しているものが「歪められている」とは感じないし、そんなことは想像にもおよばない。彼女は常に「美」を映像化しようと努め、党大会を「歪められた美」としてではなく、「美」そのものとしてフィルムに収めたのである。リーフェンシュタールの視線は理論的な裏打ちを持たず、自覚的なものでもないが、その代わりラジカルである。彼女は美しいと感じたものを美しいままに表現することで、「歪められた美」をともかく視覚化して見せた。

（同じくリーフェンシュタールが視覚化するのは「モンタージュ」のもう一つの形式である。モンタージュの本来の意図は、「事実的なもの」が無理じいする調和を崩すことにあるが彼女は逆に調和を作り出すためにこの手法を使う。その意味でダリに似ているとぼくは思う。）

＊＊＊

ヴィルヘルム・ライヒが、ファシズムと戦うためのコミュニズムの新たな戦略として、「ファシズム的性格」の成立条件である心的現実の分析を基礎に置くべきだと提案したとき、ワイマール時代のドイツ共産党がどう反応したかはよく知られている。除名である。

もちろんライヒの側にも多くの過ちがあった。そのいくつかをライヒ自身がアイスラー博士と交わした一九五二年のインタビューで批判している。「セックス・ポル」（性政治の省略。性解放を大衆の革命運動の中にとり入れようとした）のような作戦をこともあろうに共産党のような政党と共同で行なうことができると考えたこともその一例である。[55] ライヒの企てに対してドゥルーズ／ガタリはこんなコメントをつけている。「むしろ共産党の指導者たちは欲望について問われたりすると、『欲望などという言葉を聞けばすぐに自動拳銃を抜きたくなる』としか答えないのが普通だ」。[56] 一九五二年のライヒもドゥルーズ／ガタリと同じ意見である（そのために今日ライヒ主義者と呼ばれる人々は、共産党員がレーニンを礼賛し続けるのと同じく、晩年のライヒを「狂った」とみなしたがるのだろう。流れを食い止めるには粛清しかない）。

しかしライヒは「主観的要素」というレッテルを貼られた心的現実に対して左派の意識を喚起しようとした自分の試みは誤ってはいなかったとする。「要素」といういかにも技術屋的な概念はまだしも、

「主観的」というレッテルは今もなお、誤ったもの、危険なものを排除するためにしばしば使われる。

ドゥルーズ／ガタリはライヒへのオマージュを捧げながらも、この点だけは痛烈に批判する。ライヒは、欲望と社会的領域の関係を最初に問題として提起した（その意味で、この問題を軽くしか扱わなかったマルクーゼよりずっと先に進んでいた）。ライヒこそ唯物論的精神医学の真の創立者といえよう。欲望の言葉で問題を提起することによってライヒは、欺かれ、ごまかされている大衆の愚かさばかりをあまりに性急に強調する粗雑なマルクス主義の説明を最初に背けた。しかし、欲望生産の概念を充分には形成していなかったためにライヒは、欲望が経済的下部構造とどう連結するのか、欲動が社会的生産にどう挿入されるのかについて結論を出すまでには至らなかった。したがってライヒにとって革命的備給とは、欲望と経済的合理性とが単純に一致する状態を意味するものと思われることになった。大衆の反動的備給についても、それはもっぱらイデオロギーと関係づけられた。そのためにライヒにとって精神分析の唯一の役割は、主観的なもの、否定的なもの、禁じられたものを説明するのに限られることになり、その結果精神分析からは、積極的な革命運動や欲望生産の創造的側面に直接に関与する可能性は奪われた（このことは、ある意味で誤謬や錯覚をふたたび導入することを意味したのではなかったか）。ライヒが残したものはただ一つ、欲望の名において精神分析の中に生命の歌を一貫させたことである。フロイト主義を最終的に放棄するにあたってライヒが告発したのは、フロイト主義が内包する生命への恐れであり、禁欲的理想の復活であり、良心の呵責という文化的スープであった。ライヒには、このような条件のもとで精神分析家であり続けるよりは、むしろ、〈オルゴン〉という、生命の欲望の宇宙的要素の探求に出発するほうがはるかにましだった。フロイトについてはなんでも許されたのに、だれもライヒのこの行動を許さなかった。ライヒは、精神分析機械と革命機械とを一緒に働かせようとした最初の人である。そして、最後に彼の手もとに残ったのも、みずからの欲望する機械だけであった。それは、奇蹟を行なうパラノイア的な独身者的機械、金属を内張りした箱にウールと木綿の布地を貼ったオルゴン・ボックス〔ライヒの発明した治療器具。その中に入ると人体の不可視のエネルギー（オルゴン）が蓄積されるとした〕である。[57]

人間の欲望生産は、いかなる形態をとろうとも、生命の力であれ、破壊の力であれ、ともかく現実的な力である。それは工業的生産組織だけでなく、他のあらゆる社会的生活の形態を生み出す力である。その条件が時によって違うだけだ。マルクスに追随して、革命的人間が生産過程において自分が置かれた立場（すなわち「プロレタリアート」）から群衆規模で出現することを期待した、そして今も期待し続けている人々は、少なくとも次のことは認めなければならないだろう。ドイツの工業生産は確かに大規模な発展を見せた。しかし、それは生を産出する能力を備えた相当数の自由な人間を社会的闘争の場へと解放し、ファシズムの勝利を阻むにはなお足りなかったのである。ドイツ軍や、二正面階層のダブル・バインド的生存機構がそのテロル的教育ないしはテロル的生産制度を通じて、たえずドイツの現実の中に吐き出し続けたのは、死を潜在的にかかえ、欺かれ、廃嫡され、生まれきらなかった存在としてみずからの生存能力を奪われた人間たちだった。——しかし、充分な工業化をもってファシズムの因子が「除去」されたとしても、今後ファシズムが生まれるチャンスはまったくないといえるのだろうか（この程度の見とおしでは、ファシズムの芽は永久に途絶えないだろう）。

階級や階層の「固有の」利害を、政治的戦略の基礎としてあいも変わらず守り続けるのは、同じ誤りから命を落とし、もしくは亡命を強いられたファシズムの犠牲者たちを嘲笑することにほとんど等しい

（亡命の後も戦後東ドイツでドイツ社会主義統一党〔旧東ドイツの政権党。第二次大戦後、社会民主党と共産党が合同した〕を率いてきた何人かの人々は、同じ過ちを繰り返して自分自身を笑いものにしている）。現西独の共産党「毛主義者」グループもその点では同断だ。身内同士の憎しみあいにもかかわらず、現実の政治面で彼らは一体である。この判で押したような同一性の根拠は、彼らが共に、社会的な生産力である人間の欲望を否定していることにある。

「経済主義者」「機械的応用者」「原則主義者」「実際家」「実証主義者」「スターリニスト」「レーニスト」「トロツキスト」「マルキスト」「コミュニスト」「自由主義者」「毛主義者」その他、名前はどうあれ彼らはなんらかの「客観的なもの」（生産関係なり、歴史的状況なり、あるいは多元的現実を単に「客観的」と言い張っている場合も含めて）のなんらかの「優位」を維持し、遵守することこそ重要だと信じこんでいる点でみな似通っていて、その利害において結束しあう。どの党派も、生産力としての欲望を排除し、少なくとも内部のメンバーにはテロルをもってそれに対処する。共通の特徴は自己否定である。どれもがマクロ的集合体をめざすか、あるいはそれを生み出そうとする。ただし彼らの「生産」の主な手段の一つは排除である。後生大事に堅持する理論という、塵一つないテーブルクロスの上で彼らはハンターよろしく微生物を狩りたて、身体の甲冑の境界を死守する。

英雄気取りの男たちは、どこであれ所かまわず、心配げに、教師然として頭を突っこんでは政治的な隙間風が吹きこんでいないかと確かめる（といってもそれは自分たちが立てた風にすぎない）。そしてここではないどこか別の場所、ソヴィエトか中国かスパルタか南の海かで実現しつつある（あるいはすでに実現した）救済に色目を使い続ける。それほど遠い所ではなくとも「未来」にすべてをかけることは男たちの自我と男性結社の一機能と見てよかろう（未来から歓喜を奪い取れ、とマヤコフスキーは叫んだ。だがそれはかなわぬ望みだった[58]。

それくらいなら、予測をする者は盲目になる、と考えておいたほうがまだしもましなのかもしれない(ベンヤミンによれば、天国から吹く風が未来へと運ぶ新しき天使は未来に背を向けているという。しかし天使は男ではない)[59]。

ところが、背後を見とおす目、あるいは次代の世界の目をすでに持つ者たちは未来に背を向けることはない。彼らは自分を肉体なき存在として、ある展望から生まれた虚構、不滅の記念碑の角石、あるいは巨大な怪物機械の蝶番として思い描く。捨て去られた彼らの肉体は植民地の住人の上に重くのしかかる。

これまで述べてきたとおり、彼らにとって基底欠損の状態を脱して、たとえば両親との確執といった葛藤の段階にまで達することは、革命を中国経由で持ちこむよりはるかに難しい。そのために、身体という領域の抽象化が始まる。彼らにとって身体とは占領された領域でしかないのだ。

当時、一八七〇年から一九二〇年にかけて生まれた若いドイツ男性たちは、彼らを育てたさまざまな養育者や教育者の要求に正面切って抵抗するより、世界の半分を吹き飛ばしたり、数百万の人間を殺すほうが容易だと考えていた。そのほうが正しいとさえ思ったのだ(両親には逆らわないものだ、という絶対命令は、彼らが企てた多くの殺人計画の前置きに充分なりうる)。

もし彼らがもっと小規模の、限定された集団であったなら、およぼす影響はなかったかもしれない[60]。

ここですべての事象を経済的要因に還元する経済主義に対する批判を行なっておこう。経済主義は、より合理的な片割れである政治経済学以上に、その母体であるブルジョア的学問の痕跡を明瞭に引きずっている。

DER ALLTAG GEHT WEITER....
HEIM
BÜRO
FABRIK
AJAX PRODUCTS INC.
IM KAPITALISMUS...
NUR NOCH EINE KLEINE UNTER-SCHRIFT!
ODER IM KOMMUNISMUS...
...ODER IN ANDEREN SYSTEMEN & ANTI-SYSTEMEN.
IST DIES EIN SYSTEM?
ICH WEISS NICH... ISSES? VIELLEICHT ISSES 'N SYSTEM... VIELLEICHT ABER AUCH NICHT... WEISS NICH?...
FOOD
UND IN DEN HEUTIGEN NACHRICHTEN SIEHT DIE WELTLAGE SEHR ÜBEL AUS, LEUTE...
SIEH DOCH MAL NACH, OB HEUTE WAS GUTES IM...
WAS SOLL'S?
KANN MAN NOCH HOFFNUNG HABEN?
GLAUBEN SIE MIR... HOFFNUNGSLOSIGKEIT IST DER EINZIGE AUSWEG!!
ZITTER ZITTER

ドイツをはじめヨーロッパのたいがいの国の労働者政党において政治経済的分析があいも変わらず大手をふってきた主な理由は、それらの政党の戦術をめぐる議論において今も昔も理論面の指導権を握るのが、マルクス主義に転じたブルジョアジーであったためである。

ぼくに言わせれば、政治経済的問題にだけ重点を置くのは、ブルジョア的個人に特有の矛盾、すなわち自己の本性《ナトウア》に対してまったく無知なままで、自然《ナトウア》を計画に基づいて探求し、搾取するという矛盾をいたずらに延長したものにすぎない。ブルジョア的自我は世界を操作できるもの、認識可能で支配可能な対象として捉える。数量化の原理を感情にまで適用する精神経済学は、心までが支配できると思いこませる点でブルジョア的自我にとって都合がよい。にもかかわらず自己自身の姿は、地図上の未踏査の領域か暗黒大陸として残されたままだ。

フロイトは、女性の心は彼にとって、また精神分析学にとって暗黒の大陸であり続けると言ったが[61]、それは結局「男」についても、またフロイト自身についても当てはまる言葉ではなかったか。そもそも、男女両性を別々に理解するという考えそのものが、このように隔絶した自我、すなわちブルジョア的な男性＝個人に典型的な考え方にほかならない。*4

人間の心に比べれば、数字や表や統計、原料の見積もりや投資費用、人間の負担能力に関する経験的事実などに分解できるものは、ブルジョア的な男性＝個人にとって、それだけですでに禦しやすい対象である。少なくとも概観ができ、理解することも支

（毎日は流れていく）／（資本主義でも）「サインをして下さるだけで結構」／（共産主義でも）／（他のシステム，もしくは反システムでも）「これはシステムか？」／「おれにはどうもわからんね，これがシステムってもんかい，そうじゃないかもしれん…」／「次に，本日のニュースによれば世界情勢はきわめて深刻な様相です…」／「おい，今日はなにかいい番組がないか見てみろよ」「あるはずないでしょ」／「希望はまだ持てるでしょうか」「大丈夫，希望のなさというのが唯一の抜け道なのです」

HEILIGE KAMEN UM UNS DEN WEG ZU ZEIGEN UND KRIEGTEN VON UNS HÖCHSTENS EINEN ARSCHTRITT!!
SCHWULE SAU!
SCHLAG IHN ZUSAMMEN!
FRIEDE, BRÜDER!
BEIM ADOLF HÄTTENSE DICH INS ARBEITSLAGER....
DER MENSCH IN SEINER JUGEND IST RÜHREND HOFFNUNGSVOLL UND OPTIMISTISCH
RAH RAH RAH
WENN ER „REIFER" WIRD BEGINNT ER DIE GRAUSAME „REALITÄT" DES LEBENS ZU ERKENNEN...
...UND ENDET DANN ALT UND VERBITTERT, ENTTÄUSCHT DURCH UNERFÜLLTE TRÄUME, VOM SCHICKSAL BETROGEN, DIE TAGE VOLLER SCHMERZEN, DASS ER FROH IST ENDLICH ZU STERBEN!!
VIELE FRAGTEN NACH DEM WARUM UND BATEN 10000 JAHRE LANG AUF 10000 VERSCHIEDENE ARTEN UM ERLÖSUNG...
ES SCHEINT EINFACHER ZU SEIN DEN GANZEN PLANETEN IN DIE LUFT ZU JAGEN, ALS MIT DER EIGENEN FRAU AUSZUKOMMEN!
ICH BIN SAUER!
DIE BESTE ANTWORT AUF ALLE UNSERE PROBLEME IST BIS JETZT IMMER NOCH 'RUMZUSITZEN UND NICHTS ZU TUN.

配することも可能な世界である。

したがってマルクス主義の政治的経済学は、フロイトの心的モデルと同じく、そのもっともお粗末な面について言えば、工場を経営する企業家の能力を拡張したものとたいして差がない。

共産主義をめぐる戦略議論で政治経済学が今なお優勢を占めるのは、共産主義の理論家にとって、企業の活動や搾取のメカニズムを理解するほうが、大衆の苦悩を理解したり、ましてや解放をめざす戦略を大衆レベルから始めるより容易だからである。同じ欠陥は精神分析学が人間の苦悩を単に「健康」の問題として片付け、人間の持つ幾多の可能性の展望と結びつけようとしないことにも見られる。

左翼における政治経済的な発想の弊害は、ヴィルヘルム・ライヒのような人物までが、ファシズムの大衆心理に関する研究を公刊するにあたって、特定の階層や階級に所属する人間の数量的データや表を付けなければならないと考えたことにも現われている。この種の数字や表は、さほど重要性をもたず、好き勝手に解釈できることからすれば、巷にあふれる粗悪な政党資料となんら変わるところがない(変わりがないどころか、ライヒは政党資料を自分の研究に利用してさえいる)[62]。

こうしてライヒは、人間の行動はその置かれた「階級」によって本質的に規定されざるをえないという、まったく根拠のない仮定にまで深入りすること

(われわれに道を教えんがために来た聖人たちは、尻を蹴りあげられるのがおちだ)「やっちまえ」「汚らしいホモめ」「兄弟よ，平和を—」「アドルフの時代なら労働キャンプにぶちこむところだぞ」／(人間は若い盛りには感動的なほど希望にあふれ，楽観的だ)／(ところが齢熟するや，ひとは人生の残酷な現実を知り始める)／(そして終わりともなれば年老い，苦渋をなめ，数々の満たされなかった夢のために諦め，運命に裏切られる．残るのは苦しみの日々で，早く死ぬことを願うばかり)／(多くの者たちが人生の意味を問い，1万年もの間1万もの異なるやり方で救済を求めてきた)／(地球をぶっ放してしまうほうが，自分の妻とうまくやるよりよほど簡単に見える)「もうたくさんよ！」／(これまでのところ，山積するわれわれの課題に対する最良の答えは，ぼんやりと座ったまま何もしないことだ)(『ラディカル・アメリカ』より)

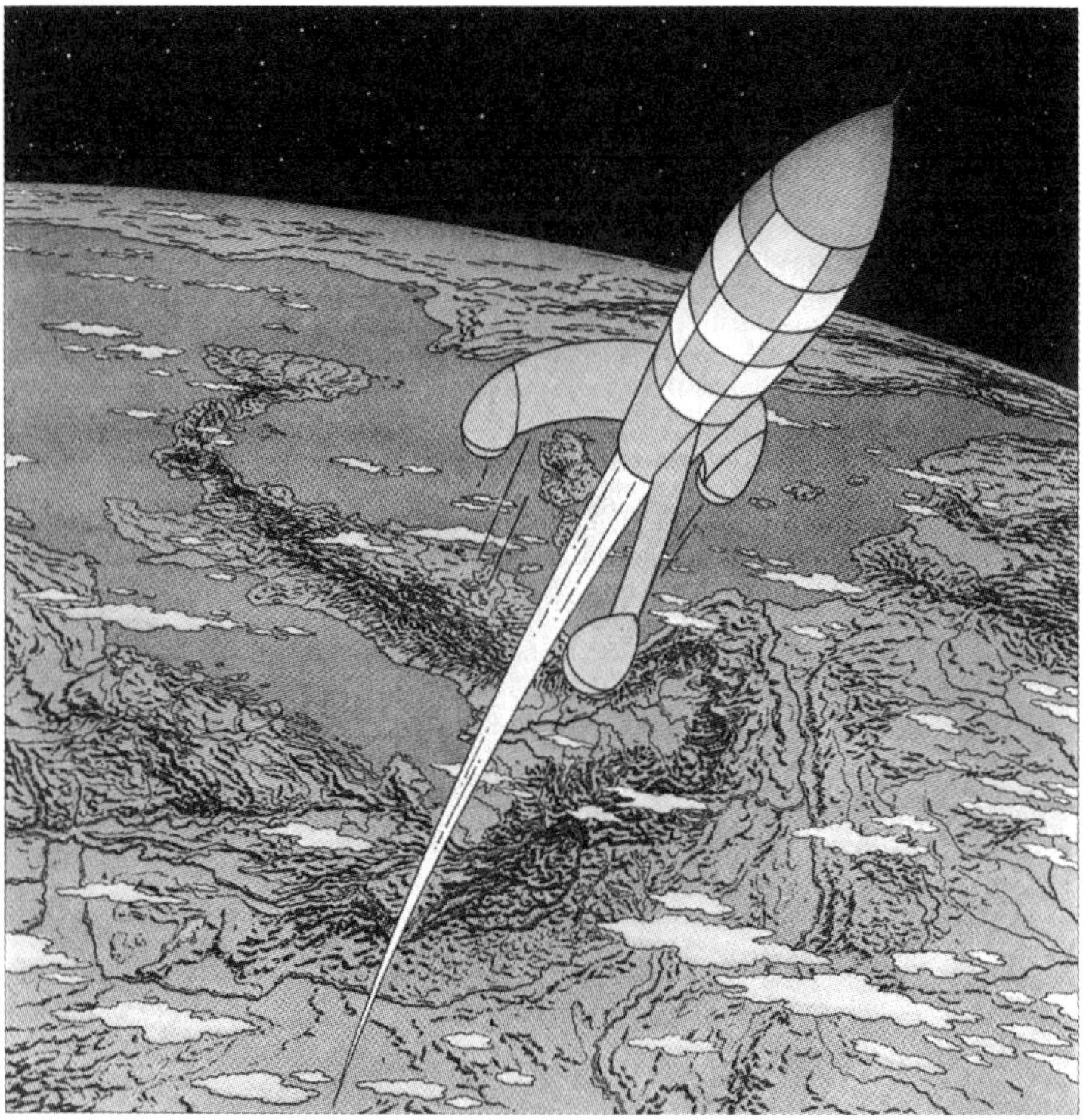

『タンタン』より

とになってしまった。ライヒはせっかく、「人間そのものが、人間が行なう他の生産と同じく、自己の物質的生産の基盤である」というマルクスの言葉まで引いて、「存在」と「生産領域」とは別物であることを強調しながら、一方ではエコノミストよろしく、意識を決定する「存在」と伝統的な意味での「生産領域」をそのまま同一視してしまっている。[63]

ライヒの矛盾は、より正しい考えを知っているだけではだめだ、ということの一例である。知識があって、適切な個所で適切な引用を行なうことができたとしても、当人が油断すると、賢明にも批判したはずの悪しき旧弊がまたぞろ衣の下からちらついてしまう。

この問題の起源は、男性の自我と世界との関係の中にある。この関係は権力の関係であり、そこで優先される原理は暴力である。主体と客体という関係にしても、このような権力の関係から生まれたものであるために、暴力を差し引いて考えることはできない。ところが「総合」だの「仲介」だの「昇華」だのと称する試みではいずれの場合もこの権力関係が無視され、良き「全体性」という虚構が麗々しく崇めたてられる。あるいはより高い、抽象的な権力の領域にまで祭りあげられる。全体などというものは真実のものであったためしはかつて一度たりともないし、今後もそうはなるまい。全体的なものは、半端なもの、ばらばらなものを生かすことを許容しない暴力だ。男たちはそれを好む。――しかし、半端なもの、ばらばらなものこそが人間なのだ。

「仲介」なるものの正体は結局、人間にこの事情が目に入らないようにする欺瞞である。だとすれば、「全体」や「一なるもの」ではなく、多様なもの、なりきらないもの、個別のもの、ダブったもの、混乱したもの、ミクロアナーキーが可能であり、あるべきであり、それが生じるはずではないか……。

じゃあ、それはなんだ？

少なくとも、最後に置かれたこの予測は、理論の高みに引き上げられることも、深遠な真理の淵に沈むこともないはずだ。それともそれをめざすのだろうか……。

注

〔原著には注のほかに脚注がつけられている。脚注には各節ごとに＊1という形で通し番号をつけ、注と区別した。——訳者〕

使用されたアンソロジーの略号

HoDA　Hotzel. Curt: Deutscher Aufstand
JKR　Jünger, Ernst: Der Kampf ums Reich
RDS　Roden, Hans: Deutsche Soldaten
SB　Salomon, Ernst: Das Buch vom deutschen Freikorpskämpfer

（上記四点のアンソロジーに収録されたテキストについては、各タイトルの後にその略号を付した）

第一章　群集とその対蹠物

みずからの無意識の具体化としての群衆

＊1　マーガレット・マーラーは、ハルトマンとシルダーの一九二七年の文献に関連して次のように言う。「身体内部に関するわれわれの直接的体験はなんらの器官も識別していない。われわれは重い塊を知覚するだけである」。Margaret S. Mahler: Symbiose und Individuation, Bd. 1: Psychosen im frühen Kindesalter, Stuttgart 1972, S. 45f

1 一九三四年にパリで左派の亡命者たちが出版した匿名のアンソロジー『ナチス指導者は見ている』で、ある論者は『わが闘争』を引用しながら、ヒトラーの群衆概念を「矛盾したもの」として暴こうとする。「未来の大衆煽動者は『鬱々と思い悩むばかりの日が続く中、私は群衆がもとの大衆から思いもつかぬものへと膨れあがり、恐ろしい軍勢として形を成すのを不安な気持ちで見守っていた』と回想している。ヒトラーは群衆に対するこのヒステリックな恐怖から今なお解放されていない」(anonym: Naziführer sehen dich an, S. 20)

2 Salomon: Albert Leo Schlageter, in: SB, S. 481

3 Salomon: Die Geächteten, S. 10f.

4 群衆を「波」「女」「沸騰するもの」「煮え立つもの」「呑みこむもの」「圧しつぶすもの」と見る見方については以下の例を参照。

Goes: Aus dem Tagebuch des letzten Kommandanten von Kowel, in: SB, S. 131; Salomon: Der Berliner Märzaufstand 1919, in: SB, S. 45f. ders.: Hexenkessel in Deutschland, in: JKR, S. 13, 22, 23, 27; Mahnken: Der Kampf der Batterie Hasenclever. 15. März 1920, in: RDS, S. 138; Wittmann: Erinnerungen der Eisernen Schar Berthold, S. 135; Dwinger: Auf halbem Wege, S. 258, 276, 367, 371, 456, 459; Frank: Franz Ritter v. Epp, S. 95; Stoffregen: Vaterland, S. 202; Hoefer: Oberschlesien in der Aufstandszeit, S. 29; Volck: Rebellen um Ehre, S. 20; Freiwald: Die verratene Flotte, S. 233; ders.: Der Weg der braunen Kämpfer, 115ff, 313; Roden: Hauptmann Berthold – ein Soldatenschicksal, in : RDS, S.140; Erbt: Der Narr von Kreyingen. S. 91, 144; Zöberlein: Der Befehl des Gewissens, S. 165;「呑みこみ」「圧しつぶす」活動についてはカール・アブラハムによる解釈がある。ただし、それは現実の現象の上に、オイディプス的・近親相姦的「願望」という観念が、いかに不自然な形で繰り返し覆いかぶせられてきたかを典型的に示すものだ。ある男性患者が蜘蛛を箒の柄で叩きつぶすのを空想したことについて、アブラハムはこう分析する。「叩き潰すという特別な殺し方は性交のサディズム的理論から説明できる。ついでに言えば、この患者の見たいくつかの白日夢は、人間の集団が押しつぶされる光景で頂点を迎える。患者の連想をたどると、長い柄の箒が男根を示すシンボルであることがわかる。したがって、この夢において、母親と交接しながら殺したいという潜在的な願望が表面化していることは間違いない」。蜘蛛

はペニスを内部に隠した母親の性器とみなされるというのだが、ぼくからすればアブラハムの解釈で「間違いない」のは、パパ／ママ／小児というオイディプス的三角関係の強圧だけのように見える（Karl Abraham: Psychoanalytische Studien Bd. 1, S. 247)。

5
群衆をムカデ、竜、蛇、その他の奇怪な動物として表象する例については以下を参照。Fischer: Die Räteherrschaft in München, in: JKR, S. 155f; Salomon,: Sturm auf Riga, in: JKR, S. 104; ders.: Die Geächteten, S. 43; Nord: Der Krieg im Baltikum, in: JKR, S. 74; Sager: Vom Kampf der Essener Einwohnerwehr, in: SB, S. 385; Maltzan: Die Spandauer stürmen Bauske, in: SB, S. 161; Volck: Rebellen um Ehre, S. 19; Weigand: Die rote Flut, S. 92f; Selchow: Hundert Tage aus meinem Leben, S. 289ff, 343; Dwinger: Auf halbem Wege, S. 232, 456; ders. ; Die letzten Reiter, S. 381; Iger: Spartakustage, S. 9; Schauwecker: Aufbruch der Nation, S. 380; Heinz: Sprengstoff, S. 34, 131; Berthold: Tagebuch, in: Gengler: Berthold, S. 62; Hollenbach: Opfergang, S. 157; Bronnen: Roßbach, S. 67; Herzog: Kameraden, S. 341; ders.: Mann im Sattel, S. 355; Wittmann: Erinnerungen der Eisernen Schar..., S. 107; Ottwald: Ruhe und Ordnung, S. 15.
女性と蛇とがしばしば結びつけられることについて言えば、蛇は単に女性の架空のペニスを「象徴」している（フロイト『夢判断』）のでもなければ、男性が恐れる女性の性的能力を象徴している（V. E. Pilgrim: Der Untetgang des Mannes, Raubdruck, Monaco o.J. ピルグリム『男の没落』）のでもない。フロイトもピルグリムも、脅威の対象と女性との記号的な結びつきばかりにこだわっている。むしろ蛇は、群衆や雑踏から生ずる脅威、滅ぼされかねない危険とともに、そこから発する魅力まで含めたすべてを象徴する動物のように見える。女性はその中でかろうじて捕捉可能なほんの一部にすぎない。ユンガーは、長い冬の夜に女たちが子どもたちに語り聞かせる怪談の秘密を探り出そうとしているが、そこでは「蛇」の多義性が探りとられている。「それはまるで、葦の密生する沼地に迷いこんでいるうちに、不意に無数の蛇が絡みあう蛇の巣に出くわしたかのようだった。しかも、もつれあう蛇玉を見る快楽のあまり、その場を逃げ出すこともできないのだ」（Jünger: Der Kampf als inneres Erlebnis, S. 11)。ここでユンガーは蛇が女性と結びつく以上のもの、欲望一般と結びつく象徴であることを見てとっている。
　ほかにも蛇や竜、その他の怪物の出現が預言的な意味を持つ例がいくつかある。

vgl. Bächtold: Deutscher Soldatenbrauch und Soldatenglaube, Straßburg 1917, S. 6; ders.: Aus Leben und Sprache des Schweizer Soldaten, Basel 1916, S. 17; Grabinski: Das Übersinnliche im Weltkriege, Hildesheim 1917, S. 65, 81; もうひとつ忘れえないのは、八月十三日にカメノフに浴びせられた中傷の嵐についてスターリンがこう書いていることである。「反革命の蛇たちがあげるシュウシュウという音がふたたび高まりつつある。反動の蛇どもは隠れていた巣穴から泡を吹いて這い出してきて毒牙をむきだしている。この毒牙でかみついてから、陽のささない暗がりにもう一度逃げこもうというのだろう」(L. Trotzki: Stalin. Eine Biographie, Reinbek, 1971, Bd. 2, S. 62.（トロツキー『スターリン伝』))

6 vgl. von der Goltz: Meine Sendung..., S. 225; von Oertzen: Die Deutschen Freikorps, S. 386; W. Frank: Epp..., S. 80; Iger: Spartakustage, S. 108; Freiwald: Die verratene Flotte, S. 249

＊2 別な言い方をすれば、兵士的男性の使用する概念は、彼らの感覚そのものより「オイディプス的」だといえる。このこともまた、彼らの言語が語るものを知るには、個々の概念の含意や連想、潜在的内容の翻訳といったものを通じてではなく、言語そのものの情動や身振りの分析を通じなければならないことを裏付けている。

7 Ulrich Sonnemann: Negative Anthropologie. S. 91; ここで行なわれているのが意識的な代替であって、無意識的なものとのやりとりとはほとんど無縁なことは、F・T・マリネッティの型にはまった言語配列法を例にとればよくわかる。「すべての名詞は分身を持つべきだ。つまり、名詞の次には連辞なしに、連想によって次の名詞が並べられなければならない。たとえば、男—魚雷艇、女—港、群衆—怒濤、広場—漏斗、ドア—バルブ、といったふうに」。Marinetti: Technisches Manifest der Literatur, in: Walter Höllerer: Theorie der modernen Lyrik, Dokumente zur Poetik I, Reinbek 1965, S. 135. これは統制された言葉遊びにすぎない。連想によっていくら象徴を作りあげても、無意識への回路は開かれるどころか閉ざされる一方である。

＊3 この場合「意識的」とは「意図的」とは異なり、意識に対して開かれていることを意味する。

性病　伝染する快楽

1 Dietrich Eckart: Ein Vermächtnis へのローゼンベルクの序文 S. 53

2 たとえば次の文献を参照。Rudolph Löwenstein: Psychoanalyse des Antisemitismus, Frankfurt 1967, S. 50; Klaus Horn: *Zur politischen Psychologie des Fashismus in Deutschland*. in: R. Kühnl (Hg.): Texte *zur* Faschismusdiskussion, Bd. 1, Reinbek 1974, S. 164-175; Karl Dieter Bracher: Die deutsche Diktatur, Köln, Berlin, 1969, darin: Die Rolle des Antisemitismus, S. 35-48

3 一九二六年に行なわれたユリウス・シュトライヒャーの演説。ギルバート『ニュルンベルク日記』(Gilbert: Nürnberger Tagebuch, S. 119) に引用。快楽という病毒とユダヤ人との繋がりは、シュトライヒャーの編集する反セミティズムの週刊新聞『シュテュルマー』で頻繁にとりあげられた。また Dietrich Eckart: Ein Vermächtnis. に収められた「われわれの内と外なるユダヤ人」、および、『フェルキッシエ・ベオーバハター』一九二一年七〇号、七三号を参照。後者の初代発行者兼編集長はエッカートだった。ローゼンベルクによる序文も参照。他に Ekkehard: Sturmgeschlecht. S. 132ff; Zöberlein: Der Befehl des Gewissens, S. 296ff, 360ff. ツェーバーラインの中で目立つのは次のような記述である。「旧約聖書を一度注意深く全部読んで見たまえ。切り取られた包皮や、これ見よがしの同衾、選りすぐりのけがらわしい娼婦、ソドミー、少年凌辱、近親相姦、暗殺、大量殺戮、性器の切除といったエピソードが山をなしているではないか。人類のパラダイスの現代版を僭称するロシアのボルシェヴィズムでお目にかかるのもこれとまったく同じ光景なのだ。おわかりかな、読者諸兄」(S. 712)。

ヘスは戦後クラカウで収監中に書かれた手記の中で、「まじめな」反セミティズムと性的な反セミティズムとを独特の流儀で区別しようとする。「私はシュトライヒャーの発行する反セミティズム週刊新聞『シュテュルマー』にはかねがね反感を抱いていた。あざとい見出しで低劣きわまる本能を刺激するのを狙っていることが見えすいていたからだ。あの新聞では猥褻文書まがいの下品なやり方で性的なものを強調するのが常套だった。『シュテュルマー』はまじめな反セミティズムには一切利することがなく、それどころか禍の種となって、多大な損害を与えた」。そう言いながらもヘスは、次のように付け加えることで自分もまた「俗流」の反セミティズムに染まった人間であることをはからずもあかしている。「当然のことながら、ナチスの瓦解のあと、なんとも下品な煽動記事を書き連ねたこの新聞の編集にはユダヤ人が係っていたことが判明した」。(Rudolf Höß: Kommandant in Auschwitz, S. 112)。この手記を編集したブロスツァートは脚注で「ヘスがどのような証拠に基づいてこの根も葉もない申したてをしているのかわからない」と付け加えている。

4 van Berk: Rote Armee an der Ruhr, in: JKR, S. 211.「梅毒」については他に次の例を参照。Dwinger: Auf halbem Wege, S. 464; Hoefer: Oberschlesien in der Aufstandzeit, S. 7ff, 9; Stadtler: Als Antibolschewist, S. 106; Volck: Rebellen um Ehre, S. 145; Brandt: Albert Leo Schlageter, S. 72; Eggers: Vom mutigen Leben und tapferen Sterben, S. 34f; Wagener: Von der Heimat geächtet, S. 157; Schaumlöffel: Mit dem Studentenkorps Marburg..., S. 13, 55; Lüttwitz: Im Kampf gegen die Novemberrevolution, S. 40; Goote: Kamerad Berthold, S. 246;「梅毒」のもたらす結末（骨髄軟化症など）についてはEggers: Von der Freiheit des Krieges, S. 12; Hoefer: Oberschlesien in der Aufstandszeit, S. 18; などを参照。

5 赤軍兵士を犯罪者、ごろつき、ゴミ、とののしる例としてはReinhard: Kampf um Berlin, in: SB, S. 32; Ehlers: Die Bahrenfelder Freiwilligen, in: SB, S. 72; Zeschau: Streiflichter aus den Kämpfen um Litauen, in: SB, S. 137; G. Grothe und G. Kern: Straßenkämpfe in München, in: SB, S. 123; Hoffman: Letzter Sturm, in: SB, S. 405; Salomon: Hexenkessel in Deutschland, in: JKR, S. 18, 21, 33, 36; Günther, Gerhard: Hamburg, in: JKR, S. 41; van Berk: Rote Armee an der Ruhr, in: JKR, S. 213; Mahnken: Gegenstoß im Westen 1919, in: RDS, S. 60; Loewenfeld: Das Freikorps von Loewenfeld, in: RDS, S. 151ff; Pabst: Spartakus, in: HoDA, S. 34; Iger: Spartakustage, S. 8, 18; Zimmermann: Vorfrühling, S. 24; Mann: Mit Ehrhardt durch Deutschland, S. 18; Killinger: Die SA, S. 15; ders.: Ernstes und Heiteres aus dem Putschleben, S. 22; Heinz; Die Nation greift an, S. 23, 34, 101; Schaumlöffel: Mit dem Studentenkorps Marburg in Thüringen. S. 13; Berthold: Tagebuch, in Gengler: Rudolf Berthold, S. 94, 102; Zöberlein: Der Befehl des Gewissens, S. 33, 96f, 213ff; Erbt: Der Narr..., S. 199; Rossin: Im roten Sumpf, S. 7; Schramm: Rote Tage, S. 53; Lüttwitz: Im Kampf gegen die Novemberrevolution, S. 40; Niemöller: Vom U-Boot zur Kanzel, S. 133; Schricker: Rotmord..., S. 9; Hoefer: Oberschlesien in der Aufstandszeit, S. 8, 14, 22; Engelhardt: Ritt nach Riga, S. 10; Ettighoffer: Revolver über der Stadt, S. 43f; Freiwald: Die verratene Flotte, S. 90, 221,

242;
　同じく赤軍兵士を娼婦のひもなどとする例はKohlhaas: Männer und Sicherheitskompanien, in SB, S. 96; Goes: Aus dem Tagebuch des letzten Kommandanten von Kowel, in: SB, S. 131ff; Fischer: Die Räteherrschaft in München, in: JKR, S. 150; Rodermund: Rote Armee an Rhein und Ruhr, in: HoDA, S. 109; Schauwecker: Freikorps Epp, in: HoDA, S. 173; Frank: Franz Ritter v. Epp, in: HoDA, S. 68, 77; Weigand: Die rote Flut, in: HoDA, S. 161, 385; Goote: Kamerad Berthold, S. 270, 277; Schulz: Ein Freikorps im Industriegebiet, in: HoDA, S. 33; Maercker: Vom Kaiserheer zur Reichswehr, in: HoDA, S. 194, 238; ほかに娼婦といった事例など、Engelhardt: Der Ritt nach Riga, S. 28; Ettighoffer: Revolver über der Stadt, S. 186; Schricker: Rotmord über München, S. 193; Krumbach: Franz Ritter von Epp, S. 50f; Freiwald: Verratene Flotte, S. 245ff; Mann: Mit Ehrhardt durch Deutschland, S. 17

6　Pikarski: Zeitfreiwilligen-Regiment Pommern, in: SB, S. 359

7　Schulz: Ein Freikorps im Industriegebiet, S. 11

8　Rudolf Mann: Mit Ehrhardt durch Deutschland, S. 75

9　G. M. Gilbert: Nürnberger Tagebuch, S. 34

＊1　もしここで仮定された投射を否定しようとすれば、このような見方を産み出す土壌となった特色を「ユダヤ人」の現実の行動に見つけ出さなければいけないだろう。これらの特色を示すことは、本書の第I巻第一章で「プロレタリア女性たち」の現実を扱う際に述べたのと同じ理由から、ぼくにはできない。ヴィルヘルム期からワイマール期にかけてのユダヤ系ドイツ人の生活環境とその現実的機能や影響力について扱った研究をぼくは知らない。

10　Heinz: Sprengstoff, S. 143f

11　Zöberlein: Der Befehl des Gewissens, S. 509

＊2　「ドキュメント」と銘打たれた映画『永遠のユダヤ人』の中でも同様の告発が重要な役割を担っている。この映画は、「最終解決」が準備される時期に製作され、ドイツのどこの町でも上映された。ツェーバーラインの作品も大いに人気があった。ぼくが引用したのは『良心の命ずるままに』の第十四版（二万八一〇〇―三万一〇〇〇部）で、ナ

チス中央印刷所が発行元である（ミュンヘン、フランツ・エーア発行、初版は一九三七年）。同書の「ミリアム」の章から、「ユダヤ的なもの」から発するあらゆる脅威が一人の女にいかに集中して現われるか、そればかりでなく、いかにしてすべてがユダヤ人の絶滅を動機付けることになるかを示すいくつかの個所を注12でさらに引用する。ツェーバーラインのテキストで特に恐怖が高まるのは、ミリアム自身の口からユダヤ人に対する呪詛が語られる場面である。

12

宴に備えて華やかにセットされたテーブルが一つ、この暗い部屋の中で光を浴びて島のように浮かびあがった。小山のように活けられた贅沢な花が、どっしりとした銀の燭台を取り囲み、燭台に立てられた七本の蠟燭がテーブルを飾る銀やガラス製の什器の上に燦然たる光を注いでいた。灯心が揺れるたびに光は食器の表面でやさしく瞬いた。目もくらむばかりの豪奢に取り囲まれて、六芒のダビデの星が鈍い金色の光を放っていた。そこに坐っているクラフトからは、燭台の七本の腕越しに、漆黒の髪に縁取られたミリアムの美しい顔を透かし見ることができた。ミリアムを取り巻いているすべてのものが、ひとを魅了せずにはおかないことを、クラフトを認めないわけにはいかなかった。部屋全体を充たす黄昏のような闇には、何か不気味なものが潜んでいるような雰囲気が満ちている。クラフトはふと思う。「ヴェヌスベルクに留め置かれたタンホイザーもいまのぼくと同じ思いだったにちがいない」。そこへミリアムが黒い瞳を輝かせて笑い始め、髪を揺らした。クラフトは、いにしえの日、呪文にかけられたタンホイザーが外気と太陽を乞い求めたこと、自分と同じ運命に落ちた者のことを思った。いつだったか、白い裸身に蛇を巻きつけた女の絵を見たことがある。その目が発する魔力は人を捕らえて離さなかった。絵からはなんとも言いがたい、身を縮ませるような恐怖が押し寄せてくるのに、同時にまた甘美な思いが血の中にかきたてられるのだった。それは「罪」と題された絵だ。ミリアムはその絵のモデルとなった女性そのままだった。彼女が口を開くと、蛇がちろちろとすばやく動く舌をのぞかせる様を思わせた。蛇はそうしながら、催眠術にかけるように獲物を金縛りにし、体をうねらせてゆっくりとこちらに忍び寄ってくる。クラフトは以前出会った薬局員の言葉を思い出さずにはいられなかった。こんな場合にはともかくできるだけ激しい嫌悪をかきたてるしかない、と。

「何をそんなに考えこんでいるの」。媚を含んだ声を耳にして目を上げると、ミリアムの哀願するような瞳と、軽く開かれた唇に浮かぶ、心をとろかせる蠱惑的な笑みが目に入った。「どこかであなたに出会ったような気がして……」「私に?」驚いたようにそう声をあげたミリアムは不意に顔色を変えた。「いや、ぼくの目の前にいる伯爵夫人のあなたにではなく、絵で見たことがあるだけなのですが」「まあ、面白いこと」ミリアムはほっと吐息をついた。「でも、伯爵夫人はやめてちょうだい。ミリアムと呼んでくださいな」。彼女はふたたびなれなれしく誘いをかけてきた。「ここにいるのは私たちだけよ。私もあなたを名前で呼ぶわ、ね、ハンス。さあ、乾杯よ」「乾杯」「で、私に似ていたってあなたが言うその絵だけど、どんな絵なのかしら」「ご存知のはずですよ。シュトゥックの〈罪〉という絵です」。クラフトは相手を狼狽させるつもりでそう言った。ところがミリアムは激しい喜びを抑えるように数秒間目を閉ざしていたがふたたび瞼をあけ、いわくありげな笑みを浮かべて、七本の蠟燭の立つ燭台の腕越しに、炎に照らされて輝く顔を向けて彼をじっと見つめた。「〈罪〉ね」彼女はうっとりするような調子で繰り返した。「でも、〈罪〉ってなんなのかしら」。

それからミリアムは冗談や笑いを交えながらクラフトを部屋の隅に大きくくぼんだ壁龕の所までつれていって、掛けられたカーテンを引き開けた。「さあ、これが私の魔法の隠れ家よ」。笑いながら彼女は誘うように腰をかがめ、モカ・コーヒーを持ってこさせるために急いで部屋を出ていった。

クラフトは苦虫をつぶしたような複雑な笑いを浮かべて椅子に坐ったまま、自分を取り巻くこの「隠れ家」のありさまをしげしげと眺めた。一方の壁沿いにはソファと兼用のベッドが置かれ、その上には壁の長さ一杯に本棚があった。クラフトは思わず肩をすくめた。というのも、まぎれようのない目的で壁に貼られたさまざまな裸体画のなかには、最前ミリアムに話したばかりのシュトゥックの〈罪〉の複製も混じっていたからだ。次に何がくるかの予想は大方ついた。あの女は、何を思ってかこの自分に狙いをつけて、媚を含みながら近づき、強引に餌食に襲いかかろうというのだ。いまはあの女に面と向かって、冷たく残酷に、たとえ正真正銘の伯爵夫人を名乗ろうとも、おまえの正体は娼婦だと告げるべきことが彼にははっきりした。そう言っても効き目がなければ、女の腐れきった肉体に自分が抱いている嫌悪を露骨に示してやるとしよう。

(クラフトはそう思いめぐらしながら紙巻タバコをくわえると、それは阿片の味がしたので、吸うのをやめた。周りをあらためて見まわすと、男根を象《かたど》ったインドの神々の彫像がある)

「その小さな神様が気に入ったのかしら」（いつのまにか部屋に戻ってきたミリアムがそう問いかける。彼女は今度は裸の体にじかに流れるように揺れるヴェールをまとっているだけである）

しばらく間を置いてミリアムは立ち止まり、物思いに沈んだ声でクラフトに問いかけた。「あなたの芸術家としての意見を聞きたいわ！」「何についてででしょう」「私の体の線が完璧かどうかよ」「それは自惚れですか」「違うわ、本当にきれいかどうか知りたいのよ」「これまでそんな目であなたを見たことはありませんでした」「いいかしら？」「ご随意に、伯爵夫人。芸術家の目にはすべては清いものです」。それを聞くとミリアムは立ちあがり、着ていたケープを脱いで床に落とした。そして光のほうを向き、両腕を上げて蠱惑的なポーズを取って体を曲げた。「もう結構です！」クラフトは言った。「で、どうかしら」飢えたようにミリアムが問いかける。「お美しいですよ、肉体の線はあなたの種としては完璧です」「種というのは女性として、ということかしら」「いいえ、あなたの人種と言うことですよ、伯爵夫人」。

ミリアムはひどく驚いてクラフトを見つめた。「人種ですって？」ゆっくりと言葉を区切りながら彼女は問い返した。「どんな人種だって言うの？」「あなたの人種、ユダヤ民族のことですよ」「私はドイツ人よ、ユダヤ人なんて存在しないわ」。慌てふためいてミリアムははねつけるように言葉を吐き出すと、落ち着かないしぐさで台の上に載っている彫像を払いのけた。「くだらないゲームだわ」気分を害したミリアムはそう口にしながら急いでこう付け加えた。「ドイツ人種だっていやしないのよ」「いないさ、だがドイツ人の血というものはある」クラフトは断言した。

（それからクラフトは話しているうちに熱くなり、ユダヤ人を罵倒し始める）

ミリアムは微かに身を震わせてうつろな声でつぶやいた。「また寒気がするわ。いつもこんなふうに寒いの。ハンス、私は見るも哀れな人間よ。一度でも心の底から愛してみたいのに、愛が何なのかわからない。あなたには私がユダヤ人の男たちをみんな憎んでいるなんてまさか思いもよらないでしょうね」「いや、わかるとも。憎んででもいなければ、その歳だ。とっくに家族がいておかしくない」「そうできればどんなにいいでしょうに」とミリアムは悲しくつぶやいた。

ミリアムは顔を掌で覆って静かにすすり泣いた。それから不意に耳をそばだてて、手をかざしてクラフトに話しを止めるように促し、こうささやいた。「ねえ、聞こえない？　あなたには聞こえないの。私の心臓が不安のために早鐘を打つ音が聞こえるわ。私を探しているのよ。部屋中を床から天井までさ迷っているのに、私を見つけられないでいるわ。でも私には心に呼びかけることもできない。捕まえてちょうだい。私のところに持ってきて！　早く、どこかに行ってしまうわ」。

クラフトの周りには氷のように冷たい空気がみなぎっていた。口をきくこともできなかった。得体の知れない恐怖のために金縛りにされたかのようだった。ミリアムは途方に暮れてクラフトの前をすり抜けて部屋の隅にうずくまり、何かに追い詰められたように金切り声をあげた。「なに、おまえは？　なにがほしいの？　どこかに行って！　私をほっておいてちょうだい。わたしには何もできないわ。いや、いや、早く消えて！　おまえが悪いのよ。放して、この地獄の犬！」。

ミリアムは身をこわばらせて防ぐように両腕を前に突き出した。目は灼熱するガラスのように前を茫然と見つめ、徐々にそこからは輝きが失われていった。それからゆっくりと後ろに倒れ、死んだように横たわった。顔からは肉が殺げ落ち、ミイラにでもなったようだ。クラフトはまるで部屋の中で幽霊にでも出くわしたかのように、言いようのない恐怖に囚われて総身の力が失せた。

それでもクラフトは倒れたミリアムの体をソファまで運び、毛布をかけてやった。するとどうだろう、彼女の目はふたたび生気を取り戻し、彼に向かって笑いかけようとしているではないか。「もう良くなったのかい」と問いかけると、ミリアムは「ハンス、やさしいのね、あなた」とささやいて彼の手を取って燃えるように熱い額に持っていくと、両目を静かに閉じた。

（彼女の中では獣と死人とが一体になっている。クラフトはクラフト（力）という名前通りにそれに対しては免疫を持っていて、快楽に対しても免疫がある。地獄のあぎとから価値のないものとして吐き出されたあと、クラフトは友人の薬局員のもとを訪ねる。この友人はいわくありげな男で、以前ミリアムは魔女だとクラフトに警告を与えた男である）

「今になっていろいろなことがわかってきた。ミリアムは本当にぼくを愛していたんだ」「それはそうだ、あの女なりのやり方でな」「いや、それとは違う。あの女が哀れに思えるんだ。教えてくれ、どうしたらいいだろう。

「おぞましい限りだ」クラフトは震えあがった。

「それでだ、いいか、聞けよ。この地上にもねずみの王と同じ正真正銘の近親交配を繰り返してきた民族がいる。それがユダヤ人だ。奴らこそ諸民族に冠たるねずみの王といえる存在だ。彼らは金と商売上の利得を求めて長年にわたって同族結婚を繰り返してきた。それがいつの日か、一族のうちどこか末端でこれ以上繁殖を続けることができなくなる。そうすると、自然の目をなんとかして欺かなければならない。そもそもその内部で何が起きているのかを正確に見ることはできないが、内部で起きているだろうことは外から見ても予想はつく。だからユダヤ人の人相には古い血はやっぱり脈打ち続けているというわけだ。ユダヤ人たちはわれわれの労働に寄生して滅びずに生き永らえてきたのだ。寄生生活のおおもとにある古い血はやっぱり脈打ち続けているというわけだ。ユダヤ人が自然の目を欺いて滅びずに生き永らえてきた法則だ。彼らはそれを品種改良だというが、その実とんでもないふしだらな猥雑というべきだ。この交配から得ら

だがその体は実際には無数の体が糸玉のようにもつれ合ったものなんで、体は一つなのにいくつも頭を持っている。その姿はおぞましいものだが、それが発する死臭のためにほかのねずみたちは引き寄せられ、新鮮な血をこの血統の中に供給し、ねずみの王がはらむときには食い殺される。こういう他のねずみがいないことには近親交配を繰り返す一族は老衰のために滅びてしまう。自然の法則で生殖ができなくなるわけだ。自然はねずみの王を望まないのだ。わかるかい」

がいる。こいつは近親交配のために一つに合体したねずみの群れで、体は一つなのにいくつも頭を持っている。

というよ。気分が悪くなってめまいがするといけないからな。一例をあげると、ねずみの王というの

うとするのだ。とどのつまりが麻痺、純然たる狂気さ」「その原因はいったいなんだ」「まずそのまえに一杯ぐっ

気はたえず汚されない血を求めて侵入してくる。魔法のような力で感染した者を駆りたててさらに病気を広げよ

に冒された者は自分が健康だと信じこんでいる。ところがそうしている間に健康な血はどんどん汚染されて、病

かもしれない。だがともかく君があのきわどい場面から逃げ出せたのはよかった。たいがいそうなのだが、病気

逃げ出すべきだろうか」「それは無駄だね。今度はあの魔女が別の手を使ってくるから新鮮な枝が接木されて、さらに繁殖が続けられるだろうことは外から見ても予想はつく。黒人、中国人、アラブ人、ロマン人、スラブ人、ゲルマン人、にはあらゆる人種の特徴が現われているんだ。彼らはどう見てもユダヤ人なんだ。

602

れるものは種の醇化ではなく、退化でしかないからだ。もし他の人種がユダヤ人の女に血を提供することを拒み、あるいは他の人種の女たちがユダヤ人を夫にしなければ、このねずみの王は近い将来、数世代のうちに死に絶えてしまうはずさ」

（一方、ミリアムは毎日多量の砒素を服用して命をつないでいる）

「毒のある実をつける果樹は根こそぎ抜いて火の中に投じなければならない。憐れみは禁物だ。憐れみをもつことは弱みをさらけだすことだ」。その友人はクラフトが納得して頷いたのを見て喜び、立ちあがってこう言った。「外にいるわれらが民族を見たまえ。君の同情と助けを真に必要としている何百万人もの人々がいる。手を差し出さなければ死に絶えるかもしれない人々だよ、クラフト君。これがわれわれの血だ。外来のもの、寄生種のものではない血だ。彼らがヴィーナスそのままの姿を取ったからといってそれがなんだ。われわれの神々は別の姿をしているのだ。この神々がふたたび地上に現われるときには大地は震えるはずだ」（四八三―五一八頁より抜粋）

ユダヤ人種の根絶という「最終解決」が、狂気に陥ったヒトラーや殺戮に取りつかれたヒムラーの考え出したシナリオだとすれば、（ゲーリングまでがニュルンベルク裁判でそう主張しようとしている）三〇年代にこのシナリオにあてはまる作品がなぜあれほど多くの大衆に受け入れられたのか理解できないだろう。エッケハルトの『嵐の世代』が一九三四年から四一年にかけて七万冊しか印刷されなかったのは、ひとえにツェーバーラインの作品ほどは露骨でなかったためと思われる。

しかし、ベストセラーとなったディンターの『血に反する罪』（一九一七年）一つを例にとっても、無意識的なものの欲望生産と、ユダヤ人の（狭義における）「性的なもの」との結びつきが多くの人々にとって、自分たちの生に向きあう活動からのがれる口実となっていたことはほとんど疑う余地がない。ディンターの小説はすでに一九二二年の段階で六九万三千部が市中に出回っていた。これはリヒャルトによる一九一五年から四〇年までのドイツ国内のベストセラー・リストでは五位にあたる発行部数である。

13 Canetti: Masse und Macht, S. 43ff
14 Zöberlein: Der Befehl des Gewissens, S. 495

『血に反する罪』（アルトゥーア・ディンターの民族小説の反ユダヤ的ポスター）

「これが諸君の現在の指導者たちだ　他の者たちをお望みか？　ならばドイツ国権人民党を選びたまえ！」（似顔絵はラーテナウ，クララ・ツェトキンほかユダヤ人政治家）

15 Reich: Die Massenpsychologie des Faschismus, S. 100ff

16 Guy Hocquenghem: Das homosexuelle Verlangen, S. 38（オッカンガム『ホモセクシュアルな欲望』）。これは、フランスの保健省の大臣が、梅毒は同性愛者間での感染によって特に感染力が強まる、という説を唱えたのに対してオッカンガムが答えたものである。似たような説は一九七五年四月二十一日付の西ドイツ週刊誌『シュピーゲル』の、梅毒の新しい感染動向を伝える記事でも取りあげられている。オッカンガムに言わせればこれらはどれも「反同性愛的パラノイア」の実例である。

　敵であるものは皆梅毒にも感染している。たとえばヴァイガントの『赤い洪水』では「梅毒病みの卑劣漢ウィルソン」（十四ポイントの男）が登場する（Weigand: Die rote Flut, S. 464）。ツェーバーラインの『良心の命ずるままに』では共和国派のジーベントリットが武器の闇取引の現場に居合わせて主人公のクラフトやその仲間たちにさんざん殴られるが、この男はクラフトによれば「もしひどい性病にかかっていなかったとしたらどんな病院でも手当てを受けられないありさまだった」（Zöberlein: Der Befehl des Gewissens, S. 591）。

　梅毒の民間的な治療法も似たり寄ったりのものだった。ウルリッヒ・ヤーンの『ポメラニアにおける魔女信仰と魔法』（Ulrich Jahn: Hexenwesen und Zauberei in Pommern, Wiesbaden 1970, Neudruck der Ausgabe von 1886）によれば、「梅毒を治療するには処女と同衾しなければならない。それによって患者の病毒は娘の側に移行する」（S. 163）とされる。また、ハンス・ベヒトルトの『スイス兵士の生活と言葉から』によれば、「性病への感染を防ぐためには、胸のポケットに未通の少女の髪の毛を一束入れておくこと」とある（Bächtold, Hans: Aus Leben und Sprache der Schweizer Soldaten, Basel 1916, S. 19）。ヴィンクラーはヒトラーの『わが闘争』に登場する梅毒に関する引用をリストアップしている（Winckler, Lutz: Studie zur gesellschaftlichen Funktion faschistischer Sprache, Frankfurt 1971 S. 57）。

17 Salomon: Sturm Auf Riga, in: E. Jünger: Der Kampf um das Reich, S. 107

18 Salomon: Die Geächteten, S. 21

19 E. Jünger: Der Kampf als inneres Erlebnis, S. 69

20 ebd., S. 64f

21 ebd., S. 101

22 Fromm: Anatomie der menschlichen Destrukrivität, insbes. S. 316ff

23 これはほとんど役に立たない診断である。およその症例であれ、「症例」と名づけられるものはすべてが臨床的なはずである。「臨床的」という形容詞は、政治的な事象を、それを治療する病院が存在しない次元に持ち越しているにすぎない（もし、世界大戦そのものを巨大な病院と考えれば話は別だが）。

24 フロムは、死体愛好症が死体そのものを必ずしも直接の対象としない、という特徴については無視している。ザトガーが引用する二十八歳の男性病院職員の報告にはこうある。「私は死んで行く女性患者、あるいは女性患者の死体と交接することをしばしば妄想しました。そうすれば他人にわかることはないと思ったのです。なんといっても彼女たちは口も聞けず、死んでいて、私の欲情を眼にすることもないのですから。彼女たちを相手にすれば私の好き放題のことができます。助けを必要としている状態にあるほかの女性患者についても同じことができるはずです。彼女らはいわばがんじがらめに縛られていて、身動きできないか意識を失った状態で横たわっているのです。（……）そこでは性的なものが目立たないことが重要な条件でした」。J. Sadger: Über den sodomasochistischen Komplex., Jahrbuch für psychoanalytische und psychopathologische Forschungen, 1913, 5/1, S. 157–232, S. 214

25 Elias Canetti: Masse und Macht, S. 260–266. カネッティが『群衆と権力』の「生き残るもの」の節で、生き残るという行為をテロルの一形態として書いている部分は、これまで権力について書かれたものの中でもっとも優れた叙述である。

26 Jünger: Der Kampf als inneres Erlebnis, S. 67

27 ebd., S. 21

28 ebd., S. 34

29 ebd., S. 34

30 ebd., S. 65

31 Heinz: Sprengstoff, S. 255

32 死んでゆく者たちや死者を観察する快楽については以下を参照。

Höß: Kommandant in Auschwitz, S. 28ff; Salomon: Die Geächteten, S. 125f; Stenbock-Fermor: Freiwilliger Stenbock, S. 150; Dwinger: Auf halbem Wege, S. 30, 363; ders.: Die letzten Reiter, S. 344, 377, 177; Bischoff: Die letzte Front, S. 71; Killinger: Kampf um Oberschlesien, S. 66; Schauwecker: Im Todesrachen, S. 136ff; Engelhardt: Der Ritt nach Riga, S. 36; Brandes: Baltikumer, S. 125f, 266; Bochow: Sie wurden Männer, S. 77ff; Volck: Rebellen um Ehre, S. 64; Goote: Wir fahren den Tod. ゴーテの著書は全体が生き残ることへの讃歌である（たとえばS. 74, 300f, 353, 386; Freksa: Der Wanderer ins Nichts, S. 24ff; Krumbach: Franz Ritter von Epp, S. 80)。デルマーは古い庭園や城館を目にして「墓の中で生き永らえているエロティシズムの亡霊」を感じ取る（Delmar: Französische Frauen, S. 43)。

ヘルマン・レンスも死んだものに対して同様の視線を持っている（Löns: Der letzte Hansbur, 1909)。「……そして立ちすくんだまま彼は、なかば陸に打ちあげられ、半ばはまだ水に浸ったままの馬の死骸を見つめながら、ふと、森の上の空が赤く染まるこの時刻にゆっくりと戦場を馬にまたがって巡回し、死んだ馬の傍らで冷たくこわばっている死骸を目にするのはどんなにすばらしいだろう、と想像した。これだって人生には違いない。たとえそれで破滅することになっても、どうにも仕方がないことだ」。ハルトゥングはヴァルター・リンデンとともに、レンスの『護りの狼』(Der Wehrwolf, 1910）を「民族主義の基本図書」だとしている（Hartung: Über die deutsche fashistische Literatur, 3 Teile, in: Weimarer Beiträge, Heft 3/1968, Sonderheft 2/1968; ここでの引用は第一部五一九頁による)。この評価はなにも『護りの狼』だけに限る必要はあるまい。

内部――「原人」としての異物

1 Jünger: Der Kampf als inneres Erlebnis, S. 7

2 ebd., S. 8. さらに同書中「血」と題された一節を参照。

3 Dwinger: Auf halbem Wege, S. 330

4 Stefan George: Das neue Reich, Werke Band 9, Berlin 1928, S114. ホッツェルがゲオルゲの詩を扱うやり方は、ゲオルゲの詩に負けず劣らずファシスト的である。引用にあたってはゲオルゲの小文字使用もコンマやピリオドの置き方〔ゲオルゲは普通ドイツ語では大文字で始まる名詞を小文字で書き、コンマやピリオドについても独特の原則を立てた〕も守られていない。引用した詩のコンマはすべてホッツェルによるものである。「血の反照」のあとにはゲオルゲの原詩では二つのピリオドがつけられている。さらに詩には第二連がある。

そしてこの民族がおずおずとした無力の中から
みずからの使命と宿命とを思い出すとき
そのときこそ神の啓示が与えられるだろう……
言いようのない戦慄とともに……するともろもろの手は掲げられ
神の威厳を讃仰する声が満ちるだろう
朝の風の中で靡くのはまことの紋章を印した
王の旗だ　それは神聖なる者たち、英雄たちを迎えて
頭を垂れる

現実の群衆の諸相

1　Cannetti: Masse und Macht, S. 12
2　ebd., S. 17
3　ebd., S. 62
4　ebd., S. 361
5　ebd., S. 350
6　ebd., S. 376f
7　ebd., S. 377
8　ebd., S. 108ff

前方に女あり……

1 Killinger: Männer und Mächte, Die SA in Wort und Bild, S. 41
2 Wittmann: Erinnerungen der Eisernen Schar Berthold, S. 112
3 ebd., S. 112
4 ebd., S. 106
5 Maercker: Vom Kaiserheer zur Reichswehr, S. 30f
6 Oertzen: Die deutschen Freikorps, S. 259
7 Schramm: Die Roten Tage, S. 23
＊1 裏から糸を引くということの立場は，奇妙にもメルカー将軍自身の立場と重なる。
8 Maercker: Vom Kaiserheer zur Reichswehr, S. 164
9 Wittmann: Erinnerungen der Eisernen Schar Berthold, S. 130
10 ドナートがこの種の女性の口に向けて発砲したことについては第I巻一章の「女たちへの攻撃」を参照のこと。デモの先頭に女性が立っているとする例は他にも多数ある。
Salomon(Hg.): Das Buch vom deutschen Freikorpskämpfer, darin: Roßmann/Schmidthuysen: Der blutige Montag in Duisburg, S.392; Lützkendorf: Aus Halles ⟨roter Zeit⟩, S.369; Gengler: Rudolf Berthold, S.157; Goote: Kamerad Berthold, S.340; Crasemann: Freikorps Maerker, S.40; Kohlhaas: Der Häutptling und die Republik, S.212f; Kessel: Handgranaten und rote Fahnen, S.153; Volck: Rebellen um Ehre, S.19; Schricker: Rotmord, S.20
11 Lettow-Vorbeck: Mein Leben, S. 183
12 第I巻一章「女たちへの攻撃」でのメルカーの提案を参照。
13 Pikarski: Freiwilligen-Regiment Pommern, in: SB, S. 358f
14 Heydebreck: Wir Wehrwölfe, S. 31f
15 Salomon: Hexenkessel in Deutschland, in: JKR, S. 19

16 Dwinger: Auf halbem Wege, S. 257
17 E. Jünger: Über den Schmerz, S. 183

不気味なもの

1 Selchow: Hundert Tage aus meinem Leben, S. 327
＊1 敵が「まったく未知」であればこそ、敵について勝手な想像をめぐらせることができるわけである。
＊2 労働者の部隊は『ドイツ義勇軍の書』の中でたび重ねて「ゾルダテスカ」と呼ばれている。この奇妙な呼び方は一九三三年以降はじめて可能になったもので、編者であるザロモンが取り入れたことは明白だ。
2 Hesterberg: Felddivision und Freikorps..., in: Salomon: Das Buch vom deutschen..., S. 223
3 Schaumlöffel: Das Studentenkorps Marburg in Thüringen, S. 17
4 ebd., S. 10. 同様のことをヘスがバルト地域での戦闘について書いている。
Höß: Kommandant in Auschwitz, S. 35; Maltzan: Die Spandauer stürmen Bauske, in: SB, S. 160; Wilden: Durchbruch..., S. 61. ゼルショによる比較。「フランス兵は敵であるが、騎士道にかなった敵であった。自国で私に立ち向かった新たな敵たちは、私の名誉の最後の一片まで汚さずには済まない連中だった」(Selchow: Hundert Tage..., S. 352)。
5 ドゥースブルクにおいて二人の証人（リングライプ、ドゥ・プレー）によって記録された資料。13. April 1920, in Nachlaß Severing: AIII
6 Mann: Mit Ehrhardt..., S. 204. ドヴィンガーの『道半ばにして』にこれとほとんど一字一句同じ個所が対話の形で取り入れられている (Dwinger: Auf halbem Wege, S. 313)。ドヴィンガーは同じやり方で以前他の作家が書いたテキストをしばしば「利用」した。
7 Salomon: Hexenkessel in Deutschland, in: JKR, S. 36
8 Salomon: Die Geächteten, S. 11
9 ebd., S. 19. 男性的コミュニズムについては次の文献。Volck: Rebellen um Ehre, S. 55. 追跡者たちは一人のボルシェヴィキが「死にもの狂いで」藪の中に駈けこんでまんまと逃げおおせる様がみごとだったと快哉を叫んでいる。

失神と脱 - 肉化　群衆の中での崩壊

1 Salomon: Die Kadetten, S. 269f

2 ebd., S. 98

3 ebd., S. 99

群衆と文化　高みに立つ唯一者

＊1 「高みに立つ唯一者」についてのもっとも奇妙な資料の一つは、『マインツ、歌と笑いの日々』に収められた「ドロミテ戦記」である。ドロミテ山頂でのオーストリア軍とイタリア軍の戦いは、作戦的な価値はゼロに等しかったが、ウィーンとローマの中枢部の司令で継続された。先頭の部隊は高山山頂の厳寒の地で、火器まで凍りつくほどであった。

1 Dwinger: Auf halbem Wege, S. 23

＊2 ゲーリングはニュルンベルク軍事法廷に際して、アメリカ人はドイツの立場を理解するほど教養がないだけだ、と述べている（Gilbert: Nürnberger Tagebuch, S. 337)。

2 von der Goltz: Meine Sendung in Finnland und im Baltikum, S. 143f

3 Gengler: Rudolf Berthold, S. 103

4 von der Goltz: Meine Sendung in Finnland und im Baltikum, S. 157, vgl. auch S. 284f

5 Jünger: Der Kampf als inneres Erlebnis, S. 54

6 Goebbels: Michael, S. 33

7 Delmar: Französische Frauen, S. 22

8 ebd., S. 79f

9 Höß: Kommandant in Auschwitz, S. 107

10 Heinz: Die Nation greift an, S. 37f

11 Iger: Spartakustage, S. 25

12 Dwinger: Auf halbem Wege, S. 464

13 Weigand: Die rote Flut, S. 452

14 Ferenczi: Versuch einer Genitaltheorie, in: Schriften zur Psychoanalyse, Bd. 2, S. 331

＊1 植字の際に「性器の（ゲニタール）優位」が「天才の（ゲニアール）優位」と誤植された。ありうる間違いである。

15 フランスの精神分析家ルース・イリガライはあるインタビューの中でこう述べている。

女性は単一の姿を取る性であるばかりではなく、少なくとも二つの姿の性を備えた存在である。この多重性はクリトリス／ヴァギナという二重性ではなく（この区分そのものが男性の媒介変数（パラメーター）に由来するものだ）、常に互いに触れ合っている二つの陰唇に由来している。それは女性の性愛の特色をなす部位で、この形状のために女性はわれわれの文化が男性の性的観念の投影として優遇している「唯一のもの」「統一」「個人」といった価値から閉め出されているのである。というのもペニスもまた「一つ」であり、苗字（父親の名前）も「一つ」に限られ、本源的な意味での「唯一のもの」、すなわち言述の統一と連続、個人主義、私有財産もことごとく「一」なるものだからである。

そのために、女性に対しては接触より視線が重視される。女性が視線を捉らえる美しい対象として受け入れられればそれだけいっそう、その性は「蒙昧」と「穴」を示す恐怖の像となり、表象のあらゆる階梯から排除される。（『アルターナティヴェ』誌一〇八、一〇九号、一九七六年六月・八月、一二六頁）

ちなみにイリガライは陰唇が互いに触れあうものだとしている。ドイツ語の訳では二つの陰唇は接触した「状態である（stehen）」とされている。

16 Freud: Die Frage der Laienanalyse, in: GW XIV, S. 223（「素人による精神分析の問題」）

17 自我の通常の状態については、ウルリヒ・ゾンネマンの所見が妥当するかもしれない。ゾンネマンによれば、フロイトの自我は「典型的な官僚タイプであって、好んで外交官的な役割を担いたがる。この自我は懐疑的で陰気で、根本的には身の安泰にのみ心を砕く、ブルジョア的で憂鬱な性格のものである」（Sonnemann: Negative Anthropologie,

S. 77『否定的人類学』)。兵士的自我も、ある有名な兵士的理論家が言った通り、この官僚的自我を他の手段で延長したものにほかならず、本質としては変わるところがない。

18 Berthold Tagebuch, in: Gengler, Berthold, S. 92

＊2 こうしてファロスの一部となった者がヴァルハラ〔軍神オーディンが戦死者たちを迎える霊廟〕に入場する。

19 ベルトルトは英雄として、自分にとって価値あるものを最後の最後まで後生大事に堅持する者として死ぬ。

20 Eggers: Der Berg der Rebellen, S. 215

21 Benjamin: Theorien des deutschen Faschismus, zit. nach: Das Argument Nr. 30, S. 135

＊3 「シニフィアンの帝国主義は、『それはなにを意味するのか』という問いからわれわれを解放しない。この帝国主義はあらかじめ問いを遮断したうえで、あらゆる答えを単純なシニフィエの序列へと帰属させては、答えのどれもが不満足なものだと宣告する」(「さらに先に行ける答えがあるはずだぞ」、と言って)。「それは王宮の若い犬たちが、唱句の水を早々と飲みほしてしまったために、飽きることもなくこう叫んでいるようなものである。『シニフィアン、シニフィアン、おまえはまだシニフィアンに到達していないぞ、まだシニフィエのままだぞ』と。犬たちはシニフィアンにのみ喜びを見いだす」(ぼくにはまだ犬たちが吠えるのが聞こえる。「どこに根本的矛盾があるのか」と)。「しかし主人であるシニフィアンはこれまであったままの旧態依然たる姿をしている。それは不足があれば連鎖するすべての要素にその不足を分配する超越的な在庫であり、共通する不在を意味する共通項であり、まったく同じ場所、同じ切り口であらゆる流れの切断を始めた創設者である。離脱した対象、ファロスと去勢、憂いに沈む臣下たちを偉大なるパラノイアの王に服従させる横木といったものである」(Deleuze/ Guattari: Anti-Ödipus, S. 268)。ベヒトルトの『ドイツ兵の慣習……』には、もし男と女が似通って区別できなくなってしまえば、戦争が起こるだろう、との予言がある (Bächtold: Deutscher Soldatenbrauch..., S. 6)。シニフィアンが消えるところ、戦争が発生するというのである。

＊4 ファロスはドイツ語では天(ヒンメル)と語呂が合うために陰茎(ピンメル)とも呼ばれる。

＊5 この場合「広大な海」は「上」に属する。

22 Jünger: Der Kampf als inneres Erlebnis, S. 31

23 ebd., S. 6

24 ebd., S. 5

25 Ewers: Reiter in deutscher Nacht, S. 287

26 Balla: Landsknechte wurden wir, S. 126

27 ebd., S. 126f

28 上／下、文化／野蛮という対立は他にもさまざまなニュアンスをともなって現われる。ザロモンは「勇気のある人間」と「怖気をふるう人間」を区分し、ラーテナウの最大の過ちは「怖気をふるう人間」をひいきにしたことにあるとする（Salomon: Die Geächteten, S. 270）。フォン・ゼルショはホッテントットとヘレロ族（西南アフリカの部族。ここにドイツ領西南アフリカがあった）を区別し、前者は遊牧民であるがゆえに文化を生み出すことができず、後者には所有への強い欲求があるために、限定的ではあるが文化を生み出すことができるとする。文化は計画された事業から生ずるとされる（Selchow: Hundert Tage..., S. 203）。さらにゼルショウは文化の指標として高等な言語と日常言語の違いを指摘する（Hundert Tage..., S. 129）。もちろん文化と機械との対比も行なわれる（Delmar: Französische Frauen, S. 86）。

精神分析学の当初の課題は、ここに現われたような帝国主義的な文化観をヨーロッパの男性的妄想の一環として分析することであったはずである。ところが、フロイトに見るように、精神分析そのものが抜きがたい帝国主義的性癖を持ち続けている。それについてフェレンツィの例もあげておこう。フェレンツィは「卑猥語」が持つ意味に関連してこう書いている。「下層階級、特にジプシーの生活から私が見聞したところによれば、彼ら文化的洗練を経ない人々においては卑猥語がおそらくより多く快楽に結びつけられているだけでなく、文化的人間の語彙において観察されるほどには一般的語彙から隔たっていない」。さらにフェレンツィは、卑猥語が身体の運動性により近い出所を持つことを指摘し、この運動性を退行的なものとみなす。かくして、この場合にも身体を放棄することが「文化」に近づく「前進」として肯定的に評価されるのである。一方、身体の近辺に留まるものは「原始的」もしくは「退行的」とされる（Ferenczi: Über obszöne Worte, Schriften I, S. 70ff）。

29 この関連はジャン・ルノワールの映画『ゲームのルール』（一九三九年）に見ることができる。狩猟同好会の射撃は感情を直接の標的にした射撃である。そこでは獲物となる動物は象徴的な意味を持つことがなく、生きたものが狙われる。

30 Lettow-Vorbeck: Mein Leben, S. 272

31 ebd., S. 273

32 Freksa: Kapitän Ehrhardt, S. 40ff. 密猟については、以下の文献を参照。Koll: Die Männer von Tirschtiegel, in: SB, S. 229f; Schramm: Rote Tage, S. 95; Eggers: Berg der Rebellen, S. 159; Maercker: Vom Kaiserheer..., S. 178; 狩猟については、Herzog: Wieland der Schmied, S. 49; Cranz, Carl: Flieger im Baltikum, in: SB, S. 172; Jünger: Abenteuerliches Herz, S. 123; W. Frank: Epp..., S. 143; Lettow-Vorbeck: Mein Leben, S. 38f, 47, 71, 77, 106, 110f, 121f, 196f, 217, 223, 229, 236f, 240, 269-276; 「豚（猪）は大多数の神話において女性もしくは女神に帰属する獣とされている。したがって、猪狩りは同様の抑圧の過程を象徴するものと推定することができる」(Kurnutzky: Triebstruktur des Geldes, S. 63)。

33 ついでながら付け加えると、なぜ交尾期の鳥が好んで狩猟の対象になったかは、鳥たち特有の習性から明らかにしうる。「(交尾期には) 鳥たちの嗅覚中枢は小さくなり、それに伴って視覚が重要な意味を持つようになる」。色彩感覚が鋭敏になり、色彩も多様になる。「……動物学的にいえば鳥類は人類とは遠く隔たっているにもかかわらず、われわれが鳥たちの社会行動と求愛を理解できるような気がするのは、これらの行動が人類と同じく聴覚と視覚信号に基づいるからである。それに対して哺乳動物の行動は嗅覚的信号によって媒介され、嗅覚についていえば人類は大きく劣り、この分野でわれわれは盲目か聾に近い」 Morgan, Elaine: Der Mythos des schwachen Geschlechts, S. 114（エレイン・モーガン『女の由来』)。

34 Balla: Landesknechte wurden wir, S. 127ff

文化と軍隊

1 Jünger: Der Kampf als inneres Erlebnis, S. 37

2 Mann: Mit Ehrhardt durch Deutschland, S. 215

3 von der Goltz: Meine Sendung..., S. 2

4 Dwinger: Auf halbem Wege, S. 28

5 Jünger: Der Kampf als inneres Erlebnis, S. 63

＊1 文化にふさわしいのは長靴であるがゆえに、人造皮革の靴は文化の構成要素とは認められない。

6 Jünger: Der Kampf als inneres Erlebnis, S. 56

7 Dwinger: Die letzten Reiter, S. 436; Jünger: Der Kampf als inneres Erlebnis, S. 24f, 41, 64, 108; ders.: Feuer und Blut, S. 66f; Salomon: Nahe Geschichte, S. 19; カウッター海軍大尉指揮下の第二旅団の解散を歌った詩『別れ』の第五連を参照（SB, S. 350)。Günther: Deutsches Kriegertum, S. 200. ヴィルヘルム・シュラムの『戦争の創造的批判』では理想的戦争とは、技術や物質的利害に影響されない、各国から選りすぐられた男たちの戦闘の舞台だとされている。戦争は「男性間の闘争の最高にして至純の形態」であるべきなのである（Wilhelm Schramm: Schöpferische Kritik des Krieges, S. 40)。

8 Heinz: Sprengstoff, S. 48

9 Jünger: Der Kampf als inneres Erlebnis, S. 25, 41

10 Dwinger: Die letzten Reiter, S. 359

11 ebd., S. 358

12 秘密結社的なロマン主義は、ナチスの行なう儀式において当初から重要な位置を占めていた。結党間もないころには「旗への誓い」の儀式がもっとも重要なものだった。突撃隊員はだれもが「血染めの旗」に触れることで初めて仲間として本当に受け入れられた。この旗は一九二三年十一月九日の将軍廟への行進にあたって隊列の先頭に掲げられたもので、「運動」のために最初に命を落とした者たちの血に浸された旗だとされた。旗への誓いの儀式は深夜に秘密のうちに行なわれた。「星の瞬く夜だった。月の光が湖の神秘的な波を銀色に染めたが、その実際の深みは測りかねた。しかし底知れぬ湖よりも深いのは、この洞窟の中でドイツのために、それを導く指導者のためにリュトリの誓い〔一二九一年にスイスのリュトリで締結された「永久同盟」。スイス連邦の始まりとされる〕を立てようと集まった男たちの愛である」(Berendt: Soldaten der Freiheit, S. 297. ベレントが描くのは北ドイツで最初に行なわれた旗への誓いの儀式であり、場所は石灰鉱山の坑道だった）。ナチスの儀礼は外向けには集団的であり、内向けには秘密結社的な性格を持つ。それは都市から離れた場所、大地の内部、岩窟の中、森の中などで行なわれた。

戦場で負けることなし

1 Plaas: Das Kapp-Unternehmen, in: JKR, S. 179

2 「恥ずべき染み」については以下を参照。Loewenfeld: Das Freikorps von Loewenfeld, in: RDS, S. 149; Salomon: Die Brigade Ehrhardt, in: RDS, S. 120; Frey: Die Versenkung der deutschen Kriegsflotte bei Scapa Flow, in: JKR, S. 62; Mann: Mit Ehrhardt..., S. 218; Freksa: Kapitän Ehrhardt, S. 121; Niemöller: Vom U-Boot zur Kanzel, S. 139; Förste: Vom Freikorps zur Kriegsmarine, in: RDS, S. 102

3 Mahnken: Gegenstoß im Westen 1919, in: RDS, S. 59

群衆と人種

1 Delmar: Französische Frauen, S. 78

2 ebd., S. 143

3 Reich: Die Massenpsychologie des Faschismus, S. 100ff

4 たとえばWeigand: Die rote Flut, S. 465.「わが民族の一部はゲルマン民族のうち主人となる民族の末裔に連なることを誇りとしてよかろう。それに対して大都市に居住する歴史なきプロレタリアートの大部分はアーリア人以前の血を受け継ぐ者たちだ……」など。

5 Deleuze/Guattari: Anti-Ödipus, S. 358（ドゥルーズ／ガタリ『アンチ・オイディプス』）

6 ebd., S. 515

＊1 第I巻であつかった兵士的男性の、歴史を大人物の歴史や巨大な時間的統一体として見る妄想はおそらくこのために生まれるのだろう。兵士にとって、自分の内部の氾濫に押し流されることは、ドイツが沈下し、世界が没落するのに等しい。世界戦争は兵士たちの肉体の苦悩が姿をとったものである。巨大な統一体という妄想は、彼らが果てしな

い群れの中に拡散することを防ぐのである。

7 Deleuze/Guattari: Anti-Ödipus, S. 360-381.「モル的」とは物理学的な単位である「モル」から派生した表現である。一モルは一グラム分子量にあたる。一グラムあたりの分子量は六×一〇の二三乗にあたる。したがって「モル的」という形容詞は、すべてを巨大な数の概念のもとで組織化された形態にまとめあげる、集合的占有の様式を示すために使われる。

ファシズムは群衆について二つの異なる概念を巧妙に使い分けた。「群衆を煽動して街路へと駆り出す敵に対抗するためには、同じく群衆を街頭に繰り出さねばならない。ただしそれは訓練を受け、統制され、確実な指揮のもとに置かれた群衆である」(Killinger: Die SA, S. 5)。

8 「万物の父である戦争は、人種を形成する力をもつことも明らかになった」(Heinz: Die Nation greift an, S. 17)。同様の意味でユンガーは戦争の中で「新しい種族」が出現するのを見る (Jünger: Der Kampf als inneres Erlebnis, S. 2, 32, 52f)。

9 シュラミス・ファイアストーンがこの事情をアメリカ合衆国における黒人と白人の関係について指摘している。ただし、彼女はそれを残念ながら家庭内化してしまうのであるが。ここでは白人の父親がボスとして白人の妻を抑圧し、そのために妻はひそかに息子(黒人の男性)を愛する。ところがこの息子は奴隷であるがゆえに黒人の女性からは軽蔑され、一方黒人の女性は、黒人の男性によって自分が売られる先の白人男性を渇望する(それはヒモのコンプレックスと呼ばれる)。Shulamith Firestone: Frauenbefreiung und sexuelle Revolution, S. 100-111 (英書の原題はThe Dialectic of Sex). ファイアストーンの立論の弱点は、この人種的関係がブルジョアジーとプロレタリアートの関係にも「適用」可能なことにある。しかも適用が可能なのは、家父長制の中で優位を占める、さまざまな関係に含まれるオイディプス的構造のコードが階級間で再現されているからなのである。このモデルにおいては、人種差別論者はみずからと戦っているから危険なのだ、という事態は感知できない。だれも自分の妻が「下等な人種」と浮気をするからといって世界を根絶やしにするまでにはなるまい。——このように、女性フェミニストですらしばしばオイディプス化の罠にはまることからのがれられないのである。

国民

1 Heinz: Sprengstoff, S. 162
2 Eggers: Der Berg der Rebellen, S. 39
3 Schauwecker: Aufbruch der Nation, S. 324
4 Salomon: Die Geächteten, S. 34
5 Schauwecker: Aufbruch der Nation, S. 209
6 Heinz: Die Nation greift an, S. 12
7 Mahnken: Freikorps im Westen 1918/20, in: HoDA, S. 90
8 Schauwecker: Aufbruch der Nation, S. 369
9 Heinz: Sprengstoff, S. 136
10 ebd., S. 177
11 Heinz: Die Nation greift an, S. 10
12 Schauwecker: Aufbruch der Nation, S. 247
13 ebd., S. 246
14 Heinz: Die Nation greift an, S. 9
15 Bronnen: Roßbach, S. 165
16 Goebbels: Michael, S. 113
17 マーガレット・マーラー『共生と個体化』による(Margaret Mahler: Symbiose und Individuation, S. 48)。マーラーによれば、共生的なパートナーから離脱して行動することができない幼児たちは、このパートナー(たいていの場合は母親である)を「延長された身体」として利用するという。
18 Heinz: Die Nation greift an, S. 10
19 Bronnen: Roßbach, S. 147
20 Salomon: Die Geächteten, S. 203; vgl. auch ebd., S. 111f

21 Heinz: Sprengstoff, S. 143

22 Maercker: Vom Kaiserheer..., S. 355

23 Günther: Hamburg, in: JKR, S. 51

24 Salomon: Die Geächteten, S. 155f

＊1 兵士的男性は決して分裂症にはならない。彼は異なるものを一つにまとめあげようとするパラノイアである。迫害された強迫症患者である。自分が分裂するかわりに彼は他人を引き裂き、自分を支えるための材料として積み重ねる。分裂症（スキゾ）的人間と強迫症的人間の違いをもっとも簡単に言い表わせばこうなるだろう。スキゾ的人間が自分を引き裂く（ただし、斧によって文字どおり裂くのではなく、欲望の多様な分肢に沿って引き裂くことだ）のは経験的過程であるのに対し、強迫症的人間が他人を引き裂くのは殺人である。ドゥルーズ／ガタリはモル的備給を「パラノイア的・ファシスト的備給」と名づけている。「パラノイア的人間は大衆を機械に変える。彼は巨大なモル的集合を扱う芸術家である。彼が扱うのは、統計学的な組織体や群れ状の組織、組織化された集合的現象である」（Anti-Ödipus, S. 360f）。それに対してスキゾ的・革命的備給とは、分子的集合の中で起こる出来事であり、分裂し、多様化し、さらに新たな種類の組み合わせを作り出す。「スキゾ的人間」は欲望にもっとも近い場所にいる。ただし、死んだ肉体や、平坦な表面を持つモル的な単位の世界では彼は撥ねつけられ、自分を分裂させるしかなくなる。革命的な過程は空回りし、すさまじい苦痛だけを残すことになる。

＊2 ともかく「一つにまとめあげること」が要求される。ファウストが知ろうとしたのも「世界を底の底でまとめあげているものはなにか」だった。

25 Schauwecker: Aufbruch der Nation, S. 245ff

26 Ernst Jünger (Hg.): Der Kampf um das Reich, S. 9

27 Jünger: Der Arbeiter, S. 35; Salomon: Die Kadetten, S. 66

28 Ernst Jünger (Hg.): Der Kampf um das Reich, Vorwort S. 8. 戦争を出産とみなす他の例は次を参照。von Schramm: Schöpferische Kritik des Kriegers, in: Ernst Jünger (Hg.): Krieg und Krieger, S. 49; Friedrich Georg Jünger: Krieg und Krieger, in: Ernst Jünger (Hg.): Krieg und Krieger, S. 56, 58, 61

＊3　男たちが女性の出産能力に対して挑む戦いについては、ギゼラ・シュテリによる本書第Ⅰ巻への書評を参照されたい（Die Zeit, 24. November 1977）。

29　Ernst Jünger (Hg.): Der Kampf um das Reich, Vorwort S. 7. ほとんど同じ表現がザロモンにもある。Salomon: Der verlorene Haufe, S. 113

30　クルト・ゾントハイマー『ワイマール共和国の反民主思想』は国民に関して述べた節でその主な特色を数えあげている（男性的、兵士的、戦闘的であること、兵士的男性がその肉体にそなわる不確実なものからその「上」と「下」とが演繹される支配構造であること、未来と祖国とを生み出すこと）。Sontheimer, Kurt: Antidemokratisches Denken in der Weimarer Republik, S. 317ff. ただし、その中で取りあげられているのは、国民が「上部」を意味していること、「民衆」に対する支配となんらかの係りを持つことである。それについてはゾントハイマーが引用している史料（特にウルマンス、メッツナー、メラー・ファン・デア・ブルック）がある程度包括的な結論を導く典拠となっている。

ゾントハイマーは彼が「非民主的思想」と名づけるものの調査報告にしばしば限定していて、この思想に対して、精神史の立場から批判的なコメントをつける。その際「非合理主義」などの評価が重きをなす。特にゾントハイマーの関心をそそるのは「新思想」の「精神的基盤」（S. 46）である。そのために彼は理論的な著作（政治的、学問的、精神史的、文化哲学的著作）を主な典拠とし、小説や伝記といった類は考慮しない。にもかかわらず、そこで導き出されている結論とここでの結論がしばしば一致しているのには驚かされる。彼が描き出している知的情況は小説からの引用によっても裏付けられるだろうし、ぼくが引き出している多くの結論の典拠としてゾントハイマーが使っている史料をあげることもできよう。二〇年代ドイツにおいてファシズム的な感性が広範に広がっていたことは至るところで裏付けられるものだ。ワイマール「共和国」における右派の文献目録だけでも優に辞典級の規模を必要とする、というアルミン・モーラーの指摘でもまだ控えめだ。ぼくの考えではその辞典は目録だけで数巻が埋まりかねない（Armin Mohler: Die konservative Revolution in Deutschland 1918–1932. Grundriß ihrer Weltanschauungen. Stuttgart, 1950 S. 212）。

31　Heinz: Sprengstoff, S. 51.「国民」についてはほかに次の文献も参照。Eggers: Von der Freiheit des Kriegers,

S. 30（平和主義すなわち去勢）；Freiwald: Die verratene Flotte, S. 248（国民の自己去勢）；Volck: Rebellen um Ehre, S. 9

32　Bronnen: Roßbach, S. 71

＊4　「平時」における白色テロルの例をあげよう。一九一八年から三一年にかけて、ドイツで二万五〇〇〇人の炭坑労働者が「事故」で死んだ（Stenbock-Fermor: Deutschland von unten.）。一方、一九七七年にはドイツ連邦共和国で三時間に一人の労働者が事故により落命している（テレビ・ニュース「ターゲスシャウ」一九七七年十一月二十三日による）。剃刀の刃が埋まっている危険な場所は多い。

民　衆

1　Bronnen: Roßbach, S. 53

2　Goebbels: Michael, S. 21

3　Blüher: Führer und Volk in der Jugendbewegung, S. 3

4　本書第一巻「姉妹たち」の章を参照。

5　Blüher: Führer und Volk in der Jugendbewegung, S. 4. あるいは、エッガースの次のような表現。「われわれは擾乱の棘とならなければならない。われらの民衆が飽満し怯懦な状態にあるときには、その肉体を苛む棘とならなければならない」(Eggers: Von der Freiheit des Kriegers, S. 62)。

6　Jünger: Der Kampf als inneres Erlebnis, S. 116

＊1　ぼくは「民衆」は決して「国民」にはなりえないと書いたが、それは必ずしも正確ではない。帝国主義下の戦争において、他の諸民族が支配される「民衆」とならざるをえない場合、占領する側の民衆は、統率者に従う限りは「国民」へと昇格される可能性がある。「ドイツ・ナショナリズムとは、ドイツの民衆が信仰と血と歴史と風景と言語の統一によって定められた魂の王土を、限りなき支配権の中で国家的・文化的・経済的に実現すべく掲げる明確かつ絶対的な要求である。この支配権の中心にあるのは、すべてのドイツ民族を包括するドイツ帝国である」(Heinz: Die Nation greift an, S. 9; Salomon: Die Geächteten, S. 297 も参照)。

＊2　性交に際して積極的に振るまうのは、娼婦のしるしであると共に、特権でもある。

全　体

1　Selchow: Hundert Tage aus meinem Leben, S. 324 より引用

2　Curt Hotzel (Hg.): Student 1918, in: HoDA, S. 7

3　Heinz: Die Nation greift an, S. 17

＊1　軍隊では「全体、止まれ」という号令に続いて、ただちに「どの部隊に所属しているか」が問われる。

＊2　これは家庭内の「白い女性」についてもあてはまる。家庭もまた支配からなる結束であり、全体であることに変わりない。

4　Goote: Die Fahne hoch, S. 391

5　Curt Hotzel (Hg.): Student 1918, in: HoDA, S. 7

6　Schaumlöffel: Das Studentenkorps Marburg in Thüringen, S. 55

7　Mahler: Symbiose und Individuation, S. 48
　マーラー「共生的なパートナーと離れては機能できない自我は、全能の母親と一体化された状態という偽りの幻想の背後にあらためて身を隠そうとする」(S. 48)。それに対して、ヒエラルキー化された全体構造は母親との「一体化」を反復するものではない。兵士にとって部隊とは母体のようなものではない。むしろ、それは母体からのがれるのに手を貸す組織である。これについては第四章「自我と維持機構」の節でより詳細に論じられる。プログラムとしての全体性についてはオットー・シュトラッサーに数多くの証言がある。Otto Strasser: Aufbau des deutschen Sozialismus, Leipzig 1932. またフレクサにも人間—戦友—連隊—軍隊—祖国からなる一連の全体的組織が現われる。以下も参照。Freksa: Der Wanderer ins Nichts, S. 362. 兵員—中隊—連隊—軍隊—祖国という関連についてはMüller: Freikorps Haas: Soldat und Vaterland vor 15 Jahren, S. 26. 義勇軍兵士は「鉄の鎹《かすがい》」で祖国をまとめあげなければならない、とされる。

＊2　「全体」を必要とする夫と、服従する「白い」妻との婚姻関係の中でこのことがなにを意味するのか考えてみよう。

この結びつきが構成する「全体的構造」において、白い妻は時には、服従により無害なものに変えられた夫の内面や「下部」を代行する。またときには「良き母親」と社会的に名づけられた存在として、男を呑みこむことのない共生関係（実はヒエラルキー化された関係）を保証する。ここでは男と「良き母親」との関係は、近親相姦的関係ではない。それは寄生的な搾取が行なわれる抑圧的関係にすぎない。

この関係の中で母親＝幼児という二者単一体が取り戻されるわけだが、それは今は支配‐被支配の関係である。そこで夫は、乳飲み子であると共に妻の支配者〈父〉でもある。養育されていながら暴君でもあるのだ。妻は服従することで夫を養い、満足させ、その全体性に奉仕する。夫は「全体」を体現するやただちに支配者となり、自分の母親を抑圧する存在となる。この地位において夫は母親の父のように機能する。つまり母方の祖父となるのである。妻の子どもであるとともに妻の父でもある彼と、夫の母であるとともに夫の娘でもある彼女とはいつでもすれ違う。同じ土台に立つ男と女という対《ペア》になることは決してないのだ。同じ土台に立つことがあるとすれば彼女は夫たる男性の「姉妹」の代行者として現われる（これについてはすでに第I巻で見た）。この場合には快楽に満ちた愛の関係の前には、近親相姦の禁忌が立ちふさがる。

法的・社会的には二人は夫と妻として同衾する。しかしゴリラが腕の中で押しつぶすのは妻であったためしがない。巨大な赤ん坊が乳房に吸いつく相手もまた妻とは言えないのだ（たとえそれを養うためにさんざん苦労しようとも）。しかし、男が自分自身の祖父にへりくだってまで、自己の全体の「母親」である女性の中に宿させた子どもは、彼女がただ一人で生まなければならない。

*3 『アルタナティーヴェ』誌、一〇八・九号、一二六頁。メルヴ社から出ているイリガライの小著二点（『女の狂ったディスクール』『無意識、女、精神分析』）も参照のこと。

帝国への道の先駆者

1 Jünger: Der Kampf als inneres Erlebnis, S. 30
2 Rosenberg: Vorwort zu: Dietrich Eckart..., S. 11
3 Roßbach: Mein Weg durch die Zeit, S. 215

4 ゲッベルスとハンス・ハインツ・エーヴェルスの行なったホルスト・ヴェッセルの偶像化の例が示すとおり、これもまたカップを英雄とすることを妨げる理由には必ずしもならなかったようだ（これについてはブレヒトを参照。Brecht: Die Horst-Wessel-Legende, in: GW 20, S. 211ff, zu Ewers Roman: Host Wessel, Berlin 1933）。しかしカップの裏切りは世に知られすぎていた。だれも知らないヴェッセルからなら、望みどおりの偶像を造ることができたわけだ。

＊1 預言者モーゼを通すために紅海が裂けて道が開けたのを思わせる。

5 Wittmann: Erinnerungen der Eisernen Schar Berthold, S. 115

6 ebd., S. 116

7 「説得は実を結ばない」とベンヤミンが言っている。このアフォリズムの表題は「男たち（男性用）」である（Benjamin: Einbahnstraße, Schriften I, Frankfurt 1955, S. 517『一方通行路』）。

8 Goote: Kamerad Berthold, S. 351

9 似たような先駆者として、ファシズム文学には群衆を操る別の調教師もしばしば登場する。一九一八年における社会民主党の指導者である。この年の十二月十九日にベルリンで行なわれた労働者・兵士協議会（レーテ）の全国大会での混乱を描いた描写がある。「そこでエーベルトが悠然と立ちあがり、議長席に歩み寄り、ライネルトを脇へ押しのけると敢然として演説を始めた。果敢かつ巧妙な演説であり、赤い群衆はたちまち満足し、数分後には議場を出ていった」。これは感嘆した観察者の記述である（海軍省の委託による記録）。von Selchow: Hundert Tage aus meinem Leben, S. 299

10 ヴェッセルは娼婦エルナ・Jの情夫の後釜になったために、以前の情夫のアリ・ヘーラーに射殺された。Scheer, Maximilian: Blut und Ehre, S. 150; anonym: Naziführer sehen dich an, S. 177ff を参照。

11 Rosenberg: Dietrich Eckart..., S. 65 に引用。

12 Zöberlein: Der Befehl des Gewissens, S. 538

13 Canetti: Masse und Macht, S. 239

演　説

*1 演説をヒトラーやゲッベルスの巧みなレトリックとして分析するだけではファシズムにおける演説の機能を正確には把握できない。ファシズムのあらゆる現象は、集団、階層、組織からなる。むしろ一般的な現象としてのファシズムの側から「総統」に目を向けるほうが意味のあることだ。本書で分析しているほとんどの要素は『我が闘争』やヒトラーの演説にも見いだすことができる。つまりヒトラーは特殊な怪物として登場したわけではなく、一九一八年以降にごく普通の兵士的男性を動かしたものをもっとも顕著な形で集約した存在なのである。ヒトラー個人にファシズムの責めを負わせる試みが飽きもせずに繰り返されるのは、そう論ずる者たちが愚かだからではない。ファシズムが一般的だったという見解を受け入れたくないために彼らはそうするのだと言えよう。ヒトラーをファシズム全体から切り離すことで、彼らは自分たちとファシズムとを切断しているのだ。

1 Schirach: Pioniere des Dritten Reiches, S. 75

2 Theodore Abel: Why Hitler Came to Power. An Answer Based on the Original Life Stories of Six Hundred of His Followers, New York 1938. アメリカの社会学者であるアーベルはナチス党の許可を受けて、党員になるにあたってもっとも優れた体験談を持つ応募者に懸賞金を与える催しを企画した。アーベルがナチス党本部に申し出たこの懸賞の目的は、「運動」の目的をアメリカ合衆国でも民衆に広く知らしめるためであった。

3 ebd., S. 116ff, 152ff

4 Goebbels: Michael, S. 101ff

5 キリンガーも一九二三年にヒトラーとはじめて直接に出会った際にヒトラーの語った内容については一言も伝えていない。「熱を帯びてくるとヒトラーの演説からは次々に言葉が生まれた。彼の目は輝き、その理想はみごとな論法と説得力をもって雄弁に語られ、聴く者を皆、虜にした。クラバウターマンは文字通りこの桁外れの男性の唇を見つめたまま呆然とするばかりだった」。Killinger: Der Klabautermann, S. 295; Goote: Die Fahne hoch, S. 416も参照のこと。

6 Ekkehard: Sturmgeschlecht, S. 115

7 Goote: Kamerad Berthold, S. 248; dgl. Killinger: Die SA, S. 17

8 Zöberlein: Der Befehl des Gewissens, S. 284
9 ebd., S. 285f
＊2 「輝ける指導者」と「魅了された聴衆」という対置はクラフトが後に行なう結婚のモデルともなっている。とある旅館の娘であるベルタ・シェーンはクラフトに近づきこう告げて妻となることを承諾する。「クラフトさん、私があなたの言葉に耳を傾けるようにしてくださったのを感謝しますわ」。そう言ってから、クラフトのことを夢見るために広間を去るのである。
10 Zöberlein: Der Befehl des Gewissens, S. 286; Goote: Kamerad Berthold, S. 248. ここではベルトルト自身が演説を行なう。「もはやだれもジョッキのコースターをもてあそぶものはいなかった。あたりを見まわすものもいなかった。女給を呼ぶものもいなかった」。
11 Goebbels: Michael, S. 102
12 Jean-Pierre Faye: Théorie du rêcit, Introduction aux 〈langages totalitaires〉, Paris 1972 S. 81f
13 Jünger: Der Arbeiter, S. 58
＊3 一三五頁に引用したF・W・ハインツの文章にも同様の例が見られる。
14 Winckler: Studie zur gesellschaftlichen Funktion faschistischer Sprache, S. 36ff; 演説の経過について一般に広められた表面的な描写については、次の文献を参照。B. Burke: Die Rhetorik in Hitlers 〈Mein Kampf〉 und andere Essays zur Strategie der Überredung, Frankfurt 1967. それによれば「ヒトラーの著作を貫き、また同時代の人々の性的価値観が反応を示したとされる性的象徴は簡単に特徴付けられる。すなわち、分裂状態にあるドイツは「角を矯められたジークフリート」だということである。民衆は〈女性〉であって、強い男性の手で導かれることを望んでいる。この男性は演説者の姿を取って女性である民衆に言い寄り、その心をつかむが早いかただちにそれを支配するのである」(S. 10f)。
15 Mary Douglas: Ritual, Tabu und Körpersymbolik, S. 11ff
16 聖霊降臨祭における聖霊の降臨の名残がここでは意図されていると考えられる（〈啓示だ、これはお告げだ〉）。
＊4 ベンヤミンは確信〔Überzeugung の Zeugung には「生殖」という意味もある〕は不毛だというが、不毛なだけな

らまだましというものだ。「確信」は死を招く場合もある。

17 似たような演説の経過は次の文献にも見られる。Stadtler: Als Antibolschewist 1918/19,「スタンプを押す」(S. 33)、「交尾」(S. 40)、「ファロスとして立ちあがる」(S. 80)。また、Buschwecker: Wie unser Gesetz es befahl では、「ヒトラーの背が伸びる」(S. 288)。一方、語りかけられた中隊の背後に女性(ポーランド女)がいたために演説の効果が現われない場合がある(S. 65)。

*5 何百人もが集う集会に潜入したただ一人のスパイ(あるいはスパイとおぼしき人間)を放逐したことに対して多くの党員が感ずる奇妙な満足はなぜ生まれるのだろうか。一人のスパイを追い出したからといって集団全体を防禦することにはならない。それに、本当に危険なスパイはグループの内部にいるもので、そこは探索対象にはならないから見つかることはほとんどない。スパイへの恐怖とは、異分子の混入への怖れ、つまり自分の身体を正しく保ちえないことへの怖れなのだろうか。

18 フロイトは多くの強迫観念が夢の中で「その語彙がまったく損傷されないまま」演説として現われる例を指摘している。この例も通常の場合には演説があるタブーを公けに廃棄する手段であることを示している(Freud: Traumdeutung, GW II/III, S. 310;『夢判断』ders., Bemerkungen über einen Fall von Zwangsneurose, GW VII, S. 441『強迫神経症の一症例に関する考察』)。

19 Leclaire: Der psychoanalytische Prozeß, S. 142

20 Benjamin: Theorien des deutschen Faschismus. zit. nach: Das Argument Nr. 30, S. 134

目

1 Röhm: Die Geschichte eines Hochverräters, S. 27

2 Walter Kempowski: Haben Sie Hitler gesehen? Deutsche Antworten, München 1973

3 ohne Autor: Die letzte Parade der III. Marine-Brigade von Loewenfeld am Skagerraktage 1920, in: SB, S. 406f

4 Strasser: Der Sinn des 9. November 1923, in: JKR, S. 306

5 Schaumlöffel: Das Studentenkorps Marburg in Thüringen, S. 9
6 Frank: Franz Ritter von Epp, S. 26
7 Bronnen: Roßbach, S. 9f
8 ebd., S. 10
9 Wittmann: Erinnerungen der Eisernen Schar Berthold, S. 213
10 Schauwecker: Aufbruch der Nation, S. 61
11 Jünger: Der Kampf als inneres Erlebnis, S. 32
12 ebd., S. 26
13 ebd., S. 50ff
14 ebd., S. 23
15 Dwinger: Deutsches Schicksal, Bd. 1, S. 536, Jena 1929
16 Herzog: Mann im Sattel, S. 403
17 Dwinger: Auf halbem Wege, S. 377
18 Salomon: Die Geächteten, S. 369
19 Goebbels: Michael, S. 149
20 Ekkehard: Sturmgeschlecht, S. 201
21 Stefan George: Stern des Bundes, GW Bd. 8, Berlin 1928, S. 85. このゲオルゲの詩からブリューアは二行とも引いている。Blüher: Die Rolle der Erotik in der männlichen Gesellschaft, S. 324
22 Selchow: Hundert Tage aus meinem Leben, S. 278
*1 「輝きを失う」という形容は、特に軽蔑的なニュアンスで語られた。それは光が欠けていることを意味し、充分な男性性を持たないこと、片目が開かない状態を意味した。「決して輝きを失わない」男、ハンス・アルベルス〔映画俳優。第三帝国の多くの映画に出演した〕はドイツ人のアイドルであり、ベルトルト・ブレヒトはアルベルスの目がコミュニズムのために輝いてくれたら、と考えたものだ（ブレヒト『作業日誌』一九四八年四月二日の項）。

23 K. O. Bark: Roßbachs Marsch ins Baltikum, in: SB, S. 204

24 Karl Abraham: Über Einschränkungen und Umwandlungen der Schaulust bei den Psychoneurotikern nebst Bemerkungen über analoge Erscheinungen in der Völkerpsychologie, in: ders.: Psychoanalytische Studien, Bd. 1, S. 334ff

25 Lissauer: Luther und Thomas Münzer, Drama in fünf Aufzügen, Berlin 1929, S. 50

26 「おまえは私の目をちゃんと見られなかったただ一人の男だぞ、このごろつきめ」。これは突然兵士協議会の場に紛れこんできた火夫を一喝した言葉である。Killinger: Der Klabautermann, S. 256. 不誠実な目つきはドイツ人の敵を見分ける基準となった。ポーランド人、スパルタクスその他はしばしばカエルのように突き出た目をしている、もしくはやぶにらみだとされた。Killinger: Der Kampf um Oberschlesien, S. 54; Hollenbach: Opfergang, S. 124f; もしくは彼らはドイツ兵の目を抉り取る。vgl. Killinger: Die SA, S. 88

27 群衆の何千もの目によって見つめられているという感覚はカネッティによれば「パラノイアの原状況」に人を導き入れる。「パラノイア患者は一斉に自分を付け狙う一群の敵によって取り巻かれているという根本的な感情を抱いている。この感覚は、眼についてのさまざまのヴィジョンのうちにきわめて明瞭に表現されている。彼は至るところに、四方八方に眼を見る。それらの眼は彼にしか関心を抱かず、その関心はきわめて威嚇的である。この眼を持つ生き物たちは彼に恨みを晴らしたいと思っている。これまで彼は長い間この生き物たちに自分の支配力を思い知らせてきたし、だからといって処罰されることもなかったのだ」(Masse und Macht, S. 526『群衆と権力』)。だとすれば千の眼が一つのまなざしに変わり、一つ目の巨人ポリュフェムの目を突いた杭の代わりに腕が伸ばされ、それを握り返して握手することができるというのは権力者にとってどれほど都合の良いことだろうか。

28 Schirach: Pioniere des Dritten Reichs. シーラハのこの本は一九三四年、突撃隊（SA）の没落とレームの暗殺が行なわれた年、この事件の前に出版された。この事件の後は公然の同性愛的関係を容認した組織は排除された。国家社会主義労働者党（NSDAP）の新たな中枢を成した親衛隊（SS）は同性愛を迫害する男性的組織だった。ここでは突撃隊の中で喧伝された「同志愛」に代わり、内部組織の極端なヒエラルキーが支配的だった（たとえばヒムラーがなんらかの性的な肉体関係をもった隊長と同席することは考えられない）。ヒムラーの考えでは親衛隊員は結婚すべきだったし、同性愛者は強制収容所に送られるべきだった。しかしここはまだ「同性愛」とファシズムという問題を扱う場ではない。それは、軍隊での教練と戦闘が兵士の身体をどう変容させるかを述べたあとで論じられる。——ブリューアは『男性社会における性愛の役割』で、「第一級の男性共同体」の輪の中では、肉体的な関係を含めて、自分たちの組織を男性間のエロスの関係として見る意識が存在していたことを詳述している。この意識は二級、三級の男性共同体においては失われ、性的なつながりという事実の抑圧や、その迫害に姿を変える。ブリューアはワンダーフォーゲルの崩壊を男性間の肉体的性愛を肯定する一派と、それを迫害する一派との抗争に起因するとしている。結局勝ったのは迫害派だった (Blüher: Die Rolle der Erotik in der männlichen Gesellschaft, S. 246ff)。

ゲルハルト・ギュンターも男性性、兵士、国家形成についてブリューアと同様のことを述べている。Gerhardt Günther: Die Bändigung des Krieges durch den Staat, S. 168ff. ただしギュンターはブリューアにとって決定的な要素である男性間の性愛を無視する。だとすればギュンターはブリューアの分類で言えば「二級の男性共同体」に所属する者ということになろう。

29 Franke: Staat im Staate, S. 220. 眼に関して、Wittmann: Erinnerungen der Eisernen Schar Berthold, S. 129; Schaumlöffel: Das Studentenkorps Marburg in Thüringen, S. 25; Herzog: Wieland der Schmied, S. 25; Blüher: Die Rolle der Erotik..., S. 185, 188, 189; ders.: Der Wandervogel..., S. 32; Karl Hoefer: Oberschlesien in der Aufstandszeit 1918-1921, S. 19, 26; Brandis: Baltikumer, S. 23; Bochow: Sie wurden Männer, S. 64, 67; Kohlhaas: Die Häuptling und die Republik, S. 137; Volck: Rebellen um Ehre, S. 27, 35, 53; Freiwald: Der Weg der braunen Kämpfer, S. 9; ders.: Verratene Flotte, S. 92f; Brandt: Albert Leo Schlageter, S. 101; Solf: Deutschlands Auferstehung 1934, S. 47; R. Mann: Mit Ehrhardt..., S. 138; Balla: Landesknechte wurden wir, S. 116; Salomon: Putsch und Verschwörung, S. 15: ザロモンは同じページで、群衆は「まなざしを持たない」としている。

フリードリヒ・ボーデンロイトが描くベルトルトの眼。「まるで鍛冶場のハンマーから打ち出されたもののようにベルトルトの目はその男の目の中にしっかりと食い入った。男は痛みを感じて眼を下に向けた」。Bodenreuth: Das Ende der Eisernen Schar, S. 34

30 Blüher; Die Rolle der Erotik..., S.188

＊2 義勇軍や国防軍によって捕縛された労働者の死体の中には目を突かれたものが数多く見つかった。

31 Jünger, Ernst; Der Kampf als inneres Erlebnis, S.20

第二章　男たちの身体と白色テロル

一　セクシュアリティーとしごき

幼年学校における肉体の改造

1 Canetti: Masse und Macht, S.358

2 Ernst Salomon: Die Kadetten. Berlin 1933. ここで挙げている例は同書の第一部のうち、ザロモンの幼年学校への順応期間（七〇頁まで）のエピソードから抜粋したものである。以下では直接の引用についてのみ典拠を示す。

3 監獄や兵舎といった施設の建築構造が十八世紀以降、社会における監視システムのモデルになった経緯についてはミシェル・フーコー『監視と懲罰』（Foucault: Überwachen und Strafen, S. 192f. 邦訳『監獄の誕生』）を参照のこと。特に五頁から二八頁まで（「パノプティコンと規律」）の図版。

4 Salomon: Die Kadetten, S. 44

5 ebd., S. 48

6 Freud: Die endliche und die unendliche Analyse, GW XVI, S. 70（「終わりある分析と終わりなき分析」）; vgl. auch: Vorlesungen zur Einführung in die Psychoanalyse, GW XI, S. 322（『精神分析入門』）

7 Freud: Abriß der Psychoanalyse, GW XVII, S. 77（『精神分析学概説』）; vgl. auch: Psychoanalytische Bemerkungen über einen autobiographisch beschriebenen Fall von Paranoia, GW VIII, S. 296f（『自伝的に記述されたパラノイアの一症例に関する精神分析学的考察』）

8 フロイトは殺到するリビドーを別の個所でそう名づけている。Psychoanalytische Bemerkungen über einen autobiographisch beschriebenen Fall von Paranoia, GW VIII, S. 298. この時代のドイツ青少年の思春期の問題についてはエリクソンの次の著書を参照。Erikson: Die Legende von Hitlers Kindheit, S. 188

9 Salomon: Die Kadetten, S. 42

10 ebd., S. 68

11 ebd., S. 49

12 ebd., S. 55f

13 ebd., S. 56

14 ebd., S. 57

15 ebd., S. 58

16 ebd., S. 61

17 ebd., S. 62f

18 ebd., S. 63f

19 ebd., S. 64

20 ebd., S. 69

21 ebd., S. 65

部隊という全体機械

1 「(兵舎の)壁が兵士を形成する」事情をカネッティは前面に出す(Canetti: Masse und Macht, S. 358『群衆と権力』)。それに対して、「命令」に関するカネッティの議論は実に詳細である(同書S. 347ff)。

2 Salomon: Die Kadetten, S. 114

3 Plaas: Das Kapp-Unternehmen, in: JKR, S. 178

4 ebd., S. 178. フォルクには、「部隊の鋼鉄のような魂」という表現がある(Volck: Rebellen um Ehre, S. 66)。

5 Salomon: Die Kadetten, S. 115

6 Jünger: Feuer und Blut, S. 84f

7 Foucault: Überwachen und Strafen, S. 218f, フーコーの『監視と懲罰』は十八世紀以降、人間の身体が訓育される過程を、主に身体を形成する上での規範となった社会的施設の建築に沿うものとして記述している。彼は、身体そのものの組成の変化についてはあまり述べていない（ebenda, S. 173-219）。

個々の部分の全体性「鋼鉄の形姿」

1 Jünger: Der Kampf als inneres Erlebnis, S. 32f; vgl. auch S. 55

2 ebd., S. 74; vgl. auch Buschwecker: Wie unser Gesetz es befahl, S. 132, 181; Volck: Rebellen um Ehre, S. 104, 144

3 扱っている材料からして非常に興味深いマンフレート・ナーゲルの考察『ドイツにおけるSF小説』によれば、女性による出産を介することなく機械を利用して、機械をモデルに超人を生み出そうとする試みは、未来派の芸術家たちが案出したものではないという。このテーマは、「通俗的」な文学として大部分が文学史の網の目からこぼれおちた十九世紀の「前ファシズム的」文学の得意とするものだった（Nagel; Science Fiction in Deutschland, S. 125ff）。

自我の審級についての補論

1 本書第I巻第一章の「中間報告」と注13を参照

2 Freud: Das Ich und das Es, GW XIII, S. 253（『自我とエス』）

意識喪失

1 Röhm: Die Geschichte eines Hochverräters, S. 16

2 Magnus Hirschfeld (Hg.): Sittengeschichte des Weltkrieges, Bd. 2, S. 180

3 Salomon: Die Kadetten, S. 30

4 Killinger: Der Klabautermann, S. 106
5 ebd., S. 105
6 Ferenczi: Versuch einer Genitaltheorie, in: Schriften zur Psychoanalyse, Bd. 2, S. 333
7 Freksa: Kapitän Ehrhardt, S. 33f
8 Selchow: Hundert Tage aus meinem Leben, S. 38
9 ebd., S. 41f
10 ebd., S. 66f

性的欲望の吸収

1 Salomon: Die Kadetten, S. 89, vgl. auch S. 77f
2 Schauwecker: Aufbruch der Nation, S. 91
3 Killinger: Der Klabautermann, S. 48
4 Bruno Vogel: Es lebe der Krieg, zit. nach Hirschfeld (Hg.): Sittengeschichte des Weltkrieges, Bd. 2, S. 163
5 Schauwecker: Aufbruch der Nation, S. 63; vgl. auch Goote: Wir fahren den Tod, S. 182; Eggers: Von der Freiheit des Krieges, S. 34f. 教練や戦争による性欲の吸収については以下の文献を参照。Freksa: Kapitän Ehrhardt, S. 29f; Jünger: Der Kampf als inneres Erlebnis, S. 33; Bronnen: Roßbach, S. 145; Schauwecker: Aufbruch der Nation, S. 315; Zöberlein: Der Befehl des Gewissens, S. 670
6 Salomon: Die Kadetten, S. 66
7 Jünger: Der Kampf als inneres Erlebnis, S. 55
8 Röhm: Die Geschichte eines Hochverräters, S. 22
9 Maercker: Vom Kaiserheer zur Reichswehr, S. 307. 同書中の「訓練、教育と部隊内部での生活」(S. 306–322)を参照
10 これに関してはハインリヒ・トイバーの小説における組合のリーダー、フーゼマンとザクセの戦争に対する立場を参

照。Teuber: Die Sozialisierung des Ruhrbergbaus, Frankfurt 1973, S. 14ff

11 フォン・シュラムは「高次における整然たる再誕生」について語っている。Schramm: Schöpferische Kritik des Kriegers, in: JKK, S. 41

プロイセン的社会主義

1 Freksa: Kapitän Ehrhardt, S. 34

2 Salomon: Die Kadetten, S. 89

3 Röhm: Die Geschichte eines Hochverräters, S. 17f

＊1 軍隊組織に関するフロイトの考察は、もし彼がモデルにしているような軍隊が実際に存在するとすればまったく異論の余地のない見事なものである。事例から理論を導き出す演繹的な方法とはまったく逆に、フロイトは軍隊を理解するにはその具体的構造や成員の精神構造から出発する必要はない、とする。彼はル・ボンの『群衆心理』に依拠して、ル・ボンの理論とこれまでに自分が得た理論とを軍隊や他のヒエラルキー的な集団に援用する。フロイトは完璧にオイディプス的な軍隊を念頭に置き、その機能を論じているが、このような軍隊は現実には存在しない。彼の群衆論のはっきりした目的は、ヴィルヘルム期の軍国主義の誤りを批判し（そのためにたとえば考察の出発点にはドイツ軍内部での自殺率が挙げられている）、未来のより良い軍隊を提唱することにある。実際、そこではフロイトが理想とする軍隊が魔法のように案出されている（エーベルト大統領ならこんな軍隊があればいいと思ったかもしれない）。『群衆心理学と自我分析』が出版された一九二一年は、精神分析学の父であるフロイトの防護システムが現実の歴史をいかに見事にシャットアウトしたかを明瞭に示している。

4 「その当時、プロイセン軍というもっとも完成された社会主義的組織から社会へと帰還したわれわれは、自己陶冶と服従という原則の上に打ちたてられ、労働の意味を営利にではなく奉仕に見いだす運動に加入するにふさわしい適性をすでに備えていた。この運動は社会主義の形成をめざすもので、このすぐあとシュペングラーがそれを指してこれぞプロイセン精神の完成だと指摘したものだった」(Günther: Hamburg, in: JKR, S. 40)。ギュンターがここで言及しているのはシュペングラーの『プロイセン精神と社会主義』(Oswald Spengler: Preußentum und Sozialis-

mus, München 1924) である。プロイセン的社会主義については他に Heinz: Die Nation greift an, S. 14; ders.: Sprengstoff, S. 27; Jünger: Feuer und Blut, S. 217; Dwinger: Auf halbem Wege, S. 272f; Gengler: Berthold, S. 103f; 義勇軍の内部では「プロイセン的社会主義」の土台として、軍務に際して兵士と士官とが対等になることがしばしば指摘された。多くの士官たちが兵卒として軍務についた。Schricker: Rotmord über München, S. 190; von Schramm: Schöpferische Kritik des Kriegers. フォン・シュラムは、「戦争が本来その本性にふさわしい自然なデモクラシーという形式をとって行なわれなかった」ことを嘆いている (S. 42)。「自然なデモクラシー」においては最良の男が勝利するはずだというのだ。

オットー・シュトラッサーは「ドイツ的社会主義」という表現を使う。この言い回しによってシュトラッサーは労働者階級のいう社会主義からその土台を抜きさろうとする。彼は「経済的に自立した人間の数を、自立への欲求をもつ国民同胞と同数まで増やす」ことを主張する。シュトラッサーの導き出す結論はこうである。「わが国土の巨大都市における人種問題の危険性を知る者にとって、計画的な〈非 - 都市化〉という目標は民族の喫緊の要件である。この非都市化は自給自足と、農地の所有法における世襲制の導入の必要からも当然導き出される要請である。というのも二つの目標設定は、ドイツの再農業化という、自然にかない、かつ望まれた結末を導くからだ」。Strasser, Otto: Aufbau des deutschen Sozialismus, Leipzig 1932, S. 39

二　戦闘と身体

速度と爆発　「対象」との接触

1 Salomon: Die Kadetten, S. 66
2 Schauwecker: Aufbruch der Nation, S. 299
3 ebd., S. 192
4 Heinz: Sprengstoff, S. 188
5 Schauwecker: Aufbruch der Nation, S. 243

6 Heinz: Sprengstoff, S. 189
7 Schauwecker: Aufbruch der Nation, S. 178
8 ebd., S. 240
9 Jünger: Feuer und Blut, S. 84
10 Salomon: Die Geächteten, S. 100
11 Dwinger: Die letzten Reiter, S. 109; ders.: Auf halbem Wege, S. 232; Jünger: Der Kampf als inneres Erlebnis, S. 108, 9, 53
12 Nord: Der Krieg im Baltikum, in: JKR, S. 72. 戦士と機械の類似については以下を参照。Bochow: Sie wurden Männer, S. 73; Ettighoffer: Sturm 1918, S. 111ff
13 マリネッティの『未来派宣言』の中心をなす速度の概念についても同じことが言える。マリネッティはスピードと低速とを対置して前者を「新しき善」後者を「新しき悪」と定義することで人間の身体の異なる類型についておよそ次のように述べている。
「『スピード』とは行動におけるあらゆる勇気の総合を指す。それは攻撃的かつ戦闘的だ。『低速性』とは、停滞する慎重さのもたらす分析を指す。それは受動的で平和主義的だ」。ここでもスピードはなにものか到達されるべき対象をめざしている。「高速で走る自動車で味わわれる陶酔は、ただ一つの神と一体になる高揚した感情そのものである」。強力な、陶酔に満ちた行動を通じて自己の身体から抜け出し、快楽の対象に達するという、装甲された身体が示す必然的行動は、スピードというテクニカルタームを使って表現される。マリネッティが拝跪せよとうながす「聖なる車輪とレール」は、実際には技術の非技術的な側面でしか問題にならない。技術は人間の肉体に生ずる出来事を表現する手段として濫用されているにすぎない。機械もまたファシズムにとってはこれらの肉体の変化を表現する手段にすぎず、正当な使われかたをしていない（Marinetti: Erstes Futuristisches Manifest, in: Christa Baumgart: Geschichte des Futurismus, Reinbek, 1966『第一次未来派宣言』）。

エーリッヒ・フロムがこの「宣言」を引用してマリネッティが「技術を神格化している」というのはまったく間違っている（Fromm: Anatomie der menschlichen Destruktivität, S. 313『人間の破壊性の解剖』）。先に示したとおり、未来派の「機械」についての理解はむしろ非技術的なものだ。フロムは機械を人間的なものに対する対極として、非人間的なものの代表として、意図的に捻じ曲げて解釈している。彼によれば「スピードと機械の礼賛」は「死体嗜好症の本質的な要素」だという。そうすることでフロムはマリネッティの真に反動的な面、すなわち機械の誤用という面を見過ごし、みずからが保守的な文化批評家の一人にすぎないことを露呈している。これについては次の「兵士の身体、機械、ファシズムの美学」の節で詳しく扱う。

14 Schauwecker: Aufbruch der Nation, S. 299

15 Jünger: Feuer und Blut, S. 139f

16 Jünger: Der Kampf als inneres Erlebnis, S. 12

17 Schauwecker: Der feurige Weg, S. 185

18 Salomon: Die Geächteten, S. 122. 同様の記述はフォルクにも見られる。Volck: Die Rebellen um Ehre, S. 84

＊1 クリスチャン・シェーファーはこの個所に「哀れなる死よ」とコメントをつけた。

19 Jünger: Der Kampf als inneres Erlebnis, S. 53

＊2 あるいは執筆を通じて。執筆も戦闘の一つだが、容易なものではない。

20 Heinz: Sprengstoff, S. 17

＊3 インクや筆跡も血に関連する。

＊4 したがってファシストと違う感じ方をする者は、異なる血を持つとされる。ユダヤ人がドイツ人との混血を求めるのは血の汚染を作り出すためとか、平和主義者の血も破壊的なものだ、などの説が広められた。

21 シャウヴェッカーは前線の兵士を「国民の中で最良の者たち」として、それについて次のように述べている。「他の人間たちが知性の中にさえ持ちあわせていないものを兵士たちは本能の中に備えている。それは彼らの血の中にあるのだ。本当に必要なものがどれも血の中にしかないというのは、今日のわれらの悲劇以外のなにものでもない。それがともかくまだ残っているということは重要だ。しかしそれは萌芽でしかない。われわれの大きな課題はこの緊要なものをあらゆる手段を通じて育てあげ、血から精神へと転化させ、意識の俎上にのぼるまでに促進することだと、私は考える。いま感じているものを考えることができるようにならなければならないのだ」(Schauwecker: Aufbruch

der Nation, S. 378)。ブッシュヴェッカーではすべての兵士は同じ血を有するとされ、それは「鋼鉄の血」と呼ばれる（Buschwecker: Wie unser Gesetz es befahl, S. 120)。

　男性においてはまともな血とまともな感覚は戦闘と政治的行動によって証明される。女性においてそれは、第一等のアーリア人を産む能力と意志とによって証明される。これについては、ドイツ女性を、そこから期待される子孫の質によって四つの等級に分けたヴァルター・ダレ（農業問題担当長官、後の「生産階級」〔農林関係従業者の呼称〕担当相）による分類を参照。Walter Darre, in: Naziführer sehen dich an, S. 93f

22 Heinz: Sprengstoff, S. 88

23 Schauwecker: Aufbruch der Nation, S. 81

24 Jünger: Der Kampf als inneres Erlebnis, S. 7

25 ebd., S. 46

26 ebd., S. 12

27 ebd., S. 53

28 ebd., S. 106

＊5 執筆に際しての戦場は紙である。

29 ebd., S. 116; Jünger: Feuer und Blut, S. 81, 171. 同じコンテクストでエルンスト・ユンガーの弟のフリードリヒ・ゲオルク・ユンガーは「百万の民の洪水、軍隊の奔流、（中略）生の巨大な波」を呼び起こしている（in: Krieg und Krieger, S. 57)。境界を越える例（流出、戦闘中の帯電、血を浴びることなど）については以下を参照。Salomon: Die Geächteten, S. 74; Killinger: Kampf um Oberschlesien, S. 42; Goote: Kamerad Berthold, S. 139; Schauwecker: Der feurige Weg, S. 154ff; Kohlhaas: Der Häuptling und die Republik, S. 21; Volck: Rebellen um Ehre, S. 81; Ettighofer: Sturm 1918, S. 111, 113f; Ettighofer: Revolver über der Stadt, S. 115f; Eggers: Von der Freiheit des Krieges, S. 27ff; Buschwecker: Wie unser Gesetz es befahl, S. 13; Goote: Wir fahren den Tod, S. 166ff, 193, 281

＊6 書くという戦闘行為に際しても同じである。

30 これ以外の、戦闘における血の流れや、部隊の奔流に直接繫がらないような、ポジティヴな意味で備給された「流れ」にはぼくはほとんどお目にかからなかった。わずかな例外は白い女性に関連するもの（Erbt: Der Narr von Kreyingen. S. 68)、「泡立つような現実の渦」(Salomon: Die Geächteten, S. 371)、「しぶきを上げて落ちる滝つ瀬」として青年が描かれている例（Heinz: Sprengstoff, S. 100）だけである。

31 Jünger: Der Kampf als inneres Erlebnis, S. 8f. 同様な例はブランディスにもある。Brandis: Baltikumer, S. 165f

戦争の現場

＊1 この誘惑者は戦争の中心にばかりではなく、文学の中心にも登場する。ユンガーは時流に乗ったヒットメーカーとして受けとめられるのを歓迎するだろう。

1 von Selchow: Hundert Tage aus meinem Leben, S. 264

2 Jünger: Der Kampf als inneres Erlebnis, S. 46

3 ebd., S. 12

4 Schauwecker: Aufbruch der Nation, S. 81

5 ebd., S. 299

6 ebd., S. 243

7 Heinz: Sprengstoff, S. 16.「氷のように冷たい」脳髄はフォルク、ゴーテでも描かれる。Volck: Rebellen um Ehre, S. 20; Goote: Wir fahren den Tod, S. 168

8 これを「頭脳化」と名づけるのはボームである。Bohm: Lehrbuch der Rorschach-Psychodiagnostik, Bern 1967 S. 231. これは体験を前にした恐怖から感情の変化の逐一が頭脳へと集中する過程を示す。

9 ブロンネンには、「彼はゲルマン的内圧によって破裂した」という表現がある。Bronnen: Roßbach, S. 12 F・G・ユンガーではこうである。「キツネノチャブクロ〔キノコの一種でつぶれる時に胞子を撒き散らす〕はつぶれる前に茶色くならなければならない。潰瘍もまた、医師の鋭いメスに切り裂かれて膿を抜かれる前にまず充分膨れる必要がある」（F. G. Jünger: Krieg und Krieger, S. 60）。

観察することも気分を楽にする。シャウヴェッカー『炎の道』の次のような描写。

見る間に聖杯は血のような色に染まって大きくなり、生地から染み出て咲きほこった。そうだ、急げ！　もっと咲け！　そうするうちに、湿りを帯びた肉の肥沃な苗床から生えでた燃えさかるような死の花は、われわれの指の間で、あるいは肌着と皮膚の間で鮮やかな赤い花を咲かせた。その上に突然蠟のような黄色い顔がふいに浮かび、微笑みかける。……そうだ、この幼い兵士は死の間際にも微笑まなければならないと信じているのだ。このまだなにも知らない、薄い髭が生え始めたばかりの十九歳の英雄は。彼の信じるところでは幼年学校生たるもの、将来の士官にして、兵の前に立つ上官たるものはそうする義務があるのだ。そして上官たる私を前にした兵士としても。

「ぼくは……」、力をふりしぼって若者はつぶやいて私を見つめた。「ぼくは……」。そうしてほかにもいくつか言葉を口の端にのぼらせたが、それはわずかばかりで、唇は震え、顔つきが弛緩し、口の周りや目の周りにできたしわや、やつれはてた肉からすると一気に十歳も年を取ったように見えた。その間にも赤い血は吹き出し続けた。それが薔薇色で泡だっているのは肺からの出血のためで、その血は生の息吹である酸素の気泡を含んで輝いていた。……肺から噴き出しているのは生の泉そのものなのだ。残忍な死神はシャンパンの栓を抜いたのだ」

（Franz Schauwecker: Der feurige Weg, S. 139f）。

ぼくはここでシャンパンの栓を抜いて祝っているのは「死神」ではないと思う。引用は兵士の死の間際と死体を描いた八ページにわたる叙述の一部で、シャウヴェッカーがこの描写に享楽を感じていることはどこからも見てとれる。
10 Jünger: Der Kampf als inneres Erlebnis, S. 29
11 ebd., S. 8
12 Ferenczi: Versuch einer Genitaltheorie, in: Schriften Bd. 2, S. 342ff
13 ebd., S. 343. その際、性的快楽を何かから「切り離される」経過に還元し、つまりは性を敵視する当時の見方が性器理論を書く精神分析医に当然のことながら影響していることは、ここでは大した問題ではない。しかし、少なくとも確認はしておかなければならないだろう。

14 ebd., S. 343f

15 身体の1部の「性器化」についてはフェレンツィの以下の言及を参照。Ferenczi: Versuch einer Genitaltheorie, in: Schriften Bd. 2, S. 11, 12, 18, 20, 73

16 Canetti: Masse und Macht, S. 340

兵士の身体、機械、ファシズムの美学

1 Jünger: Feuer und Blut, S. 81

2 ebd., S. 75

3 ebd., S. 82

4 ebd., S. 82f

5 Benjamin: Das Kunstwerk im Zeitalter seiner technischen Reproduzierbarkeit, in: Illuminationen, S. 175
(『複製技術時代における芸術作品』)

6 現代においてもっとも強烈な快楽を約束するのはもはや機械ではないだろう。宇宙空間に発射されたぼくたちの無意識は未知の惑星に到着し、しかもコントロールされて、光速をもってコンピューターの制御を受けている。心底に隠された願望は解読され、構造化されて無尽蔵のデータバンクの中に貯蔵されている。それはすべてができあがった答えであり、即座に呼び出すことができ、底の底まで見通すことができる。もうすでにあちこちで、電子工学のファシズム的美学について探求しはじめている人びとがきっといるものとぼくは考えている。

7 zur Lippe: Naturbeherrschung am Menschen, Band 1, S. 91, 101

8 「館の窓の前には花をつけた木々が大きく枝を広げていた。将軍は木々や動物を特に愛好しておられた。もし人間が救いようがないほど愚かしくなければ、たがを外された世界は、これほどにも美しかろうと思われた」(Eggers: Berg der Rebellen, S. 147)。これも生き残った人間の空想である。自分が唯一生き残るものでさえあれば、すべては安泰なのだ。木々が実際に美しく花咲くのは、花が他の生命のことをもはや思い出させないからだ。

三　兵士的男性の自我

断片化する甲冑

1 Jünger: In Stahlgewittern, S. 237

2 Mann: Mit Ehrhardt durch Deutschland, S. 77

3 Schauwecker: Der Kampf der Gruppe Epp, in: SB, S. 120（ebenfalls abgedruckt in: HoDA, S. 182）

4 レックリングハウゼン市立文書館の史料。Stadtarchiv III, Amt Marl, Verhandlungstermin vor dem Tumultschadenausschuß vom 28. März 1921, zit. nach Lucas: Märzrevolution, 3. Bd., Manuskript.

5 この事実はルール地域への部隊の進軍の描写の中で詳しく裏付けられている。Lucas: Märzrevolution, 3. Bd., Manuskript.

6 Mann: Mit Ehrhardt durch Deutschland, S. 130. マンは別の個所でこう公言している。「ちなみに過剰攻撃に対する責任は常に二番目の上官が負った」（S. 207）。

7 次を参照。Paul Levi: Luxemburg-Prozeß vom 30. März und Mai 1921, zit. nach Lucas: Märzrevolution, 3. Bd., Manuskript.

8 レックリングハウゼン市立文書館の史料。Stadtarchiv III, Amt Marl, Verhandlungstermin vor dem Tumultschadenausschuß vom 28. März 1921, zit. nach Lucas: Märzrevolution, 3. Bd., Manuskript.

9 ディーンスラーケンの戸籍課職員ベッケンダール氏がE・ルーカスに行なった証言。一九六七年十一月九日。zit. nach Lucas: Märzrevolution, 3. Bd., Manuskript.

自我と維持機構

1 Mahler: Symbiose und Individuation. この用語が最初に使われるのはマーラーのドイツ語版五八頁である。原著では maintenance mechanisms とされている。

2 ebd., S. 15, 32-35, 38, 41

3 Laplanche/Pontalis: Das Vokabular der Psychoanalyse（『精神分析用語辞典』）
ラプランシュ／ポンタリスの「精神病 Psychose」の項を参照。マーラーがこの用語を使用している例は Mahler: Symbiose und Individuation, S. 56f, 69

4 ebd., S. 16ff, 49ff

5 ebd., S. 47f

6 Freud: Das Ich und das Es, in: GW XIII. S, 253-255（フロイト『自我とエス』）

7 Laplanche/Pontalis: Das Vokabular der Psychoanalyse, S. 199

8 Mahler: Symbiose und Individuation, S. 16; グリーナクルとの関連では Phyllis Greenacre: Problems of Infantile Neurosis: A Discussion, in: The Psychoanalytic Study of the Child, 9, S. 16-71

9 Mahler: Symbiose und Individuation, S. 16

*1 「身体像」は対象としての身体と一致するものではない。たとえばそれは衣服だとか、切断された四肢とかを含む場合もある（Mahler: Symbiose und Individuation, S. 45）。

10 Paul Schilder: Das Körperschema. Ein Beitrag zur Lehre vom Bewußtsein des eigenen Körpers, Berlin/Leipzig 1923; Mahler: Symbiose und Individuation, S. 42f, 他に同書 S. 16f, 43, 45, 52, 69, 76, 79, 91, 93

11 Mahler: Symbiose und Individuation, S. 113. 人間の発達にあたっての皮膚感覚の役割については以下を参照。Ashley Montagu: Körperkontakt. Die Bedeutung der Haut für die Entwicklung des Menschen, Stuttgart 1974. 同書では、動物の出産の際に母親が産まれた仔を舐める行動の説明が非常に示唆に富む。モンタギューはこの行動を、出産を完了して血の循環を促すための摩擦にあたるものとして論じている。舐められない仔は死ぬ（S. 17ff, 142ff）。

12 Melanie Klein: Über das Seelenleben des Kleinkindes, S. 153; dies.: Die psychoanalytische Spieltechnik..., S. 29

13 Mahler: Symbiose und Individuation, S. 114
14 ebd., S. 17
15 ebd., S. 234
16 ebd., S. 108
17 ebd., S. 101
18 ebd., S. 76
19 ebd., S. 230
20 ebd., S. 114

＊2 原＝区分はモナコフによって導入された概念で、生きたものと、生命を持たないものとを区別する原初的な能力をさす。成熟した状態で生まれる新生児は、誕生の瞬間から、生きた部分対象と無機的な物質とを、それをつかむ際に異なる反応を示すことでこの能力を使う（vgl. auch Mahler: Symbiose und Individuation, S. 40）。

21 ebd., S. 63, vgl. auch S. 75
22 ebd., S. 75
23 ebd., S. 68f
24 ebd., S. 111
25 ebd., S. 228
26 ebd., S. 58
27 ebd., S. 60
28 ebd., S. 97
29 ebd., S. 97
30 Vgl. Freud: Traumdeutung, GW II/III, S. 607f（『夢判断』）。フロイトは「一次過程」と書いているが、場合によっては他の言語（英仏伊語）からの翻訳に影響されて「一次プロセス」「二次プロセス」と呼ぶこともある。
31 Mahler: Symbiose und Individuation, S. 97f

32 Mahler: Symbiose und Individuation, S. 88f. スタンレーの症例分析を参照。

33 ebd., S. 70

34 Fromm: Anatomie der menschlichen Destruktivität, S. 320f. フロムは同書三二〇頁以下で同様の考察を行なっているが、自我の構造を問うところで考察を打ちきり、それを証明するためには「大規模な調査」がされなければならない、という。もちろんこの要請に異論はないが、現在ある限りの、破壊的な男性たちの行動や陳述を材料にするだけでも充分にこの問いには答えられるはずである。フロムはそれを充分に活用していないにすぎない。

35 Mahler: Symbiose und Individuation, S. 86

36 体罰がまったく日常茶飯のしつけであったことは至るところで述べられている。「子どもがかわいければ仕置きをしろ」という言いまわしは、一五〇〇年前からドイツの子どもであればだれでも聞いたことがあるに違いないし、現代の子どもたちの多くも一度は耳にするはずである。たとえばエアハルト提督の回想にもこんな記述がある。「母は私に女という性に対する尊敬の念を植えつけた。母は手が早く、私たちがへまやばかげた行ないをしでかすと、すぐさま横面を張って思い知らせた」(Freksa: Kapitän Ehrhardt, S. 7)。体罰がどれほど子どもにとって苦痛であったかは、次のアンソロジーからも知ることができる。Alois Jalkotzky (hrsg): Wir klagen an. Kinderbriefe über die Prügelstrafe, Wien 1929

37 Mahler: Symbiose und Individuation, S. 76f

38 マルグレート・ベルガーからの聴き取りによる。

＊3 「私は制服でいつもはちきれんばかりに締めあげられたヒトラーの柔らかく肉の盛り上がった背中に魅せられた。ベルトから肩へと伸びている革帯を描き始めるや、軍服の下にみっちりと詰まったヒトラーの背中の肉の柔らかさが私に、うまそうな、滋養に満ちた、またワグナー的なエクスタシーをもたらし、心臓がひどく高鳴るのを覚えた」。こう書くのはサルバドール・ダリで、彼の絵画は溶け出そうとするものを、黄金分割の身体自我とくっきりした輪郭、そして遠近法の勝利によってまとめあげている。ダリはヒトラーに比べればまだまだシュールレアリストとは言えなかったようだ(一九七一年バーデン・バーデン芸術館でのダリ展カタログより。一三九頁を参照)。

自我崩壊と労働

1 H・ハノーヴァーとE・ハノーヴァー＝ドリュックによると、エアハルトが合鍵を受け取って「解放」されたという逸話はプロパガンダのために誇張された作り話だという。Heinrich Hannover und Elisabeth Hannover-Drück: Politische Justiz 1918-1933, S. 136. もちろん彼らはその典拠は挙げていないが。

2 Freksa: Kapitän Ehrhardt, S. 226. 似た話はシュタトラーにもある。Stadtler: Als Antibolschewist 1918/19, S. 24

3 Freksa: Kapitän Ehrhardt, S. 227

4 Salomon: Die Geächteten, S. 330

5 「私は自分がケルンと分かちがたく結びついていると感じていた」。Salomon: Die Geächteten, S. 322

6 ebd., S. 334

7 ebd., S. 335

8 ebd., S. 8

9 ebd., S. 9

10 Jünger: Der Kampf als inneres Erlebnis, S. 23; vgl. auch Salomon: Die Geächteten, S. 380; Mann: Mit Ehrhardt durch Deutschland, S. 204; Kohlhaas: Der Häuptling und die Republik, S. 187; Hoefer: Oberschlesien in der Aufstandszeit, S. 153

11 Jünger: Der Kampf als inneres Erlebnis, S. 103f

12 Mahler: Symbiose und Individuation, S. 69

13 Jünger: Der Kampf als inneres Erlebnis, S. 73, vgl. auch S. 72, 99, 102, 104; dgl. ders.: Feuer und Blut, S. 40f; Goote: Wir fahren den Tod, S. 193ff; Freiwald: Verratene Flotte..., S. 30

14 Mahler: Symbiose und Individuation, S. 68

15 Goote: Wir tragen das Leben, S. 128

16 Salomon: Die Geächteten, S. 328f

17 Höß: Kommandant in Auschwitz, S. 48

18 ebd., S. 47

19 ebd., S. 47

20 S. 48. フォン・ゼルショが海軍士官学校時代の失神のあとで見た夢にも同じような特徴がある。Selchow: Hundert Tage..., S. 66f

21 Höß: Kommandant in Auschwitz, S. 49

22 ebd., S. 49

＊1 ユンガーはいまだに早朝の水風呂を浴びて作家としての一日を始めるという。テレビ・インタビューの中で彼はこの習慣を「処方」と名づけている。西南ドイツ放送、一九七九年一月五日放映。

23 Killinger: Ernstes und Heiteres..., S. 111

24 ebd., S110; vgl. auch Weller: Peter Mönkemann: S. 314; dgl. den Band hg. von Plaas, Hartmut (Hg.): Wir klagen an! Nationalisten in der Kerkern der Bourgeoisie.

25 Höß: Kommandant in Auschwitz, S. 65

26 ebd., S. 65

27 ブリューアは「内面のカオスから言葉によるコスモスへの救済」を要請する。Blüher: Die Rolle der Erotik in der männlichen Gesellschaft, S. 263. 彼にとってこの要請は同時に「女性的なものから男性的なもの」への移行を意味する。

　ベルトルトは自分の日記を「わが愛する日記」と呼び、さらに「最上の忠告者、楽しい日々とつらい日々を通じた友」と呼ぶ（Gengler: Berthold, S. 97）。一九一九年一月二十一日の項に彼はこう書いている。「私は日記を書き続けよう。毎日私の心のすべてを打ち明けることができ、それを辛抱強く聞いてくれるだれかを、私は欲しい」（S. 101f）。フリッツ・クロッペも「おお、わが愛する、信頼する日記よ」と言う（in: JKR, S. 242）。ゲッベルスの『ミヒャエル』にはこうある。「この日記帳は私の親友だ。すべてを打ち明けることができる。他のだれにもこれほどなにもかも相談することはできまい。打ち明ける相手はどうしても必要だ。そうでなければすべてが気にかかって、心は燃えつきてしまうだろう」(S. 46)。ここでは書くことが自己を維持するための行為であることがもっともよく現われている。「古きものは、新しいものに場所を譲るために出ていかなければならない。人間の心の中には二つが同居するほどの余裕はないのだ」(S. 46)。

＊2 この装置は、恍惚として戦闘を描写する際の血のインクと対をなす(本書二五六頁以下を参照)。

28 おそらくそのために現在でもなお西ドイツでは監獄での労働にはほとんど賃金が払われないのだろう。囚人は自分のために働くのであって、金のために働くのではない。働くことができるだけでも十分な慈悲なのだ。十八世紀から十九世紀にかけて監獄に作業労働が導入された過程についてはフーコー『監視と懲罰』(Foucault: Überwachen und Strafen, S. 306-312, 317)を参照。監獄内労働は監獄の管理者によって導入され、労働という日常のためにしつけられた個人を生みだすことが本来の目的だった(それは自我を崩壊から守るための労苦に満ちた維持行動ではなかった)。

29 Höß: Kommandant in Auschwitz, S. 65f

30 ebd., S. 98

31 ebd., S. 96. この一節は同書中の最高潮を示す。

32 ebd., S. 90ff. ただしヘスの部下たち、特に女性看守たちはこの趣旨を理解しなかった。ヘスは次のように書く。「彼女たちはその頑健さと卑劣さ、さもしさと神をも恐れぬ冒瀆において男性看守のはるか上を行った。彼女たちの大半は相当の前科を有する娼婦たちだった。たいがいが身の毛もよだつ女たちだ。(……)私には男性がかような貪婪な獣になるとはとうてい思えない」(S. 116)。

33 ebd., S. 131ff, 136ff

34 ebd., S. 87ff

＊3 イワン・ヴィエヌロフスキーという名前には、ウィーンとスラヴ的なもの、精神分析とコミュニズムへの防衛が恐ろしげにつき混ぜられているが、ゲッベルスはこの名前の持ち主を敵に見たててボヘミアとの闘争を行なう。政治家もしくは政治的詩人(ベッヒャーからゲッベルスまで含めて)をめざした他の仲間と同様、ゲッベルスもこの戦いで勝利をおさめる。戦いに勝ち、ボヘミアの呑みこむような沼地が滅びると、相手に押し付けた恐ろしいものを今度は

勝った彼らが引き受ける羽目になった。

35 Goebbels: Michael, S. 95; dgl. S. 124, 149

36 ebd., S. 124

37 ebd., S. 127

38 ebd., S. 69, 137

39 ebd., S. 147

40 ebd., S. 147

41 ebd., S. 118

42 Freud: Aus der Geschichte einer infantilen Neurose, GW XII, S. 134（フロイト『ある幼児神経症の病歴より』）。同じ個所にユングへの批判もある。

43 Goebbels: Michael, S. 127

44 Vgl. Deleuze/Guattari: Anti-Ödipus, S. 247ff

＊4 それと同じ文法でレニ・リーフェンシュタールは、ベルリン・オリンピックの記録映画『民族の祭典』（一九三八年）で、古代オリンピアの遺跡と大地の身体の中からスポーツ選手の肉体を直接生み出した。

45 Plaas: Das Kapp-Unternehmen, in: JKR, S. 170; auch in Freksa: Kapitän Ehrhardt, S. 158

46 Jünger: Feuer und Blut, S. 125

47 「総統」の四十五歳の誕生日にあたってのレームによる日課命令を参照。Charles Bloch: Die SA, S. 84f. ヒトラー・ユーゲントのリーダーたちによる父親の排除についてはハンス・シュタインホフの映画『ヒトラー少年　クヴェクス』（一九三三年）を参照（ディーター・トーマス・ヘックがドイツ・テレビ第一放送のヒットパレードで言及）。あるいはザロモンは「歴史そのものの必然に答えて」自分が義勇軍兵士になったと自覚している。Salomon: Nahe Geschichte, S. 33. ゲッベルスの『ミヒャエル』にも「地球はそれをみずからの背に担う者のものだ」とある。Goebbels: Michael, S. 148. 以下も参照。Crasemann: Freikorps Maercker, S. 23; Eggers: Berg der Rebellen, S. 145.「彼は、うまく狙いがあたれば世界大戦を起こすことができることを自覚していた。そのための責任を彼はすべて自分だけで負うつもりだった」。Stadtler: Als Antibolschewist..., S. 106; Volck: Rebellen um Ehre, S. 10; Eggers: Von der Freiheit des Kriegers, S. 48; Solf: Deutschlands Auferstehung 1934, S. 45. 他に、歴史に残る戦闘を大地の身体そのものに向けた攻撃として記述している例を参照。Hielscher, Friedrich: Die große Verwandlung, in: Ernst Jünger (Hg.): Krieg und Krieger, S. 129–134

48 Goebbels: Michael, S. 157

＊5 社会民主党と自由民主党の連合による現政権〔一九七〇年代〕は、現在の失業問題を、比較的小規模の経済的破綻という問題に限定して人々に理解させることに成功している。失業者が目立ちたがらないのをいいことに、失業者は救済の対象というより、むしろ失業に対して責任がある者たちだとされる（「働く気があれば仕事はあるはずだ」「コミュニストになるのは自分のせいだ」などの言い方で）。一つだけ目立つ例外は、若者の失業問題である。失業した若者たちはときには路上にあふれだし、システムの甲冑のほころびをさらす。州政府と連邦政府の救済政策も大半は青少年を対象にしたものだ。

49 Deleuze/Guattari: Anti-Ödipus

四 「生まれきらなかった者」の自我に関する雑多な考察

1 Reich: Die Massenpsychologie des Faschismus, S. 122f

2 労働者家庭に生まれたハイニ・フェルカーが権威主義的な家族からヒトラー・ユーゲントに加入するまでの経緯がハンス・シュタインホフの映画『ヒトラー少年クヴェクス』（一九三三年）の中心の主題である（その過程で母親はガス自殺によって排除される）。ここで指摘したファシズムの二重路線をおさえてはじめて、三〇年代の家庭主義政策が実際には家庭破壊政策の一環であったことが理解できよう（三〇年代の家庭主義政策についてはティム・マソンが素描している。Mason: Zur Lage der Frauen in Deutschland 1930 bis 1940, S. 118–153)。ナチスがエリートを生産するために「生命の泉」と呼ばれる施設に、選抜された「アーリア人種」の娘たちを集め、親衛隊兵士の助けを借りて総統に子どもを進呈しようとした事例も参照。この出産は役所への届出や出生台帳への記入もなしに行なわれた。また、ヒムラーはポーランド人の才能ある子どもたちを駆り集めて「ゲルマン化」する措置に際して、「天才的な子どもたちを敵側に放置しておくほど、なぜあなたは野蛮になれるのか」と問いかけている。ニュルンベルク軍事裁判のアメリカ側の原告ロバート・ケンプナーは「生命の泉」の施設で生まれた子どもの数を少なくとも十万と見積もっている（クラリッサ・ヘンリーとマルク・リレルによるドイツ・テレビ第一放送のドキュメンタリー『……総統に子どもを贈る』による。一九七五年三月二十三日放送）。家庭に対する姿勢では、ニーメラーは兵士的男性の標準から明らかに逸脱している。彼には「直接的出自」をめざす志向は認められない。逆に、ニーメラーは著書のあとがきで、自分が両親に依存していることを強調している。それも単に願望とか自己弁護としてそう語っているのではなく、明らかに自分を家庭の伝統〔ニーメラーは牧師の家庭に育った〕の中に位置付けている。実際にも、彼の言葉によれば「内的な叛乱の時代」を通過したのち最終的にはこの伝統にしたがって聖職者の職を選び、両親もこの「帰還」を妨げなかったのである（Niemöller: Vom U-Boot zur Kanzel, S. 209）。ぼくの目にはニーメラーは、家庭的な伝統が特定の宗教的な教養の伝統と結びつくことで個人に対して一種の制限を加え、ファシスト的タイプに特徴的な、世界に対する自己の絶対的従属関係から距離を置くことができるのを示す格好の例と見える。

　伝統的な精神分析の解釈ではこの種の「抵抗」は超自我に強く影響された姿勢とみなされるだろう。アドルノその他による権威主義的パーソナリティーの研究は、ファシズムに感染しやすいタイプには超自我の著しい欠損を特徴とする例が見つかるとする。著者たちはそう指摘することで、禁止や制限が充分に統合されず、個人によって受け入れられなかった状態を示そうとする。彼らの結論そのものは本書で導き出された結論と一致する。ただし、ぼくはその原因を超自我の欠損にではなく、統合を可能にする身体自我の欠落と、無意識が身体の否定的な流れとして具体化されていることに求めたのである。

　左派の立場からの家族批判は、急速に断片化する自我がテロリズム的な国家の要求に唯々諾々と追随するのに対する、ニーメラーの例に見るような、確かに弱いけれども可能な抵抗があったことをあっさりと無視しがちである。

3　Dwinger: Auf halbem Weg. S. 333

4　ヴェトナム戦争に従軍した兵士たちの自己懲罰的な法廷を描いたドキュメンタリー映画『ウィンター・ソルジャーズ』（アルゼナール・ベルリン配給）にその証言がある。

5 これに関してはハンス・ヨーストも参照。Johst, Hans: Der Einsame, S. 50ff

6 Goebbels: Michael, S. 22. ゲッベルスは戦争について「生きとし生けるあらゆるものと同様に残酷」と書いている。

7 Mahler: Symbiose und Individuation, S. 53

8 ebd., S. 61

9 Laplanche/Pontalis: Das Vokabular der Psychoanalyse（ラプランシュ／ポンタリス『精神分析用語辞典』）「退行」の項を参照

10 フロイトの「退行」概念についての包括的な批判については次の文献を参照。Cooper, David: Von der Notwendigkeit der Freiheit, Frankfurt 1976, S. 137ff; dgl. Deleuze/Guattari: Anti-Ödipus, S. 167ff, 356

11 Laplanche/Pontalis: Das Vokabular der Psychoanalyse.『精神分析用語辞典』には「身体」に相当する項目はない。

12 Gisela Pankow: Gesprengte Fesseln der Psychose, S. 17. フランス語のオリジナルはL'homme et sa psychose. ここではパンコウの治療方法の詳細を知ることができる。パンコウが身体像について述べていることは、本書の「自我と維持機構」の節で引用したマーガレット・マーラーの考察ならびに経験に多くの点で依拠し、それを具体化するものである。マーラーが幼児精神病の概念的な把握を主に目的にしているのに対し、パンコウの著書は臨床的な過程の記述に重きを置いているが、かといって理論が軽視されているわけではない。パンコウの行なっている治療の実践は成人に対してもあてはまる。それは、精神分析の中で今日存在するうちでも、幼児期精神病をめぐって発展した理論が提出した多くの仮説の正しさを証明するもっともはっきりした実践例である。特に患者の自己理解において身体像が優先的な意味を持つことは、パンコウの業績によって明確になった。

患者の身体に原則として恐怖心を抱かない、という前提は、ゲシュタルト・テラピーをはじめとして、治療の現場で現在優勢を占めている多くの非‐精神分析的な治療方法にも共通して見られる。

そこから政治についての教訓を引き出すならば、モル的な秩序形態と統一的強度を持つ集団とは別の、他の身体的経験や集合を可能とするグループや集団を形成する必要、また演説に重点を置かない活動を作り出す必要がおそらく生まれるだろう。

13 Mahler: Symbiose und Individuation, S. 110
14 ebd., S. 110
15 Balint: Angstlust und Regression, S. 22f
16 ebd., S. 28
17 Jünger: Der Kampf als inneres Erlebnis, S. 68
18 Balint: Angstlust und Regression, S. 25
19 ebd.; S. 24, 26
20 Balla: Landsknechte wurden wir, S. 106
21 Maltzan: Die Spandauer stürmen Bauske, in: SB, S. 161
22 Gengler: Berthold, S. 126
23 F・S・クラウス編の『アントロポピュテイア』（第四輯）におさめられたエロチック詩のアンソロジーでは、乗馬鞭はしばしば女衒が大勢の娼婦をおとなしくさせるために使う道具として登場する（F. S. Krauß: Antropopytheia IV S. 274など）。ブレヒトはナチスを、買い手（資本家）に街娼（プロレタリアート）を仲介する（政治的な）女衒として描こうとしたが、それはブレヒト自身が考えた以上に正鵠を射ていたわけである（Bertold Brecht: Die Horst Wessel-Legende, GW 20, S. 209-19）。
24 Salomon: Die Geächteten, S. 20
25 Reinhard: Die Wehen der Republik, S. 57; dgl. Roßbach: Mein Weg durch die Zeit, S. 55f; Rotermund: Rote Armee...; in: HoDA, S. 104
26 Balint: Angstlust und Regression, S. 25ff, 40, 47, 66
27 ebd., S. 89

＊1 「そうじゃない」、ゲーリングは深くため息をついて洩らした。「人間には呪いがかけられている。権力への飢えと攻撃欲望が強すぎるのだ」（一九四六年三月九日、ゲーリングがニュルンベルクの監獄でアメリカの精神分析医ギルバートに語った言葉）。

28 Mahler: Symbiose und Individuation, S. 228

29 本書第I巻第二章「水から出た雌－人類」を参照。Morgan, Elaine: Der Mythos vom schwachen Geschlecht, S. 232

五　自己の境界づけと自己維持としての白色テロル

「区別できない欲動対象」との融合に際する三つの知覚同一性

1 Freud: Traumdeutung, GW II/III, S. 607ff

2 Mahler: Symbiose und Individuation, S. 96ff, 229

3 判決（判断）という活動についてフーコーは『監視と懲罰』で次のように述べる。「あらゆる場所に遍在する規律・訓練の装置と監禁機構に支えられて、この判決という活動は現代社会の主要な機能の一つになっている。この社会には規格化を裁定する裁判官がいたるところに存在するのだ。われわれは教授＝裁定者の、医師＝裁定者の、教育家＝裁定者の社会に生きている。彼らは規格的なものを君臨させるために下働きし、各人は自分の持ち場に応じてその身体やしぐさ、行動、適性や業績をこの規格的なるものに従属させるのである」。Foucault: Überwachen und Strafen, S. 391f

4 これはおそらく、体内化された「悪い母親」の一部が「排出される」可能性がある状況でもあろう。しかし、「排出」というほどのものではないかもしれない。マーラーはある幼児の攻撃的な行動を「内に取りこまれた母親の危険な成分を放り出すことでふたたび体外化しようとする」試みとしている。Mahler: Symbiose und Individuation, S. 34

5 Jünger: Feuer und Blut, S. 88を参照

6 ebd., S. 88

7 たとえばフレクサの『エアハルト大佐』には次のような一節がある。「国民同胞が互いに首を絞めあうために一種の倒錯といえる内戦において、降伏は間違いなく破滅を意味する。敵方はひたすら相手に同胞の殺人者を見るだけなのだから」。Freksa: Kapitän Ehrhardt, S. 191

8 Schulz: Ein Freikorps im Industriegebiet, S. 7

9 ドゥースブルクの社会民主党の新聞『ニーダーライニッシェ・フォルクスシュティメ』一九二〇年四月四日付のこの記事には「解放ついに訪れる!」と見出しが付けられている。

10 Scheffel; Annaberg, in: SB, S. 276

11 Zöberlein: Der Befehl des Gewissens, S. 197

12 これについては他のグンベルの著書を参照のこと。Emil Julius Gumbel: Vier Jahre politischer Mord, z.B. 17f, 33, 41, 60ff, 67f. ルール地域についてはLucas: Märzrevolution, 3. Bd., Manuskript; Duderstadt, Henning: Die Tragödie von Mechterstädt. しかし、なんと言っても確かなのは、銃の台尻で殴打を加えることに喜びを感じていた当人たちの証言である。Schaumlöffel: Das Studentenkorps Marburg in Thüringen, S. 23; Dwinger: Die letzten Reiter, S. 223; Schramm: Die roten Tage, S. 202; ohne Autor: in: SB S. 374; Fischer: Die Räteherrschaft in München, in: JKR, S. 162ff; Hahn: Der rote Hahn, S. 34

13 『デュルメン新聞』による(Recklinghäuser Volks-Zeitung, 一九二〇年三月三十日付からの引用)。『リューディングハウス新聞』(Lüner Zeitung, 一九二〇年三月二十七日付からの引用)、『ミュンスター新聞』一九二〇年三月二十六日付。クラウトヴルストからの記録書の記事は『フォルクス・トリビューネ』にある(Volkstribüne. Organ des werktätigen Volkes von Elberfeld-Barmen, 8. April 1920)。グデリアン少尉による一九二〇年三月三十一日の報告はカール・セヴェリンクの遺稿AIIIにある。Joseph Ernst: Kapp-Tage..., S. 8 (zit. nach Lucas: Märzrevolution, 3. Bd., Manuskript.)

14 一九一九年一月の『フォアヴェルツ』誌社屋の「占拠者」のことば Der Ledebour-Prozeß, hrsg. von Georg Ledebour, Berlin 1919, S. 394(証人シュタインブリンクによる証言)

黒、白、赤

1 Mann: Mit Ehrhardt durch Deutschland, S. 146

2 Killinger: Die SA, S. 53f

3 最近では次の文献にその旨が述べられている。Rainer Stollman: Faschistische Kunst als Gesamtkunstwerk, in: Denkler/Prümm: Die deutsche Literatur im Dritten Reich, Stuttgart 1976, S. 96f. シュトルマンは、ナチスはさまざまな象徴を労働運動から単純に盗み取ったのだ、としている。これに比べれば、マルクス主義のプロパガンダには「神話に匹敵するようなもの」がない、と嘆くブロッホのほうがまだ正直だ（E. Bloch: Die Erbschaft dieser Zeit, S. 66f.『この時代の遺産』）。

4 Gengler: Berthold, S. 100. 金銭については次も参照。Goebbels: Michael, S. 122; Jünger: Der Kampf als inneres Erlebnis, S. 112; Mann: Mit Ehrhardt durch Deutschland, S. 214

5 Canetti: Masse und Macht, S. 95（『群衆と権力』）

6 Ettighoffer: Revolver über der Stadt, S. 64. ライン分離主義者の旗（緑・白・赤）を一人の女性が取り戻そうとしたが、結局うまくいかなかった。旗はずたずたにされた。

殴　打

1 Benzler: Ein Fähnrich der Ehrhardt-Brigade in: Freksa: Kapitän Ehrhardt, S. 98

2 Der Syndikalist. Organ der freien Arbeiter-Union Deutschlands, Berlin, 2. Jg. 1920, Nr. 16

3 Schauwecker: Freikorps Epp, in: HoDA, S. 184

4 Zöberlein: Der Befehl des Gewissens, S. 110

5 ebd., S. 425

6 Schauwecker: Freikorps Epp, in: HoDA, S. 167

7 ebd., S. 165

8 Fischer: Die Räteherrschaft in München, in: JKR, S. 162

9 Kloppe: Kameraden, in: JKR, S. 244

10 Maercker: Vom Kaiserheer zur Reichswehr, S. 61

11 Bronnen: Roßbach, S. 60

12 Zöberlein: Der Befehl des Gewissens, S. 208
13 Dwinger: Auf halbem Wege, S. 172
14 Steinaecker: Mit der Eisernen Division im Baltenland, S. 18
15 Loewenfeld: Das Freikorps von Loewenfeld, in: RDS, S. 153
16 Maercker: Vom Kaiserheer zur Reichswehr, S. 144
17 Bronnen: Roßbach, S. 68
18 Killinger: Ernstes und Heiteres..., S. 60
19 Schultz: Ein Freikorps im Industriegebiet, S. 9
20 Weller: Peter Mönkemann, S. 326. 他に殴打については, Ettighoffer: Revolver über der Stadt, S. 66; Buschwecker: Wie unser Gesetz es befahl, S. 9; Volck: Rebellen um Ehre, S. 47; Liftl-Heller: Das Freikorps Landsberg, S. 8, 27
21 Carl Severing: 1919/20 im Wetter-und Watterwinkel, S. 207
22 Volksfreund. Sozialdemokratisches Organ für die Kreise Recklinghausen und Borken, 20. 5. 1920
23 一九二〇年四月十三日の目撃証人による証言。証言はカール・セヴェリングの遺稿 AIII にある（zit. nach Lucas: Märzrevolution, 3. Bd., Manuskript)。
24 zit. nach Lucas: Märzrevolution, 3. Bd., Manuskript
25 Volksblatt. Sozialdemokratisches Organ für die Wahlkreise Bochum/ Gelsenkirchen/ Hattingen/ Witten/ Herne und Recklinghausen-Borken, 20. 4. 1920; zit. in: Freiheit, Berliner Organ der Unabhängigen Sozialdemokratie Deutschlands, Berlin 3. Jg., 25. 4. 1920
26 Volksblatt..., 20. 4. 1920
27 Volksfreund. Sozialdemokratisches Organ für die Kreise Recklinghausen und Borken, 2. Jg. 25. 5. 1920 (zit. nach Lucas: Märzrevolution, 3. Bd., Manuskript)
28 Mann: Mit Ehrhardt durch Deutschland, S. 71f; Josef Hofmiller: Revolutionstagebuch 1918/19. Aus den

Tagen der Münchner Revolution, Leipzig 1938, S. 219. ホーフミラーは子どもたちが武器を供出所まで持って行かなければならなかったのを目撃した、と報告している。ドヴィンガーでもこの場面の描写はほとんどそのまま同じである。Dwinger: Auf halbem Wege, S. 495

29 自分たちの行動が白色テロルであると公然と述べる例にはまずザロモンが筆頭に挙げられる。Salomon: Die Geächteten, S. 76, 123; ders.: Hexenkessel in Deutschland, in: JKR, S. 28; van Berk: Rote Armee an Rhein und Ruhr, in: JKR, S. 217; Nord: Der Krieg im Baltikum, in: JKR, S. 91; ohne Autor: Freikorps Epp in Pelkum, in: SB, S. 403f; Kohlhaas: Männer und Sicherheitskompanien 1918/19, in: SB, S. 96f; Schirach.: Pioniere des Dritten Reiches, S. 110; Brandis: Baltikumer, S. 65; Schricker: Rotmord über München, S. 9; Curator, Karsten: Putsche, Staat und wir!, S. 123f; Balla: Landsknechte wurden wir, S. 122f; Fletcher: Die Eroberung Tuckums, in: SB. S. 156f; Weller: Peter Mönkemann, S. 168; Ewers: Reiter in deutscher Nacht, S. 229; Engelhardt: Ritt nach Riga, S. 42; Bischoff: Die letzte Front, S. 119ff; Mann: Mit Ehrhardt durch Deutschland, S. 198; Schulz: Ein Freikorps im Industriegebiet, S. 8-11; Plehwe: Im Kampf gegen die Bolschewisten, S. 10; Reinhardt: Die Wehen der Republik, S. 69; Killinger: Kampf um Oberschlesien, S. 107, 114; Schaumlöffel: Mit dem Marburger..., S. 14; von Selchow: Hundert Tage..., S. 328f, 336f; Lüttwitz: Im Kampf gegen die Novemberrevolution, S. 57f; Zöberlein: Der Befehl des Gewissens, S. 669

30 特に、「白い」情動を伴った「赤色テロル」の例として挙げられるのは、去勢による傷を思わせる描写や、「血まみれのどろどろ」の知覚に結びついた描写である。というのも、この知覚は常にそれを描写している本人の知覚だからだ。特に以下を参照。Nord: Der Krieg im Baltikum, in: JKR, S. 69f; Salomon: Die Geächteten, S. 67; Liemann: Sudetendeutschlands Märzgefallene, in: SB, S. 309; Wittmann: Erinnerungen der Eisernen Schar Berthold, S. 134f; Erbt: Der Narr von Kreyingen, S. 234; Schricker: Rotmord über München, S. 131, 161; Dwinger: Auf halbem Wege, S. 423f; Erich Czech-Jochberg: Im Osten Feuer, S. 109f, 185ff

1 以下の記事による。Volksfeind, Sozialdemokratisches Organ, Recklinghausen, 2. Jg., 6. 4. 1920, 20. 5. 1920; Ruhr-Echo（USPD）Essen 2. Jg. 4. 9. 1920

2 Sadger: Über Gesäßerotik, in: Internat. Zeitschrift für ärztliche Psychoanalyse 1931, Nr. 1, S. 354f

3 以下の文献の症例報告を参照。Charles Socarides: Der offen Homosexuelle; Dannecker/ Reiche: Der gewöhnliche Homosexuelle, S. 261ff; Serge Leclaire: Das Reale entlarven, Freiburg und Olten 1975, Fallberichte; Hirschfeld: Die Homosexualität des Mannes und des Weibes, S. 291ff

4 「対象選択」が必ずしも性的欲望の質を決定付けるものとみなせないことについてはオッカンガムを参照。Guy Hocquenghem: Das homosexuelle Verlangen, S. 102ff

5 Heger, Heinz: Die Männer mit dem rosa Winkel, Hamburg 1972（邦訳『ピンク・トライアングルの男たち』パンドラ・現代書館）著者の名前は匿名である。強制収容所に同性愛者として収監されていた事実は今日でも社会的には致命傷にあたる。

6 ebd., S. 67

7 ebd., S. 66

8 ebd., S. 68

9 ebd., S. 67

10 ebd., S. 68f. マグヌス・ヒルシフェルト『世界大戦の道徳史』には、瀕死の人間や死者、拷問にあっている者の写真を収集したり、自分でも写真に撮ることを好んだ士官たちについての記述がある。Hirschfeld（Hg.）: Sittengeschichte des Weltkriegs, Bd. 2, S. 174f. また、ヒルシフェルトは、ある大佐が、無意味な作戦で突撃を命じられた部隊が大量の死者を出す中、前線のトーチカでその様を双眼鏡を覗きながら自慰にふけっていて、それを一人の従軍記者に見つかった、という記事をブルーノ・フォーゲルから引用している。Vogel, Bruno: Es lebe der Krieg, S. 43

11 Heger: Die Männer mit dem rosa Winkel, Hamburg, S. 70

12 Foucault: Überwachen und Strafen;「拷問刑は苦痛を量として測る技術を基礎にしている」(S. 46)。刑罰としての拷問は「分化した形で苦痛を生み出すことであり、刑の犠牲者に刻印し、また処罰を行なう権力を明示するために組織される祭式である。それは司法権力が自分の立てた原則を忘れて羽目をはずして激怒した姿では決してない。身体刑の〈極端さ〉には、権力の経済策全体がもりこまれているのである」(S. 47)。

＊1 臀部とは異なり、鞭で打ちすえられた背中は辱めを意味しない。たとえばマーロン・ブランドのいくつかの映画のように、それはある種の英雄や反抗者の勲章にもなりうる。

13 Jünger: Der Kampf als inneres Erlebnis, S. 97

14 Höß: Kommandant in Auschwitz, S. 56f

15 ebd., S. 69

＊2 乗馬用ズボンは自慰と関係があるのだろうか。少なくともそれは勃起状態のペニスを収納するのに都合がよいし、その中で手を動かすこともできる。

16 複数の診療者の口述による。ヒルシフェルトも参照のこと。Hirschfeld: Die Homosexualität des Mannes und des Weibes, S. 322. 総体からして、ここにいるのはルドルフ・エクシュタインがいわゆる「境界例（ボーダー・ライン）」問題として描き出した問題を抱えた患者たちである。Rudolf Ekstein: Grenzfallkinder. Klinische Studien über die psychoanalytische Behandlung von schwergestörten Kindern, München/Basel 1973; auch Spitz: Autorität und Onanie, in: Psyche 6/52, S. 2-16

17 Foucault: Überwachen und Strafen, S. 57, vgl. auch S. 122ff, 133, 139-170

18 Jean Améry: Jenseits von Schuld und Sühne, S. 48f（邦訳『罪と罰の彼岸』法政大学出版局）

19 ebd., S. 48f

六　「同性愛」と白色テロル

1 この点に関しては本書第I巻第一章の「兵士たちが愛するもの、同性愛およびその他の行動に関する中間考察」および「結婚　同僚の姉妹」、第II巻第一章の「群衆と文化」の各節と「目」に付けられた注28を参照のこと。同性愛を罪悪視する情緒的反応についてはギイ・オッカンガムの『同性愛的欲望』のうち特に「反同性愛的パラノイア」の章を参照（Hocquenghem: Das homosexuelle Verlangen, S. 16-40. ドイツ語版）。サッツもまた、同性愛者を精神病の典型として身代わりに迫害されてきたことを、アメリカ合衆国（S. 331-352）とヨーロッパ（S. 228-252）について歴史に沿って裏付けている。Szasz: Die Fabrikation des Wahnsinns.（ドイツ語版）

2 Gumbel: Verschwörer, S. 188. もちろんグンベルはヒトラーとその「取り巻き」の正体を暴露する目的でこの一件を引用している。

3 Dannecker/ Reiche: Der gewöhnliche Homosexuelle, S. 272f. 同じ数の同性愛者たちは「最近数カ月間に」一度だけ「サディズム的セックス」を行なった、とされる。

4 ebd., S. 275

5 ebd., S. 277

6 ebd., S. 277f

7 ebd., S. 247

8 ebd., S. 265

9 ebd., S. 283

*1 いまのところぼくとしては一つの事柄がある外観を示しながら、本当はそうではないように見える、というジレンマからのがれるために、カッコつきで述べるしかない。

*2 欲望（desir）の訳としてオッカンガムのドイツ語訳はほとんど一貫してVerlangen（欲求、要求）をあてているが、ぼくは「同性愛的欲望」という概念をはっきりさせるためにだけVerlangenという語を使いたい。ただしオッカンガムは「欲望」を明らかに『アンチ・オイディプス』で使われた意味のdesirとして理解しているのであって、この語は『アンチ・オイディプス』のドイツ語訳ではWunsch（欲望、願望、希望）と訳されている。ぼくはWunsch の方がより広い意味を含むので、desir の訳語としてはこのほうが適切だと思う。Wunsch, Verlangen さらにいくつかのドイツ語訳ではBegehren（欲求、渇望）が使われることもあるが、いずれもフランス語ではdesir である

ことを忘れないようにしなければならない。出版者づきの翻訳者はそれぞれ翻訳にあたって、映画やテレビのせりふの吹き替えをするのと同じやり方で仕事をしているようだ。つまり、なるべくオリジナルとは似つかないものにするべく、なるべく恣意的に、場当たりの基準に沿って。ズーアカンプ社の『アンチ・オイディプス』の訳ではWunschだが、ハンザー社の訳ではVerlangenもあればBegehrenもある。メルヴェ社やオルターナティヴェ社では気分次第、成り行き次第だ。ＺＤＦ（ドイツ・テレビ第一放送）ではヘア・クックがＡＲＤ（ドイツ・テレビ第二放送）ではミスター・コッホに化けてしまうのと同じだ。つい最近（一九七八年の時点）、ＺＤＦの映画番組でアメリカのクラブバンドがハッピー・バースデイ・トゥ・ユーのメロディーをわざわざドイツ語で歌うのを聞いた。

10 Hocquenghem: Das homosexuelle Verlangen, S. 72
11 Freud: Drei Abhandlungen zur Sexualtheorie, GW V, S. 47『性欲論三篇』
12 Hocquenghem: Das homosexuelle Verlangen, S. 74
13 ebd., S. 75f
14 ebd., S. 80f
15 Foucault: Überwachen und Strafen, S. 249, 279, 361f
16 Hocquenghem: Das homosexuelle Verlangen, S. 139
17 ebd., S. 97
18 Blüher: Die Rolle der Erotik in der männlichen Gesellschaft の全体。同じくBlüher: Wandervogel. Geschichte einer Jugendbewegung, Prien 1922
19 シュテファン・ゲオルゲもブリューアに類似している。詩集『盟約の星』（全集第八巻）八九頁などを参照。
20 Reiche: Eine Entgegnung: Socarides, der versteckt Anti-Homosexuelle, in: Psyche 26, 1972, S. 481
21 Stierlin: Einige Anmerkungen zu Reimut Reiches Kritik an Socarides' Buch (Der offen Homosexuelle), in: Psyche 26, S. 485
22 Reiche: ebd., S. 476. もとよりライヒェの見解は前の節で紹介したオッカンガムの所見とはまったく異なる。
23 ebd., S. 476f

24 ebd., S. 477; Socarides: Der offen Homosexuelle, S. 105

25 Reiche, S. 478

26 ebd., S. 479f;「自我‐同調的」とは、自我と協調し、自我から離反しない状態を指す。ヒルシフェルトは、同性愛者のうち五〇%が「健康な」あるいは「安定した」同性愛者だと見積もっている。Hirschfeld: Die Homosexualität des Mannes und des Weibes, S. 298

27 Stierlin: Einige Anmerkungen zu Reimut Reiches Kritik..., S. 486

28 ebd., S. 487

29 ebd., S. 487

30 Socarides: Der offen Homosexuelle, S. 225

31 ebd., S. 218

32 ebd., S. 226

33 ebd., S. 171f

34 ebd., S. 180

35 ebd., S. 181

36 同じことは、数は少ないがフェリックス・ベームが報告している患者たちについても言えるはずだ。Felix Boehm: Beiträge zur Psychologie der Homosexualität, in: Internationale Zeitschrift für Psychoanalyse VIII, 1922, S. 313-320. ベームは同性愛的な行動を行なう患者たちには、彼らが女性を恐れ、男性に向かう原因として、女性の持つ呑みこむペニスへの恐怖が特に頻繁に見うけられるとする。ベームの述べるところによれば、患者たちの「同性愛」はしたがって、ある嗜好というより、防衛から生じたものである。しかし、ソカリデスの患者たちに比べてベームの患者たちに攻撃的な自己維持行動が欠けていることは、彼らの基底欠損の程度が低いことを推測させる。この推測は、彼らの場合は不安をペニスで武装した女のイメージに結びつけるだけで足り、したがって直接に呑みこまれる恐怖にはさらされていないこととも合致する。別な言葉で言えば、彼らはより良く二次的にオイディプス化されているように見えるのだ。一方、ナハマンゾーンは、ある男性の同性愛が「女性を姉妹もしくは母親の肉体と切り離すことができないために女性を忌避せざるをえないことから由来する」と書いている。Nachmannsohn: Die Psychoanalyse eines Falles von Homosexualität. in: Internationale Zeitschrift für Psychoanalyse VIII 1922, S. 45-63

37 Socarides: Der offen Homosexuelle, S. 202

38 ソカリデスは「同性愛にあるのは放埒な、手探りするような問題だ。異性愛では私は心安らぐ思いがする」と述べている。ebd., S. 202

39 肛門には陰茎なら「ペニス」にあたるような呼び名もない。せいぜい「けつの穴」があるくらいだが、これも他人をけなす悪口と切り離せない。

40 Blüher: Die Rolle der Erotik in der männlichen Gesellschaft, S. 272f

41 ebd., S. 273

42 ebd., S. 279

43 ebd., S. 278

44 John Röhl: Philipp Eulenburgs politische Korrespondenz, Boppard am Rhein, 1976

45 雑誌『シュピーゲル』(Der Spiegel, Nr. 40, 1976, S. 215) から引用。

46 Höß: Kommandant in Auschwitz, S. 41

47 ebd., S. 81f

48 Pitrof: Gegen Spartakus in München und im Allgäu, S. 127

49 Delmar: Französische Frauen, S. 113f

50 von Selchow: Hundert Tage aus meinem Leben, S. 17f

51 ebd., S. 55f

52 Gilbert: Nürnberger Tagebuch, S. 305f

＊3 ウルリケ・プロコプは、公的生活における男性の優位は、その社会に社会学的なカテゴリーである「家父長制的」社会秩序が厳密な意味で存在するか否かとは無関係であるとして、「反家父長制」をモットーに掲げた議論を単なる

「修辞的戦略」と名づける（Ulrike Prokop: Weiblicher Lebenszusammenhang, S. 36ff）。ただし彼女はそう言いながらもう一つの重要な問題を見落としている。つまり、「厳密な意味での」家父長制的な社会関係が消滅しようとも、「家父長制的」な行動様式や妄想はなお温存され続ける、ということである。それも、本体となる制度が消滅するからこそ温存される場合もあるのだ。ファシスト的男性たちの主要な課題もそこにあった。彼らは家父長制的制度の消滅によってもはや不可能になったものになろうと望み、その権利だけは主張したのである。

53 それにもかかわらず、ファシズムが、国家の財政事情と責任ある家計管理の間には重要な関連があることを示唆することで、女性の家事に国家を維持する役目を与えようとした事情については、次の文献を参照のこと。Tim Mason: Zur Lage der Frauen in Deutschland 1930 bis 1940, S. 147f 女性もまた「偉大な歴史」に関与したわけだが、男性の縄張りには入れなかった。

54 von Selchow: Hundert Tage aus meinem Leben, S. 352

55 Blüher: Wandervogel. Geschichte einer Jugendbewegung, S. 247

56 Goote: Wir tragen das Leben, S. 266

57 Salomon: Die Geächteten, S. 246

58 Jünger: Der Kampf als inneres Erlebnis, S. 96

59 Morgan: Der Mythos vom schwachen Geschlecht, S. 188

60 Dannecker/Reiche: Der gewöhnliche Homosexuelle, S. 327

＊4 この生産関係において、人間同士が取り結ぶ関係の現実の大半が生産される。

61 Blüher: Die Rolle der Erotik in der männlichen Gesellschaft, S. 322

62 Freud: Drei Abhandlungen zur Sexualtheorie, GW V, S. 131（『性理論三篇』）

63 Roßbach: Mein Weg durch die Zeit, S. 148; auch Sohn-Rethel: Ökonomie und Klassenstruktur..., S. 210. シャルル・ブロッホはヒトラーがレームの同性愛に気づいたのはようやく一九三二年になってからだとしているが(Bloch, Charles: Die SA, S. 38)、これは信じがたい主張だ。マーザーではレームは「同性愛の悪徳にふけるいかがわしい将校」とされている。Maser: Die Frühgeschichte der NSDAP, S. 192. ゲーリングはニュルンベルク軍事法廷のさなかにギルバート検事に対して、「レームだって！　あの汚らしい男色の豚のことなんか言わないでくれ。あいつこそまさに血に飢えた革命屋の変態野郎つきだ」。Gilbert: Nürnberger Tagebuch, S. 83

64 Roßbach: Mein Weg durch die Zeit, S. 164

65 Vgl. Waite: Vanguard of Nazism, S. 222f

66 これについてはグンベルの著書と、また特にシェーアの著書の「四百件の殺人の伝説」の節および一六八頁以降を参照のこと。Maximilian Scheer: Blut und Ehre, Paris 1937.「帝国議会放火説」に見られるような、相手にぬれ衣を着せるやり方は二〇年代を通じた長い伝統だった。

*5　もういちど強調しておきたいのだが、テロルは同性愛が原因なのではない。しかし男性同盟が「同性愛的」徴候を示すさまざまな慣行を涵養したことは確かだ。これらの慣習はそれ自体が攻撃的なものであったが、いざとなれば即座に他の暴力に転化しうるものだった。男性同盟の中の「異性愛的」とみえる慣習についても同様のことが言える。

67 Gilbert: Nürnberger Tagebuch, S. 286–291. ゴットハルト・ブライトは一連の事件を「フリッチ危機」と呼んで「同性愛」という呼称を避けている。Gotthard Breit: Das Staats- und Gesellschaftsbild deutscher Generale beider Weltkriege im Spiegel ihrer Memoiren. (Dissertation) Freiburg 1972. ブライトの学位論文には学問の体裁を装ったキッチュもみうけられる。「居合わせた将校たちは、軍の最高位の司令官が不名誉な行ないの結果、退任を余儀なくされたことに驚きかつ恥辱を感じた。彼らは将校団全体の名誉に泥が塗られたと思ったのだ。（……）将校たちはまた、国家元首が不確かな証言だけを根拠に軍の最高司令官を法廷の場にひきだすことができるとは想像もできなかった」(S. 180–184)。まるで無邪気な天使といわんばかりの扱いである。当の将校たちはこの事件の四年前に、ヒトラーに対し、もし権力の座に居座りたいならばレームをなんらかの手段を通じて排除するようにと迫ったというのに。にもかかわらず多くの歴史学では第三帝国の将軍たちを扱ったメロドラマの類を学位論文として受け入れるのである。レームと将軍たちとの関係についてはゾーン‐レーテルとシャルル・ブロッホを参照のこと。Sohn-Rethel: Ökonomie und Klassenstruktur..., S. 200–210; Charles Bloch: Die SA, S. 71-74, 163（ブロッホには随所に不正確なところがあり、重要な事実についても資料の裏付けを行なっていない。S. 78, S. 94）

68 Blüher: Die Rolle der Erotik in der männlichen Gesellschaft, S. 26

69　Gilbert: Nürnberger Tagebuch, S. 408
70　ebd., S. 417
71　ebd., S. 416

七　結　論

内部から

1　Jünger: Der Kampf als inneres Erlebnis, S. 82
2　Salomon: Die Geächteten, S. 262
3　ebd., S. 292, dgl., 72
4　ebd., S. 240
5　他に Salomon: Nahe Geschichte, S. 14ff; ders.: Die Brigade Ehrhardt, in: RDS, S. 122; von Oertzen: Die deutschen Freikorps..., in der Einleitung, bes. S. 389f; Lettow-Vorbeck: Mein Leben, S. 35; 将校団については Jünger: Feuer und Blut, S. 160; Meltzer: Die Auswirkungen des Kapp-Putsches in Leipzig, in: JKR, S. 219; Osten: Der Kampf um Oberschlesien, in: JKR, S. 271; Hans Fischer: Die Räteherrschaft in München, in: JKR, S. 151; Heinz: Sprengstoff, S. 87, ders. : Die Nation greift an, S. 17; Schauwecker: Aufbruch der Nation, S. 92, 315; Killinger: Das waren Kerle, S. 19f; Höfer: Oberschlesien in der Aufstandszeit, S. 115; Engelhardt: Ritt nach Riga, S. 10, 14; Ettighofer: Revolver über der Stadt, S. 154; Schricker: Rotmord über München, S. 10, 190f; Stadtler: Als Antibolschewist 1918/19, S. 139; Buschwecker: Wie unser Gesetz es befahl, S. 21, 120. ブッシヴェッカーではだれもが対等であるばかりではなく、全員が息子であるとされる。
6　「集団的」とするのがもっとも一般的かつ主要な解釈のようだ。ただしぼくはドゥルーズ／ガタリがサルトルにならって主張しているように、妄想には集団的以外の形はありえないというつもりはない（Anti-Ödipus, S. 40, 79f, 181）。少なくとも個人的な妄想は存在する。もっとも信憑性が薄いのは、ある妄想が一つの階級全体の妄想にまで広がったとする主張である。共産主義の理論家たちが階級意識なる虚構に踊らされて難破の憂き目にあったことを考えてみてもいい。少なくとも、彼らの挫折は、存在が意識を決定するなどという命題をむやみに振りまわすのを躊躇させるはずである。

7 Heinz: Sprengstoff, S. 161

8 Dwinger: Auf halbem Wege, S. 209f.「火と燃える彼の魂からはたえず火花が飛び散っていた」とバラは書いている。Balla: Rudolf Berthold, in: Jünger (Hrsg): Die Unvergessenen, S. 17, Berlin 1930

9 すでに兵士たちがそういう兆候を備えていたことをユンガーがだれよりも明瞭に強調している。「塹壕の精神は戦争が生み落としたものなどではない。逆にこの精神が戦争を生んだのだ。階級にせよ、人種にせよ、党にせよ、国民にせよ、あらゆる共同体はそれ自体が土塁と幾重もの鉄条網に囲まれた国土なのである。土塁と鉄条網の間は荒地だ。裏切り者は射殺される。ときおり発作を起こす者がいて、頭蓋を割るはめになる」。Jünger: Der Kampf als inneres Erlebnis, S. 86. 戦争状態とはまさにこういう状態をいうのである。甲冑をまとった身体は残余の世界を自分の型紙に合わせて描き出す。

10 この点に関してカネッティの『群衆と権力』の「ドイツとヴェルサイユ」を参照のこと。Canetti: Masse und Macht, S. 203ff. カネッティは一九一四年八月の開戦初日の数日を「ナショナリズムの誕生の瞬間」とし、ヒトラーが開戦に際して跪いて神に感謝したのは、彼が本当に群衆の一員となった唯一の瞬間だ、としている。

11 特に次を参照。Nagl: Science Fiction in Deutschland

12 ここから生じた、国家社会主義党（NSDAP）とドイツ共産党（KPD）の間のブルジョアジーをめぐるすさまじいプロパガンダ合戦については次を参照。Sohn-Rethel: Ökonomie und Klassenstruktur, S. 191f

13 この考えは、エアハルト・ルーカスとヴォルフガング・エスバッハが、ブルジョアジーとプロレタリアートの世界史的使命に関するマルクスの奇妙な解釈について論じた未公刊の論文で展開している。

14 Mann: Mit Ehrhardt durch Deutschland, S. 195. マンの描写はほとんど字句どおりドヴィンガーでも繰り返されている。Dwinger: Auf halbem Wege, S. 294. そこでは「ブルジョアジー」という用語が使われている。他に次の文献を参照。Jünger: Vorwort zu: Der Kampf um das Reich, S. 7; Plaas: Das Kapp-Unternehmen, in: JKR,

S. 172, 174; Nord: Der Krieg im Baltikum, in: JKR, S. 93; van Berk: Rote Armee an der Ruhr, in: JKR, S. 218; Melzer: Die Auswirkungen des Kapp-Putsches in Leipzig, in: JKR, S. 237; Mahnken: Freikorps im Westen 1918/20, in: HoDA, S. 94f; Curt Hotzel (Hg.): Der antibürgerliche Affekt, in: HoDA. S. 345-355; Freksa: Kapitän Ehrhardt, S. 93, 95, 102; Mann: Mit Ehrhardt durch Deutschland, S. 28; von Selchow: Hundert Tage aus meinem Leben, S. 232; Killinger: Die SA, S. 37; Salomon: Die Geächteten, S. 72f; Dwinger: Auf halbem Wege, S. 170, 292; Delmar: Französische Frauen, S. 80; Röhm: Geschichte eines Hochverräters, S. 347; レームの発言はシャルル・ブロッホにも引用されている。Charles Bloch: Die SA, S. 12f, 47-50, S. 79ff; Goebbels: Michael, S. 119; F. Schauwecker: Der feurige Weg, S. 232; Eggers: Von der Freiheit des Kriegers, S. 22, 57; ders.: Vom mutigen Leben..., S. 42ff; Ettighofer: Revolver über der Stadt, S. 23; Stadtler: Als Antibolschewist 1918/19, S. 168; Volck: Rebellen um Ehre, S. 52, 152; von Oertzen: Die deutschen Freikorps..., S. 21f; Günther: Deutsches Kriegertum im Wandel der Geschichte, S. 197. エリクソンの『ヒトラーの子ども時代の伝説』は「ブルジョアでしかない」という軽蔑的な言いまわしの内実を巧みに伝えている。E. H. Erikson: Die Legende von Hitlers Kindheit, S. 192

15 Jünger: Feuer und Blut, S. 20. シャウヴェッカーはさらに詳細に描いている。Schauwecker: Aufbruch der Nation, S. 9ff, 30f; Schauwecker: Vorwort zu: Hoeppener-Flotow: Stoßtrupp Markmann greift an; W. von Schramm: Schöpferische Kritik des Krieges, S. 38; F. G. Jünger: Krieg und Krieger, S. 54, 59. F・G・ユンガーにとって、戦前の時代はあとから振り返ってみると落ちぶれた老人のごときものに見える。

16 Bronnen: Roßbach, S. 36

17 こうした思考を生みだした第一次大戦前のドイツ文学はおびただしい数にのぼり、全体を把握することは困難だが、類似した特徴を見ることは比較的容易である。ここで取りあげているテキストもその例に漏れない。ぼくはドイツの空想科学小説に関するマンフレート・ナーゲルの著書をもう一度あげておく（そこでは、再生、巨大機械、女性性と結びついた「無意識的なもの」の排除といったテーマがあつかわれている）。ほかにギュンター・ハルトゥングがファシズム文学の批判材料としてとりあげているブルテ、フレンセンの作品をあげておく（Burte: Wiltfeber, der

ewige Deutsche; Frenssen: Jörn Uhl; Günther Hartung (DDR): Über die deutsche faschistische Literatur, drei Teile, in Weimarer Beiträge, Heft 3/1968, Sonderheft 2/1968)。ただしハルトゥングは、戦争が起こってはじめてこれらの文学に顕著な特徴が備わったというドグマから脱してはいない。このドグマの誤りは、ヴィルヘルム・ラムズスの『人間屠殺所』などの作品を引き合いに出せば容易に訂正できる。一九一三年にハンブルクで出版されたこの小説は未来の戦争を題材にしたもので、出版初年に三万部が売れた。ここでは戦争は明らかに、個人の心的状態や、特別な身体的活動に関する願望を実現するためにぜひとも必要な一種の舞台装置、媒体なのである。

戦争が実際に起こったことでこの手続きは容易になり、また強化された。右派は現実の世界大戦そのものを扱った真の文学を産み出すまでには至らなかった（「戦争」一般については書いているし、世界大戦についての言及も盛んに行なわれているのだが）。最初の世界大戦文学といえるのはボイメルブルクの『ドイツを囲む弾幕砲撃』かエッティヒホーファーの『ヴェルダン』であろう。第二次世界大戦後に大量に現われた同様の戦記ものの例として、たとえば、次の文献を参照のこと。Günther Fraschka: Das letzte Angebot, Rastatt 1960, insbesonders S. 32-59

18 Sohn-Rethel: Ökonomie und Klassenstruktur des deutschen Faschismus, S. 196

19 Heinz: Sprengstoff, S. 7; dgl. S. 9, 96, 118, 188; ders.: Die Nation greift an, S. 74, 122; dgl.: Röhm: Geschichte eines Hochverräters, S. 363; Weller: Peter Mönkemann, S. 85, 88f; Goote: Wir tragen das Leben, S. 5; ders.: Kamerad Berthold, S. 235; ders.: Die Fahne hoch, S. 311; Salomon: Die Geächteten, S. 152; Nord: Der Krieg im Baltikum, in JKR, S. 63; Gengler: Berthold, S. 131; Buschwecker: Wie unser Gesetz es befahl, S. 274f; Freksa: Der Wanderer ins Nichts, S. 13; Brandis: Baltikumer, S. 280; Bochow: Soldaten ohne Befehl, S. 251; Balla: Rudolf Berthold, in: Jünger: Die Unvergessenen, S. 15, 18; Goebbels: Michael, S. 116; Dwinger: Auf halbem Wege, S. 297; Jünger: Der Kampf als inneres Erlebnis, S. 45; Höß: Kommandant in Auschwitz, S. 29, 54f, 124; Herzog: Kameraden, S. 251; Eggers: Von der Freiheit des Kriegers, S. 17ff, 29; Wrangell: Geschichte des Baltenregiments, S. 70; Best, Werner: Der Krieg und das Recht, S. 152

20 Dwinger: Auf halbem Wege, S. 10

21 Salomon: Die Geächteten, S. 82, dgl. S. 95
22 Benjamin: Theorien des deutschen Faschismus. zit. nach: Das Argument Nr. 30, 6. Jg. 1964, S. 132
23 Heinz: Sprengstoff, S. 10
24 zit. nach Lucas: Märzrevolution 3.Bd., Manuskript
25 Salomon: Die Geächteten, S. 66
26 ebd., S. 66
27 ebd., S. 69
28 一方でこれらの確信がまったく「主観的」なものではないことをもう一度強調しておきたい。セルジュ・ルクレアは「もしひとが、純粋な単一体が寄せ集まった同一のものに限りなく遭遇するというのであれば、欲望の単一体というものに近づいたと考えてもいいかもしれない」(Deleuze/Guattari: Anti-Ödipus, S. 418からの引用）と述べているが、ファシズムのテキストにおいてはこのような「単一体」に遭遇することはまず皆無である。それらの単一体はどれもが抑圧されているからである。単一体の欠如は、なんらかの「表象」や「内容」といったものではなく、無意識の生産力である欲望そのものが抑圧されていることを示している。

　そのことは、ここでの関連でいえば、兵士の作者たちがだれも彼も、同じ素材を非常に似通ったやり方で扱っていることに現われている。彼らの作家としての「能力」はむしろたいていの場合、すでに存在するのと同じ本を書き、全体に順応することで証明されるのである。
29 以下の資料を参照。Jünger (Hg.): Der Kampf um das Reich, Vorwort, S. 6; ders.: Der Kampf als inneres Erlebnis, 47; Plaas: Das Kapp-Unternehmen, in: JKR, S. 178; van Berk: Rote Armee an der Ruhr, in: JKR, S. 214; Kloppe: Kameraden, in: JKR, S. 256; Osten: Der Kampf um Oberschlesien, in: JKR, S. 258; Loewenfeld: Das Freikorps von Loewenfeld, in: RDS, S. 157; Heinz: Die Freikorps retten Oberschlesien, in: HoDA, S. 88; ders.: Sprengstoff, S. 10, 26, 111, 163, 225; Mann: Mit Ehrhardt durch Deutschland, S. 133, 137f, 169, 179, 183, 194; Freksa: Kapitän Ehrhardt, S. 93; Steinaecker: Mit der Eisernen Division im Baltenland, S. 17f; Glombowski: Organisation Heinz, S. 113; Salomon: Die Geächteten, S. 15; Lettow-

Vorbeck: Mein Leben, S. 182f, 185f, 191; Gengler: Berthold, S. 94, 107, 144; Killinger: Ernstes und Heiteres aus dem Putschleben, S. 71, 78; Wittmann: Erinnerungen der Eisernen Schar Berthold, S. 102f; Müller: Freikorps Haas, Soldat und Vaterland vor 15 Jahren, S. 12; Stadtler: Als Antibolschewist 1918/19, S. 114; Buschwecker: Wie unser Gesetz es befahl, S. 137f; Kessel: Handgranaten und rote Fahnen, S. 111; Volck: Rebellen um Ehre, S. 95; Maercker: Vom Kaiserheer zur Reichswehr, S. 65; Schulz: Ein Freikorps im Industriegebiet, S. 32, 34, 39; Roßbach: Mein Weg durch die Zeit, S. 56; Eggers: Von der Freiheit des Kriegers, S. 30; von Oertzen: Die deutschen Freikorps..., S. 61f

30 「ヴェストファリア志願兵大隊〈ミュンスター〉」の募集ポスターに載せられた一文（一九一九年一月）。フォン・プフェッファー大尉のサインがある。in: SB, S. 85

31 Hubert E. Gilbert: Landsknechte, S. 144

32 Salomon: Die Geächteten, S. 266

33 以下を参照。Waite: Vanguard of Nazism, Kap. 5: The Baltic Adventure, S. 94ff; Kavass/Sprudzs (Hg.): Baltic States, Buffalo New York, 1972, S. 42f; Oertzen, : Baltenland, S. 316ff; Salomon: Nahe Geschichte, S. 47f; Wrangell: Geschichte des Baltenregiments. ウランゲルはこの間の出来事を次のように総括している。「四月十六日のプッチによってラトヴィアの急進的な政権が倒され、親ドイツ系の政権と交替して以来、ドイツの影響力の増大を恐れる声が特に高まった」（Wrangell: Geschichte des Baltenregiments, S. 84）。他方では、ウランゲルには部隊の取るに足らない活動についての報告が数ページにわたって続く。同様にツア・メゲデも「プッチ」については一言も触れることなく、この事件を無視している（H. zur Megede: Hakenkreuz am Stahlhelm, S. 121）。ウランゲルのテキストは一九三四年に「ＮＳＤＡＰ外事局担当官」という肩書きを持つヴァルター・グルーバー編のアンソロジーに収められている（Volk ans Gewehr!, hrsg. von Walter Gruber）。チェッヒ・ヨホベルクは「兵士たちは『われわれのもらう八〇モルゲンの土地はどうなる』と大声を上げた」と、何食わぬげに書いているが、それとは裏腹に三頁先ではマントイフェルのプッチについて「ほんのわずかの手先をつかって彼はもののみごとにプッチをやってのけた！」と書いている（Czech-Jochberg: Im Osten Feuer, S. 114, 117）。その他多数。

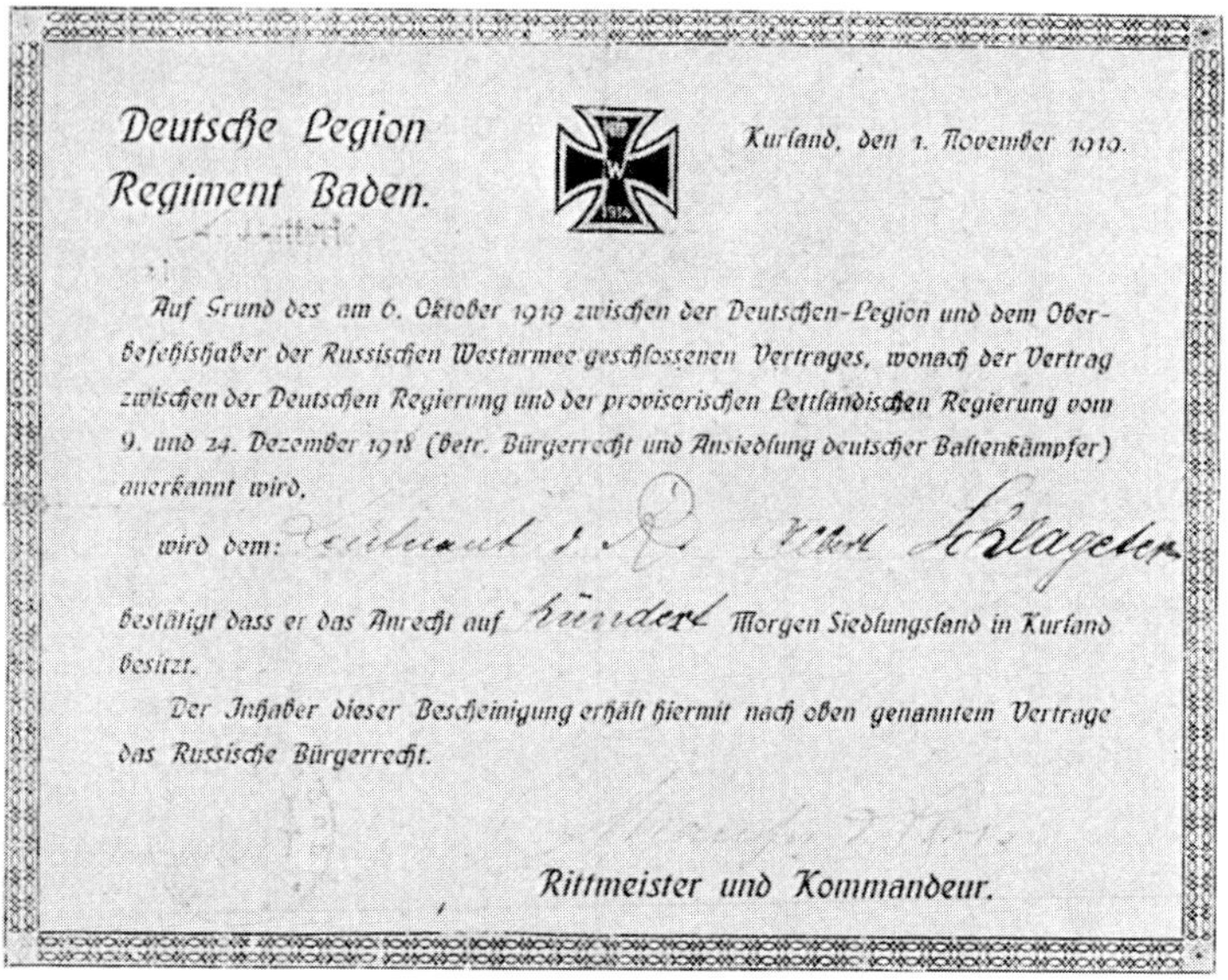

Deutsche Legion
Regiment Baden.

Kurland, den 1. November 1919.

Auf Grund des am 6. Oktober 1919 zwischen der Deutschen-Legion und dem Oberbefehlshaber der Russischen Westarmee geschlossenen Vertrages, wonach der Vertrag zwischen der Deutschen Regierung und der provisorischen Lettländischen Regierung vom 9. und 24. Dezember 1918 (betr. Bürgerrecht und Ansiedlung deutscher Baltenkämpfer) anerkannt wird,

wird dem: Leutnant d. R. Albert Schlageter

bestätigt dass er das Anrecht auf hundert Morgen Siedlungsland in Kurland besitzt.

Der Inhaber dieser Bescheinigung erhält hiermit nach oben genanntem Vertrage das Russische Bürgerrecht.

Rittmeister und Kommandeur.

シュラーゲター少尉あての土地取得証明書

34 たとえば次の文献。Steinaecker: Mit der Eisernen Division im Baltenland, S. 55; Meyer: Das Jägerbataillon der Eisernen Division, S. 45

35 予備軍のレオ・シュラーゲター少尉に対してクールラントの「入植地百モルゲン」の取得の権利を認める証明書のファクシミリがある（SB, S. 478）。この権利が正当なものである裏づけとしてこのアンソロジーに掲載されているのであるが、証明書の発行の日付は一九一九年十一月一日、すなわちウルマニス政権に対するプッチとバルト地域における義勇軍の敗退のはるか後である。しかも予備軍司令官のサインがあるだけで他のだれも認めていない。つまり、バルト地区進駐部隊は、かつて自分たちが入植地を得る「権利」を持っていたことを自軍の将校に証明してもらっているわけである。おまけにその権利をみずからの失敗で失ったにもかかわらず、この種の「証明書」をもってラトヴィア側の裏切りを証拠づけようとしたのである。とはいえ、この証明書は疑いもなく「本物」である。

36 Brauweiler: Der Anteil des Stahlhelms, in: HoDA, S. 221.

37 Mann: Mit Ehrhardt durch Deutschland, S. 138; dgl.: Bochow: Soldaten ohne Befehl, S. 141ff

38 Ernst Bloch: Erbschaft dieser Zeit, S. 58f; vgl. auch S. 66f（『この時代の遺産』）

39 Salomon: Die Geächteten, S. 73

40 Jünger: Der Kampf als inneres Erlebnis, S. 86

41 Salomon: Die Geächteten, S. 237f; Nord: Der Krieg im Baltikum, in: JKR, S. 91; Stoffregen: Vaterland, S. 70; Buschwecker: Wie unser Gesetz es befahl, S. 12; Volck: Rebellen um Ehre, S. 58; Engelhardt: Der Ritt nach Riga, S. 11; Brandis: Baltikumer, S. 101f; von Kessel: Handgranaten und rote Fahnen, S. 191; Schauwecker: Der Aufbruch der Nation aus dem Kriege, S. 192, 299

42 Goebbels: Michael, S. 77

43 ゲッベルスは自分の作品の原稿を印刷に付すためにベルリン日刊新聞の編集者採用に応募したが失敗した。シャルル・ブロッホによれば「この新聞では自由主義者のユダヤ人が主だったポストを占めていた」。Charles Bloch: Die SA, S. 18

44 Jünger: Feuer und Blut, S. 156

45 エリクソンはこの点を巧みに浮き彫りにしている。ドイツの青年たちと父親との葛藤を描くエリクソンの叙述は詳細かつ正確だ。Erikson: The Legend of Hitlers Childhood.（ドイツ語版 S. 188ff）彼もまた、ヒトラーの総統としての位置付けを父親のレベルに求めてはならない、という結論に達している。ただし、ヒトラーを「父親と自分を同一化することなく、父親の権利を継承した理想的な長子」（S. 194）だとするエリクソンの規定は不充分だ。この言い方では総統の権力が父親の（不当な）権力の根本的な回避を意味することは伝わらない。総統の権力は個人的な起源を持つものではなく、抽象的な社会的権力の場から直接導き出されたものだ。また、「それでもヒトラーの幼児期の初期には父親との同一化はともかく堅固に基礎付けられていた」（S. 193）というエリクソンの表現も、「同一化」概念の使用について批判できよう（「同一化」概念については本書第II巻第二章「自我と維持機構」の節を参照のこと）。

その点についてはゾーン-レーテルの次のような言い方のほうが実態に即している。「総統への盲目的な信頼は、個人の利害が社会的な総合によって超越されることと、この総合が可能な限り個人的な利害を名目に立てて行なわれているという意識に基づいている。そのために、この超越から生ずる真空の中で『総統』は強大な権力たりうるのである」(Sohn-Rethel: Ökonomie und Klassenstruktur...; S. 145)。ここでいう「個人的利害」の「超越」から生ずる「真空」に、虚構のファロスがそそり立つ高所は存在する。

＊1 「たとえ海上の戦いであろうと、この秋の嵐で荒れ狂う海の力に比べればものの数ではない。父なる神は今なおわれわれ人間以上のことができるのだ」(「われわれ人間」というのは、息子たちという意味だろう)。Freksa: Kapitän Ehrhardt, S. 48

46 Jünger: Feuer und Blut, S. 226-273 あるいは次の個所。「彼は、微笑みながらこの綾なす糸が両手からすべり落ちるままに任せている神の存在を考えることができた」(Jünger: Kampf als inneres Erlebnis, S. 108)。

47 Salomon: Die Geächteten, S. 151

48 Vgl. Freud: Traumdeutung, GW II/III, S. 385

49 Hocquenghem: Das homosexuelle Verlangen, S. 85

＊2 もしこのとおりなら、ファシズム小説では長男もしくは一人っ子が主人公になるべきであることが推察できるはずである。実際そのとおりで、主人公が長男もしくは一人っ子である事情は小説の中で必ずしも強調されてはいないが、たとえば四男が主人公役にしゃしゃり出ることは絶対にない。『ヒトラー少年クヴェクス』〔カール・アロイス・シェンツィンガーによる一九三二年の小説〕のようにプロレタリア家庭が舞台になる場合にも、主人公のハイニ・フェルカーは労働者である両親の一粒種だとされる(子沢山のプロレタリア家庭では普通そういうことはありえないのだが)。この小説で主人公はコミュニズムからナチスに鞍替えするのだが、これは何かもっと良いものへの生まれ変わりを示すらしい。

50 Salomon: Die Geächteten, S. 472

51 わざわざ「彼」というのは、本書で扱っているファシストが男性だからである。女性のファシズムがいかに形成されるかは、女性の手で検討されるべきだろう。ぼくの予想ではそれは男性のファシズムとはかなり違ったものだと思う。それが解明されてはじめて、男女両性の関係ががんじがらめになっているダブル・バインドの真の暴力性を明らかにすることができよう。マリア＝アントワネッタ・マチオッチの著書は残念ながらこの注文を一部しか充たしていない。

52 Maria-Antoinetta Macciochi: Jungfrauen, Mütter und ein Führer. Frauen im Faschismus, Berlin 1976 Tiger: Warum die Männer wirklich herrschen, S. 203, 205, 225（英語のオリジナルのタイトルは Men in Groups）; Morgan: Der Mythos vom schwachen Geschlecht, S. 185ff

53 Jünger: Der Kampf als inneres Erlebnis, S. 47

54 ebd., S. 56

55 本書第I巻二章の最終節（「堤防と流れ　集団大行進の儀式」）を参照のこと。

56 Jünger: Der Kampf als inneres Erlebnis, S. 48

57 Salomon: Die Geächteten, S. 367

58 Benjamin: Versuche über Brecht, S. 70（『ブレヒト試論』）

59 Jünger (Hg.): Der Kampf um das Reich, Vorwort, S. 9（＝JKR）

60 Salomon: Die Geächteten, S. 471

61 ロスバッハは一九五〇年の回想記で自慢げにこう述べている。「よく考えるとノスケは実際大した男だった。彼は後になって義勇軍を投入することに三度まで賛成した。ノスケ、義勇軍、そして国防軍がいなければ、今から二九年前にソヴィエトとドイツの国境はエルベ河からライン河になっていたに相違ない」。Roßbach: Mein Weg durch die Zeit, S. 59 ロスバッハは戦後の西側勢力と西ドイツの中でどうしたらうまく「脱ナチ化」ができるかを早々と悟ったのだ。

62 Salomon: Die Geächteten, S. 367

63 ebd., S. 79

64 Heinz: Sprengstoff, S. 75

65 Salomon: Die Geächteten, S. 76

66 ebd., S. 73, dgl. S. 379, 383. 類似した描写はハインツ、ドヴィンガーにもある。Heinz: Die Nation greift an, S. 73; Dwinger: Auf halbem Wege, S. 232, 239

67　まったく付随的にではあるが、ゾーン - レーテルがすでにこの推測を述べている。Sohn-Rethel: Ökonomie und Klassenstruktur..., S. 189

68　フロイト自身はときおり大胆な見方を示した。『精神分析学概説』には自我について次のような説明がある。「自我は意識的知覚から発して、エスのより広い範囲、深い層を支配下に置いていったが、自我そのものは外界への依存が不可欠であることを示すために、みずからの発生の由来を示す消しがたい刻印をとどめている。たとえば『ドイツ製』というトレード・マークがそれだ」(Freud: Abriß der Psychoanalyse, GW XVII, S. 129)。

しかしそう述べながらフロイトは、この説明の後ではただちに自分が高く評価する自我の防塁機能に眼を向けて自足するばかりで、「ドイツ製」いう刻印をとどめた実際の自我の分析に、「死の衝動」をめぐる思弁に示されたような興味を幾分かでも振り向けるまでには至らなかった。

69　ここで農民の母親を登場させるのは、彼女たちの息子たちが義勇軍やのちのファシズムの男性同盟に大量に加入したからだけではない。ぼくの考えるところでは、農民層、特に小規模農民層は資本主義において、多くの観点からして特別な「二正面階層」として解釈できる立場に追いこまれた。「二正面階層」とは、ぼくが使う意味では「中間階層」というブロック化された概念の中での下位分類を示すものではない。それはまた、生産関係におけるある特定の立場を意味するものでもない。むしろこの概念は、社会的・政治的ヒエラルキーの中で「上」と「下」からの特定の圧力にさらされた立場を指すのである。こうした圧力は農民層にとっても小市民階級に比べて少ないものではなかった。逆に、農地の非採算性に直面する小規模農民は自立性を失う危機に瀕していた。少なくとも、彼らの意識において労働者よりははるかに自立しているという幻想は脅かされたのである。「自由な家父長制」という観念と家内的労働の近辺にいることで、農民にとって、ひょっとしたら自分も工場に働きに出なければならないという想像は、小市民階級がプロレタリアの進出に恐怖を感じるのと同様に、おぞましいものだったのである。かてて加えて、進歩をになう階級として自己意識に目覚めたプロレタリアートの一部は、ドイツ文化の担い手としての農民の自意識をしたたかに傷つけることになった。この典型的な二正面階層的状況のなかで、あれほど多くの農民の子弟が「権力」に至る切符を約束する社会的な領域なり組織へと政治的に向かったことにはなんの不思議もない。そこで約束される権力こそ彼らが失いかけていたものであり、彼らは社会的な生産過程における新たな地位をめざしてそこに向かったのである。

ちなみに、都市と農村の対立については、エルンスト・ブロッホの『この時代の遺産』の「非同時代性と同時代性」の章の記述を参照のこと。Ernst Bloch: Erbschaft dieser Zeit, S. 104ff

70 Freud: Drei Abhandlungen zur Sexualtheorie, GW V, S. 61

71 W. Reich: Über S. Freud, Interview von Dr. Eissler, S. 11ff

72 Jünger: Der Kampf als inneres Erlebnis, S. 24

73 ebd., S. 55ff

74 ebd., S. 3

75 Goote: Kamerad Berthold, S. 235

76 Zit. nach: Anonym: Nazifuhrer sehen dich an, S. 45

77 Heinz: Die Nation greift an, S. 191

78 Jünger: Der Kampf als inneres Erlebnis, S. 107

79 Erbt: Der Narr von Kreyingen, S. 170

80 Salomon: Die Geächteten, S. 144f. 類似した記述はノルトにもある。Nord: Der Krieg im Baltikum, in: JKR, S. 91

平　和

1 Demeter: Das deutsche Heer und seine Offiziere, S. 220

2 Waite: Vanguard of Nazism, S. 1-13; The Ebert-Conversations; Wilhelm Groener: Lebenserinnerungen, Jugend. Generalstab. Weltkrieg. Göttingen 1957, S. 473ff; Gustav Noske: Von Kiel bis Kapp, Berlin 1920, S. 112f; Harold J. Gordon: Die Reichswehr und die Weimarer Republik, 1919-1926, Frankfurt 1959, S. 18, 26

3 Goote: Wir tragen das Leben, S. 51; dgl.: Dwingers Pahlen, in: Auf halbem Wege, S. 310

4 Selchow: Hundert Tage aus meinem Leben, S. 304

5 Gilbert: Landsknechte, S. 136f

6 Dwinger: Auf halbem Wege, S. 24f; vgl. auch ders.: Die letzten Reiter, S. 386

7 Dwinger: Auf halbem Wege, S. 293

8 Höß,: Kommandant in Auschwitz, S. 35

9 Goote: Kamerad Bertold, S. 244

10 Zeschau: Streiflichter aus den Kämpfen um Litauen, in: SB, S. 135; dgl., Gilbert: Landesknechte, S. 237

11 彼らはしばしば借金をすることすら厭うた。たとえばトア・ゴーテを参照。Goote: Wir tragen das Leben, S. 189

12 ebd., S. 192f

13 ebd., S. 193

14 Mann: Mit Ehrhardt durch Deutschland, S. 214

15 Dwinger: Auf halbem Wege, S. 239

16 Weller: Peter Mönkemann, S. 50f

17 たとえばザロモンを参照。Salomon: Die Geächteten, S. 246; ders.: Nahe Geschichte, S. 18f, 71; Solf: Deutschlands Auferstehung 1934, S. 27; Das Plakat in RDS, S. 126（一九二〇年三月十四日にプッチ部隊によって張られたポスター）; Schaper: Freikorpsgeist-Annaberg, in: RDS, S. 165; Engelhardt: Der Ritt nach Riga, S. 9; Ettighoffer: Revolver über der Stadt, S. 31; Buschwecker: Wie unser Gesetz es befahl, S. 5; von Kessel: Handgranaten und rote Fahnen, S. 163; Freiwald: Der Weg der braunen Kämpfer, S. 233; Günther: Deutsches Kriegertum, S. 201

18 義勇軍兵士たちがいかに「青年将校の心理的・社会的欲求」にかなったものであったかをウェイトは特に強調している。Wait: Vanguard of Nazism, S. 48f

19 特に示唆的なのは哄笑に対するユンガーの恐怖である。彼によれば「映画には冷たい残酷さが法外な規模で」表現されている。「映画のグロテスク」の中にユンガーは「苦痛と悪意に満ちた出来事がうずたかく積まれた様」だけを見る（Ernst Jünger: Über den Schmerz, in: Blätter und Steine, Hamburg 1934, S. 204）。ハシェクの『兵士シュヴェイク』については、「この無政府主義の道化者がドイツでも文学通を熱狂させているとすれば、それは文学的なものとは別の扱いを要する状態の兆候だ」とする。実際ユンガーは哄笑を止めさせるのに手榴弾をよこせ、とまで言う（Jünger: Drei Soldaten. Zur Spiegelung des Weltkrieges in der Gegenwartsdichtung, in: Eckart: Blätter für evangelische Geisteskultur 4, 1928, S. 255）。

20 Freksa: Kapitän Ehrhardt, S. 143

21 Mann: Mit Ehrhardt durch Deutschland, S. 11

22 Ekkehard: Sturmgeschlecht, S. 89

23 Weller: Peter Mönkemann, S. 242

24 彼らは自分たちのために戦っているのではないことをしばしば強調する。vgl. Loewenfeld: Das Freikorps von Loewenfeld, in: RDS, S. 156; Salomon: Die Brigade Ehrhardt, in: RDS, S. 122. にもかかわらず兵士たちは自分たちに必要な状態が達成されるまで満足しようとしない。彼ら流儀の「自分たちのために」戦うやり方とは、「全体のため」という名目で戦うことである（第II巻第一章「全体」の節を参照のこと）。これに反して、目先の「利益」のために行動するのが政党である。「政党」に向ける兵士たちの軽蔑は「政治的なもの」への激しい軽蔑をさらに上回る。政党とは党派根性であり、有象無象の集まりであり、腐敗したもの以外の何ものでもない。これに関してはエアハルト海軍大佐の政治論を参照のこと。Kapitän Ehrhardt: Deutschlands Zukunft, 1921. ここでは「政党のエゴイズム」に対して、先頭に立つ強硬な個人が戦いを行なうべきことが断固たる口調で述べられている（S. 5, 22ff, 34）。エアハルト自身が軍事的に関与したカップ一揆の掲げる要求の一つは、政党から選ばれた大臣に代わる「専門大臣」を導入することであった。国家社会主義労働党も自分たちをブルジョア的な意味での政党とは見ておらず、「運動」だと考えていた。

25 J. Nothaas: Beiträge zur Statistik Bayerns, zit. nach Waite: Vanguard of Nazism, S. 48

26 軍の解散は主には「（対ドイツ）連合軍に強要されたものだった」とエアハルト・ルーカスは強調している。Lucas: Märzrevolution Bd. 1, S. 86ff

27 Vgl. Lüttwitz: Im Kampf gegen die Novemberrevolution, S. 112 – 117; Salomon: Nahe Geschichte, S. 78;

Waite: Vanguard of Nazism, S. 140ff

28 Mann: Mit Ehrhardt durch Deutschland, S. 136; Heydebreck: Wir Wehrwölfe, S. 120f

29 例として Mann: Mit Ehrhardt durch Deutschland, S. 206; Freksa: Kapitän Ehrhardt, S. 192; G. Krüger: Die Brigade Ehrhardt, S. 63; Gumbel: Verschwörer, S. 76; Lucas: Märzrevolution 1920, 2. Bd., S. 102

30 Mann: Mit Ehrhardt durch Deutschland, S. 78

31 以下の文献による。Waite: Vanguard of Nazism, S. 40f; Lucas: Märzrevolution, 1. Bd., S. 67; Mann: Mit Ehrhardt durch Deutschland, S. 78; Curator: Putsche, Staat und wir! S. 102

32 in: SB, S. 37

33 Maercker: Vom Kaiserheer zur Reichswehr, S. 56

34 Mann: Mit Ehrhardt durch Deutschland, S. 214ff; dgl. Loewenfeld: Das Freikorps von Loewenfeld, in: RDS, S. 150; Salomon: Die Brigade Ehrhardt, in: RDS, S. 120; Zobel: Zwischen Krieg und Frieden, S. 114

35 ザロモンは俸給にひかれて義勇軍に応募者が殺到したというのは「次元が低い」非難だと受け止めた。Salomon: Nahe Geschichte, S. 21

36 Maercker: Vom Kaiserheer zur Reichswehr, S. 39

37 A. Zickler: Reichswehr gegen Rote Armee, was im Ruhrgebiet geschah, Berlin 1920, S. 21

38 Vgl. Theodor Geiger: Die soziale Schichtung des deutschen Volkes, Stuttgart 1932, S. 1-15, S. 72-138; S. M. Lipset: 〈Faschismus〉-rechts, links, die Mitte, in: ders.: Soziologie der Demokratie, Neuwied 1962, S. 131-190; H. A. Winkler: Mittelstand, Demokratie und Nationalsozialismus. Die politische Entwicklung von Handwerk und Kleinhandwerk in der Weimarer Republik, Köln 1972; U. Kadritzke: Angestellte－die geduldigen Arbeiter. Zur Soziologie und sozialen Bewegung der Angestellten, Frankfurt a.M., Köln 1973; Leo Trotzki: Porträt des Nationalsozialismus, in: ders.: Wie wird der Nationalsozialismus geschlagen? Frankfurt a.M. 1971, S. 290-299

39 Sohn-Rethel: Ökonomie und Klassenstruktur..., S. 191

＊1　エーヴェルスの小説の主人公ゲルハルト・ショルツは、職業を聞かれるとその質問に対して明らかに狼狽してこう答える。「ドイツ人……、ぼくはそれ以外のものではない」(Ewers: Reiter in deutscher Nacht, S. 246)。

40　「私は、ドイツの行なう冒険が、少しでも意識されているか否かにかかわらず、最初から終わりまでナポレオンを模倣していると考える」とハインリヒ・マンは書く。Heinrich Mann: Ein Zeitalter wird besichtigt, S. 9. 次に掲げるのは、「詩人ロベルト・ハメルリング（一八三〇－一八八七）」の手になるものとされる「韻文で綴られた預言的ヴィジョン」であるが、この詩はブルーノ・グラビンスキーによれば第一次大戦開戦当初に「ほとんどすべての新聞」に掲載されたという。Bruno Grabinski: Neuere Mystik. Der Weltkrieg im Aberglauben und im Lichte der Prophetie, Hildesheim 1916, S. 226

澄みきったわが預言者の目は永遠の光を浴びる
わが魂の前に次々に現われるのは未来の夢に酔った顔の数々だ
そして、行為を胚胎した遠い時代の暗闇の帳の向こうから
いと高き女神の姿がこちらに向かって近づいてくるのが見える
おお、キリスト生誕から数えて二十番目のものよ、武器を高鳴らせ、賛嘆に包まれたもの
いつの日か後の世はおまえを「ゲルマンの世紀」と呼ぶであろう
ドイツ民族よ、遙けき大地がおまえの前で戦慄して塵と化す日が来る
その時が来れば敵たちはただちに嵐のような裁きの場に引き出されるからだ
だれも触れえなかった英国の土もおまえの断固たる足が踏みつけるだろう
敵たちの流す血は至るところで濛々たる湯気となって天までのぼる
土くれの巨魁ロシアすらおまえは倒してこなごなに砕くだろう
バルトの豊穣の国々にドイツの鷲が巣を構える日が訪れるのだ
息絶えたもののごとく思われたオーストリアよ、二十年を経ずして
おまえは数ある民族の前に誇りと若返った力をみなぎらせて立つにちがいない
民たちは震え戦きながらおまえの栄光を前に身を屈し

東方の女王と崇めるだろう、第二のドイツ帝国と
新生せるポーランドの王冠を誇らしく頭に戴くはハプスブルクの裔
若き自由なる王のもと、ウクライナは光り輝かん
おお、親愛なる者たちよ、シンバルの音、バイオリンの響きが聞こえ
太鼓とラッパが偉大な勝利の輪舞にあわせて高鳴り始める
英雄の時代が訪れたことを喜べ！　運命はおまえと手を結んでいる
敵たちをいささかも恐れることなかれ、わが告げたるは真実なれば
(Grabinski, S. 226)

一九一九年のバルト地区で歌はこう続く。「もはや祖国とはいえないものに成り果てたドイツから疎まれ、放逐され、ここで孤独で絶望的な戦いを続けたのは、ドイツ帝国の最後の夢に賭ける、国民のうち最良の、犠牲を惜しまぬ者たちだった」。Bronnen: Roßbach, S. 71; vgl. auch Salomon: Die Geächteten, S. 297; ders.: Nahe Geschichte, S. 80

41 たとえばシャーパーはこの「精神」の存続を誓う。Schaper: Freikorpsgeist – Annaberg, in: RDS, S. 161ff

42 Killinger: Der Klabautermann, S. 139

43 Jünger, Ernst: Der Kampf als inneres Erlebnis, S. 18

44 Herzog: Kameraden, S. 230f

45 Plaas: Das Kapp-Unternehmen, in: JKR, S. 71.「その日」の到来を待ちうける日々はたいていの場合軍隊で過ごされた。一九二二年の時点まで国家社会主義労働者党のうち兵士や将校の党員がわずかだったことがこの事実を裏付けている（マーザーの統計による。vgl. Maser: Frühgeschichte der NSDAP, S. 255)。この期間、兵士的男性たちは反革命的な行動隊、あるいは準軍事的組織に所属した（バイエルンにおけるこの種の組織のリストがマーザーにある。S. 168)。政党的組織への反発の対象には、初期には国家社会主義労働者党まで含まれていた。党は、武器を調達するすべがなくなってはじめて興味を向けられる対象になった。

46 Loewenfeld: Das Freikorps von Loewenfeld, in: RDS, S. 157

47 Sohn-Rethel: Ökonomie und Klassenstruktur..., S. 197

48 ebd., S. 197, Anmerkung 4

49 まだしもまともな例の一つとしてドイツ・ファシズムに関するトロッキーの論集を参照のこと。Trotzki: Wie wird der Nationalsozialismus geschlagen? FaM., 1971. トロッキーが第三インターナショナルとは異なり、ファシズムの勝利はソヴィエトとの戦争をもたらすはずだ、と確信していたこと（S. 195ff）、また「中間階級」の役割を他の共産主義の理論家たちより現実的に評価していたこと（S. 290ff）は評価するとしても、トロッキーにも、自分たちはファシズムよりもましで、優れているという権威主義的、エリート的な自負が目につく。ファシズムの「瞞着」を暴け、という言葉がたえず口にされる（たとえばS. 295ff）。それはファシズムを論じたエルンスト・ブロッホの論文の多くに見受けられる尊大な口調と多くの点で似通っている（たとえば『賭け事から破滅まで』Vom Hasard zur Katastrophe, FaM., 1972）。もちろん、『この時代の遺産』は例外と考えてよいが。トロッキーにしろブロッホにしろ、彼らの見解に含まれる「真実」は、彼らが共に自分たちの知性の光沢をひけらかし、スターぶった論説をときおり生み出さずにはいられないことで差し引かれる（彼らも結局「才能を鼻にかける男」にすぎない）。

50 レニ・リーフェンシュタールによるドキュメント映画『意志の勝利』（一九三四年）。リーフェンシュタールはヒトラーの委託を受けて十八台のカメラを使って一九三四年ニュルンベルクにおけるナチス党大会の記録映画を撮影した。この映画で行なわれているモンタージュは実際の党大会のスケジュールには沿っておらず、効果とスペクタクルを狙って編集されている。行進のバックに流れる音楽もオリジナルでない場合が多い。映像や音楽の加工が行なわれているのに対し、編集者による声の説明は一切加えられない。以下に本文中で引用する党大会の演説は映画のオリジナルの音声から書き起こしたものである。

＊2 「わたしがヒトラーに見たものは、ほかの何よりも、騒然たる大都市の世界に対して十九世紀の世界を守る者の姿だった。大都市の現実がわれわれ全員の未来であることを怖れるからである」（Albert Speer: Spandauer Tagebücher, Frankfurt, Berlin, Wien 1975, S. 219. アルベルト・シュペーア『シュパンダウ日記』）。シュペーアのこの発言は、彼が設計する巨大な記念碑的建築物が民衆を庇護し匿う機能を持っていることを明かしている。記念碑は都市の解体的な生活に対する防塁なのだ。

51 ヒトラーはたかだか見積もっても「母からの派遣者」の末席に連なるだけだとする説がある。「母からの派遣者」という言い方はヘルム・シュティーリンがそのヒトラー論において家族療法の分野から拡大解釈して援用している巧みな概念である。ここでもまた世界史はオイディプス化される (H. Stierlin: Adolf Hitler. Familienperspektiven, Frankfurt a.M. 1975)。シュティーリンはこの著書でヒトラーが母からの派遣者として機能していたとする。

＊3 このことがこの場にいる男たちの美的感覚をポジティヴなものにする。これまで美的感覚は表に出たとしても、脅かすものの一切を排除する形でしか機能しなかった。「ヘルメットをかぶったこの顔は美しい、ユダヤ的なものを何も持たないがゆえに」といった類である。

52 ヒトラー・ユーゲントの歌の一節。作詞はバルドゥア・フォン・シーラッハ。

53 「党大会の儀式はすでに形が定まり、ほとんど規範にのっとったものになっていたが、私はその時はじめてこれが文字どおり典礼を意味するものであることに思いあたった。私はこれらの行進や巡行や奉献の儀式が水際立った演出をされたレヴューの一環であるとはそれまでも思っていた。いまや私は、ヒトラーの行なっているのはほとんど教会の設立にあたる事業であることに気づいたのだ」(Albert Speer: Spandauer Tagebücher, S. 292f)。ブロッホは「第三帝国」という名称が宗教的な起源と伝統を持つことを示唆し、革命側のプロパガンダも、軽率にもナチスの独壇場となっている宗教的な土壌を奪い返さなければならないと要請する。ぼくに言わせればブロッホは、ナチスが夢の実現と至福の約束のためにでっち上げたとしてその「法外なまがい物」の性格を強調しすぎる (Bloch: Erbschaft dieser Zeit, S. 126-160, S. 147)。ナチスのもとに参集した人間集団の感情の現実は、「まがい物」という概念では言い表わせない。「まがい物」という言葉を口にする者が、自分のほうに「正しいもの」の理があると考えていることなど、身体の断片化からのがれるために集団のブロックに適合する人間たちにとってどんな意味を持つというのだろう。同じくぼくは、ヒトラーに「本来神学的なものである思考枠の雑種化」を診断するバークの言い方もまったく不適切だと思う。この診断を下しているのは「上に」いて安全なブルジョア的学問と化した宗教にあぐらをかく人間にすぎない (Burke: Die Rhetorik in Hitlers 〈Mein Kampf〉, Frankfurt 1967, S. 33)。

54 「男が男として価値を持たない時代」とはライオネル・タイガーの表現による。L. Tiger: Warum die Männer wirklich herrschen, S. 212 ファシズムがこの観点から見て成功であったことは幻想ではなかった。次の文献を参照。Daniel Lerner, with the collaboration of I. de Soloa Pool and G. K. Schueller: The Nazi Elite, Stanford 1951. 特にその四章 Rise of the Plebeian, S. 34ff と五章 Specialists on Violence, S. 53ff, 同じくノイマンも参照。Franz Neumann: Behemoth, the Structure and Practice of National Socialism 1933-44, New York, insb. S. 365ff（フランツ・ノイマン『ビヒモス』）これらの文献はどれもが、権力の領域へ通行切符がナチス党の組織の中での上昇によって与えられたことを示している。そこに至る道は他にはなかった。興味深いのは、相対的に見て男性共同体で得られるような喜びをもたらさない領域（たとえば官僚的機構）は引き続きこの道から除外されたことである。ここでは以前からあった大学卒業者からなるカーストが依然保たれた（vgl. Zapf, S. 54; Neumann, S. 370）。同じことは工場のトップについても妥当した（vgl. Zapf, S. 55; Neumann, S. 388）。終戦近くなってはじめてナチス党は緊急措置としてこうした重要ポストも占有するようになった。

55 Reich: Wilhelm Reich über Sigmund Freud. Ein Interview, S. 76ff

56 Deleuse/Guattari: Anti-Ödipus, S. 331

57 ebd., S. 153

58 Majakowski: Nachruf auf Sergej Jesenin, in: Enzensberger: Museum der modernen Poesie, S. 164

59 Benjamin: Geschichtsphilosophische Thesen, in: Illuminationen, S. 272f（『歴史哲学テーゼ』）「パウル・クレーに『新しい天使（アンゲルス・ノヴス）』と題された絵がある。一人の天使が描かれていて、天使は凝視しているなにかからいまにも遠ざかろうとしているところのようだ。眼は大きく見開かれ、口は開き、翼はひろげられている。歴史の天使はこんな姿をしているに違いない。その顔は過去に向けられている。ぼくたちにとって事件の連鎖と見えるものが、歴史の天使の目には終末の破局とだけ見える。その破局は、休みなく廃墟の山を築いては、それを天使の足元に投げてよこす。天使はたぶんその場にとどまって、死者たちを目覚めさせ、破壊されたものをもう一度組み立てたいのだろう。しかし楽園から吹きつける強風を翼に受け、しかもその風が激しいために、天使はもう翼を閉じることができない。天使は強風によって、背中を向けている未来のほうへ、とどまることなく運ばれて行くのに、眼の前の廃墟の山は天を突くように高くなるばかりだ。ぼくたちが進歩と呼ぶものはこの強風だ」。

60 「今日同様、周りの世界の注目を浴びていたドイツという国家において、一九三三年に予期せぬうちになんという残虐行為が出来してしまったのだろうか」とツマルツリクは慨嘆するが、いずれにせよ、この驚きはぼくには場違いなものと思われる（Zmarzlik: Die Vernichtung des Warschauer Gettos, in: ders.: Wieviel Zukunft hat unsere Vergangenheit, München 1970, S. 53)。

61 Freud: Die Frage der Laienanalyse, GW XIV, S. 241

＊4 しかし、フロイトのこの発言は矛盾したもので、それ自体がブルジョア的、男性的な認識概念と境界を接している。フロイトが初期に行なった精神分析上の発見は、特に女性患者を相手にすることから生まれた発見だったはずである。分析技法を生み出すきっかけになったのも、やはり女性患者たちだった。その女性の心をフロイトが後になって、闇につつまれた暗黒の大陸だというのは矛盾していないだろうか。むしろ、女性の心を見ぬけなかったからこそ、フロイトは何かを知ることができたのではなかったか。逆に、フロイトにとって探査しつくされた大陸である自我－エス－超自我という心的構造は、男性側に偏った図式であり、今日の目から見ればもっともイデオロギー的かつ文化的な制限を受けた「発見」とはいえないだろうか。自我が分裂したままである限りは、自我に関してもっともよく「知る」ためには、ほとんど光が当てられない部分をおそらくいつまでたっても頼りにするしかないのだろう。

62 Reich: Die Massenpsychologie des Faschismus, S. 37ff

63 ebd., S. 43

訳者あとがき

本書はKlaus Theweleit: Männerphantasien. 第II巻の全訳である。第I巻の巻末にも記したように、原著は最初一九七七年にRoter Stern社から刊行され、その後ロヴォールト社、ｄｔｖ社から軽装版で出されて版を重ね、その後二〇〇〇年にpiper社からI、II巻を合本した形でポケット版が出版されている。入手できるものとしてはこれが最新版である。翻訳の底本としたのは第I巻と同じく、一九八六年のロヴォールト社の版で、傍らRoter Stern版を参照した。二つの版にはこの巻でもかなりの違いがある。また、ミネソタ大学出版局から出ている英訳（*Male Phantasies*, volume 2, Translated by Erica Carter and Chris Turner in Collaboration with Stephen Conway, 1985）を参考にした。原著では第II巻は第三章、第四章に章立てされているが、訳書では第一章、第二章とした。文献リストについては第I巻巻末を参照されたい。

＊　＊　＊

『男たちの妄想』で描かれる「男たち」とはだれなのだろうか。本書はもともと、第一次大戦終了直後から一九二〇年代初めまでドイツで活動した反革命的な軍事組織「義勇軍《フライコール》」の研究として書き始められた。「男たち」の筆頭にあげられるべきはこの兵士たちである。

そこでまず、日本の読者にとってなじみが薄いこの組織について説明しておこう。ドイツでは一九一八年十一月にキール軍港での水兵の反乱をきっかけに各地で労働者・兵士評議会《レーテ》が成立して権力を握ることで、帝政政権が崩壊し、第一次大戦の敗戦を迎える。だが、社会民主党のエーベルト大統領のもとに成立した共和制政府はきわめて弱体で、発足当初から左派が各地で展開するゼネストや武装蜂起に屋台骨を揺さぶられた。こうした革命活動の鎮圧と治安維持のために導入されたのが義勇軍である。それは国防軍に替わる仮の軍事組織で、カリスマ的なリーダー（大半は旧軍の将校）に率いられた元兵士たちからなり、政府により保護育成された。国防相であったグスタフ・ノスケが一九一九年一月に三千名の義勇軍部隊を率いてベルリンに進駐して、暴動の鎮圧にあたったのを皮切りに、義勇軍はミュンヘン、ルール地帯、東部国境地帯など各地で頻繁に動員されて左派の武装闘争の鎮圧にあたった。共和国の体制に飽き足らない不満分子を吸収して、最盛期には百近くの組織（その多くが司令官の名を冠している）で二十万人（一説には四十万人）を擁した義勇軍組織は、一九二〇年に禁止されるが（そのためにカップ一揆が企てられた）、その後も秘密結社的なテロ組織として命脈を保ち、二三年のヒットラー・プッチに糾合したのを最後に国防軍に吸収される。

　革命派の鎮圧や、バルト地区防衛に際して彼らが残した数多くのすさまじいばかりの武勇伝については本書で紹介されるとおりであるが、主だった「成果」としては、一連の白色テロルがあげられる。もっとも著名なものは一九一九年のベルリン街頭におけるカール・リープクネヒトとローザ・ルクセンブルク（共にスパルタクス団）の虐殺である。また、二一年に休戦・講和交渉を指導した元蔵相エルツベルガーを、その翌年には外相ラーテナウを暗殺したのも、義勇軍を引き継ぐ秘密結社的なテロ組織のメンバーだった。ドイツ国内だけでなく、バルト地域における赤軍との戦いも凄絶をきわめ、本書でも名前をあげられているフォン・デア・ゴルツ将軍指揮下のバルト方面義勇軍は、リトアニアのリガだけで三千名の一般市民をボルシェヴィキ名目で殺害したとされる。

彼らが「ナチズムの先駆者《ヴァンガード》」（ロバート・G・L・ウェイト）といわれるゆえんは、新生の共和国に対する憎悪と徹底した好戦性、上官に対する盲目的服従と反市民的な無法性にある。実際、彼らの中にはヒトラーが政権を執る一九三三年までの長い休止期間を経てSA（突撃隊）やSS（親衛隊）の中核的メンバーとして返り咲いた者も多い。彼らは戦間期の一連の戦争文学の中で英雄化され、ナチスのプロパガンダにおいても、ヒトラーがまだ無名のころから祖国のために戦い続けた「第三帝国の最初の兵士たち」（ヘルマン・ゲーリング）として顕彰される。第I巻の冒頭「七つの結婚」で紹介される男たち、エアハルト、ロスバッハ、ニーメラー、ルドルフ・ヘス、キリンガー、ザロモン、レトー=フォアベックは、いずれも義勇軍の兵士であり、彼らこそテーヴェライトが「兵士的男性」と呼ぶ男たちのプロトタイプである。

ただし、それは出発点に過ぎない。「兵士的男性」は彼ら義勇軍兵士や、軍隊に所属している男たちだけをさしているわけではない。その範囲は本書の記述の中でさらに広げられ、やがては具体的な戦闘行為にかかわっていたかどうかも問われなくなる。そうした非厳密性が、本書を正統派の歴史研究から大きく隔てるところだろう。もっともそれは、粗雑な概念拡張というわけではない。むしろ、プロト・ファシストと呼ばれる彼らやファシスト的男性を厳密に定義することで歴史的概念に押しこめるのではなく、彼らと非ファシスト的男性を分ける境界は本当に存在するのだろうかという問いを、可能な限り開いておくことにテーヴェライトの意図がある。

それは、ファシズムという概念についてもいえる。本書はファシズムの研究文献としてもすでに古典的な位置を獲得しているといっていいだろうが、ここでファシズムはある固有の時代、固有の地域に現れた政治体制やイデオロギーを示すものとして限定的に使われているのではない。ファシズムを、第一次世界大戦後に世界規模で拡大した資本主義体制の危機状況に対応してヨーロッパ諸国を中心に広がった全体主義的な政治体制と見るのではなく、反民主主義的、非自由主義的で国家主義的な政治体制や政治運動も包摂する拡大的なファシズム理解も今日において進行しているが、たとえそうした事情を心得ていたとしても、本書の中でたとえば「ファシズム的言語使用」とか「ファシズム的現実処理」という表現を目にすると、戸惑いを覚えるはずだ。テーヴェライトによれば、歴史学や政治学によるファシズム研究は、現象としてのファシズムを解明することはあっても、それを生んだ心性を究明することはない。ホロコーストのような憎悪や殺戮を生むメカニズムは社会的、経済的要因あるいはイデオロギーからは説明できない。特に槍玉に挙げられるのはファシズムを右派の「誤った意識」と現実誤認の産物だとするマルクス主義的なファシズム解釈で、テーヴェライトはそれに対して徹底的な論戦を挑む。ファシズムは本書の中で歴史的ないしは政治的概念ではなく、より広く、暴力や破壊を生む心性としてとらえられている。詮ずるところ、本書で問われるのは、すべての人間、特に「おとこ」の中に潜む暴力性や攻撃性、人を支配しようとする性向の起源である。

この性向はとりわけ、女性に対して働く。というより、男女関係にこそ、暴力的な心性の基本的なモデルが含まれているとテーヴェライトは明言する。「女・流れ・身体・歴史」と副題をつけられた第I巻では、ファシスト男性たちが女性（自らの妻や母、同僚の妹や看護婦が表象する《白い女》と、プロレタリアートの女性や娼婦、「敵」の女たちが表象する《赤い女》）に対して示す特有の反応（防衛、排除、攻撃、殺害）が分析され、それが女性の性愛に向けた男たちの根源的な不信と恐怖に基づくものであることが明らかにされる。さらにテーヴェライトは、この心性の形成過程をヨーロッパ社会の男権的・家父長的な歴史にたどり、「文明化の過程」（エリアス）において女性の性愛に対する抑圧がどのような形で制度化され、構造化されてきたかを跡づける。歴史の中で連綿と続くこの抑圧の体制は現代の男女、夫婦、親子関係の中にも書きこまれ、それがファシズムを生む温床になっている、というのがテーヴェライトの主張である。その意味でファシズムは戦争状態においてばかりでなく、「平時」にも見受けられるきわめて日常的な事象であり、われわれの社会や家庭がいまだに男権的・家父長的な支配関係によって成り立っている限り、――それは本書の中でそのつど確認されるのだが――「すべての男はファシストである」という、荒っぽい言い方もあたっているのだ。

ここまで見る限りは、テーヴェライトの主張は「男たちの手で作られた」歴史におけるミソジニー（女性嫌悪）やセクシズム（性差別）、そしてそれを反映した女性イメージの歪曲や恣意性をあつかったフェミニズム的歴史研究と軌を一にするものと見えるかもしれない。しかし、本書で取りあげられる白色テロルや無差別の攻撃といった事態は、不平等や差別といった域をはるかに超えている。家父長的な支配・生産関係は確かに女性たちの犠牲の上に築かれたシステムで、そこから両性の不平等と不調和が帰結するのかもしれないが、なぜ殺害が行われるか、なぜ死体の山が築かれるのか、という問いは答えられないままである。テーヴェライトが目を向けるのは、社会や生産関係よりさらに深部にある人間の精神構造である。

ファシズムをある特別な精神構造の産物としてとらえ、暴力や破壊、指導者への盲従を生むその心性を心理学や精神分析学の手法によって解明する試みには、フロム、ライヒ、マルクーゼやフランクフルト学派の先例がある。テーヴェライトのアプローチの特色は、ファシズムに対して親和的な心性の起源を、ファシストのみならず男性一般の心理や行動の深部に伏在する器質的な欠陥ないし障害に探ろうとするところにある。精神分析学、ことにフロイトの「オイディプス」モデルの批判を通じて提出されるのが「生まれきらなかった男たち」というモデルである。この独特な概念は、フロイトの自我心理学に対して「オイディプス以前」の自我機構の形成過程に光をあてた分析家・発達心理学者マーガレット・マーラーの理論から着想を得たものである。マーラーは精神病の子供たちが外界に対して示す自閉性と攻撃性を分析し、その原因が、彼らが成長に不可欠な母子共生段階から何らかの理由で正常に脱け出すことができず、母親と自己とを区別するために必要な「個体化」を完了できないことにあるとする。テーヴェライトの注目するのは、この子供たちと兵士的男性の自我機構と行動に見られる顕著な類似である。(第II巻第二章「自我と維持機構」を参照)

先の概念について著者自身はこう要約している。

「ぼくは『生まれきらなかった男たち（der Nicht‐zu‐Ende‐Geborene)』という言葉によって、生後間もない小児に見られるある種の『障害』の段階にとどまり続けている人々を指した。彼らはその身体的な発育過程で初期の断片化状態から抜け出して成長することができず、なにかに呑みこまれるという極度の不安状態に生涯にわたって固着した人々である。彼らはまた、自我形成に際して『快楽原則』に替わって『苦痛原則』というべきものを代用し、必ずしも取り返しのつかないものではないが、彼らの発達のいくつかの特徴のために、「現実処理」をおこなうにあたって、労働や愛や誕生や認識といった、生にかかわる作業を暴力と切り離すことができないように宿命付けられた人々である。」（二〇〇〇年版「あとがき」）

これが「兵士的男性」を特徴づける心的機構である。小児と同じく、もろく傷つきやすい自我機構しか持たない彼らは、自分を脅かすものを滅ぼすことで生き残る道を切り開く。「母親的なもの」に呑みこまれることに根源的な恐怖をいだく彼らにとって、女性の肉体とそのセクシャリティーは格別な憎悪と攻撃と復讐の対象となる。相手の生命を奪う破壊的行動は、断片化された自我の維持機構から生まれる。したがって、ファシストたちは「仕方なく」殺人を犯しているのではなく、自我の崩壊の危機に対抗するために、まさに自分たちの望むものとして殺戮を行っているのだ。テロル行動は、何ものかに代替できない、自己を守るためのやむにやまれぬ欲望から発している。これこそテーヴェライトのもっとも衝撃的な主張といえるだろう。

第一次大戦に先立つヴィルヘルム期は、ドイツが「生まれきらない男たち」を大量に生み出した時代だった。敗戦後の革命と反革命が激突するワイマール共和国内戦状態は、この男たちが生き残りと再生を賭けた戦いの舞台である。誕生間もない共和国の政治的混乱は、男たちにとって自分たちの「不完全な」誕生を思い出させる、きわめて剣呑な世界である。ここでは腐食性の欲望を直接に発散する《赤い女たち》であれ、街頭に集う革命的群衆《マッセ》であれ、強い生命力と浸透力によって兵士たちの身を脅かすものの一切が洪水、満潮、怒濤、流れ、沼、溶岩、泥濘、汚れ、性病、べたべたどろどろの集塊《マッセ》としてイメージされ、それらすべては女性とそのおぞましい性愛に発するものとされる。共和国とは、ドイツの純潔な母が巨大な娼婦に姿を変える事態を意味する。その娼婦の体の上で、これまでせき止められていた流れのことごとくが動き始めるのだ。外部からは「赤い洪水」として街頭を埋め、内部からは得体の知れぬ欲望の底知れぬ渦巻きとして、男を解体しようとするものに呑みこまれないために、兵士たちはそこから身を離し、屹立し、乾かし、姿勢を保ち、境界を画定し、防塁を築かなければならない。

自己防衛と生き残りのために兵士たちが身につける「肉体の甲冑」の生成過程とその多様な形態が分析されるのが、本書第II巻である。兵士たちにとって「甲冑」とはなにも鎧やヘルメットだけではない。

それは過酷な教練によって叩きこまれて皮膚と一体化し、さらに延長された身体としての武器（拳銃、機関銃、大砲、戦闘機）にそのままつながっている。軍隊という組織そのものが巨大な「甲冑」として機能する全体機械であるが、テーヴェライトはさらに「人種」「民族」「国民」「全体」「文化」「ドイツ性」といった政治的概念までも、兵士たちの自我を装甲する甲冑として数えあげる。これらの甲冑は自己防衛と自己顕示以外に、兵士たちの内部にある無意識の欲望を滞留させる機能を持つ。そして、一連の甲冑や「全体機械」の中に蓄えられた大量のエネルギーを組織的に統禦し、崩壊の間際まで塞き止められていた欲望を戦闘と破壊と殺戮によって一気に解放するのが戦争である。

ファシズムは本書の中で、戦争による最終的な解放に向けたシステムを大規模かつ組織的に作りあげる体制としても分析されている。たとえば、ナチスによって演出された党大会や集団行進といった大規模な儀式は、全体機械の中で欲望を組織的に統禦するばかりか、それに適切なはけ口を用意して、限定された機会に欲望の象徴的な解放を肯定するものだった。だからこそファシズムという政治体制は男たちをあれほどまで惹きつけたのである。末尾にあげられているリーフェンシュタールによるナチス党大会の記録映画の分析からは、ファシズムが兵士たちにとってどれほど救いに満ちた、快楽と満足を与える「魅力的な」体制であったかが伝わってくるであろう。このファシズムの「魅力」を描ききったところにも本書の功績がある。

＊　＊　＊

以上、訳者として本書の内容をかいつまんで要約したものの、あくまでも概略をたどったに過ぎない。

むしろ、あらずもがなの要約によってかえって本書で書かれている肝心のものが抜け落ちてしまったのではないかという気がしてならない。というのも、本書ほど要約や総括が「方法」としてふさわしくないと感じさせる本もないからである。それに関連して、本書の独自なスタイルにも触れておこう。

テーヴェライトは、ファシストの文筆家たちにとっては「書くこと」もまたひとつの「甲冑」として自己維持の機能を持っていた、とする。書くことは彼らにとって、秩序付けると共に、感じないですむため、消滅しないですむための手段である。それは教練と同じくらい効果的に兵士たちの体表面を守る。テーヴェライトの書きぶりはこのファシズム的な書法の逆をめざしているといえるかもしれない。一読してわかるように、本書ではファシズム理論の何らかの「体系化」が意図されているわけではない。もとより、専門用語で装甲した思弁的な哲学を筆頭に、身体を無視して抽象された理論や学問体系こそ、テーヴェライトが目の敵にするものである。通常の学術書なら避けられるような日常語やスラングを意図的に使用し、一見学問的と見える記述にも、詮索と思いつき、不必要ともみえる意見開陳、脱線、ジョーク、引用、注釈、政治的意見を混在させるのが本書のスタイルで、それは秩序を押し付けられたり、総括を強要されるのをそもそも拒絶する。至るところに挿入された大量の図版も同じ効果をあげていて、「歴史的史料」である同時代のポスターや文書ばかりか、映画のカット、イラスト、漫画、政党のポスター、絵葉書、現代の商品広告まで、あたかもスクラップブックのように貼りあわせ、モンタージュする方法に、開巻一番読者は肝をつぶされるはずだ。しかもテキストと図版の関係は、説明的でなくきわめて緩やかだ。

意識的に選ばれたこのスタイルは、人間の生の営為としての「欲望生産」がなぜ死や破壊という反‐生産的行動に向かうのか、という本書の究極的な問いと関連していると思われる。というのも、本書では随所で、死と破壊を生むファシズムの反‐生産的なシステムに対し、「ファシズム的ではない」生のあり方が提案されてもいるからである。それは男女の関係をはじめすべての人間関係において、抑圧を取り払った欲望の快楽に満ちた混交が可能になることで、生に対して肯定的な現実が創出されるユートピアである。あらゆる社会の支配の枠を打ち破り、人間の身体同士の快楽に満ちた混交を経験することによって非ファシズム的な生が実現される、とテーヴェライトはいう。ここには、人間の性欲の解放によって性革命と社会革命を結び付けようとしたヴィルヘルム・ライヒの思想の影響が見られる。権力を持たないこと、多様なものが混在しあうこと、矛盾すること、開かれてあることがこの生に向けた実践の原理である。「欲望生産」という概念はドゥルーズ／ガタリの『アンチ・オイディプス』から借り受けられたものであるが、本書のスタイルそのものが、手に入るあらゆるものを利用し、あらゆるところに連結と切断の可能性をさぐり、多様なものを交雑する「欲望生産」の方法を地で行ったものと見える。それは総括することをせず、「全体」を形成せず、そのためにあらゆる結合を受け入れることができる。大きいもの、高みにあるもの、体系、総合、そしてなによりも「全体」は虚偽だ。秩序よりは無秩序、体系だったものよりは個別のもの、ばらばらなもの、仲介を経ないものに真実がある。ミクロ・アナーキーに向かって問いが開かれたままで終わっている本書を書くことを通じてテーヴェライトがめざしているのは、ファシスト的な生産とは異なる、生とエロスの解放に向かう欲望生産の革命に加わることであったとはいえないだろうか。

なお、原題の Männerphantasien はそのまま訳せば「男たちのファンタジー」である。もちろん、フロイト派の精神分析の用語としてみればファンタジー／ファンタスマは「幻想」であり、想像作用全般を意味する。訳語としては夢想、空想、幻想、想像、幻覚、錯覚なども考えられたが、タイトルであえて「妄想」としたのは、「ファンタジー」や「幻想」では、日本語の語感として、ファシズムという禍々しい現実を生んだメカニズムを指すのにあまりに無害で主観的な印象を与えないかと案じたからである。本書における男たちの「ファンタジー」は主観的なものではなく、あきらかな集団性と類型性を帯び、現実原則による制限を一切受けない誇大妄想、世界大の破壊と征服の妄想へとつながっている。

最後にテーヴェライトの他の著作をリストとしてあげておく。

- Männerphantasien, Bd.1: Frauen, Fluten, Körper, Geschichte, Stroemfeld/Roter Stern 1977/78
- Männerphantasien, Bd.2: Zur Psychoanalyse des weißen Terrors, Stroemfeld/Roter Stern 1977/78（本書）
- Buch der Könige, Bd.1: Orpheus und Eurydike, Stroemfeld 1988
- Buch der Könige, Bd.2x: Orpheus am Machtpol, Stroemfeld 1994
- Buch der Könige, Bd.2y: Recording Angel's Mysteries, Stroemfeld 1994
- Objektwahl. All You Need is Love, Stroemfeld 1990
- Ein Aspirin von der Größe der Sonne, Jos Fritz Verlag, Freiburg 1990
- Das Land das Ausland heißt. Essays, Reden, Interviews zu Politik und Kunst. dtv, Müünchen 1995
- One Plus One. Rede für Jean-Luc Godard zur Verleihung des Theodor W. Adorno Preises an J.-L. Godard, Frankfurt, Paulskirche, Verlag Brinkmann & Bose, Berlin 1995
- Heiner Müller. Traumtext, Stroemfeld 1996

- Ghosts. Drei leicht inkorrekte Vorträge, Stroemfeld 1998
- Pocahontas I Pochahontas in Wonderland. Shakespeare on Tour, Stroemfeld 1999
- Pochahontas II Mad Affairs. Buch der Königstöchter. Die Medea/Pochahontas-Connection Stroemfeld
- Pochahontas III Import. Export. Kolonialismustheorien, oder: Warum Cortes wirklich siegte. Stroemfeld
- Pochahontas IV "You Give Me Fever". Arno Schmidt. Seelandschaften mit Pocahontas. Die Sexualität schreiben nach WW II, Stroemfeld 1999
- Der Knall. 11. September, das Verschwinden der Realität und ein Kriegsmodell, Stroemfeld 2002
- Deutschlandfilme. Godard, Hitchkock, Pasolini. Filmdenken & Gewalt, Stroemfeld 2003

最新のものとして、サッカー論がある。
- Tor zur Welt. Fußball als Realitätsmodell, Kiepenheuer & Witsch 2004

田村　和彦

ロッシン,ルッツ Rossin, Lutz 338
ロラン,ロマン Rolland, Romain 368ff
ロルカ,フェデリコ・ガルシア Lorca, Federico Garcia 411,715
ロレンス Lawrence, D. H. 750

ワ 行

ワグナー, リヒャルト Wagner, Richard 285

ルクセンブルク，ローザ　Luxemburg, Rosa　741, 391
ルクレア，セルジュ Leclaire, Serge　174, 674
ルソー，ジャン－ジャック Rousseau, Jean-Jacques　732
ルター，マルティン Luther, Martin　455, 461ff, 474f, 723f, 727, 574
ルノワール，ジャン Renoir, Jean　615
ル・ボン，ギュスタフ Le Bon, Gustave　636
ルメーン，ジャック Roumain, Jacques　408
レーヴェンフェルト，ヴィルフリート Loewenfeld, Wilfried von（レーヴェンフェルト義勇軍を組織．シレジア，ルール地方で防衛にあたる）11, 46, 257, 359, 651, 665, 179, 409, 504, 564, 566
レーダー，エーリヒ Raeder, Erich（1935-43年，海軍元帥）481
レーニン Lenin, V. I.　240f, 244, 63, 105, 579
レーム，エルンスト Röhm, Ernst（エップ義勇軍に参加．後にナチス突撃隊隊長．レーム事件に際して粛清される）10, 44, 156, 148, 178, 227, 239, 240, 435, 469, 470, 537, 631, 652, 668f, 672
レール，ジョン Röhl, John　450
レッシング，ゴットホルト・エフライム Lessing, Gotthold Ephraim　516
レト－フォアベック，パウル・フォン Lettow-Vorbeck, Paul von（将軍．第一次大戦西南アフリカ守備隊の司令官．戦後はシュヴェリンの国防軍旅団の指揮官）19-25, 31-34, 39, 44f, 60f, 74-77, 95, 156-159, 161, 165, 20f, 41, 81, 344, 543
レマルク，エーリッヒ・マリア Remarque, Erich Maria　702f, 703
レルシ，ハインリヒ Lersch, Heinrich　566f
レンス，ヘルマン Löns, Hermann　608
レントマイスター，ツェツィーリア Rentmeister, Cecilia　727
ロアヴァッサー，ミヒャエル Rohrwasser, Michael　138, 74
ロイター，ルートヴィヒ・フォン Reuter, Ludwig von（提督）181
ローゼンベルク，アルフレート Rosenberg, Alfred　575, 597, 9, 147, 595
ローダームント，エドゥアルト Rodermund, Eduard　130, 142
ローデン，ハンス Roden, Hans（義勇軍関係の著述家，アンソロジー『ドイツの兵士たち』）342ff
ロートレアモン Lautréamont, Comte de　531
ローハイム，ゲザ Roheim, Geza　124
ロスバッハ，ゲルハルト Rossbach, Gerhard（中尉．ロスバッハ義勇軍を組織）10f, 15, 24, 30-34, 37, 39, 42, 44f, 50, 95, 97, 594, 115, 148, 180, 184, 407, 469f, 494, 679

ラ 行

ラーテナウ，ヴァルター Rathenau, Walther 18, 36, 593, 16, 313, 539, 615
ライ，ロベルト Ley, Robert 635, 695, 10, 475, 481
ライトナー Leidner（ミュルハイムの赤軍士官） 237
ライニッヒ，クリスタ Reinig, Christa 676, 679ff
ライヒ，ヴィルヘルム Reich, Wilhelm 87, 138, 215, 320, 323-327, 329, 363f, 367, 370ff, 551ff, 660, 674, 691f, 697f, 707f, 718, 753, 755, 19, 71, 101, 139, 346, 536, 579f, 587f
ライヒェ，ライムート Reiche, Reimut 660, 736, 427, 429, 434, 436-439, 443, 466, 665
ライプニッツ Leibniz, Wilhelm Gottfried 511
ラインハルト，ヴィルヘルム Reinhard, Wilhelm（大佐，ラインハルト義勇軍を組織．ベルリン司令官．後SSの上級指揮官） 578, 366
ラカン，ジャック Lacan, Jacques 470, 708
ラクロ Laclos, Choderlos 515
ラプランシュ，ジャン Laplanche, Jean（ポンタリスを見よ）
ラムズス，ヴィルヘルム Lamszus, Wilhelm 673
ランク，オットー Rank, Otto 673
ラング，フリッツ Lang, Fritz 96, 375
ランダウアー，グスタフ Landauer, Gustav 15
リーフェンシュタール，レニ Riefensthal, Leni 568f, 572, 578-581, 652, 687
リーベンフェルス，ランツ Liebenfels, Lanz von 590
リサウアー，エルンスト Lissauer, Ernst 346f
リッペ，ルドルフ・ツア Lippe, Rudolf zur 445, 447, 453, 464-473, 641, 740, 281
リッベントロープ，ヨアヒム・フォン Ribbentrop, Joachim von（ヒトラー内閣外相） 475-483
リューデケ，フーゴ Luedecke, Hugo 245
リュトヴィッツ，ヴァルター Lüttwitz, Walter（将軍．ベルリン周辺の義勇軍指揮官．カップとともにプッチを首謀） 165, 337, 651, 509, 550
リンデン，ヴァルター Linden, Walter 608
ルイ十四世 Louis XIV. 504, 625
ルーカス，エアハルト Lucas, Erhard 6, 125f, 236-239, 344, 569, 700, 745, 290, 292, 645, 671, 683
ルーデンドルフ，エーリッヒ Ludendorff, Erich（第一次大戦ドイツ参謀総長） 39, 756, 555

メーボルト，カール Meboldt, Karl 684
メーリケ，エドゥアルト Mörike, Eduard 379, 404, 409, 419, 76
メゲデ，ハンス・ツア Megede, Hans zur 675
メスメル，フランツ・アントン Mesmer, Franz Anton 365
メデム Medem（義勇軍士官） 199
メラー，エーバーハルト Möller, Eberhard Wolfgang 347f
メルヴィル，ハーマン Melville, Herman 378, 572, 710
メルカー，ルードヴィヒ Maercker, Ludwig R. G. von（将軍．最初の義勇軍を組織する） 95, 120, 256, 284, 295, 685, 743, 38, 115, 239, 344, 409, 553, 555, 610
モーガン，エレイン Morgan, Elaine 427-435, 717-720, 372, 467, 616
モーザー，ティルマン Moser, Tillman 414, 75
モーツァルト，ヴォルフガング・アマデウス Mozart, Wolfgang Amadeus 458
モーラー，アルミン Mohler, Armin 622
モナコフ，コンスタンティン・フォン Monakow, Constantin von 647
モルゲンターラー，ヴァルター Morgenthaler, Walter 306
モルトケ，ヘルムート・フォン Moltke, Helmut von 450
モンタギュー，アシュレイ Montague, Ashley 646
モンロー，マリリン Monroe, Marilyn 546ff

ヤ 行

ヤーン，ウルリヒ Jahn, Ulrich 606
ユンガー，エルンスト Jünger, Ernst（作家・思想家．第一次大戦の従軍体験の後多くの戦争評論を著す．戦後も活躍．『日記』『内的経験としての戦争』ほか） 42, 63-68, 96, 100, 193, 338f, 346, 349f, 356ff, 387, 534, 575, 584, 586, 593ff, 597, 625, 652, 654, 689, 705, 738, 753, 22f, 25-27, 46, 75, 84, 87, 120f, 130, 147, 171, 175, 180, 190, 192, 218f, 221, 248, 252, 255, 257, 260, 263f, 269, 272f, 274f, 276, 286, 315f, 334, 363, 381, 387, 418, 466, 488, 494, 511, 513, 517, 529, 532, 538, 562, 593, 619, 641f, 650, 671, 682f
ユンガー，フリードリヒ・ゲオルク Jünger, Friedrich Georg 641, 672
ユング，カール・グスタフ Jung, Carl Gustav 331, 333, 652
ヨースト，ハンス Johst, Hanns 655
ヨートゥル将軍 Jodl, Alfred 15

ホルクハイマー，マックス Horkheimer, Max 725
ボルネマン，エルネスト Borneman, Ernest 402, 677, 740, 73, 140f
ボルマン，ボルマン Bormann, Martin（ロスバッハ義勇軍分隊長．のち SA） 476
ホレンバッハ Hollenbach, H. H. 349
ポンタリス Pontalis, J.-B.（ラプランシュとの共著による『精神分析用語辞典』） 299, 662, 689f, 646, 655

マ 行

マーザー，ヴェルナー Maser, Werner 668, 686
マーラー，マーガレット Mahler, Margaret 301, 326, 390, 470, 608f, 619, 690f, 292f, 294, 298, 300-312, 315f, 343, 355, 361, 366, 375, 383, 442, 535, 591, 620, 624, 645f, 655
マーンケン，ハインリヒ Mahnken, Heinrich（義勇軍関係の著述家） 97, 359, 98
マイ，カール May, Karl 556, 89, 91, 491, 572
マイヤー，イーノ Meyer, Ihno 591, 666
マソン，ティム Mason, Tim 653
マチューリン，チャールズ・ロバート Maturin, Charles Robert 533
マヤコフスキー，ウラディーミル Mayakowski, Vladimir Vladimirovich 379, 395, 421, 582
マリネッティ，フィリッポ・トマソ Marinnetti, Filippo Tomaso 594, 639f
マルクーゼ，ルードヴィヒ Marcuse, Ludwig 73, 74, 580
マルクス，カール Marx, Karl 241, 251, 318f, 374, 390, 617, 708, 724, 740, 745, 755, 756, 73, 492, 581, 588, 671
マルゲリート・ド・ヴァロア Marguerite de Valois 480f
マルツァン男爵 Maltzan, Freiherr von 365
マン，ハインリヒ Mann, Heinrich 530, 737, 685
マン，ルドルフ Mann, Rudolf（エアハルト義勇軍士官） 50, 62, 336, 656, 51, 84, 288f, 393, 411, 509, 545, 550f, 553, 645
マントイフェル男爵 Manteufel, Baron von 506, 675
ミシュレ，ジュール Michelet, Jules 504, 722, 732
ミッテルベルガー Mittelberger（義勇軍士官） 127
ミュラー，ヨハネス Müller, Johannes 454
ミュンヒハウゼン Münchhausen, Baron von 634
ミラー，ヘンリー Miller, Henry 379ff, 412ff, 422, 711f

452f, 542, 578, 595, 611, 651
ヘス，ルドルフ Heß, Rudolf（エップ義勇軍に参加．ヒトラーの私設秘書として『わが闘争』を口述筆記する） 44
ペツォルト，フリーデリケ Pezold, Friederike 535
ベッサー，ヨハン Besser, Johann 510, 512
ベッヒャー，ヨハネス Becher, Johannes R. 682
ヘッベル，フリードリヒ Hebbel, Friedrich 192
ベヒトルト，ハンス Bächtold, Hans 347, 606, 614
ヘミングウェイ，アーネスト Hemingway, Ernest 193
ベルク，ハンス・シュヴァルツ・ファン Berk, Hans Schwarz van 131-135, 141, 10
ヘルツォーク，ルドルフ Herzog, Rudolf（義勇軍関係の著述家．小説『鍛冶屋ヴィーラント』など） 162f, 255, 350, 582, 588, 596, 623, 756, 181
ベルトルト，ルドルフ Berthold, Rudolph（「鉄の軍団」の司令官．義勇軍文学でしばしば取り上げられた） 52-55, 57, 66ff, 95, 97, 99, 103f, 107, 166, 168, 170, 342f, 345f, 576, 578, 585, 661, 701, 59, 68, 69, 148ff, 152, 180, 365, 394, 489, 537, 543, 614, 632, 650
ペルニッツ男爵 Pölnitz 510, 513
ヘルムート Hellmut, Dr. 602f
ベレント，エーリヒ Berendt, Erich F. 617
ベン，ゴットフリート Benn, Gottfried 393, 405, 419, 710, 360
ヘンドリクス，ジミー Hendrix, Jimi 4
ベンヤミン，ヴァルター Benjamin, Walter 124, 317, 637, 639, 642, 667, 695, 736, 746, 69, 175f, 277f, 497, 512, 531, 578, 583, 626, 628
ホイットマン，ウォルト Whitman, Walt 379, 715
ボイメルブルク，ヴェルナー Beumelburg, Werner 673
ボーヴォワール，シモーヌ・ド Beauvoir, Simone de 395
ホークス，ハワード Hawks, Howard 687
ボージョアイユ Beaujoueulx 464, 467, 641
ボーゼ，ウルリヒ・フォン Bose, Ulrich von（参謀本部付け大尉） 257f, 665
ボーデンロイト，フリードリヒ Bodenreuth, Friedrich 632
ボーム，エーヴァルト Bohm, Ewald 642
ボッシュ，ヒエロニムス Bosch, Hieronimus 723
ホッツェル，クルト Hotzel, Curt 31, 133, 136, 608
ボネ，ジョルジュ Bonnet, Georges 483
ホメロス Homer 436f

ブルトン，アンドレ Breton, André　420, 715
ブレーガー，カール Bröger, Karl　565, 567
フレクサ，フリードリヒ Freksa, Friedrich　624, 657
ブレヒト，ベルトルト Brecht, Bertolt　64, 88ff, 124, 241-244, 335, 407, 411, 564, 570, 667, 683, 697, 756, 393, 566, 626, 630, 656
ブレンターノ，クレメンス Brentano, Clemens　532f
フレンツェル Frenzel, E., Frenzel, H. A.　453, 509, 722, 733
ブロイアー，ヨゼフ Breuer, Josef　366
フロイト，アンナ Freud, Anna　610, 691, 753, 67
フロイト，ジークムント Freud, Sigmund　3, 87, 91, 140, 279, 281, 285, 288, 290, 292f, 296-312, 321-327, 331, 350, 366-373, 376, 398f, 519, 522, 543f, 552, 601, 612, 616f, 635f, 640, 652, 660, 662, 668f, 671, 677f, 687-692, 694, 696, 697, 707f, 742, 753, 755, 757f, 27, 45f, 200, 225f, 241f, 255, 292, 295f, 298, 305, 331, 333, 358, 375, 383, 432, 468, 520, 533, 536, 585, 587, 593, 613, 615, 629, 634, 636, 646f, 652, 655, 680, 690
プロコプ，ウルリケ Prokop, Ulrike　667
ブロッホ，エルンスト Bloch, Ernst　248, 250, 529, 685, 707, 74, 509f, 659, 681, 687f
ブロッホ，シャルル Bloch, Charles　668f, 672, 677
フロム，エーリヒ Fromm, Erich　23, 607, 639f, 648
ブロムベルク，ヴェルナー・フォン Blomberg, Werner von（元帥）　470
ブロンネン，アルノルト Bronnen, Arnold（表現主義から出発した文学者．20年代右派に傾いた伝記・小説を発表）　37, 50, 358, 583, 594, 112, 115, 126, 127, 180, 407, 409, 494, 642
ヘイズ，ホフマン Hays, Hoffmann　737, 756
ベイトソン，グレゴリー Bateson, Gregory　485, 729
ヘーガー，ハインツ Heger, Heinz　415f, 421, 424
ペータース，カール Peters, Carl　48
ベーハイム，マルティン Behaim, Martin　454
ベーベル，アウグスト Bebel, August　246
ベーム，フェリックス Boehm, Felix　666
ベーレント Berendt, E. F.　119, 359
ヘシオドス Hesiod　404
ヘス，ルドルフ Höß, Rudolf（ロスバッハ義勇軍に所属．後にナチス親衛隊に入隊．アウシュヴィッツ強制収容所司令官）　15ff, 30, 32-35, 37, 39, 43ff, 93, 97, 157, 205, 207f, 228, 286, 568, 648, 63, 318, 320, 322f, 325f, 330, 420,

フェレンツィ，サンドル Ferenczi, Sandor　432, 433, 610, 718, 753, 759, 66f, 231, 270f, 391, 615, 644
フォーゲル，ブルーノ Vogel, Bruno　237
フォルク，ヘルベルト Volck, Herbert　634, 642
フォルナリ，フランコ Fornari, Franco　470, 626, 690, 757
ブザンソン，アラン Besançon, Alain　328
フックス，エドゥアルト Fuchs, Eduard　493ff, 501-505, 508-513, 684, 720, 724, 731, 733f, 402
ブッシュベッカー，カール・マティアス Buschbecker, Karl Matthias　641, 670
ブニュエル，ルイ Buñuel, Luis　740
プフェッファー，フランツ・フォン　Pfeffer, Franz von（フォン・プフェッファー義勇軍．のちOC，SA幹部）　506
プラース，ハルトムート Plaas, Hartmut　213, 334
プラーツ，マリオ Praz, Mario　737
ブライト，ゴットハルト Breit, Gotthard　669
フライミュラー，ヴィルヘルム Freimüller, Wilhelm　589f
ブラック，フェルディナント Black, Ferdinand　20f
フランク，ヴァルター Frank, Walter　335, 179, 476
フランケ，ヘルムート Francke, Helmut　186
ブランズウィック，ルース・マック Brunswick, Ruth Mack　671
ブランディス，コルト・フォン Brandis, Cordt von　642
フリードリヒ一世 Frederick I.　511
フリードリヒ二世 Frederick II.　452
フリック，ヴィルヘルム Frick, Wilhelm　478
フリッシュ，マックス Frisch, Max　566
フリッチ，ヴェルナー・フォン Fritsch, Werner Freiherr von（男爵，ナチス総司令官）　470
ブリューア，ハンス Blüher, Hans　47ff, 127, 186f, 190, 435, 446f, 448, 464, 467, 473, 630, 632, 650, 665
ブリューゲル，ペーター Bruegel, Peter　723
ブリューニング，ハインリヒ Brüning, Heinrich（ワイマール共和国首相）　509
ブリュックナー，ペーター Brückner, Peter　755
プリュム，カール Prümm, Karl　652, 655
ブリンクマン，ロルフ・ディーター Brinkmann, Rolf Dieter　754

ビアマン，ヴォルフ Biermann, Wolf 413, 420, 608, 695, 97, 566
ピーク，ヴィルヘルム Pieck, Wilhelm 569
ピカビア，フランシス Picabia, Francis 439
ビショッフ，ヨゼフ Bischoff, Josef（「鉄の軍団」指揮官） 199, 574f, 699
ビスマルク，オットー Bismarck, Prince Otto Eduard Leopold von 1, 95, 55, 110
ヒトラー，アドルフ Hitler, Adolf 11, 32, 39, 42, 44, 100, 165, 583, 597, 637, 642f, 645, 706, 23, 98, 135, 148, 156f, 161, 171, 178, 188, 190, 284, 310, 365, 427, 469f, 473f, 476-478, 516, 557, 565, 568f, 571, 573-578, 592, 603, 606, 627f, 648, 664, 668f, 671, 677, 687f
ピトロフ，リッター・フォン Pitrof, Ritter von（シュヴァーベン義勇軍） 457
ヒムラー，ハインリヒ Himmler, Heinrich 15, 35, 476-478, 481, 603, 631, 654
ビューヒナー，ゲオルク Büchner, Georg 424ff, 30
ヒュルゼン，ベルンハルト・フォン Hülsen, Bernhard von（上部シレジア義勇軍南部隊指揮官） 358, 651
ピリグリム，V. エリス Pilgrim, Volker Elis 72, 593
ヒルシフェルト，マグヌス Hirschfeld, Magnus 677, 685, 227, 662f, 666
ヒンデンブルク，パウル Hindenburg, Paul von 649
ピント，カタリーナ Pint, Katharina 665
ファイアーアーベント，パウル Feierabend, Paul 739
ファイアストーン，シュラミス Firestone, Schulamith 74, 619
ファイエ，ジャン・ピエル Faye, Jean Pierre 653f, 171, 484
ファノン，フランツ Fanon, Franz 616, 755
ファルンビューラー，ヘルマン・ミットナハト・フォン Varnbühler, Hermann Mittnacht von 450
フィージンガー，ハンス Fiesinger, Hans 699
フィチーノ，マルツィリオ Ficino, Marcilio 365
フィッシャー Fischer（エアハルト師団の秘密組織 OC のメンバー．外相ラーテナウを殺害） 36, 313
フィッシャー‐エッケルト，リー Fischer-Eckert, Li 215f, 246
フーコー，ミシェル Foucault, Michel 457f, 468, 713, 721, 723f, 732, 758, 139, 218, 417, 434, 633, 634, 650, 657
フーノルト Hunold, C. F. 512
フーバー，マルガレータ Huber, Margaretha 738
フーマン，ハンス Humann, Hans 349

パース，サン－ジャン Perse, Saint-Jean 380
パーペン，フランツ・フォン Papen, Franz von（ワイマール共和国首相．中央党） 476,478
パーリン－マッテイ，ゴルディ Parin-Matthey, Goldy 306
バーリント，マイクル Balint, Michael 300ff,305,326,691,707,758,363,366,535
ハーレイ，ジェイ Haley, Jay 485
ハーン，パウル Hahn, Paul 462
ハイデブレック，ペーター・フォン Heydebreck, Peter von（義勇軍指揮官．「守りの狼」部隊のリーダー） 35,81,156f,188,290,340f,358,42f,469
ハイネ，ハインリヒ Heine, Heinrich 405,409,750
ハイネス，エドムント Heines, Edmund（SA メンバー．レーム・プッチで粛清） 469
バイロン Byron, Lord 533
ハインツ，フリードリヒ・ヴィルヘルム Heinz, Friedrich Wilhelm（エアハルト軍団 OC のメンバー．義勇軍関係の著述家．小説『ゲオルク』『爆薬』ほか） 100,223,277f,284,294f,349,576,582,585,587,590,593,597,705f,16,25,89,107,110f,114f,121,135,246,256,264,266,344,498,537,489,495,497,628,679
バウアー，オットー Bauer, Otto 33
パウスト，オットー Paust, Otto 578,596
バウマン，ハンス Baumann, Hans（エップ義勇軍指揮官） 580
ハシェク，ヤロスラフ Hašek, Jaroslav 682
パス，オクタヴィオ Paz, Octavio 379,411,756
バタイユ，ジョルジュ Bataille, Georges 381,695,423
バフチーン，ミハイル Bakhtin, Mikhail 468
バラ，エーリッヒ Balla, Erich（バルト地区義勇軍指揮官．小説『我ら傭兵になりぬ』） 69,281,284,286,288,294,76,391,671
パラツェルズス Paracelsus 365
ハルデン，マクシミリアン Harden, Maximillan 450
ハルトゥング，ギュンター Hartung, Günter 608,672
バルドー，ブリジット Bardot, Brigitte 545
ハルトマン，ハインツ Hartmann, Heinz 591
パンコウ，ギゼラ Pankow, Gisela 692,359,655
ピアジェ，ジャン Piaget, Jean 300
ビアス，アンブローズ Bierce, Ambrose 389

545, 611, 661, 671, 679
ドゥーム，ディーター Duhm, Dieter 73
ドゥチケ，ルドルフ Dutschke, Rudolf 74
トゥホルスキー，クルト Tucholsky Kurt 564, 238
ドゥルーズ，ジル Deleuze, Gilles（ガタリも見よ） 102f, 139
トゥルクス大尉 Truchs 111f, 542
ドメニコ Domenico 471f
トラー，エルンスト Toller, Ernst 15
ドラクロワ，フェルディナント・ヴィクトル・ユージーヌ Delacroix, Ferdinand Victor Eugene 399
トルストイ，レオ Tolstoi, Leo 60, 63
トロッキー，レフ Trotskiy, Lev 747, 594, 687

ナ 行

ナーゲル，マンフレート Nagel, Manfred 635, 672
ナイチンゲール，フローレンス Nightingale, Florence 203ff, 677
ナハマンゾーン，マックス Nachmannsohn, Max（心理学） 666
ナポレオン Napoleon 22, 559
ニーチェ，フリードリヒ Nietzsche, Friedrich 273
ニーメラー，マルティン Niemöller, Martin（義勇軍士官．のちに神学を学びプロテスタントの教区総監になる．ナチスの教会政策に反対し，強制収容所に収監される．自伝『Uボートから教区総監へ』） 11-15, 17, 31-35, 37, 39, 44ff, 94, 158, 662, 654
ニッケル，オスカー Nickel, Oskar 569f, 744
ニュートン，アイザック Newton, Isaac 504
ネードラ，アンドレイ Needra, Andrejs 506
ネルーダ，パブロ Neruda, Pablo 380f, 393, 398f, 416, 552, 712, 715f, 218
ノイマン，フランツ Neumann, Franz 689
ノイラート，コンスタンティン Neurat, Konstantin 477
ノスケ，グスタフ Noske, Gustav（ワイマール共和国国防相．義勇軍を投入して左派蜂起の鎮圧にあたる） 743, 508, 550f, 679
ノルト，フランツ Nord, Franz 583, 251, 681

ハ 行

バーク，ケネス Burke, Kenneth 688
ハース Haas（将軍） 578

ダリ，サルバドール Salvador, Dali 648
ダリヤン，ジョルジュ Darien, Georges 433
ダレ，ヴァルター Darre, Walter（SSの上級指揮官，ナチス農業相） 641
チェッヒ-ヨッホベルク，エーリヒ Czech-Jochberg, Erich 675
チャップリン，チャーリー Chaplin, Charlie 227, 375, 566
ツィーグラー，ハインリヒ・アンセルム・フォン Ziegler, Heinrich Anselm von 415, 510
ツィックラー，アルトゥーア Zickler, Arthur 555
ツェーバーライン，ハンス Zöberlein, Hans（義勇軍関係の著述家．エップ義勇軍メンバー，小説『良心の命ずるままに』） 104, 109, 118, 141, 257-259, 281, 284, 292, 575f, 593, 597, 158, 167, 390, 405, 407, 550, 595, 597f, 603, 606
ツェシャウ Zeschau, Major von 544
ツェトキン，クララ Zetkin, Clara 240f, 73
ツェラー，マックス Zeller, Max 228, 229
ツォフ，マリアンネ Zoff, Marianne 242f
ツマルツリク，ハンス-ギュンター Zmarzlik, Hans-Günther 690
ディヴィス，アンジェラ Davis, Angela 73
ティソット，シャルル・ヨゼフ Tissot, Charles Joseph 732
ディックス，ドロシア Dix, Dorothea 204
ディネセン，カレン Dinesen, Karin 74ff 81
ティレッセン，カール Tillessen, Karl（エアハルト義勇軍「黒い国防軍」メンバー．元蔵相エルツベルガーを殺害） 36
ディンター，アルトゥーア Dinter, Arthur 603
デーニッツ，カール Dönitz, Karl（海軍元帥．1943年よりドイツ海軍司令官） 478, 481
デカルト，ルネ Descartes, René 364, 484, 504
デッカー，トマス Dekker, Thomas 457
デュルフェ，オノレ d'Urfé, Honoré 479f, 485, 538
デルマー，マクシミリアン Delmar, Maximilian（義勇軍士官） 105-108, 279, 602, 663, 738, 750, 61, 100f, 458, 608
テレマク，ハロルド Telemaque, Harold M. 419, 710
トイバー，ハインリヒ Teuber, Heinrich 151, 218f, 224, 636
ドヴィンガー，エドヴィン・エーリヒ Dwinger, Edwin Erich（マンスフェルト義勇軍．自伝的小説『道半ばにして』ほか） 56-59, 78, 84-86, 96, 99, 104, 111, 117, 141-147, 153f, 260, 275, 283, 296, 339, 342, 344, 351, 354, 387, 583, 589, 633, 659, 688, 703, 759, 30, 59, 64, 85, 87ff, 181, 183, 249, 352, 489,

シュライヒャー，クルト Schleicher, Kurt von（軍人．のち国防相・首相．レーム・プッチの際殺害される） 583, 597, 509
シュラム，ヴィルヘルム Schramm, Wilhelm 617, 636, 638
シュルツ，アドルフ Schulz, Adolf（「黒い国防軍」メンバー，元蔵相エルツベルガーを殺害） 36, 284, 672
シュルツ，パウル Schulz, Paul（エアハルト軍団士官．シュルツ義勇軍を組織） 127ff, 15, 390, 409
蔣介石 44
ショーバッヒャー嬢 Schobacher, Frl. 230f, 681
シラー，フリードリヒ・フォン Schiller, Friedrich von 24, 84, 189, 370, 516, 734f
シルダー，パウル Schilder, Paul 300, 591
スターリン Stalin, I. V. 111, 379, 696, 470, 594
スタロバンスキー，ジャン Starobinski, Jean 364f, 367, 383
ズットナー，ベルタ・フォン Suttner, Bertha von 257
スティヴンソン，ロバート・ルイス Stevenson, Robert Louis 386f
ゼークト，ハンス・フォン Seeckt, Hans von 44
セゼール，エーメ Césaire, Aimé 379, 397f, 411, 710, 712
ゼルショ，ボギスラフ・フォン Selchow, Bogislaw von（海軍大尉．学生義勇団員） 101f, 116, 283, 295, 349, 626, 183, 233, 263, 270f, 391, 459, 464, 541f, 615, 650
センゴール，レオポルド・セダル Senghor, Léopold Sédar 418
ゾーン-レーテル，アルフレート Sohn-Retel, Alfred 40f, 91, 495, 557, 565, 669, 677, 680
ソカリデス，チャールズ Socarides, Charles W. 436-4, 453, 666f
ソルジェニツィン，アレクサンドル Solzhenitsyn, Aleksandr 379
ゾントハイマー，クルト Sontheimer, Kurt 622
ゾンネマン，ウルリヒ Sonnemann, Ulrich 6, 613

タ 行

ダーウィン，チャールズ Darwin, Charles 66, 273
タイガー，ライオネル Tiger, Lionel 432, 720, 529, 688
ダヴィコ，オスカー Davico, Oscar 407
ダ・ヴィンチ da Vinci, Leonardo 455, 707
ダグラス，メアリー Douglas, Mary 448, 173
ダネッカー，マルティン Dannecker, Martin 427, 429, 434, 443, 466

シャウヴェッカー，フランツ Schauwecker, Franz（義勇軍関係の著述家．小説『国民の蜂起』ほか） 42,70-74,82,97,193,341,387,555,586,589,658,676,108,111,180,235,237,246,248,253,256,263f,404,640,643,672
シャウムレッフェル，カール Schaumlöffel, Karl（軍曹，マールブルク学生義勇団員） 576f,49f,137,179
ジャネ，ピエル Janet, Pierre 365
シャハト，ヒャルマー Schacht, Hjalmar 341,462,476,478
ジャン・パウル Jean Paul（Richter, Johann Paul Friedrich） 523ff,736
シュヴァルツァー，アリス Schwarzer, Alice 72
シュタイネッカー，フランツ・ヨーゼフ・フォン Steinaecker, Franz Josef von（海軍少佐） 51f,409
シュタトラー，エドゥアルト Stadtler, Eduard（義勇軍関係の著述家） 649,699,710,649
シュティーリン，ヘルム Stielin, Helm 660,436,438f
シュテーケル，ヴィルヘルム Stekel, Wilhelm 520
シュテリ，ギゼラ Stelly, Gisela 622
シュテンボック-フェルモア，アレクサンダー Stenbock-Fermor, Alexander（伯爵．回想記『わが坑夫体験』） 209ff,219,222,235
シュトフレーゲン，ゲッツ・オットー・フォン Stoffregen, Götz Otto von（義勇軍関係の著述家） 666
シュトライヒャー，ユリウス Streicher, Julius（反ユダヤ的週刊紙「デア・シュテュルマー」の創刊者） 475f,478,483,595
シュトラウス，フランツ・ヨーゼフ Strauss, Franz Josef 143
シュトラッサー，オットー Strasser, Otto 624,638
シュトルマン，ライナー Stollmann, Rainer 659
シュトレーゼマン，グスタフ Streseman, Gustav 508
シュナーベル，ヨハン・ゴットフリート Schnabel, Johann Gottfried 509
シュナイダー Schneider, M. 91,142,755
シュナイダー Schneider（大尉） 132-135,141f,150
シュピッツ，レネ Spitz, René 300
シュペーア，アルベルト Speer, Albert（建築家，ナチス軍需相） 476,478,687
シュペングラー，オスワルド Spengler, Oswald 637
シュミット，アルノ Schmidt, Arno 619
シュミット，ヘルムート Schmidt, Helmut 143
シュラーゲター，アルベルト Schlageter, Albert Leo 676

ケルン Kern（ラーテナウの暗殺者） 18, 36, 113, 181f, 313
ゲングラー，ルードヴィヒ Genglier, Ludwig F. 365
ゲンシャー，ハンス-ディートリヒ Gensher, Hans-Dietrich 143
ケンポウスキー，ヴァルター Kempowski, Walter 178
ゴーテ，トア Goote, Thor（義勇軍関係の著述家．義勇軍に参加．のち突撃隊班長．『同志ベルトルト』） 54, 66, 68, 99, 104, 107, 116, 166, 198, 283, 345, 576, 585f, 597, 674, 135, 152, 166, 318, 464, 537, 541, 543f, 608, 642, 682
コフラー，レオ Kofler, Leo 519, 721
コルヴィヌス，ゴットリーブ・ジークムント Corvinus, Gottlieb Sigmund 512
ゴルツ，リューディガー・フォン・デア Goltz, Rüdiger von der（将軍．バルト方面義勇軍の総司令官） 95, 158f, 165, 59f, 63, 85
コルテス，エルナン Cortés, Hernán 475
コルベール，ジャン-バプティスト Colbert, Jean-Baptiste 504
コロンブス，クリストファー Columbus, Christopher 504

サ 行

ザッツ，トーマス Szasz, Thomas 731, 754, 664
ザッツォ，ルネ Zazzo, René 470
サド，マルキ・ド Sade, Marquis de 533, 737
ザドガー，イシドール Sadger, Isidor Isaak 414f, 607
サルトル，ジャン-ポール Sartre, Jean-Paul 670
ザロモン，エルンスト・フォン Salomon, Ernst von（義勇軍士官．義勇軍関係の著作多数．のちローヴォルト書店編集者） 17ff, 30, 32ff, 36f, 43, 45, 63f, 95, 103, 105, 161, 279, 284, 337ff, 345, 348f, 577, 582, 584, 597, 602, 679, 747, 22, 51-58, 108, 114, 117, 181f, 197-215, 228, 235, 237, 240, 244, 249, 253, 263, 313f, 317, 322, 366, 466, 489, 500, 502f, 510f, 518, 524, 526, 528, 538f, 611, 615, 622, 632f, 652, 661, 682, 684
シーラッハ，バルドゥア・フォン Schirach, Baldur von 161, 186, 476, 631, 688
シェリー，パーシー・ビシー Shelley, Percy Bysshe 533
シェリー，メアリー Shelley, Mary 388, 531, 533
シェンク Schenk, Major Freiherr 132
シェンツィンガー，カール・アロイス Schenzinger, Karl Alois 678
シャーパー，リットマイスター Schaper, Rittmeister a. D. 686
シャイデマン，フィリップ Scheidemann, Philipp 11

クラーゼマン，フェルディナント Crasemann, Ferdinand（メルカー義勇軍の広報士官） 95
グラーフ，オスカー・マリア Graf, Oskar Maria 89, 565, 566
グラーフェ，フリーダ Graf, Frieda 4, 535, 640, 760, 282
クライン，メラニー Klein, Melanie 307, 326, 690, 691f, 752f, 759, 300
クラウス，フリードリヒ・ザロモン Krauss, Friedrich Salomon 602, 656
クラカウアー，ジークリート Kracauer, Siegfried 641
グラビンスキー，ブルーノ Grabinski, Bruno 685
グリーナクル，フィリス Greenacre, Phyllis 646
クリヴァー，エルドリッジ Cleaver, Eldridge 548f
クリストル，ヴラド Kristl, Vlado iii, iii, 71
グリュンベルク，カール Grünberg, Karl 234, 682, 740, 743
グルーバー，ヴァルター Gruber, Walter 675
クルニツキー，ホルスト Kurnitzky, Horst 735
クレーガー，ティム Kröger, Tim 182
グレーナー，ヴィルヘルム Groener, Wilhelm（ワイマール共和国国防軍将軍） 583, 597, 509
クレーバー，クルト Kleber, Kurt 235
クレンペラー Klemperer, V. 653
クロッペ，フリッツ Kloppe, Fritz 650
グロデック，ゲオルク Groddek, Georg 753
グンベル，エミール・ユリウス Gumbel, Emil Julius 36, 426, 658, 664
ゲーテ，ヨハン・ヴォルフガング・フォン Goethe, Johann Wolfgang von 24, 84, 189, 212, 406, 506, 523, 625, 710, 747, 256
ケーニヒスマルク，アウロラ・フォン Königsmarck, Aurora von 513
ゲーリング，ヘルマン Göring, Hermann（第一次大戦では空軍将校．のちナチスの指導者．突撃隊を組織する） 45, 655, 341, 462, 475-478, 481, 603, 656, 668
ゲオルゲ，シュテファン George, Stefan 33, 183, 608f, 630, 665
ゲオルゲ，ハインリヒ George, Heinrich 11, 24, 84, 189
ゲッベルス，ヨゼフ Goebbels, Joseph（ナチスの宣伝相，小説『ミヒァエル』『日記』） 60f, 657, 666, 668, 670, 61, 175, 177, 114, 127, 147, 156, 162f, 165, 169f, 175, 177, 182, 326f, 481, 331, 333, 341, 352, 513, 626f, 650f, 652, 654, 677
ケプラー，ヨハネス Kepler, Johannes 504
ゲマインダー，ペーター Gemeinder, Peter 161
ケラー，ゴットフリート Keller, Gottfried 734

606, 662, 664f
オットヴァルト，エルンスト Ottwald, Ernst（義勇軍関係の著述家．小説『休息と秩序』） 108, 256, 284, 603

カ 行

カール，グスタフ・リッター・フォン Kahr, Gustav Ritter von（バイエルン州知事） 39, 583, 597, 651, 179, 360
カイテル，ヴィルヘルム Keitel, Wilhelm（1938年から45年までドイツ国防軍最高司令部長官） 478
ガタリ，フェリックス Guattari, Félix（ジル・ドゥルーズとの共著『アンチ・オイディプス』） 305-312, 319f, 325ff, 364, 372f, 377, 381f, 389f, 398, 443, 529, 553, 567, 636, 694, 708f, 718ff, 742, 102f, 274f, 344, 432, 579f, 621, 670
カップ，ヴォルフガング Kapp, Wolfgang 131, 148
カネッティ，エリアス Canetti, Elias（『群集と権力』） 124, 385, 660, 8, 23, 34f, 94, 102, 145f, 158, 197, 212, 272, 396f, 405, 419, 607, 631, 634, 671
カミーユ，ルサン Camille, Roussan 395, 397
ガリレオ・ガリレイ Galileo Galilei 697
カルテンブルンナー，エルンスト Kaltenbrunner, Ernst（ナチス国家保安部長） 477, 481
カント，イマニュエル Kant, Immanuel 257
カンプ，アルトゥーア Kampf, Arthur 399
キートン，バスター Keaton, Buster 709
ギエン，ニコラ Guillén, Nicolas 411, 418
ギゼヴィウス，ハンス・ベルント Gisevius, Hans Bernd 478
キューブリック，スタンリー Kubrick, Stanley 759
ギュンター，ゲルハルト Günther, Gerhard 117, 632, 637
キリンガー，マンフレート・フォン Killinger, Manfred von（義勇軍士官．エアハルト軍団のメンバー．自伝小説『クラバウターマン』） 25-34, 36, 39, 44f, 79f, 93, 95, 157, 171f, 254f, 283, 597, 661, 37, 228ff, 322, 393, 409, 561, 627
キルシュターラー，フランツ Kirschtaler, Franz 427
ギルバート Gilbert, G.M. 648, 655, 475, 481, 483, 504, 595, 656, 669
グーテンベルク，ヨハネス Gutenberg, Johannes 282
クーパー，デイヴィット Kooper, David 139
クニッゲ，ルートヴィヒ・フォン Knigge, Ludwig Freiherr von 463

エーレンライク，バーバラ Ehrenreich, Barbara 203
エクシュタイン，ルドルフ Ekstein, Rudolf 663
エシャリッヒ，ゲオルク Escherich, Georg（少佐 秘密組織「オルゲシ」の設立者） 37
エスバッハ，ヴォルフガング Eßbach, Wolfgang 671
エッガース，クルト Eggers, Kurt（義勇軍関係の著述家．小説『叛徒の山』．後にナチスの文化政策にも加担） 336, 704, 69, 623
エッカート，ディートリヒ Eckart, Dietrich（詩人．国家社会主義の精神的父親」『めざめよドイツ！』） 157, 595
エッケハルト，フリードリヒ Ekkehard, Friedrich（義勇軍関係の著述家．小説『嵐の世代』） 120f, 341, 580f, 166, 182, 603
エッティヒホーファー，パウル・ケレスティン Ettighofer, Paul Coelestin 673
エップ，フランツ・リッター・フォン Epp, Franz Ritter von（エップ義勇軍指揮官） 95, 227, 582, 583f, 597, 665, 179, 404
エトリンガー，カール Ettlinger, Karl 683
エリアス，ノルベルト Elias, Norbert（『文明化の過程』『宮廷社会』） 445-449, 452f, 460f, 475, 479-485, 490f, 539, 615, 619, 641, 660, 716, 721-723, 727f, 735, 740, 742
エリクソン，エリク Erikson, Erik H. 634, 672, 677
エルツェン，ヴィルヘルム・フォン Oertzen, Wilhelm von（義勇軍関係の著述家．『義勇軍史』） 116, 131, 335, 38
エルツベルガー，マティアス Erzberger, Matthias（ワイマール共和国蔵相．1921年殺害される） 36, 183
エルプト，ヴィルヘルム Erbt, Wilhelm（義勇軍関係の著述家．小説『クラインゲンの愚者』） 354, 361
エルンスト，カール Ernst, Karl（ロスバッハ義勇軍．後にSA幹部．レーム・プッチで粛清） 469
エンゲルス，フリードリヒ Engels, Friedrich 246, 251, 684
エンツェンスベルガー，クリスティアン Enzensberger, Christian 572ff, 619f, 622
エンツェンスベルガー，ハンス・マグヌス Enzensberger, Hans Magnus 566
オイレンブルク，フィリップ・フォン Eulenburg, Phillip von 449f
オステン，エドムント・フォン Osten, Edmund von 336, 358
オッカンガム，ギイ・ド Hocquenghem, Guy de 433ff, 443, 445f, 452, 521,

水』） 335,580f,66,606
ヴァッター Watter, Freiherr von（将軍．ルール地方義勇軍指揮官） 99
ウィークランド，ジョン Weakland, John H. 485
ヴィープレヒト，クリストフ Wieprecht, Christoph 565
ヴィーマー－ボルヒェルスホーフ，フランツ Wiemer-Borchelshof, Franz 336
ヴィッツレーベン，エルヴィン・フォン Witzleben, Erwin von（将軍．ヒトラーに対しクーデターを企て1944年刑死） 100,706
ヴィトマン，ハンス Witmann, Hans 37f,151f,159,180
ウィニコット，ドナルド Winnicott, Donald W. 363
ヴィルヘルム一世 Wilhelm I.（ドイツ皇帝） 110,409
ヴィルヘルム二世 Wilhelm II.（ドイツ皇帝） 165,338,364,449,516
ヴィンクラー，ルッツ Winckler, Lutz 653,655,171,606
ウェイト，ロバート Waite, Robert G. L. 655,682
ヴェスターホルト Westerholt, Graf von 150f
ヴェストファーレン，ジェニー Westphalen, Jenny von（マルクスの妻） 251
ヴェッセル，ホルスト Wessel, Horst 156,568,574,626
ヴェラー，テューデル Weller, Tüdel（義勇軍関係の著述家．小説『ペーター・メンケマン』） 51,409,545
ヴェルナー Werner（坑内係員） 212f
ヴェルヌ，ジュール Verne, Jules 389
ヴェンダース，ヴィム Wenders, Wim 695
ヴォルフ，カール Wolff, Karl（ヘッセン義勇軍 エップの副官） 76
ウランゲル，ヴィルヘルム・フォン Wrangell, Baron Wilhelm von 675
ウルマニス，カルリス Ulmanis, Karlis（初代ラトヴィア大統領） 504,506
ウンガレッティ，ジュゼッペ Ungaretti, Giuseppe 712
エアハルト，ヘルマン Ehrhardt, Hermann（大佐．「エアハルト師団」および秘密組織OCの設立者） 9f,29-39,44f,50,76f,94ff,100,157,238,253f,579,589,593,648,656,752,51,82,98,231,238,240,288,312,322,334,427,489,545,547,550f,648f,683
エーヴェルス，ハンス・ハインツ Ewers, Hanns Heinz（義勇軍関係の著述家．小説『ドイツの夜を駆ける騎手』『アルラウネ』） 84,159,173,180,183,672,674,700,738,76,626,685
エーベルト，フリードリヒ Ebert, Friedrich（ワイマール共和国初代大統領） 11,33,38,569,743,540,626,637

索　引

（第Ⅰ巻および第Ⅱ巻）

＊一般に知られていないと思われる義勇軍に関連する主な人名についてのみ簡単な説明を付した，なお，ゴシック体の数字は第II巻のページ数を示す（訳者）．

ア　行

アーベル，セオドーア Abel, Theodore 161, 627
アイケ，テオドーア Eicke, Theodor（SS髑髏隊責任者，ダッハウ収容所長） 325
アイスラー，クルト Eissler, Kurt 370f
アイスラー，ハンス Eisler, Hanns 241, 397, 697, 746, 579
アイヒマン，アドルフ Eichmann, Adolf 326
アドルノ，テオドール Adorno, Theodor W. 88, 90, 671, 725, 654
アブラハム，カール Abraham, Karl 184, 592
アポリネール，ギョーム Apollinaire, Guillaume 412
アメリー，ジャン Amèry, Jean 422f, 424f
アリエス，フィリップ Aries, Phillipe 739
アルベルティ，ラファエル Alberti, Rafael 380, 710, 712, 716
アレンゴ Alengo, Dr. 602f
アレント，ハンナ Arendt, Hanna 653
アレント，ヘンリエッテ Arendt, Henriette 245, 683
アワロフ，パヴェル・ミヒャイロヴィッチ Awaloff, Pavel Michailowitsch 506
アンリ三世 Henri III. 464, 466, 480, 641, 730
アンリ四世 Henri IV. 479f, 538, 724
イーガー，アルトゥーア Iger, Arthur 64
イリガライ，ルース lrigaray, Luce 640, 742, 760, 141, 613, 625
イングリッシュ，ディアドリー English, Deirdre 203
ヴァーゲナー，ヴィルヘルム・ハインリヒ Wagener, Wilhelm Heinrich（「鉄の軍団」の大佐．バルト方面隊指揮官．後にナチス突撃隊班長） 336, 349
ヴァイガント，ヴィルヘルム Weigand, Wilhelm（文筆家．小説『赤い洪

《叢書・ウニベルシタス　653》
男たちの妄想 II
男たちの身体――白色テロルの精神分析のために

2004年11月11日　　初版第1刷発行

クラウス・テーヴェライト
田村和彦 訳
発行所　財団法人　法政大学出版局
〒102-0073 東京都千代田区九段北3-2-7
電話03(5214)5540 振替00160-6-95814
製版，印刷・平文社／鈴木製本所

Printed in Japan

ISBN4-588-00653-3

著　者

クラウス・テーヴェライト
(Klaus Theweleit)

1942年，東プロイセンに生まれる．キール大学とフライブルク大学で英文学とドイツ文学を学んだのち，大学を離れ，いくつかの放送局でフリーランスとして働く．学位請求論文である本書を執筆後はフライブルクに在住し，文学，音楽，映画，メディアと政治，フェミニズム，精神分析などをめぐって独自の文筆活動を続けている．著書としては，四巻におよぶ評論『王たちの書』のほか，『対象選択』『ハイナー・ミュラー　夢のテクスト』『外国と呼ばれる国』『ポカホンタス』などがある．

訳　者

田村和彦（たむら　かずひこ）

1953年，長野県に生まれる．東京都立大学大学院修士課程（独語独文学）修了，現在，関西学院大学教授，専攻：20世紀ドイツ文学，主にトーマス・マン．著書に，『魔法の山に登る――トーマス・マンと身体』（関西学院大学出版会，2003年度日本独文学会賞受賞），訳書に，ニコラウス・ゾンバルト『男性同盟と母権制神話――カール・シュミットとドイツの宿命』（法政大学出版局・叢書ウニベルシタス441）がある．

				(頁)
52 53	社会学的思考の流れ（I・II）	R.アロン／北川, 平野, 他訳		I・350 II・392
54	ベルクソンの哲学	G.ドゥルーズ／宇波彰訳		142
55	第三帝国の言語LTI〈ある言語学者のノート〉	V.クレムペラー／羽田, 藤平, 赤井, 中村訳		442
56	古代の芸術と祭祀	J.E.ハリスン／星野徹訳		222
57	ブルジョワ精神の起源	B.グレトゥイゼン／野沢協訳		394
58	カントと物自体	E.アディッケス／赤松常弘訳		300
59	哲学的素描	S.K.ランガー／塚本, 星野訳		250
60	レーモン・ルーセル	M.フーコー／豊崎光一訳		268
61	宗教とエロス	W.シューバルト／石川, 平田, 山本訳	品切	398
62	ドイツ悲劇の根源	W.ベンヤミン／川村, 三城訳		316
63	鍛えられた心〈強制収容所における心理と行動〉	B.ベテルハイム／丸山修吉訳	品切	340
64	失われた範列〈人間の自然性〉	E.モラン／古田幸男訳		308
65	キリスト教の起源	K.カウツキー／栗原佑訳		534
66	ブーバーとの対話	W.クラフト／板倉敏之訳		206
67	プロデメの変貌〈フランスのコミューン〉	E.モラン／宇波彰訳		450
68	モンテスキューとルソー	E.デュルケーム／小関, 川喜多訳	品切	312
69	芸術と文明	K.クラーク／河野徹訳		680
70	自然宗教に関する対話	D.ヒューム／福鎌, 斎藤訳	品切	196
上・71 下・72	キリスト教の中の無神論（上・下）	E.ブロッホ／竹内, 高尾訳		上・234 下・304
73	ルカーチとハイデガー	L.ゴルドマン／川俣晃自訳	品切	308
74	断　想　1942—1948	E.カネッティ／岩田行一訳		286
75 76	文明化の過程（上・下）	N.エリアス／吉田, 中村, 波田, 他訳		上・466 下・504
77	ロマンスとリアリズム	C.コードウェル／玉井, 深井, 山本訳		238
78	歴史と構造	A.シュミット／花崎皋平訳		192
79 80	エクリチュールと差異（上・下）	J.デリダ／若桑, 野村, 阪上, 三好, 他訳		上・378 下・296
81	時間と空間	E.マッハ／野家啓一編訳		258
82	マルクス主義と人格の理論	L.セーヴ／大津真作訳		708
83	ジャン=ジャック・ルソー	B.グレトゥイゼン／小池健男訳		394
84	ヨーロッパ精神の危機	P.アザール／野沢協訳		772
85	カフカ〈マイナー文学のために〉	G.ドゥルーズ, F.ガタリ／宇波, 岩田訳		210
86	群衆の心理	H.ブロッホ／入野田, 小崎, 小岸訳		580
87	ミニマ・モラリア	Th.W.アドルノ／三光長治訳		430
88 89	夢と人間社会（上・下）	R.カイヨワ, 他／三好郁郎, 他訳		上・374 下・340
90	自由の構造	C.ベイ／横越英一訳	品切	744
91	1848年〈二月革命の精神史〉	J.カスー／野沢協, 他訳		326
92	自然の統一	C.F.ヴァイツゼカー／斎藤, 河井訳	品切	560
93	現代戯曲の理論	P.ションディ／市村, 丸山訳	品切	250
94	百科全書の起源	F.ヴェントゥーリ／大津真作訳	品切	324
95	推測と反駁〈科学的知識の発展〉	K.R.ポパー／藤本, 石垣, 森訳		816
96	中世の共産主義	K.カウツキー／栗原佑訳	品切	400
97	批評の解剖	N.フライ／海老根, 中村, 出淵, 山内訳		580
98	あるユダヤ人の肖像	A.メンミ／菊地, 白井訳		396
99	分類の未開形態	E.デュルケーム／小関藤一郎訳		232
100	永遠に女性的なるもの	H.ド・リュバック／山崎庸一郎訳	品切	360
101	ギリシア神話の本質	G.S.カーク／吉田, 辻村, 松田訳		390
102	精神分析における象徴界	G.ロゾラート／佐々木孝次訳		508
103	物の体系〈記号の消費〉	J.ボードリヤール／宇波彰訳		280

				(頁)
104	言語芸術作品〔第2版〕	W.カイザー／柴田斎訳	品切	688
105	同時代人の肖像	F.ブライ／池内紀訳		212
106	レオナルド・ダ・ヴィンチ〔第2版〕	K.クラーク／丸山,大河内訳		344
107	宮廷社会	N.エリアス／波田,中埜,吉田訳		480
108	生産の鏡	J.ボードリヤール／宇波,今村訳		184
109	祭祀からロマンスへ	J.L.ウェストン／丸小哲雄訳		290
110	マルクスの欲求理論	A.ヘラー／良知,小箕訳	品切	198
111	大革命前夜のフランス	A.ソブール／山崎耕一訳	品切	422
112	知覚の現象学	メルロ=ポンティ／中島盛夫訳		904
113	旅路の果てに〈アルペイオスの流れ〉	R.カイヨワ／金井裕訳		222
114	孤独の迷宮〈メキシコの文化と歴史〉	O.パス／高山,熊谷訳		320
115	暴力と聖なるもの	R.ジラール／古田幸男訳		618
116	歴史をどう書くか	P.ヴェーヌ／大津真作訳		604
117	記号の経済学批判	J.ボードリヤール／今村,宇波,桜井訳		304
118	フランス紀行〈1787,1788&1789〉	A.ヤング／宮崎洋訳		432
119	供　犠	M.モース,H.ユベール／小関藤一郎訳		296
120	差異の目録〈歴史を変えるフーコー〉	P.ヴェーヌ／大津真作訳	品切	198
121	宗教とは何か	G.メンシング／田中,下宮訳		442
122	ドストエフスキー	R.ジラール／鈴木晶訳	品切	200
123	さまざまな場所〈死の影の都市をめぐる〉	J.アメリー／池内紀訳		210
124	生　成〈概念をこえる試み〉	M.セール／及川馥訳		272
125	アルバン・ベルク	Th.W.アドルノ／平野嘉彦訳		320
126	映画　あるいは想像上の人間	E.モラン／渡辺淳訳	品切	320
127	人間論〈時間・責任・価値〉	R.インガルデン／武井,赤松訳		294
128	カント〈その生涯と思想〉	A.グリガ／西牟田,浜田訳		464
129	同一性の寓話〈詩的神話学の研究〉	N.フライ／駒沢大学フライ研究会訳		496
130	空間の心理学	A.モル,E.ロメル／渡辺淳訳		326
131	飼いならされた人間と野性的人間	S.モスコヴィッシ／古田幸男訳		336
132	方　法　1. 自然の自然	E.モラン／大津真作訳	品切	658
133	石器時代の経済学	M.サーリンズ／山内昶訳		464
134	世の初めから隠されていること	R.ジラール／小池健男訳		760
135	群衆の時代	S.モスコヴィッシ／古田幸男訳	品切	664
136	シミュラークルとシミュレーション	J.ボードリヤール／竹原あき子訳		234
137	恐怖の権力〈アブジェクシオン〉試論	J.クリステヴァ／枝川昌雄訳		420
138	ボードレールとフロイト	L.ベルサーニ／山縣直子訳		240
139	悪しき造物主	E.M.シオラン／金井裕訳		228
140	終末論と弁証法〈マルクスの社会・政治思想〉	S.アヴィネリ／中村恒矩訳	品切	392
141	経済人類学の現在	F.プイヨン編／山内昶訳		236
142	視覚の瞬間	K.クラーク／北條文緒訳		304
143	罪と罰の彼岸	J.アメリー／池内紀訳		210
144	時間・空間・物質	B.K.ライドレー／中島龍三訳	品切	226
145	離脱の試み〈日常生活への抵抗〉	S.コーエン, N.テイラー／石黒毅訳		321
146	人間怪物論〈人間脱走の哲学の素描〉	U.ホルストマン／加藤二郎訳		206
147	カントの批判哲学	G.ドゥルーズ／中島盛夫訳		160
148	自然と社会のエコロジー	S.モスコヴィッシ／久米,原訳		440
149	壮大への渇仰	L.クローネンバーガー／岸,倉田訳		368
150	奇蹟論・迷信論・自殺論	D.ヒューム／福鎌,斎藤訳		200
151	クルティウス-ジッド往復書簡	ディークマン編／円子千代訳		376
152	離脱の寓話	M.セール／及川馥訳		178

（頁）

153	エクスタシーの人類学	I.M.ルイス／平沼孝之訳		352
154	ヘンリー・ムア	J.ラッセル／福田真一訳		340
155	誘惑の戦略	J.ボードリヤール／宇波彰訳		260
156	ユダヤ神秘主義	G.ショーレム／山下, 石丸, 他訳		644
157	蜂の寓話〈私悪すなわち公益〉	B.マンデヴィル／泉谷治訳	品切	412
158	アーリア神話	L.ポリアコフ／アーリア主義研究会訳	品切	544
159	ロベスピエールの影	P.ガスカール／佐藤和生訳		440
160	元型の空間	E.ゾラ／丸小哲雄訳		336
161	神秘主義の探究〈方法論的考察〉	E.スタール／宮元啓一, 他訳		362
162	放浪のユダヤ人〈ロート・エッセイ集〉	J.ロート／平田, 吉田訳		344
163	ルフー, あるいは取壊し	J.アメリー／神崎巌訳		250
164	大世界劇場〈宮廷祝宴の時代〉	R.アレヴィン, K.ゼルツレ／円子修平訳	品切	200
165	情念の政治経済学	A.ハーシュマン／佐々木, 旦訳		192
166	メモワール〈1940-44〉	レミ／築島謙三訳		520
167	ギリシア人は神話を信じたか	P.ヴェーヌ／大津真作訳	品切	340
168	ミメーシスの文学と人類学	R.ジラール／浅野敏夫訳	品切	410
169	カバラとその象徴的表現	G.ショーレム／岡部, 小岸訳		340
170	身代りの山羊	R.ジラール／織田, 富永訳	品切	384
171	人間〈その本性および世界における位置〉	A.ゲーレン／平野具男訳		608
172	コミュニケーション〈ヘルメスI〉	M.セール／豊田, 青木訳		358
173	道　化〈つまずきの現象学〉	G.v.バルレーヴェン／片岡啓治訳	品切	260
174	いま, ここで〈アウシュヴィッツとヒロシマ以後の哲学的考察〉	G.ピヒト／斎藤, 浅野, 大野, 河井訳		600
175 176 177	真理と方法〔全三冊〕	H.-G.ガダマー／轡田, 麻生, 三島, 他訳		I・350 II・ III・
178	時間と他者	E.レヴィナス／原田佳彦訳		140
179	構成の詩学	B.ウスペンスキイ／川崎, 大石訳	品切	282
180	サン=シモン主義の歴史	S.シャルレティ／沢崎, 小杉訳		528
181	歴史と文芸批評	G.デルフォ, A.ロッシュ／川中子弘訳		472
182	ミケランジェロ	H.ヒバード／中山, 小野訳	品切	578
183	観念と物質〈思考・経済・社会〉	M.ゴドリエ／山内昶訳		340
184	四つ裂きの刑	E.M.シオラン／金井裕訳		234
185	キッチュの心理学	A.モル／万沢正美訳		344
186	領野の漂流	J.ヴィヤール／山下俊一訳		226
187	イデオロギーと想像力	G.C.カバト／小箕俊介訳		300
188	国家の起源と伝承〈古代インド社会史論〉	R.=ターパル／山崎, 成澤訳		322
189	ベルナール師匠の秘密	P.ガスカール／佐藤和生訳		374
190	神の存在論的証明	D.ヘンリッヒ／本間, 須田, 座小田, 他訳		456
191	アンチ・エコノミクス	J.アタリ, M.ギヨーム／斎藤, 安孫子訳		322
192	クローチェ政治哲学論集	B.クローチェ／上村忠男編訳		188
193	フィヒテの根源的洞察	D.ヘンリッヒ／座小田, 小松訳		184
194	哲学の起源	オルテガ・イ・ガセット／佐々木孝訳	品切	224
195	ニュートン力学の形成	ベー・エム・ゲッセン／秋間実, 他訳		312
196	遊びの遊び	J.デュビニョー／渡辺淳訳	品切	160
197	技術時代の魂の危機	A.ゲーレン／平野具男訳	品切	222
198	儀礼としての相互行為	E.ゴッフマン／浅野敏夫訳		376
199	他者の記号学〈アメリカ大陸の征服〉	T.トドロフ／及川, 大谷, 菊地訳		370
200	カント政治哲学の講義	H.アーレント著, R.ベイナー編／浜田監訳		302
201	人類学と文化記号論	M.サーリンズ／山内昶訳	品切	354
202	ロンドン散策	F.トリスタン／小杉, 浜本訳		484

				(頁)
203	秩序と無秩序	J.-P.デュピュイ／古田幸男訳		324
204	象徴の理論	T.トドロフ／及川馥, 他訳	品切	536
205	資本とその分身	M.ギヨーム／斉藤日出治訳		240
206	干　渉〈ヘルメスII〉	M.セール／豊田彰訳		276
207	自らに手をくだし〈自死について〉	J.アメリー／大河内了義訳	品切	222
208	フランス人とイギリス人	R.フェイバー／北條, 大島訳		304
209	カーニバル〈その歴史的・文化的考察〉	J.カロ・バロッハ／佐々木孝訳	品切	622
210	フッサール現象学	A.F.アグィーレ／川島, 工藤, 林訳		232
211	文明の試練	J.M.カディヒィ／塚本, 秋山, 寺西, 島訳		538
212	内なる光景	J.ポミエ／角山, 池部訳		526
213	人間の原型と現代の文化	A.ゲーレン／池井望訳		422
214	ギリシアの光と神々	K.ケレーニイ／円子修平訳	品切	178
215	初めに愛があった〈精神分析と信仰〉	J.クリステヴァ／枝川昌雄訳		146
216	バロックとロココ	W.v.ニーベルシュッツ／竹内章訳		164
217	誰がモーセを殺したか	S.A.ハンデルマン／山形和美訳		514
218	メランコリーと社会	W.レペニース／岩田, 小竹訳		380
219	意味の論理学	G.ドゥルーズ／岡田, 宇波訳		460
220	新しい文化のために	P.ニザン／木内孝訳		352
221	現代心理論集	P.ブールジェ／平岡, 伊藤訳		362
222	パラジット〈寄食者の論理〉	M.セール／及川, 米山訳		466
223	虐殺された鳩〈暴力と国家〉	H.ラボリ／川中子弘訳		240
224	具象空間の認識論〈反・解釈学〉	F.ダゴニェ／金森修訳		300
225	正常と病理	G.カンギレム／滝沢武久訳		320
226	フランス革命論	J.G.フィヒテ／桝田啓三郎訳		396
227	クロード・レヴィ=ストロース	O.パス／鼓, 木村訳		160
228	バロックの生活	P.ラーンシュタイン／波田節夫訳	品切	520
229	うわさ〈もっとも古いメディア〉増補版	J.-N.カプフェレ／古田幸男訳		394
230	後期資本制社会システム	C.オッフェ／寿福真美編訳	品切	358
231	ガリレオ研究	A.コイレ／菅谷暁訳		482
232	アメリカ	J.ボードリヤール／田中正人訳	品切	220
233	意識ある科学	E.モラン／村上光彦訳		400
234	分子革命〈欲望社会のミクロ分析〉	F.ガタリ／杉村昌昭訳		340
235	火，そして霧の中の信号—ゾラ	M.セール／寺田光徳訳		568
236	煉獄の誕生	J.ル・ゴッフ／渡辺, 内田訳		698
237	サハラの夏	E.フロマンタン／川端康夫訳		336
238	パリの悪魔	P.ガスカール／佐藤和夫訳		256
239 240	自然の人間的歴史（上・下）	S.モスコヴィッシ／大津真作訳	品切	上・494 下・390
241	ドン・キホーテ頌	P.アザール／円子千代訳	品切	348
242	ユートピアへの勇気	G.ピヒト／河井徳治訳	品切	202
243	現代社会とストレス〔原書改訂版〕	H.セリエ／杉, 田多井, 藤井, 竹宮訳		482
244	知識人の終焉	J.-F.リオタール／原田佳彦, 他訳		140
245	オマージュの試み	E.M.シオラン／金井裕訳		154
246	科学の時代における理性	H.-G.ガダマー／本間, 座小田訳		158
247	イタリア人の太古の知恵	G.ヴィーコ／上村忠男訳		190
248	ヨーロッパを考える	E.モラン／林　勝一訳		238
249	労働の現象学	J.-L.プチ／今村, 松島訳		388
250	ポール・ニザン	Y.イシャグプール／川俣晃自訳		356
251	政治的判断力	R.ベイナー／浜田義文監訳	品切	310
252	知覚の本性〈初期論文集〉	メルロ=ポンティ／加賀野井秀一訳		158

				(頁)
253	言語の牢獄	F.ジェームソン／川口喬一訳		292
254	失望と参画の現象学	A.O.ハーシュマン／佐々木,杉田訳		204
255	はかない幸福―ルソー	T.トドロフ／及川馥訳	品切	162
256	大学制度の社会史	H.W.プラール／山本尤訳		408
257 258	ドイツ文学の社会史 (上・下)	J.ベルク,他／山本,三島,保坂,鈴木訳		上・766 下・648
259	アランとルソー〈教育哲学試論〉	A.カルネック／安斎,並木訳		304
260	都市・階級・権力	M.カステル／石川淳志監訳	品切	296
261	古代ギリシア人	M.I.フィンレー／山形和美訳	品切	296
262	象徴表現と解釈	T.トドロフ／小林,及川訳		244
263	声の回復〈回想の試み〉	L.マラン／梶野吉郎訳		246
264	反射概念の形成	G.カンギレム／金森修訳		304
265	芸術の手相	G.ピコン／末永照和訳		294
266	エチュード〈初期認識論集〉	G.バシュラール／及川馥訳		166
267	邪な人々の昔の道	R.ジラール／小池健男訳		270
268	〈誠実〉と〈ほんもの〉	L.トリリング／野島秀勝訳	品切	264
269	文の抗争	J.-F.リオタール／陸井四郎,他訳		410
270	フランス革命と芸術	J.スタロバンスキー／井上尭裕訳	品切	286
271	野生人とコンピューター	J.-M.ドムナック／古田幸男訳		228
272	人間と自然界	K.トマス／山内昶,他訳		618
273	資本論をどう読むか	J.ビデ／今村仁司,他訳		450
274	中世の旅	N.オーラー／藤代幸一訳		488
275	変化の言語〈治療コミュニケーションの原理〉	P.ワツラウィック／築島謙三訳		212
276	精神の売春としての政治	T.クンナス／木戸,佐々木訳		258
277	スウィフト政治・宗教論集	J.スウィフト／中野,海保訳		490
278	現実とその分身	C.ロセ／金井裕訳		168
279	中世の高利貸	J.ル・ゴッフ／渡辺香根夫訳		170
280	カルデロンの芸術	M.コメレル／岡部仁訳		270
281	他者の言語〈デリダの日本講演〉	J.デリダ／高橋允昭編訳		406
282	ショーペンハウアー	R.ザフランスキー／山本尤訳		646
283	フロイトと人間の魂	B.ベテルハイム／藤瀬恭子訳		174
284	熱　狂〈カントの歴史批判〉	J.-F.リオタール／中島盛夫訳		210
285	カール・カウツキー 1854-1938	G.P.スティーンソン／時永,河野訳		496
286	形而上学と神の思想	W.パネンベルク／座小田,諸岡訳	品切	186
287	ドイツ零年	E.モラン／古田幸男訳		364
288	物の地獄〈ルネ・ジラールと経済の論理〉	デュムシェル，デュピュイ／織田,富永訳		320
289	ヴィーコ自叙伝	G.ヴィーコ／福鎌忠恕訳	品切	448
290	写真論〈その社会的効用〉	P.ブルデュー／山縣熙,山縣直子訳		438
291	戦争と平和	S.ボク／大沢正道訳		224
292	意味と意味の発展	R.A.ウォルドロン／築島謙三訳		294
293	生態平和とアナーキー	U.リンゼ／内田,杉村訳		270
294	小説の精神	M.クンデラ／金井,浅野訳		208
295	フィヒテ-シェリング往復書簡	W.シュルツ解説／座小田,後藤訳		220
296	出来事と危機の社会学	E.モラン／浜名,福井訳		622
297	宮廷風恋愛の技術	A.カペルラヌス／野島秀勝訳	品切	334
298	野蛮〈科学主義の独裁と文化の危機〉	M.アンリ／山形,望月訳		292
299	宿命の戦略	J.ボードリヤール／竹原あき子訳		260
300	ヨーロッパの日記	G.R.ホッケ／石丸,柴田,信岡訳		1330
301	記号と夢想〈演劇と祝祭についての考察〉	A.シモン／岩瀬孝監修．佐藤,伊藤,他訳		388
302	手と精神	J.ブラン／中村文郎訳		284

				(頁)
303	平等原理と社会主義	L.シュタイン／石川,石塚,柴田訳		676
304	死にゆく者の孤独	N.エリアス／中居実訳		150
305	知識人の黄昏	W.シヴェルブシュ／初見基訳		240
306	トマス・ペイン〈社会思想家の生涯〉	A.J.エイヤー／大熊昭信訳		378
307	われらのヨーロッパ	F.ヘール／杉浦健之訳		614
308	機械状無意識〈スキゾ-分析〉	F.ガタリ／高岡幸一訳		426
309	聖なる真理の破壊	H.ブルーム／山形和美訳		400
310	諸科学の機能と人間の意義	E.パーチ／上村忠男監訳		552
311	翻　訳〈ヘルメスIII〉	M.セール／豊田,輸田訳		404
312	分　布〈ヘルメスIV〉	M.セール／豊田彰訳		440
313	外国人	J.クリステヴァ／池田和子訳		284
314	マルクス	M.アンリ／杉山,水野訳	品切	612
315	過去からの警告	E.シャルガフ／山本,内藤訳		308
316	面・表面・界面〈一般表層論〉	F.ダゴニェ／金森,今野訳		338
317	アメリカのサムライ	F.G.ノートヘルファー／飛鳥井雅道訳		512
318	社会主義か野蛮か	C.カストリアディス／江口幹訳		490
319	遍　歴〈法,形式,出来事〉	J.-F.リオタール／小野康男訳		200
320	世界としての夢	D.ウスラー／谷　徹訳		566
321	スピノザと表現の問題	G.ドゥルーズ／工藤,小柴,小谷訳		460
322	裸体とはじらいの文化史	H.P.デュル／藤代,三谷訳		572
323	五　感〈混合体の哲学〉	M.セール／米山親能訳		582
324	惑星軌道論	G.W.F.ヘーゲル／村上恭一訳		250
325	ナチズムと私の生活〈仙台からの告発〉	K.レーヴィット／秋間実訳		334
326	ベンヤミン-ショーレム往復書簡	G.ショーレム編／山本尤訳		440
327	イマヌエル・カント	O.ヘッフェ／薮木栄夫訳		374
328	北西航路〈ヘルメスV〉	M.セール／青木研二訳		260
329	聖杯と剣	R.アイスラー／野島秀勝訳		486
330	ユダヤ人国家	Th.ヘルツル／佐藤康彦訳		206
331	十七世紀イギリスの宗教と政治	C.ヒル／小野功生訳		586
332	方　法　2．生命の生命	E.モラン／大津真作訳		838
333	ヴォルテール	A.J.エイヤー／中川,吉岡訳		268
334	哲学の自食症候群	J.ブーヴレス／大平具彦訳		266
335	人間学批判	レペニース,ノルテ／小竹澄栄訳		214
336	自伝のかたち	W.C.スペンジマン／船倉正憲訳		384
337	ポストモダニズムの政治学	L.ハッチオン／川口喬一訳		332
338	アインシュタインと科学革命	L.S.フォイヤー／村上,成定,大谷訳		474
339	ニーチェ	G.ピヒト／青木隆嘉訳		562
340	科学史・科学哲学研究	G.カンギレム／金森修監訳		674
341	貨幣の暴力	アグリエッタ,オルレアン／井上,斉藤訳		506
342	象徴としての円	M.ルルカー／竹内章訳	品切	186
343	ベルリンからエルサレムへ	G.ショーレム／岡部仁訳		226
344	批評の批評	T.トドロフ／及川,小林訳		298
345	ソシュール講義録注解	F.de　ソシュール／前田英樹・訳注		204
346	歴史とデカダンス	P.ショーニュー／大谷尚文訳		552
347	続・いま,ここで	G.ピヒト／斎藤,大野,福島,浅野訳		580
348	バフチン以後	D.ロッジ／伊藤誓訳		410
349	再生の女神セドナ	H.P.デュル／原研二訳		622
350	宗教と魔術の衰退	K.トマス／荒木正純訳		1412
351	神の思想と人間の自由	W.パネンベルク／座小田,諸岡訳		186

				（頁）
352	倫理・政治的ディスクール	O.ヘッフェ／青木隆嘉訳		312
353	モーツァルト	N.エリアス／青木隆嘉訳		198
354	参加と距離化	N.エリアス／波田，道籏訳		276
355	二十世紀からの脱出	E.モラン／秋枝茂夫訳		384
356	無限の二重化	W.メニングハウス／伊藤秀一訳	品切	350
357	フッサール現象学の直観理論	E.レヴィナス／佐藤，桑野訳		506
358	始まりの現象	E.W.サイード／山形，小林訳		684
359	サテュリコン	H.P.デュル／原研二訳		258
360	芸術と疎外	H.リード／増渕正史訳	品切	262
361	科学的理性批判	K.ヒュプナー／神野，中才，熊谷訳		476
362	科学と懐疑論	J.ワトキンス／中才敏郎訳		354
363	生きものの迷路	A.モール，E.ロメル／古田幸男訳		240
364	意味と力	G.バランディエ／小関藤一郎訳		406
365	十八世紀の文人科学者たち	W.レペニース／小川さくえ訳		182
366	結晶と煙のあいだ	H.アトラン／阪上脩訳		376
367	生への闘争〈闘争本能・性・意識〉	W.J.オング／高柳，橋爪訳		326
368	レンブラントとイタリア・ルネサンス	K.クラーク／尾崎，芳野訳		334
369	権力の批判	A.ホネット／河上倫逸監訳		476
370	失われた美学〈マルクスとアヴァンギャルド〉	M.A.ローズ／長田，池田，長野，長田訳		332
371	ディオニュソス	M.ドゥティエンヌ／及川，吉岡訳		164
372	メディアの理論	F.イングリス／伊藤，磯山訳		380
373	生き残ること	B.ベテルハイム／高尾利数訳		646
374	バイオエシックス	F.ダゴニェ／金森，松浦訳		316
375 376	エディプスの謎（上・下）	N.ビショッフ／藤代，井本，他訳		上・450 下・464
377	重大な疑問〈懐疑的省察録〉	E.シャルガフ／山形，小野，他訳		404
378	中世の食生活〈断食と宴〉	B.A.ヘニッシュ／藤原保明訳	品切	538
379	ポストモダン・シーン	A.クローカー，D.クック／大熊昭信訳		534
380	夢の時〈野生と文明の境界〉	H.P.デュル／岡部，原，須永，荻野訳		674
381	理性よ，さらば	P.ファイヤアーベント／植木哲也訳		454
382	極限に面して	T.トドロフ／宇京頼三訳		376
383	自然の社会化	K.エーダー／寿福真美監訳		474
384	ある反時代的考察	K.レーヴィット／中村啓，永沼更始郎訳		526
385	図書館炎上	W.シヴェルブシュ／福本義憲訳		274
386	騎士の時代	F.v.ラウマー／柳井尚子訳	品切	506
387	モンテスキュー〈その生涯と思想〉	J.スタロバンスキー／古賀英三郎，高橋誠訳		312
388	理解の鋳型〈東西の思想経験〉	J.ニーダム／井上英明訳		510
389	風景画家レンブラント	E.ラルセン／大谷，尾崎訳		208
390	精神分析の系譜	M.アンリ／山形頼洋，他訳		546
391	金《かね》と魔術	H.C.ビンスヴァンガー／清水健次訳		218
392	自然誌の終焉	W.レペニース／山村直資訳		346
393	批判的解釈学	J.B.トンプソン／山本，小川訳	品切	376
394	人間にはいくつの真理が必要か	R.ザフランスキー／山本，藤井訳		232
395	現代芸術の出発	Y.イシャグプール／川俣晃自訳		170
396	青春　ジュール・ヴェルヌ論	M.セール／豊田彰訳		398
397	偉大な世紀のモラル	P.ベニシュー／朝倉，羽賀訳		428
398	諸国民の時に	E.レヴィナス／合田正人訳		348
399 400	バベルの後に（上・下）	G.スタイナー／亀山健吉訳		上・482 下・
401	チュービンゲン哲学入門	E.ブロッホ／花田監修・菅谷，今井，三国訳		422

			(頁)
550	ハイデガーと実践哲学	O.ペゲラー他,編／竹市,下村監訳	584
551	彫　像	M.セール／米山親能訳	366
552	人間的なるものの庭	C.F.v.ヴァイツゼカー／山辺建訳	852
553	思考の図像学	A.フレッチャー／伊藤誓訳	472
554	反動のレトリック	A.O.ハーシュマン／岩崎稔訳	250
555	暴力と差異	A.J.マッケナ／夏目博明訳	354
556	ルイス・キャロル	J.ガッテニョ／鈴木晶訳	462
557	タオスのロレンゾー〈D.H.ロレンス回想〉	M.D.ルーハン／野島秀勝訳	490
558	エル・シッド〈中世スペインの英雄〉	R.フレッチャー／林邦夫訳	414
559	ロゴスとことば	S.プリケット／小野功生訳	486
560 561	盗まれた稲妻〈呪術の社会学〉(上・下)	D.L.オキーフ／谷林眞理子,他訳	上・490 下・656
562	リビドー経済	J.-F.リオタール／杉山,吉谷訳	458
563	ポスト・モダニティの社会学	S.ラッシュ／田中義久監訳	462
564	狂暴なる霊長類	J.A.リヴィングストン／大平章訳	310
565	世紀末社会主義	M.ジェイ／今村,大谷訳	334
566	両性平等論	F.P.de ラ・バール／佐藤和夫,他訳	330
567	暴虐と忘却	R.ボイヤーズ／田部井孝次・世志子訳	524
568	異端の思想	G.アンダース／青木隆嘉訳	518
569	秘密と公開	S.ボク／大沢正道訳	470
570 571	大航海時代の東南アジア (I・II)	A.リード／平野, 田中訳	I・430 II・598
572	批判理論の系譜学	N.ボルツ／山本,大貫訳	332
573	メルヘンへの誘い	M.リューティ／高木昌史訳	200
574	性と暴力の文化史	H.P.デュル／藤代,津山訳	768
575	歴史の不測	E.レヴィナス／合田,谷口訳	316
576	理論の意味作用	T.イーグルトン／山形和美訳	196
577	小集団の時代〈大衆社会における個人主義の衰退〉	M.マフェゾリ／古田幸男訳	334
578 579	愛の文化史 (上・下)	S.カーン／青木,斎藤訳	上・334 下・384
580	文化の擁護〈1935年パリ国際作家大会〉	ジッド他／相磯,五十嵐,石黒,高橋編訳	752
581	生きられる哲学〈生活世界の現象学と批判理論の思考形式〉	F.フェルマン／堀栄造訳	282
582	十七世紀イギリスの急進主義と文学	C.ヒル／小野, 圓月訳	444
583	このようなことが起こり始めたら…	R.ジラール／小池,住谷訳	226
584	記号学の基礎理論	J.ディーリー／大熊昭信訳	286
585	真理と美	S.チャンドラセカール／豊田彰訳	328
586	シオラン対談集	E.M.シオラン／金井裕訳	336
587	時間と社会理論	B.アダム／伊藤,磯山訳	338
588	懐疑的省察 ABC〈続・重大な疑問〉	E.シャルガフ／山本,伊藤訳	244
589	第三の知恵	M.セール／及川馥訳	250
590 591	絵画における真理 (上・下)	J.デリダ／高橋,阿部訳	上・322 下・390
592	ウィトゲンシュタインと宗教	N.マルカム／黒崎宏訳	256
593	シオラン〈あるいは最後の人間〉	S.ジョドー／金井裕訳	212
594	フランスの悲劇	T.トドロフ／大谷尚文訳	304
595	人間の生の遺産	E.シャルガフ／清水健次,他訳	392
596	聖なる快楽〈性, 神話, 身体の政治〉	R.アイスラー／浅野敏夫訳	876
597	原子と爆弾とエスキモーキス	C.G.セグレー／野島秀勝訳	408
598	海からの花嫁〈ギリシア神話研究の手引き〉	J.シャーウッドスミス／吉田,佐藤訳	234
599	神に代わる人間	L.フェリー／菊地,白井訳	220
600	パンと競技場〈ギリシア・ローマ時代の政治と都市の社会学的歴史〉	P.ヴェーヌ／鎌田博夫訳	1032

			(頁)
601	ギリシア文学概説	J.ド・ロミイ／細井，秋山訳	486
602	パロールの奪取	M.セルトー／佐藤和生訳	200
603	68年の思想	L.フェリー他／小野潮訳	348
604	ロマン主義のレトリック	P.ド・マン／山形，岩坪訳	470
605	探偵小説あるいはモデルニテ	J.デュボア／鈴木智之訳	380
606 607 608	近代の正統性〔全三冊〕	H.ブルーメンベルク／斎藤，忽那 佐藤，村井訳	I・328 II・390 III・318
609	危険社会〈新しい近代への道〉	U.ベック／東，伊藤訳	502
610	エコロジーの道	E.ゴールドスミス／大熊昭信訳	654
611	人間の領域〈迷宮の岐路II〉	C.カストリアディス／米山親能訳	626
612	戸外で朝食を	H.P.デュル／藤代幸一訳	190
613	世界なき人間	G.アンダース／青木隆嘉訳	366
614	唯物論シェイクスピア	F.ジェイムソン／川口喬一訳	402
615	核時代のヘーゲル哲学	H.クロンバッハ／植木哲也訳	380
616	詩におけるルネ・シャール	P.ヴェーヌ／西永良成訳	832
617	近世の形而上学	H.ハイムゼート／北岡武司訳	506
618	フロベールのエジプト	G.フロベール／斎藤昌三訳	344
619	シンボル・技術・言語	E.カッシーラー／篠木，高野訳	352
620	十七世紀イギリスの民衆と思想	C.ヒル／小野，圓月，箭川訳	520
621	ドイツ政治哲学史	H.リュッベ／今井道夫訳	312
622	最終解決〈民族移動とヨーロッパのユダヤ人殺害〉	G.アリー／山本，三島訳	470
623	中世の人間	J.ル・ゴフ他／鎌田博夫訳	478
624	食べられる言葉	L.マラン／梶野吉郎訳	284
625	ヘーゲル伝〈哲学の英雄時代〉	H.アルトハウス／山本尤訳	690
626	E.モラン自伝	E.モラン／菊地，高砂訳	368
627	見えないものを見る	M.アンリ／青木研二訳	248
628	マーラー〈音楽観相学〉	Th.W.アドルノ／龍村あや子訳	286
629	共同生活	T.トドロフ／大谷尚文訳	236
630	エロイーズとアベラール	M.F.B.ブロッチェリ／白崎容子訳	304
631	意味を見失った時代〈迷宮の岐路IV〉	C.カストリアディス／江口幹訳	338
632	火と文明化	J.ハウツブロム／大平章訳	356
633	ダーウィン，マルクス，ヴァーグナー	J.バーザン／野島秀勝訳	526
634	地位と羞恥	S.ネッケル／岡原正幸訳	434
635	無垢の誘惑	P.ブリュックネール／小倉，下澤訳	350
636	ラカンの思想	M.ボルク=ヤコブセン／池田清訳	500
637	羨望の炎〈シェイクスピアと欲望の劇場〉	R.ジラール／小林，田口訳	698
638	暁のフクロウ〈続・精神の現象学〉	A.カトロッフェロ／寿福真美訳	354
639	アーレント＝マッカーシー往復書簡	C.ブライトマン編／佐藤佐智子訳	710
640	崇高とは何か	M.ドゥギー他／梅木達郎訳	416
641	世界という実験〈問い，取り出しの諸カテゴリー，実践〉	E.ブロッホ／小田智敏訳	400
642	悪　あるいは自由のドラマ	R.ザフランスキー／山本尤訳	322
643	世俗の聖典〈ロマンスの構造〉	N.フライ／中村，真野訳	252
644	歴史と記憶	J.ル・ゴフ／立川孝一訳	400
645	自我の記号論	N.ワイリー／船倉正憲訳	468
646	ニュー・ミメーシス〈シェイクスピアと現実描写〉	A.D.ナトール／山形，山下訳	430
647	歴史家の歩み〈アリエス　1943-1983〉	Ph.アリエス／成瀬，伊藤訳	428
648	啓蒙の民主制理論〈カントとのつながりで〉	I.マウス／浜田，牧野監訳	400
649	仮象小史〈古代からコンピューター時代まで〉	N.ボルツ／山本尤訳	200

			（頁）
650	知の全体史	C.V.ドーレン／石塚浩司訳	766
651	法の力	J.デリダ／堅田研一訳	220
652 653	男たちの妄想（I・II）	K.テーヴェライト／田村和彦訳	I・816 II
654	十七世紀イギリスの文書と革命	C.ヒル／小野，圓月，箭川訳	592
655	パウル・ツェラーンの場所	H.ベッティガー／鈴木美紀訳	176
656	絵画を破壊する	L.マラン／尾形，梶野訳	272
657	グーテンベルク銀河系の終焉	N.ボルツ／識名，足立訳	330
658	批評の地勢図	J.ヒリス・ミラー／森田孟訳	550
659	政治的なものの変貌	M.マフェゾリ／古田幸男訳	290
660	神話の真理	K.ヒュプナー／神野，中才，他訳	736
661	廃墟のなかの大学	B.リーディングズ／青木，斎藤訳	354
662	後期ギリシア科学	G.E.R.ロイド／山野，山口，金山訳	320
663	ベンヤミンの現在	N.ボルツ，W.レイイェン／岡部仁訳	180
664	異教入門〈中心なき周辺を求めて〉	J.-F.リオタール／山縣，小野，他訳	242
665	ル・ゴフ自伝〈歴史家の生活〉	J.ル・ゴフ／鎌田博夫訳	290
666	方　法　3. 認識の認識	E.モラン／大津真作訳	398
667	遊びとしての読書	M.ピカール／及川，内藤訳	478
668	身体の哲学と現象学	M.アンリ／中敬夫訳	404
669	ホモ・エステティクス	L.フェリー／小野康男，他訳	496
670	イスラームにおける女性とジェンダー	L.アハメド／林正雄，他訳	422
671	ロマン派の手紙	K.H.ボーラー／髙木葉子訳	382
672	精霊と芸術	M.マール／津山拓也訳	474
673	言葉への情熱	G.スタイナー／伊藤誓訳	612
674	贈与の謎	M.ゴドリエ／山内昶訳	362
675	諸個人の社会	N.エリアス／宇京早苗訳	308
676	労働社会の終焉	D.メーダ／若森章孝，他訳	394
677	概念・時間・言説	A.コジェーヴ／三宅，根田，安川訳	448
678	史的唯物論の再構成	U.ハーバーマス／清水多吉訳	438
679	カオスとシミュレーション	N.ボルツ／山本尤訳	218
680	実質的現象学	M.アンリ／中，野村，吉永訳	268
681	生殖と世代継承	R.フォックス／平野秀秋訳	408
682	反抗する文学	M.エドマンドソン／浅野敏夫訳	406
683	哲学を讃えて	M.セール／米山親能，他訳	312
684	人間・文化・社会	H.シャピロ編／塚本利明，他訳	
685	遍歴時代〈精神の自伝〉	J.アメリー／富重純子訳	206
686	ノーを言う難しさ〈宗教哲学的エッセイ〉	K.ハインリッヒ／小林敏明訳	200
687	シンボルのメッセージ	M.ルルカー／林捷，林田鶴子訳	590
688	神は狂信的か	J.ダニエル／菊地昌実訳	218
689	セルバンテス	J.カナヴァジオ／円子千代訳	502
690	マイスター・エックハルト	B.ヴェルテ／大津留直訳	320
691	マックス・プランクの生涯	J.L.ハイルブロン／村岡晋一訳	300
692	68年－86年　個人の道程	L.フェリー，A.ルノー／小野潮訳	168
693	イダルゴとサムライ	J.ヒル／平山篤子訳	704
694	〈教育〉の社会学理論	B.バーンスティン／久冨善之，他訳	420
695	ベルリンの文化戦争	W.シヴェルブシュ／福本義憲訳	380
696	知識と権力〈クーン，ハイデガー，フーコー〉	J.ラウズ／成定，網谷，阿曽沼訳	410
697	読むことの倫理	J.ヒリス・ミラー／伊藤，大島訳	230
698	ロンドン・スパイ	N.ウォード／渡辺孔二監訳	506
699	イタリア史〈1700－1860〉	S.ウールフ／鈴木邦夫訳	1000

			(頁)
700	マリア〈処女・母親・女主人〉	K.シュライナー／内藤道雄訳	678
701	マルセル・デュシャン〈絵画唯名論〉	T.ド・デューヴ／鎌田博夫訳	350
702	サハラ〈ジル・ドゥルーズの美学〉	M.ビュイダン／阿部宏慈訳	260
703	ギュスターヴ・フロベール	A.チボーデ／戸田吉信訳	470
704	報酬主義をこえて	A.コーン／田中英史訳	604
705	ファシズム時代のシオニズム	L.ブレンナー／芝健介訳	480
706	方　法　4．観念	E.モラン／大津真作訳	446
707	われわれと他者	T.トドロフ／小野，江口訳	658
708	モラルと超モラル	A.ゲーレン／秋澤雅男訳	
709	肉食タブーの世界史	F.J.シムーンズ／山内昶監訳	682
710	三つの文化〈仏・英・独の比較文化学〉	W.レペニース／松家，吉村，森訳	548
711	他性と超越	E.レヴィナス／合田，松丸訳	200
712	詩と対話	H.-G.ガダマー／巻田悦郎訳	302
713	共産主義から資本主義へ	M.アンリ／野村直正訳	242
714	ミハイル・バフチン 対話の原理	T.トドロフ／大谷尚文訳	408
715	肖像と回想	P.ガスカール／佐藤和生訳	232
716	恥〈社会関係の精神分析〉	S.ティスロン／大谷，津島訳	286
717	庭園の牧神	P.バルロスキー／尾崎彰宏訳	270
718	パンドラの匣	D.&E.パノフスキー／尾崎彰宏，他訳	294
719	言説の諸ジャンル	T.トドロフ／小林文生訳	466
720	文学との離別	R.バウムガルト／清水健次・威能子訳	406
721	フレーゲの哲学	A.ケニー／野本和幸，他訳	308
722	ビバ リベルタ！〈オペラの中の政治〉	A.アーブラスター／田中，西崎訳	478
723	ユリシーズ グラモフォン	J.デリダ／合田，中 訳	210
724	ニーチェ〈その思考の伝記〉	R.ザフランスキー／山本尤訳	440
725	古代悪魔学〈サタンと闘争神話〉	N.フォーサイス／野呂有子監訳	844
726	力に満ちた言葉	N.フライ／山形和美訳	466
727	産業資本主義の法と政治	I.マウス／河上倫逸監訳	496
728	ヴァーグナーとインドの精神世界	C.スネソン／吉水千鶴子訳	270
729	民間伝承と創作文学	M.リューティ／高木昌史訳	430
730	マキアヴェッリ〈転換期の危機分析〉	R.ケーニヒ／小川，片岡訳	382
731	近代とは何か〈その隠されたアジェンダ〉	S.トゥールミン／藤村，新井訳	398
732	深い謎〈ヘーゲル，ニーチェとユダヤ人〉	Y.ヨベル／青木隆嘉訳	360
733	挑発する肉体	H.P.デュル／藤代，津山訳	702
734	フーコーと狂気	F.グロ／菊地昌実訳	164
735	生命の認識	G.カンギレム／杉山吉弘訳	330
736	転倒させる快楽〈バフチン，文化批評，映画〉	R.スタム／浅野敏夫訳	494
737	カール・シュミットとユダヤ人	R.グロス／山本尤訳	486
738	個人の時代	A.ルノー／水野浩二訳	438
739	導入としての現象学	H.F.フルダ／久保，高山訳	470
740	認識の分析	E.マッハ／廣松渉編訳	182
741	脱構築とプラグマティズム	C.ムフ編／青木隆嘉訳	186
742	人類学の挑戦	R.フォックス／南塚隆夫訳	698
743	宗教の社会学	B.ウィルソン／中野，栗原訳	270
744	非人間的なもの	J.-F.リオタール／篠原，上村，平芳訳	286
745	異端者シオラン	P.ボロン／金井裕訳	334
746	歴史と日常〈ポール・ヴェーヌ自伝〉	P.ヴェーヌ／鎌田博夫訳	268
747	天使の伝説	M.セール／及川馥訳	262
748	近代政治哲学入門	A.バルッツィ／池上，岩倉訳	348